Kohlhammer

Die Bibel und die Frauen
Eine exegetisch-kulturgeschichtliche Enzyklopädie

Herausgegeben von

Irmtraud Fischer
Mercedes Navarro Puerto
Adriana Valerio
Mary Ann Beavis

Patristische Zeit
Band 5.2

Agnethe Siquans
Markus Vinzent (Hrsg.)

Biblische Frauenfiguren in der Spätantike

Verlag W. Kohlhammer

Die Herausgabe des Werkes wird unterstützt durch

den Verein zur Förderung der Theologie
an der Katholisch-Theologischen Fakultät
der Karl-Franzens-Universität Graz

1. Auflage 2022

Gesamtherstellung: W. Kohlhammer GmbH, Stuttgart

Print:
ISBN 978-3-17-037444-7

E-Book-Format:
pdf: ISBN 978-3-17-037445-4

Inhaltsverzeichnis

Einleitung

Agnethe Siquans, Universität Wien –
Markus Vinzent, King's College London

Der vorliegende Band der Enzyklopädie „Die Bibel und die Frauen" befasst sich mit der Rezeption biblischer Frauenfiguren in der Spätantike. Damit soll Band 5.1 ergänzt werden, der sich dem „Blick von frühchristlichen Autoren auf Frauen und ‚das Weibliche' im Kontext ihrer Bibelinterpretation"[1] widmet. Dort richtet sich der Fokus auf die Geschlechterkonstruktionen und den durch den soziokulturellen Kontext und die zeitgenössischen philosophischen Diskussionen geprägten Diskurs über „die Frau" und „das Weibliche". Diese Diskurse sind natürlich auch in der Interpretation und Präsentation biblischer Frauengestalten wirksam. Der vorliegende Band blickt jedoch auf konkrete biblische Figuren und Texte, in denen Frauen im Zentrum stehen, und deren Rezeption und Darstellung in spätantiken Texten und Ikonographie. Der Schwerpunkt liegt dabei auf der patristischen Epoche vom 2.–8. Jahrhundert. Dabei werden vielfach Kommentare und Homilien, die speziell der Auslegung von Schrifttexten gewidmet sind, untersucht. Allerdings beschränkt sich die Interpretation der Bibel in der Patristik keineswegs auf diese Genres, sondern ist in ganz unterschiedlichen Kontexten zu finden. Nicht immer stehen die biblischen Texte oder Figuren im Vordergrund, sondern oftmals bestimmte Themen oder Fragestellungen. Dennoch können auch Briefe, Traktate, Canones und natürlich bildliche Darstellungen als Schriftauslegung in einem weiteren Sinn verstanden werden.

1. Die biblischen Frauen und die frühchristliche Rezeption

Fast alle Texte, die den Untersuchungen des Bandes zugrunde liegen, sind von Männern verfasst worden.[2] Daher ist davon auszugehen, dass die Schriften eine

---

1 Kari E. Børresen und Emmanuela Prinzivalli, „Einleitung", in *Christliche Autoren der Antike* (hg. v. dens.; Die Bibel und die Frauen 5/1; Stuttgart: Kohlhammer, 2016), 9–14, 9.

2 Vgl. zu dieser Frage Ross S. Kraemer, „Women's Authorship of Jewish and Christian Literature in the Greco-Roman Period", in *„Women Like This": New Perspectives on Jewish Women in the Greco-Roman World* (hg. v. Amy-Jill Levine; EJL 1; Atlanta: Scholars Press, 1991), 221–242.

weitgehend androzentrische Perspektive widerspiegeln. Von manchen patristischen Autoren wissen wir, dass sie mit Frauen in regem intellektuellen Austausch und in Kontakt in der kirchlichen Praxis standen, wie etwa Hieronymus und Johannes Chrysostomus. Texte, von denen wir wissen, dass sie von Frauen verfasst sind bzw. die unter dem Namen einer Frau überliefert sind, gibt es aber kaum.

Auch die meisten Texte der Hebräischen Bibel/des Alten Testaments sowie auch des Neuen Testaments wurden von männlichen Autoren geschrieben und lassen eine androzentrische Perspektive erkennen. Ein Blick in die christliche Bibel zeigt, dass auch in den Texten selbst überwiegend Männer die Protagonisten sind, die handeln und sprechen und mit Namen benannt werden. Frauen werden vielfach als Randfiguren und ohne eigene Stimme präsentiert. Dennoch enthält die Bibel Überlieferungen über Frauen in ganz unterschiedlichen Zusammenhängen, aus verschiedenen Zeiten und gesellschaftlichen Kontexten, die auch die große Bandbreite an Lebenswirklichkeiten von Frauen im alten Israel und in der frühen Kirche sichtbar machen.

Die christlichen Autoren der Spätantike haben in ihrer Theologie, in der religiösen Praxis und daher auch in ihren Schriften die Bibel sehr ernst genommen. Die Bibeltexte wurden genau gelesen, interpretiert, auf ihre Relevanz für das eigene christliche Leben befragt und angewendet. Dabei lag der Fokus bei den biblischen Gestalten entsprechend der biblischen Vorlage zweifellos auf den großen Männern der Bibel, aber auch die biblischen Frauen wurden nicht vernachlässigt. Die Texte, in denen sie vorkommen, wurden in Kommentaren und Predigten ausgelegt. Die Frauen wurden als Beispiele für verschiedene Charaktereigenschaften und Tugenden herangezogen, die die Autoren christlichen Frauen und Männern ans Herz legen wollten oder vor denen sie warnen wollten. Schwierigkeiten bereiteten aber mitunter die Vielstimmigkeit der Bibeltexte, die als Widersprüchlichkeit wahrgenommen wurde, sowie die in manchen Fragen auftretenden Diskrepanzen zwischen Bibeltexten und zeitgenössischen soziokulturellen, philosophischen und religiösen Vorstellungen. Dazu gehört zum Beispiel die Darstellung vom durchaus auch öffentlichen Auftreten und Reden von Frauen im Alten Testament im Gegensatz zu paulinischen und deuteropaulinischen Vorgaben für das Verhalten von Frauen in der öffentlichen Versammlung. Ausgehend von der Vorstellung, dass die Heilige Schrift auf Gott als Autor zurückgehe und daher keine Widersprüche in sich enthalten könne, versuchten sie, die Harmonie der Schrift auch hinsichtlich der Frage nach den Geschlechterverhältnissen und -rollen zu erweisen und herzustellen. In der Regel bildeten letztlich die paulinischen Texte, die sowohl als dezidiert christlich angesehen wurden als auch der dominanten Geschlechtervorstellung der griechisch-römischen Antike entsprachen, das Deutungsmuster für die Texte des Alten Testaments, was eine starke Reglementierung und Einschränkung der Wirkungsmöglichkeiten von Frauen bedeutete und die weitere christliche Sicht auf die Frauen durch Jahrhunderte hindurch bestimmte. Das wiederkehrende Beharren auf

Verboten und Einschränkungen macht aber auch deutlich, dass die Wirklichkeit diesen Vorgaben und Vorschriften nicht immer entsprach. Wenn diese Texte gegen den Strich gelesen werden, können sie zumindest ein wenig den Blick auf die Lebensrealität christlicher Frauen in der Spätantike freigeben.

Zudem zeigt sich in den christlichen Texten der Spätantike eine überraschende Vielseitigkeit. Die Autoren und ihre konkreten Texte waren durch verschiedene Faktoren geprägt: durch vorherrschende soziokulturelle Deutungsmuster, eine hellenistische Hermeneutik, die bereits von jüdischen Interpreten für die Bibel adaptiert und fruchtbar gemacht wurde, bestimmte theologische Diskussionen, aber auch persönliche Erfahrungen und Vorlieben. So zeigen sich einerseits durchgehende Linien – wie etwa die spezifisch christliche Beurteilung von Frauen der Hebräischen Bibel oder die Tendenz zur Askese –, andererseits aber differenzierte Deutungen und Darstellungen biblischer Frauen, immer eingebettet in konkrete Kontexte des spätantiken Christentums und seiner Diskurse. Viele dieser Texte sind aber nicht weiter rezipiert worden und daher in Vergessenheit geraten. Ein feministischer Blick, der auch in diesem Band versucht wird, will einen kritischen Blick auf die Rezeption biblischer Frauen in der Spätantike werfen und die vergessene Vielfalt der Perspektiven wiedergewinnen.

2. Die Beiträge in diesem Band

In dem Eröffnungsbeitrag *Patristische Exegese: Hermeneutik auf dem Prüfstand von Praxen und Gendermodellen* geht *Cristina Simonelli* methodologischen Fragen nach, indem sie gleich vorweg darauf aufmerksam macht, dass mit „patristisch" bereits bewusst auf die „erheblichen patriarchalen und religiösen" Einflüsse geachtet werden muss, die das Gebiet auch institutionell prägen. Damit wird deutlich, dass die in dem Band, und insbesondere reflektiert in diesem Kapitel, die Genderperspektive nicht „nur das Ergebnis betrifft", sondern „das Ganze durchzieht". Um hier eine einseitige Geschichte zu überwinden, wird eine dynamische Lesart von Texten und anderen frühchristlichen Zeugnissen vorgeschlagen, ihre praktisch-institutionelle Dimensionen für das kollektive Gedächtnis herausgehoben und die dadurch entstehenden Räume für konkrete Positionierungen genutzt werden. Letztere bezieht sich etwa auf eine regulative Festlegung, wie kontroverse biblische Belegstellen für oder gegen das öffentliche Sprechen von Frauen eindeutig hermeneutisch antidiskriminierend zu hierarchisieren sind.

Einen ersten inhaltlichen Überblick zu den „Heldinnen des Neuen und Alten Testaments" in der frühchristlichen Exegese gibt *Maria E. Doerfler* mit *Biblische Frauen in der Spätantike*. Dabei behandelt sie eigens Sara, die „römische Matrone im biblischen Gewand", wie sie vor allem in den Schriften des Ambrosius von

Mailand als von ihm gewünschte „Kombination aus sexueller und sozialer Schicklichkeit" begegnet. Geschildert wird auch, welch „beträchtliches Maß an Verantwortung" innerhalb des Haushalts der *Materfamilias* zukam. Eine weitere Fallfigur ist die Tochter Jiftachs aus dem Richterbuch als Beispiel für die „antifamiliäre Option" (Elizabeth A. Clark) einer asketischen Jungfrau. Mit Hagar aus dem Buch Genesis wird eine Sklavin vorgestellt und damit der für heutige Ohren oft nur schwer erträgliche Sklavendiskurs im frühen Christentum thematisiert.

An die Beispiele von Sara und Hagar schließt gleich der nächste Beitrag von *Miyako Demura* an, *Das Sara-Hagar-Motiv in der Tradition der alexandrinischen Exegese.* Beide Frauen werden als Objekte von patriarchaler Herrschaft betrachtet, Sara allerdings auch als Subjekt einer grausamen Matriarchin und der gänzlich anderen Väterexegese dieser Frauen, wie sie etwa bei Augustinus zu finden ist. Hier nämlich wird eine „primitive Feindschaft zwischen Sara und Hagar" inszeniert und Sara zur „hochmütigen Magd" stilisiert, die gerade als Beispiel für die Kirche von Gott die „rechte Zucht und Ordnung" zu lernen hat. Auch wenn die allegorische Deutung von Philo von Alexandrien weniger drastisch ist, zeugt doch auch sie bereits für eine Herabwürdigung von Sara und Hagar, die erste ist nicht fruchtbar, die zweite eine Beisassin, letztere eine Sklavin der ersten, Sara jedoch eine Sklavin der Weisheit. Philos Vorgabe wirkt, wie hier gezeigt wird, etwa auf Clemens von Alexandrien und sein Bild dieser beiden biblischen Frauen, auch auf Didymus den Blinden, und ebenso auf Origenes, wenn dieser auch Sara, Clemens folgend, ein positiveres Gepräge gibt und sie gar mit dem „Jerusalem oben" vergleicht.

Agnethe Siquans, Im höchsten der Ämter auch Frauen? Zur Deutung der biblischen Prophetinnen bei den Kirchenvätern bereitet ein Thema vor, auf das einige weitere Beiträge eingehen werden. Denn sie stellt die Bedeutung der Prophetie heraus, die bereits mit den Ämtergesetzen im Buch Deuteronomium eine rechtliche Fassung erhält, und die sowohl im Alten Orient, in Israel und, wie wir gerade gelesen haben, auch im frühen Christentum eine herausragende Rolle spielt. Propheten und Prophetinnen sind „über alle anderen Ämter hervorgehoben". So wird, angeregt durch das *Magnificat* und das *Ave Maria* Maria als Prophetin betrachtet, wie etwa von Hippolyt im 3. Jh. bezeugt, doch lässt sich auch auf weitere Prophetinnen verweisen, die bereits genannt wurden, und andere wie Mirjam, Debora, Hulda und weitere und die an sie anknüpfenden Traditionen der Kirchenväter.

Einer eher marginalen Figur, der Frau des Ijob, wendet sich *Arianna Rotondo* in *Interpretationsschicksale von Frauengestalten aus der biblischen Weisheitsliteratur* zu. Geschildert wird sie im biblischen Bericht als „williges Werkzeug in den Händen des Feindes", als „Helferin des Teufels", wie sich Augustinus ausdrückte (und worin ihm inhaltlich Gregor der Große folgt). Es verwundert also nicht, dass sie bereits bei Tertullian und Cyprian getadelt wird. Bei Origenes wird sie gar zu derjenigen, die zur Gotteslästerung anstachelt und bei dem Kappadozier

Gregor von Nazianz zur Ursache eines unglücklich Verheirateten, noch drastischer äußert sich Chrysostomus. Schließlich widmet sich der Beitrag auch noch weiteren Porträts von Frauen, die im Buch der Sprichwörter begegnen, unter denen auch zu lobende Gestalten zu finden sind, die allerdings den traditionellen, gesellschaftlich anerkannten Rollen entsprechen.

Ins Neue Testament führt der Beitrag von *Hellen* und *John Dayton*, *Maria und Marta in der Spätantike. Aktion, Kontemplation und Intellekt.* Das berühmte Geschwisterpaar aus dem Lukasevangelium, das bereits vielfach mit Blick auf die Geschichte des Verhältnisses von Aktion und Kontemplation untersucht wurde, wird hier in einer exegetisch-historischen Studie vorgestellt. Ausgehend von den verschiedenen Textbefunden der griechischen Version und ihrer lateinischen Übersetzung werden die Auslegungen des Clemens von Alexandrien betrachtet, wobei Maria als die der Weisheit Empfängliche über Marta gehoben wird. Diesem Modell der Überordnung Marias folgen schließlich die weiteren Exegeten, Origenes, Basilius, Evagrius (wobei hier Marta gar negativ betrachtet wird), und Cyrill von Alexandrien. Eine Besonderheit stellt Chrysostomus dar, der zwar patriarchisch auf die beiden Frauen herabschaut, ihnen auch nur eine schwache Intellektfähigkeit zuschreibt, ihnen aber doch die grundsätzliche Fähigkeit zugestand, geistig wachsen zu können – wenn sie von männlichen Priestern angeleitet werden. Hier muss man für eine Korrektur dieser Interpretation auf das hohe Mittelalter warten.[3]

Kontrastierend zu dem vorangegangenen Befund steht die Rezeption von Frauen in dem Beitrag von *Anneliese Felber* zu *Frauen in den Evangelien: Zum Verlust von Individualität und Vielfalt.* Gleich zu Beginn wird auf das wichtige Thema der Frauen als „Typos für die Kirche" verwiesen, was natürlich schon deshalb nahelag, weil das griechische Wort für „Kirche" ein weibliches Genus aufweist. Es ist die „Erstzeugenschaft von Frauen", sie können für das „Erwachen" der Seele stehen, also für die wahre Erkenntnis, „die geistige Begegnung Jesu mit der Seele", auch ethisch für die „Gesinnung der armen Witwe", die „als reich bezeichnet wird". Solch allegorisierender Umgang lässt sich etwa mit Bezug auf Maria, der Mutter Jesu, erkennen (Prophetin, Wöchnerin, Knotenlöserin), die zum Typos von Kirche, allerdings auch zum Antitypos der Synagoge wird. Diesen Antitypos allerdings, wie hier gezeigt wird, nuanciert der anonyme Autor des *Opus imperfectum* im 5. Jh., wenn er von der *synagoga credens* spricht und trotz aller antijüdischen Kritik sowohl hier wie etwa auch bei Gregor dem Großen auf das Jüdischsein Marias verweist.

Wie sehr Frauen als Lehrerinnen verstanden und tradiert werden, beschreibt *Dominika Kurek-Chomycz* in *Lehren, wenn auch nicht* ex cathedra. *Frauen der Briefe des Paulus in der patristischen Literatur.* Es wird deutlich, dass bereits im frühen Christentum auf die Widersprüche zwischen paulinischen Aussagen, was

---

[3] Vgl. Markus VINZENT, *The Art of Detachment* (Eckhart: Texts and Studies 1; Leuven: Peeters, 2011), 198–211.

das Sprechen der Frau betrifft, hingewiesen wurde und man diese zu lösen versuchte. Welche Konsequenzen dies für die 16 mit Namen genannten Frauen aus dem Umfeld des Paulus – den neutestamentlichen Texten entsprechend – hat, wird im Einzelnen dargelegt, beginnend mit der am häufigsten erwähnten Frau, Nympha. Hier zeigt sich bereits, wie Autoren, Redaktoren und Kopisten versucht haben, diese Person zu verstehen und sie nicht selten als Mann umzuinterpretieren, ähnlich wie es der anderen, Junia, ergangen ist.

Dass mit den oft eher nur am Rand erwähnten biblischen Frauen nicht nur mit Namen bekannte Personen gemeint sind, macht der nächste Beitrag *On gendering purity: Geschlechtsspezifische Vorstellungen und Vorschriften über rein und unrein* deutlich, bei dem *Eva M. Synek* gleich zu Beginn auf die „Wöchnerinnen" des Buches Levitikus zu sprechen kommt und vermerkt, wie Theodoret von Cyrus um die Mitte des 5. Jh. deren Unreinheit als „einen Trick Gottes" skizziert, „der die Ehemänner dazu bringen sollte, ihren durch Schwangerschaft und Geburt erschöpften Ehefrauen durch Sexualabstinenz eine längere Rekreationszeit zu gewähren", mehr noch, sie zeigt, dass Theodoret „ein Bild von seinen Geschlechtsgenossen" zeichnet, das diese „als triebgesteuert und rücksichtslos" vorstellt, die „die geforderte Sexualkarenz nicht respektiert hätten". Damit wird das kritische Potential deutlich, mit welchem im vorliegenden Band nicht nur eine frauenfeindliche dominante antike und spätantike Vorstellung dokumentiert wird, sondern gerade auch auf solche Stimmen verwiesen wird, die dieser kulturellen Vorgabe widersprechen.

Solcher Widerspruch begegnet erneut wieder bei *Katharina Greschat* in ihrem Beitrag *„Die Frau möge schweigen". Diskurse über das öffentliche Sprechen und Lehren von Frauen in vorkonstantinischer Zeit.* Gewiss stellt sie mit Mary Beard fest, dass „die öffentliche Stimme von Frauen [...] systematisch zum Schweigen gebracht" bzw. gar nicht erst zugelassen wurde, es sei denn im Zusammenhang von Märtyrerinnen im Angesicht des Todes. Jedoch zeigt sie, wie sehr sowohl antike narrative Muster, die der biblischen Schriften eingeschlossen, mehr männlichen Wunschvorstellungen als der Realität auf Plätzen, in Straßen und in Häusern entsprach, worauf in Band 5.1 von „Die Bibel und Frauen" bereits Gabriella Aragione in ihrem Beitrag hingewiesen hatte. Ihre Einschätzung bestätigt sich bei ihrer Durchsicht verschiedener Zeugnisse, indem sie bereits für den Umkreis Jesu feststellt, dass „in seinem engsten Kreis" es „nicht nur redende Männer, sondern interessanterweise auch Frauen" gibt, „die das Wort ergriffen und für sich in Anspruch nahmen zu verkündigen". Schließlich lässt sich gerade an der im Neuen Testament nicht erwähnten Thekla und der mit ihr verbundenen Tradition zeigen, welch „prominente weibliche Figur" sie nach den Apostelakten (und weiteren frühchristlichen Zeugnissen) ist, auch und vielleicht gerade, weil diese Akten nicht in den Kanon Aufnahme gefunden hatten. Zugleich lässt sich auf die lehrenden und verkündenden Prophetinnen verweisen, etwa die in der Apostelgeschichte erwähnten Töchter des Philippus, die phrygischen Prophetinnen und andere.

Doch nicht nur als Prophetinnen waren Frauen in führender Position, wie *Clelia Martínez Maza* in *Frauen in kirchlichen Ämtern und Führungspositionen (4.–5. Jahrhundert)* zeigen kann. Zwar gab es das Bemühen in dieser Zeit, den Zugang von Frauen zu beschränken, die Ämter auf den Bischof hin auszurichten und zu konzentrieren, und Frauenpositionen als Merkmale von Häresien auszuweisen, doch auch wenn epigraphische und ikonographische Zeugnisse umstritten sind und nicht eindeutig dafür sprechen, dass Frauen auch das Bischofsamt bekleideten, so sind sie doch zumindest als hohe Amtsträgerinnen dargestellt. Nachgewiesen sind auch Diakoninnen „als ein wichtiges Amt mit liturgischen und pastoralen Funktionen", wenn auch „auf ausschließlich weibliche Umgebungen beschränkt". Es gibt Zeugnisse, die sie zum Klerus zählen, doch gab es zu dieser Zugehörigkeit bereits in der Antike Auseinandersetzungen. Für das 4. und 5. Jahrhundert jedoch ist eine Diakoninnenweihe bezeugt. Schwerer zu bestimmen ist das Amt der *Presbytera*. An weiteren Positionen sind Jungfrauen und Witwen, schließlich auch eher informelle wie die weiblicher Intellektueller bedacht.

Einen zusammenfassenden Überblick gibt *Hanna Hunt* mit *Biblische Frauen in typologischer und allegorischer Auslegung*. Allegorie wird als „literarisches und rhetorisches Mittel" gesehen, eine tiefere Botschaft hinter einer Narration zu verbergen. Auch in diesem Zusammenhang begegnen wieder Sara und Hagar. Zur Typologiedeutung werden syrische Texte herangezogen, die aus der gelebten Erfahrung vor allem der Liturgie sprechen und damit auch das Leben von Frauen zu Wort bringen, etwa Ephräms Geschichte von Aarons Stab aus dem Buch Numeri als Typos für Maria, „deren Fruchtbarkeit als eine Knospe gesehen wird, die aus einem scheinbar leblosen Holzzweig sprießt". Es zeigt sich, dass diese Art der Auslegung in manchem den Psalmen abgelauscht ist.

Wie reichhaltig und weit über schriftliche Zeugnisse die Rezeption biblischer Frauengestalten gerade in Ikonographie und der damit zusammenhängenden Ritualpraxis der Christen bezeugt ist, legt die Kunsthistorikerin *Renate J. Pillinger* in ihrem Katalogbeitrag *Biblische Frauen in der Bildkunst der Spätantike* dar, indem sie Eva, Sara, die Frau Lots, Rebekka, Rahel, Mirjam und andere sowohl aus der jüdischen Schrift wie dem Neuen Testament in Text und Bild vorstellt. Dabei fällt auf, dass die Darstellung dieser Frauen nicht nur typisch antiken Frauenrollen folgen, sondern sie diese auch als „Führungsgestalten" herausheben.

3. Dank

Wir danken der Institutsreferentin des Instituts für Bibelwissenschaft an der Katholisch-Theologischen Fakultät der Universität Wien, Katharina Rötzer, für ihre exakte und beharrliche Arbeit an der Korrektur und am Layout der Beiträge dieses Bandes sowie für ihre tatkräftige Arbeit bei der Vorbereitung und Durchführung des Kolloquiums an der Universität Wien im Februar 2019. Danke auch an die Studienassistentin Magdalena Pittracher für die umsichtige und aktive Hilfe bei der Tagungsorganisation. Für die finanzielle Unterstützung der Tagung bedanken wir uns bei der Universität Wien, der Universität Graz, dem Stift Klosterneuburg und dem Stift Melk.

Für die genaue und geduldige Arbeit an der Korrektur der Beiträge möchten wir auch den Studienassistent*innen Lydia Steininger, Benedikt Rupp und Alexander Prior Danke sagen.

Unser Dank gilt auch Dr. Gabriele Stein, die die englischen und italienischen Beiträge ins Deutsche übersetzt hat. Danke an die Universität Graz für die finanzielle Unterstützung der Übersetzungen.

Wien und London, im Oktober 2021
Agnethe Siquans und Markus Vinzent

Patristische Exegese: Hermeneutik auf dem Prüfstand von Praxen und Gendermodellen

Cristina Simonelli, Verona

Heutzutage muss sich ein Erkundungsgang auf dem Gebiet der patristischen Exegese, auch wenn er von der spezielleren Warte der Genderforschung aus unternommen wird, an der Vielzahl der zu diesem Thema veröffentlichten Studien messen lassen – zumal, wenn er in einer Reihe publiziert wird, die bereits Beiträge dieser Art enthält.[1] Die hier eingenommene Perspektive – die einzige, die mir möglich erschien – ist daher methodologisch und querschnittartig. Dass ihr Gegenstand als patristisch bezeichnet wird – wie es übrigens auch Levine vorgeschlagen hat[2] –, spiegelt nicht nur die Nomenklatur der theologischen Disziplinen wider, die sich an den US-amerikanischen Fakultäten von der zumindest in Italien üblichen unterscheidet,[3] sondern trägt vor allem dem erheblichen patriarchalen und religiösen Einfluss der sogenannten „Kirchenväter" Rechnung. Es geht also darum, sich in einer Wirkungsgeschichte dieser Literatur zu verorten, die über die Autorität definiert wird, die ihr von einer religiösen Institution zuerkannt worden ist.

Im Übrigen versteht es sich von selbst, dass der Blick auf die Frauen und das Weibliche oder – um eine modernere und, wie ich glaube, angemessenere Terminologie zu verwenden – eine genderbezogene und intersektionelle Lesart[4]

---

1 Kari E. Børresen und Emanuela Prinzivalli (Hg.), *Christliche Autoren der Antike* (Die Bibel und die Frauen 5/1; Stuttgart: Kohlhammer, 2016).

2 Amy-Jill Levine, „Introduction" in *A feminist Companion to Patristic Literature* (hg. v. ders. und Maria M. Robbins; London: T&T Clark, 2008), 1–2. Die Herausgeberin begründet in ihrer Einleitung unter anderem die getroffene Auswahl; demnach handelt es sich um Texte, in denen sich die Präsenz ebenso wie die Ausgrenzung der Frauen und darüber hinaus – in den Modulen der kirchlichen Rhetorik – Gendervorstellungen niederschlagen, denen ein enormer Einfluss beschieden war.

3 Als Beleg soll an dieser Stelle der Hinweis auf den italienischen Titel von Band 5/1 der vorliegenden Reihe genügen: *Le donne nello sguardo degli antichi autori cristiani: L'uso dei testi biblici nella costruzione dei modelli femminili e la riflessione teologica dal I al VII secolo* („Die Frauen aus der Sicht der frühchristlichen Autoren: Die Verwendung der Bibeltexte zur Konstruktion weiblicher Rollenmodelle und die theologische Reflexion vom 1. bis zum 7. Jahrhundert"). In der Einleitung zu dem betreffenden Band ist bewusst sowohl von „Kirchenvätern" als auch von „frühchristlichen Autoren" die Rede: Børresen und Prinzivalli, *Christliche Autoren der Antike*, 9.

4 Elisabeth Schüssler Fiorenza, „Zwischen Bewegung und Akademie", in *Feministische Bibelwissenschaft im 20. Jahrhundert* (hg. v. ders. und Renate Jost; Die Bibel und die Frauen 9/1; Stuttgart: Kohlhammer, 2015), 13f.

eine zweischichtige Hermeneutik *erfordert*, die sowohl auf den Horizont des Texts als auch auf die darin enthaltenen Genderdynamiken achtet und durch ebendiese Mehrdimensionalität ihrerseits einen spezifischen Beitrag zur Erforschung der patristischen Hermeneutik leistet. Denn die Genderperspektive ist kein Ansatz, der nur das Ergebnis betrifft, kein bloßes Anhängsel, das der Veranschaulichung dient oder die Anwendung in einem bestimmten Bereich erläutert, sondern eine notwendige Aufmerksamkeit, die das Ganze durchzieht: die Themen, ihre Entfaltung, das, was betont, und das, was ausgelassen wird. In diesem präzisen Sinne *legt sie offen*, was andere Interpretationsansätze, und wären sie auch noch so ausgeklügelt, ohne diese Aufmerksamkeit nicht zutage fördern würden, und trägt damit insofern zur Erforschung der patristischen Exegese bei, als sie deren neutrale und vermeintlich allgemeingültige Lesart aufbricht und ihr neue Möglichkeiten eröffnet. Sie ist mithin imstande, dieser Disziplin eine Methodologie anzubieten, die für ihre Entwicklung insgesamt von Nutzen sein kann – und dies gerade jetzt, da ihre maßgeblichen Vertreter*innen eine vermasste und ungenaue, will sagen, hinsichtlich der kulturellen Voraussetzungen anachronistische und aufgrund einer ungebührlichen Unkenntnis der pluralen Dynamiken der Texte statische Lesart beklagen (Abschnitt 1). Außerdem soll der Einfluss, den die praktisch-institutionellen Dimensionen auf die Weitergabe eines kollektiven Gedächtnisses ausüben (Abschnitt 2 und 3), thematisiert und vor diesem Hintergrund angeregt werden, dass gerade durch eine solche Interaktion Räume für präzise Positionierungen entstehen können (Abschnitt 4), die auf den Wegen der Analogie und Evokation in die Reihe der hermeneutischen *Regulae* aufgenommen werden können.

1. Ein allgemeines Panorama: Die komplexe Geschichte der antiken Exegese

Die Herangehensweisen des antiken und spätantiken Christentums an die Schrift, die zudem in unterschiedlichen Kontexten einer zuweilen literarischen, öfter jedoch festlich-liturgischen und homiletischen Praxis zur Anwendung kamen, richteten sich ohne Zweifel auf einen „Text aus Texten“, der selbst schon ein dichtes Gefüge aus Binnenverweisen und in vielfältige literarische Ebenen aufgefächert war. Die Christen übernahmen und entwickelten eine eklektische und multifaktorielle Methodologie aus Anregungen der griechischen Philosophie und jüdischen Schemata, die auf vielfältige Weise miteinander kombiniert wurden. Dies lässt sich beispielhaft an einem Text des Origenes veranschaulichen, der, obwohl er sicherlich sehr bekannt ist, im Folgenden zitiert werden soll:

> [Der Hebräerbrief erklärte, dass] die Gesamtheit der von Gott inspirierten Schrift [...] auf Grund der ihr eigenen Dunkelheit einer großen Zahl von Zimmern [gleicht], die mit Schlüsseln verschlossen sind, in einem einzigen Haus. Vor jedem Zimmer liegt ein Schlüssel, nicht jedoch der, der zu seinem Türschloss passt. In dieser Weise sind die Schlüssel auf die einzelnen Zimmer verteilt. Aber keiner passt zu dem Zimmer, vor dem er liegt. Es kostet deshalb sehr große Mühe, die Schlüssel aufzufinden und den Türen zuzuordnen, so dass sie geöffnet werden können. Folglich verstehen wir die Schrift in ihrer Dunkelheit nur, wenn wir zum Ausgangspunkt des Verständnisses den Zusammenhang der einen Schriftteile mit den anderen nehmen, denn ihr auslegendes Prinzip liegt verteilt in den einzelnen Teilen.[5]

Es ist also unabhängig von der Frage, die an die betreffenden Schriften herangetragen wird, ganz offensichtlich falsch – und obendrein schädlich –, vielfältig untereinander verknüpfte und dynamisch angelegte Texte auf eine einheitliche und statische Weise auszulegen. Wie Antonio Montanari in einem neueren Beitrag angemerkt hat, wäre es an der Zeit, sich von Antinomien – wie etwa der zwischen Allegorie und Typologie oder zwischen alexandrinischer und antiochenischer Exegese – freizumachen, die bei den antiken Autoren sehr viel subtiler und nuancenreicher sind, als die Darstellungen der Kommentatoren des 20. Jahrhunderts es vermuten lassen.[6] Gewiss darf man nicht vergessen, dass die Untersuchungen des vergangenen Jahrhunderts oft in Reaktion auf dogmatische und spiritualistische Lesarten der *Väter* verfasst worden sind. Gleichwohl bin ich davon überzeugt, dass – auch wenn Ansätze, die in der Tradition nach Bestätigungen des Status quo suchen, nicht völlig vom Tisch sind[7] – die antike Exegese heute auf eine Weise in den Blick genommen werden kann, die weniger apologetisch und einseitig und damit eher geeignet ist, der Komplexität des Gegenstandes gerecht zu werden. Vor diesem Hintergrund sind Sondierungen in Richtung Gender nicht nur möglich, sondern sogar unerlässlich.

Der eben zitierte Beitrag von Montanari liefert im Hinblick auf diese Entwicklung des 20. Jahrhunderts einen nützlichen *Status quaestionis*, denn er zählt in einer Art *Collatio* etliche jener Wissenschaftlerinnen und Wissenschaftler auf, die die Geschichte der antiken Exegese geprägt und getragen und sich mit ihren Hypothesen oft gegenseitig befeuert haben: Daniélou, de Lubac, Simonetti, Studer, Kannengiesser, Saxer, Bori, Pesce, Prinzivalli, Young. Die methodologischen

---

5 ORIGENES, *Psalmenkommentar* 1, in *Philoc.* 2,3 (SC 302,244); deutsche Übersetzung: Karl Suso FRANK, „Der verhüllte Glanz: 2 Kor 3,14–16 bei den Kirchenvätern", in *Weg und Weite: Festschrift Karl Lehmann* (hg. v. Albert Raffelt; Freiburg i. Br.: Herder, 2001), 147–156; 156. Dieser Text wird – allerdings ohne den Verweis auf den Hebräerbrief – bei Hieronymus wieder aufgegriffen: *Origene – Girolamo: Settantaquattro omelie sul libro dei salmi* (hg. v. Giovanni Coppa; Mailand: Paoline, 1993), 85.

6 Antonio MONTANARI, „Una reticenza diffusa nei confronti dell'allegoria: A proposito dell'esegesi cristiana antica", *Teologia* 42 (2017): 232–254.

7 Ich erlaube mir an dieser Stelle auf meinen eigenen Beitrag zu verweisen: Cristina SIMONELLI, „La prova della tradizione: implicazioni simboliche e sociali dell'ermeneutica ministeriale", in *Diacone: Quale ministero per quale chiesa?* (hg. v. Serena Noceti; GdT; Brescia: Queriniana, 2017), 181–203.

wie fachlichen Raster waren angesichts einer so immensen Produktion einerseits überaus hilfreich, führten jedoch andererseits bei rigider Anwendung auch zu ungebührlichen Vereinfachungen – und, verständlicherweise, zu entsprechenden Reaktionen:

> Seit der Zeit Goethes ist es klassisch geworden, Allegorie und Symbol einander gegenüberzustellen – etwa so, wie man Kunst und Natur, Willkür und Notwendigkeit, äußerliche Ähnlichkeit und tiefe Verwandtschaft, analytischen Vergleich und synthetische Absicht oder Didaktik und konkrete Bedeutung einander gegenüberstellt.[8]

Wenngleich diese Beobachtungen in einem bestimmten Klima entstanden sind, enthalten sie doch einen wichtigen Hinweis, der auch über diesen besonderen Kontext hinaus Gültigkeit beanspruchen kann: Die antiken Vorgehensweisen eint mehr, als sie trennt. Wir haben es nämlich mit einer synthetischen und dynamischen Lesart zu tun, die, wenn man den Prozess anhält und die einzelnen Elemente isoliert, in ihrem sowohl allgemeinen als auch besonderen Sinn entstellt wird. Zudem haben Pier Cesare Bori und Mauro Pesce 1984 unter Hinweis auf das Ziel der Zeitschrift *Annali di Storia dell'esegesi* betont, dass eine „komplexe Angelegenheit" wie die Exegese eine nicht minder komplexe Methodologie erfordere, und dass, wie wieder Montanari zu bedenken gibt, es nicht ratsam sei, so etwas wie ein „exegetisches Vorverständnis" – nämlich die Ebene der spezifisch christologischen[9] und theologischen Bedeutungen – herauszustreichen, auch wenn diese Themen natürlich in einer kulturell geprägten Form ausgedrückt werden. Doch oft folgen auf zuweilen ausschließende Grundsatzerklärungen später zumindest aus der Sicht der beteiligten Instanzen weitaus glücklichere und inklusivere Auslegungspraxen. Mit umso größerem Recht kann man heute in eine *Rundumsicht* eintreten, die, ohne die Ebenen zu verwechseln, die vielfältigen Bezüge und Neusemantisierungen aufzeigt, indem sie über Grenzen – der Fächer, der Datenorganisation, des Blickwinkels – hinausgeht, die eben genau in dem Maß nutzbringend sind, in dem sie sich als überschreitbar präsentieren.

Die eben formulierten Beobachtungen gelten nicht nur für die Ebenen der Lesart, sondern auch für die verschiedenen symbolischen Blickwinkel und die verschiedenen Raster, die insbesondere bei den Autoren komplexerer Texte Anwendung finden. So zeigt Mariette Canévet, dass sich die spirituellen Wege bei Gregor von Nyssa in binärer/oppositiver Form, aber auch als Innerlichkeit/Ein-

---

8 Henri DE LUBAC, *Esegesi medievale: I quattro sensi della scrittura* 2/2 (Mailand: Jaca Book, 2006), 224f. (französisches Original: *Exégèse médiévale: les quatre sens de l'écriture* [Paris: Aubier, 1959–1964]).

9 Vgl. Manlio SIMONETTI, „Scripturarum clavis notitia Christi: Proposta per una discussione sulla specificità dell'esegesi patristica", in *ASE* 4 (1987): 7–19.

wohnung und als Tiefe/Vertikalität fassen lassen: Nur wer sie miteinander kombiniert und die Form des Oxymorons, in der sie sich oft entwickeln, zu schätzen weiß, vermag ihre Inhalte voll und ganz zu würdigen.[10]

Es ist also sicherlich unangemessen, ein Thema oder eine Seite gleichsam einzufrieren, um daraus thematische (z. B. dreifaltigkeitstheologische oder ekklesiologische) oder methodologische (z. B. genderbezogene) Schlussfolgerungen zu ziehen. Es geht nämlich nicht darum, eine schlichte *Inventio* der weiblichen Gestalten nachzuvollziehen, sondern auch den Genderkonstrukten auf die Spur zu kommen, die in den verschiedenen theologischen Formulierungen am Werk waren. Dies soll in aller Kürze an zwei Stellen aus den *Homilien zum Hohelied* veranschaulicht werden, wo auf spiegelbildliche Weise – das heißt in dem einen Fall entschieden männlich und in dem anderen Fall mütterlich – über Gott gesprochen wird. Wir zitieren die beiden Texte hier nacheinander:

Die Schönheit Gottes besitzt, wie es scheint, ihre Anziehungskraft darin, dass sie erschreckend ist, eine Anziehung, die von dem ausgeht, was das Gegenteil der leiblichen Schönheit ist. Denn hienieden zieht das, was gefällig und lieblich ist, unser Verlangen auf sich, und ebenso das, was frei ist von allem Erschreckenden und Wütenden. Dagegen ist jene makellose Schönheit eine *erschreckende und furchtbare Männlichkeit (ê phobera te kai katapletos andreia)*.[11]

> Ohne Zweifel wird keiner von denen, die in der Beurteilung dessen, was der heilige Text über Gott sagt, erfahren sind, kleinlich bei der Bedeutung dieses Wortes verweilen, in dem Sinne nämlich, dass von der „*Mutter*" statt vom Vater die Rede ist; er wird im einen wie im anderen Wort dieselbe Bedeutung verstehen. Da nämlich Gott weder männlich noch weiblich ist (denn wie sollte man etwas Derartiges über die göttliche Natur denken, wenn nicht einmal bei uns, die wir Menschen sind, diese Eigenart für immer fortdauert, sondern, da wir alle eins sein werden in Christus, wir uns der Zeichen dieser physischen Unterschiedlichkeit gemeinsam mit dem ganzen alten Menschen entledigen werden?), deshalb hat, wenn die unausdrückbare Natur bezeichnet werden soll, jeder Name, den man zu finden vermag, die gleiche Bedeutung, *ohne dass der Begriff „Mann" oder „Frau" die makellose Natur Gottes in irgendeiner Weise beflecken könnte.*[12]

Es liegt auf der Hand, dass es der Intention des Autors nicht gerecht würde, sich ausschließlich auf die eine oder ausschließlich auf die andere Stelle zu beziehen und Gregor entweder zum Verfechter einer männlichen oder einer weiblichen Gottheit zu machen. Damit würde man ihn in eine allzu einfache und eindimensionale Lesart hineinzwängen, obwohl sich sein Diskurs tatsächlich über verschiedene, wechselseitig aufeinander bezogene Ebenen erstreckt. Zum Gesamtergebnis gelangt man nicht über eine statische Extraktion von Bedeutungen, sondern nur über eine Vervielfältigung des Sinns. Doch auch nach dieser notwendigen Präzisierung bleibt mindestens eine weitere Frage, die gestellt werden muss: Wenn die Dinge sich so verhalten, warum hat sich dann den Lesenden der

---

10 Vgl. Mariette CANEVET, *Grégoire de Nysse et l'herméneutique biblique: Étude des rapports entre le langage et la connaissance de Dieu* (Paris: Institut d'Études Augustiniennes, 1983), 291–361.

11 GREGOR VON NYSSA, *Hom. cant.* 6 (GNO 6,191).

12 GREGOR VON NYSSA, *Hom. cant.* 7 (GNO 6,212f.).

Antike und oft auch denen des 21. Jahrhunderts vorwiegend die mit der männlichen Bildlichkeit verknüpfte Lesart dauerhaft eingeprägt? Ist dies einzig und allein der proportionalen Übermacht dieser Art von Benennung und Verbildlichung geschuldet? Oder lassen sich weitere Mechanismen aufzeigen, die dafür sorgen, dass manche Schlagworte und manche Symboliken gleichsam im Dunkeln bleiben?

2. Komplexität der Ebenen, Kraft der Symbole und Organisation des kollektiven Gedächtnisses

Die eben gestellte Frage ist keineswegs müßig und geht, auch wenn sie diese mit einschließt, über die Erkundung der antiken exegetischen Methoden hinaus. Symbole üben nämlich bekanntlich eine normative Funktion aus und beschränken sich vor allem dann, wenn sie eine sakrale Dimension haben, nie auf eine einzige Achse: Wird zum Beispiel von Gott als Vater gesprochen, dann werden die sozialen und genderbezogenen Aspekte, mit denen er evoziert wird, auf Gott projiziert und die verwendeten Symbole gleichzeitig auch über die ausdrückliche Absicht des Autors hinaus sakralisiert und zur Norm erklärt.[13]

Während die oben zitierten Stellen aus den Schriften des Nysseners zur Veranschaulichung des theologischen Aspekts dienen können, bezieht sich das folgende Stück, das Gregor übrigens von Philo übernommen hat, auf den moralischen Aspekt. Der Abschnitt stammt aus dem *Leben des Mose* und kommentiert die Perikope aus dem Buch Exodus, der zufolge die hebräischen Hebammen die männlichen Neugeborenen entgegen der Anweisung des Pharaos am Leben ließen:

> Vielmehr geschieht eine solche Geburt aus freiem Willen [*ek prohaireseôs*]. Und wir sind gewissermaßen unsere eigenen Väter, indem wir uns selbst zeugen nach unserem Willen und aus eigenem Entschluss uns bilden nach dem Bild unseres Wollens, einem männlichen oder weiblichen Bild, in Tugend oder in Laster.[14]

Analog zu dem, was weiter oben bereits in Hinblick auf das Gottesbild festgestellt wurde, ist die Verwendung der männlich-weiblichen Symbolik an dieser Stelle – auf die väterliche Darstellung der Hebammenfunktion soll hier nicht näher eingegangen werden – nicht nur nicht eindeutig, sondern womöglich sogar von einer inklusiven Absicht geleitet. Dass sich jeder Mensch zum Guten oder in die andere Richtung wenden kann, ist die Wiederholung und Neulancierung einer

---

13 Stellvertretend für viele sei hier verwiesen auf Elizabeth JOHNSON, *Ich bin die ich bin: Wenn Frauen Gott sagen* (Düsseldorf: Patmos, 1994), 61f., mit Bezug auf Paul Tillich.

14 GREGOR VON NYSSA, *Der Aufstieg des Moses* 2,3 (übers. v. Manfred Blum; Sophia: Quellen östlicher Theologie 4; Freiburg i. Br.: Herder, 1963), 52.

zu Beginn des Texts getroffenen Aussage, der zufolge „die menschliche Natur in das Weibliche und Männliche zerfällt und beiden in gleicher Weise das Vermögen zur Tugend wie zur Sünde zukommt [...]".[15] Dennoch gibt es einen Rest, einen Überschuss, der dem Verfasser voran- und über seine Absichten hinausgeht und – von ihm genau wie vor ihm von Philo und nach ihm von vielen späteren Lesenden diskussionslos, ja kommentarlos übernommen – als eines seiner Vermächtnisse die Zeit überdauert: die Zusammenstellung von Tugend (männlich) und Laster (weiblich) gemäß einem von der Zuordnung her eindeutigen und von der Werteordnung her hierarchischen Genderrahmen. In dieser Hinsicht unterscheidet sich das Vorgehen eines hochgebildeten, platonisierenden und für die Vielfalt der symbolischen Ebenen sensibilisierten Autors wie Gregor also gar nicht so sehr von der Verfahrensweise eines Schriftstellers wie Tertullian, der seinen gedanklichen Weg an einfacheren rhetorisch-juristischen Strukturen entlang entfaltet. In *Über die Verschleierung der Jungfrauen* (*De virginibus velandis*) lässt sich eine typische logische Konstruktion beobachten, in der der kommentierte Bibeltext (1 Kor 11) aufgegriffen und, wenn man so will, dingfest gemacht wird:

> Auf diesen Gründen fußt die Verteidigung unserer Ansicht als schriftgemäß, naturgemäß und entsprechend der Disziplin. Die hl. Schrift legt den Grund für das Gesetz, die Natur beglaubigt es, die Disziplin fordert es. [...] Von Gott kommt die hl. Schrift, von Gott die Natur, von Gott die Disziplin. Was diesen dreien zuwider läuft, ist nicht von Gott.[16]

Die drei *Orte* – Schrift, Natur und Disziplin – sind bei Paulus präsent, doch die Art, wie sie hier zur Anwendung kommen, etabliert ein starres System, das die einzelnen Elemente zu einem Ganzen verbindet und dieses Ganze der göttlichen Autorität unterstellt und somit unangreifbar macht. So gesehen geht die genderbezogene Anordnung nicht nur dem Pamphlet des Tertullian, sondern sogar dem zugrundeliegenden Bibeltext voraus, durch beide hindurch und gestärkt und sakralisiert aus ihnen hervor: Die Funktionsweise ist nicht schwierig zu verstehen. Weniger offensichtlich ist hingegen, wie sich eine solche Modalität auch in den zuvor untersuchten komplexen Texten entwickeln kann, von denen weder die oxymoronhafte und dynamische Form der Stellen über Gott/männlich/weiblich noch die in moralischer Hinsicht inklusive Ausrichtung überdauert haben.

---

15 Gregor von Nyssa, *Der Aufstieg des Moses* 1,12, Blum 30.

16 *In his consistit defensio nostrae opinionis secundum scripturam, secundum naturam, secundum disciplinam. Scriptura legem condit, natura contestatur, disciplina exigit. Cui ex his consuetudo opinionis prodest vel qui diversae sententiae color? Dei est scriptura, Dei est natura, Dei est disciplina; quicquid contrarium est istis, Dei non est.* (Tertullian, *Virg.* 16,1–2; BKV[1] [1882], 374)

Man kann diesbezüglich an die individuellen Mechanismen erinnern, die auf der Seite des Symbols[17] bzw. der Resistenzen[18] wirksam sind, muss jedoch auch die kollektiven Abläufe bedenken, die die gemeinsamen Bildlichkeiten beeinflussen, bestätigen und, wenn man das so sagen kann, die Elemente einteilen: in solche mit einer hohen Konsensdichte, die auf diese Weise in den Vordergrund gerückt werden, in solche, die ganz dem Vergessen anheimgegeben werden, und schließlich in solche mit einer mittleren Wertigkeit. Gerade die letztgenannten sind für das Thema, das uns hier interessiert, von großer Bedeutung, weil ihre sachgemäße Erforschung die verschiedenen Ebenen, aus denen sie sich zusammensetzen, aufzeigen und innovative und inklusive Leseperspektiven eröffnen kann. Guzzi schreibt über die Linie, die Autoren wie Ricœur und Halbwachs verbindet und gleichzeitig trennt:

---

17 Die verschiedenen Symbolbegriffe auf philosophischer (Ricœur), religionsphänomenologischer (Eliade) und psychoanalytischer Ebene (Kristeva, siehe Anm. 18) sind zwar nicht identisch, lassen sich aber zueinander in Beziehung setzen: „Damit gebe ich dem Wort ‚Symbol' einen engeren Sinn als die Philosophen, die wie Cassirer jedes Erfassen der Wirklichkeit vermittels der Zeichenfunktion – von der Wahrnehmung an, über den Mythos und die Kunst, bis zur Wissenschaft – als Symbolik bestimmen, und einen weiteren Sinn, als man ihn bei Autoren antrifft, die das Symbol nach dem Vorbild der lateinischen Rhetorik oder der neo-platonischen Tradition auf die Analogie beschränken. *Mit dem Symbolbegriff bezeichne ich jede Sinnstruktur, in der ein unmittelbarer, erster, wörtlicher Sinn überdies einen mittelbaren, zweiten, übertragenen Sinn anzielt, der nur durch den ersten erfasst werden kann*" (Paul Ricœur, *Der Konflikt der Interpretationen: Ausgewählte Aufsätze [1960–1969]* [Freiburg i. Br. und München: Karl Alber, 2010], 34). „Jedes Symbol offenbart ja, in welchem Zusammenhang es auch stehe, die Ureinheit zwischen mehreren Bereichen des Wirklichen. [...] Das *symbolische Denken* ermöglicht dem Menschen freie Bewegung über alle Ebenen des Realen. Das ist noch zu wenig gesagt: Das Symbol macht identisch, gleicht an, vereint die heterogenen Ebenen und scheinbar unzurückführbaren Realitäten" (Mircea Eliade, *Die Religionen und das Heilige* [Darmstadt: Wissenschaftliche Buchgesellschaft, 1966], 516).

18 „Eine symbolische Veränderung genügt nicht, um inklusiv über Gott zu sprechen. Vielmehr muss die archaische Heterogenität, die den Darstellungen zugrunde liegt, wirklich artikuliert werden. Jedwede Arbeit über die Sprache, die nicht an die tiefen Wurzeln der Worte rührt, wird allenfalls einen formalen Konflikt zwischen frontalen Interpretationen erreichen, während der Teil unter der Oberfläche, der die Symbole speist, weiterhin auf die immergleiche Weise gedacht werden wird, nämlich als ein archaisches Mütterliches, von dem das Gesetz aber unbeeinflusst bleiben soll. Aufgrund dieser notwendigen Verbindung mit dem Semiotischen darf daher die symbolische Ordnung der Theologie keinen Anspruch auf Vollständigkeit erheben, sondern muss zwangsläufig relativiert werden. Denn in einer absolut buchstäblichen Version verliert die theologische Sprache nicht nur die Transzendenz, auf die sie hindeuten will, sondern verharrt überdies in einer Monologie, die für Subjekte wie die Frauen, die vom System nicht direkt vorgesehen sind, verschlossen bleibt", Lucia Vantini, *L'ateismo mistico di Julia Kristeva* (Rom: Mimesis, 2014), 227f., wo ein Vergleich mit Joice A. Mercer gezogen wird. Dies., „Sentieri interrotti: Le resistenze non riconosciute", in *Il Regno – Attualità* 1 (2015): 58.

> Das ererbte Gedächtnis der Zugehörigkeitsgruppe bildet nämlich den Bedeutungshorizont der persönlichen Erfahrungen. Es gibt „soziale Rahmen", die im Hinblick auf diese [persönlichen Erfahrungen] eine symbolische und normative Funktion übernehmen: Sie polen ihre emotionale Ladung und übersetzen ihren Inhalt in kommunizierbare Repräsentationen.[19]

In dieser Hinsicht sind auch Assmanns Studien zu den Prozessen des kulturellen Gedächtnisses relevant:

> Identität ist, wie leicht einzusehen, eine Sache von Gedächtnis und Erinnerung. Ebenso wie ein Individuum eine personale Identität nur kraft seines Gedächtnisses ausbilden und über die Folge der Tage und Jahre hinweg aufrechterhalten kann, so vermag auch eine Gruppe ihre Gruppenidentität nur durch Gedächtnis zu reproduzieren. Der Unterschied besteht darin, dass das Gruppengedächtnis keine neuronale Basis hat. An deren Stelle tritt die Kultur: ein Komplex identitätssichernden Wissens, der in Gestalt symbolischer Formen [...] objektiviert ist.[20]

In der Interaktion zwischen der Kraft der Symbole, den Resistenzmechanismen und den Prozessen des Erinnerns bzw. Vergessens liegt vermutlich ein großer Teil der Antwort auf die Frage, weshalb Themen, die für Frauen – oder für andere Gruppen, die über ihren rein zahlenmäßigen Status hinaus als „Minderheiten" definiert werden – vorteilhaft sind, immer wieder in die Grauzone der Hermeneutik verbannt werden, insofern sie trotz der langjährigen Bemühungen auf dem Gebiet der Genderforschung[21] zwar in den Texten, oft aber nicht im Bewusstsein der Lesenden präsent sind. Doch auch wenn kaum abzusehen ist, ob und wie diese Themen so ausgebreitet werden können, dass sie über einen als einschlägig wahrgenommenen Teilbereich hinaus zum Gemeingut der Disziplin werden, kann man den Fokus doch immerhin dahingehend ausweiten, dass man jenen Ansätzen folgt, die dazu raten, einer weiteren Begrenzung entgegenzuwirken: der Begrenzung auf die Welt der Ideen, die, ob persönlich oder kollektiv, immer als theoretische und ideologische Fragen aufgefasst werden. Denn auch die praktischen Prozesse – im Sinne der von gesellschaftlichen und religiösen Institutionen betriebenen Formen – besitzen eine deutende und Modell bildende Kraft und tragen dazu bei, die kollektiven Bildlichkeiten und die hermeneutischen Prozesse (mit) zu konstituieren.

---

19 Diego GUZZI, „Per una definizione di memoria pubblica: Halbwachs, Ricœur, Assmann, Margalit", *Scienza & Politica* 44 (2011): 27–39.

20 Jan ASSMANN, *Das kulturelle Gedächtnis: Schrift, Erinnerung und politische Identität in frühen Hochkulturen* (München: C. H. Beck, 62007), 89.

21 Laura NASRALLAH, *An Ecstasy of Folly: Prophecy and Authority in Early Christianity* (HTS 52; Harvard: Harvard University Press, 2003).

3. Praxis-Exegese zwischen Bestätigung und Verstoß

Bei der Auseinandersetzung mit dieser Perspektive stütze ich mich auf die Idee der „Praxis-Exegese“ von Bonna Devora Haberman, die das öffentliche Friedensgebet der Frauen an der Klagemauer aus einer nicht bloß politischen, sondern hermeneutischen Sicht kommentiert und der Kritik an dieser damals nicht erlaubten Initiative mit einer Lesart der Hanna-Geschichte begegnet, die – auf der Grundlage ebendieser von den Frauen geübten Praxis – von allen trennenden Interpretationen befreit ist.[22] Ich möchte das Potential dieses Ansatzes zuallererst im Hinblick auf die familiären und kirchlichen Modelle verdeutlichen, ohne dabei den Aspekt einer intensiven Ikonographie zu vernachlässigen, die – wie in der klassischen Vorstellung der *Biblia pauperum* – nicht allein als Anwendung und Didaktisierung, sondern als hermeneutischer Ort verstanden wird.

Es ist leicht einzusehen, dass die gelebten sozialen Formen, was die Bestätigung der kollektiven Bildlichkeit, aber auch was den Verstoß gegen sie und die mit dem kollektiven Gedächtnis und der kollektiven Identität verbundenen, auch genderbezogenen Prozesse betrifft, zu den mächtigsten Praxen überhaupt gehören. Unter diesen spielen die familiären Muster (*pattern*) unverkennbar eine herausragende Rolle, die in den neutestamentlichen „Haustafeln“ zum Tragen kommen und in den betreffenden patristischen Interpretationen (auf die wir uns an dieser Stelle beschränken müssen, doch derselbe Mechanismus ist auch heute noch wirksam) aufgegriffen und vervielfacht wurden. Und nicht weniger relevant ist der verschlüsselte Gebrauch der besagten Muster in der Beschreibung der kirchlichen Gemeinschaft, die daher geradezu als eine *fiktive Familie* bezeichnet werden kann:

> Die soziale Gemeinschaft Ekklesia trägt mithin im Kontext des sozialen Systems ihrer Zeit und Gesellschaft Züge einer fiktiven Verwandtschaftsgruppe, sei es im engeren Sinne der Familie oder im weiteren Sinne eines Haushalts. Ihre aktuellen Versammlungen zeigen dagegen Züge einer fiktiven politischen Institution, ja hier und da [die einer fiktiven Polis].[23]

Die Vorstellung von der „Familie“ begegnet uns auch im Begriff vom „Haus Gottes“[24] und, in indirekter Form, in der Verwendung von Verwandtschaftsbeziehungen, insbesondere der Brüderlichkeit und der Väterlichkeit, in den Beschreibungen der christlichen Gemeinde. Man muss sogar einräumen, dass die kirch-

---

22 Bonna Devora HABERMAN, „Praxis-Exegese: Eine jüdische feministische Hermeneutik“, *Concilium* 34/3 (1998): 323–334.

23 Ekkehard W. STEGEMANN und Wolfgang STEGEMANN, *Urchristliche Sozialgeschichte: Die Anfänge im Judentum und die Christusgemeinden in der mediterranen Welt* (Stuttgart: Kohlhammer, 1997), 248.

24 1 Tim 3,15; Eph 2,19 spricht von „Hausgenossen Gottes“; das Erbauen des Hauses (*oikodomé*) ist ein häufiges Thema.

liche Praxis den herrschenden Modellen mit äußerster Unbefangenheit eine *beinahe umfassende* Revanche gewährt hat, wenn das väterliche Vokabular, das im Evangelium selbst noch kategorisch ausgeschlossen worden war,[25] die gesamte Nomenklatur der vor allem kirchlichen, aber auch monastischen Funktionen, den Bezug auf die Tradition und nicht zuletzt die Bezeichnung der frühchristlichen Schriftsteller als „Kirchenväter" prägen konnte. Es ist müßig, an dieser Stelle an die Entwicklungen rund um das *Commonitorium* des Vinzenz von Lérins, an die modernen Formen dieser Bezugnahme und an den Konsens der Väter, das heißt der orthodoxen und von der Kirche gebilligten antiken Autoren zu erinnern:[26] Statt das *Commonitorium* für besagte Weichenstellung verantwortlich zu machen, muss man anerkennen, dass sowohl dieser Text als auch seine Rezeption aus einem *Frame* schöpfen, der ihnen vorausgeht und ihnen die Richtung vorgibt.

Auch die zweite der oben wiedergegebenen Beobachtungen von Stegemann ist von Interesse, denn einer der Orte der Ausgrenzung von Frauen – und mithin einer bestimmten und je unterschiedlichen Konstruktion weiblicher und männlicher Identitäten – ist die ganz konkrete Ebene der liturgischen, aber auch der beratenden/synodalen Versammlungen, deren Abläufe an die herrschenden politischen Systeme angepasst und deren Ämter vom System des *Cursus honorum* abgeleitet waren.[27]

Der Kursivdruck, mit dem die „beinahe umfassende" Revanche eines patriarchalen Modells im vorletzten Abschnitt hervorgehoben wurde, sollte darauf hinweisen, dass, gerade weil der Horizont nicht nach allen Seiten vollständig undurchlässig war, die eine oder andere Verstoßpraxis Spuren hinterlassen hat, die als Gegen/Erzählungen oder auch an der Sanktionierung nicht akzeptierter Modelle – die aller ostentativen Missbilligung zum Trotz dennoch überliefert wurden – im Text erkennbar sind. Genau wie jene Elemente, die die geltende Familien- und Gesellschaftsordnung des Altertums oder unserer Rezeption dieser Epoche bestätigen, müssen auch diese Gegen/Erzählungen und negativen Vorbildkonstruktionen Teil der Praxis-Exegese sein. Als Beispiel ließe sich der Verweis auf Gal 3,28 anführen, vor allem wenn er, wie im Fall der Therasia und

---

25 „Auch sollt ihr niemanden auf Erden euren Vater nennen; denn nur einer ist euer Vater, der im Himmel". (Mt 23,9)

26 Vgl. Cristina SIMONELLI, „Consensus ecclesiarum come criterio di discernimento? Inattuale attualità del Commonitorio lerinese", in *Teologia dalla Scrittura* (hg. v. Vincenzo Di Pilato und Marco Vergottini; Mailand: Glossa, 2011), 281–296. Anm. d. Hg.: Das Commonitorium des Vinzenz von Lérins enthält die Grundlagen für die Methodik der katholischen Theologien hinsichtlich Orthodoxie- und Traditionsverständnis (vgl. Hubertus R. DROBNER, „Vinzenz v. Lérins", *LThK*³ 10 [2001]: 798f.).

27 Eine Übersicht über die äußerst umfangreiche Literatur bietet Paolo BERNARDINI, „Sinodalità e concili africani del terzo secolo: vent'anni di studi", in *Synod and Synodality* (hg. v. Alberto Melloni und Silvia Scatena; Münster: LIT, 2005), 115–142.

des Paulinus von Nola,[28] im Kontext familiärer Situationen erscheint, die mit den etablierten Modellen interagieren; oder auch die Präsenz der Jungfrauen, die in der kirchlichen Szene von Karthago die Kühnheit besitzen, ohne Kopfbedeckung an den liturgischen Versammlungen teilzunehmen;[29] oder die Rolle, die die Frauen vom Aventin im Leben des Hieronymus spielten: insbesondere die Rolle der Marcella, der er schreibt,[30] ihm sei bewusst, dass ihre Finger ihm wie üblich die Lippen verschließen würden, um ihn in seinen Schmähreden zu mäßigen.

In jedem dieser hier – um es noch einmal zu sagen – lediglich beispielhaft angeführten Kontexte ist die heutige Auslegung aufgerufen, auf mehrere Aspekte zu achten: Die Texte erscheinen nämlich als Vehikel nicht-konvergenter Praxen, denen es jeweils zum Nachteil gereichen würde, wenn eine Interpretation nur einen Bedeutungsträger berücksichtigen und den anderen vernachlässigen würde. Gleichzeitig wäre der Fokus allzu verengt, wenn man die Texte und die daraus ersichtlichen Praxen nur im Hinblick auf die Frauen und die darin transportierten weiblichen Bildlichkeiten lesen würde, weil zu ihnen auch der stillschweigende, aber nicht weniger mächtige Bezug auf eine nicht als Teil eines neutralen Universums, sondern als geschlechtliche Parteilichkeit aufgefasste Männlichkeit hinzukommt, sich überschneidet und vervielfacht.[31] Bedacht werden muss außerdem, dass jeder diese Prozesse bis heute nicht nur bei der erbaulichen und homiletischen, sondern auch bei der wissenschaftlichen Lektüre der Bibelstellen und ihrer antiken Auslegungen am Werk und dass diese Lektüren von Prozessen der Identität und des kollektiven Gedächtnisses durchzogen sind, die dazu führen, dass die Fragen, über die wir hier sprechen, ohne Einfluss bleiben oder gar nicht gestellt werden.

Ähnliches gilt es im Hinblick auf solche Stellen zu beachten, die die Ämteraufteilung in den Gemeinden betreffen: und zwar sowohl dort, wo als Verstöße betrachtete Verhaltensweisen zensiert als auch dort, wo Bedingungen ihrer Akzeptanz und Einordnung in einen bereits umrissenen Rahmen beschrieben werden. Denn die fraglichen Stellen lassen außer dem zentralen Mainstream gewisse Verhaltensweisen erkennen, die diesen bestätigen, und andere, die ihm widersprechen, und geben so Anlass zur Konstruktion sozialer, ethnischer und

---

28 Paulinus von Nola, *Carmina* 25 (Hartel, CSEL 30,238–245). Vgl. hierzu in der vorliegenden Reihe Cristina Simonelli, „Gemischtes Doppel: Das Epithalamium des Paulinus und der Therasia“, in *Antike Christliche Apokryphen: Marginalisierte Texte des frühen Christentums* (hg. v. Outi Lehtipuu und Silke Petersen; Die Bibel und die Frauen 3/2; Stuttgart: Kohlhammer, 2020), 227–239.

29 In der bereits erwähnten Schrift (*De virginibus velandis*) fällt die ausgiebige Verwendung eines Vokabulars auf, das sich auf Kühnheit und Freiheit bezieht: 3,3: liberae // nuda plane fronte temerarie excitatae; 3,6: impudentia, petulantia; 9,4: libertas capitis; 13,1 und 14,5: audere.

30 Hieronymus, *Ep.* 29 an Marcella.

31 Vgl. u. a. Virginia Burrus, *Begotten not made: Conceiving Manhood in Late Antiquity* (Stanford: Stanford University Press, 2000); mit Gregor befassen sich die Seiten 80–133.

genderbezogener – weiblicher wie männlicher – Modelle, die auf diese Weise rezipiert, transportiert und interpretiert werden. Als Beispiel für diesen Aspekt soll ein Text dienen, in dem Timotheus von Konstantinopel (6. Jahrhundert) die Messalianer anprangert, weil sie die Regeln des geordneten Zusammenlebens ändern, Arbeit ablehnen, mit Menschen unterschiedlichster ethnischer Provenienz zusammenleben und die *selbstverständlichsten* Gendermodelle auf den Kopf stellen würden:

> Sie machen die Frauen zu Lehrerinnen ihrer Häresien und erlauben es ihnen, nicht nur über die Männer, sondern sogar über die Priester den Vorsitz zu führen. Und indem sie Frauen zu ihrem Haupt machen, entehren sie das wahre Haupt, Christus Gott.[32]

Hier ist klar zu erkennen, wie der Verfasser von der gesellschaftlichen (Frauen stehen über Männern) auf die kirchliche Ebene (Frauen stehen über den Priestern) und schließlich mittels der unverhüllten Anspielung auf 1 Kor 11,7 sogar in den christologischen und theologischen Horizont überwechselt. Das göttliche Haupt kann nicht durch Frauen repräsentiert werden, die sich eine solche Rolle anmaßen: Nur die *Häupter* sind dem *Haupt* angemessen: Auf diese Weise wird der Gendermechanismus umrissen, der die Männer (im doppelten Sinne des Wortes) fesselt und die Frauen ausschließt. Eine ähnliche, vielleicht noch stärker pyramidal angeordnete Bildlichkeit begegnet vor dem Hintergrund der alttestamentlichen Typologie in der Syrischen *Didaskalia Apostolorum* und, mit leichten Variationen, in den *Apostolischen Konstitutionen*:

> [Der Bischof] regiert an der Stelle des Allmächtigen, ja er sollte von euch wie Gott geehrt werden; denn der Bischof sitzt für euch an der Stelle Gottes. Der Diakon aber steht an der Stelle Christi, und ihr sollt ihn lieben; die Diakonissin aber soll nach dem Vorbild des Heiligen Geistes von euch geehrt werden. Die Presbyter sollen euch gleich den Aposteln sein, und die Witwen und Waisen sollen bei euch dem Altar gleichgeachtet werden.[33]

Jedes der in diesem Text enthaltenen Elemente trägt dazu bei, eine spezifische Form zu konstituieren: die Typologie des Priesters und Leviten, die in der patristischen Zeit das neutestamentliche Dienstverständnis untergräbt; der schon in der *Recensio media* des ignatianischen Briefkorpus[34] präsente platonisierende

32 TIMOTHEUS VON KONSTANTINOPEL, *De iis qui ad ecclesiam accedunt* 18 (PG 86,52).

33 „*(Episcopus) loco Dei regnans sicut Deus honoretur a vobis, quoniam episcopus in typum Dei praesidet vobis. Diaconos autem in typum Christi adstat; ergo diligatur a vobis. Diaconissa vero in typum sancti spiritus honoretur a vobis. Presbyteri etiam in typum apostolorum spectentur a vobis*", *Did. apost.* 2,26,4–7, in *Didascalia et Constitutiones Apostolorum* (hg. v. Fr. R. Funk; Paderborn: Schöning, 1905 [Nachdr.1979]), 104; Achelis und Flemming, 45). In *Const. ap.* 2,26,5–6 sind die Hinweise ausführlicher und stärker hierarchisiert. Einen Vergleich der betreffenden Texte (in italienischer Übersetzung) bietet Moira SCIMMI, *Le antiche diaconesse nella storiografia del XX secolo: Problemi di metodo* (Mailand: Glossa, 2014), 230f.; eine englische Übersetzung mit Kommentar findet sich bei Kevin MADIGAN und Carolyn OSIEK, *Ordained Women in the Early Church: A Documentary History* (Baltimore: The Johns Hopkins University Press, 2005), 106f.; BKV[1] (1874).

34 IGNATIUS VON ANTIOCHIEN, *Ing. Magn.* 6,1.

Verweis, der eine vertikale asymmetrische Entsprechung zwischen dem himmlischen Urbild und dem irdischen Zeichen transportiert und hier durch die Einführung der Entsprechung zwischen Diakon und Geist erweitert wird; und schließlich die für die zweite Hälfte des 4. Jahrhunderts hinreichend belegte trinitarische Erweiterung, die dynamisch und zugleich unterordnend präsentiert und unverkennbar auf die herrschenden politischen und gesellschaftlichen Verhältnisse bezogen wird.

Dennoch – und hier nähern wir uns einem der meiner Ansicht nach wesentlichen Aspekte der Frage – ist ein Text wie dieser mit Fug und Recht Teil des patristischen Dossiers, das als Beleg für die Existenz von Diakoninnen in den ersten christlichen Jahrhunderten herangezogen wird, und ich halte es für richtig, dass dem so ist: Es geht nämlich nicht darum, gegenwartstaugliche Formen wie aus einer Art virtuellem Museum direkt aus der Welt der Antike abzuleiten, sondern Hinweise auf eine weibliche dienstamtliche Präsenz[35] und auf eine Praxis zu sammeln, die, so komplex sie ihrerseits gewesen sein und so begrenzt sie sich auf der Ebene der Sprache, der Soziologie und des Gender auch präsentieren mag, dennoch ‚ein Loch in die Seite bohrt' und mit der Tradition interagiert.

Ein anderer mit der Praxis-Exegese verbundener Blickwinkel lässt sich schließlich aus der Ikonographie gewinnen, wenn man sie aus der Perspektive einer Studie von Gabriele Pelizzari liest, der vorschlägt, sich den visuellen Zeugnissen als einem exegetischen Modell *in actu* zu nähern, das obendrein genau wie die literarischen Quellen und die liturgische Dokumentation mit dem Kontext der Zelebration verbunden ist. Pelizzari untersucht unter diesem Aspekt eine umfangreiche ikonographische Dokumentation der abendländischen Kirche der ersten vier Jahrhunderte – die Zahl der von ihm besprochenen und reproduzierten Bilddokumente beläuft sich auf 95 – und geht dabei von folgender Annahme aus:

> Was die antike christliche Ikonographie bezeugt, ist mithin die Art und Weise, wie und die Leidenschaft, mit der das Wort in den antiken Kirchen gehört, begriffen und verkündet wurde. Das Kriterium für die Lektüre dieser Dokumente muss im Leben des Wortes in den urchristlichen Gemeinden und nicht in der Philologie der Texte gesucht werden. So, wie sich in den Lektionaren die Verehrung, die man einem theologischen Dienstamt zollt, in der Auswahl und Anordnung der Bibelstellen niederschlägt, so stellen in diesen Dokumenten die Kontinuität und Kohärenz ihrer ikonographischen Entwürfe (die im Übrigen durch die Kombination mit anders gearteten Bibelepisoden bestätigt werden) das Ergebnis eines autonomen hermeneutischen Prozesses dar.[36]

Die Untersuchung enthält außerdem interessante Beobachtungen zu den Darstellungen auf Frauengrabmälern – der verstorbenen Crispina zum Beispiel, die

---

35 Vgl. SCIMMI, *Le antiche diaconesse*; aufgrund der Aktualität der Debatte im katholischen Kontext hat die Zahl der Studien zu diesem Thema letzthin spürbar zugenommen: www.teologhe.org/diaconato [zuletzt abgerufen am 24.8.2020].

36 Gabriele PELIZZARI, *Vedere la Parola celebrare l'attesa: Scritture, iconografia e culto nel cristianesimo delle origini* (Cinisello Balsamo: San Paolo, 2013), 28.

in einer Schriftrolle mit Christusmonogramm liest[37] – und zu den apostolischen Vorbildern, die nicht zuletzt vermittels der apokryphen Erzählungen recht frei interpretiert werden: Manche Bilder zeigen Thekla am Steuerruder eines Schiffes, in dem auch Paulus sitzt, oder an der Seite Daniels in der Löwengrube; dieser Prophet wird oft auch gemeinsam mit Susanna dargestellt. Unter den anderen Bildwerken wäre das sogenannte Arkosol der Celerina in den Praetextatus-Katakomben zu nennen, auf dem eine bemerkenswerte hermeneutische und theologische Operation durchgeführt wird: Die Komposition besteht aus drei Ebenen; auf der mittleren findet sich eine bukolische Darstellung des Lammes, die, wie am Christusmonogramm eindeutig zu erkennen, Christus unter den Seinen zeigt. Ihm entspricht jedoch auf der unteren Ebene ein weibliches Lamm unter zwei Wölfen (den beiden *Seniores*), das die Namensinschrift Susanna trägt. Hier bahnt sich, wie Pelizzari mit unerwarteter intellektueller Freiheit anmerkt, eine Exegese an, die auf einer weiblichen Christus-Typologie beruht, in der auch die Geschichte der heimlich beobachteten Frau zu letzter Sinnfülle gelangt.[38]

4. Ein *lateinisches* Verfahren anstelle eines Schlussworts: Die *Regulae*

Dieser letzte Abschnitt wagt einen Vergleich zwischen dem auf den *Regulae* basierenden exegetischen Verfahren der Antike und der in jeder Hinsicht – qua Anpassung, Subversion und Wiederherstellung – verwandelnden Kraft der Symbole, der Modelle und der sie unterlaufenden Praxen.

Augustinus ist der bekannteste jener Autoren, die regulierende Verse verwenden, die der Heiligen Schrift entnommen sind, aber nicht wie die *Testimonia* als untermauernde Belegtexte, sondern als griffige hermeneutische Prinzipien dienen: Man denke etwa an die sogenannte *Regula catholica* oder *canonica*, die sich in dem Begriffspaar *in forma servi/in forma dei* ausdrückt und in der inzwischen klassischen, aber noch immer maßgeblichen Untersuchung von Verwilghen erläutert wird.[39] Geglückt ist in dieser Hinsicht auch Homberts Arbeit *Gloria gratiae*,[40] eine Analyse jener Bibelverse, denen es beschieden war, als hermeneutische Prinzipien die gesamte Gnadendebatte mitzubestimmen. Augustinus ist im

---

37 Bildrechte bei den Vatikanischen Museen: PELIZZARI, *Vedere la Parola*, 75, Abb. 24.

38 Ebd., 80.

39 Albert VERWILGHEN, *Christologie et Spiritualité selon St. Augustin: L'hymne aux Philippiens* (Paris: Beauchesne, 1985).

40 Pierre-Marie HOMBERT, *Gloria gratiae: Se glorifier en Dieu, principe et fin de la théologie augustinienne de la grâce* (Paris: Institut d'Études Augustiniennes, 1996). Mir hat sich schon häufiger die Vermutung aufgedrängt, dass auch andere Bibelverse bei Augustinus in diesem Sinne als *Regulae* bezeichnet werden könnten, vgl. Cristina SIMONELLI, *La resurrezione del De*

Übrigen zwar der bekannteste, aber keineswegs der einzige und schon gar nicht der erste Autor, sondern steht faszinierenderweise in der Schuld des Tyconius,[41] jenes außergewöhnlichen Gläubigen „zwischen den Konfessionen“, wie ihn der junge Ratzinger nicht umhinkonnte zu definieren.[42]

Die *Regulae* – sowohl die aus dem *Liber* des Tyconius als auch die des Augustinus – folgen also einer bestimmten rhetorischen und exegetischen Anordnung,[43] leisten aber de facto eine Bündelung und Ausrichtung vielfältiger Bibelpassagen und bringen komplexe Interpretationen hervor. Ich möchte an dieser Stelle vorschlagen, die *Regula*-Idee analog auf das bis hierher Gesagte anzuwenden. Dabei können ähnlich wie im antiken Kontext einzelne Verse als *Regulae* dienen, die auf der Grundlage ihnen vorgeordneter Modelle und Praxen ein Eigenleben entwickeln: Das gilt beispielsweise für die gänzlich spiegelbildlichen Schlagworte aus 1 Kor 14,34 und Gal 3,28: „Die Frauen [sollen] in den Versammlungen schweigen“, und, kontrastierend: „Es gibt nicht mehr Juden und Griechen, nicht Sklaven und Freie, nicht männlich und weiblich.“ Die *regulierende* – deutende und bestätigende – Kraft auch dieser Stellen ist jedoch nicht in den Vers hineingeschrieben und auch nicht von seiner Wiederholung abhängig, sondern an die Welt der diskursiven und institutionellen Praxen gebunden, die mit den Texten selbst interagieren. Die inklusiven Praxen sind mithin hermeneutische Horizonte und, in der Antike genau wie in der Gegenwart, Unterpfand einer Veränderung zum Besseren hin.

---

trinitate di Agostino: Presenza, formulazione, funzione (SEA 73; Rom: Institutum Patristicum Augustinianum, 2001), 85f.

41 Augustinus hatte das Werk des Tyconius schon in den ersten Jahren seines Episkopats gelesen und Aurelius gefragt, ob man es – da sein Verfasser zu den *Donatisten* gehörte – zitieren und benutzen dürfe: *Nam et ego quod iussisti non negligo, et de Tychonii septem regulis vel clavibus, sicut saepe iam scripsi, cognoscere quid tibi videatur expecto* (*Ep.* 41,2). Als er die Arbeit an *De doctrina christiana* nach langer Unterbrechung wiederaufnimmt, beginnt er mit ebendiesem Text des Tyconius, dessen Proömium er ausführlich wiedergibt und den er sodann Regel für Regel kommentiert (*doct. chr.* 3,30,42–37,56).

42 Ratzinger schreibt, dass sich Tyconius „jener wahren Kirche zugehörig wusste, die hinter all den konkreten Kirchengemeinschaften liegt, jener Kirche, ‚in der Christus immerfort in seiner unsichtbaren Herrlichkeit kommt‘ [*Reg.* 1,4,20]. [...] Vielmehr tritt die kühne Selbständigkeit dieses einsamen Gläubigen noch stärker ins Licht, der sich niemand anders verantwortlich wusste als allein dem in Christus offenbarten Gott, von dessen Gnade er sich sein Heil erhoffte.“ Joseph RATZINGER, „Beobachtungen zum Kirchenbegriff des Tyconius im ‚Liber regularum‘“, *REAug* 2 (1956): 173–185; 185.

43 Vercruysse weist in seiner Ausgabe des *Liber regularum* neben dem rhetorischen auch auf den exegetischen Aufbau auf der Grundlage der hermeneutischen Regeln des Hillel hin: vgl. Cesare COLAFEMMINA, „Le regole ermeneutiche di Hillel“, *ASE* 8/2 (1991): 443–454. Diese Auslegungsregeln – *middot* – gehören laut den Avot de-Rabbi Natan zu den „siebenzahligen Wirklichkeiten der Welt“.

Dies alles kann, wie Amy-Jill Levine am Ende der Einleitung zu dem von ihr herausgegebenen Band zu bedenken gibt,[44] mit der Vielzahl der (auch genderbezogenen) wissenschaftlichen Arbeiten über die christliche Antike interagieren, sie kommentieren, ergänzen – und komplizieren.

44 Vgl. LEVINE, „Introduction", 14.

Biblische Frauen in der Spätantike

Maria E. Doerfler, Yale University

1. Einleitung

Fragen nach dem Leben von Frauen in der Spätantike haben die wissenschaftliche Vorstellungskraft über lange Zeit beschäftigt. Vor allem seit den 1960er Jahren sind Gender und Sexualität im frühen Christentum aus einer Vielzahl von Perspektiven – *inter alia* der des römischen Rechts,[1] der materiellen Kultur,[2] der Gesellschaftstheorie[3] und der christlichen Lehre,[4] um nur einige zu nennen – erforscht worden. Dem Thema des vorliegenden Bandes entsprechend will sich dieser Beitrag einem wohlvertrauten Gelände aus einer anderen Richtung nähern und die soziale Verortung von Frauen in antiken christlichen Gemeinden von der biblischen Exegese und dem homiletischen Diskurs her in den Blick nehmen.[5]

Frühchristliche Bibelexegeten hatten über Frauen so einiges zu sagen. Die Heldinnen des Neuen und Alten Testaments spielen in Abhandlungen, Kommentaren, Briefen und, besonders oft und lebhaft, in antiken homiletischen und hymnischen Quellen – vielleicht den wichtigsten exegetischen Zeugnissen dieser Epoche – eine prominente Rolle. Und die Frauen der Spätantike prägten die

---

1 Zu jeder dieser Kategorien ließen sich unzählige Beispiele anführen. Ich nenne im Folgenden jeweils nur eine besonders bekannte oder repräsentative Arbeit. Eine Darstellung des Lebens von Frauen in der Spätantike aus rechtlicher Sicht bietet u. a. Judith E. GRUBBS, *Law and Family in Late Antiquity: The Emperor Constantine's Marriage Legislation* (Oxford: Oxford University Press, 1999).

2 Siehe z. B. Sarah M. NELSON (Hg.), *Women in Antiquity: Theoretical Approaches to Gender and Archaeology* (Plymouth, UK: Altamira, 2007).

3 Siehe z. B. Karen COOPER, *The Virgin and the Bride: Idealized Womanhood in Late Antiquity* (Cambridge, MA: Harvard University Press, 1996).

4 Siehe z. B. Gillian CLOKE, *This female man of God: Women and Spiritual Power in the Patristic Age, AD 350-450* (London und New York: Routledge, 1995).

5 Letzterer ist in den vergangenen Jahren vermehrt auf Interesse gestoßen, vgl. neben dem vorliegenden Band und seinem Partnerband auch Agnethe SIQUANS (Hg.), *Biblical Women in Patristic Reception/Biblische Frauen in patristischer Rezeption* (Göttingen: Vandenhoeck & Ruprecht, 2017), bes. die fundierte Einleitung der Herausgeberin.

Exegese durch ihre Präsenz in zivilen und kirchlichen Kontexten und hinterließen in der Vorstellungswelt der Prediger ebenso ihre Spuren wie in den erhaltenen Niederschriften ihrer Auslegungen. Mit anderen Worten: Wenn spätantike Homileten weibliche Frauencharaktere in den Blick nahmen, taten sie dies im Licht ihrer eigenen Erfahrungen und Erwartungen bezüglich der Stellung, der Gewohnheiten, der Tugenden und der Laster von Frauen. Auf diese Weise konnten die Exegeten die biblischen Charaktere einerseits als *Typoi* der idealen christlichen Ehefrau und Mutter, der idealen Jungfrau oder Witwe oder sogar der idealen römischen Sklavin lesen und es den Frauen in ihren Kirchen andererseits nahelegen, sich diese Charaktere in ihrem eigenen Verhalten zum Vorbild – oder, wenn sie sich denn gar nicht in eine entsprechende Form gießen ließen, zum abschreckenden Beispiel – zu nehmen.

Die Homileten machten aus dieser ihrer Zielsetzung oft keinen Hehl: Gregor von Nazianz zum Beispiel stellt den Frauen unter seinen Zuhörern die Mutter der Makkabäer nicht nur als Vorbild vor Augen, sondern legt ihr am Höhepunkt seiner Homilie überdies einen ethopoetischen Appell in den Mund, mit dem sie Gregors Publikum direkt anspricht: „Lebet wohl, ihr Mütter! Erziehet zu solchen Menschen eure Kinder! Lebet wohl, ihr Söhne! Lasset euch zu solchen Helden erziehen! Ein gutes Vorbild haben wir euch gegeben."[6]

Natürlich standen die spätantiken Schriftsteller keineswegs alleine mit ihrer Annahme, dass die Helden der Schrift die Christen einiges lehren konnten, auch wenn sie die Inhalte der betreffenden Lektionen durch ihre Auslegungstätigkeit oft erst selbst bereitstellten. Bei diesem Prozess gewähren die patristischen Exegeten modernen Leser*innen den einen oder anderen Einblick in die realen und in die ersehnten Lebensverhältnisse spätantiker Frauen. Angefangen bei Sara, dem Vorbild für römische Matronen, über Jiftachs Tochter, die christlichen Jungfrauen als Rollenmodell dient, bis hin zu Hagar, deren Geschichte Sklavinnen zur Vorsicht mahnt, geht der vorliegende Beitrag der Frage nach, inwiefern sich aus der Darstellung biblischer Frauen in spätantiken Schriften Hinweise auf den soziokulturellen Kontext der Lebenswirklichkeit von Frauen der Spätantike gewinnen lassen.

2. Römische Matronen im biblischen Gewand: Der Fall Saras

Unser erstes Beispiel stammt aus einer Reihe katechetischer Vorträge, die Ambrosius als Bischof von Mailand in den 380er Jahren über eine gewisse Zeit hinweg gehalten hat, um erwachsene Konvertiten auf die Taufe vorzubereiten.

---

[6] GREGOR VON NAZIANZ, *Or.* 15,9 (PG 35,929; BKV[1] [1928], 318).

Ambrosius' Vorträge handeln von den israelitischen Patriarchen: Abraham, Isaak, Jakob, Josef und ihren jeweiligen Frauen. Sie enthalten nicht nur Unterweisungen, die geeignet sind, Neukonvertierte in die Mysterien des christlichen Glaubens einzuführen, sondern darüber hinaus auch eine großzügige Portion „ethics for the common man", wie Marcia Colish es genannt hat: Ethik für den einfachen Mann – oder die einfache Frau.[7] Erwartungsgemäß stellt die erste dieser Homilien, *De Abraham*, Abraham als Vorbild für sein Publikum dar: In seiner Eigenschaft als Vater und Ehemann und als Besitzer von Land und Sklaven verkörpert Abraham nach der Überzeugung von Bischof Ambrosius (und vielen seiner Zeitgenossen[8]) ein noch immer gültiges Ideal der für Laienchristen erstrebenswerten Tugenden und Praktiken.[9] Dementsprechend ist der ambrosianische Abraham, mit Marcia Colish gesprochen, „not made of rarer stuff than we are; he does not, initially, breathe a purer air; he is a man subject to the frailties common to human nature as well as an example of one who eventually overcomes them".[10]

In ähnlicher Weise kristallisieren sich Abraham und Sara in Ambrosius' Exegese als das ideale (römische) Ehepaar und Sara als die perfekte spätantike Ehefrau heraus. So ist Sara – etwa bei der Bewirtung der drei engelhaften Besucher bei den Eichen von Mamre in Genesis 18 – an Abrahams tugendhaften Taten beteiligt. Der leidenschaftliche Eifer, mit dem Abraham sich bemüht, seinen Gästen ein angemessenes Festessen auszurichten, macht ihn zu einem Musterbild der (christlichen) Gastfreundschaft; und auch Sara erhält ihren Anteil am Lob – allerdings im Rahmen eines Diskurses, der die Zwillingstugenden *Pudor* und *Verecundia* feiert. Beide Begriffe werden oft mit „Bescheidenheit" oder „Sittsamkeit" (in sexueller Hinsicht) übersetzt, sollen im Folgenden aber im lateinischen Original wiedergegeben werden, damit wir sie von der Hülle ihrer spätantiken Konnotationen befreien können. Abraham gibt also Sara den Auftrag, Brotfladen

---

[7] Marcia COLISH, *Ambrose's Patriarchs: Ethics for the Common Man* (Notre Dame: University of Notre Dame Press, 2005). Colish vermutet, dass sich Ambrosius in diesen Homilien an *Competentes*, das heißt an gewöhnliche Christen gewandt habe, die sich auf ihre Taufe vorbereiteten. Folgerichtig ruft Ambrosius seine Hörerschaft nicht zum Verzicht, sondern dazu auf, sich mitten in ihrem Leben als Hausherren, Eigentümer, Eltern und Eheleute auf der Grundlage einer rationalen Interpretation der durch Abraham, Isaak, Jakob und Josef beispielhaft verkörperten biblischen Prinzipien sittlich zu bilden.

[8] Einen Überblick über andere spätantike Auslegungen zu Abraham bieten z. B. Raymond BERTON, „Abraham est-il un modèle? L'opinion des Pères dans les premiers siècles de l'Église", *BLE* 97 (1996): 349–373; Jean DANIÉLOU, „Abraham dans la tradition chrétienne", *Cahiers Sioniens* 5 (1951): 68–87; Laurens J. VAN DER LOF, „The ‚prophet' Abraham in the writings of Irenaeus, Tertullian, Ambrose and Augustine", *Augustiniana* 44 (1994): 17–29.

[9] AMBROSIUS, *Abr.* (CSEL 32/1,499–638); der englische Wortlaut folgt der Übersetzung *On Abraham* (übers.. v. Theodosia Tomkinson; Etna: Center for Traditionalist Orthodox Studies, 2000).

[10] COLISH, *Ambrose's Patriarchs*, 51.

für die Besucher zu backen (Gen 18,6); sie tut, wie ihr geheißen, und bleibt selbst im Zelt, was Ambrosius wie folgt kommentiert:

> Der gute Ehemann duldet nicht, dass seine Frau nicht teilhat am frommen Dienst, und nimmt auch nicht begierig diesen ganzen Dienst für sich [allein] in Anspruch. So ist sowohl der Frömmigkeit als auch der *Verecundia* gedient. Was Sache der Frömmigkeit ist, soll seinem Wunsch gemäß gemeinsam sein; was Sache des *Pudor* ist, bleibt ganz bei Sara. Vor dem Zelt sieht der Ehemann die Gäste kommen; im Zelt wahrt Sara ihre weibliche *Verecundia* und erfüllt mit unversehrtem *Pudor* ihre fraulichen Aufgaben. Draußen lädt der Ehemann ein, drinnen richtet Sara das Gastmahl her.[11]

Auch ohne eine vertiefte Auseinandersetzung mit Ambrosius' Aussageabsicht ist unschwer zu erkennen, dass der Bischof hier Anweisungen für christliche Frauen formuliert, die die Tugend betreffen, sich aus der öffentlichen Sphäre herauszuhalten, und dass er sich dabei in erheblichem Umfang aus dem gemeinsamen römischen Tugendvokabular bedient. *Pudor* und *Verecundia* sind, wie Robert A. Kaster erläutert hat, natürlich keine bloß fraulichen Tugenden: Selbst der Kaiser konnte „verecundus" genannt werden, wenn er – wozu Plinius den jungen Trajan ermutigte – höflichen Umgang mit seinen Senatoren pflegte, und römische Männer konnten *Pudor* empfinden, wenn sie oder ihr Ruf beleidigt wurden.[12] Diese Empfindungen regulierten die zwischenmenschlichen Beziehungen in allen staatsbürgerlichen und privaten Bereichen der römischen Welt – und doch erhalten sowohl *Pudor* als auch *Verecundia* ein noch größeres Gewicht, wenn sie auf diejenigen Klassen der römischen Gesellschaft bezogen werden, die besonders regulierungsbedürftig sind, nämlich Kinder, Sklav*innen und vor allem Frauen. *Verecundia* zu zeigen, wie Sara es hier in der Deutung des Ambrosius tut, bedeutete für eine Frau in erster (und im modernen Diskurs berühmtester) Linie, sich schon bei der bloßen Andeutung unerlaubter sexueller Aktivität auf emotionaler wie praktischer Ebene in Zurückhaltung zu üben.[13] Das sexuelle Verhalten der Frauen (und auch der Männer, wie wir noch sehen werden) war für christliche Homileten natürlich von beträchtlicher Bedeutung, und doch erkennen wir in diesem Szenario auch die weiteren Implikationen von *Verecundia* und *Pudor*: Dass Sara im Innern des Zeltes bleibt, schützt sie letztendlich nicht vor der sexuellen Ausbeutung, sondern hält sie aus der öffentlichen (das heißt männlich kodierten) Sphäre heraus und wahrt – dadurch dass ihr Mann in diesem Bereich als ihr rechtmäßiger Vertreter respektiert wird – die häusliche Harmonie.

---

11 AMBROSIUS, *Abr.* 1,37; Übersetzung nach *On Abraham* (Tomkinson), 21.

12 Robert A. KASTER, *Emotion, Restraint, and Community in Ancient Rome* (Oxford: Oxford University Press, 2005), 24.

13 Näheres zu den spätantiken Erwartungen an die Bescheidenheit der Frau bieten z. B. KASTER, *Emotion, Restraint, and Community*, 13–65; Kate WILKINSON, *Women and Modesty in Late Antiquity* (Cambridge: Cambridge University Press, 2015).

Diese Kombination aus sexueller und sozialer Schicklichkeit kennzeichnet die spätantiken Erwartungen an „ehrbare" Frauen in allen nur denkbaren Kontexten. So erließ Kaiser Konstantin ein Gesetz, dem zufolge verheiratete Frauen, die ihre Schulden nicht bezahlt hatten, nicht gezwungen werden konnten, vor Gericht zu erscheinen. Schulden, so Konstantins Argumentation, konnten dadurch beglichen werden, dass man etwas aus dem Besitz der Frau verkaufte; wer eine Frau jedoch zwang, vor den Richter zu treten, tat ihr eine Schmach an, die nicht wiedergutzumachen war. Daher sollte, „wenn irgendeiner hernach glaubt, dass eine *Materfamilias* in die Öffentlichkeit gezerrt werden müsse", dieser „ohne jedwede Hoffnung auf Gnade den größten Verbrechern zugerechnet (und) mit dem Tod oder, besser noch, mit ausgesuchten Qualen der Vernichtung bestraft werden".[14]

Was erwartete man also von einer ehrbaren Frau – einer *Materfamilias* –, wenn öffentliche Angelegenheiten zu regeln waren? Auch hier lieferte die *Verecundia* die Antwort: Dadurch, dass sie sich in allen finanziellen und rechtlichen Belangen durch ihren Mann vertreten ließ, konnte eine Ehefrau zum einen den häuslichen Frieden wahren und es zum anderen vermeiden, sich in Bereiche zu begeben, die für Frauen nicht angemessen waren.[15] Die Überzeugung, dass Ehemänner als Vertreter ihrer Frauen zu fungieren hatten, die sich sowohl in der Philosophie als auch in der Gesetzgebung widerspiegelt,[16] war zu Ambrosius' Lebzeiten eine noch vergleichsweise junge Entwicklung; in früheren Jahrhunderten hatten Frauen insbesondere in den westlichen Reichsteilen ihre öffentlichen Angelegenheiten durch einen Vormund – in vielen Fällen ein älteres Mitglied ihrer leiblichen Familie – regeln lassen. Auf diese Weise hatte die Bindung der Frau an ihre Herkunftsfamilie zumindest in finanzieller Hinsicht auch über ihre Verheiratung hinaus weiterbestanden, und die Aufgabe des Vormunds war es gewesen, zu verhindern, dass der Ehemann das Vermögen seiner Frau (und seiner Schwiegerfamilie) ausbeutete. Im 4. Jahrhundert jedoch hatte sich der Schwerpunkt der gesellschaftlichen, rechtlichen und finanziellen Identität der Frau auf ihren eigenen Haushalt und insbesondere ihren Ehemann verlagert. Ein gewisses Maß an Eigentum – typischerweise ihre Mitgift und weitere Besitztümer, die mit der Eheschließung nicht in den Besitz ihres Mannes übergegangen

---

14 *Cod. theod.* 1,22,1 (11. Januar 316), Übersetzung nach Judith E. GRUBBS, *Women and the Law in the Roman Empire: A Sourcebook on Marriage, Divorce and Widowhood* (London und New York: Routledge, 2002), 49f.

15 Plutarch rät beispielsweise in seinen Ehevorschriften 43, dass ein Ehemann, der „eine Volksversammlung und Freunde mit einander vereinigen will", „sein eigenes Haus" – einschließlich der Beziehung zu seiner Frau! – „in Eintracht gebracht haben" muss, (PLUTARCH, „Ehevorschriften", in *Mor.* 1 [hg. v. Christian Weise und Manuel Vogel; Wiesbaden: Marix, 2012], 234–246; 244).

16 Nähere Informationen zu den in der Spätantike für Frauen und Männer vorgesehenen Rollen bietet z. B. Geoffrey S. NATHAN, *The Family in Late Antiquity: The Rise of Christianity and the Endurance of Tradition* (London und New York: Routledge, 2000), bes. 74–106.

waren – blieb unter ihrer Kontrolle. De facto jedoch übernahmen Ehemänner oft die Zuständigkeit für das Eigentum ihrer Frauen, wie ja auch die Frauen unter Umständen die Zuständigkeit für Teile des Haushalts übernahmen, die von Rechts wegen ihren Männern gehörten. Das in der Beziehung zwischen Abraham und Sara so anschaulich präsentierte Idyll der häuslichen Harmonie zog also im echten Leben eine Reihe durchaus praktischer Erwägungen nach sich.

Innerhalb des Haushalts dagegen nahm die spätantike Frau als Herrin über die Sklaven wie auch als primäre Erzieherin der kleinen Kinder ein beträchtliches Maß an Verantwortung wahr. Söhne blieben in der Obhut ihrer Mutter, bis sie im Alter von etwa sieben Jahren die erste Etappe auf ihrem formalen Bildungsweg außerhalb der *Domus* antraten; Töchter blieben ganz im Haus, obwohl auch sie von Eltern und Tutoren unterrichtet wurden.[17] Hieronymus gibt der Tochter eines Freundes, die gerade ein Mädchen zur Welt gebracht hat, detaillierte Ratschläge in Sachen Früherziehung: „Besorge ihr Buchstaben aus Buchs oder Elfenbein und lasse sie deren Namen lernen", schlägt Hieronymus der jungen Mutter vor.

> Sie soll damit spielen, und sie wird aus dem Spiele Belehrung schöpfen. Nicht bloß mit der Reihenfolge der Buchstaben soll sie vertraut werden, sondern auch ihre Namen in Verslein festhalten. Sie sollen häufig durcheinandergeworfen, die letzten mit den mittleren und die mittleren mit den ersten vertauscht werden, so dass sie die Buchstaben nicht nur aussprechen, vielmehr auch ihre Form auseinanderhalten kann.[18]

Wichtiger als die akademische war jedoch die spirituelle Erziehung der Kinder. Die zentrale Bedeutung dieser Aufgabe insbesondere für christliche Eltern zeigt sich an zuweilen auch unerwarteten homiletischen *Loci* – einschließlich der Erzählung von der Mutter mit den sieben Söhnen im zweiten und vierten Makkabäerbuch, einer Märtyrergeschichte über sieben Brüder, die lieber sterben wollten, als die göttlichen *Kaschrut*-Gesetze zu verletzen. Die Jugendlichen werden in ihrem Opfermut von ihrer Mutter bestärkt, die ihren Tod nicht nur mitansieht, sondern sogar feiert und schließlich selbst als Märtyrerin stirbt. Schon im zweiten Buch der Makkabäer nimmt die Mutter das Verdienst für sich in Anspruch, ihre Kinder ernährt, großgezogen und für sie gesorgt zu haben; durch den Triumph ihres Martyriums wird ihr vergolten, was sie in ihre spirituelle Erziehung investiert hat.

Christliche Exegeten stellten ihren Zuhörerinnen den blutigen Triumph der Mutter der Makkabäer als Vorbild vor Augen, dem es bei der Erziehung ihrer eigenen, christlichen Kinder nachzueifern gelte. Severus von Antiochien, ein Autor des 6. Jahrhunderts, appelliert an die Mütter in seiner Gemeinde:

---

17 Eine kurze und bündige Einleitung zur Rolle der Frau bei der Kindererziehung findet sich bei Lynn COHICK, *Women in the World of the Earliest Christians: Illuminating Ancient Ways of Life* (Grand Rapids: Baker Academic, 2009), 143f.

18 HIERONYMUS, *Ep.* 107,4 *Ad Laetam de institutione filiae* (CSEL 55,294; BKV^2 16,389).

> Hört diese Dinge und erzieht eure Söhne in dieser Weise und lasst sie in die Kirche gehen und drängt sie, die Lehren der Priester anzunehmen. Und verhätschelt sie nicht mit weltlicher Fürsorge, denn die sichtbaren Dinge sind vergänglich, die unsichtbaren aber ewig.[19]

Auch Valerian, der für ein nordafrikanisches Publikum schreibt, fordert alle liebenden Mütter auf, „die zahlreichen und mutigen Beispiele" nachzuahmen, „die [die makkabäische] Mutter hinterlassen hat". Hierzu sollten Mütter ihre Kinder so unterweisen, „dass sie die Vorschriften der himmlischen Gesetze befolgen lernen".[20]

Das eigentliche Anliegen dieser biblisch basierten Erziehung war jedoch nicht das eventuelle Martyrium der Kinder, sondern eine eher praktische Verhaltensmaßregel: Wie Valerians gesamte Gemeinde sollten auch die Kinder „die Gaben und Ehren dieser Welt geringschätzen. Verlockend und eitel, wie sie sind, täuschen sie das menschliche Auge. Doch dies ist ein Opfer, das dem Herrn angenehm ist: dass man der Ehre des Himmels den Vorzug gibt und die Welt zu verachten beginnt."[21] Mit anderen Worten: Von christlichen Frauen der Spätantike, die Mütter waren, konnte erwartet werden, dass sie in der Erziehung Prioritäten setzten, die spirituellen Bestrebungen ihrer Kinder förderten und sie von weltlichen Ambitionen abbrachten, die damit unvereinbar waren.

3. Jungfrauen werden: Der Fall der Tochter Jiftachs

Für die große Mehrheit der freigelassenen und freigeborenen Frauen aller Schichten der römischen Gesellschaft des 4. und 5. und auch noch der späteren Jahrhunderte war die Zwillingsrolle der Ehefrau und Mutter nach wie vor ausschlaggebend für ihre soziale Stellung und relationale Identität. Und doch bot sich den Frauen mit dem Christentum noch eine weitere und – um es mit Elizabeth A. Clark zu sagen – „antifamiliäre" Option:[22] sich der Heirat (oder gegebenenfalls auch der Wiederheirat) zu widersetzen, sich mit Christus zu vermählen und als Jungfrauen oder Witwen ein keusches Leben zu führen. Die ersten Spuren eines asketischen Lebens von Frauen finden sich bereits Anfang des 3. Jahrhunderts in Nordafrika, wo die sogenannten „unverschleierten Jungfrauen" Tertullian in Unruhe und andere ihrer Zeitgenossen in Entzücken versetzten.[23]

---

19 Severus von Antiochien, *Hom.* 52,11: *On the Maccabees*, in *The Fourth Book of Maccabees and Kindred Documents in Syriac* (hg. v. R. L. Bensly; London: C. J. Clay and Sons, 1895), xxxiii.

20 Valerian, *Hom.* 18: *De Machabaeis* (PL 52,749; englische Übersetzung: FAC 17,420).

21 Ebd.

22 Elizabeth A. Clark, „Antifamilial Tendencies in Ancient Christianity", *Journal of the History of Sexuality* 5,3 (1995): 356–380.

23 Tertullian, *Virg.* (CSEL 76,79–103). Der Traktat befasst sich mit dem Phänomen von Gruppen selbsternannter karthagischer Jungfrauen, die entgegen der römischen und der

Doch erst im späten 4. Jahrhundert wurden Asketinnen zu Subjekten und Objekten größerer literarischer Aufmerksamkeit, was überwiegend der Faszination geschuldet war, die diese extreme Form der christlichen Frömmigkeit auf ausgewählte Mitglieder des römischen Adels ausübte. Denken wir nur an den Briefwechsel zwischen Hieronymus und Mitgliedern der *Gens Furii*,[24] einer der wohlhabendsten und angesehensten Familien des römischen Kaiserreichs; an die Flut von Briefen, die eine Angehörige der ähnlich gut situierten *Gens Anicii* auf sich zog, als bekannt wurde, dass sie sich für ein jungfräuliches Leben entschieden hatte;[25] oder, auf einer etwas niedrigeren Gesellschaftsstufe, an die Bücher, die Gregor von Nyssa über seine jungfräuliche Schwester Makrina verfasste.[26] Solche Frauen konnten auf beträchtliche finanzielle Ressourcen zurückgreifen, wenn sie kirchliche Bauprojekte unterstützten, Frauenklöster stifteten oder gelegentlich sogar ihre eigenen Wohnhäuser für ein asketisches *Convivium* zur Verfügung stellten, um gemeinsam mit ihren Sklavinnen und weiblichen Verwandten ein jungfräuliches Leben zu führen.

Christliche Schriftsteller, die Frauen derartige Berufungen nahelegen oder diejenigen, die diesen Weg bereits eingeschlagen hatten, ermutigen wollten, konnten sich auf eine Vielzahl von biblischen Vorbildern berufen: auf Moses Schwester Mirjam; auf Thekla, die jungfräuliche Gefährtin des Apostels Paulus, die in den nach ihr benannten *Acta* gefeiert wurde; und natürlich die Jungfrau Maria selbst. Diese drei, so schreibt Hieronymus, würden die Jungfrauen im Jen-

christlichen Sitte ihr Haar in der Kirche unbedeckt trugen. Während dieses auffällige Zeichen der eschatologischen Schwerpunktsetzung dieser Jungfrauen offenbar vielen Mitgliedern ihrer Gemeinde gefiel, hatte Tertullian für ein solches Verhalten nur harsche Kritik übrig. Nähere Informationen zum Text und zu den Anfängen des asketischen Lebensstils in Nordafrika bietet Peter BROWN, *The Body and Society: Men, Women, and Sexual Renunciation in Early Christianity* (London und Boston: Faber and Faber, 1988), 76–82.

24 Nähere Informationen zu den Briefbeziehungen zwischen Hieronymus, einer Anzahl seiner asketischen männlichen Zeitgenossen und höchst einflussreichen Frauen des spätantiken römischen Imperiums bietet Elizabeth A. CLARK, *Jerome, Chrysostom, and Friends: Essays and Translations* (Studies in Women and Religion 2; New York: Mellen, ²1982). Eine neuere Untersuchung zu diesem Thema ist die von Andrew CAIN, *The Letters of Jerome: Asceticism, Biblical Exegesis, and the Construction of Christian Authority in Late Antiquity* (Oxford und New York: Oxford University Press, 2009).

25 Nähere Informationen zur literarischen Konstruktion der fraglichen Jungfrau bietet Andrew JACOBS, „Writing Demetrias: Ascetic Logic in Ancient Christianity", *CH* 69 (2000): 719–748.

26 Vgl. bes. GREGOR VON NYSSA, *Vita Macrinae*, eine theologische Biographie – oder Thanatologie, wenn man seine umfassende Auseinandersetzung mit der Art und Weise ihres Todes bedenkt – seiner älteren Schwester (SC 178; BKV[1] [1927]).

seits willkommen heißen und sie als Schwestern und als ihresgleichen behandeln.[27] Doch nicht alle antiken Kommentatoren waren begeistert von der Vorstellung, dass eine wachsende Zahl der besten Partien des Kaiserreichs Ehe und Elternschaft vermieden, während der Reichtum ihrer Familien in den Truhen der Kirche landete. Besonders Nichtchristen standen diesem Abschöpfen der menschlichen und materiellen Ressourcen der römischen Gesellschaft kritisch gegenüber. Dadurch, dass sie einer asketischen Berufung folgten, weigerten sich die Söhne und Töchter der Elite-Familien, wie Clark schreibt, „to act as cement holding together the familial and kinship structures of the Roman aristocracy".[28]

Auch Christen widersetzten sich zuweilen den asketischen Ambitionen ihrer Kinder: So erinnert Ambrosius von Mailand in einer Predigt über die Jungfräulichkeit an „ein Mädchen, vor kurzem noch adeligen Standes in der Welt, jetzt noch höheren, gottgeweihten Standes", das, von Eltern und Verwandten zur Hochzeit gedrängt, „an den hochheiligen Altar" geflohen sei.[29]

> Alle [Verwandten] schweigen, nur einer bemerkt etwas vorwitzig: „Wie? wenn dein Vater lebte, würde er dulden, dass du unvermählt bleibst?" Darauf jene [...]: „Vielleicht ist er gerade deshalb nicht mehr da, dass niemand mehr ein Hindernis in den Weg legen könne."[30]

Und wirklich, so Ambrosius abschließend, habe den Unverschämten ein rascher Tod ereilt: eine finstere Warnung nicht nur an seine eigene Familie, sondern auch an die Verwandten der Mitglieder seiner Gemeinde, die für sich selbst ein jungfräuliches Leben in Betracht zogen.

Auch für die Ängste der betroffenen Familien – und die Reaktionen führender Christen auf ebendiese Ängste – fanden sich Anknüpfungspunkte in den biblischen Erzählungen. Ein Beispiel hierfür stammt aus einer syrischen Homilie eines anonymen Verfassers aus dem 6. Jahrhundert über die Tochter des Jiftach (Ri 11,29–40).[31] Die biblische Grundlage dieser Erzählung ist oft als einer der „Texts of Terror" der Hebräischen Bibel bezeichnet worden:[32] In der Zeit der

---

27 HIERONYMUS, *Ep.* 22,41: *Ad Eustochium* (CSEL 54,209). Demgegenüber dürften, so Hieronymus, treue Ehefrauen eine Begrüßung durch Sara erwarten, während die Witwen von Anna willkommen geheißen würden.

28 Elizabeth A. CLARK, *Ascetic Piety and Women's Faith: Essays on Late Ancient Christianity* (Leviston: Mellen, 1986), ix.

29 AMBROSIUS, *Virg.* 1,65 (Opere morali 2/1: Verginità e vedovanza [hg. v. Franco Gori; Sancti Ambrosii Episcopi Mediolanensis opera 14/1; Milano: Biblioteca Ambrosiana und Rom: Città Nuova Editrice, 1989], 162; BKV[1] [1917], 343).

30 AMBROSIUS, *Virg.* 1,66 (Opere morali 2/1, 164; BKV[1] [1917], 344).

31 Text und Übersetzung dieser *Soghitha* sind ediert bei Sebastian BROCK, „A *Soghitha* on the Daughter of Jephthah, by Isaac", *Hug* 14/1 (2011): 3–25.

32 Diese Formulierung stammt aus Phyllis Tribles gleichnamiger, bahnbrechender Studie zu vier Erzählungen über vernachlässigte, zum Schweigen gebrachte oder misshandelte Frauen aus der Hebräischen Bibel einschließlich der Tochter Jiftachs aus Sicht der feministischen literarischen Analyse: *Texts of Terror: Literary-feminist Readings of Biblical Narratives* (Minneapolis: Fortress Press, 1984).

Richter gelobt Jiftach, ein Feldherr, in der Hitze der Schlacht und unter dem Einfluss des göttlichen Geistes, dass er im Falle eines Sieges über die Feinde der Israeliten Gott das Erste opfern werde, was ihm bei seiner Heimkehr entgegenkommt. Tatsächlich werden die Feinde besiegt, doch als Jiftach heimkehrt, nimmt die Geschichte eine schaurige Wendung: Ihm kommt niemand anderes entgegen als seine Tochter, sein einziges Kind, das er im weiteren Verlauf der Geschichte opfert, um sein Gelöbnis zu erfüllen.

Diese Geschichte ist verstörend und faszinierend zugleich, und das nicht zuletzt aufgrund ihrer Parallelen zur *Akeda*, der Bindung Isaaks, in Genesis 22 und, wie viele spätantike Exegeten erkannt haben, zur Menschwerdung.[33] In der Interpretation eines syrischen christlichen Homileten jedoch, von dem wir nur wissen, dass er Isaak geheißen haben muss, wird die Geschichte zu einer Erzählung, die so etwas wie die Handlungsmöglichkeiten einer Asketin zum Ausdruck zu bringen scheint.[34] Seine Vers-Homilie über die betreffende Bibelstelle beginnt mit einer Ermahnung, wonach „diejenigen, die Gelübde ablegen, wenn sie in arger Bedrängnis sind, sie beim Herrn einlösen sollten, wenn es ihnen gutgeht."[35] Die Homilie erzählt den Kontext des eigentlichen Gelöbnisses nicht nach, sondern wendet sich gleich der Begegnung zwischen dem aus der Schlacht heimkehrenden Jiftach und seiner Tochter zu. Das Mädchen begrüßt seinen Vater herzlich. Er dagegen hört ihren Gruß mit Schaudern und versucht sofort, sich aus seinem Versprechen gegenüber der Gottheit herauszuwinden: „Ich habe dich dem Allerhöchsten gelobt, was ist nun zu tun? Du bist Gott gelobt, was kannst du fortan tun?"[36] Die Antwort seiner Tochter auf diese Kunde lässt jedoch weder Überraschung noch Bestürzung erkennen. Vielmehr greift sie das Thema auf, das in den Eröffnungszeilen der Homilie bereits eingeführt worden ist, und erinnert ihren Vater daran, dass er sein Gelübde unbedingt halten muss und dass die Folgen zumindest für sie durchaus erfreulich sind:

> Als du das Gelübde ablegtest, wusstest du nicht, dass ich dir entgegenkommen würde, aber Gott, der mich geliebt hat, hat mich zu seiner Magd gemacht. Gesegnet bin ich, die ich vom

---

33 Näheres zu diesen Parallelen und ihrer Verwendung im homiletischen Diskurs der Spätantike bietet Maria E. DOERFLER, *Jephthah's Daughter, Sarah's Son: The Death of Children in Late Antiquity* (Los Angeles: University of California Press, 2019), 103–143.

34 Der Text ist nur in einer einzigen Handschrift (British Library Add. 17,141) erhalten, die auf das 8. oder 9. Jahrhundert zurückgeht, während die *Soghitha* selbst offenbar einige Jahrhunderte früher entstanden ist. Der Text schreibt sie einem Mar Ishaac zu; allerdings kommen, wie Sebastian Brock gezeigt hat, mindestens drei „Isaaks" in Frage, die im 5. und 6. Jahrhundert im syrischen Reich schriftstellerisch tätig waren: Jeder von ihnen – oder auch ein anderer, noch gänzlich unbekannter Autor – könnte der hier erwähnte Isaak sein (BROCK, „*Soghitha* on the Daughter of Jephthah", 9).

35 Zeile 1–2, in BROCK, „*Soghitha* on the Daughter of Jephthah", 10/12 (Syrisch/Englisch).

36 Zeile 22, in BROCK, „*Soghitha* on the Daughter of Jephthah", 11/14.

> Missbrauch durch diese Welt befreit worden bin und nun zu meinem Herrn gehe: ein versiegelter Brief.[37]

Diese Antwort ist gespickt mit intertextuellen Bezügen auf biblische Texte, allen voran Marias *Magnificat* (Lk 1,46–55). Genau wie die Jungfrau, so stellt es die Homilie dar, akzeptiert Jiftachs Tochter ihr Schicksal als den Willen Gottes: Dass Jiftach die Israeliten retten konnte, verdankte er, ohne es zu wissen, ihrem bereitwilligen Opfer. Ihr Vater dagegen gerät ins Wanken und taumelt unter der Last der Aufgabe, die vor ihm liegt.[38] Die Ältesten seiner Gemeinschaft spüren seine Verzweiflung und versuchen ihn zu trösten:

> „Jiftach, sei nicht betrübt, dass du deinem Herrn das Gelübde abgelegt hast: Lege irgendeine Gabe beiseite und gib sie; bring diese dem Herrn dar. Gib die Hälfte deines Besitzes und lass deine einzige Tochter in Frieden, denn alles, was du besitzt, ist nicht so teuer wie diese Tochter, die du hast."[39]

Das Objekt des Gelübdes selbst aber weist alle Manöver, die ihr Überleben sichern sollen, entschieden zurück: „Das Mädchen antwortete vor all jenen, die [ihren Vater] beraten hatten: ‚Wie übel ist euer Rat und verhasst vor dem Herrn.'"[40] Sodann endet der Text mit einer Wiederholung seiner anfänglichen Lektion: Gott gegebene Versprechen müssen gehalten werden – selbst dann, wenn sie die eigenen Kinder betreffen.

Das Bild, das diese Homilie von Jiftachs Tochter entwirft, weist einige deutliche Unterschiede zur biblischen Vorlage auf und rückt die Erfahrung und das Handeln der jungen Frau wieder ins Zentrum der Erzählung. Während ihre Bereitschaft, Opfergabe ihres Vaters zu werden, im Buch der Richter die Bedingung dafür ist, dass er sie ziehen lässt, um ihre verlorene Zukunft zu betrauern, kann sie es hier kaum erwarten, die Welt hinter sich zu lassen, und glaubt fest daran, dass Gott sie im ganzen Glanz ihrer Jungfräulichkeit in seine Gegenwart gerufen hat.[41] Diese exegetischen Eingriffe beleuchten eine Dynamik – und werden von ihr beleuchtet –, die in der Lebenswelt spätantiker Asketinnen keine Seltenheit war, denn genau wie Jiftachs Tochter waren auch sie gelegentlich Objekte eines von ihren Vätern oder Müttern geleisteten Gelübdes, und genau wie Jiftach waren offenbar auch die jeweiligen Eltern versucht, dieses Gelübde nicht einzuhalten. Natürlich betrafen solche Versprechen nicht die Tötung der Kinder, son-

---

37 Zeile 28–29, in Brock, „*Soghitha* on the Daughter of Jephthah", 11/14. Brock weist auf die marianischen Konnotationen dieser Stelle hin ebd., 5.8).

38 „Wenn er sich nähert, um sie zu opfern, wird er dann Mitleid haben mit der Tochter seiner Lenden? Doch wenn er sie nicht schlachtet, wird er für falsch befunden werden" (Zeile 31, in Brock, „*Soghitha* on the Daughter of Jephthah", 11/15).

39 Zeile 33–34, in Brock, „*Soghitha* on the Daughter of Jephthah", 11/15.

40 Zeile 35, in Brock, „*Soghitha* on the Daughter of Jephthah", 11/15.

41 Eine eingehendere Analyse der *Soghitha* bietet Maria E. Doerfler, „Listen to Her: Women as Avatars of Wisdom in Late Ancient Homiletical Discourse", *Journal of Early Christian History* 8,3 (2018): 28–56.

dern ihre Weihe zu einem Leben in permanenter Jungfräulichkeit und monastischem Dienst. „The standard situation in Late Antiquity“, schreibt Ville Vuolanto, „was parents dedicating their children to asceticism, just as parents were also responsible for marrying off their progeny. In some cases children were promised to the ascetic life before they were born and in many cases at least before they themselves could intervene in the matter.“[42]

Die eigene Tochter einem Leben der immerwährenden Jungfräulichkeit zu weihen hieß, sie in einen neuen Haushalt zu überführen: den Haushalt Gottes. Wie bei einer gewöhnlichen Verlobung würde die Jungfrau das Heim ihrer leiblichen Familie verlassen und in den Haushalt ihres Bräutigams Christus, das hieß in vielen Fällen in eine monastische Gemeinschaft übersiedeln. Zuweilen brachten Frauen bei einem solchen Arrangement auch ihre angesparte Mitgift mit, die zwar schon bald in die Verfügungsmasse ihrer neuen Gemeinschaft überging, ihnen aber doch ein gewisses Maß an finanzieller Unabhängigkeit garantierte. Die Familien betrachteten solche Weihen als Investition in ihre spirituelle oder eschatologische Zukunft.[43] Andererseits war das asketische Leben für das Kind wie für seine Eltern eine Art gesellschaftlicher Tod, zumal wenn es sich um das einzige überlebende Kind einer Familie handelte. Es kam vor, dass Eltern in Krisenzeiten – etwa im Falle der Unfruchtbarkeit oder einer schweren Erkrankung des Kindes – solche Gelübde ablegten und es sich vor allem dann, wenn sie keine weiteren lebenden Kinder hatten, anders überlegten, sobald die Krise vorüber war.

Unter den Schriften des Augustinus, die vielleicht nur wenige Jahrzehnte vor der oben erwähnten Homilie entstanden sind, befindet sich ein Brief (*Ep.* 3*) an eine Witwe namens Innocentia.[44] Diese hatte ihre Tochter, als diese schwer erkrankte, noch im Säuglingsalter für ein Leben in immerwährender Jungfräulichkeit versprochen, wenn Gott sie so lange am Leben ließ, dass sie das Erwachsenenalter erreichte. Doch als das Kind genesen war, änderte Innocentia ihre Meinung und fragte Augustinus, ob sie sich nicht vielleicht selbst den Reihen der Witwen anschließen könne, statt ihre Tochter nicht zu verheiraten.

Einen solchen Kuhhandel weist Augustinus in seiner Antwort entschieden zurück: Was, so der Bischof, könnte eitler sein, als dem Mädchen um des Kinderkriegens willen die Segnungen der Jungfräulichkeit vorzuenthalten, was arglistiger als der Versuch, Gott zu betrügen, indem man das Größere (das Gelübde der Jungfräulichkeit) gegen das Geringere (das Gelübde der Witwenschaft) eintausche?[45] Innocentia werde doch gewiss gewillt sein, ihr Gelöbnis zu halten und

---

42 Ville VUOLANTO, *Children and Asceticism in Late Antiquity: Continuity, Family Dynamics and the Rise of Christianity* (Burlington: Ashgate, 2015), 210.

43 Zur Weihe von Kindern als einer Strategie, die Zukunft der Familie zu sichern, vgl. VUOLANTO, *Children and Asceticism in Late Antiquity*, bes. 114–120).

44 AUGUSTINUS, *Ep.* 3* (CSEL 88,21–25).

45 AUGUSTINUS, *Ep.* 3*,1 (CSEL 88,21f.).

ihre Tochter keinem bloß irdischen, sondern dem himmlischen Bräutigam anzuvertrauen! In ähnlicher, wenngleich nicht ganz so direkter Weise wendet sich auch Isaaks Homilie an unschlüssige Eltern und angehende Asketen, deren Absichten aufseiten ihrer Familie wie auch ihrer Gemeinde womöglich Widerstände hervorrufen würden. Durch ihre Hingabe an Christus könnten sie, so wird es im Text suggeriert, entscheidend dazu beitragen, die Treue der eigenen Eltern zu ihrem himmlischen Bräutigam zu garantieren, dessen Haushalt sie dereinst anzugehören hofften.[46]

4. Sklavinnen und andere vergessene Frauen: Der Fall Hagars

Bis hierher hat sich der vorliegende Beitrag vor allem mit freigeborenen Frauen befasst, die als Ehefrauen und Mütter oder als Jungfrauen und Witwen ein gewisses, wenn auch begrenztes Maß an Selbstbestimmung genießen durften. Nun jedoch müssen wir uns einer der zahlenmäßig stärksten und gleichzeitig am schlechtesten dokumentierten Gruppen von Frauen im spätantiken römischen Kaiserreich zuwenden: den Sklavinnen. In den letzten Jahrzehnten ist die Bedeutung der Sklaverei in der Spätantike auf breiter Basis neu bewertet worden: Frühere Historikergenerationen hatten angenommen, dass die Praxis der Sklavenhaltung in der Spätantike rückläufig war und die Sklavenpopulationen schrumpften.[47] Neuerdings haben jedoch Wissenschaftler wie Cam Grey und Kyle Harper erfolgreich nachgewiesen, dass die Sklaverei die kulturelle und

---

46 Dass die *Soghitha* diesen Punkt anhand einer Vater-Tochter-Konstellation belegt, ist besonders bezeichnend, wenn man bedenkt, dass Jiftach in der patristischen Literatur häufig als Witwer dargestellt wird und folglich nicht mehr auf weitere Nachkommen hoffen durfte. Vuolanto zufolge waren (verwitwete) Väter offenbar „less willing to dedicate their children to asceticism, or even to allow their already adult children to make such a move. The most plausible reason would be that the value hierarchy of elite men was different from that of women. [...] [I]t seems that men perceived their children to be more important in building up their own family and continuing the biological family in the conservative sense, whereas mothers were more eager to promote transcendental strategies for their children" (VUOLANTO, *Children and Asceticism in Late Antiquity*, 219f.).

47 Nähere Informationen zur Entwicklung der Beurteilung der Sklaverei seitens der Gelehrten bietet Cam GREY, „Slavery in the Later Roman World" in *The Cambridge World History of Slavery 1: The Ancient Mediterranean World* (hg. v. Keith Bradley und Paul Cartledge; Cambridge: Cambridge University Press, 2011), 482–510.

wirtschaftliche Landschaft des römischen Reichs auch noch in der späten Kaiserzeit maßgeblich prägte.[48] Sklaven begegnete man in allen Bereichen des römischen Lebens: Sie arbeiteten in den Minen und auf privaten Landgütern, waren als Ammen oder Lehrer für die Kinder da, gingen Soldaten, Bischöfen und sogar Mönchen zur Hand und übernahmen für Familien, Unternehmen, Kirchen und städtische Gemeinden im ganzen Reich alle nur erdenklichen Arten von Dienstleistungen. Christliche Haushalte bildeten keine Ausnahme: Augustinus schreibt über das nördliche Afrika des 5. Jahrhunderts, dass es nur in den wenigsten Haushalten keine Sklaven gab,[49] und bei den spätantiken Homileten finden sich Hinweise darauf, dass für die anderen Gegenden des Imperiums dasselbe galt. Die Christen hatten, wie Jennifer Glancy gezeigt hat, einen *Habitus* der Sklaverei und Sklavenhaltung geerbt – und der Klerus brachte mit einigen wenigen Ausnahmen keine Argumente vor, die *per se* gegen diese Praxis sprachen.[50]

Das heißt aber nicht, dass der Klerus den konkreten Lebenssituationen der Sklaven und Sklavenhalter gleichgültig gegenübergestanden hätte. Die Homileten setzten sich mit der Anzahl der von Christen gehaltenen Sklaven, ihrer Bestrafung und insgesamt mit der Frage auseinander, wie christliche Sklavenhalter ihre Leibeigenen in physischer Hinsicht behandelten. Prediger drängten ihre Gemeinden zum Beispiel, die Zahl der in ihren Diensten stehenden Sklaven zu begrenzen, auch wenn dies vor allem der Sorge geschuldet war, dass das spirituelle Wohlergehen eines Herrn oder einer Herrin Schaden nehmen könne, wenn er oder sie von allzu vielen Sklaven bedient wurde. So fürchtete Clemens von Alexandrien im 3. Jahrhundert, dass Sklaven die Christen in ihren Lastern – ihrer Gier nach gutem Essen und materiellem Komfort oder in der Zurschaustellung von Reichtum – bestärken könnten.[51] Ähnlich glaubte auch Johannes Chrysostomus, der berühmte „goldmundige" Bischof von Antiochia und Konstantinopel,

---

48 Kyle HARPER, *Slavery in the Late Roman World, AD 275–425* (Cambridge: Cambridge University Press, 2011); GREY, „Slavery in the Later Roman World".

49 AUGUSTINUS, *Enarrat. Ps.* 124,7 (CCSL 40,1840f.), vgl. HARPER, *Slavery in the Late Roman World*, 4.

50 Jennifer GLANCY, „Christian Slavery in Late Antiquity", in *Human Bondage in the Cultural Contact Zone: Transdisciplinary Perspectives on Slavery and Its Discourses* (hg. v. Raphael Hörman und Gesa Mackenthum; Münster: Waxman, 2010), 63–80; 68. Eine häufig angeführte Ausnahme von dieser Regel – vielleicht die einzige antike christliche Quelle, die einem Aufruf zur Abschaffung der Sklaverei nahekommt – ist Gregor von Nyssas vierte Homilie zu Kohelet (GREGOR VON NYSSA, *In Ecclesiasten homiliae* [GNO 5,334–352]). Nähere Informationen zu dieser bemerkenswerten Quelle bieten z. B. María Mercedes BERGADÁ, „La condemnation de l'esclavage dans l'Homélie IV", in *Gregory of Nyssa: Homilies on Ecclesiastes: An English Version with Supporting Studies* (hg. v. Stuart George Hall; Berlin: de Gruyter, 1993), 185–196; Daniel F. STRAMARA, „Gregory of Nyssa: An Ardent Abolitionist?", *SVTQ* 41 (1997): 37–60; J. Kameron CARTER, „Theology, Exegesis, and the Just Society: Gregory of Nyssa as Abolitionist Intellectual", *ExAud* 22 (2006): 181–212.

51 Siehe z. B. CLEMENS VON ALEXANDRIEN, *Paed.* 3,6 (in *Clementis Alexandrini Paedagogus* [hg. v. Miroslav Markovich; Supplements to *Vigiliae Christianae* 61; Leiden: Brill, 2002], 168–170).

dass es die Konstitution eines Christen schwächen und „verweiblichen" könne, mehr als zwei oder drei Sklaven zu halten.[52] Doch auch diese Autoren bewogen ihre Hörerschaft nicht dazu, gänzlich auf die Dienste von Sklaven zu verzichten. Wie Chris de Wet gezeigt hat, gingen die patristischen Schriftsteller ganz ähnlich wie ihre spätantiken Zeitgenossen davon aus, dass junge Männer im Umgang mit Sklaven lernten, sich selbst und andere zu beherrschen – eine wesentliche Qualität, wenn man als Christ in Kirche und Gesellschaft funktionieren wollte.[53]

Als biblische *Loci classici* dienten den Homileten bei ihren Auslegungen zu diesen Themen im Allgemeinen die paulinischen Briefe. Patristische Autoren griffen die Sklavenmetaphorik auf, die sich Paulus zu eigen gemacht hatte, um sein Verhältnis zum Göttlichen zu beschreiben, oder bezogen sich zum Beispiel auf die Aussage aus Gal 3,28, dass es in Christus „nicht Sklaven und Freie" gebe. Beides ermöglichte es ihnen, ihre Aufmerksamkeit von den sozioökonomischen Praktiken der Sklaverei auf einen Sklavendiskurs zu verlagern, der die spirituelle Freiheit über die praktische Selbstbestimmung stellte.[54]

Gelegentlich jedoch geriet eine Figur aus den Erzählungen der Hebräischen Schriften in den Fokus der patristischen Exegese. Bei Johannes Chrysostomus war dies zum Beispiel die Hagar-Geschichte aus Genesis 16 und 21. In seiner 38. Homilie zum Buch Genesis befasst sich Chrysostomus mit Saras Bemühungen, Abraham zum Geschlechtsverkehr mit ihrer Sklavin Hagar zu überreden, denn, so ihre Überlegung: „Vielleicht komme ich durch sie zu einem Sohn" (Gen 16,2). Und tatsächlich wird Hagar schwanger, doch das freudige Ereignis führt sowohl zwischen Sklavin und Herrin als auch zwischen Mann und Frau zum Streit. Chrysostomus zitiert und glossiert den biblischen Text:

> „[Hagar] sah, dass sie schwanger war", heißt es im Text weiter, „und zeigte ihrer Herrin geringe Ehrerbietung." Das, seht ihr, ist Sklavenart (wörtlich: das sklavische *Ethos*); wenn sie zufällig auch nur einen kleinen Vorteil gewinnen, können sie es nicht ertragen, innerhalb der Grenzen ihrer Stellung zu bleiben, sondern vergessen sogleich ihren Platz und verfallen in eine Haltung der Undankbarkeit.[55]

Als Hagar in Reaktion aus die Misshandlung durch Sara in die Wüste flieht, schaltet sich Chrysostomus ein weiteres Mal in die Erzählung ein:

Den ganzen Text hindurch betont Clemens die Verbindung zwischen Sklavenhaltung und verweichlichendem Luxus.

52 Johannes Chrysostomus, *Hom. 1 Cor.* 40,5 (PG 61,353–354).

53 Chris L. de Wet, *Preaching Bondage: John Chrysostom and the Discourse of Slavery in Early Christianity* (Los Angeles: University of California Press, 2015), 127–168; vgl. zu diesem Thema bei anderen spätantiken Schriftstellern auch Harper, *Slavery in the Roman World*, 326–348; Jennifer Glancy, *Slavery in Early Christianity* (Oxford und New York: Oxford University Press, 2002), 130–155.

54 Nähere Informationen zum *Topos* der Sklaverei in den paulinischen Briefen bietet J. Albert Harrill, *Slaves in the New Testament: Literary, Social, and Moral Dimensions* (Minneapolis: Fortress Press, 2006); siehe auch Glancy, *Slavery in Early Christianity*, 9–38.

55 Johannes Chrysostomus, *Hom. Gen.* 38,4 (PG 53,355; englische Übersetzung: FAC 82,364).

> Wahrscheinlich ergriff die Sklavin die Flucht, weil [Sara] die Unverschämtheit [Hagars] bestrafte. Denn so ist es mit den Sklaven: Sobald etwas nicht nach ihrem Willen geht, sondern ihr Unabhängigkeitsstreben vereitelt wird, werfen sie unverzüglich das Joch ihrer Herren ab und ergreifen die Flucht.[56]

Chrysostomus sieht also in dieser Geschichte eine Möglichkeit, seine Hörerschaft über die Treulosigkeit der Sklaven zu belehren. Sein erstes Anliegen betrifft allerdings nicht den schlechten Charakter der Sklaven allgemein, sondern die besondere Versuchung, die die *Paidiske*, die Haussklavin, für ihren männlichen Eigentümer darstellt. Sklaven wurden in der römischen Gesellschaft vor dem Gesetz ebenso wie in der alltäglichen Praxis als Eigentum ihrer Herren behandelt. Zwar gab es Grenzen hinsichtlich dessen, was ein Herr seinem Sklaven antun durfte – ein 319 n. Chr. von Konstantin erlassenes Gesetz stellte zum Beispiel die absichtliche Tötung von Sklaven mit Stöcken, Steinen, Speeren, Stricken, Giften und ähnlichen Mordwerkzeugen unter Strafe[57] –, doch galten derartige Beschränkungen nicht für den Gebrauch von Sklaven als Objekten der Lust: Der Körper einer Sklavin gehörte ihrem Herrn, der diesen ganz selbstverständlich zu seiner sexuellen Befriedigung benutzen durfte, ein Standpunkt, der auch unter christlichen Sklavenhaltern verbreitet war: So erklärt Paulinus von Pella, ein wohlhabender gallischer Großgrundbesitzer und ungefährer Zeitgenosse des Augustinus, mit unverkennbarem Stolz in seinem Dankeshymnus *Eucharistikos*:

> Ich prüfte meine Leidenschaften mit dieser Keuschheitsregel: dass ich niemals ein unwilliges Opfer suchen noch die Rechte einer anderen Person verletzen und dass ich mich, auf die Fleckenlosigkeit meines wohlgehüteten Rufs bedacht, selbst dann, wenn sie es mir von sich aus anböte, jeder Liebschaft mit einer Freigeborenen enthalten und mich stattdessen auf Liebschaften mit Sklavinnen in meinem eigenen Haushalt beschränken wollte.[58]

Mit anderen Worten: Statt freigeborene Frauen zu verführen (und sich womöglich den Zorn ihrer Ehemänner und Väter zuzuziehen), wollte sich Paulinus in seinen sexuellen Eskapaden fortan mit seinen Haussklavinnen begnügen. Aus solchen Beziehungen gingen, genau wie bei Abraham und Hagar, zuweilen Kinder hervor. So gesteht Paulinus: „Meines Wissens wurde mir zu dieser Zeit ein

---

56 JOHANNES CHRYSOSTOMUS, *Hom. Gen.* 38,5 (PG 53,357; englische Übersetzung in Anlehnung an: FAC 82,367).

57 *CTh* 9,12,1 = *CI* 9,14,1.

58 PAULINUS VON PELLA, *Eucharistikos*, Zeile 162–166 (englische Übersetzung: LCL 115,318f.). Über die Identität des Paulinus ist außer den in diesem Gedicht enthaltenen biographischen Details nichts bekannt. Demnach wurde er in der Provinz Macedonia als Sohn des dortigen *Vicarius* geboren, ging dann mit seiner Familie nach Nordafrika und später nach Bordeaux, wo er blieb, bis er vor der Invasion der Westgoten fliehen musste. Er zog ein Leben als Mönch in Betracht, wurde jedoch von „heiligen Männern" dazu ermutigt, bei seiner Frau und seiner Familie zu bleiben. Trotz erheblicher Verluste und Schicksalsschläge – darunter auch der Tod seiner Frau und seiner Söhne – bezog Paulinus zu gegebener Zeit einen komfortablen Altersruhesitz in Marseille.

Sohn geboren, doch weder ihn damals (weil er bald darauf starb) noch irgendeinen späteren Bastard von mir habe ich je gesehen“[59] – eine Gnade, für die er Christus ausdrücklich dankt.

Vor dem Hintergrund dieser unausrottbaren Neigungen waren die Homileten bestrebt, die Geschichte von Abrahams häuslichem Unfrieden in eine Lektion für ihre Zuhörer umzumünzen: Chrysostomus zufolge hatte sich Abraham sowohl seiner Frau als auch seiner Sklavin gegenüber zurückgehalten. Nur auf Drängen der Erstgenannten und nur, um ein Kind zu zeugen, habe er mit Letzterer geschlafen und sich Sara gegenüber selbst dann noch respektvoll und nachgiebig verhalten, als diese (nach dem Dafürhalten des Chrysostomus) harsche Worte an ihren Ehemann richtete. Dadurch, dass er Sara Autorität über Hagar verlieh und sich ihrem Urteil beugte, habe Abraham die eheliche Harmonie gewahrt. Christliche Sklavenhalter in seiner Gemeinde, so will Chrysostomus die Episode verstanden wissen, sollten dasselbe tun, keusch bleiben und eine harmonische Beziehung zu ihren Ehefrauen pflegen. „Dann“, so Chrysostomus’ ermunternde Worte, „werden die Kinder, die aus einer solchen [ehelichen] Bindung hervorgehen, der Tugend ihrer Eltern nacheifern, die Sklaven werden sie nachahmen – der Hausherr wird in jeder Hinsicht in der Tugend Fortschritte machen und mit unseren Angelegenheiten wird alles zum Besten stehen.“[60]

Die Vorstellung, dass – insbesondere christliche – Sklavenhalter ein auch in sexueller Hinsicht mustergültiges Verhalten an den Tag legen und damit die ethische Erziehung ihrer Sklaven gewährleisten sollten, ist in der Spätantike weit verbreitet. Auch aus diesem Grund vertraten christliche Schriftsteller wie Chrysostomus die Auffassung, dass die Bestrafung von Sklaven und namentlich körperliche Züchtigungen notwendig waren. Ein strafwürdiges Vergehen zu ignorieren hieß, eine Gelegenheit zur Unterweisung ungenutzt zu lassen und damit das Verhältnis des Sklaven zu Gott und zu seinem irdischen Herrn zu gefährden.[61] Deshalb zieht Chrysostomus aus der Geschichte über Hagars Missbrauch, Flucht und letztendliche Rückkehr auf Geheiß eines Engels die folgende, an Sklav*innen gerichtete Lektion:

---

59 Paulinus von Pella, *Eucharistikos*, Zeile 170–172 (englische Übersetzung: LCL 115,318f.).

60 Johannes Chrysostomus, *Hom. Gen.* 38,7 (PG 53,360; FAC 82,372). Chrysostomus’ westlicher Zeitgenosse Ambrosius von Mailand kommt in seiner Unterweisung der Katechumenen von Mailand zu einem ähnlichen Schluss, wenn er schreibt: „Ich ziehe es vor, dass niemand in dieses Laster [Geschlechtsverkehr mit den eigenen Sklavinnen zu haben] fällt; wenn aber einer fällt, dann soll er lernen, seine Sklavin gegenüber seiner Ehefrau zu erniedrigen, damit er nicht in dem Wunsch, seiner Sklavin Genugtuung zu verschaffen, seine Frau verjagt“ (Ambrosius, *Abr.* 1,26 [CSEL 32/1,521]; Übersetzung nach *On Abraham* [Tomkinson], 15).

61 Nähere Informationen zu den Mitteln und Maßnahmen der Sklavenbestrafung und der Behandlung, die ihnen – auch von christlicher Seite – im Kaiserreich widerfuhr, bietet Harper, *Slavery in the Late Roman World*, 225–234.

> Erkennt eure Knechtschaft an, missachtet die Autorität [eurer Herrin] nicht, macht euch keine falschen Vorstellungen bezüglich eurer Stellung, hegt keine hochmütigen Gedanken; „beugt euch unter ihre Hand“ [Gen 16,9], macht eure Unterwerfung deutlich.[62]

Unter den Händen dieser Autoren wirft die Hagar-Geschichte – selbst eine Quelle beträchtlicher und verständlicher Beunruhigung für antike wie moderne Leser – ein Licht auf eine der meistgefährdeten Gesellschaftsgruppen der Spätantike. Sogar in den Haushalten christlicher Herren waren Sklavinnen gewaltsamen Übergriffen, sexuellem Zwang, Misstrauen und Missbrauch ausgesetzt; und in den Kirchen einiger der einflussreichsten spätantiken Prediger wurden die biblischen Geschichten so zurechtgebogen, dass sie sich in den Diskurs einfügten, der diesen Praktiken zugrunde lag. Zweifellos begrüßten viele Sklav*innen die Bemühungen der Homileten, das sexuelle Begehren der Herren zu zügeln und die Keuschheit der Sklav*innen zu retten – und doch hinterließen diese Bemühungen, wie Chris de Wet gezeigt hat, ein ambivalentes Erbe der Beschämung und Nicht-Ermächtigung.[63] In diesen Geschichten erhaschen die Leser*innen einen Blick auf die verstörendsten und in großen Teilen der europäischen wie der amerikanischen Leserschaft heute am wenigsten bekannten Gegebenheiten der Spätantike. Sie zwingen uns, den Rückzug anzutreten und den Einfluss des Christentums und der Bibel und Exegese auf die römische Gesellschaft zu untersuchen: ein Thema, dem der Schlussteil dieses Beitrags gewidmet ist.

5. Schluss: Die Bibel und die Frauen in der Spätantike

Die im vorliegenden Beitrag erwähnten Charaktere – die römische Matrone, die christliche Jungfrau und die Sklavin – sind Archetypen, die die Fülle der Erfahrungen spätantiker Frauen nicht einmal annähernd widerspiegeln: So ist zum Beispiel wenig über die vielen freien oder freigelassenen Frauen der unteren Gesellschaftsschichten gesagt worden, für die die Vorstellung, im Sinne der *Verecundia* den öffentlichen Bereich zu meiden, durch die Notwendigkeit der täglichen Arbeit konterkariert wurde; oder über geschiedene Frauen oder Witwen, die sich für eine Wiederheirat entschieden (bzw. in vorkonstantinischer Zeit rechtlich dazu verpflichtet waren). Und auch die Überschneidungen zwischen den weiblichen Daseinsformen haben in diesem Beitrag zu wenig Beachtung gefunden – ebenso wie die Tatsache, dass die Übergänge zwischen den verschiedenen gesellschaftlichen Stellungen – von der Jungfrau zur Matrone, von der Sklavin zur Freigelassenen und Mutter freier Kinder, von der verheirateten zur sexuell enthaltsam lebenden Frau – in weiblichen Lebensläufen fließend sein konnten.

---

62 Johannes Chrysostomus, *Hom. Gen.* 38,5 (PG 53,358; FAC 82,369).

63 De Wet, *Preaching Bondage*, 220–270.

Das biblische Material hätte den Homileten bei gründlicher Suche Beispiele für alle diese Übergänge liefern können – und doch werden diese, wenn denn überhaupt, eher selten bemüht. Zum Teil spiegeln diese *lacunae* die Grenzen nicht nur der homiletischen, sondern auch der textlichen Überlieferung insgesamt wider: Je weiter wir uns von der Welt der römischen oder christlichen Eliten entfernen, deren Ideale, Vorstellungen und Verhaltensweisen in vielen der erhaltenen spätantiken Quellen dokumentiert sind, desto spärlicher werden die Stimmen, die sie feiern, ihrer gedenken oder sie auch nur erwähnen. Das gilt natürlich nicht nur für Frauen, sondern für alle subalternen Gruppen: Kinder, Sklav*innen, *Coloni* (Ackerpächter), Eunuchen und andere. In vielen Fällen weiß die Forschung buchstäblich mehr über eine oder zwei der großen Familien Roms oder Konstantinopels als über den ganzen Rest der Bevölkerung der betreffenden Stadt zusammengenommen.

Außerdem aber sollten uns diese Nichterwähnungen nachdenklich stimmen, was die Macht der Bibel und ihrer Ausleger angeht, Veränderungen zu bewirken. Die Fähigkeit der Schrift und der biblischen Exegese, der Gesellschaft den Spiegel vorzuhalten, war – damals wie heute – durch das begrenzt, was die Zwänge der Gesellschaft ihren Vertretern zu erkennen erlaubten. Mit anderen Worten: Das, was Bischöfe in den biblischen Frauendarstellungen sehen (und mithin an die Frauen unter ihren Zuhörern weitergeben) konnten, spiegelt, wie deutlich geworden sein dürfte, die Scheuklappen ihres römischen Kontexts wider.

Vor einigen Jahrzehnten stellte der große Kenner der Geschichte des frühen Christentums Ramsay MacMullen den auf diese Zeit spezialisierten Historikern eine heilsame und ernüchternde Frage: „Was für einen Unterschied hat das Christentum gemacht?“[64] Oder, ein klein wenig anders gefragt: Was für einen Unterschied haben die Bibel und ihre Auslegung durch die patristischen Exegeten für die römischen Frauen gemacht? Wer Antworten auf diese Fragen sucht, wird es zwangsläufig mit konkurrierenden und widersprüchlichen Hinweisen zu tun bekommen. Einerseits haben sich die Lebensläufe von Frauen im römischen Kaiserreich in den Jahrhunderten während des Aufstiegs des Christentums und danach im Großen und Ganzen nicht dramatisch verändert, und ihre Stimmen – und, so könnten wir hinzufügen, die Stimmen, die vom Leben der Frauen erzählen – sind kaum zahlreicher geworden als in den Epochen davor oder als die Stimmen ihrer nichtchristlichen Zeitgenossinnen. Andererseits sind uns sogar

---

[64] Ramsay MAC MULLEN, „What Difference Did Christianity Make?“, *Historia* 35/3 (1986): 322–343. Mac Mullen beantwortet seine Frage letztlich in gewohnt differenzierter Weise: Es gibt Bereiche wie etwa die Ehe und die Sexualität, wo das Christentum einen spürbaren Unterschied machte. Doch „im Hinblick auf die Einrichtung der Sklaverei“, so gibt Mac Mullen zu bedenken, „wo ich nicht erkennen kann, dass sich im Lauf der Zeit wirklich etwas geändert hätte, verläuft die nicht-christliche parallel zur christlichen Sittengeschichte. Oder ist mit ihr identisch.“ (ebd., 341)

in diesem kurzen Beitrag – sei es nun in der Gestalt von Frauen, die eine asketische Lebensform für sich wählten, oder in der Neubewertung der Sexualität und der Keuschheit von Sklavinnen – Fälle begegnet, in denen das biblische Zeugnis erhebliche soziale Veränderungen bewirkt hat.

Ergänzend zu diesen Überlegungen ließe sich noch auf die spärlichen, aber aussagekräftigen Datenpunkte zu Frauen der Spätantike hinweisen, die im Unternehmen Schriftauslegung selbst zu maßgeblichen Partnerinnen wurden: indem sie die Arbeit berühmter Exegeten finanzierten (wie die namenlose Gönnerin des Origenes); den Männern, die sie zu belehren suchten, provozierende Fragen stellten (wie Hieronymus von seiner Freundin Paula berichtet); als Schreiberinnen dazu beitrugen, dass das Werk der patristischen Autoren die Zeit überdauerte (wie die bei Eusebius erwähnten „im Schönschreiben geübten" Sklavenmädchen);[65] oder zuweilen sogar „Lehrer" – *didaskaloi* – ihrer Gesprächspartner wurden, wie Makrina es nach den Worten Gregor von Nyssas sowohl für ihn als auch für seinen Bruder Basilios gewesen sein soll. Die Liste der Namen und Identitäten weiblicher Exegeten, die aus der Spätantike auf uns gekommen ist, ist entmutigend kurz, und doch verbirgt sich dahinter eine große Schar weiblicher Zeugen – deren einige die Leser*innen in den weiteren Beiträgen des vorliegenden Bandes noch kennenlernen werden.

---

[65] EUSEBIUS, *Hist. eccl.* 6,23 (SC 41,123; BKV² 1,290); nähere Informationen zu weiblichen Schreibern bietet Kim HAINES-EITZEN, „‚Girls Trained in Beautiful Writing': Female Scribes in Roman Antiquity and Early Christianity", *JECS* 6/4 (1998): 629–646.

Das Sara-Hagar-Motiv in der Tradition der alexandrinischen Exegese

Miyako Demura, Tohoku Gakuin University

1. Einleitung

Genesis, das erste Buch der Bibel, enthält den Grundlagentext über die Erschaffung der Welt und des Menschen, über Familie, Ehe, Glauben und die Beziehungen zwischen den Religionen und stellt Abraham als den Gründervater des Judentums, des Christentums und des Islams dar. Deshalb richtet die heutige Forschung zu diesen drei Religionen ihr Augenmerk traditionell nicht auf die Gründungsmütter Hagar und Sara, sondern auf Abraham. Neuere Arbeiten aus der feministischen Theologie befassen sich dagegen mit feministischen Interpretationen auf dem Gebiet der Bibelwissenschaft und der patristischen Literaturen und tragen so zu einer Revision von Bibelauslegungen bei, die sich auf die patriarchalen Erzählungen beziehen.

Was das Thema des vorliegenden Beitrags betrifft, möchte ich zunächst auf das epochemachende Buch *Hagar, Sarah, and Their Children: Jewish, Christian, and Muslim Perspective* (2006) verweisen.[1] Eine der Herausgeberinnen, Phyllis Trible, liest die patriarchalen Geschichten so, *wie sie dastehen*, und zeichnet ein völlig anderes Bild von Abraham und seinen beiden Frauen, als man es aus den traditionellen Darstellungen kennt:

> Als Individuen stehen sie für zwei Typen. Der hochgepriesene Vater Abraham ist gleichzeitig gefügiger Ehemann, Feigling, Kuppler, duldsamer Ehemann, missbrauchender Ehemann und Vater, fürsorglicher Vater, gewitzter Geschäftsmann und gläubiger Gottesdiener. Die Prinzessin Sara ist Werkzeug und Tyrannin in einem. Sie ist das Objekt der patriarchalen Herrschaft, missbrauchte Ehefrau, Sklavenschreck, besitzergreifende Mutter, grausame Matriarchin, unentbehrliche und willfährige Ehefrau. Wie Sara ist auch Hagar das Objekt der patriarchalen Herrschaft, doch im Unterschied zu ihr ist sie auch das Objekt

---

[1] Phyllis TRIBLE und Letty M. RUSSELL (Hg.), *Hagar, Sarah, and Their Children: Jewish, Christian, and Muslim Perspective* (Louisville: Westminster John Knox Press, 2006).

der matriarchalen Herrschaft. Leidende Sklavin, Ersatzmutter, verstoßene Ehefrau, Freigelassene, alleinerziehende Mutter, Beisassin, zähe Überlebenskünstlerin und kluge Planerin, eine starke Frau und verständige Theologin.[2]

Eine solche feministische Perspektive scheint im Hinblick auf unsere Beschäftigung mit dem Hagar-Sara-Motiv in der alexandrinischen Exegese-Tradition im Rahmen des übergeordneten Themas „Die Bibel und die Frauen" höchst vielversprechend zu sein, weil sie deutlich werden lässt, dass die gesamte Genesiserzählung auf die patriarchalen Milieus des alten Israel zurückgeht, die diese familiären Glaubenssysteme hervorgebracht und die Polygamie zwecks Fortführung der eigenen Dynastie toleriert haben,[3] und dass, „obwohl auch sie in der Geschichte von zentraler Bedeutung sind, seine [Abrahams] beiden Frauen – die Gründungsmütter Hagar und Sara – weniger Aufmerksamkeit erhalten."[4]

Zweitens möchte ich unser Augenmerk auf die exegetische Entwicklung des Hagar-Sara-Motivs in den patristischen Literaturen lenken. Im fünften Kapitel des erwähnten Buchs befasst sich Elizabeth A. Clark mit dem Interpretationsschicksal der Hagar und der Sara in der patristischen Exegese[5] und weist zu Recht darauf hin, dass, auch wenn Hagar letztendlich zu einem Symbol geworden ist, mit dem sich unterdrückte und verstoßene Frauen identifizieren können, „die Kirchenväter Hagar keineswegs wohlwollend betrachteten. Tatsächlich könnte die Art und Weise, wie sie die Genesisgeschichten über Abraham, Sara und Hagar in Stellung bringen, auf die zeitgenössische Leserschaft geradezu herzlos wirken."[6] Clark spürt dem Prozess der patristischen Auslegung der Genesiserzählungen nach und untersucht, in welcher theologischen, kirchlichen oder sonstigen Absicht die Kirchenväter diese biblischen Charaktere benutzt haben, um „mit ihnen zu denken", das heißt, um mit ihrer Hilfe über die religiösen Belange ihrer Zeit zu reflektieren; sie schlussfolgert:

Das Hauptanliegen der Väter besteht durchgängig darin, die Ehre und das Ansehen Abrahams, des Stammvaters des Messias, zu verteidigen, und sie tun dies oft auf Kosten der Frauen, mit denen er die Geschichte teilt. Dass Sara und Hagar von den Vätern „benutzt" werden, um andere Aspekte der christlichen Theologie zu veranschaulichen, zeigt vor allem anderen, dass sie, wie Frauen andernorts, für die Männer – so wenig diese sich

---

[2] Phyllis TRIBLE, „Ominous Beginnings for a Promise of Blessing", in *Hagar, Sarah, and Their Children: Jewish, Christian, and Muslim Perspective* (hg. v. ders. und Letty M. Russell; Louisville: Westminster John Knox Press, 2006), 33–69; 59.

[3] Phyllis TRIBLE und Letty M. RUSSELL, „Unto the Thousandth Generation", in *Hagar, Sarah, and Their Children: Jewish, Christian, and Muslim Perspective* (hg. v. dens.; Louisville: Westminster John Knox Press, 2006), 1–29; 3.

[4] Ebd., 1.

[5] Elizabeth A. CLARK, „Interpretative Fate amid the Church Fathers", in *Hagar, Sarah, and Their Children: Jewish, Christian, and Muslim Perspective* (hg. v. Phyllis Trible und Letty M. Russell; Louisville: Westminster John Knox Press, 2006), 127–147.

[6] Ebd., 127.

> auch um ihrer selbst willen für diese weiblichen Charaktere interessieren mochten – immer noch „gut“ genug waren, um „mit ihnen zu denken“. Das bleibt ihr exegetisches Schicksal.[7]

Der eklatanteste Fall einer solchen patristischen Exegese findet sich, laut Clark, bei Augustinus, dem die Geschichten der beiden Frauen „zur Rechtfertigung der katholischen und imperialen Position dienten“: Demnach habe Sara Hagar, die sich wie eine „hochmütige Magd“ benommen und Tadel verdient habe, zu Recht „verfolgt“. „Wie Gal 4 andeutet, steht Sara für die wahre Kirche Gottes und hat als solche den Auftrag, den Unbotmäßigen die rechte Zucht und Ordnung beizubringen.“[8] In diesem Zusammenhang richtet Clark ihr besonderes Augenmerk darauf, dass die Figur der Hagar in den patristischen Diskussionen entweder ein auffälliges Schweigen umgibt oder dass sie, wenn denn überhaupt, „als Sinnbild der irrenden Juden, die Jesus nicht als den Erlöser akzeptierten, oder als Sünderin, die sich in sexueller Hinsicht ‚unchristlich‘ verhalten wird“, Erwähnung findet.[9] Ich möchte mich daher mit Paulus' Allegorie von den beiden Frauen in Gal 4,21–31 befassen, die in der späteren christlichen Tradition eine folgenschwere Rolle gespielt hat. Im dritten Kapitel des oben erwähnten Buchs weist Letty M. Russel darauf hin, dass „seine gefährliche Rhetorik über Hagar und Sara [...] nicht nur die antijüdische und antiislamische Rhetorik befeuert, sondern auch die theologische Rechtfertigung der Rassen- und Geschlechterdiskriminierung geliefert“ habe.[10] Es ist bedauerlich, dass eine solche patristische Exegese die besagten Genesiserzählungen auf eine „primitive Feindschaft zwischen Sara und Hagar“ heruntergebrochen und gemeinsam mit der paulinischen Allegorie aus Gal 4 den antijüdischen und antiislamischen Positionen späterer Zeiten den Boden bereitet hat.

Wenn wir uns jedoch den alexandrinischen Exegeten zuwenden und ihren Interpretationen auf den Grund gehen, dann stellen wir fest, dass ihre allegorischen Auslegungen der Hagar-Sara-Geschichte – auch wenn die Exegeten sie, wie Clark gezeigt hat, grundsätzlich für ihre eigenen theologischen Zwecke oder Kontroversen genutzt haben – unterschiedliche Schattierungen aufweisen und

---

7 Ebd., 143.

8 Ebd., 142. Vgl. Martin Meiser, „Abraham and His Family in Ancient Greek and Latin Patristic Exegesis“, in *Abraham's Family: A Network of Meaning in Judaism, Christianity, and Islam* (hg. v. Lukas Bormann; Tübingen: Mohr Siebeck, 2018), 345–359; 352.

9 Clark, „Interpretative Fate“, 143.

10 Letty M. Russell, „Twists and Turns in Paul's Allegory“, in *Hagar, Sarah, and Their Children: Jewish, Christian, and Muslim Perspective* (hg. v. ders. und Phyllis Trible; Louisville: Westminster John Knox Press, 2006), 71–97; 74. Zum Problem des Antijudaismus im Galaterbrief sei verwiesen auf Michael Bachmann, *Antijudaismus im Galaterbrief? Exegetische Studien zu einem polemischen Schreiben und zur Theologie des Apostels Paulus* (Novum Testamentum; Freiburg i. Br. und Göttingen: Vandenhoeck & Ruprecht, 1999), bes. bibliogr. Anhang (215–220).

wichtige Impulse für unser Thema enthalten.[11] An einigen Stellen wird erkennbar, dass es den Autoren mithilfe ihrer allegorischen Auslegungen gelungen ist, den schroffen Antagonismus zwischen Sara und Hagar abzumildern und angesichts ihrer schwierigen Situation für Hagar sogar eine gewisse Sympathie zu empfinden. Wie ich im vorliegenden Beitrag zeigen werde, haben alexandrinische Theologen von Philo bis Didymus in ihren allegorischen Auslegungen des Hagar-Sara-Motivs insofern einen eigenen Kurs eingeschlagen, als sie ein besonderes Interesse an der Hagar-Sara-Geschichte bekundet und damit einen maßgeblichen Einfluss auf spätere christliche Jahrhunderte und namentlich auf die im Mittelalter geprägte Formel von der *philosophia ancilla theologiae* ausgeübt haben.[12]

Um die Rezeptionsgeschichte des Sara-Hagar-Motivs in Alexandrien aus einer feministischen Perspektive nachzuzeichnen, möchte ich mich auf die intersektionale Analyse beziehen, die ursprünglich 1989 von Kimberlé Crenshaw eingeführt[13] und kürzlich von Angela Standhartinger auf die Charakterisierung Hagars in frühjüdischen Texten und in Paulus' Galaterbrief angewandt worden ist. Standhartinger stellt heraus, dass „die intersektionale Analyse als eine Herangehensweise an literarische Texte aus der Antike danach fragt, auf welche Art Identitätsfaktoren wie Gender, Status, Ethnie und Religion bei der Ausformung eines oder mehrerer Charaktere interagieren".[14] Ich werde mich im Folgenden mit der Frage beschäftigen, wie die alexandrinische Exegese mit genderrelevanten Problemen in der Bibel umgegangen ist und inwiefern die allegorische Interpretation als Mittel gedient hat, diese Probleme ernsthaft zu thematisieren bzw. zu lösen.

---

11 Miyako DEMURA, „Origen and the Exegetical Tradition of the Sarah-Hagar Motif in Alexandria", *StPatr* 56 (2013): 73–81; DIES., „The relation between male and female in Alexandrian exegetical tradition", in *Men and Women in the Early Christian Centuries* (hg. v. Wendy Mayer und Ian J. Elmer; *Early Christian Studies* 18; Strathfield: St Pauls Publications, 2014), 135–148.

12 Vgl. Albert HENRICHS, „Philosophy, the Handmaiden of Theology", *GRBS* 9 (1968): 437–450.

13 Kimberlé CRENSHAW, „Demarginalizing the Intersection of Race and Sex: A Black Feminist Critique of Antidiscrimination Doctrine", *The University of Chicago Legal Forum* 139 (1989): 139–167.

14 Angela STANDHARTINGER, „Member of Abraham's Family? Hagar's Gender, Status, Ethnos, and Religion in Early Jewish and Christian Texts", in *Abraham's Family: A Network of Meaning in Judaism, Christianity, and Islam* (hg. v. Lukas Bormann; Tübingen: Mohr Siebeck, 2018), 235–259; 237.

2. Das Sara-Hagar-Motiv in Philos *De congressu quaerendae eruditionis gratia*

2.1 *Das Männer-Frauen-Verhältnis bei Philo*

In den letzten Jahren hat sich die Wissenschaft verstärkt mit Philos Einstellung zum Verhältnis zwischen Männern und Frauen und zur Sexualität befasst.[15] Seit Richard Baer 1970 seine bahnbrechende Untersuchung *Philo's Use of the Categories Male and Female* veröffentlicht hat, steht außer Frage, dass Philos Schriften eine beträchtliche Anzahl von Stellen enthalten, an denen der Mann der Frau übergeordnet und die Frau zur Zielscheibe abfälliger oder geringschätziger Bemerkungen gemacht wird. Gleichwohl deutet Philo (ca. 15 v. Chr. - 45 n. Chr.) in seiner Auslegung des Abraham-Sara-Motivs in seinem allegorischen Kommentar *De congressu* Abraham als die Allegorie einer Seele, die durch Lernen Tugend erwirbt, und Sara als die Allegorie eines Geistes, der nach Tugend strebt. Wenn Abraham die menschliche Seele und Sara den menschlichen Geist versinnbildlicht, spricht dies womöglich dafür, dass Philo in seiner Abhandlung die Frau als dem Mann überlegen darstellt. Wie ist diese Ambivalenz in der Bewertung des Verhältnisses zwischen Mann und Frau zu verstehen?

2.2 *Die allegorische Interpretation des Sara-Hagar-Motivs bei Philo*

In *De congressu* („Über das Zusammenleben um der Allgemeinbildung willen": Περὶ τῆς πρὸς τὰ προπαιδεύματα συνόδου), legt Philo eine allegorische Interpretation von Gen 16,1–6 vor und deutet die biblischen Erzählungen dahingehend, dass Abraham hier für die Seele stehe, die einen Lernprozess durchläuft. Jeder seiner Fortschritte wird durch eine von zwei Frauen symbolisiert: Die Magd

---

15 Richard A. BAER Jr., *Philo's Use of the Categories Male and Female* (Leiden: Brill, 1970), 40; Kathy L. GACA, „Philo's Principles of Sexual Conduct and their Influence on Christian Platonic Sexual Principles", *The Studia Philonica Annual* 8 (1996): 21–39; David WINSTON, „Philo and the Rabbis on Sex and the Body", *Poetics Today* 19 (1998): 41–62; Dorothy SLY, *Philo's Perception of Women* (BJS 209; Atlanta: Scholars Press, 1990); James KUGEL, *Tradition of the Bible: A Guide to the Bible as it was at the Start of the Common Era* (Cambridge, MA und London: Harvard University Press, 1998), 100–102.

Hagar versinnbildlicht die enzyklische Bildung (*preliminary studies*),[16] während Sara die Tugend oder Weisheit repräsentiert.

Adam Kamesar hat gezeigt, dass Philo die verschiedenen Charaktere aus der Pentateuch-Erzählung als allegorische Darstellungen dieser ethischen und spirituellen Suche interpretiert. Die biblischen Patriarchen stehen bei ihm oft sinnbildlich für „Seelen" oder „seelische Dispositionen": Abraham, Isaak und Jakob symbolisieren die drei „Seelendispositionen", die durch Bildung (Abraham), aufgrund ihrer Natur (Isaak) und durch ihr Tun (Jakob) Tugend erwerben.[17] Matriarchinnen wie Hagar und Sara ihrerseits sind keine Frauen, sondern stehen für „Denkseelen" (*minds*; griechisch *dianoia*): die eine, die sich um enzyklische Bildung oder um die freien Künste bemüht, ohne darüber hinauszugehen (Hagar), und die andere, die nach Tugend strebt (Sara).[18] Wir wollen uns näher mit dieser allegorischen Deutung befassen und ergründen, inwiefern sie womöglich geeignet ist, den schroffen Antagonismus zwischen Sara und Hagar abzumildern.

Philo beginnt seine Auslegung von Gen 16,1–2 mit dem Hinweis, dass die durch Sara symbolisierte Tugend oder Weisheit zwar niemals unfruchtbar, in diesem Stadium aber nicht imstande sei, selbst Kinder zur Welt zu bringen.[19] In seiner Erläuterung zu Gen 16,2 LXX („Gehe zu meiner Sklavin, auf dass du von ihr Kinder zeugst") rät Philo seinem Publikum von „fleischliche[r] Vermischung und Geschlechtsverkehr" ab, „deren Ziel die Sinnenlust ist", und bezieht Saras Aufforderung an Abraham auf die Vermischung von Verstand und Tugend (*Congr.* 12). Ich schließe aus diesem Rat, dass ihn Saras Initiative aufgrund der mit der Polygamie und dem Konkubinat im alten Israel verbundenen Problematik verwirrt haben muss.[20]

---

16 Die enzyklische Bildung (griech. *enkyklios* = „im Kreis laufend") ist die auf den sieben freien Künsten beruhende Bildung. Im Englischen wird dies meist mit *preliminary studies* übersetzt, was den vorläufigen bzw. vorbereitenden Charakter dieser Form von Bildung betont, der die vollkommene Weisheit und Tugend gegenüberstehen. [Anm. d. Hg.]

17 Adam Kamesar, „Biblical Interpretation in Philo", in *The Cambridge Companion to Philo* (hg. v. Adam Kamesar; Cambridge und New York: Cambridge University Press, 2009), 65–91; 85f.

18 Ebd., 86.

19 Vgl. Philo, *Congr.* 72: „Da wir nun zur Zeit noch nicht fähig sind, von der Vernunft Kinder zu zeugen, so verbindet sie uns mit ihrer eigenen Sklavin, der oben genannten enkyklischen Bildung, wobei sie geradezu die Freiung und das Brautgeleit übernimmt. Denn sie selbst, heißt es, nahm sie (die Hagar), um sie ihrem Manne zur Frau zu geben." (Cohn 6:23).

20 Wenngleich die Monogamie in den hebräischen Schriften eine übliche Form der Ehe war, finden sich an einigen Stellen auch Fälle von Polygamie: bei Patriarchen wie Jakob (Gen 29,15–30) und Esau (Gen 26,34) oder bei Königen wie David und Salomo; auch Konkubinen waren erlaubt. Vgl. die Einträge: Evald Lövestam „Polygamie", in *Biblisch-historisches Handwörterbuch* (hg. v. Bo Reicke und Leonhard Rost; Göttingen: Vandenhoeck & Ruprecht, 1979), 1478–1479, und Riekele Borger „Nebenfrau", ebd., 1295; David Mirhady, Susan Treggiari und Margaret Y. MacDonald, „Marriage and Divorce", in *The Oxford Encyclopedia of Ancient Greece & Rome* 4 (hg. v. Michael Gagarin; Oxford: Oxford University Press, 2010),

Anschließend erklärt Philo, dass eine unreife Seele ihre Zuflucht zunächst zu der Magd, das heißt zur enzyklischen Bildung nehmen müsse: Hagar ist eine Ägypterin, steht also für den körperlichen Teil der Seele und für die sinnliche Wahrnehmung, von der die enzyklische Bildung abhängt; entsprechend weist ihr Name, der einen „Beisassen" bezeichnet, auf das Verhältnis zwischen der enzyklischen Bildung und der Philosophie hin, das dem Verhältnis zwischen Beisasse und Vollbürger entspricht (*Congr.* 20–23). Philo beschreibt das Verhältnis zwischen Sara und Hagar auf der Basis der Bildungsbegriffe seiner Zeit in *De congressu* 79 wie folgt:

> Und in der Tat, wie die enkyklischen Wissenschaften zum Erwerb der Philosophie, so trägt auch die Philosophie zum Besitz der Weisheit bei. Denn die Philosophie ist die Beschäftigung mit der Weisheit, die Weisheit aber die Wissenschaft von den göttlichen und menschlichen Dingen und deren Ursachen. So dürfte wohl ebenso wie die enkyklische Bildung die Sklavin der Philosophie, die Philosophie auch die Sklavin der Weisheit sein [ὥσπερ ἡ ἐγκύκλιος μουσικὴ φιλοσοφίας, οὕτω καὶ φιλοσοφία δούλη σοφίας].[21]

Philo setzt an dieser Stelle das philosophische Dictum voraus, das nicht wenigen griechischen Philosophen geläufig war, wonach „diejenigen Lernenden, die sich der allgemeinen Bildung gewidmet haben und von dort aus nicht zur Philosophie übergegangen sind, den Freiern in der Odyssee ähneln, die, außerstande, Penelope zu gewinnen, sich unterdessen mit ihren Mägden vergnügten".[22] Der stoische Philosoph Ariston zum Beispiel verglich Penelopes Freier in der *Odyssee* mit den Adepten der freien Künste und warnte sein Publikum auf diese Weise davor, all seine Energie an die vorbereitenden Disziplinen zu verschwenden und darüber die Philosophie zu vernachlässigen.[23] Yehoshua Amir zufolge „stehen Magd und Herrin bei Philo einander zum ersten Mal nicht in unversöhnlicher Feindschaft gegenüber, sondern ist die Magd der Herrin zu Diensten", und „aus schroffem Antagonismus erwächst ein dynamisches Bündnis".[24]

Dann sah Sara, dass Hagar schwanger geworden war, und beklagte sich bei Abraham: „Als ich sah, dass sie ein Kind im Leibe trug, wurde ich von ihr entehrt" (Gen 16,5 LXX). Auch diese Stelle muss Philo Probleme bereitet haben: Sara verhält sich Hagar gegenüber grausam, und sie tut dies obendrein mit Abrahams Billigung. Also deutet Philo die Episode allegorisch: Er erklärt, dass die Philosophie mit Recht zürne, wenn ihre Ansprüche ignoriert würden – „Und sie schuf ihr Drangsal [Καὶ ἐκάκωσεν αὐτὴν]" (*Congr.* 158) –, und versucht sein Publikum

---

350–358. Zur patristischen Exegese über Polygamie und Monogamie vgl. Martin MEISER, „Abraham and His Family", 349–351.

21 PHILO, *Congr.* 79 (Cohn 6:24). Vgl. COLSON, F. H.: „Introduction", in *Philo in Ten Volumes* 4 (mit einer englischen Übersetzung v. F. H. Colson und G. H. Whitaker; Loeb Classical Library 261; Cambridge, MA: Harvard University Press, 1932), 451–457.

22 Yehoshua AMIR, „The Transference of Greek Allegories to Biblical Motifs in Philo", in *Nourished with Peace: Studies in Hellenistic Judaism in Memory of Samuel Sandmel* (hg. v. Frederick Greenspahn et al.; Chico: Scholars Press, 1984), 15–25; 15f.; HENRICHS, „Philosophy", 444.

23 HENRICHS, „Philosophy", 444.

24 AMIR, „The Transference", 18.

davon zu überzeugen, dass mit dieser Formulierung, „Καὶ ἐκακωσεν αὐτὴν“ nur eine Ermahnung oder ein Tadel gemeint sei. Vor allem aber macht er sich unverzüglich daran, die biblische Bedeutung der Worte „Καὶ ἐκακωσεν αὐτὴν“ zu erklären, ohne näher zu erörtern, in welcher Form diese Ermahnung wohl stattgefunden hat.

Um seine allegorische Interpretation zu untermauern, zitiert Philo Dtn 8,3 („Denn er hat dich gepeinigt, hat dich hungern lassen“) und fragt: „Wer wäre so frevelhaft, Gott für einen Peiniger zu halten [...]?“ Denn Gott, so Philos Kommentar, „ist gut und die Ursache des Guten [...]. Er hat das Böse aus dem heiligen Bezirk verbannt.“ Anschließend warnt Philo sein Publikum:

> Lassen wir uns darum durch den Wortlaut nicht täuschen, sondern suchen wir das, was nach der geheimen Bedeutung der Worte darunter zu verstehen ist, und sprechen wir aus, dass „er peinigte“ hier das gleiche bedeutet wie „er erzog“, „er wies zurecht“, „er maßregelte“ [ἐκάκωσε ἴσον ἐστιν τῷ ἐπαίδεθσε καὶ ἐνουθέτησε καὶ ἐσωφρόνισε]. [25]

Dass Philo weiter unten auf Ex 22,21 Bezug nimmt („Keine Witwe und Waise dürft ihr peinigen“), spricht dafür, dass er Hagar aufgrund ihrer schwierigen Situation ein Stück weit bedauert und ernstliche Probleme gehabt haben muss, diese Genesiserzählung zu akzeptieren – weil sie so, wie sie *dastand*, womöglich gegen das erwähnte Gesetz verstieß (*Congr.* 178).

Im letzten Abschnitt von *De congressu* schließlich beendet Philo seine Abhandlung wie folgt:

> Wenn du also vernimmst, dass Hagar von Sarah gepeinigt wird, so darfst du darunter nicht eine der unter Frauen üblichen Eifersuchtsszenen verstehen; denn nicht um Frauen geht die Rede, sondern um Denkseelen, deren eine sich in der Vorschule (der allgemeinen Bildung) übt, während die andere die Wettkämpfe der Tugend bis zum Ende durchkämpft.[26]

Aus dieser abschließenden Bemerkung folgern wir, dass Hagars Misshandlung durch Sara Philo in Verlegenheit brachte: Offenbar fürchtete er, sein Publikum könne die Episode als eine Geschichte über weibliche Eifersucht (γυναικεὶα ζηλοτυπία) lesen. Cristina Termini hat gezeigt, dass Philos allegorische Exegese vermutlich vom alexandrinischen mittleren Judentum beeinflusst war, das von dem Lehrgrundsatz ausging,

> dass Gott die Quelle und der Urgrund alles Guten ist und daher in keiner Weise mit dem Bösen in Verbindung gebracht werden kann. Um Gott von jeder nur möglichen Verantwortung für die menschliche Niedertracht freizusprechen, erklärt Philo, dass der Schöpfer, als Er den Menschen schuf, die Mächte gebraucht, aber die Sphäre und den eigentlichen Radius des menschlichen Handelns absichtlich unbestimmt gelassen habe.[27]

---

[25] PHILO, *Congr.* 172 (Cohn 6:47).

[26] PHILO, *Congr.* 180 (Cohn 6:49).

[27] Cristina TERMINI, „Philo's Thought within the Context of Middle Judaism“, in *The Cambridge Companion to Philo* (hg. v. Adam Kamesar; Cambridge und New York: Cambridge University Press, 2009), 95–123; 104. Die „Mächte“ (*dynameis*), die Gott für die Schöpfung benutzt, vermitteln seine Wirksamkeit (vgl. auch Gen 1,26). *Dynamis* ist ein wichtiger und vielschichtiger Begriff in der Theologie Philos: vgl. TERMINI, „Philo's Thought“, 100f.

Deshalb „definiert sich die ethische Situation des Menschen über sein Schwanken zwischen Gut und Böse. Diese Situation spiegelt die dynamische Dimension seines Dazwischenseins (*methorios*) wider und tritt für Philo in Adams und Evas Sündenfall paradigmatisch zutage.“[28] „Hier“, so Termini, „begegnen wir dem wachsenden Argwohn gegenüber der menschlichen Sexualität, der das mittlere Judentum insgesamt kennzeichnet.“[29] Offenbar wollte Philo den schroffen Antagonismus zwischen Hagar und Sara in der Bibel vermeiden und hat deshalb auf diese allegorische Interpretation der Rolle und Bedeutung der verschiedenen Fächer der griechischen Bildung im Hinblick auf die Vervollkommnung im Glauben zurückgegriffen.[30]

2.3 Der gesellschaftliche Hintergrund von Philos allegorischer Interpretation

Anhand der Passagen aus *De congressu* ist deutlich geworden, dass die allegorische Auslegung für Philo eine wichtige Methode war, mit den Schwierigkeiten umzugehen, die ihm in der Schrift und insbesondere in den Hagar-Sara-Erzählungen begegneten. Ich möchte mich nun als Erstes mit dem gesellschaftlichen Hintergrund von Philos allegorischer Exegese befassen und diese im Kontext der alexandrinischen Philologie verorten.

Maren R. Niehoff hat gezeigt, dass die alexandrinischen Juden in vielfältiger Weise auf die im Museion entwickelte Homer-Philologie reagierten.[31] Sie untersucht Philos Einstellung zur Homer-Philologie anhand seiner Schriftenreihen zum Pentateuch: des *Allegorischen Genesiskommentars*, der *Quaestiones et Solutiones* und der *Expositio Legis*. Im *Allegorischen Genesiskommentar* entwickelte Philo – in Reaktion auf die Arbeiten überaus kritischer jüdischer Kollegen in Alexandrien – seine eigene, konservativere Herangehensweise, bei der er die Auslegung nach dem Literalsinn mit einer erweiterten allegorischen Exegese kombinierte. Philos streitbare Kollegen betrieben textkritische Studien im Stil des Aristarchos, erklärten Bibelverse, denen sie keinen passenden wörtlichen oder allegorischen Sinn abgewinnen konnten, für verderbt und griffen zum Mittel der Emendation.[32] Philo hatte es also mit einem Publikum zu tun, das an einen textkritischen Umgang mit der Buchstabenebene gewohnt war, und musste sich ernsthaft

---

28 Ebd.

29 Ebd., 105.

30 Vgl. HENRICHS, „Philosophy“, 437–450; Alan MENDELSON, *Secular Education in Philo of Alexandria* (Cincinnati: Hebrew Union College Press, 1982); Henri I. MARROU, *A History of Education in Antiquity* (Madison: University of Wisconsin Press, 1982), 406–408 (französisches Original: *Histoire de l'éducation dans l'antiquité*; Paris: Seuil, 1948).

31 Maren R. NIEHOFF, *Jewish Exegesis and Homeric Scholarship in Alexandria* (Cambridge und New York: Cambridge University Press, 2011), 9–16.133–151.

32 Ebd., 128.

Mühe geben, wenn er die biblischen Texte mithilfe allegorischer Bedeutungen verteidigen wollte.[33]

Zweitens möchte ich der Frage nachgehen, ob es Philo, wenn er die beiden weiblichen Figuren allegorisch interpretiert, um „mit ihnen zu denken", um die Frauengestalten selbst geht oder ob er sie für andere Zwecke instrumentalisiert. Während Amir glaubt, dass „die Sara-Hagar-Allegorie nur durch ihren Bezug auf Philos Abraham-Konzept ihre legitime Bedeutung erhält",[34] findet sich bei Carlos Lévy die folgende, bemerkenswerte Anregung:

> Die allegorische Exegese gibt Philo die Möglichkeit, die Matriarchinnen als Sinnbilder von Tugenden zu deuten. Die Unterschiede zwischen den Geschlechtern gehören zu den interessantesten Aspekten dieser Exegese. Tugenden haben weibliche Namen, sagt Philo, „ihre Kräfte und Handlungen aber sind die vollkommener Männer".[35]

Meiner Meinung nach greift Philo nicht auf die allegorische Interpretation der Hagar-Sara-Erzählung zurück, um Abraham in Frage zu stellen, sondern weil er – als Wegbereiter späterer christlicher Exegeten in Alexandrien, die eine egalitäre Perspektive einnehmen – die Möglichkeit eines weiblichen Publikums in Betracht zieht. In diesem Zusammenhang möchte ich darauf hinweisen, dass sich Philo in seiner Schrift *De vita contemplativa* („Über das kontemplative Leben") über die Lernbegierde von Frauen äußert: In einem Passus über die sogenannten „Therapeuten", eine Gemeinschaft, die ein kontemplatives Leben führte, erwähnt er, dass „auch Frauen regelmäßig mit derselben Inbrunst und demselben Gefühl des Berufenseins zum Publikum gehören" (*Contempl.* 32), und an einer anderen Stelle schreibt er:

> Auch Frauen nehmen an dem Fest teil, die meisten von ihnen ältere Jungfrauen, die sich ihre Keuschheit nicht wie manche der griechischen Priesterinnen unter Zwang, sondern aus freiem Willen und brennendem Wissensdurst bewahrt haben. (*Contempl.* 68)

In Anbetracht der Tatsache, dass diese egalitäre Vision recht eingeschränkt und nur auf „ältere Jungfrauen" anwendbar war, könnte man einwenden, dass Philo hier vielleicht nur ein Idealbild entworfen habe. Joan E. Taylor kommt jedoch in einer neueren Arbeit zu dem Ergebnis, dass Philos Beschreibung dieses idealen kontemplativen Lebens in *De vita contemplativa* – ungeachtet ihrer kunstvollen Anordnung nach den Prinzipien der aristotelischen *Rhetorik* – gewisse Rückschlüsse auf die tatsächlichen Verhältnisse innerhalb dieser alexandrinischen Gemeinschaft zulässt.[36] Taylor legt dar, dass es sich bei den *Therapeutai* nicht um

---

33 Ebd., 133.

34 AMIR, „The Transference", 18.

35 Carlos LÉVY, „Philo's Ethics", in *The Cambridge Companion to Philo* (hg. v. Adam Kamesar; Cambridge und New York: Cambridge University Press, 2009), 146–172; 153. Lévy zitiert am Ende *Fug.* 51.

36 Joan E. TAYLOR, „Frauen in der Realität und in literarischer Retusche: Die Frauen unter den Therapeuten in Philos *De vita contemplativa* und die Identität dieser Gruppe", in *Frühjüdische Schriften* (hg. v. Eileen Schuller und Marie-Theres Wacker; Die Bibel und die Frauen 3/1; Stuttgart: Kohlhammer, 2017), 191–210: „[...] die Gattung von *De vita contemplativa*

eine isolierte Sekte, sondern um eine real existierende Gemeinschaft handelte, die in Alexandrien und Umgebung aktiv war und aus Männern und Frauen der Bildungselite bestand, die sich für diese besondere asketische Lebensform entschieden hatten:[37]

> In Philos sozialem Milieu muss es gebildete weibliche Philosophen gegeben haben, die auch gelehrt haben, denn das Bild eines weiblichen Lehrers der Philosophie zu verwenden, um sein Argument voranzutreiben, war für Philo offensichtlich völlig unproblematisch. (*Fug.* 55.58)[38]

In diesem Zusammenhang sei auf die Untersuchung von Maren R. Niehoff verwiesen, die uns eine überzeugende Vorstellung davon vermittelt, wie sich Philos Frauenbild entwickelt hat, nachdem er als Abgesandter der alexandrinischen Juden in Rom gewesen war.[39]

Wir gehen also davon aus, dass Philo die allegorische Interpretation des Hagar-Sara-Motivs nicht ausschließlich für andere Zwecke benutzt hat, denn es ist ihm mithilfe der allegorischen Auslegungen nicht nur gelungen, den schroffen Antagonismus zwischen Sara und Hagar zu mildern, sondern er suggeriert überdies ein egalitäres Ideal, das dem patriarchalen System seines gesellschaftlichen Umfelds widerspricht. Mit der Zeit erfuhr seine egalitäre Sichtweise als Vorbild für die christliche Askese große Wertschätzung und spielte in den späteren christlichen Jahrhunderten und insbesondere im Mittelalter bei der Ausprägung der Formel von der *philosophia ancilla theologiae* eine entscheidende Rolle.

---

aber ist am besten in Bezug darauf bedacht, was Aristoteles angesichts der Frage erklärt, wie ein induktives Argument auf der Basis von ‚Beispiele'" (παραδείγματα) gegründet sein kann (rhet 2.2,10; 1357b–1358a). [...] Außerdem ist es für Philosophen, die solche Beispiele heranziehen, entscheidend, dass diese auch die Realität wiedergeben, insofern nur so sichergestellt ist, dass ihre Darstellungen wahrheitsgemäß sind (cont. 2), und insofern es ihr Ziel ist, philosophische Ideale unter Bezugnahme auf das reale Leben darzulegen." (199)

37 Ebd., 209.

38 Ebd., 210.

39 Maren R. Niehoff, „Zwischen gesellschaftlichem Kontext und individueller Ideologie: Die Entwicklung des Frauenbildes bei Philo von Alexandria", in *Frühjüdische Schriften* (hg. v. Eileen Schuller und Marie-Theres Wacker; Die Bibel und die Frauen 3/1; Stuttgart: Kohlhammer, 2017), 174–190. Niehoff erkennt in der philonischen Beschreibung Saras, Evas und der Familie des Mose Einflüsse der römischen Philosophie seiner Zeit; insbesondere spiegele sich in *De Abrahamo* das Bild von Augustus' Ehefrau Livia.

3. Das Sara-Hagar-Motiv in Clemens' *Stromata* 1,30,1–32,2

3.1 Die allegorische Interpretation des Sara-Hagar-Motivs bei Clemens

Wenn wir nun der Frage nachgehen, wie sich Philos Auslegung des Sara-Hagar-Motivs auf spätere christliche Exegeten in Alexandrien ausgewirkt hat, möchte ich mich zunächst Clemens von Alexandrien zuwenden (150 bis ca. 215). Clemens ist der erste christliche Autor, der Philo viermal namentlich erwähnt, und alle vier Erwähnungen finden sich in den ersten zwei Büchern der *Stromata*.[40]

Dank van den Hoeks erschöpfender Forschungsarbeit können wir uns heute ein recht genaues Bild davon machen, in welchem Ausmaß Clemens' Passagen über das Sara-Hagar-Motiv in *Stromata* 1,30–32 von Philos oben erwähnter Abhandlung *De congressu* abhängig sind. Van den Hoek teilt die Parallelen in drei Gruppen ein: a) wörtliche Philo-Zitate, b) Paraphrasen und c) Paraphrasen, in denen Clemens Philos Gedankenführung umkehrt.[41] Sehen wir uns an, wie Clemens die allegorische Interpretation des Sara-Hagar-Motivs in *De congressu* in den *Stromata* wiedergibt (*Strom.* 1,30,1–2):

> *Strom.* 1,30,1–2 – *Congr.* 79–80
> 1,30,1 Wie aber *die allgemeinen Wissenschaften Beiträge für* ihre Herrin, *die Philosophie, liefern, so hilft auch die Philosophie* selbst *mit zum Erwerb der Weisheit. Denn die Philosophie ist eifrige Beschäftigung* mit Weisheit; *die Weisheit aber ist die Kenntnis göttlicher und menschlicher Dinge und ihrer Ursachen.* Demnach ist die Weisheit Herrin über die Philosophie, so wie diese Herrin über die vorbereitenden Wissenschaften ist.
> 1,30,2 Denn wenn *die Philosophie* verspricht, die *Beherrschung der Zunge, des Bauches und der Teile unter ihm* zu lehren, und *ihrer selbst wegen erstrebenswert ist, so wird sie noch erhabener* und vorzüglicher *erscheinen, wenn man sich der Ehre und der Erkenntnis Gottes wegen mit ihr beschäftigt.*[42]

Clemens führt diese Stellen ein, um zu definieren, welchen Beitrag die Philosophie und die griechische Kultur zum Erwerb von Weisheit leisten können. Wir sehen, dass Clemens Philo auf polemische Weise benutzt, um auf die Kritik seiner Mitchristen zu reagieren, die der griechischen Kultur und Philosophie ablehnend gegenüberstehen. Anschließend präsentiert er die Sara-Hagar-Geschichte aus Gen 16,1–2 als biblisches Zeugnis.[43]

---

[40] David T. RUNIA, *Philo in Early Christian Literature: A Survey* (Assen und Minneapolis: Van Gorcum und Fortress Press, 1993), 132.135.

[41] Annewies VAN DEN HOEK, *Clement of Alexandria and his Use of Philo in the Stromateis* (Leiden: Brill, 1988), 31f.

[42] Ebd., 31; BKV^2 17,33f.

[43] Ebd., 24; BKV^2 17,34.

Strom. 1,30,3–4 – *Congr.* 1?
1,30,3 Für das Gesagte wird die Schrift mit folgendem ein Zeugnis geben: Sara war schon lange unfruchtbar und war Abrahams Weib. Da Sara kein Kind gebiert, überlässt sie ihre Magd, die Ägypterin Hagar, dem Abraham, um mit ihr Kinder zu zeugen.
1,30,4 Die mit dem Gläubigen vermählte Weisheit (als gläubig aber und gerecht wurde Abraham erachtet) war also zu jener Zeit noch unfruchtbar und kinderlos [...]
Strom. 1,30,4 – *Congr.* 20?
(mit dem allegorischen Ausdruck Ägypten ist die Welt gemeint)[44]
Strom. 1,31,1 – *Congr.* 20? *Congr.* 2?
Philon übersetzt aber den Namen Hagar mit „*Aufenthalt in der Fremde*“ (denn hier heißt es: „Verkehre nicht viel mit der Fremden!“), den Namen Sara aber mit „*meine Herrschaft*“. Es ist also möglich, nach Vollendung der Vorbildung zu der Weisheit zu gelangen, die zur Herrschaft am fähigsten ist; aus ihr entsprossen, wächst das Geschlecht der Israeliten heran.[45]

Van den Hoek vergleicht diese Stellen mit dem philonischen Vorbild und kommt in ihrer Analyse zu folgendem Ergebnis: „Clemens greift denselben Bibeltext auf, formuliert ihn jedoch mit seinen eigenen Worten und verfüllt ihn mit anderem Material aus dem Buch Genesis“. In 1,30,4 ergänzt Clemens eine etymologische Reminiszenz an Philo, der das Wort Ägypten oder ägyptisch an mehreren Stellen seines Werks mit der Welt gleichsetzt. Philo, der hier namentlich erwähnt wird, hatte die allegorische Interpretation einer Bibelstelle mit einem philosophischen Schema verknüpft und Clemens damit ein Werkzeug an die Hand gegeben, um die Anziehungskraft der griechischen Kultur gegen den Argwohn seiner Kollegen zu verteidigen.[46] Van den Hoek weist zu Recht darauf hin, dass Clemens’ Gegner die griechische *Paideia* und ihren Gebrauch offenbar mit der Prostituierten aus Spr 5,3–20 verglichen hatten, und dass Clemens einen Teil der Verse aus dem Buch der Sprichwörter benutzt, um diese negative Sicht zurückzuweisen. Wenn die griechische *Paideia* zur Diskussion stand, setzte sich Clemens offenbar entschieden gegen die Angriffe seiner Gegner zur Wehr.[47]

Sodann schreibt Clemens im Hinblick auf das Motiv der „weiblichen Eifersucht“ (γυναικεὶα ζηλοτυπία) und „Saras Bedrängen“:

Strom. 1,32,1 – *Congr.* 153–154
Deshalb geschah auch Folgendes. Als Sara auf Hagar, die sie an Glück übertraf, eifersüchtig war [παραζηλούσης τῆς Σάρρας τὴν Ἄγαρ], da sagte Abraham zum Zeichen dafür, dass er von der weltlichen Philosophie nur das Nützliche ausgewählt hatte: „*Siehe, das Mädchen ist in deiner Hand; tu mit ihr, was dir gefällt!*“ [Gen 16,6a] Damit will er sagen: *Ich weiß zwar die* weltliche *Bildung zu schätzen, jedoch ohne zu vergessen, dass sie noch jung und nur deine Dienerin ist; deine Wissenschaft aber achte und verehre ich als die im reifen Alter stehende Herrin.*

44 Ebd., 34; BKV² 17,34.
45 Ebd., 36; BKV² 17,34.
46 VAN DEN HOEK, *Clement of Alexandria*, 30.217.
47 Ebd., 44f.

Strom. 1,32,2 – *Congr.* 158
„Und Sara bedrängte sie" [Gen 16,6b], *was gleichbedeutend ist mit: sie strafte und ermahnte sie* [Καὶ ἐκάκωσεν αὐτὴν Σάρρα ἴσον ἐστιν τῷ ἐσωφρόνισε καὶ ἐνουθέτησεν].[48]

An diesen Stellen besteht der Unterschied zwischen Philo und Clemens darin, dass Philo die Formulierung von der „weiblichen Eifersucht" (γυναικεὶα ζηλοτυπία) als eine Gefühlsregung deutet, die auf Gegenseitigkeit beruht, während Clemens die Eifersucht nur Sara zuschreibt. Für Philo setzte der in den Genesiserzählungen beschriebene Kampf zwischen Sara und Hagar voraus, dass das alte Judentum eine polygame Gesellschaft und das Konkubinat mithin üblich war, doch für Clemens war dieser Brauch überwunden und nicht länger ein ernstzunehmendes Problem, wie er in *Stromata* 3,82,3 schreibt:

> Aber derselbe Mann und Herr, der das Alte neu macht, gestattet die Vielehe nicht mehr (denn damals machten sie die Zeitumstände nötig, als die Menschen sich vermehren und zunehmen mussten), sondern führt die Einehe ein wegen der Kindererzeugung und der Fürsorge für das Haus, wozu die Frau als „Gehilfin" gegeben worden war.[49]

Was schließlich das Problem angeht, dass Sara Hagar „bedrängte", so hatte Philo den biblischen Text in Gen 16,6 zum Anlass genommen, sich ausführlicher über das Verb ἐκάκωσεν zu äußern, während Clemens nur das Bibelzitat selbst und den unmittelbar darauf folgenden Teil der Erklärung übernimmt, wobei er die Stellung von ἐσωφρόνισε und ἐνουθέτησεν vertauscht.

3.2 Genderkonstruktion und gesellschaftlicher Hintergrund der allegorischen Exegese bei Clemens

Clemens' allegorische Auslegung des Sara-Hagar-Motivs scheint nicht nur mit seinem Verständnis von der Bedeutung der weltlichen Philosophie und der griechischen Kultur im Hinblick auf den Erwerb von Weisheit, sondern auch mit seiner Auffassung vom Status der Frau und von der Ehe im neuen christlichen Kontext zu korrelieren. Clemens folgte mit Bezug auf die christliche Askese Philos Ideal von einem kontemplativen Leben, das keinen Unterschied zwischen Männern und Frauen oder zwischen Freien und Sklaven macht, und es verdient Beachtung, dass er die egalitäre Sichtweise aus *Stromata* 4,58,2–59,3 bekräftigt, wo beiden Geschlechtern und sogar Sklaven die Fähigkeit zu Weisheit und Vollkommenheit zugeschrieben wird:

> Voll ist nun die ganze Kirche von solchen, die ihr ganzes Leben hindurch all ihr Denken auf den Leben bringenden Tod, der sie zu Christus führt, gerichtet haben, wie von sittsamen Männern so auch von sittsamen Frauen. Denn wer sein Leben nach unseren Grundsätzen führt, der kann auch ohne wissenschaftliche Bildung nach Weisheit streben (philosophieren), mag er ein Barbar sein oder ein Grieche, ein Sklave, ein Greis oder ein Kind

---

48 Ebd., 41.

49 Clemens von Alexandrien, *Strom.* 3,82,3; BKV² 17,306f. (leicht angepasst).

> oder ein Weib. Denn die sittsame Gesinnung ist für alle Menschen, die sich für sie entscheiden, in gleicher Weise zugänglich. Es ist aber eine bei uns zugestandene Tatsache, dass innerhalb jeder einzelnen Gattung diejenigen, die die gleiche Natur haben, auch die gleiche Tugend haben. Es ist aber offenbar nicht so, dass hinsichtlich des Menschseins das Weib eine andere Natur hätte als der Mann; vielmehr haben beide die gleiche Natur, also auch die gleiche Tugend. Wenn aber die Tugend des Mannes doch wohl in Sittsamkeit und Gerechtigkeit und in den übrigen nach allgemeiner Anschauung damit zusammengehörenden Eigenschaften besteht, geziemt es sich da wohl für den Mann allein, tugendhaft zu sein, für das Weib aber zuchtlos und ungerecht? Es ist aber auch unschicklich, einen solchen Gedanken auch nur auszusprechen. Auf Sittsamkeit und Gerechtigkeit und auf jegliche andere Tugend sollen also in gleicher Weise bedacht sein Weib und Mann, Freier und Sklave, da es so eingerichtet ist, dass zu der gleichen Natur auch ein und dieselbe Tugend gehört.[50]

An diesem Ausschnitt wird deutlich, dass ein gewisser Egalitarismus, den Philo noch recht zurückhaltend vertreten hatte, in Clemens' Kirche verwirklicht war und dass sich Clemens im Zusammenhang mit der Taufformel aus Paulus' Galaterbrief (Gal 3,28: „Es gibt nicht mehr Juden und Griechen, nicht Sklaven und Freie, nicht männlich und weiblich; denn ihr alle seid einer in Christus Jesus") offen zu dieser Haltung bekannte. Doch gleich im Anschluss an die gerade zitierte Stelle folgt eine weitere Diskussion, die diese egalitäre Sichtweise im Hinblick auf die Frauen an Einschränkungen oder Vorbehalte knüpft:

> Damit behaupten wir nun nicht, dass ein weibliches Wesen die gleiche Natur wie das männliche habe, insoweit es weiblich ist. Denn es geziemt sich durchaus, dass beide ein unterscheidendes Merkmal an sich tragen, dessentwegen das eine weiblich, das andere männlich geworden ist. Darum sagen wir, dass Schwangerwerden und Gebären eine Eigentümlichkeit der Frau ist, insofern sie weiblich, nicht insofern sie ein Mensch ist. Wenn es aber gar keinen Unterschied zwischen Mann und Frau gäbe, so würden beide dasselbe tun und erleiden. Insofern also die Frau das nämliche ist wie der Mann, nämlich soweit es auf die Seele ankommt, insofern wird es auch zu der gleichen Tugend gelangen. Insofern die Frau aber etwas vom Mann Verschiedenes ist, nämlich hinsichtlich der Eigentümlichkeit des Körpers, wird sie zur Schwangerschaft und zur Verwaltung des Hauswesens bestimmt sein.[51]

Gretchen Reydams-Schils untersucht Clemens' Genderkonstruktion im Hinblick auf den neutestamentlichen Haushalt und weist darauf hin, dass Clemens im weiteren Verlauf seiner Erörterung des weiblichen Tugendpotentials aus den sogenannten paulinischen Haustafeln zitiert.[52] Auf diese Weise gewinnt sie wichtige Anhaltspunkte für das Verständnis von Clemens' Aussagen über den Status der Frau und die Bedeutung der Ehe:

> Bemerkenswerterweise sieht Clemens im 4. Buch seiner Stromateis offenbar keinen Widerspruch darin, dass er einerseits Stellen, die die Ehefrauen auffordern, ihren Männern

---

50 CLEMENS VON ALEXANDRIEN, *Strom.* 4,58,2 (SC 463,152–154; BKV² 19,45).

51 CLEMENS VON ALEXANDRIEN, *Strom.* 4,59,3–60,1 (SC 463,154–156; BKV² 19,45f., leicht angepasst).

52 Gretchen J. REYDAMS-SCHILS, „Clement of Alexandria on Woman and Marriage in the Light of the New Testament Household Codes", in *Greco-Roman Culture and the New Testament* (hg. v. David Edward Aune und Frederick E. Brenk; Leiden: Brill, 2012), 113–133.

> untertan zu sein, und Auszüge aus dem Brief des Clemens von Rom und dem Titusbrief verwendet und andererseits Ansichten unterstützt, wonach Vollkommenheit für alle Menschen erreichbar ist und in Christus alle sozialen Unterschiede überwunden sind.[53]

Reydams-Schils bezieht sich hier auf den Umstand, dass „der Abschnitt im 4. Buch der *Stromata* über die Tugend von Frauen und Männern (59–65), der den Verweis auf die Haustafeln enthält (63,5–65), in einen Kontext eingebettet ist, in dem Clemens den paulinischen Egalitarismus von der Überwindung aller sozialen Unterschiede in Christus (Gal 3,28; Kol 3,11) bekräftigt", und findet die Erklärung hierfür an denjenigen Stellen in Clemens' Werk, die auf eine Verbindung zwischen den Haustafeln und neupythagoreischen Schriften über den Haushalt hinweisen, denn: „Die neupythagoreischen Texte betonen systematisch die Unterwerfung einer Ehefrau unter ihren Mann."[54]

Ein weiterer Grund für Clemens' Ambivalenz gegenüber den Frauen ist meines Erachtens im gesellschaftlichen Milieu des frühen Christentums zu suchen. Der Soziologe Rodney Stark versucht, den größeren Einfluss und die bessere Stellung christlicher Frauen damit zu erklären, dass sich das zahlenmäßige Verhältnis zwischen den Geschlechtern erheblich verschoben habe:[55]

> In der heidnischen Umgebungswelt des frühen Christentums sorgte eine Überfülle an Männern dafür, dass Ehefrauen knapp waren. Dagegen waren in der christlichen Subkultur die Ehemänner knapp. Das war eine ausgezeichnete Gelegenheit, Sekundärkonvertiten zu gewinnen.[56]

Stark zeigt, dass Frauen der Oberschicht häufig Primärkonvertitinnen waren und dass ihre Ehemänner in manchen Fällen (und oft nur widerstrebend) Sekundärkonvertiten wurden.

> Das für die christlichen Frauen überaus günstige Geschlechterverhältnis führte schon bald dazu, dass sie sowohl innerhalb der Familie als auch in der religiösen Subkultur deutlich besser gestellt waren und deutlich mehr Einfluss hatten als heidnische Frauen.[57]

---

53 Ebd., 118.

54 Ebd., 131f.

55 Rodney STARK, *The Rise of Christianity: A Sociologist Reconsiders History* (Princeton: Princeton University Press, 1996), 95–128 (Kap. 5: „The Role of Women in Christian Growth").

56 Ebd., 111.

57 Ebd., 110.

4. Das Sara-Hagar-Motiv in der allegorischen Auslegung des Origenes

4.1 *Allegorische Auslegung des Sara-Hagar-Motivs und gesellschaftlicher Hintergrund bei Origenes*

Wenn wir uns nun dem Männer-Frauen-Verhältnis bei Origenes zuwenden (ca. 185 bis ca. 254 n. Chr.), so ist zunächst festzuhalten, dass er seine christliche Auslegung der Sara-Hagar-Geschichten in einem paulinischen Rahmen entfaltete.[58] Die wichtigste der Paulusstellen, die Origenes heranzieht, um seine Methode der geistig-geistlichen Exegese zu untermauern, ist Gal 4,21–24.[59] Origenes' grundlegendes „Allegorie"-Verständnis, das auf dem paulinischen Begriff ἀλληγορούμενα beruht, geht aus *De principiis (Peri archōn)* 4,2,6 hervor, wo er seine exegetische Methode exemplarisch vorführt:

> Aber auch in dem Brief an die Galater macht er denen sozusagen Vorhaltungen, die das Gesetz zu lesen pflegen, ohne es zu verstehen; und zwar urteilt er, daß alle diejenigen es nicht verstehen, die in dem Geschriebenen keine „Allegorien" annehmen. Er schreibt (Gal. 4, 21–24): ‚Sagt mir, die ihr unter dem Gesetz sein wollt: Hört ihr nicht das Gesetz? Denn es steht geschrieben: ‚Abraham bekam zwei Söhne, einen von der Magd und einen von der Freien.' Aber der Sohn der Magd ist nach dem Fleische geboren, dagegen der der Freien auf Grund der Verheißung. Diese Worte enthalten eine andere Bedeutung. Es sind nämlich zwei Bundesschlüsse' usw. Man muß jedes seiner Worte sorgfältig beachten [...][60]

Für Origenes geht es in Gal 4,21–24a um die Frage, welcher Stellenwert dem mosaischen Gesetz im christlichen Kontext zukommt, und er rät dazu, die Bibeltexte dem Geist nach zu erklären. Deshalb lässt er das Zitat in 4,24a enden und ergänzt es um weitere paulinische Belegstellen (die heute der deuteropaulinischen Literatur zugerechnet werden), nämlich Kol 2,16–17, „wo er die Absicht der ganzen Gesetzgebung kurz umreißt",[61] und Hebr 8,5, „wo er von den Juden spricht".[62] Es ist bemerkenswert, dass er, anders als Augustinus, nicht die Absicht hat, die beiden Frauen wie in Gal 4,24b–31 den beiden Testamenten – eine dem jüdischen und die andere dem christlichen – zuzuordnen, sondern lediglich zu zeigen versucht, welchen himmlischen Dingen „die Juden nach dem Fleisch" zum Vorbild und Schatten dienten, und von welchen zukünftigen Gütern das Gesetz der Schatten war (vgl. Hebr 8,5).[63] Will sagen: Er beschränkte sich in seiner

58 Miyako DEMURA, „The Reception of the Pauline Letters and the Formation of the Canonical Principle in Origen of Alexandria", *Scrinium* 6: *Patrologia Pacifica Secunda* (2010): 75–84.

59 Vgl. DEMURA, „Origen and the Exegetical Tradition", 73–81.

60 ORIGENES, *Princ.* 4,2,6 (Görgemanns und Karpp, 716–719); vgl. DERS., *Cels.* 4,44.

61 Görgemanns und Karpp, 719.

62 Ebd., wörtlich: „von denen aus der Beschneidung".

63 Vgl. Görgemanns und Karpp, 719.

Argumentation darauf, die Verwendung der allegorischen Auslegung in einem christlichen Kontext zu rechtfertigen.

Wir können den gesellschaftlichen Hintergrund und religiösen Kontext Alexandriens an anderen Stellen in Origenes' Werk erahnen: wenn er zum Beispiel versucht, die jüdischen Bräuche der Beschneidung und des Fastens zu kritisieren,[64] oder wenn er feststellt, dass manche Christen in Ägypten sowohl die Synagogen als auch die Kirchen besuchen.[65] Nachdem er sich in Cäsarea niedergelassen hatte, bekam er es überdies mit einer sehr aktiven rabbinischen Gemeinschaft zu tun, sodass das paulinische Korpus (einschließlich der deuteropaulinischen Literatur) auch dort eine Schlüsselrolle in seiner exegetischen Arbeit gespielt haben wird. Paulus, so der Neutestamentler James Dunn, habe sich gegen die Vorstellung gewehrt, dass Gottes Gerechtmachung auf „Bundesnomismus" beruhe und Gottes Gnade nur jenen zuteilwerde, die das Abzeichen des Bundes tragen, das heißt, beschnitten sind, die Speisegesetze beachten und den Sabbat halten.[66] Das sei auch der Grund für

> [...] die Schärfe der Antithese in der Allegorie von den beiden Frauen Abrahams, den beiden Bundesschlüssen: Das Gesetz bildet mit Sinai/Hagar das Gegenteil/Gegenüber zu Sara/dem „Jerusalem oben" (4,22–27), was in dem sehr radikalen Gebot resultiert, dass die Bewohner des gegenwärtigen Jerusalem wie einst Hagar und Ismael aus ihrem Erbe verstoßen werden müssen (4,28–30). Der Antithese zwischen Gesetz und Geist (insbes. 3,1–5 und 5,16–23) entspricht auf eschatologischer Ebene die Antithese zwischen dem Geist als der Kraft des künftigen Zeitalters und dem Gesetz als der Kraft des vergangenen Zeitalters.[67]

Origenes aber vermeidet diesen schroffen Antagonismus zwischen Sara und Hagar dadurch, dass er die paulinische Antithese nur bis zum ersten Halbvers von Gal 4,24 zitiert.

4.2 *Allegorische Interpretation des Sara-Hagar-Motivs und Genderkonstruktion bei Origenes*

Emanuela Prinzivalli hat den Zusammenhang zwischen Origenes' Genderkonstruktion und seiner Verwendung allegorischer Interpretationen untersucht und gezeigt, dass Origenes die Geschlechterdiskriminierung auf der Grundlage von Gal 4,21–24 in seinem *Hoheliedkommentar* vollständig überwunden hat:

> Doch auch wenn das Wort Gottes bei den Griechen im Maskulinum, bei uns im Neutrum gebraucht wird, muss man doch bedenken, dass diese Dinge, von denen jetzt die Rede ist, über das männliche und sächliche und weibliche Geschlecht und überhaupt über alles,

---

64 ORIGENES, *Comm. Jo.* 114; *Hom. Lev.* 10,2.

65 ORIGENES, *Hom. Lev.* 5,8.

66 James D. G. DUNN, *The New Perspective on Paul: Collected Essays* (Tübingen: Mohr Siebeck, 2005), 101.

67 Ebd., 289.

> was sich darauf bezieht, erhaben sind, und zwar nicht nur das Wort Gottes, sondern auch seine Kirche und die vollkommene Seele, die auch Braut genannt wird. So sagt nämlich auch der Apostel: „In Christus ist nämlich weder Mann noch Frau, sondern alle sind wir eins in ihm." [Gal 3,28][68]

Prinzivalli zufolge scheint sich Origenes hier

> [...] der Problematik der Verbindung der Gottheit mit dem Männlichen bewusst zu werden, die aufgrund der Unzulänglichkeit der menschlichen Sprache entsteht. Davon abgesehen bestätigt er die geschlechtslose, weil unkörperliche Beschaffenheit der Seele, die für ihn die eigentliche Identität der menschlichen Wesen darstellt.[69]

Ferner ist darauf hinzuweisen, dass Origenes offenbar trotz seines Paulinismus ein Problem mit denjenigen Paulusstellen hatte, die den Eindruck erweckten, dass Ismael auf Saras Befehl hin verstoßen worden war (Gal 4,30; vgl. Gen 21,10), und dass ihm auch das Wort „Verfolgung" (Gal 4,29) Unbehagen bereitete. In einer seiner *Homilien zum Buch Genesis* stellt Origenes die Worte des Paulus wie folgt in Frage:

> Trotzdem: Mit Blick auf das, was geschrieben steht, begreife ich nicht, warum Sarah darauf bestand, den Sohn der Magd zu verstoßen. Er spielte mit ihrem Sohn Isaak. Was hatte er Böses getan oder Schaden angerichtet, wenn er mit ihm spielte? Als wäre es in diesem Alter nicht sogar zu begrüßen, dass der Sohn der Magd mit dem Sohn der Freien spielt. Ich wundere mich aber auch über den Apostel, der dieses Spiel zur Verfolgung erklärt hat, wenn er sagt: „Doch wie damals er, der gemäß dem Fleisch geboren ist, ihn verfolgte, der gemäß dem Geist geboren ist, so auch jetzt", wo doch wirklich von keiner Verfolgung berichtet wird, die Ismael gegen Isaak angezettelt hätte, ausgenommen allein dieses Kinderspiel. Doch wir wollen untersuchen, was Paulus in diesem Spiel sah und was Sarah empörte. Vorher haben wir in geistiger Auslegung Sarah bereits als Tugend gedeutet.[70]

In dieser *Homilie zum Buch Genesis* äußert Origenes Zweifel an Saras Absicht, Hagar und ihren Sohn zu verstoßen, will also allem Anschein nach auch hier wieder die schroffe Antithese zwischen den beiden Frauen vermeiden. Und im letzten Teil der geistig-geistlichen Darstellung über Sara als Tugend können wir Anklänge an die allegorischen Interpretationen bei Philo und Clemens erkennen: Gleich im Anschluss an den zitierten Abschnitt nimmt Origenes auf die Bibelstellen Bezug, die Mitleid mit Hagar und ihrem Sohn ausdrücken:

> Abraham hat also zwei Söhne, einen von der Magd und einen von der Freien [Gal 4,22]; jeder von beiden ist Abrahams Sohn, wenn auch nicht jeder ein Sohn der Freien. Deshalb wird der, den die Magd gebiert, auch nicht Erbe mit dem Sohn der Freien, doch er empfängt Geschenke und wird nicht mit leeren Händen fortgeschickt. Auch er empfängt einen

---

68 ORIGENES, *Comm. Cant.* 3,9,3–4 (SC 376,582–584; OWD 9/1: 339).

69 Emanuela PRINZIVALLI, „Weiblichkeitskonstruktionen und Bibelverwendung bei Origenes und in der Origenestradition" in *Christliche Autoren der Antike* (hg. v. Kari E. Børresen und Emanuela Prinzivalli; Stuttgart: Kohlhammer, 2016), 79–99; 97. Prinzivalli zeigt, dass Origenes durch „die platonische Ausrichtung der Anthropologie und die Vorliebe für die allegorische Bibelauslegung" zur Gleichheit von Mann und Frau beigetragen hat. (91)

70 Origenes, *Hom. Gen.* 7,3; OWD 1/2: 155.

Segen, doch der Sohn der Freien empfängt die Verheißung. Auch er wird „ein großes Volk" [Gen 12,2], der aber das Volk der Erwählung. (7,4)[71]

So irrte Hagar mit dem Knaben durch die Wüste, und der Knabe weinte, und Hagar legte ihn nieder und sprach: „Den Tod meines Kindes will ich nicht sehen" [Gen 21,14.16]. Als sie ihn schon, als liege er im Sterben, aufgegeben und beweint hatte, da steht ihr ein Engel des Herrn zur Seite „und öffnete Hagars Augen, und sie sah einen Brunnen lebendigen Wassers" [Gen 21,19]. (7,6)[72]

An diesen Stellen beweist Origenes seine Fähigkeit zu einem kritischen Umgang mit biblischen Texten, und seine allegorische Auslegung des Sara-Hagar-Motivs gibt ihm die Möglichkeit, den schroffen Antagonismus zwischen Sara und Hagar in der Genesiserzählung ebenso zu umgehen wie die gefährliche Rhetorik aus Gal 4. Wir können daher sagen, dass Origenes' Herangehensweise gewisse Parallelen zu einer feministischen Perspektive aufweist: So zeigt etwa Sheila Briggs in ihrer Kritik an Paulus' allegorischer Darstellung der Hagar-Sara-Geschichte, dass Paulus „beträchtlich von der ursprünglichen Erzählung im Buch Genesis abweicht":

In der Genesisgeschichte sah Sara ihren Sohn Isaak mit Hagars Sohn Ismael spielen. Sie fürchtete, dass Isaak Abrahams Erbe womöglich mit Ismael würde teilen müssen, und forderte daher, dass Hagar und ihr Sohn verstoßen wurden (Gen 21,8–14). Paulus wusste nichts von irgendeinem Versprechen an Hagar und sah den Grund für die Verstoßung Hagars und ihres Sohnes nicht in Saras Eifersucht, sondern in Ismaels Feindschaft gegenüber Isaak. „Der Sohn, der gemäß dem Fleisch gezeugt war", schreibt Paulus, „verfolgte [den], der gemäß dem Geist gezeugt war" (4,29). Diese Aussage stimmte mit einer antiken Denktradition überein (war allerdings nicht notwendigerweise von dieser abgeleitet), der zufolge moralische Minderwertigkeit ein erblicher Charakterzug von Sklaven war. Aus der Forderung, die Sara im Buch Genesis an Abraham richtet, wird bei Paulus ein Gebot der Schrift. Was aber gebietet die Schrift? „Stoß die Sklavin und ihren Sohn hinaus! Denn der Sohn der Sklavin soll nicht Erbe sein zusammen mit dem Sohn der Freien."[73]

5. Didymus der Blinde und seine Auslegung im Gefolge der alexandrinischen Exegese

Schließlich möchte ich auf Didymus den Blinden zu sprechen kommen (ca. 313 bis 398 n. Chr.) und der Frage nachgehen, wie er die Sara-Hagar-Geschichte in seinem *Genesiskommentar* aufgegriffen und ausgelegt hat (16,1–2).

So, wie wir ihn betrachtet haben, ist also auch der Buchstabe von Nutzen. Die anagogische Erklärung kann dahingehend gedeutet werden, dass der selige Paulus die beiden Frauen bildlich auf die beiden Bundesschlüsse bezieht. Philo hat diese Erklärungsweise ebenfalls,

---

71 OWD 1/2: 157.

72 OWD 1/2: 161.

73 Elisabeth SCHÜSSLER FIORENZA (Hg.), *Searching the Scripture 2: A Feminist Commentary* (New York: Crossroad, 1994), 224; Bibelzitat übersetzt nach der Einheitsübersetzung.

> aber mit Bezug auf einen anderen Inhalt benutzt und Sara als die vollkommene Tugend und Philosophie dargestellt, weil sie die freie und hochgeborene Ehefrau ist, die im selben Haus lebt, wie das Gesetz es vorsieht. [...] Sara wird also als die vollkommene und geistige Tugend gedeutet, während Hagar, die ägyptische Magd, Philo zufolge für „die enzyklische Bildung" und Paulus zufolge für den „Schatten" steht (Gal 4,24). Denn es ist wichtig, die ganze geistige oder erhabene Lehre dem Buchstaben nach gesondert vom Schatten oder gesondert von der vorläufigen Bildung der einführenden Studien zu verstehen (235,25–236,11).[74]

Es ist bemerkenswert, dass Didymus Sara in diesem Text unter Berufung auf Philo und Paulus als „vollkommene Tugend und Philosophie" oder als „vollkommene und geistige Tugend" rühmt. Er bezieht sich hier nicht auf die paulinische Interpretation, um die beiden Bundesschlüsse – einen für die Juden und einen für die Christen – zu rechtfertigen, sondern um mithilfe der Sara-Hagar-Allegorie deutlich zu machen, dass zwischen dem buchstäblichen und dem geistigen Sinn eine enge Verbindung besteht. Wie Runia schreibt: „Didymus betrachtet die philonische und die paulinische Auslegung als gleichwertig und gleichgewichtig und verschmilzt sie zu einer einzigen Interpretation."[75] Auf diese Weise ist es auch Didymus gelungen, den schroffen Antagonismus zwischen Sara und Hagar zu umgehen.

Noch eine weitere Stelle verdeutlicht beispielhaft, wie die Schwierigkeiten, mit denen sich Philo bei seiner Auslegung von Genesis 16 konfrontiert sah, bei Didymus aufgegriffen und weiterentwickelt wurden. Philos Sorge, dass die Sara-Hagar-Geschichte als eine Geschichte über „weibliche Eifersucht" (γυναικεὶα ζηλοτυπία) aufgefasst werden könnte, war für Didymus Grund genug, nicht nur Saras Weisheit (σοφή) und Heiligkeit (ἁγία), sondern auch ihre Besonnenheit (σωφροσύνη) und ihren Mangel an Eifersucht (ἀφθονία) zu betonen.[76]

Was Didymus' Verhältnis zur origenistischen Tradition und seinen Beitrag zur Gleichbehandlung von Frauen und Männern betrifft, weist Prinzivalli darauf hin, dass Didymus der Blinde „im 4. Jh. [...] das Fortleben der origeneischen Deutung des Begriffspaares ‚männlich' – ‚weiblich' aus Gen 1,26f. in der nachfolgenden Tradition"[77] bestätigt und dass „die alexandrinische Exegese die Wirkung

---

74 SC 244,202–205. Als Grundlage dient hier die englische Übersetzung bei Runia, *Philo in Early Christian Literature*, 202.

75 Runia, *Philo in Early Christian Literature*, 202.

76 SC 244,203. Ich beziehe mich hier auf die französische Übersetzung von Pierre Nautin: „Quand donc Sara, qui était sage (σοφή) et sainte (ἁγία), eut constaté pendant longtemps que malgré les rencontres avec son mari elle ne concevait pas, elle s'abstint des relations conjugales, et, comme elle savait qu'il était dans l'ordre des choses qu'il ait des enfants, elle lui donna sa servant comme concubine. Cela montre tout ensemble la continence (σωφροσύνη) et l'absence de jalousie (ἀφθονία) de Sara, et l'impassibilité d'Abram qui a choisi cette solution à l'instigation de sa femme et non pas de son propre mouvement, et qui n'a cédé que pour donner naissance à des enfants."

77 Prinzivalli, „Weiblichkeitskonstruktionen", 91.

einiger biblischer Texte abmildert, die man in einer für die Frau besonders unvorteilhaften Weise auslegen könnte".[78]

Obwohl seine Verwendung paulinischer Ausdrücke und seine allegorische Interpretation von Origenes beeinflusst sind, wird dieser bei Didymus nicht ausdrücklich erwähnt. Als Grund hierfür vermutet Runia den Einfluss einer „antiorigenistischen Bewegung, die zu Didymus' Lebzeiten Fahrt aufnahm".[79]

Abschließend möchte ich auf die interessante Studie von Justin M. Rogers verweisen, der die Rezeptionsgeschichte des Sara-Hagar-Motivs in der frühen Kirche wie folgt zusammenfasst:

> In der frühen Kirche gibt es bei der symbolischen Interpretation von Sara und Hagar zwei Hauptströmungen. Die erste ist zunächst in Paulus' Galaterbrief verortet, wo Hagar und Sara als der jüdische und der christliche Bund allegorisiert werden (Gal 4,21–31). Spätere christliche Autoren deuten die beiden Frauen in Anlehnung an dieses Schema als Symbol der fruchtbaren Kirche (Sara) und der unfruchtbaren Synagoge.
> Die zweite Interpretation scheint auf die alexandrinischen Bibelexegeten beschränkt gewesen zu sein. Philo ist der Erste, der Hagar als Allegorie für die enzyklische Bildung und Sara als Allegorie für die Tugend oder Weisheit versteht. Überraschenderweise folgt sowohl Clemens von Alexandria als auch Origenes beinahe immer der philonischen und nicht der paulinischen Auslegung.
> Der erste Autor, der nachweislich versucht, die philonische und die paulinische Interpretation miteinander in Einklang zu bringen, ist Didymus der Blinde (ca. 313 bis 398 n. Chr.).[80]

Rogers weist zu Recht darauf hin, dass es bei der allegorischen Auslegung des Sara-Hagar-Motivs zwei Hauptströmungen gibt, deren erste eng mit Paulus' Galaterbrief (4,21–31) verbunden und deren zweite auf die alexandrinischen Exegeten beschränkt ist. Origenes und Didymus jedoch nehmen insofern eine Sonderstellung ein, als sie – im Unterschied zu späteren christlichen Autoren, die sich von Gal 4,21–31 dazu inspirieren ließen, die beiden Frauen als Allegorien für die fruchtbare Kirche (Sara) bzw. die unfruchtbare Synagoge (Hagar) zu deuten – Gal 4,21–24a als Grundlage für eine allegorische Interpretation nutzten, die ihnen die Möglichkeit gab, den schroffen Antagonismus zwischen Sara und Hagar zu umgehen.

---

78 Ebd., 99.

79 Runia, *Philo in Early Christian Literature*, 201. Vgl. Elizabeth A. Clark, *The Origenist Controversy* (Princeton: Princeton University Press, 1992); Miyako Demura, „Origen after the Origenist Controversy", in *Christian Shaping Identity from the Roman Empire to Byzantium* (hg. v. James D. G. Dunn und John W. Meyer; Leiden: Brill, 2015), 117–139.

80 Justin M. Rogers, „The Philonic and the Pauline: Hagar and Sarah in the Exegesis of Didymus the Blind", *The Studia Philonica Annual* 26 (2014): 57–77; 57f.

6. Schluss

Unser Überblick über das Sara-Hagar-Motiv aus dem Buch Genesis in der alexandrinischen Exegese-Tradition hat ergeben, dass die für das mittlere Judentum charakteristische pejorative Darstellung des Weiblichen nach und nach in den Hintergrund tritt und die Sara-Hagar-Erzählung im Zuge der Exegese aus einer Eifersuchtsgeschichte in eine Allegorie umgedeutet wird, die das Verhältnis zwischen weltlicher Bildung und der Suche nach Weisheit versinnbildlicht. Nach meinem Eindruck scheinen die Besonderheit und der eigenständige Beitrag der alexandrinischen exegetischen Tradition im Fall der Sara-Hagar-Geschichte darin zu bestehen, dass die alexandrinischen Exegeten versucht haben, den schroffen Antagonismus zwischen Sara und Hagar zu umgehen und auf ein egalitäres Ideal zu verweisen. Der vorliegende Beitrag hat gezeigt, dass die Alexandriner, wenn es ihnen schwerfiel, die Sara-Hagar-Geschichte im Buch Genesis wie auch ihre Umdeutung in Gal 4,21–31 so zu akzeptieren, *wie sie dastand*, ihre Fähigkeit unter Beweis stellten, aus ihrer eigenen Situation heraus kritisch mit den biblischen Texten umzugehen. Wir könnten also die alexandrinischen Exegese-Traditionen aus heutiger Perspektive dahingehend neu bewerten, dass ihre Interpretationsbeispiele uns Wege aufzeigen, sexuell, gesellschaftlich, rassistisch oder religiös motivierte Diskriminierung in unserem eigenen Umfeld zu überwinden.

Im höchsten der Ämter auch Frauen? Zur Deutung der biblischen Prophetinnen bei den Kirchenvätern

Agnethe Siquans, Universität Wien

Die Ämtergesetze in Dtn 16,18–18,22 behandeln ausführlich die Prophetie (Dtn 18,9–22). Dtn 18,15 verheißt Israel für die Zeit nach dem Tod des Mose und in seiner Nachfolge Propheten. Prophetinnen werden nicht explizit erwähnt. Allerdings ist für den Alten Orient und Israel die Aktivität von Prophetinnen breit belegt, wenn auch die hierarchisch höherstehenden Positionen kaum von Frauen bekleidet wurden.[1] Daher ist davon auszugehen, dass in Dtn 18 Prophetinnen mitgemeint, jedenfalls nicht ausgeschlossen, sind.[2]

Am Ende des Deuteronomiums wird Mose als der größte aller Propheten hervorgehoben (vgl. Dtn 34,10). Nach Georg Braulik ist es dem prophetischen Amt vorbehalten, „[d]en je aktuellen Gotteswillen und das Wissen um Zukünftiges“ zu vermitteln.[3] Der Prophet, die Prophetin ist über alle anderen Ämter emporgehoben, weil er oder sie allein von Gott eingesetzt ist.[4] Das verschafft ihm oder ihr besondere Autorität. Neben Mose wird in der Tora auch Mirjam (Ex 15,20) als

---

1 Vgl. z. B. Martti Nissinen, „Prophetie (Alter Orient)“, in *Das Wissenschaftliche Bibellexikon im Internet:* www.bibelwissenschaft.de/wibilex [zuletzt abgerufen am 17.4.2020]; ders., *Prophets and Prophecy in the Ancient Near East* (SBL Writings from the Ancient World 12; Atlanta: Society of Biblical Literature, 2003).

2 In den wenigen patristischen Texten, die Dtn auslegen, wird die Passage fast nicht behandelt. Einzig Augustinus weist in *Quaest. Deut.* 29 darauf hin, dass Divination und Prophetie zu unterscheiden sind.

3 Georg Braulik, „Zur Abfolge der Gesetze in Deuteronomium 16,18–21,23: Weitere Beobachtungen“, *Biblica* 69 (1988): 63–92; 76.

4 Vgl. ebd., 78. Braulik ortet in 16,18–18,22 die „Haupttendenz, die Ämter als einander überbietend darzustellen“ (ebd., 80).

Prophetin bezeichnet.[5] Irmtraud Fischer sieht daher die Prophet*innen in der hebräischen Bibel in der Nachfolge Mirjams und Moses.[6]

1. Biblische Prophetinnen und ihre Rezeption durch die Kirchenväter

Die hebräische Bibel verwendet fünf Mal den Titel נביאה, „Prophetin". Bekannte und unbekannte Frauen werden mit diesem Titel bedacht: Mirjam, die Schwester Aarons (Ex 15,20), Debora, eine Richterin und Prophetin (Ri 4,4), Hulda, die zur Zeit des Königs Joschija in Jerusalem tätig ist (2 Kön 22,14) und Noadja in der Perserzeit (Neh 6,14). Dazu kommt eine anonyme Prophetin in Jes 8,3. Außerdem werden prophetische Aktivitäten von Töchtern Israels in Ez 13,17–23 und in Joël 3,1–2 berichtet, einmal negativ, einmal positiv. Im Neuen Testament wird eine Prophetin namens Hanna in der lukanischen Kindheitsgeschichte erwähnt (Lk 2,36) sowie vier jungfräuliche Töchter des Philippus, die „prophetisch reden" (Apg 21,9). Die biblischen Prophetinnen werden in den patristischen Schriften relativ breit rezipiert, und zwar über den Kreis der im Alten und Neuen Testament als Prophetinnen oder prophetisch redend bezeichneten Frauen hinaus. Maria, die Mutter Jesu, und ihre Verwandte Elisabet werden in der frühchristlichen Tradition regelmäßig als Prophetinnen angesehen.[7] Grund dafür dürften

---

5 Ex 7,1 schreibt auch Aaron den Titel eines Propheten zu, der aber zugunsten seiner priesterlichen Funktion in späterer Folge kaum Gewicht erlangt. Aarons prophetische Aufgabe ist dort auch ganz auf Mose bezogen und auf die Auseinandersetzung mit dem Pharao beschränkt. Aarons Aufgabe ist es, die Worte, die JHWH Mose mitgeteilt hat, an den Pharao zu übermitteln. Mirjam tritt an einer entscheidenden Stelle als Prophetin auf, nach der Rettung aus Ägypten und dem Durchzug durch das Meer. Bereits hier steht ihre Rolle in Spannung zu Mose, dem ein umfangreiches Lied in den Mund gelegt wird, das dem Mirjams vorangestellt wird. In Ex 11–12 findet sich in narrativer Form eine Diskussion um die Bedeutung der Prophetie im Verhältnis zur Tora, die durch Mose repräsentiert wird. Besonders im Deuteronomium wird angesichts des bevorstehenden Todes des Mose seine besondere Mittlerrolle und seine herausragende Position auch als Prophet betont. In der Endgestalt der Tora ist Mose die zentrale Gestalt, die Gesetz und Prophetie verkörpert, was auch die weitere Rezeption, angefangen bereits im Alten Testament selbst, weitgehend prägt.

6 Vgl. Irmtraud FISCHER, *Gotteskünderinnen: Zu einer geschlechterfairen Deutung des Phänomens der Prophetie und der Prophetinnen in der Hebräischen Bibel* (Stuttgart: Kohlhammer, 2002), 24. Klara Butting sieht in Mirjam die Prophetie, in Mose die Tora repräsentiert: vgl. Klara BUTTING, *Prophetinnen gefragt: Die Bedeutung der Prophetinnen im Kanon aus Tora und Prophetie* (Erev-Rav-Hefte. Biblisch-feministische Texte 3; Wittingen: Erev-Rav, 2001), 37.95 u. a. Dtn 18,15 sieht jedoch künftige ProphetInnen klar in der Nachfolge des Mose.

7 Zu den Prophetinnen in den frühchristlichen Schriften vgl. Agnethe SIQUANS, *Die alttestamentlichen Prophetinnen in der patristischen Rezeption: Texte – Kontexte – Hermeneutik* (HBS 65;

ihre als prophetisch verstandenen Lieder sein, das *Magnificat* und das *Ave Maria.*[8] Aber auch im Alten Testament werden weitere Prophetinnen identifiziert, so etwa bei Hippolyt von Rom:

> Ebenso waren Frauen Prophetinnen: Sara, Rebekka, Mirjam, die Schwester des Mose, Debora, Hulda (Oliba) und unter Christus Hanna, Elisabet, Maria, die Christus gebar.[9]
> Frauen, die Prophetinnen waren: Sara, Rebekka, Mirjam, die Schwester von Aaron und Mose, Debora, Hulda (Holda) – Hanna, die Mutter Samuels und die andere Anna, die Maria gebar, von der Christus geboren worden ist, und Elisabet, die Mutter Johannes des Täufers, und die Jungfrau Maria, die Christus aus dem Heiligen Geist gebar.[10]

Im Zusammenhang mit der Prophetie von Frauen spielen in patristischen Texten eine Reihe von neutestamentlichen Texten eine bedeutende Rolle, die allerdings keine individuellen Prophetinnen nennen, sondern sich mit dem Status und Verhalten von Frauen in den Versammlungen der entstehenden christlichen Gemeinden befassen.[11] Allen voran ist 1 Kor 14,33b–35 zu nennen:

> Wie es in allen Gemeinden der Heiligen üblich ist, sollen die Frauen in den Versammlungen schweigen; es ist ihnen nicht gestattet zu reden: Sie sollen sich unterordnen, wie auch das Gesetz sagt. Wenn sie etwas lernen wollen, dann sollen sie zu Hause ihre Männer fragen; denn es gehört sich nicht für eine Frau, in der Versammlung zu reden. (Einheitsübersetzung 2016)

Die Diskussion der historisch-kritischen Exegese, die V. 34f. teilweise als nachpaulinische Interpolation betrachtet,[12] ist für die patristische Rezeption unerheblich. Die Worte wurden als paulinische Vorgaben für die Frauen in der Kirche

---

Freiburg i. Br.: Herder, 2011); Ella R. THOMPSON, „Early Christian Female Propheticism: Sources and Development“ (Diss.; The King's College London, 2014).

8 Auch im Alten Testament überlieferte Lieder von Frauen wurden als prophetisch betrachtet, etwa das Lied Mirjams (Ex 15,21), das Deboras (Ri 5) oder das Hannas (1 Sam 2,1–10).

9 HIPPOLYT, *Chron., Liber generationis hominum* 1,720 (GCS 46 [36],128). Zur Frage der Autorschaft der Chronik Hippolyts siehe Claudio MORESCHINI und Enrico NORELLI, *Handbuch der antiken christlichen Literatur* (Gütersloh: Gütersloher Verlagshaus, 2007), 122–126. Nach Ansicht der Autoren, die darin Manlio Simonetti folgen, stammt die Chronik nicht von Hippolyt, sondern von einem römischen Schismatiker zu Beginn des 3. Jahrhunderts, dem ein Elenchos, ein Traktat *De Universo* und die Chronik zuzurechnen sind.

10 HIPPOLYT, *Chron., Liber generationis hominum* 2,170 (GCS 46 [36],128).

11 Zum Reden (und Schreiben) von Frauen in patristischen Texten vgl. Agnethe SIQUANS, „Weibliche Stimmen? Biblische Frauen in der patristischen Rezeption: Eine Einführung“, in *Biblical Women in Patristic Reception/Biblische Frauen in patristischer Rezeption* (hg. v. Agnethe Siquans; JAJSup 25/5; Göttingen: Vandenhoeck & Ruprecht, 2017), 13–30.

12 Vgl. z. B. Marlene CRÜSEMANN, „Unrettbar frauenfeindlich: Der Kampf um das Wort von Frauen in 1 Kor 14,(33b)34–35 im Spiegel antijudaistischer Elemente der Auslegung“, in *Von der Wurzel getragen: Christlich-feministische Exegese in Auseinandersetzung mit Antijudaismus* (hg. v. Luise Schottroff und Marie-Theres Wacker; Leiden: Brill, 1996), 199–223; Luise SCHOTTROFF, *Der erste Brief an die Gemeinde in Korinth* (ThKNT 7; Stuttgart: Kohlhammer, 2013), 280f.; Helmut MERKLEIN und Marlis GIELEN, *Der erste Brief an die Korinther: Kapitel 11,2–16,24* (ÖTK 7/3; Gütersloh: Gütersloher Verlagshaus, 2005), 199.

verstanden und immer wieder auch mit biblischen Prophetinnen in Verbindung gebracht.[13]

1 Kor 11 unterstellt die Frau mit Bezug auf die Schöpfungsordnung ganz klar dem Mann. Sie ist sein Abglanz, während der Mann Abglanz Gottes ist. V. 5 setzt aber ebenso eindeutig voraus, dass Frauen in den Versammlungen beteten oder prophetisch redeten. Einzig eine Kopfbedeckung oder besondere Haartracht scheint gefordert zu sein.[14] Dass hier diesbezüglich offenbar Diskussionsbedarf bestand, zeigt folgende Erläuterung von Johannes von Damaskus:

> Es gab nämlich Frauen, die diese Gnadengabe [der Prophetie, A. S.] hatten, wie die Töchter des Philippus und andere vor jenen und nach jenen, über die auch die Prophetie sagte: „Und eure Söhne werden prophezeien und eure Töchter werden Visionen sehen."[15]

Johannes erklärt die Vorschrift der Verhüllung für Frauen mit einem Verweis auf bekannte Prophetinnen und einem Zitat von Joël 3,1.[16] Mit Paulus setzt er voraus, dass Frauen prophetisch redeten, zumindest in der Vergangenheit. Ob der Verweis auf die Prophetie Joëls impliziert, dass die Verheißung, die sich nach Apg 2 am Pfingsttag erfüllt hat, zu Johannes' Zeiten immer noch gilt, ob es also auch zu seiner Zeit noch Prophetinnen gab, geht aus dem Text nicht eindeutig hervor. Jedenfalls zeigt die vorausgehende Auslegung von V. 4, in dem es um die Kopfbedeckung des Mannes geht, dass Johannes hier von einem allgemein gültigen Brauch ausgeht. Wie die Frau der Schande preisgegeben ist, wenn sie sich nicht verhüllt, so verfällt umgekehrt der Mann der Schande, wenn er sich verhüllt. Johannes betont besonders die unterschiedlichen „Zeichen" (σύμβολα) für

---

13 Explizit stellt Origenes in seinem Kommentar zum ersten Korintherbrief diesen Konnex her (siehe unten).

14 Vgl. zu 1 Kor 11 und 14 u. a. Karen L. KING, „Voices of the Spirit: Exercising Power, Embracing Responsibility", in *Women Preachers and Prophets Through Two Millenia of Christianity* (hg. v. Beverly Mayne Kienzle und Pamela J. Walker; Berkeley und Los Angeles: University of California Press, 1998), 335–343; Max KÜCHLER, *Schweigen, Schmuck und Schleier: 3 neutestamentliche Vorschriften zur Verdrängung der Frauen auf dem Hintergrund einer frauenfeindlichen Exegese des Alten Testaments im antiken Judentum* (Fribourg: Universitätsverlag, 1986) – zu 1 Kor 11; Luise SCHOTTROFF, „Der erste Brief an die Gemeinde in Korinth: Wie Befreiung entsteht", in *Kompendium Feministische Bibelauslegung* (hg. v. Luise Schottroff und Marie-Theres Wacker; Gütersloh: Gütersloher Verlagshaus, ^{2}1999), 574–592; Elisabeth SCHÜSSLER FIORENZA, *Zu ihrem Gedächtnis ... Eine feministisch-theologische Rekonstruktion der christlichen Ursprünge* (Gütersloh: Gütersloher Verlagshaus, 1988), 281–291; Adriana VALERIO, „Il profetismo femminile cristiano nel II secolo: Bilancio storiografico e questioni aperte", in *Profeti e profezia: Figure profetiche nel cristianesimo del II secolo* (hg. v. Anna Carfora und Enrico Cattaneo; Trapani: Il pozzo di Giacobbe, 2007), 159–172; Antoinette Clark WIRE, *The Corinthian Women Prophets: A Reconstruction Through Paul's Rhetoric* (Minneapolis: Fortress Press, 1990).

15 JOHANNES VON DAMASKUS, *Comm. 1 Cor.* (PG 95,656B; SIQUANS, *Prophetinnen*, 349).

16 Allerdings schreibt er – anders als Joël und dessen Zitat in Apg 2,17 – den Söhnen das Prophezeien und den Töchtern Visionen, die allerdings auch zur Prophetie gehören, zu. Im Kontext von 1 Kor 11 geht es um das prophetische Reden von Frauen. Daher ist anzunehmen, dass er das Joëlzitat auf Prophetinnen bezieht.

Männer und Frauen, die die Herrschaft des Mannes und die Unterordnung der Frau bezeichnen.

1 Tim 2,12 ist ein weiterer Text, der für die Diskussion über Prophetinnen herangezogen wird: „Dass eine Frau lehrt, erlaube ich nicht, auch nicht, dass sie über ihren Mann herrscht; sie soll sich still verhalten." Exemplarisch für den Rekurs auf diese Aussage ist eine Passage aus dem Trinitätstraktat Didymus' des Blinden.

> Als Prophetinnen aber kennt die Schrift die vier Töchter des Philippus, Debora, Mirjam/Maria, die Schwester Aarons, und die Gottesgebärerin Maria, die sagt, wie das Evangelium sagt: „Von nun an preisen mich glücklich alle Frauen und Generationen" (Lk 1,48). Bücher aber, die in ihrem Namen angefertigt wurden, kennt sie nicht. Aber auch der Apostel verbietet (das), als er das erste Mal an Timotheus schreibt: „Dass Frauen lehren, gestatte ich nicht" (1 Tim 2,12), und wiederum im ersten Brief an die Korinther: „Jede Frau, die betet und prophezeit mit unverhülltem Haupt, beschämt das Haupt" (1 Kor 11,5), das heißt, es ist der Frau nicht erlaubt, schamlos aus eigener Anordnung Bücher zu schreiben und {in der Gemeinde zu} lehren und darin das Haupt zu entehren, das heißt den Mann: Denn „das Haupt der Frau ist der Mann, das Haupt des Mannes aber Christus" (1 Kor 11,3). Und der Grund, dass Frauen zu schweigen haben, ist offensichtlich: Weil die Lehre der Frau von Anfang an das gemeinsame Geschlecht übel schädigte. Denn „der Mann", wie der Apostel sagt, „wurde nicht betrogen, sondern die Frau" (1 Tim 2,14).[17]

Er nimmt Bezug auf einige in der Schrift bezeugte Prophetinnen, ordnet ihr Wirken aber in den von den Paulusbriefen vorgegebenen Rahmen ein. Unverhülltes öffentliches Auftreten von Frauen wird kritisiert und allegorisch interpretiert sowie das Lehren von Frauen, das sie über die Männer erheben würde, zurückgewiesen. Durch das Zitat von 1 Tim 2,14 wird auch die schöpfungstheologische Begründung des 1 Tim, die auf Gen 3 rekurriert, übernommen.

Diese und ähnliche Texte determinieren die patristische Argumentation über die Prophetie von Frauen wesentlich. Zugleich begründen sie Ambivalenzen in der Einschätzung von Frauen als Prophetinnen.[18]

Zunächst akzeptieren die Kirchenväter die Tatsache, dass es Prophetinnen gab: Das ist eine Vorgabe der Bibel, die ihnen als inspiriertes Wort Gottes gilt. Außerdem sind Prophetinnen ebenso wie Propheten von Gott zu ihrer Aufgabe berufen und vom Geist erfüllt. Die Existenz von Prophetinnen kann, zumindest für die biblische Zeit, nicht in Frage gestellt werden.

---

17 Didymus der Blinde, *Trin.* 3,41 (PG 39,988C–989A; Siquans, *Prophetinnen*, 41f.), wobei die Zuordnung zu Didymus zweifelhaft ist.

18 Vgl. Agnethe Siquans, „What's the Difference? Female Prophets in Early Christian Writings", in *Toward Just Gender Relations: Rethinking the Role of Women in Church and Society* (hg. v. Gunter Prüller-Jagenteufel, Sharon Bong und Rita Perintfalvi; Religion and Transformation in Contemporary European Society 13; Göttingen: Vandenhoeck & Ruprecht, 2019), 283–288.

Auf der anderen Seite stehen die paulinischen Aussagen, die das öffentliche Prophezeien von Frauen in den Gemeindeversammlungen zu verbieten scheinen.[19] Hier werden Lösungen gefunden, die uns heute höchst originell und dem Bibeltext nicht angemessen erscheinen, aber der Logik folgen, dass es innerhalb der Bibel keine Widersprüche geben dürfe. Also muss das prophetische Wirken von Frauen mit den paulinischen Vorschriften und den herrschenden Vorstellungen über das Geschlechterverhältnis in Einklang gebracht werden.

Als weiteres Problemfeld kommt die sogenannte „Neue Prophetie", auch Montanismus oder phrygische Prophetie, hinzu.[20] In dieser kleinasiatischen Bewegung sind uns zwei Frauen in führender Position bekannt, die auch Prophetinnen waren, Priska oder Priskilla und Maximilla. Auch diese Tatsache trug zweifellos zur eher ablehnenden Haltung gegenüber Frauen als Prophetinnen bei. Der Kommentar des Origenes zu 1 Kor 14,34–35 führt deutlich die Problematik und die Argumentationsmuster vor Augen.

> Denn damit alle, die reden, auch reden können, wenn ihnen eine Offenbarung zuteil wird, sagt er: „Die Frauen sollen in den Versammlungen schweigen" (1 Kor 14,34). Die Schüler der Frauen aber, die von Priskilla und Maximilla gelehrt wurden, gehorchten nicht diesem Gebot, nicht Christus, dem Mann der Braut. Aber gleichwohl sind wir einsichtsvoll und stellen uns ihrer Überzeugung. Vier Töchter, sagen sie, hatte Philippus, der Evangelist, und sie prophezeiten (vgl. Apg 21,9). Wenn sie aber prophezeiten, was ist verkehrt, dass auch unsere „Prophetinnen", wie jene sagen, prophezeien? Dieses aber werden wir lösen. Erstens, wenn ihr sagt, die unseren (Prophetinnen) prophezeien, (dann) zeigt die Zeichen der Prophetie bei ihnen! Zweitens aber, wenn auch die Töchter des Philippus prophezeiten, so haben sie aber nicht in den Versammlungen gesprochen: Denn das haben wir nicht in der Apostelgeschichte. Aber auch nicht im Alten (Testament): Es ist bezeugt, dass Debora eine Prophetin war, „Mirjam, die Schwester Aarons, aber nahm die Pauke und trat vor die Frauen" (Ex 15,20). Aber du wirst nicht finden, dass Debora öffentlich vor dem Volk sprach wie Jeremia und Jesaja. Du wirst nicht finden, dass Hulda, die eine Prophetin war, zum Volk redete, sondern zu einem, der zu ihr kam. Allerdings liest man im Evangelium: „die Prophetin Hanna, die Tochter Penuëls, aus dem Stamm Ascher" (Lk 2,36): Aber sie redete auch nicht in einer Versammlung. Es war also gegeben, dass eine Frau aufgrund eines prophetischen Zeichens eine Prophetin ist, es ist aber dieser nicht erlaubt, in einer Versammlung zu reden. Als die Prophetin Mirjam redete, war sie die Anführerin der Frauen. Denn es ist schändlich für eine Frau, in einer Versammlung zu reden, „und ich erlaube einer Frau nicht zu lehren", einfach aber, „nicht zu herrschen über den Mann" (1 Kor 14,34; 1 Tim 2,12). [...] Denn für eine Frau ist es schändlich, in einer Versammlung zu reden, was immer sie redet, ob sie Wunderbares redet, ob Heiliges, allein, es kommt aus

---

19 Dieses Verbot steht ganz im Kontext der antiken Mittelmeerkultur und ihres Bildes vom Verhältnis der Geschlechter. Vgl. dazu SIQUANS, *Prophetinnen*, 425.

20 Vgl. dazu eingehend Anne JENSEN, *Gottes selbstbewußte Töchter: Frauenemanzipation im frühen Christentum?* (TFFE 9; Freiburg i. Br.: Herder, 1992), 268–352; Antti MARJANEN, „Female Prophets Among Montanists", in *Prophets Male and Female: Gender and Prophecy in the Hebrew Bible, the Eastern Mediterranean, and the Ancient Near East* (hg. v. Jonathan Stökl und Corrine L. Carvalho; Atlanta: Society of Biblical Literature, 2013), 127–143.

einem weiblichen Mund. Eine Frau redet in einer Versammlung offensichtlich schändlich nach dem Urteil der ganzen Kirche."[21]

Die Leerstellen und Unbestimmtheiten der biblischen Texte erlauben Origenes, die prophetischen Aktivitäten der genannten Frauen auf Bereiche zu beschränken, die von der Versammlung, die Paulus voraussetzt, zu unterscheiden sind. Bei Debora ist die Annahme eines nicht-öffentlichen Sprechens angesichts der Notiz, dass sie im Freien unter der nach ihr benannten Debora-Palme saß und ganz Israel zu ihr kam (vgl. Ri 4,5), schwer nachzuvollziehen. Dass zu Hulda nur „einer" kam, entspricht dem Bibeltext nicht und ignoriert außerdem die hohe Stellung der Delegation, die sie aufsuchte (vgl. 2 Kön 22,14). Dass Mirjam Anführerin der Frauen im Lobgesang war, ist wohl nachvollziehbar (vgl. Ex 15,20), aber dass dieser Gesang getrennt von der männlichen Gruppe der Israeliten stattfand, ist angesichts der Situation nach der Rettung am Schilfmeer kaum vorstellbar. Origenes geht es explizit darum, aus der Schrift nachzuweisen, dass biblische Prophetinnen nicht in Versammlungen gesprochen haben. Für uns heute ist diese Argumentation wohl nicht mehr nachvollziehbar, ob sie es damals war, sei dahingestellt.

Im Zusammenhang des Konfliktes um die Neue Prophetie ist eine „Diskussion eines Montanisten und eines Orthodoxen" überliefert.[22] Ein wichtiges Argument in dieser Diskussion ist eine allegorische Deutung des Verschleierungsgebotes für Frauen (1 Kor 11): Dass Frauen nur verschleiert prophezeien dürfen, bedeutet demnach, dass sie nicht unter ihrem eigenen Namen Bücher schreiben dürfen. Als Beispiel dient Maria, deren Lobgesang unter dem Namen des Evangelisten Lukas überliefert ist (vgl. Lk 1,48–55). Didymus der Blinde übernimmt dieses Argument und weitet es auf Mirjam, Debora und die Töchter des Philippus aus: Sie alle haben nicht in eigenem Namen Bücher veröffentlicht.[23] Das Argument greift die Tatsache auf, dass in der Bibel keine prophetischen Bücher von Frauen überliefert sind. Auch Öffentlichkeit durch schriftliches Wirken ist Frauen also nicht gestattet.

Ambrosius vergleicht an einer Stelle die Prophetie der Elisabet mit der ihres Mannes Zacharias sowie die Mirjams mit der des Mose. Er zieht daraus den Schluss, dass es für eine Frau angemessen ist, weniger und kürzer zu reden als

---

21 Claude JENKINS, „Origen on 1 Corinthians", *JTS* 10 (1909): 29–51; 41f.; deutsche Übersetzung nach: SIQUANS, *Prophetinnen*, 35f. JENSEN, *Gottes selbstbewusste Töchter*, 333f., merkt dazu an: „Es ist offensichtlich, wie verschieden Origenes Ekklesia in diesen Fällen interpretieren muß, um zu ‚beweisen', daß die echten Prophetinnen die gleichen Regeln beobachtet haben, wie sie später den einzigen kirchlichen Amtsträgerinnen, den Diakoninnen, vorgeschrieben werden!" Die biblischen Prophetinnen werden in *Const. ap.* 8,19–20 (SC 336,220–222) im Weihegebet des Bischofs für die Diakonissen als Vorbilder erwähnt.

22 Vgl. Pierre DE LABRIOLLE, *Les sources de l'histoire du Montanisme: Textes grecs, latins, syriaques publiés avec une Introduction critique, une Traduction française, des Notes et des „Indices"* (Collectanea Friburgensia 15; Fribourg und Paris: Librairie de l'université, 1913), 93–108.

23 DIDYMUS DER BLINDE, *Trin.* 3,41 (PG 39,988C–989B).

ein Mann. Sie soll eher lernen als lehren. Das gilt offensichtlich auch für Prophetinnen, wobei er eine Ausnahme für die Gottesmutter Maria macht.[24]

Ein anonymer Autor aus dem 4. Jahrhundert identifiziert den Unterschied zwischen Propheten und Prophetinnen in der Tatsache, dass letztere nicht ihr ganzes Leben prophetisch wirksam waren, sondern nur punktuell. Das entspricht tatsächlich dem Befund der biblischen Texte, die bei den genannten Frauen jeweils nur ein einmaliges prophetisches Wirken überliefern (wenn ein solches überhaupt explizit erwähnt wird). Namentlich genannt werden Mirjam, Debora, Hulda, Abigail, Hanna (AT), Maria, Elisabet, Hanna (NT), fünf (sic!) Töchter des Philippus und zuletzt als „kataphrygische" Prophetinnen Ammia, die aber tatsächlich eine orthodoxe Christin gewesen sein dürfte,[25] Priskilla und Maximilla.[26]

In ganz anderen Kontexten erwähnen die Apostolischen Konstitutionen die biblischen Prophetinnen: einmal in einem Gebet zur Weihe von Diakonissen. Diesen werden Mirjam, Debora, Hanna und Hulda als Vorgängerinnen vor Augen gestellt.[27] In einem weiteren Abschnitt werden Mirjam, Debora, Hulda und Judit sowie Maria, Elisabet, Anna und die vier Töchter des Philippus als wahre Prophetinnen genannt. Was wahre Propheten und Prophetinnen demnach auszeichnet, ist besondere Demut. Das gilt für Männer und Frauen.[28]

In auffällig positiver Weise bewertet Theodoret von Cyrus die Prophetie Deboras und anderer Frauen.[29] Er sieht Propheten und Prophetinnen auf einer Ebene und betont ihre gleiche Berufung (*quaestio XII in Iudices*):

> Warum prophezeit eine Frau?
> Weil ja die Natur von Männern und Frauen eine ist. Denn die Frau wurde aus Adam gebildet und erhielt Anteil am Wort wie jener. Deshalb sagt auch der Apostel: „In Christus Jesus ist nicht männlich und weiblich" (Gal 3,28). So ist auch Mose ein Prophet und Mirjam eine Prophetin. Ich weiß aber, dass Debora zur Widerlegung der Männer damals durch die Prophetie gewürdigt wurde. Denn keiner von jenen wurde der Gnade für würdig befunden, diese wurde getroffen von der Gabe des allheiligen Geistes. Und so war es offenbar, dass sie der Gnade von oben gewürdigt wurde, wie sie Barak, der es ohne sie nicht wagte, in die Schlacht hinausführte. Das aber sagte sie auch in ihrem Lied: „Verschwunden waren die Mächtigen in Israel, bis Debora, eine Mutter in Israel, aufstand" (Ri 5,7 LXX).[30]

---

24 AMBROSIUS, *Exp. Luc.* 2,35 (CCSL 14,46).

25 Vgl. zu Ammia JENSEN, *Gottes selbstbewusste Töchter*, 67f.

26 Vgl. ANONYMUS SAECULI QUARTI, *Prophetiae ex omnibus libris collectae* (PLS 1,1740f.).

27 Vgl. *Const. ap.* 8,19–20 (SC 336,220–222).

28 Vgl. *Const. ap.* 8,2,9–10 (SC 336,138). Vgl. auch die lobende Erwähnung von Debora, Hulda und Mirjam sowie Hanna, der Mutter Samuels, und Elisabet in HIERONYMUS, *Ep. 65: Ad Principiam virginem explanatio psalmi XLIV* (CSEL 54,616).

29 In seiner Auslegung von 1 Kor 14,33 erwähnt er, dass Frauen Prophetinnen sein können, und zitiert Joël 3,1. Zu V. 34 zitiert er aus Gen 3,16 die von Gott verfügte Unterordnung der Frau unter den Mann, interpretiert das aber nicht weiter.

30 Natalio FERNÁNDEZ MARCOS und Angel SÁENZ-BADILLOS (Hg.), *Theodoreti Cyrensis Quaestiones in Octateuchum: Editio critica* (Textos y estudios „Cardenal Cisneros"; Madrid: Consejo

Dieser Text beweist, dass es auch in der Spätantike möglich war, über das Verhältnis von Frauen und Männern anders zu denken, als in Kategorien von Unterordnung, Zurechtweisung und teilweise auch Geringschätzung.

Grundsätzlich werden die biblischen Prophetinnen von den Kirchenvätern sehr hoch geachtet, sind sie doch geistbegabte, von Gott berufene Frauen. Ihre konkrete Wirksamkeit wird in den Kontext der paulinischen Aussagen über das Verhalten und Sprechen von Frauen in den Gemeinden sowie in die Vorstellungen über Frauen und das Verhältnis von Frauen und Männern in der spätantiken Kultur des Mittelmeerraumes eingeordnet.

2. Die einzelnen biblischen Prophetinnen

Wenn wir nun auf die Texte über die einzelnen Prophetinnen schauen, dann zeigen sich jeweils spezifische Fragestellungen, die von den biblischen Texten und ihren Aussagen bestimmt sind.[31] Häufig sind es Leerstellen im Bibeltext, die Fragen aufwerfen. Aber immer wieder wird auch die Legitimität weiblicher Prophetie thematisiert und diese in Beziehung zu männlicher Prophetie gebracht.

Welche Fragestellungen tauchen bei den einzelnen Prophetinnen auf? Im Folgenden sollen ausgewählte Deutungen zu Mirjam, Debora, Hulda, der Prophetin in Jes 8,3, den prophetisch redenden Töchtern in Ez 13, zu Joël 3 und den vier Töchtern des Philippus dargestellt werden, die zentrale Schwerpunkte in der Interpretation der jeweiligen Prophetin(nen) beleuchten.

Noadja, die nur kurz in Neh 6,14 vorkommt, wird im patristischen Schrifttum an keiner Stelle erwähnt. Zu bedenken ist, dass sie im Bibeltext eine negative Gestalt ist und in einem Buch erscheint, das kaum kommentiert oder zitiert wird.

2.1 Mirjam

Bei Mirjam[32] sind zwei Schwerpunkte auszumachen: Der eine ist ihr prophetisches Lied am Schilfmeer, der zweite ihre Kritik an Mose in Num 12. Da der

Superior de Investigaciones Cientificas, 1979), 297. Anschließend legt Theodoret einige ausgewählte Verse aus Ri 5 kurz aus. SIQUANS, *Prophetinnen*, 231.

31 Vgl. SIQUANS, *Prophetinnen*; zu Mirjam und Debora vgl. DIES., „Gender und prophetisches Reden: Mirjam und Debora in der patristischen Reflexion", *Annali di studi religiosi* 9 (2008): 279–289.

32 Zu Mirjam vgl. SIQUANS, *Prophetinnen*, 48–179. Zu Mirjam in der hebräischen Bibel vgl. die Beiträge von Phyllis TRIBLE, J. Gerald JANZEN, Fokkelien VAN DIJK-HEMMES, Carol MEYERS, Naomi GRAETZ und Alice BACH, in *A Feminist Companion to Exodus to Deuteronomy* (hg. v. Athalya Brenner; FCB 6; Sheffield: Sheffield Academic Press, 1994), Part 3: Miriam: On Being a

Durchzug durch das Meer bereits von Paulus in 1 Kor 10,1–2 als Typos der Taufe gedeutet wurde, interpretieren einige Autoren Mirjams Lied als das Siegeslied der Getauften, also als christliches Lied, so Amphilochius (ca. 340/345–398/404) in seiner Homilie über die Neugetauften:

> Singen wir alle gemeinsam das neue Lied, denn das neue und glückliche Lied ist dem neuen Lebenswandel angemessen. Singen wir das neue Lied, denn siehe, Adam wurde erneuert. Denn die alte Sünde verschwand, „siehe, alles ist neu geworden" (2 Kor 5,17). Singen wir das neue Lied, denn siehe, Adam wurde erneuert und Eva wurde in den Himmel zurückgebracht, denn der Teufel wurde im Feuer ausgetrocknet. Wir werden jenes Lied Mirjams, der Schwester des Mose, benutzen, denn es ist uns nun angemessen, wie damals jenen. Auch der Chor jener Heiligen soll mit uns dabei sein und sprechen, was er damals beim Roten Meer ertönen ließ: „Lasst uns dem Herrn singen, denn ruhmvoll wurde er gerühmt."[33]

Die Typologie betont zwar den Wandel vom Alten zum Neuen, lässt aber den Chor der Israelit*innen am Schilfmeer zusammen mit den neu getauften Christ*innen singen, ohne dass das frühere Ereignis abgewertet wird.

Mirjam wird, wie die meisten alttestamentlichen Frauen, die in der Bibel positiv dargestellt sind, auch als Typos der Kirche angesprochen, so etwa bei Zeno, 360–380 Bischof von Verona:

> Maria, die mit den Frauen die Pauke schlägt, war das Vorbild der Kirche (*typus Ecclesiae*). Diese singt mit allen Kirchen, die sie geboren hat, den Hymnus und schlägt die wahre Pauke der Brust, sie führt das christliche Volk nicht in die Wüste, sondern zum Himmel.[34]

In der allegorischen Interpretation Mirjams spielt die Pauke eine wichtige Rolle. Bei Zeno ist sie Symbol der Buße, die durch das auf die Brust Schlagen umschrieben wird.

Interessant ist die Deutung Mirjams als Jungfrau, am ausführlichsten diskutiert bei Gregor von Nyssa in *De viriginitate*.

> Vielleicht deutet das Wort durch die Pauke, wie es scheint, die Jungfräulichkeit an, die Mirjam als erste erfolgreich praktiziert hat, durch die, meine ich, auch die Gottesgebärerin Maria im Voraus abgebildet ist (προδιατυποῦσθαι). Denn so wie die Pauke ein widerhallendes Geräusch von sich gibt, fern von jeglicher Feuchtigkeit und extrem trocken, so wird auch die Jungfräulichkeit leuchtend und berühmt, weil sie von der zum Leben gehörigen Feuchtigkeit dieses (irdischen) Lebens nichts in sich aufnimmt. Wenn also die Pauke, die Mirjam in die Hand nahm, ein toter Körper ist, die Abtötung des Körpers aber die Jungfräulichkeit ist, ist vielleicht die Wahrscheinlichkeit nicht weit entfernt, dass die Prophetin eine Jungfrau war. Aber das ist (eine Sache) von Mutmaßungen und Annahmen, nicht von klarer Beweisführung, so wie wir an der Annahme festhielten, dass die Prophetin Mir-

---

Sister, 166–254; Rita BURNS, *Has The Lord Indeed Spoken Only through Moses? A Study of the Biblical Portrait of Miriam* (Atlanta: Scholars Press, 1987); FISCHER, *Gotteskünderinnen*, 64–94; BUTTING, *Prophetinnen gefragt*, 36–77.

33 AMPHILOCHIUS, *De recens baptizatis*, *oratio* 7,3,44–63 (CCSG 3,156f.; deutsche Übersetzung nach: SIQUANS, *Prophetinnen*, 78).

34 ZENO VON VERONA, *Tract.* 2,26 (2,54) (CCSL 22,200). Mose und Aaron werden übrigens über das Priestertum, das ihnen beiden zugeschrieben wird, auf die zwei Testamente gedeutet.

> jam den Chor der Jungfrauen anführte, wenn auch viele von denen, die sich damit beschäftigten, deutlich aufzeigten, dass sie unverheiratet war, weil nirgends in der Geschichte Heirat und Geburt von Kindern von ihr erwähnt werden. Sicherlich wäre sie nicht nach ihrem Bruder Aaron, sondern nach ihrem Mann benannt und bekannt, wenn sie einen hätte, denn als Haupt der Frau wird nicht der Bruder, sondern der Mann bezeichnet (vgl. 1 Kor 11,3; Eph 5,23).[35]

Mirjams Pauke wird hier als Symbol der Jungfräulichkeit interpretiert, da sie ganz trocken und daher unfruchtbar ist. Außerdem wird darauf verwiesen, dass die Schrift an keiner Stelle einen Ehemann oder Kinder Mirjams erwähnt. Immer wieder wird sie auch aufgrund ihres Namens mit Maria, der Mutter Jesu, in Verbindung gebracht.[36]

Der zweite Schwerpunkt in der Mirjam-Rezeption ist Num 12. Dort kritisiert sie zusammen mit Aaron den Bruder Mose und wird dafür bestraft. Ihre Anmaßung und ihr Reden werden als unangemessen kritisiert. Theodoret beschäftigt sich in *quaestio XXIII in Numeros* mit Mirjams besonderer Schuld:

> Warum nahm jene allein die Strafe wahr, wenn doch beide gelästert haben? Erstens, weil das Vergehen der Frau größer war: denn dem Männlichen ordnet sowohl die Natur als auch das Gesetz das Weibliche unter. Sodann hatte Aaron ein geringes Mitwissen, da er zu der Zeit Priester war und gewürdigt als Hohepriester. Dazu (kommt) aber, dass der Aussätzige nach dem Gesetz unrein zu sein scheint, Aaron aber die Wurzel der Priester und das Fundament war. Damit nicht die Schande auf das ganze Geschlecht geworfen würde, führte er an ihm nicht die gleiche Strafe aus, sondern setzte (ihn) in Furcht und erzog zugleich durch die Schwester. Denn so sehr plagte ihn das Leiden, dass er den, dem Unrecht getan wurde, für die, die dieses empfangen hatte, anflehte, der Älteren die Krankheit zu lösen. Der aber war nicht unbekümmert, sondern brachte sogleich die flehentliche Bitte dar. Dann lehrte der menschenfreundliche Herr, wie er diese nicht richterlich, sondern väterlich erzog. Er sagte nämlich: „Wenn ihr Vater ihr ins Gesicht gespuckt hätte, müsste sie sich dann nicht schämen? Sie soll sieben Tage lang aus dem Lager abgesondert sein und danach (wieder) hineingehen." (Num 12,14) Er verband aber die Ehre mit der Unehre: Denn das Volk ging nicht weg, bis sie vom Leiden erlöst war.[37]

Dass Mirjam als Frau zurückhaltender sein und nicht das Wort ergreifen sollte und daher ihr Vergehen größer war, meinen auch andere patristische und rabbinische Texte.[38] Theodorets zweite Begründung für die alleinige Bestrafung Mirjams stellt eine Rechtfertigung Aarons dar. Als Hohepriester würde er durch den Befall mit Aussatz unrein, also amtsunfähig.

Hieronymus interpretiert Num 12,1 typologisch, wobei er, wie schon Origenes, die Äthiopierin[39] als die Kirche identifiziert, die zu Christus umgekehrt ist.

---

35 GREGOR VON NYSSA, *Virginit.* 19,1–20 (SC 119,486–488).

36 Z. B. AMBROSIUS, *Ep. extra collectionem 14: Vercellensi ecclesiae et his qui invocant nomen domini nostri Iesu* 34 (CSEL 82/3,252f.).

37 FERNANDEZ MARCOS und SAENZ-BADILLOS (Hg.), *Theodoreti Cyrensis Quaestiones*, 208–209; SIQUANS, *Prophetinnen*, 119f.

38 Vgl. AMBROSIUS, *Exp. Luc.* 2,35 (CCSL 14,46); *Sifre Zuta* zu Num 12,1; *Devarim Rabbah* 6,11.

39 Als Äthiopierin wird sie in der Septuaginta in Übersetzung der hebräischen Bezeichnung „kuschitische Frau" bezeichnet.

In diesem Kontext deutet er Mirjam einmal als die Synagoge,[40] ein anderes Mal aber als die Prophetie, allerdings die „Prophetie, die dem Buchstaben dient", also eine negative Form der Prophetie, die zusammen mit Aaron, dem fleischlichen Priestertum, Gott beleidigt und schmäht.[41] In Brief 78,35 interpretiert er Mirjam ganz positiv als die Prophetie, deren Ende durch den Tod Mirjams verheerende Folgen für das Volk hat.[42] Sein Urteil über Mirjam und seine typologische Deutung sind also ganz vom literarischen Kontext, dem Thema und der Intention der jeweiligen Schrift geprägt.

2.2 Debora

Die folgenden Beispiele zu Debora[43] verdeutlichen Schwerpunkte der patristischen Interpretation Deboras. Dabei spielen die Deutung ihres Namens, die damit verbundene antike Symbolik der Biene sowie die Frage ihres weiblichen Geschlechts eine wichtige Rolle.[44]

Der Name Debora wird etymologisch gedeutet, einerseits als „Biene", was dem Hebräischen entspricht, andererseits auch als „Redselige" (*loquax*)[45] oder „Rede" (*loquela*)[46], vermutlich als Ableitung vom hebräischen דבר (*dabar*) verstanden. Letzteres wird auf ihre prophetische Rede bezogen. In der Antike war die Biene auch das Symbol der Pythia von Delphi. Der Biene wurden unter anderem Fleiß, soziales Verhalten, Mäßigkeit, Sittsamkeit, Reinheit, Weisheit, aber auch Tapferkeit zugeschrieben.[47] Außerdem nahm man an, dass sich Bienen ungeschlechtlich fortpflanzen, was sie für christliche Schriftsteller wiederum interessant machte.[48] Auch Origenes greift das Bild der Biene auf. Er deutet Debora als die *forma prophetiae*, die Gestalt der Prophetie, die wiederum eine Biene sei. Debora steht also typologisch für die Prophetie an sich.

> Obwohl berichtet wird, dass in Israel viele Männer Richter gewesen sind, wird von keinem von ihnen gesagt, dass er ein Prophet war, nur von der Frau Debora. Hierin verschafft

[40] Hieronymus, *Comm. Soph.* 2,12–15 (CCSL 76,690).

[41] Hieronymus, *Comm. Os.* prol. (CCSL 76,3).

[42] Hieronymus, *Ep. 78: Ad Fabiolam de mansionibus filiorum Israhel per Heremum* 35 (CSEL 55,76). Hieronymus erklärt die Bedeutung von Kadesch (vgl. Num 33,36).

[43] Zu Debora vgl. Siquans, *Prophetinnen*, 180–244. Zur Prophetin Debora in der hebräischen Bibel vgl. Butting, *Prophetinnen*, 101–125; Fischer, *Gotteskünderinnen*, 109–130.

[44] Häufig wird Debora in historiographischen Darstellungen der Richterzeit genannt. Weiterführende Interpretationen fehlen in diesen Fällen.

[45] Hieronymus, *Liber interpretationis hebraicorum nominum* (CCSL 72,99).

[46] Origenes, *Hom. Judic.* 5,2 (SC 389,134).

[47] Vgl. Franz Olck, „Biene", *PW* 3/1 (1897): 431–450; 446.

[48] Vgl. z. B. Ambrosius, *Virg.* 1,8,40 (Opere morali 2/1: Verginità e vedovanza [hg. v. Franco Gori; Sancti Ambrosii Episcopi Mediolanensis opera 14/1; Milano: Biblioteca Ambrosiana und Rom: Città Nuova Editrice, 1989],140).

> sogar der erste Anblick des Buchstabens selbst dem Geschlecht der Frauen den nicht geringsten Trost und fordert sie auf, niemals angesichts der Schwäche ihres Geschlechts zu verzweifeln, dass sie auch der Gnade der Prophetie fähig werden können, sondern zu verstehen und zu glauben, dass die Reinheit des Geistes diese Gnade verdient, nicht die Unterschiedenheit des Geschlechts. Aber wir wollen sehen, was von einem inneren Verständnis auch ein Geheimnis atmet. Debora wird als „Biene" übersetzt oder „Rede". Wir haben jedoch schon vorher gesagt, dass Debora als die Gestalt der Prophetie anzunehmen ist, die die Biene ist. Denn es ist sicher, dass jede Prophetie süße Honigwaben der himmlischen Lehre und lieblichen Honig des göttlichen Wortes herstellt.[49]

Kurz darauf werden Ps 119,103 und 19,10–11 zitiert, wo auf das Bild des Honigs für das Wort Gottes hingewiesen wird.[50] Debora ist ein sprechender Name, der ihre prophetische Tätigkeit als Produktion von Honigwaben, gedeutet als himmlische Lehre, und von Honig, der das Wort Gottes ist, beschreibt. Die biblische Symbolik des Honigs wird mit der Bedeutung von Deboras Namen in Verbindung gebracht.

Unter den Richtern im biblischen Richterbuch ist Debora die einzige Frau und die einzige prophetische Gestalt. Von den vielen männlichen Richtern wird das nicht gesagt. Genau diese Tatsache betrachtet Origenes als Trost für die Frauen, die ihm – wie damals und oft auch heute üblich – als das schwache Geschlecht gelten. Trotzdem können sie aber die Gabe der Prophetie erhalten, weil diese nicht von der körperlichen, sondern der geistigen Stärke abhängig ist. Auf der Ebene des Glaubenskampfes können es sogar junge Frauen, wie er in Homilie 9 ausführt, zu siegreichen Kämpferinnen bringen. Als Beispiele nennt er dort wiederum Debora sowie Judit und Frauen seiner eigenen Zeit, die das Martyrium erlitten haben. Debora dient Origenes als Vorbild an spiritueller Stärke, für Frauen und für Männer.[51]

Auch Hieronymus greift die Namenserklärung Deboras als Biene auf und bringt sie mit ihrer Prophetie in Verbindung:

> Im Richterbuch lesen wir „Debora", was als „Biene" übersetzt wird, deren Prophetien süßester Honig sind, und es bezieht sich auf den Heiligen Geist, der von den Hebräern mit einem femininen Nomen benannt wird: auch im Evangelium, das die Hebräer als nazaräisches vorlesen, wird der Retter eingeführt, und er sagt: „Eben hat mich meine Mutter, der Heilige Geist, ergriffen."[52]

---

49 ORIGENES, *Hom. Judic.* 5,2 (SC 389,134; SIQUANS, *Prophetinnen*, 213).

50 In der Antike wurde die Biene mit Dichtern in Verbindung gebracht, vgl. OLCK, „Biene", 448.

51 Ambrosius führt Debora in *Vid.* 8,43–51 (Opere morali 2/1: Verginità e vedovanza [hg. v. Franco Gori; Sancti Ambrosii Episcopi Mediolanensis opera 14/1; Milano: Biblioteca Ambrosiana und Rom: Città Nuova Editrice, 1989],282–288; BKV[1] [1871], 118–122) als Beispiel für eine Witwe an, die die weibliche Schwäche durch Tugend überwindet und so seinen Leserinnen als Beispiel dienen soll. Der Deutung Deboras als Witwe widerspricht HIERONYMUS, *Ep.* 54: *Ad Furiam de viduitate servanda* 17 (CSEL 54,484,6–9).

52 HIERONYMUS, *Comm. Ezech.* 4,16,13 (CCSL 75,178; deutsche Übersetzung nach: SIQUANS, *Prophetinnen*, 205).

Seine Vorstellung über das weibliche Geschlecht ist deutlich positiver, als wir sie in vielen anderen patristischen Schriften finden.[53] Hieronymus ist einer der sehr wenigen Kirchenväter, der Zugang zum hebräischen Text und zur hebräischen Sprache hat. Daher verweist er hier auf das feminine grammatikalische Geschlecht des Geistes (רוח) im Hebräischen. Die von ihm zitierte Stelle aus dem Nazaräerevangelium ist leider nicht überliefert.[54]

In der *Catena Hauniensis* findet sich eine Auslegung, die in Verbindung mit Debora und anderen alttestamentlichen Frauen das verbreitete Motiv des „männlich Werdens" von Frauen aufgreift. Der Text stammt vom Ende des 8. oder aus dem 9. Jahrhundert. In der Auslegung von Koh 7,26–29 wird zunächst auf das durch Eva auf das ganze weibliche Geschlecht gebrachte Verderben eingegangen. Es gibt aber bekanntlich auch tugendhafte Frauen in der Bibel.

> „Und eine Frau", sagt er, „habe ich unter allen diesen nicht gefunden" (Koh 7,28). Es wird doch wohl nicht Sara verworfen oder Rebekka, Rahel und Debora? Keineswegs: denn jene übersteigen das Maß der Frauen und haben eine männliche Gesinnung: Denn solche Frauen, die in Tugend leben, werden mit den Männern eingeordnet. Denn dann sagt er: „Selig ein Mann, der nicht im Rat der Gottlosen geht" (Ps 1,1). Das weibliche Geschlecht wird folglich nicht aus dem Makarismus hinausgeworfen, sondern er zeigte, wie solche Frauen, die Gutes tun, unter die Männer eingeordnet werden.[55]

Frauen wie Debora entsprechen für den Autor nicht den gängigen Stereotypen über das weibliche Geschlecht, die er nicht in Frage stellt. Frauen gelten ihm von Gen 3 her grundsätzlich als verdorben und verworfen. Dennoch können sie zumindest auf geistiger Ebene den Männern gleichkommen. Das wird als „männlich Werden" verstanden. Während Männern allerdings die Männlichkeit aufgrund ihres biologischen Geschlechts zukommt, müssen sich Frauen darum bemühen, ihr Geschlecht geistig zu überschreiten. Das Männliche ist die Norm und das Erstrebenswerte. Für Männer besteht daher umgekehrt die Gefahr zu „verweiblichen".[56]

---

[53] Zu Hieronymus und seinem Verhältnis zu Frauen vgl. Elizabeth A. CLARK, *Jerome, Chrysostom, and Friends: Essays and Translations* (Studies in Women and Religion 2; New York: Mellen Press, ²1982); Barbara FEICHTINGER, *Apostolae apostolorum: Frauenaskese als Befreiung und Zwang bei Hieronymus* (Studien zur klassischen Philologie 94; Frankfurt a. M.: Peter Lang, 1995); Barbara FEICHTINGER-ZIMMERMANN, „Paula, Eustochium und Blesilla und die *mulier amarior morte*: Die Frau als hochgeschätzte Partnerin und verachtetes Prinzip", in *Hieronymus als Exeget und Theologe: Interdisziplinäre Zugänge zum Koheletkommentar des Hieronymus* (hg. v. Elisabeth Birnbaum und Ludger Schwienhorst-Schönberger; BETL 268; Leuven: Peeters, 2014), 191–211.

[54] Vgl. Philipp VIELHAUER und Georg STRECKER, „Judenchristliche Evangelien", in *Neutestamentliche Apokryphen in deutscher Übersetzung* 1 (hg. v. Wilhelm Schneemelcher; Tübingen: Mohr Siebeck, 1987), 114–147.

[55] *Catena Hauniensis in Ecclesiasten* (CCSG 24,126; deutsche Übersetzung nach: SIQUANS, *Prophetinnen*, 232f.).

[56] Auch dieses Motiv findet sich immer wieder, z. B. bei Origenes im Zusammenhang mit Ez 13,17–23: ORIGENES, *Hom. Ezech.* 3,3,52–72 (SC 352,132).

2.3 Hulda

Zu Hulda[57] gibt es nicht allzu viele patristische Texte. Sie wird durchgehend positiv bewertet.[58]Mehrfach wird gefragt, warum man nicht zu einem der männlichen Propheten ging, die zu dieser Zeit wirkten, nämlich Jeremia oder Baruch, sondern zu einer Frau. Die Antworten zielen in die Richtung, dass die führenden Männer zu dieser Zeit versagten.[59] Hieronymus verbindet die Berufung Huldas mit der Einkerkerung Jeremias:

> Jeremia wurde im Kerker eingesperrt, und weil das dem Untergang bestimmte Israel einen prophetisch redenden Mann nicht annahm, wurde ihnen die Frau Hulda erweckt.[60]

Wie so oft in der Geschichte müssen in Krisenzeiten Frauen an die Stelle der Männer treten und Funktionen übernehmen, die ihnen sonst nicht zugestanden werden. Besonders die Tatsache, dass König Joschija nicht zu dem zeitgleich auftretenden berühmten Propheten Jeremia geht, irritiert die Interpreten und lässt sie nach Gründen dafür suchen, dass er dem großen Propheten ausgerechnet eine Frau vorzieht.[61] Doch alle Interpreten erkennen die wichtige Rolle Huldas in der Erzählung der Königsbücher an.

2.4 Die Prophetin in Jes 8,3

Interessant und vielleicht überraschend ist die Interpretation von Jes 8,3, der Prophetin, zu der Jesaja geht und die ein Kind gebiert.[62] Sie wird in den meisten Fällen als Maria, die Mutter Jesu, gedeutet. Kurz davor, in Jes 7,14, findet sich die Prophetie von der Geburt des Emmanuel aus der „Jungfrau“ (griechisch:

---

57 Zu Hulda vgl. SIQUANS, *Prophetinnen*, 245–253. Zu Hulda in der hebräischen Bibel vgl. BUTTING, *Prophetinnen*, 126–164; FISCHER, *Gotteskünderinnen*, 158–188.

58 Vielfach wird sie als Teil der Geschichte Joschijas nur kurz erwähnt – aber immerhin nicht übergangen.

59 Vgl. HIERONYMUS, *Comm. Isa.* 8 (CCSL 73,350–351); VERECUNDUS IUNCENSIS, *Comm. super cantica ecclesiastica* (CCSL 93,173).

60 HIERONYMUS, *Ep.* 65*: Ad Principiam virginem explanatio psalmi XLIV* (CSEL 54,616; SIQUANS, *Prophetinnen*, 251).

61 Dieselbe Frage stellt auch der Talmud (bMeg 14b): „Wieso durfte sie prophezeien, wo Jirmeja da war!? – In der Schule Rabhs erklärten sie im Namen Rabhs: Ḥulda war eine Verwandte Jirmejas und er nahm es ihr nicht übel. – Wieso aber überging Jošija den Jirmeja und sandte zu ihr!? – In der Schule R. Šilas erklärten sie: Weil die Frauen mitleidig sind. R. Joḥanan erklärte: Jirmeja war nicht anwesend denn er ging die zehn Stämme holen.“ Lazarus GOLDSCHMIDT (Hg.), *Der Babylonische Talmud* 4 (Berlin: Jüdischer Verlag, ²1966), 59.

62 Zur Prophetin in Jes 8,3 vgl. SIQUANS, *Prophetinnen*, 276–290; in der hebräischen Bibel: FISCHER, *Gotteskünderinnen*, 189–220.

παρθένος). Der Heilige Geist schaut daher bereits auf die Geburt Jesu aus der Jungfrau Maria, die ja auch als Prophetin gilt, voraus.[63]

Der Jesajakommentar des Eusebius von Cäsarea bietet ein ausführliches Beispiel für eine solche Deutung. Eusebius verbindet ausdrücklich die Interpretation der Prophetin in Jes 8,3 mit Jes 7,14 und kommt von daher auf Maria zu sprechen:

> Prophetin aber nennt er die Jungfrau, weil sie Anteil hat am Heiligen Geist, entsprechend dem, was er zu ihr sagt: „Der Heilige Geist wird über dich kommen und die Macht des Höchsten wird dich überschatten" (Lk 1,35). Diese also ist „die Macht des Höchsten", die durch die Prophetie spricht: „Und ich ging zur Prophetin", indem er das Kommende wie schon Geschehenes erzählt gemäß einer prophetischen Gewohnheit. Ich selbst werde zur Prophetin gehen, o Prophet, und so wird sie im Leib empfangen und einen Sohn gebären.[64]

Hieronymus bringt die Prophetin in Jes 8,3 ebenfalls mit der Ankündigung der Geburt Jesu in Verbindung. Er geht noch einen Schritt weiter, indem der den Lobgesang Marias als ihre Prophetie anführt.

> Jesaja aber erwies sich des prophetischen Geistes würdig und gab sich der Prophetin, das heißt dem Heiligen Geist, der in der hebräischen Sprache mit dem weiblichen Geschlecht Rua genannt wird, gemäß dem, was geschrieben ist: „Tretet zum Herrn hinzu und ihr werdet erleuchtet werden" (Ps 34,6). Der Herr wurde also vom Heiligen Geist empfangen. Und es vermag die menschliche Sprache nicht das Geheimnis (*mysteria*) seiner Geburt zu erklären, dennoch sprach Gabriel zur Jungfrau selbst, die empfing: „Der Heilige Geist wird über dich kommen und die Kraft des Höchsten wird dich überschatten; deshalb wird aus dir ein Heiliger geboren werden, er wird Sohn Gottes genannt werden" (Lk 1,35). Manche deuten die Prophetin als die heilige Maria, die ohne Zweifel eine Prophetin war; denn sie selbst sagt im Evangelium: „Denn siehe, von nun nennen mich selig alle Generationen, weil Großes mir getan hat, der mächtig ist", usw. (Lk 1,48f).[65]

Da Jes 7,14 schon in Lk 1,31 auf die Geburt Jesu hin interpretiert und seine Mutter Maria von den Kirchenvätern als Prophetin betrachtet wurde, legt sich die Verbindung von Jes 8,3 mit der Geburt Jesu[66] sowie der Prophetin mit Maria nahe.

---

63 Prophetie und sexuelle Enthaltsamkeit werden immer wieder miteinander in Verbindung gebracht: vgl. Esther J. HAMORI, „Childless Female Diviners in the Bible and Beyond", in *Prophets Male and Female: Gender and Prophecy in the Hebrew Bible, the Eastern Mediterranean, and the Ancient Near East* (hg. v. Jonathan Stökl und Corrine L. Carvalho; Atlanta: Society of Biblical Literature, 2013), 169–191.

64 EUSEBIUS, *Comm. Isa.* 48 (GCS 60,55; SIQUANS, *Prophetinnen*, 259).

65 HIERONYMUS, *Comm. Isa.* 3,8,1–4 (CCSL 73,111–112; vgl. SIQUANS, *Prophetinnen*, 266).

66 Zahlreiche Auslegungen von Jes 8,3 finden sich denn auch in Texten über die Inkarnation bzw. über Maria: vgl. SIQUANS, *Prophetinnen*, 276–287. Der m. W. einzige Interpret, der die Prophetin als Ehefrau des Jesaja, die selbst auch Prophetin ist, deutet, ist JOHANNES CHRYSOSTOMUS, *Comm. Isa.* 8,1–2 (SC 304,346–348). Vgl. dazu SIQUANS, *Prophetinnen*, 264–266.

2.5 Die prophetischen Töchter des Volkes in Ez 13

Die Töchter des Volkes, die in Ez 13,17–23[67] der Falschprophetie bezichtigt werden, tauchen immer wieder in patristischen Texten auf. In der Regel werden sie im Kontext von Falschprophetie oder Häresie erwähnt, allerdings nicht geschlechtsspezifisch. Speziell mit ihrem weiblichen Geschlecht verbunden werden die „Kissen“ (V. 18 LXX und Vulg.)[68], die sie als Utensilien ihrer falschen Prophetie benutzen. Diese werden zum Symbol der Verweichlichung und damit Verweiblichung der Männer, die vehement abgelehnt wird. Beispielhaft dafür die ist folgende Auslegung der Origenes:

> Diese Prophetinnen aber wendeten die verweiblichten Seelen ab, die Hände des Ungerechten zu trösten, das heißt, dass die Hand in der Ungerechtigkeit stärker wurde. [...] „Und Weissagungen werdet ihr nicht weiter vorhersagen, und ich werde mein Volk aus eurer Hand befreien“ (V. 23). Beten wir, dass Gott auch uns aus der Hand solcher Lehrer befreit, die, wo auch immer sie sind, zum Vergnügen der Zuhörer reden, die Kirche spalten und teilen, weil viele die Vergnügungen mehr lieben als Gott. „Und ihr werdet wissen, dass ich der Herr bin“ (V. 23). Wenn ich eure Weissagungen umgekehrt haben werde, wenn ich die Lügen zum Schweigen gebracht haben werde, dann werdet ihr wissen, dass ich der Herr bin.[69]

2.6 Die Verheißung in Joël 3

Joël 3,1–2[70] wird häufig zitiert und ausgelegt, da es in Apg 2 ausführlich zitiert und für erfüllt erklärt wird. Besonders betont wird die Universalität der Geistausgießung, mitunter auch im Kontrast zum Judentum mit anti-jüdischen Tendenzen. Außerdem finden sich aber auch Texte, die ausdrücklich auf die Legitimation weiblicher Prophetie eingehen.

> Als er [Petrus; vgl. Apg 2] das sagte, fügte er nichts an [keine eigenen Worte], sondern fuhr [in den Worten Joëls] fort: „Das ist, was durch den Propheten Joël gesagt worden ist: und es wird sein in den letzten Tagen.“ Denn er zeigt, dass nunmehr die Vollendung nahe ist. So liegt auf „in den letzten Tagen“ die Betonung. Dann, damit es nicht scheint, dass die Sache nur die Söhne betrifft, fährt er fort: „Und eure Alten werden Träume träumen.“ Sieh auf die Reihenfolge! Zuerst die Söhne, wie auch David sagt: „Vor deinen Vätern wurden deine Söhne geboren“ (Ps 45,17), und wiederum Maleachi: „Ich wende die Herzen der Väter den Kindern zu (Mal 3,24). Und über meine Sklaven und über meine Sklavinnen“ (Joël

---

67 Zu den Prophetinnen in Ez 13 vgl. SIQUANS, *Prophetinnen*, 291–325; in der hebräischen Bibel: FISCHER, *Gotteskünderinnen*, 221–234.

68 Griechisch: προσκεφάλαια; lateinisch: *pulvillos*. Im Hebräischen ist von כסתות die Rede, was etwa die Einheitsübersetzung mit „Zauberbinden“ wiedergibt. Vgl. zur Identifikation dieses Objekts FISCHER, *Gotteskünderinnen*, 228.

69 ORIGENES, *Hom. Ezech.* 3,6,1–18 (SC 352,138; SIQUANS, *Prophetinnen*, 297f.).

70 Zu Joël 3,1–2 vgl. SIQUANS, *Prophetinnen*, 326–351; in der hebräischen Bibel: FISCHER, *Gotteskünderinnen*, 235–254.

3,2).[71] Und dies ist Zeichen von Tugend: Denn wir wurden zu seinen Sklaven gemacht, befreit von der Sünde. Groß ist aber die Gabe, als die Gnadengabe (χάρισμα) auch auf das andere Geschlecht (τὸ ἕτερον γένος) übergeht; und (es erstreckt sich) nicht wie früher (nur) auf eine oder eine zweite, wie zum Beispiel auf Debora und Hulda. Und er sagte nicht, dass es der Heilige Geist ist, noch erklärte er die (Worte) des Propheten: Sondern er führte nur die Prophetie ein, die für sich selbst streitet. Und nichts wird über Juda bisher verkündet, weil ja allen deutlich war, welches Urteil er gab, sondern er schwieg, weil er nichts wusste, was stärker war, als diesen aus der Prophetie darzulegen.[72]

2.7 Die vier Töchter des Philippus

Die Prophetie der vier Töchter des Philippus[73] wird als Erfüllung der Verheißung Joëls gedeutet. Eusebius gibt in seiner Kirchengeschichte einige Informationen zu den Töchtern des Philippus.[74] Ein wichtiges Thema ist dabei die Frage nach der bleibenden Jungfräulichkeit oder späteren Heirat dieser Frauen, die unterschiedlich beantwortet wird. So gibt Eusebius die Position des Clemens von Alexandrien wieder:

> Klemens, dessen Worte wir soeben angeführt haben, erwähnt im Anschluß an das Gesagte um derentwillen, welche die Ehe verwerfen, jene Apostel, welche im Ehestande gelebt haben. Er sagt: „Werden sie auch die Apostel verurteilen? Denn Petrus und Philippus haben Kinder erzeugt. Philippus hat auch seine Töchter verheiratet."[75]

Epiphanius hingegen verbindet das prophetische Amt mit einer sexuell asketischen Lebensweise. Dafür führt er Männer und Frauen als Beispiele an.

> Wenn nämlich die Schrift es sagte, [was die Antidikomarianiten behaupten], so würden wir die Wahrheit zugeben und nicht im geringsten daran herumdeuteln. Denn ist etwa die Ehe unehrbar? Etwa sündhaft das eheliche Lager? Ist es nicht vielmehr makellos? Wer wird die Eheschließung zu etwas Bösem verzerren wollen? Allerdings: die Propheten und Hohenpriester enthalten sich davon, weil sie einen höheren Dienst haben. Denn nachdem Moses ein Prophet geworden, verband er sich nicht mehr mit einem Weibe, zeugt nicht mehr Kinder, wird nicht mehr Vater von Kindern, er als Mann in solcher Stellung; denn sein Leben gehört nun in höherem Maße dem Herrn. Denn wie hätte er auf dem Berge Sinai vierzig Nächte und vierzig Tage verweilen können, wenn er dem ehelichen Leben nachkommen wollte; oder wie hätte er vierzig Jahre lang in der Wüste für den Dienst Gottes zur Verfügung stehen, für das Priesteramt bereit sein können, wie hätte er die göttlichen Geheimnisse kundmachen und mit Gott verkehren können, wenn er durch das Band

---

71 Johannes zitiert den ganzen Text als Wort des Propheten Maleachi. In dieser Form allerdings findet er sich nirgends. Möglicherweise zitiert er die Stelle aus dem Gedächtnis und gibt sie daher nicht exakt wieder.

72 JOHANNES CHRYSOSTOMUS, *Hom. Act.* 5 (PG 60,51f.).

73 Zu den Töchtern des Philippus vgl. Agnethe SIQUANS, „Prophetinnen und Jungfrauen: Die vier Töchter des Philippus in der patristischen Rezeption", in *Biblical Women in Patristic Reception/Biblische Frauen in patristischer Rezeption* (hg. v. ders.; JAJSup 25/5; Göttingen: Vandenhoeck & Ruprecht, 2017), 257–285; Peter CORSSEN, „Die Töchter des Philippus", *Zeitschrift für Neutestamentliche Wissenschaft* 2 (1901): 289–299.

74 Vgl. SIQUANS, „Prophetinnen und Jungfrauen", 260–265.

75 EUSEBIUS, *Hist. eccl.* 3,30,1 (SC 31,140; BKV^2 1,139).

der Ehe gebunden war? Denn wenn im Hinblick auf uns der Apostel deutlich genug die Worte spricht: „Auf eine bestimmte Zeit, um dem Gebete zu obliegen", – um wieviel mehr wird dies Wort von den Propheten gelten? Nun war aber auch Maria eine Prophetin. Es heißt nämlich: „Er ging zur Prophetin, und sie empfing und gebar einen Sohn. Und es sprach der Herr zu mir: Heiße seinen Namen: ‚Schnell nimm Beute', ‚eilends raube'" usw. (Jes 8,3f.) Mit diesen Worten aber weist er hin auf den Besuch Gabriels bei Maria, da er ausging, um ihr die Frohbotschaft zu bringen, daß sie gebären werde den Sohn Gottes, den Erlöser der Welt, nicht aus Mannes Samen, sondern durch den Hl. Geist. Aber auch Philippus, der Evangelist, hatte vier prophetische Töchter. Sie prophezeiten auf Grund der Jungfräulichkeit, die zu bewahren sie die Gnade hatten. Und Thekla begegnete dem hl. Paulus und löste ihre Verlobung auf, obwohl ihr Bräutigam sehr schön war, einer von den Spitzen der Stadt, sehr reich, aus den ersten Familien der Gesellschaft, sehr vornehm. So verachteten die Heiligen das Irdische, um des Himmlischen teilhaft zu werden.[76]

Die Prophetie der vier Töchter des Philippus ist also mit ihrer Jungfräulichkeit verbunden. Dass sie Prophetinnen waren, wird aber nicht in Frage gestellt.

3. Zum Schluss

Nach dem Zeugnis der Heiligen Schrift gibt es selbstverständlich Frauen, die als Prophetinnen auftreten. Das anerkennen auch die Kirchenväter. Allerdings wird vielfach das weibliche Geschlecht der Prophetinnen problematisiert und das prophetische Wirken von Frauen muss grundsätzlich legitimiert werden. Zudem werden auch das Auftreten und Reden der Prophetinnen geschlechtsspezifischen Vorschriften und Grenzen unterworfen. Die Freiheit des Geistes Gottes und der Berufung von Frauen zur Prophetie wird einerseits anerkannt – die biblische Vorgabe lässt nichts anderes zu –, andererseits aber wiederum durch gesellschaftliche Vorgaben eingeschränkt, die vielfach aber auf die Schöpfung und die als natürlich angenommene Geschlechterordnung zurückgeführt und damit theologisch legitimiert werden. Die konkreten Auslegungen sind stets sowohl von diesem übergreifenden Rahmen als auch von den konkreten literarischen Kontexten und Intentionen der jeweiligen Schriften geprägt. Eine bedeutende Rolle spielt dabei auch die zunehmende Tendenz zur Askese in der Zeit der Kirchenväter. Dennoch ist die Wertschätzung der biblischen Prophetinnen, die Vielfalt und Vielschichtigkeit der Auslegungen sowie ihre Kontextbezogenheit in patristischen Texten zu betonen.

76 EPIPHANIUS, *Pan.* 78,16 (GCS 37,466f.; BKV[1] [1919], 250f.).

Interpretationsschicksale von Frauengestalten aus der biblischen Weisheitsliteratur

Arianna Rotondo, Università di Catania

Die patristische Literatur macht – bedingt durch die Problematik der Überführung von Inhalten in die religiöse Erfahrung und exegetische Praxis späterer Autoren und Kommentatoren – einen unregelmäßigen und uneinheitlichen Gebrauch von den biblischen Weisheitsbüchern.[1] Insbesondere die zahlreichen Frauengestalten im Buch der Sprichwörter und im Buch Ijob finden breiten Anklang in der patristischen Rezeption, die ihre vorwiegend um kulturelle Stereotype herum konstruierte Charakterisierung neu akzentuiert,[2] indem sie sie bald an die Notwendigkeiten der allegorisch-symbolischen Auslegung und bald an die konkreteren Erfordernisse der Predigt und Pastoral anpasst.

Es wäre hochinteressant, herauszufinden, wie, zu welchem Zweck und mit welchen Mitteln die Konstruktion und Formalisierung einiger weiblicher Stereotype, die sich in der Weisheitsliteratur erkennen und mit dem historisch-kulturellen Bezugskontext dieser Texte in Verbindung bringen lassen, später in der patristischen Auslegung eingesetzt worden ist. Und noch hilfreicher wäre es, wenn man versuchen würde zu verstehen, mit welcher Absicht manche weisheitlichen Perikopen verwendet und andere nicht verwendet wurden und ob die

---

1 Im alexandrinischen Raum besonders erfolgreich war die salomonische Trilogie aus Hohelied, Sprichwörtern und Prediger (Kohelet), die in der von Origenes formulierten Analogie (ORIGENES, *Comm. Cant.* prol. [GCS 33,75f.]) in aufsteigender Reihenfolge auf die schulmäßige Dreiteilung der Philosophie und sodann der christlichen Weisheit bezogen wurde: Demnach entsprechen die Sprichwörter der Ethik, Kohelet der Physik und das Hohelied der Metaphysik. Diese Verbindung zwischen Wissenschaft und Weisheitsbüchern bekräftigt die Vorstellung, dass alle Weisheit sowohl der Offenbarung als auch der weltlichen Wissenschaft in den Schriften enthalten sei; vgl. Laura CARNEVALE (Hg.), *La Bibbia nelle comunità antiche: Bilancio e prospettive di un'esperienza formativa* (Bari: Edipuglia, 2002), 78ff. Die origeneische Analogie fand in der patristischen Zeit großen Anklang: Sie war eine konstante Bezugsgröße des Nachdenkens über die menschliche und göttliche *Sophia* und erfreute sich einer Beliebtheit, die bis ins Mittelalter hinein andauerte. Eine verlässliche Informationsquelle zur Erfolgsgeschichte der origeneischen Analogie ist nach wie vor der Beitrag von Sandro LEANZA, „La classificazione dei libri salomonici e i suoi riflessi sulla questione dei rapporti tra Bibbia e scienze profane, da Origene agli scrittori medievali", *Aug* 14 (1974): 651–666.

2 Vgl. Christl M. MAIER, „Le donne buone e cattive in Proverbi e in Giobbe: l'emergere di stereotipi culturali", in *Gli scritti e altri Libri Sapienziali* (hg. v. Nuria Calduch-Benages und Christl M. Maier; Trapani: Il Pozzo di Giacobbe, 2014), 81–96.

patristische Exegese im Zusammenhang mit Genderdynamiken eventuelle Veränderungen ideologischer oder verhaltensbezogener Parameter ahnen lässt, die sich auf die Bewertung der Rolle der Frau im christlichen Kontext ausgewirkt haben könnten.

1. Ijobs Frau (Ijob 2,90)

Die Gestalt des Ijob ist in der patristischen Literatur sehr präsent und wird sowohl im Hinblick auf die Problematik des Leidens und die Schwierigkeit, dieses zu akzeptieren, als auch im Hinblick auf das Geheimnis des Bösen, angesichts dessen die für die Weisheitsliteratur typische Vergeltungslehre sich als hinfällig erweist und verworfen wird, als ein Musterbild der Geduld und Treue dargestellt. Die patristische Exegese wendet dasselbe Verfahren an wie bei vielen anderen Bibelstellen auch und löst einen einzelnen Vers – in diesem Fall meist Ijob 14,4[3] – aus dem Zusammenhang, sodass er ein exegetisches Eigenleben entwickelt. Die komplexen Fragen, etwa die Theodizee der poetischen Passagen, haben den Exegeten keine geringen Schwierigkeiten bereitet. Die Person Ijobs wird allegorisch als Bild des Märtyrers oder als Typus des leidenden Christus oder der Kirche interpretiert.

Der Erzählrhythmus, in dem sich seine Geschichte entfaltet, wird durch die Begegnungen des Protagonisten mit einer Reihe von Gesprächspartnern – unter ihnen auch Gott – vorgegeben: konzise, auf narrativer Ebene sorgfältig strukturierte und nah an der Grenze zum Streit verlaufende Dialoge mit einer großen Dichte an komplexen Fragen. Die männliche Stimme – der Einzelnen, der Gruppen und Gottes – ist vorherrschend. Die Frauen, die Ijobs Geschichte bevölkern, sprechen nicht; vielmehr sprechen die Männer über sie. Eine Ausnahme bildet allem Anschein nach die ambivalente Gestalt der Ehefrau: Zwar wird auch sie häufig in den Worten ihres Mannes erwähnt, darüber hinaus aber ist sie die Protagonistin einer kontroversen direkten Rede, die aus einem einzigen Vers besteht (2,9). Diese Ungleichheit der Geschlechter ist nicht weiter verwunderlich, jedoch angesichts der nicht selten übertrieben wortreichen Äußerungen der Männer umso augenfälliger.

Über das Schicksal ihres Mannes besorgt und daran interessiert, dass seine Leiden ein Ende finden, wendet sich die Frau mit einer Frage und einem Ratschlag an Ijob: „Hältst du immer noch fest an deiner Frömmigkeit? Segne Gott und stirb!“ Im hebräischen Text wird nicht klar, ob sie ihren Mann mit diesen Worten zu einer Gotteslästerung oder zum Lobpreis anstacheln will.[4] Tatsache

---

3 Vgl. Marialuisa MANNI, „Iob 14,4–5 nella lettura dei Padri“, *Aug* 32 (1992): 237–259.

4 Einen Exkurs über die verschiedenen möglichen Lesarten der Worte von Ijobs Frau im hebräischen und griechischen Text bietet MAIER, „Le donne buone e cattive“, 91–93.

ist, dass die Frage der Frau so, wie sie formuliert ist, sarkastisch und rhetorisch klingt und sich Ijob die Antwort sparen kann, weil seine Frau sogleich selbst antwortet: mit jener subversiv anmutenden Aufforderung, die das Ende ihrer Einlassung bildet. Die patristische Exegese betrachtet sie offensichtlich als eine schlechte Ratgeberin und legt sie auf die Negativrolle einer anmaßenden und gefährlichen Frau fest, die traditionell getadelt wird, weil sie ein williges Werkzeug in den Händen des Feindes ist.[5] In ihren Worten hallt die teuflische Vorhersage aus Ijob 2,5 nach, wo der Satan angekündigt hatte, dass Ijob, bis zum Äußersten geprüft, Gott schließlich verfluchen werde: Demnach täte die Frau hier nichts anderes, als ihn in Versuchung zu führen. Doch ihr Mann will davon nichts hören: Er wirft ihr Bosheit vor, bezeichnet sie als „eine der Törinnen" (*'ahat hann^{e}bālôt*) (2,10) und weist jene Worte, die ihn zur Lästerung anstacheln sollen, standhaft von sich. Die Vorwürfe der Anmaßung, Bosheit und Torheit, die Ijob an seine Frau richtet, passen zu der ihr zugewiesenen narrativen Rolle: Sie ist der einzige weibliche Charakter, der spricht, doch sie hat keinen Namen. Sobald sie es wagt, das Schweigen ihrer weiblichen Subalternität zu brechen, wird sie mit dem Feind assoziiert: Sie ist die teuflische Frau. Lillian R. Klein, die auf die textlichen Anomalien achtet, mit der diese Person „erzählt" wird, bringt ihre Funktion im Buch Ijob treffend auf den Punkt: „Only desolate language, with merely systematic reasoning, is attributed to Job's wife, woman personified – otherwise reduced to a womb."[6] Was das Verständnis dieser Frauengestalt betrifft, die die patristische Exegese und allen voran Augustinus in die Reihe der Versucherinnen verbannt, bringt die Wissenschaftlerin einen wichtigen Ansatz ins Spiel: Im Buch Ijob scheinen die Genderrollen nach Maßgabe dessen verteilt zu sein, was die betreffende Person jeweils ersehnt. Ijob sehnt sich danach, ein Gerechter zu sein, doch noch mehr sehnt er sich danach, aufgrund des entsetzlichen Leids, das er erduldet, als Gerechter anerkannt zu werden. Seine Frau, die sein Schicksal de facto teilt, sehnt sich danach, dass dieses unerhörte Unglück, das über ihn hereingebrochen ist, ein Ende haben und dass dieses Ende, ganz gleich wie, rasch eintreffen möge.[7] Im gesamten Text ist immer nur von den Leiden des Mannes und nie von den Leiden der Frau die Rede; selbst der von den Schmerzen der Geburt gepeinigte Mutterschoß, Synekdoche für die Frau, wird auf ein bloßes Gefäß reduziert und der weibliche Beitrag zur Zeugung von Nachkommen auf ein Minimum kleingeredet.

Versuchen wir nun, den interpretatorischen Grundzügen dieser Gestalt anhand einer kleinen patristischen Nachlese auf die Spur zu kommen.

---

5 Katherine LOW, *The Bible, Gender and Reception History: The Case of Job's Wife* (London und New York: Bloomsbury, 2013), 31–47.

6 Lillian R. KLEIN, „Job and the Womb: Text about Men; Subtext about Women", in *A Feminist Companion to Wisdom Literature* (hg. v. Athalya Brenner; FCB 9; Sheffield: Sheffield Academic Press, 1995), 186–200; 200.

7 KLEIN, „Job and the Womb", 193.

1.1 *Sicut Eva, adiutrix diaboli*

In seinen *Enarrationes in Psalmos* denkt Augustinus über die Gestalt des Ijob nach und geht dabei, wie vor ihm schon Origenes in seinen *Ezechiel-Homilien* (4,4–6), von den drei Gerechten (Noach, Daniel und Ijob) aus, die in Ez 14,14 erwähnt werden. Bei Augustinus stehen sie emblematisch für die drei Kategorien des Mönchs, des Klerikers und des Gläubigen. Über Ijob, auf den er die neutestamentliche Metapher des Mahlens anwendet,[8] schreibt er:

> Mit dem Namen Ijob bezeichnet man diejenige der mit dem Mahlen Beschäftigten, die mitgenommen wurde. Er hatte nämlich Frau, Kinder und Reichtum im Überfluss; die Fülle der Güter, die er besaß, war sogar so groß, dass der Teufel ihm unterstellen konnte, Gott nicht uneigennützig, sondern um dessentwillen zu dienen, was er empfangen hatte. Das warf der Feind jenem heiligen Manne vor; doch in der Prüfung konnte bewiesen werden, wie uneigennützig die Anbetung war, die Ijob Gott erwies, und dass er ihn nicht um der empfangenen Güter willen, sondern aus Zuneigung zu deren Geber liebte. Denn nach einer plötzlichen Katastrophe und Prüfung verlor er alles: Er verlor das Erbe und er verlor die Erben, und ihm blieb nur seine Frau, die ihm kein Trost, sondern nur eine weitere Versuchung war. (*Enarrat. Ps.* 132,5)

Ijob also ist der Mann, der alles hat und dessen beraubt wird, um – die härteste aller Prüfungen – seine Treue zu Gott unter Beweis zu stellen. In diesem dramatischen Kontext macht uns Augustinus darauf aufmerksam, dass sich seine Frau, obwohl sie an seiner Seite bleibt und sein Unglück teilt, als schlechte Ratgeberin und sogar als todbringende Versuchung erweist. Damit greift er auf eines der weiblichen Rollenklischees zurück, das gemeinsam mit seinem Gegenteil, der tugendhaften Frau und klugen Ratgeberin, in der Weisheitsliteratur traditionell zum Einsatz kommt.

Schon Tertullian[9] und Cyprian[10] hatten Ijobs Frau sogar für ihre Ungeduld getadelt und dieser die Duldsamkeit ihres Mannes gegenübergestellt, der ungeachtet seiner Worte Gott und seinen Geboten Treue bewies. Und Ambrosius hatte sie in seiner Schrift *De interpellatione Job et David* 2 (PL 14,798) nicht einmal erwähnt.

Augustinus[11] bezeichnet sie in einer berühmt gewordenen Formulierung als *adiutrix diaboli* („Sein Weib, die Gehilfin des Teufels, nicht die Trösterin ihres Mannes, suchte ihn zur Lästerung zu bereden. ‚Wie lange' sprach sie, ‚willst du all dies leiden? Lästere den Herrn und stirb!'"[12]) und sieht sie, wie vor ihm schon Origenes, als eine neue Eva gegenüber einem Adam, der dieses Mal von schweren

---

8 Mt 24,40–41; Lk 17,34–35.

9 TERTULLIAN, *Pat.* 14,4 (SC 310,108).

10 CYPRIAN VON KARTHAGO, *Mort.* 10 (CCL 3A,21).

11 Kari E. BØRRESEN, *Natura e ruolo della donna: in Agostino e Tommaso d'Aquino* (Assisi: Cittadella, 1979).

12 AUGUSTINUS, *Symb.* 3,10: „Voluit mulier illa, diaboli adiutrix, non mariti consolatrix, persuadereblasphemiam: *Quamdiu*, inquit, *ista et ista pateris? Dic aliquod verbum in Dominum, et morere.*" BKV[1] (1877), 364.

Plagen heimgesucht wird.[13] Ijob erscheint als ein Held des Glaubens an Gott, ein Gerechter, der, selbst wenn er am Ende seiner Kräfte ist, nicht einen Fußbreit vom Pfad seiner Rechtschaffenheit abweicht, während seine Frau ebenso töricht ist wie die Ratschläge, die sie erteilt. Mit der Bedeutung der Provokation, die die Frau ihrem Mann ins Gesicht schleudert, hält Augustinus sich nicht länger auf: Was zählt, ist, dass Ijob standhaft bleibt - anders als Adam, der nachgab und vertrieben wurde. Dadurch, dass er die weibliche Torheit zurückweist, erringt Ijob in seinem zermürbenden inneren Kampf letztendlich den Sieg und einen paradiesischen Lohn.

1.2 Eine neidische und schlechterzogene Frau

Anders verhält es sich mit der Deutung dieser Gestalt im griechischen Raum, wo man sich - obwohl die Septuaginta als Textgrundlage zur Verfügung steht - in einigen Fällen recht wenig für die Details zu interessieren scheint. Die Episode gibt Anlass zu Auslegungen, die sich auf Genderklischees stützen und in theologischer Hinsicht nur selten in die Tiefe gehen.

Auf alexandrinischer Seite sollte die Auslegung des Origenes einen Trend begründen. Er konzentriert sich auf den Rat, den Ijobs Frau ihrem Gemahl erteilt und den er als Anstachelung zur Gotteslästerung versteht. Ein vor allem aufgrund seiner ὑπομονή vorbildlicher Mann (ὁ γὰρ μακάριος)[14] kann unmöglich eine solche Frau an seiner Seite haben. Der Teufel selbst muss von ihr Besitz ergriffen haben und spricht nun aus ihr (αὐτὸν εἰς αὐτὴν τυπωθέντα ταῦτα φθέγγσδαι),[15] oder sie hat durch die Schicksalsschläge, die sie getroffen haben, den Verstand verloren. In ihrer dem Mann untergeordneten Stellung scheint die Frau in einer Rolle erstarrt, die ihre Individualität annulliert und sie ungeachtet eigener Verdienste zu einer bloßen Projektion ihres Mannes und Bürgen werden lässt: ein Verhältnis, an dem sich angesichts Ijobs vorbildlicher Unbestechlichkeit nur durch das Zutun des Feindes etwas ändern kann.

13 AUGUSTINUS, *Enarrat. Ps.* 29,2,7: „In ipso vulnere corporis accedit uxor relicta, sicut Eva, adiutrix diaboli, non consolatrix mariti; tentat, et dicit inter multas increpationes: *Dic aliquod verbum in Deum, et morere.* Et ille Adam in stercore cautior, quam Adam in paradiso; nam Adam in paradise consensit mulieri, ut de paradise emitteretur; Adam in stercore respuit mulierem, ut ad paradisum admitteretur. Quid ergo ille Adam in stercore, parturiens immortalitatem intrinsecus, vermibus fluescens extrinsecus, quid ait mulieri? *Tamquam una ex insipientibus mulieribus locuta es. Si bona percepimus de manu Domini, mala non sustinebimus*? Iterum et ille manum Domini dixit in se, quod eum diabolus percusserat: quia non attendebat quis percuteret, sed quis permitteret."

14 ORIGENES, *Enarrat. Job* 2,18 (PG 17,61).

15 ORIGENES, *Enarrat. Job* 2,15 (PG 17,60).

Die Kappadozier, die diesen Ansatz kennen, projizieren die Figur der Frau Ijobs in den Bezugsrahmen, der ihnen am wichtigsten ist: das Verhältnis zwischen Mann und Frau innerhalb der Institution der Ehe. Das Verhalten der Frau wird im Licht ihrer ehelichen Beziehung gelesen. Basilius von Cäsarea und Gregor von Nazianz erkennen ihr die Möglichkeit zu, dieselben Tugenden anzustreben wie der Mann, da sie von seinem Bein und nicht nur von seinem Fleisch geschaffen sei. Dennoch bleibt die Bewertung der Rollen Teil einer unverrückbar androzentrischen Sichtweise, der zufolge die Frau auf immer dem Mann unterworfen ist: Sie muss ihrem Ehemann gehorchen, in der Versammlung schweigen und trägt im Falle eines Ehebruchs größere Schuld als der Mann. Ijobs Frau wird in diese Sichtweise eingepasst, die ihrer Rolle größere Bedeutung beimisst als ihrem Frausein.

Gregor von Nazianz,[16] dem die Figur des Ijob, des Schmerzensmannes, mit dem er sich sogar identifiziert hatte,[17] besonders am Herzen lag, beklagt die katastrophalen Auswirkungen der Ehe mit einer solchen Frau, deren Verhalten sogar schlimmer sei als die physischen Heimsuchungen und Unglücksfälle, die ihren Mann getroffen haben. Basilius dagegen[18] deutet die Worte von Ijobs Frau als Ausdruck des Sarkasmus und Zynismus und als Reaktion des Argwohns und Abrückens vom ehelichen Bund: Sie distanziert sich vom traurigen Schicksal ihres Mannes und offenbart damit, dass es ihr an dem nötigen Mut fehlt, um seine Gefährtin zu sein.

Johannes Chrysostomus verdanken wir eine psychologisch vertiefende Auseinandersetzung mit dieser umstrittenen Frauengestalt.[19] In seinem umfangreichen Kommentar zum Buch Ijob[20] hält er sich eng an die Deutung des Origenes, verfolgt dabei aber seine eigenen, erbaulichen und paränetischen Ziele. Um die Figur der Frau Ijobs zu interpretieren, bedient er sich der Langversion der Septuaginta, die ihm zusätzliche und für den rhetorischen Aufbau seiner Argumentation nützliche Details liefert. Gerade weil er für Ijob, den er als den leidenden Gerechten und als *figura Christi* interpretiert, eine solche Hochachtung empfindet, fällt sein Urteil über die Frau des großen Weisen und Athleten der Geduld[21] umso strenger aus (κακούργον καὶ πολυμήχανον γύναιον).[22] Chrysostomus analysiert den *Modus Operandi* der Frau en détail: Ihre Worte sind ihrem Mann keine Hilfe, weil „hart und unmenschlich" (τὰ ῥήματα ὠμὰ καὶ ἀπάνθρωπα)[23] und, wie

---

[16] GREGOR VON NAZIANZ, *Or.* 21,17 (SC 270,144).

[17] GREGOR VON NAZIANZ, *Carm. De seipso* 19,31 (Ἄλλος Ἰὼβ νέος εἰμί).

[18] BASILIUS VON CÄSAREA, *Quod mundanis adhaerendum non sit* 11 (PG 31,561).

[19] Vgl. Catherine BROC, „La femme de Job dans la prédication de Jean Chrysostome", *StPatr* 37 (Leuven: Peeters, 2001): 396–403.

[20] JOHANNES CHRYSOSTOMUS, *Comm. Job* (SC 346) bzw. italienische Ausgabe von Lucio COCO, *Giovanni Crisostomo, Commento a Giobbe* (Rom: Città Nuova, 2018).

[21] JOHANNES CHRYSOSTOMUS, *Ep. Olymp.* 3 (PG 52,578), 4 (PG 52,591–592).

[22] JOHANNES CHRYSOSTOMUS, *Comm. Job* 2,10 (SC 346,178).

[23] JOHANNES CHRYSOSTOMUS, *Comm. Job* 2,9 (SC 346,176).

es für eine Frau typisch ist, aus Neid und Eifersucht gesprochen.[24] Ijob wird, was seine Fähigkeit betrifft, sie in die Schranken zu weisen, eine gewisse Oberflächlichkeit bescheinigt: Chrysostomus erinnert an die paulinische Mahnung aus 1 Tim 2,14,[25] die der Weise anscheinend nicht zur Genüge beherzigt hatte, und ruft ironisch aus: „Wahrhaftig: Ijob hatte sie gut erzogen (ἐπαίδευσεν)!“[26]

Chrysostomus bewertet das Verhalten von Ijobs Frau als Verrat an der Aufgabe, die Gott allen Frauen anvertraut habe: ihrem Mann eine Hilfe zu sein. Sie ist ihrem Mann nicht nur keine Hilfe, sondern trifft ihn mit ihren Unterstellungen in einem Moment größter Schwäche. Sie ist eine todbringende Versucherin, eine zweite Eva. Gerade weil sie ihm so nahesteht – sie ist alles, was ihm noch geblieben ist, nachdem er sämtlichen Besitz, seine Kinder und die Gesundheit seines Leibes verloren hat –, kann sie ihm den Gnadenstoß versetzen. Und ebendies war der Grund dafür, dass der Teufel sie an der Seite ihres Mannes hatte überleben lassen, um Ijob endgültig zu brechen, „Der Teufel dachte bei sich: Wenn ich den Mann mithilfe der Frau aus dem Paradies vertrieben habe, dann kann ich noch weit besser mit ihrer Hilfe den Mann mit seinem Misthaufen hinwegreißen [...].“[27]

Chrysostomus verweilt noch länger bei der Strategie des Teufels: einem langsamen Zermürbungsprozess, der darauf abzielt, den Athleten genau dann zu Boden zu strecken, wenn dieser irrtümlich annimmt, er dürfe auf eine Atempause hoffen. Gleichzeitig will er den Phasen auf den Grund gehen, in denen Ijobs Frau, die Komplizin des Feindes, ihren Mann endgültig in die Knie zu zwingen sucht. Sie beklagt ihre Situation und gebärdet sich ebenso verzweifelt wie ihr Mann, weil sie dessen Unglück teilt. Chrysostomus denkt nicht, dass es ihr an Mut, sondern, dass es ihr an Hoffnung fehlt: Sie ist desillusioniert, sie glaubt nicht an eine Wende zum Besseren hin, und deshalb klingen ihre Worte wie Spott und ist ihre Frage rhetorisch und voller Hohn: Die Zeit vergeht, nichts weist auf ein Ende des Unglücks hin – warum also noch länger auf Gott vertrauen? Unser Kommentator gibt dieser Frauenfigur breiten Raum, die ihre Situation beklagt und versucht, auf ihr eigenes Leid aufmerksam zu machen, indem sie ihren Mann an die Verluste – den schwersten aller Verluste, nämlich den der eigenen Kinder – erinnert, die auch sie erlitten hat. Sie beklagt, dass sie bettelnd von Tür zu Tür ziehen und ständig den Wohnsitz wechseln und was sie

---

24 Ebd.

25 „Dass eine Frau lehrt, erlaube ich nicht, auch nicht, dass sie über ihren Mann herrscht; sie soll sich still verhalten. Denn zuerst wurde Adam erschaffen, danach Eva. Und nicht Adam wurde verführt, sondern die Frau ließ sich verführen und übertrat das Gebot.“

26 JOHANNES CHRYSOSTOMUS, *Comm. Job* 2,9 (SC 346,176; Hagedorn 42).

27 JOHANNES CHRYSOSTOMUS, *Hom. 1 Cor.* 28 (PG 61,236f.); zur Frau Ijobs als die Verführerin Eva vgl. auch JOHANNES CHRYSOSTOMUS, *Comm. Job* 2,9 (SC 346,176); vgl. auch Hagedorn 41: „Der Teufel erinnerte sich an Eva. ‚Dieses Mittel‘, sagt er sich, ‚hat den ersten Menschen zu Fall gebracht; es wird auch diesen hier überwinden können‘.“

sonst noch an Unglück erdulden muss. Sie appelliert an die Gefühle ihres Mannes, indem sie ihn an ihr aufreibendes Dasein als Dienstmagd und Bettlerin erinnert, die sehnlichst die Nacht erwartet, damit sie ihren erschöpften Körper zur Ruhe betten kann.[28] Sie versucht Ijob zu umgarnen, damit ihr Ratschlag weniger tödlich ist. Doch Ijob gibt nicht nach. Chrysostomus preist die Beherrschung, die seinen Zorn kaschiert, die Fertigkeit seiner Lippen, die nichts von der Bitterkeit seines Herzens verrät: Eigenschaften, die einer unerschütterlichen Seele würdig sind. Er deutet Ijobs trockene und lapidare Antwort als Sieg über den anstürmenden Feind.

Chrysostomus verweilt bei den Inhalten der Replik/Zurechtweisung: Als Ijob seine Frau auffordert, Gutes wie Böses zu akzeptieren,[29] beweist er, dass er die Wirklichkeit sieht, wie sie ist. Wenn Gott gibt, macht sich der Mensch die unverdiente Gabe dankbar zunutze; er wird beschenkt, weil Gott seine Gaben aus Freundlichkeit und Güte über ihm ausgießt. Warum soll er dann nicht auch die Leiden und Widrigkeiten annehmen und versuchen, sich ihnen mutig zu stellen? Aus Sicht der pastoralen Interessen und der moralistischen Interpretation des Chrysostomus stehen Ijob und seine Frau für die richtige und die falsche Art, mit den Schwierigkeiten des Lebens und in diesen mit ihrer Gottesbeziehung umzugehen. In der Auslegung des Antiocheners repräsentiert Ijobs Frau den Menschen, dem es schwerfällt, sich auf den geheimnisvollen göttlichen Heilsplan einzulassen, während Ijob beispielhaft zeigt, wie man jene Form der christlichen Leidenspädagogik, die Chrysostomus verkündigen will, richtig versteht.

---

28 „Wie lange wirst du standhaft sein und sagen: [9a] ‚Siehe, ich warte noch eine kleine Zeit ab und erwarte die Hoffnung auf meine Rettung? [9b] Denn siehe, ausgelöscht ist dein Andenken von der Erde, (die) Söhne und Töchter, Geburtsschmerzen und Beschwernisse meines Schoßes, mit denen ich mich umsonst abgemüht habe mit Qualen. [9c] Und du selbst sitzt im Moder des Gewürms und verbringst die Nacht im Freien. [9d] Und ich irre umher, und zwar als Tagelöhnerin, von Ort zu Ort und von Haus zu Haus, (und) warte darauf, wann die Sonne untergehen wird, damit ich ausruhe von den Qualen und Beschwerden, die mich jetzt umfangen. [9e] Also: Sage irgendein Wort zum Herrn und stirb!'" (Ijob 2,9–10 LXX; *Septuaginta Deutsch: Das griechische Alte Testament in deutscher Übersetzung* [hg. v. Wolfgang Kraus und Martin Karrer; Stuttgart: Deutsche Bibelgesellschaft, 2009], 1010) Vers 9 ist in der Septuaginta deutlich pointierter als im TM und in den anderen Versionen und enthält ein anderes Vokabular als der Rest des Buches: Vermutlich handelt es sich um eine Erweiterung midraschischen Ursprungs zu moralischen oder erbaulichen Zwecken. Eine philologische Lesart von Ijob 2,9 im Spiegel des hebräischen (MT) und des griechischen Texts bietet Giancarlo TOLONI, „Due ritratti della moglie di Giobbe (Gb 2,9–10)", in *Sef* 75/2 (2015): 199–223.

29 JOHANNES CHRYSOSTOMUS, *Comm. Job* 2,15 (SC 346,190).

1.3 Eine Leiter zum Sturm auf das menschliche Herz

In seinen *Moralia* geht Gregor der Grosse der moralischen und mystischen Bedeutung der Ijob-Geschichte nach und findet darin alle nötigen Hinweise, um die Seele in eine „Zitadelle des Glaubens" zu verwandeln. Ijob ist *figura Christi*, doch vor allem ist er der vorbildliche Jude und Christ: Gott wollte sein Leben zu einem Zeugnis machen,[30] das den Menschen helfen sollte, das Leiden auf sich zu nehmen und seinen Sinn zu begreifen und insbesondere den Angriffen des Teufels zu widerstehen, der die Geschöpfe benutzt, um seinen ewigen Kampf gegen den Schöpfer fortzusetzen.[31]

In seiner Deutung der Ijobsgeschichte rückt Gregor den geistlichen Kampf ins Zentrum, dem sich zu stellen jeder Mensch berufen ist: eine sowohl innerliche wie äußerliche Prüfung. Der alte Feind versucht das Menschengeschlecht zumeist auf zwei Arten: Entweder erschüttert er die Herzen derer, die tapfer Widerstand leisten, durch Anfechtungen, oder er lässt sie durch die Kunst der Überredung weich werden.[32] In der einen wie in der anderen Hinsicht gibt er sich bei Ijob alle Mühe. Der Feind, der neiderfüllt mitansehe, wie der Mann „unbesiegt bleibt wie in einer sicheren Festung", wiederhole, so Gregor, „die Listen seiner alten Kunst: Da er weiß, wie Adam gewöhnlich fällt, greift er auf Eva zurück."[33] Er bedient sich der Frau des Ijob, weil sie ihm am nächsten steht (*vicina est autem viro mulier atque subiuncta*): „Er ergreift Besitz vom Herzen der Frau und bedient sich ihrer wie einer Leiter, um zum Herzen des Mannes hinaufzusteigen (*cor igitur mulieris tenuit et quasi scalam, qua ad cor viri ascendere potuisset invenit*)."[34] Dieses Bild ist vielsagend: Dass die Frau zum Werkzeug des Teufels wird, ist nicht durch ihre eigene Bosheit, sondern durch ihre Stellung an der Seite des Mannes bedingt, die sie gemäß der ihr von Gott zugewiesenen Rolle innehat. Nicht weil die Frauen von Natur aus Böses reden, sondern weil der Satan ihre Zunge verdirbt, kann der Mann in Versuchung geführt werden (*de ore coniugis iaculum quasi de insidiis intorsit*).[35]

Gregor kommentiert die Worte von Ijobs Frau und kommt dabei noch einmal auf die Identifizierung mit der Versucherin Eva zurück:

> [...] Eva wiederholt ihre Worte (*Verba Eva repetit*). Denn dass sie zu ihm sagt *Gib die Rechtschaffenheit auf*, ist so, als würde sie sagen: Verachte den Gehorsam und iss die verbotene Frucht. Und was bedeutet *Verfluche Gott und stirb*, wenn nicht: Lebe und übertrete das Gebot, auf das hin du erschaffen worden bist? Doch auf dem Misthaufen liegend ist unser

---

30 Gregor der Grosse, *Moral.* 14,1,1.

31 Gregor der Grosse, *Moral.* 2,8,13.

32 Gregor der Grosse, *Moral.* 3,8,12.

33 Gregor der Grosse, *Moral.* 3,7,12.

34 Gregor der Grosse, *Moral.* 3,8,12.

35 Gregor der Grosse, *Moral.* 3,8,14.

Adam stark, der einst im Paradies stehend schwach war (*Sed Adam noster fortis in sterquilinio iacuit qui in paradiso quondam debilis stetit*). (*Moral.* 3,8,14)

Der Sturmangriff auf den *vir sanctus* scheitert. Ijob wird durch die Worte seiner Frau nicht verdorben, weil er weiß, dass sie ihm unterworfen und damit unterlegen ist (*subiectam sibi mulierem et non praepositam attendit*); als Frau ist sie, wie der erste Sündenfall der Menschheit gezeigt hat, außerstande, Richtiges zu lehren (*de ipso primo lapsu humani generis nosset quod docere mulier recta nesciret*).[36]

Gregor zufolge ist Ijobs Antwort eine Belehrung seiner Frau, mit der er den Betrug der Schlange aufdeckt (*docuit quam serpens, ut perversa loqueretur, instigavit*) und sie auf den rechten Weg zurückführt (*et quae excitata fuerat ut perderet erudita est ne periret*).[37] Mit seiner Antwort/Zurechtweisung setzt er sie nicht herab, sondern erzieht sie zu einer Anschauung, die das Leben als ein Gleichgewicht aus Momenten der Freude und des Schmerzes begreift: Die Erinnerung an das Geschenk wird im Unglück dazu dienen, den Kummer zu lindern, der Gedanke an das Unglück und die Furcht davor werden helfen, den Jubel über das Geschenk zu mäßigen.[38]

Während der Sarkasmus des Chrysostomus Ijob im pädagogischen Sinne für unfähig erklärt hatte, seine Frau in die Schranken zu weisen, nimmt Gregor, der im Gegenteil die Wirksamkeit seiner Pädagogik bewundert, ausdrücklicher darauf Bezug, dass die Ehefrauen von ihren Männern erzogen werden müssen:[39] Die Frau ist dem Mann untertan, darf aber nicht unwissend bleiben, sondern muss unterwiesen werden. Diese Vorstellung liegt der Art und Weise zugrunde, wie Gregor Ijobs Reaktion auf die Provokation seiner Frau interpretiert: Das Empfinden der verdorbenen Frau (*sensus pravae mulieris*) liegt nicht in ihrem Geschlecht, sondern in der Schuld begründet (*non autem sexus in vitio est*), ist nicht durch ihre geschaffene Natur (*conditae sit naturae*), sondern dadurch bedingt, dass zu dieser noch die Dummheit hinzukommt (*accedentis stultitiae*).[40]

Dies ist ein wichtiger Hinweis darauf, dass das Geschlecht in Gregors allegorischer Deutung des biblischen Texts kein Kriterium darstellt: Die Unterscheidung zwischen der Frau und dem, was sie symbolisiert, ist deutlich genug. Die Frau Ijobs wird zur Kirche in Beziehung gesetzt und verkörpert genau wie Petrus (Mt 16,22–23) den Typus des *fleischlichen* Menschen,[41] der unter den Getauften

---

36 Gregor der Grosse, *Moral.* 3,8,12.

37 Ebd.

38 Gregor der Grosse, *Moral.* 3,9,16.

39 Vgl. Valeria Novembri, „L'educazione delle donne nel cristianesimo antico: fra modelli tradizionali e nuovi paradigmi", *Storia delle donne* 1 (2005): 187–200.

40 Gregor der Grosse, *Moral.* 3,9,16.

41 Gregor bezeichnet Ijobs Frau als *carnalis uxor* („fleischliche Frau"), Sinnbild des Unglaubens, und stützt sich dabei auf eine allegorische Auslegung von Ijob 19,17: Die Frau, die vor dem Atem ihres Mannes Widerwillen empfindet, ist die Synagoge, die dem Herrn durch den Bund des dem Fleisch nach interpretierten Gesetzes unterworfen ist (*Moral.*

häufig anzutreffen ist und der den rechten Glauben und standhaften Geist der Gläubigen in der Gemeinde von innen heraus aushöhlt.

2. Frauenportraits im Buch der Sprichwörter und die Konstruktion von Gorgonias *Sophrosyne*

Das Buch der Sprichwörter bildet im Kontext des patristischen Schrifttums einen kostbaren und oft geplünderten Schatz an nützlichen *Topoi* für die Konstruktion paradigmatischer Frauenbilder, die nicht selten von echten Frauen aus dem Umfeld des jeweiligen Verfassers inspiriert sind. Ein Beispiel bietet uns Gregor von Nazianz in seiner 8. *Oratio*,[42] die er zwischen 369 und 374 zum Tod seiner Schwester Gorgonia verfasst hat. In dieser während einer Gedenkfeier im Anschluss an die Beisetzung gehaltenen Rede sprach der Bruder öffentlich über sie und über ihre Familie. Die Figur der Gorgonia ist großenteils auf der Grundlage von Spr 31,10–31 konstruiert:[43] Sie ist die Frau, die die heiligen Schriften verkörpert und sie gemäß den Kategorien der Welt, in der sie lebt, ihres christlichen Glaubens und ihres familiären Umfelds interpretiert.

Gregors Epitaph zeichnet das Leben der Schwester nach und stellt ihre Tugenden und Entscheidungen heraus: Der performative Kontext der Gedenkfeier und die Konstruktion von Gorgonias Heiligkeit[44] machen die Totenrede zu einem interessanten Text, wenn es darum geht, den Einsatz und vor allem die Wiederverwertung positiver und negativer Genderklischees zu untersuchen, die der umfangreichen Galerie der im Buch der Sprichwörter enthaltenen Frauenfiguren entnommen sind. Um ein konkretes Bild davon zu vermitteln, wie ausgiebig Gregor aus der weisheitlichen Quelle schöpft, zitieren wir im Folgenden einen

3,14,52). Sie hat in Christus nur einen Menschen gesehen und Widerwillen dabei empfunden, ihn für Gott halten zu müssen.

42 Der griechische Text und die Übersetzung folgen SC 405.

43 Gregor, der sich mit großer Unbefangenheit zwischen klassischer Präzeptistik und alttestamentlicher Weisheit hin und her bewegt, benutzt das Porträt der perfekten Hausherrin aus Spr 31,10–31 als Vorlage für sein *Carmen* 2,2,6: eine Hochzeitsgabe für das Mädchen Olympias, die künftige Frau des Nebridius, der kurzzeitig *Praefectus* von Konstantinopel war. Er erinnert sie an ihre Pflichten als Gattin und Hausfrau und rät ihr unter Verweis auf die zurückhaltende und maßvolle Art seiner Schwester Gorgonia zu einem angemessenen und geziemenden Verhalten.

44 Zur Deutung der Gorgonia-Rede als eines Epitaphs, das eher das Profil der Märtyrerin als das der christlichen Asketin konstruiert und durch die Verkehrung der stereotypen Geschlechterrollen die hagiographische Gattung erneuert, vgl. Virginia BURRUS, „Life after Death: The Martyrdom of Gorgonia and the Birth of Female Hagiography" in *Gregory of Nazianzus: Images and Reflections* (hg. v. Jostein Børtnes und Thomas Hägg; Kopenhagen: Museum Tusculanum Press, 2006), 153–170.

zentralen Abschnitt seiner Rede und machen kenntlich, an welchen Stellen er sich explizit auf das Buch der Sprichwörter bezieht.

> Der treffliche Salomon lobt in seiner Pädagogik, d. i. in den Sprüchen [Spr 31,10–31], das Weib, das zu Hause bleibt (οἰκουρίαν γυναικός) und seinen Mann liebt (φιλανδρίαν). Im Gegensatz zu dem Weibe, das außer dem Hause herumstreift [Spr 7,11], das zügellos (ἀκρατήτῳ), unschamhaft (ἠτιμωμένη), durch schlechte Gebärden (ἐν πορνικοῖς καὶ σχήμασι) und Worte (καὶ ὀνόμασι) ehrbare Menschen in seine Netze lockt [Spr 6,26; 7,10–13], stellt er das Weib, welches sittsam zu Hause bleibt, seine weiblichen Pflichten männlich erfüllt, seine Hände stets an den Spinnrocken legt [Spr 31,17–19], seinem Manne doppelte Kleidung fertigt [Spr 31,22], zur rechten Zeit den Acker kauft [Spr 31,16], seinen Knechten gute Nahrung reicht [Spr 31,15], die Freunde an reichlicher Tafel bewirtet [Spr 9,2] und alles tut, was Salomon sonst noch an einer verständigen, fleißigen Frau gepriesen hat. Wollte ich aber meine Schwester nur wegen solcher Vorzüge loben, dann wäre es so viel, als wenn ich eine Bildsäule wegen ihres Schattens oder einen Löwen wegen seiner Krallen loben würde, dann würde ich das Wichtigere und Vollkommenere beiseitelassen.[45] (*Or.* 8,9)

Gregor feiert die herausragenden Eigenschaften seiner Schwester mit einer Art Schnelldurchgang durch die positiven und negativen Frauenportraits im Buch der Sprichwörter (die fleißige und häusliche Frau, die *mulier fortis*, die Ratgeberin, die Fremde, die umherzieht, die Ehrlose, die ein zügelloses Leben führt und die Herzen der tugendhaften Männer mit losen Sitten umgarnt), der in der Personifikation der Weisheit gipfelt. Das biblische Vorbild, auf das er sich bezieht und das er in großem Umfang aufgreift, verleiht seiner Lobrede Autorität und trägt dazu bei, den Typus der asketischen Frau zu kreieren.

Gorgonia, eine Römerin aus guter Familie, war zuhause in der Heiligen Schrift unterwiesen und, als sie das entsprechende Alter erreicht hatte, mit Alypius verheiratet worden, über den wir nur wenig wissen und dem sie drei Töchter schenkte. Aufgrund der Erziehung, die sie erhalten hat, ist Gorgonia eine vollkommene Frau, die, inspiriert von der Schrift (der Weisheit Salomos), die allerbesten Eigenschaften an den Tag legt: Keuschheit (σωφροσύνη), Mäßigung (sie ist ἀκαλλόπιστος), Zurückhaltung, Bescheidenheit, Schamhaftigkeit (nach schweren Unfällen lehnt sie es sogar ab, sich von einem Arzt behandeln zu lassen); sie ist schweigsam, in ihrem Handeln immer beherrscht und verhält sich niemals unangemessen. Unter all ihren Tugenden ragt besonders die ἀνδρεία hervor: Sie ist de facto die tragende Säule des Porträts der vollendeten Asketin, das der Bruder in seiner gesamten Rede geschickt konstruiert. Als Frau Weisheit ist sie eine vorbildliche und fleißige Hausherrin, die mit ungebrochenem Mut ihre Aufgaben erfüllt. Sie ist eine tatkräftige Frau – nicht von ungefähr zitiert Gregor auch Spr 31,15–16, wo der Wert der starken Frau nach typisch männlichen Tätigkeiten wie dem An- und Verkauf eines Ackers oder der Beaufsichtigung der Sklaven gemessen wird. Überdies sind alle ihre Handlungen, Worte wie Taten, von jenem (traditionell dem männlichen Geschlecht vorbehaltenen) νοῦς geleitet, jener Lebensklugheit, die ihre Lobwürdigkeit ausmacht. Dennoch

---

45 GREGOR VON NAZIANZ, *Or.* 8,9 (SC 405,262; BKV[1] [1928], 237f., leicht angepasst).

scheint es, dass diese Klugheit der Schwester in Gregors Argumentationslinie nicht in erster Linie auf die asketische Berufung hingeordnet ist, sondern vor allem in der Fähigkeit besteht, Erben zur Welt zu bringen und so die Machtweitergabe ihres γένος zu garantieren. Jenes „Haus", das in Spr 1–9 die Tradition repräsentiert (im Gegensatz zu dem, was fremd und mithin nicht Teil eines anerkannten religiösen und kulturellen Erbes ist), ist in Gorgonias Fall ihr γένος: „Kurze Zeit", hatte sie „der Welt und dem Fleische gedient".[46] Darin besteht ihre *Sophrosyne* -höchstwahrscheinlich einer der Gründe, die Gregor dazu bewogen haben, ihr hagiographisches Profil zu konstruieren.[47]

War das Thema der *virilitas christiana* bei Hieronymus zu einem Mittel geworden, die *infirmitas sexus* hinter sich zu lassen und die Gleichheit der Geschlechter zu beweisen,[48] erfüllt sich diese Gleichheit bei Gregor, abgesehen vom Erwerb der *virilitas*, im asketischen Leben. Gorgonia übertrifft sie sogar: „Man denke nicht, sie sei für mannhafter (ἀνδρικώτερα) als die Frauen gehalten worden: Sie war auch mannhafter als die mutigsten Männer" (*Or.* 8,13). Hinter dieser Außergewöhnlichkeit ahnt man das Porträt der tüchtigen Frau aus dem Buch der Sprichwörter.

Dadurch, dass die hier neu vergegenwärtigten modellhaften Frauenbilder in die Erinnerung an einen herausragenden *Bios* – überdies mit autobiographischem Bezug – integriert sind, verändert sich die Funktion und anscheinend auch die Rezeption des biblischen Vorbilds: In unserem Fall untermauert es weniger die Vortrefflichkeit der betreffenden Frau als vielmehr den von ihr gewählten, asketischen Lebensstil. Andererseits wird das Modell der *mulier fortis* im Buch der Sprichwörter durch Regeln festgeschrieben, die von einer Frau stammen, denn Lemuël gibt die Lehren seiner Mutter wieder, die sich, anders, als man annehmen könnte,[49] vermutlich nicht an Männer, sondern an Frauen

---

46 GREGOR VON NAZIANZ, *Or.* 8,8,19–20: ὀλίγα λειτουργήσασα κόσμῳ καὶ φύσει. BKV[1] (1928), 237.

47 Federico FATTI, „‚Fu casta senza superbia': Ascesi e dinastia in Cappadocia nella Tarda Antichità", *Rivista di storia del cristianesimo* 8/2 (2011): 279–304.

48 HIERONYMUS, *Ep.* 127,5: *nos qui virtute non sexu sed animoiudicamus.*

49 In GREGOR VON NAZIANZ, *Or.* 8,9, zitiert er Spr 31,10–31, die Worte also, die Lemuël, König von Massa, nach eigener Aussage von seiner Mutter gelernt hat: In diesem Akrostichon wird die Gestalt der idealen Frau, der *mulier fortis* entworfen. Die besagte Perikope enthält „eine Unterweisung für die Prinzessinnen, die gleich nach der Unterweisung für den Prinzen überliefert wird" (Irmtraud FISCHER, „Un esempio eloquente: Proverbi 31,20–31. Dalla lettura tradizionale all'esegesi femminista", in *Corpo a corpo* [hg. v. Marinella Perroni; Turin: Effatà, 2015], 35–43; 40). Unter Genderaspekten lässt sich der Text als „eine Belehrung für Frauen" interpretieren: eine Belehrung darüber, „wie ein gutes und wirklich erfülltes Leben für sie aussehen konnte" (ebd.). Die androzentrisch basierte Interpretation, wonach es sich um einen Text mit Ratschlägen für junge Männer handele, die auf der Suche nach der perfekten Frau seien, ist als überholt anzusehen. Zum Schluss-Akrostichon des Buchs der Sprichwörter vgl. außerdem Irmtraud FISCHER, *Gotteskünderinnen: Zu einer geschlechterfairen Deutung des Phänomens der Prophetie und der Prophetinnen in der Hebräischen Bibel* (Stuttgart: Kohlhammer, 2002).

richten, denen auf diese Weise das Modell eines wirklich erfüllten Lebens vor Augen gestellt wird. Dieses Modell biegt Gregor so zurecht, dass es seinem Zweck entspricht, nämlich das von Gorgonia gewählte asketische Ideal zu preisen: jenes wahre und erfüllte Leben, um dessentwillen seine Schwester es verdient, gelobt zu werden. Ein Detail, das sicherlich nicht vernachlässigt werden darf, ist die Tatsache, dass es ein Mann und obendrein ihr Bruder ist, der Gorgonias mustergültiges Profil entwirft. Wichtig ist hier, dass die breite Bezugnahme auf das Buch der Sprichwörter sich genau wie bei Macrina und Melania in die theoretische Darstellung eines paradigmatischen *Iter* einfügt, der darauf ausgerichtet ist, die Gipfel der christlichen Tugend zu erreichen und auch jene *infirmitas sexus* zu überwinden, die auf diesem Weg das größte Hindernis darstellt. Besonderes Kennzeichen dieses Musterbilds der „bescheidenen und fleißigen" Frau, das Gregor durch die indirekten Zitate aus dem Buch der Sprichwörter heraufbeschwört und das Gorgonia auf vollendete Weise verkörpert, ist die ἀνδρεία: Wie auf dem asketischen Weg, den Melania zurückgelegt hat, wird der Schritt vom γυναικεῖον μέτρον zum φρόνημα ἀνδρεῖον vollzogen, der unabdingbar ist, um zum φρόνημα οὐράνιον zu gelangen.[50]

Gorgonia verfügt außerdem über die Eigenschaften und die Autorität des διδάσκαλος:

> Welcher Verstand (τῆς διανοίας) war schärfer als der ihrige? Denn nicht nur ihre Verwandten und Landsleute und Nachbarn, sondern auch die ganze Umgebung fragten sie um Rat. Ihre Vorschriften und Mahnungen wurden als unverletzliches Gesetz (νόμον ἄλυτον) betrachtet.[51] (*Or.* 8,11)

Hier wird der traditionelle Status der Frauen, denen das Lehren untersagt war, ins Gegenteil verkehrt: Gorgoniaist wie die Frau Weisheit aus Spr 8, deren Ratschläge gehört werden müssen, deren Worte klug und wahrhaftig sind: die personifizierte Klugheit, die gesucht und gefunden werden muss, um sich das Leben und die göttliche Gunst zu verdienen.

In Gorgonia koexistieren der *habitus muliebris* und die *virilis fides*.[52] Doch auch wenn sie dem Mann sogar in der „Philosophie" ebenbürtig ist, bleibt die *infirmitas sexus* ein unheilbares Gebrechen:

---

50 Elena GIANNARELLI, *La tipologia femminile nella biografia e nell'autobiografiacristiana del IV secolo* (Rom: Istituto Storico Italiano per il Medioevo, 1980).

51 BKV^1 (1928), 239.

52 Nach seiner Bekehrung erzählt Augustinus Cassiciacus von der Erfahrung, die ihn blitzartig überkommen habe, während er in Anwesenheit des Katechumenen Alypius und seiner Mutter die Psalmen las. Das rasch skizzierte Portrait der Monika ähnelt dem der Gorgonia bei Gregor: „Weib in ihrem Gehaben (*muliebri habitu*), Mann in ihrem Glauben (*virili fide*), mit der Abgeklärtheit des Alters (*anili securitate*), mit der Liebe einer Mutter (*materna caritate*), der Frömmigkeit einer Christin (*christiana pietate*)" (*Conf.* 9,4,8), deutsche Übersetzung: AUGUSTINUS, *Confessiones/Bekenntnisse* (übers. v. Joseph Bernhart; München: Kösel, ^{3}1966), 435.

> Ihre weibliche Natur erwies sich im gemeinsamen Kampfe für die Erlösung der männlichen überlegen (Ὦ γυνακεία φύσις τὴν ἀνδρείαν νικήσασα) und zeigte, dass die Geschlechter (τὸ θῆλυ καὶ τὸ ἄρρεν) sich nur dem Leibe, nicht der Seele nach unterscheiden. (*Or.* 8,14)[53]

In dieser Nachlese der Weisheitsliteratur beruft sich Gregor auch auf Ijob, den er gleich an mehreren Stellen dieser selben Rede in die Nähe seiner Schwester rückt.[54] Wie Ijob hat auch Gorgonia die Türen ihres Hauses für jene geöffnet, die Gott angenommen haben, und hat ihnen einen herrlichen Empfang bereitet (Ijob 31,32); sie hat sich den Armen und Leidenden gegenüber barmherzig erwiesen und war „Auge [...] den Blinden, Fuß den Lahmen" [55] (vgl. Ijob 29,15). In der *Oratio* 28 lobt Gregor ausgehend von Ijob 38,36, einer wertschätzenden Erwähnung der weiblichen Webkunst,[56] die Weisheit (σοφία) der Frauen, die die Grenzen der menschlichen Weisheit (ἀνθρωπίνη σοφία) einen Moment lang aufzuheben scheint:[57] Ihre Kunstfertigkeit „ist das Werk eines vernunftbegabten Wesens, Gipfel der Weisheit und fähig, bis zu den himmlischen Wirklichkeiten fortzuschreiten".[58]

3. Das Lob der tüchtigen Frau (Spr 31,10–31) in der patristischen Interpretation[59]

In dem Akrostichon über die „tüchtige Frau" (Spr 31,10–31) hat die patristische Exegese Ansätze, Bilder und Darstellungen gesucht und gefunden, um erstens die gesellschaftlich anerkannte und ethisch kodifizierte Rolle der Frauen in den christlichen Gruppen ihrer Zeit zu bestätigen und um zweitens im Rahmen einer

---

53 BKV[1] (1928), 242. Obwohl die grundsätzliche Misogynie hier anscheinend die Oberhand behält, wird das Verhältnis zwischen Mann und Frau auf der Ebene der Hingabe, die beim Mann eine affektive und moralische ist, insofern als ebenbürtig dargestellt, als beide am Aufbau eines gemeinsamen Wohls beteiligt sind.

54 Vgl. GREGOR VON NAZIANZ, *Or.* 8,12; 8,7, in Bezug auf den Edelmut; 8,15, über die dem Gerechten auferlegten Heimsuchungen.

55 BKV[1] (1928), 240.

56 Ijob 38,36 nach der LXX Deutsch: „Und wer gab den Weberfrauen Weisheit oder Wissen zum Sticken?"

57 Vgl. Giovanni A. NIGRO, „Sapienza divina e Sapienza umana nei Padri Cappadoci", in *Dizionario di Spiritualità Biblico - Patristica 66: La Sapienza nei Padri della Chiesa*, 2 (Rom: Borla, 2014), 17–87; 67f.

58 Vgl. GREGOR VON NAZIANZ, *Or.* 28,24 (SC 250,152).

59 Einen hervorragenden Überblick über dieses Thema bietet Cesare MAGAZZÙ, „L'elogio della donna forte (Prov. 31,10–31) nell'interpretazione patristica", in *Letture cristiane dei Libri Sapienziali* (SEA 37; Rom: Institutum Patristicum Augustinianum, 1992), 212–224. Unter den neueren Publikationen sei verwiesen auf Donatella SCAIOLA, *La donna perfetta: Interpretazioni di un poema biblico* (Bologna: EDB, 2014).

ekklesiologischen Interpretation dem einzelnen Gläubigen und der gesamten Gemeinschaft die Treue in der Beziehung zu Christus ans Herz zu legen und ein Gefühl der Zugehörigkeit zur Kirche zu vermitteln. Im Zuge dieses hermeneutischen Prozesses hat sich die Allegorie als ein nützliches Hilfsmittel erwiesen, um ethische und verhaltensbezogene Modelle für das familiäre und gemeinschaftliche Leben zu konstruieren und zu vermitteln.

Wir wollen versuchen, den Weg, den diese Perikope in der patristischen Hermeneutik genommen hat, kurz nachzuzeichnen. Den Anfang bildet Clemens von Alexandrien, der im dritten Buch seines *Paedagogus* (3,11,67,2–3) ein klischeehaftes Portrait der christlichen Frau zeichnet, dessen Konstruktion auf der Aneinanderreihung einiger Verse aus Spr 31 beruht (31,21–22.27.28.25.30). In seinem Entwurf einer idealen christlichen *Societas*, der auf der Zweckmäßigkeit der Institution der Ehe basiert, befürwortet Clemens das Idealbild einer mannhaften, mit innerer Stärke begabten Frau, das in ethischer und spiritueller Hinsicht zwar erbaulich sein mag, sich aber in keiner Weise auf die subalterne Rolle auswirkt, mit der sie sich auch innerhalb der Mauern des Hauses von Natur aus zu begnügen hat. Wenngleich die Frau im Haus nach Belieben schalten und walten kann, ist sie doch auch dabei stets auf die Duldung ihres Mannes angewiesen und diesem unterworfen. Das Lob der herausragenden Frau aus dem Buch der Sprichwörter verleiht einer Rolle Autorität, der Clemens ganz offensichtlich zu neuer Geltung verhelfen muss, indem er sie auf christlicher Ebene als korrekt, weil biblisch und auch gesellschaftlich kodifiziert darstellt. Dieses Bild der auf den häuslichen Bereich beschränkten (Ehe-)Frau entsprach der traditionellen Vorstellung der hellenistischen Welt und war damit wohl auch zu Clemens' Lebzeiten in Alexandrien verbreitet. Mit seiner beharrlichen Wiederaufnahme der lobenden Worte aus Spr 31 wirbt er für das Bild einer selbständigen christlichen Frau, die im Haus alles Nötige in die Wege leitet, um Gewänder für sich selbst, ihre Kinder und ihren Ehemann anzufertigen (Spr 31,21–22): Diese Fähigkeit zu selbständigem Handeln verleiht der Frau in Clemens' Augen echte Schönheit und versetzt sie in die Lage, sich ohne Tand und Flitter zu schmücken, um Gott zu gefallen (*Paed.* 3,11,67,1–2). Mit Sicherheit ist davon auszugehen, dass das gesellschaftliche Sichtbarwerden von Frauen der Aristokratie, die, wie Clemens selbst beklagt (*Paed.* 3,4,27,2), nicht gewillt waren, sich um ihre Männer und den Haushalt zu kümmern, zu gefährlichen Ausnahmen geführt hatte.

Epiphanius von Salamis (315–403) liest das Lob der tüchtigen Frau aus ekklesiologischem Blickwinkel und begründet damit einen hermeneutischen Trend, dem vor allem in der lateinischen patristischen Exegese und bis ins Mittelalter hinein – als er in der Gestalt der Maria das perfekte symbolische Vehikel fand –

großer Erfolg beschieden sein sollte.[60] In seinem *Ancoratus* thematisiert Epiphanius das Problem der Auferstehungshoffnung als Merkmal der Unterscheidung zwischen den echten Söhnen der Kirche und den Heiden, den Ketzern. Die wahren Gläubigen müssen fühlen, dass sie zur Kirche Gottes gehören wie Kinder zu ihrer Mutter, und die Personifikation dieser Mutter Kirche ist bei ihm die tüchtige Frau aus Sprichwörter 31,10–31:

> Ihr seid Söhne jenes weisen und starken Weibes (σοφῆς γὰρ ὄντες καὶ ἀνδρειοτάτης υἱοὶ γυναικός), dessen Ruhm bei Salomo [Spr 31,10] so gefeiert wird: „Wer wird finden ein starkes Weib?" [Er denkt es sich selten, ja einzigartig.] So wählet denn das Bessere und liebet das Nützlichere. Erkennet aber mit mir als das starke Weib die Kirche Gottes, eure Mutter, deren Stärke keine gleichkommt, da sie in jeder erregten Verfolgung für den Namen ihres Mannes dem Tode sich weiht.[61] (*Ancoratus* 101)

Epiphanius betont die einzigartige ἀνδρεία der Mutter Kirche, die in ihrem Martyrium besteht: dem Beweis ihrer Treue zu ihrem Bräutigam Christus. Die eheliche Bildlichkeit, die hier heraufbeschworen wird, kodifiziert die Glaubensbindung an die Kirche Gottes, während mithilfe des Genderstereotyps das Gefühl der Zugehörigkeit verstärkt werden soll. Die allegorische Deutung des Ehebundes dient einzig und allein dazu, seinen Wert und seine Notwendigkeit zu untermauern. Die Tragfähigkeit dieser Einrichtung, die – da die eheliche Harmonie Ausdruck der Übereinstimmung mit dem göttlichen Willen ist – auf einem moralischen Fundament aufruht, ist Teil einer unablässig praktizierten Kontrollstrategie.

Auch Ambrosius – damit gehen wir auf der Zeitskala einen Schritt weiter und wechseln in den lateinischsprachigen Raum – bezieht sich in seinem Kommentar zu Lk 16,18 auf Spr 31, pocht auf die Achtung vor dem ehelichen Bund und wendet sich gegen die Verstoßung der Ehefrau. Im Rahmen einer ekklesiologischen Betrachtungsweise, die sich inzwischen durchgesetzt hat, wird die Frage der ehelichen Verbindung von Mann und Frau von der ethischen auf die allegorisch-geistliche Ebene verlagert: Die tüchtige Frau, die tugendhafte Gattin und kunstfertige Weberin aus Spr 31,22 wird zum Bild für die Seele/Kirche, die sich mit der Klugheit des Glaubens auf die Vereinigung mit Christus/dem Bräutigam vorbereitet. Und das tut sie, indem sie Wollfäden, das heißt die eigenen Tugenden spinnt:[62]

---

60 Vgl. Donatella Scaiola, „Una donna perfetta? A proposito di Proverbi 31,10–31", *Annali di Studi religiosi* 6 (2005): 321–333, wo die hermeneutischen Tendenzen rekonstruiert werden, mit denen man sich dieser Perikope von katholischer und, nach der Reformation, auch von protestantischer Seite genähert hat. Vgl. auch Kari E. Børresen, *Maria nel Medievo fra antropologia e teologia* (Trapani: Il pozzo di Giacobbe, 2019).

61 Die italienische Übersetzung folgt *Epifanio di Salamina: L'ancora della fede* (übers. v. Calogero Riggi; Rom: Città nuova, 1993), 198. BKV[1] (1919), 157.

62 Die Bilder des Spinnens (Spr 31,19) und Webens (Spr 31,24) werden kombiniert. Auch die deutschen Übersetzungen sind unterschiedlich. (Anm. d. Hg.)

> Gottgläubige Seele, eine starke Frau sollst du sein, wie jene [...], von der Salomo rühmte: „Wer wird eine starke Frau finden?“ [...] Eine gute Gattin kleidet ihren Mann. Möchte unser Glaube Jesus mit dessen Leib kleiden! Möchte die Herrlichkeit seiner Gottheit sein Fleisch kleiden, wie jene Frau ihrem Manne ein doppeltes Kleid fertigte, um ihn im gegenwärtigen und zukünftigen Zeitalter zu ehren! Keine gewöhnliche Frau ist das, deren Gewebe solcher Art ist. Nicht beim Spinnen weichlicher Wollfäden, sondern bei der Beschäftigung mit kostbarem Tugendwerke trifft sie der Mann an. [...] Sie webt darein den Einschlag herrlicher Arbeit, ist bekümmert um die Rückkehr des Mannes [...].[63] (*Exp. Luc.* 8,1,10–11)

Die Metapher des Spinnens fasziniert auch Augustinus, der Spr 31,10–31 in seinem *Serm.* 37[64] – gehalten im Juli 397 zum Gedenken an die scilitanischen Märtyrer – ausgiebig kommentiert. Seine Deutung der *mulier fortis* ist ekklesiologisch: Er sieht in ihr die Kirche, die „Mutter der Märtyrer“. Ausgehend von Spr 31,10 (*Eine starke Frau, wer wird sie finden?*; Drobner, 119) nimmt sich Augustinus die Zeit, die Bedeutung dieser Frage zu erklären, die sonst doppeldeutig wäre: Die hier gemeinte ist keine verborgene und mithin schwer auffindbare, sondern die von Christus erlöste Kirche, die er gefunden und zu seiner einzigen Braut gemacht hat, damit sie zur universalen Mutter und allen bekannt werde (37,2). Sie ist „wertvoller als Edelsteine“ (Spr 31,10; Drobner, 119), weil sie selbst jedem Zierrat Wert verleiht (37,3). „Auf sie vertraut das Herz ihres Mannes“ (Spr 31,11; Drobner, 121), und deshalb müssen auch alle ihre Kinder lernen, dies zu tun (37,4). Ganz uneigennützig tut sie ihrem Mann Gutes (Spr 31,12), ist tatkräftig, beeilt sich bei der Arbeit und bindet sich das göttliche Gebot um den Leib, damit sie immer zu jedwedem guten Werk bereit ist. „Ihre Lenden kraftvoll gegürtet, machte sie ihre Arme stark“ (Spr 31,17; Drobner, 129), um ihrer Aufgabe stets gewachsen zu sein (37,10). Die Metapher des Spinnens inspiriert den Bischof von Hippo zu einem Appell an den Leib der Kirche, die göttlichen Gebote zu befolgen und stets zu guten Werken bereit zu sein: Wie die *mulier fortis* muss sie ihre Arme stärken, damit sie die Spindel handhaben kann. Augustinus erarbeitet eine suggestive Interpretation der beiden beim Spinnen verwendeten Werkzeuge, nämlich Rocken und Spindel: Sie stehen für die Erinnerung an das bereits getane Gute und an die Spannung zu jenem Guten hin, das erst noch getan werden muss.

> Und er paßt auf, daß er seine guten Werke fortsetzt, um nicht etwa, wenn er die künftigen vernachlässigt, das Getane zu verlieren. [...] Die Wolle wurde um den Rocken gewickelt, um zu einem Faden gezogen und gesponnen zur Spindel hinüberzugehen. Was um den Rocken gewickelt wurde, ist das Künftige; was auf der Spindel gesammelt wurde, ist das bereits Vergangene. Dein Werk befindet sich also auf der Spindel, nicht auf dem Rocken. Auf dem Rocken befindet sich nämlich, was du tun wirst, auf der Spindel, was du bereits getan hast. Sieh also, ob du etwas auf der Spindel hast, dort sollen deine Arme stark werden. Dort wird dein Gewissen stark sein.[65] (*Serm.* 37,13)

---

63 BKV[1] (1915), 467f.

64 Deutsche Übersetzung: Drobner, 115–153.

65 Drobner, 131.

Die „doppelten Mäntel“, die die tüchtige Frau für ihren Mann gewebt hat (Spr 31,22), geben Augustinus Gelegenheit zu einer christologischen Interpretation mit polemischem Hintergrund: Die Mäntel versinnbildlichen den Lobpreis, den man der menschlichen und der göttlichen Natur Christi schuldet, und sind mithin zwangsläufig doppelt: ein Seitenhieb auf die Häresie der Photinianer und der Manichäer, die der Überzeugung gewesen seien, dass der Mantel *simplex* und von einer abscheulichen Frau gewebt worden war, weil sie so töricht waren, an die allein göttliche oder allein menschliche Natur Christi zu glauben (*Serm.* 37,17).

Weit von derartigen Lehrpolemiken entfernt führt uns Paulinus von Nola ins wirkliche Leben zurück, wenn er einige Stellen aus dem Buch der Sprichwörter in einer Weise interpretiert, die von den Erfahrungen beispielhafter Paare aus seinem Bekanntenkreis inspiriert ist. In *Carmen* 24 bezeichnet er die tugendhafte Frau als „starke Rippe“ des Mannes, wobei er Vers 4 aus dem zwölften Kapitel der Sprichwörter (*Eine tüchtige Frau ist die Krone ihres Mannes*) paraphrasiert, den er gleich danach erneut aufgreift:

> Und siehe, deine Braut, unter dem Joch Christi mit dir vereint, ist fruchtbar wie ein blühender Weinstock, für das Haus und für Gott ist diese deine Rippe stark im Umkreis deiner Wohnstatt, weil sie die Anliegen des Mannes unterstützt, sich um den Glauben kümmert, Krone des heiligen Gatten, und die Kinder, die ihr Leben Gott widmen, in der Keuschheit erzieht.[66] (*Carmen* 24,690–695)

Die Ganzhingabe der vollkommenen Frau aus Spr 31 findet sich ein weiteres Mal in *Epistula* 44, einem Brief des Paulinus und seiner Frau Theresia an Aper und Amanda, deren Ehe ein Musterbeispiel der geistlichen Einheit ist. Aper, ein Magistrat aus Aquitanien, hatte die Priesterlaufbahn eingeschlagen, und seine Frau hatte diese Entscheidung mitgetragen. Um ihren Mann zu unterstützen, muss Amanda sich um die zeitlichen Angelegenheiten kümmern. Paulinus würdigt dies, indem er sie mit der hervorragenden Frau aus dem Buch der Sprichwörter vergleicht (31,12–14.17.19–20.22), der sie an Fleiß und Tatkraft gleichkomme. Der biblische Verweis dient als Kontrapunkt für den von Paulinus entworfenen Typus der idealen *Uxor* eines gottgeweihten Mannes, die dem Ehemann selbst ein Beispiel gibt und in ihrer Mustergültigkeit die *Vidua*, die *Mater* und die *Virgo* übertrifft.[67] Die vorbildliche Ehe von Aper und Amanda setzt auf *concordia et diversitate*, während das Lob der *optima uxor* von diesem neuen Gleichgewicht der Rollen innerhalb der Paarbeziehung Zeugnis ablegt.

---

66 Paulinus von Nola, *I carmi* (hg. v. Andrea Ruggiero; Rom: Città Nuova, 1990), 342.

67 Giannarelli, *La tipologia femminile*.

4. Schlussfolgerungen

Die Frauengestalten aus dem Buch Ijob und dem Buch der Sprichwörter ergeben einen interessanten Querschnitt durch die den Frauen traditionell zugeschriebenen und gesellschaftlich anerkannten Rollen (der Ehefrau, Mutter und Tochter): Dem lobenden Tenor ihrer positiven Interpretation steht die tadelnde Reaktion auf eventuelle Abweichungen von jenem normativ korrekten Verhalten gegenüber, das im patriarchalen Kontext für den Fortbestand der geltenden Machtverhältnisse unabdingbar ist. Die patristische, überwiegend androzentrische Interpretation der betreffenden Stellen praktiziert diese Kontrollstrategie und zeigt anschaulich, wie die narrative Macht, Texte aus längst vergangenen Zeiten auf einen neuen kulturellen Kontext anzuwenden, sich de facto in einem politischen oder, genauer, einem politisch-religiösen Handeln äußert, durch welches die herrschende Ordnung gefestigt, aber ebenso gut auch gestürzt werden kann. Einige Perikopen (die Worte von Ijobs Frau, das Lob der *mulier fortis*) haben in der patristischen Rezeption größeren Anklang gefunden als andere, weil ihre Eignung zum Kontrollmechanismus auch in ganz anderen Kontexten als jenen, in denen sie entstanden sind, unvermindert erhalten blieb.

In der patristischen Hermeneutik ist die Tradition eine normative Institution und dient als Regulativ: Die unbotmäßige, ungehorsame, subversive oder grenzüberschreitende Frau wird rasch mit dem Teuflischen assoziiert, das es zurückzustoßen und zu isolieren gilt, wie auch jeder weibliche Unabhängigkeitsdrang insbesondere außerhalb des häuslichen Bereichs mit einem Nachdruck zurechtgestutzt und gebremst wird, der umso größer gewesen sein muss, je mehr sich diese Dynamik in der konkreten historischen Situation gerade bemerkbar machte.

Die Frau, die ihre untergeordnete Stellung innerhalb der Paarbeziehung und im Haus akzeptiert und nur auf der Ebene des Glaubens und der Tugendpraxis als dem Mann ebenbürtig betrachtet wird, wird in der *mulier fortis*, dem Bild der Weisheit, sublimiert. Die allegorische Lesart wird zu einem Mittel der Kontrolle, das in narrativer Hinsicht darüber entscheidet, wie eine Geschichte, eine Erzählung im Gedächtnis bewahrt und weitergegeben werden soll. Ein Beispiel ist die weise Königinmutter, die ihrem Sohn Lemuël, dem König von Massa, das ihm zugeschriebene Akrostichon am Ende des Buchs der Sprichwörter beigebracht hat (Spr 31,10–31). Tatsächlich ist sie es, die spricht und unterweist; und sie ist eine Frau, die andere Frauen darüber belehrt, wie sie ein erfülltes Leben leben können: nicht als die bestmöglichen Frauen ihrer Ehemänner, wie der Text zu suggerieren scheint, sondern – und damit werden die Grenzen der männlichen Erwartungen überschritten – für sich selbst.[68]

---

68 Auf dem Gebiet der feministischen Exegese zum Buch der Sprichwörter sei auf die innovativen Untersuchungen von Claudia V. CAMP hingewiesen: *Wisdom and the Feminine in the*

Interessanterweise beschränken sich der Gebrauch und die Anwendung mustergültiger weisheitlicher Frauengestalten in der patristischen Literatur nicht auf die im eigentlichen Sinne exegetischen Texte, sondern finden sich auch in Schriften aus anderen Gattungen (Gedichten, Briefen, paränetischen, polemischen und Lehrtexten), die zu pastoralen oder theologischen Zwecken verfasst worden sind, in defensiver oder offensiver Absicht, um Werte zu bekräftigen oder, wie im Fall der Zweckmäßigkeit der Ehe, im Rahmen einer Überzeugungskampagne für sie einzutreten.

Der Gebrauch, den die patristischen Autoren von den Weisheitsbüchern gemacht haben, hat sicherlich beträchtlich dazu beigetragen, Modelle und Interpretationsraster festzuschreiben, die für einen konservativen Umgang mit dem kulturellen Gedächtnis des Christentums stehen und auf die Forderung reagieren, eine Einheit und Orthodoxie zu bewahren, die – weniger von außen als innerhalb der christlichen Gemeinden selbst – von ständigen Gefahren bedroht sind.

Erlauben Sie mir noch eine letzte Anmerkung zu den Frauenfiguren, die uns auf diesem kurzen weisheitlichen Weg begegnet sind. Athalya Brenner hat in ihrer feministischen Exegese über Ijobs Frau darauf hingewiesen, dass die Konfrontation der Eheleute – abgesehen von der Variante, dass Ijob den Fallstricken seiner Frau entkommt – wie ein Remake der Szene im Garten Eden gestaltet ist, an die die patristische Exegese bei jeder sich bietenden Gelegenheit erinnert. Deshalb muss die andere Eva, die vom Feind besessene Versucherin, es hinnehmen, dass ihre narrative Rolle auf den Kopf gestellt wird: „She ceases to be a speaking subject and is transformed into a spoken-of-object!“[69] Diese Beobachtung lässt sich auf die Mütter, Ehefrauen, Töchter und Schwestern ausweiten, die die Weisheitsliteratur bevölkern und denen die patristische Exegese nach ungezählten anderen auch noch dieses Opfer abverlangt hat: Es hat ihre grenzüberschreitende und subversive Kraft verblassen lassen und sie so zu symbolischen Werkzeugen in den Händen einer patriarchalen Ordnung gemacht; es hat ihre Überlegenheit in den Bereich der Ethik verbannt und so ihre subalterne Rolle in der *Domus* und in der *Ecclesia* festgeschrieben. Das Lob ihrer als Mannhaftigkeit gedeuteten Vortrefflichkeit hat sie nicht befreit und sollte sie nicht befreien; es hat sich vielmehr – wie jene Kultunfähigkeit zeigt, die bis auf den heutigen Tag der Aufhebung harrt – als ein wirksames Mittel erwiesen, sie aus jedwedem Machtbereich herauszuhalten.

Book of Proverbs (Sheffield: Almond Press, 1985), und: „Wise and Strange: An Interpretation of the Female Imagery in Proverbs in Light of Trickster Mythology“, in *A Feminist Companion to the Bible: Wisdom Literature* (hg. v. Athalya Brenner; FCB 9; Sheffield Academic Press: Sheffield, 1995), 131–156.

69 Athalya Brenner, „Figurations of Woman in Wisdom Literature“, in *A Feminist Companion to the Bible: Wisdom Literature* (hg. v. Athalya Brenner; FCB 9; Sheffield Academic Press: Sheffield, 1995), 56–59.

Maria und Marta in der Spätantike: Aktion, Kontemplation und Intellekt

Hellen und John C. Dayton, Rochester Institute of Technology

1. Einleitung

Ziel des vorliegenden Beitrags ist es, europäische Leserinnen und Leser für die orientalischen Aspekte der neutestamentlichen Episode von den beiden Schwestern Maria und Marta zu sensibilisieren.[1] Unser Blickpunkt ist die Wüste des Nahen Ostens, wo, wie man gemeinhin annimmt, die in den Evangelien beschriebenen Ereignisse ursprünglich stattgefunden haben. Deshalb nähern wir uns dem Thema aus der kulturellen und geographischen Perspektive, die durch seine nahöstliche Umgebung gegeben ist. Während die Literatur über Maria und Marta im Denken der östlichen Patristik eher spärlich ist, werden diese beiden Frauen aus dem Lukas- und dem Johannesevangelium in zahlreichen Arbeiten über die westliche patristische Tradition thematisiert. Wer sich einen Eindruck von der Bandbreite der abendländisch-christlichen Auseinandersetzung mit

[1] Unser Dank gilt Agnethe Siquans, Markus Vinzent und der Universität Wien, die Hellen durch ihre Einladung und Unterstützung die Teilnahme an diesem Symposion ermöglicht haben; ferner Prof. Philippe Luisier SJ für seine Hilfe. Wir wollten etwas Neues präsentieren und haben daher bei der Arbeit an diesem Vortrag entschieden, uns dem vorgegebenen Thema Maria und Marta aus einer andere Perspektive zu nähern. Außerdem haben wir beschlossen, den Beitrag für die Enzyklopädie als erweiterte Fassung von Hellens Vortrag und Publikation im Rahmen der *15. Oxford International Conference on Patristic Studies* (2007) zu konzipieren. Hellen hatte sich in der älteren und kürzeren Version vor allem auf die patristischen Überlegungen zu Lk 10,38–42 fokussiert, einer Stelle, die in der geistlichen Leitung im griechischen Sprachraum Verwendung fand. Der damalige Beitrag war die überarbeitete Version eines Abschlussreferats in einem Kurs, den François Bovon 2007 an der *Harvard Divinity School* gehalten hat. Dieser ursprüngliche Text lag Prof. Bovon vor, als er an seiner Arbeit über das Lukasevangelium schrieb, sodass er in seinem Buch, das fünf Jahre später in französischer und sechs Jahre später, nach Hellens Vortrag in Oxford, in englischer Sprache erschien, davon Gebrauch machen konnte. Prof. Emerita Beverly Mayne Kienzle kannte den Inhalt dieses Beitrags ebenfalls, ehe er 2007 zur Veröffentlichung eingereicht wurde; sie hat den Text redigiert, ehe Hellen ihn in Oxford vorstellte.

diesem Thema verschaffen will, dem seien die Arbeiten der folgenden Autor*innen empfohlen: François Bovon,[2] Mary Rose Bumpus,[3] Cuthbert Butler,[4] Theodore Camelot und Ignatius Mennessier,[5] Giles Constable,[6] Maurice de Gandilac,[7] Daniel Csányi,[8] Alois Maria Haas,[9] Blake Heffner,[10] Amy Hollywood,[11] Beverly Mayne Kienzle,[12] Alfons Kemmer,[13] Christopher Malcolm Knauf, Bernard

---

2 François BOVON, *Luke 2: A Commentary on the Gospel of Luke 9:51–19:27* (hg. v. Helmut Koester; übers. v. Donald S. Deer; Hermeneia: A Critical and Historical Commentary on the Bible; Minneapolis: Fortress Press, 2013), bes. 66–78. H. Daytons ursprüngliche Seminararbeit lag Prof. Bovon bei der Arbeit an seinem Buch über das Lukasevangelium definitiv vor, sodass er sie verwenden konnte.

3 Mary Rose BUMPUS, *The Story of Martha and Mary and the Potential for Transformative Engagement: Lk 10,38–42* (Diss.; Berkeley, 2000).

4 Cuthbert BUTLER, *Western Mysticism: Augustine, Gregory, and Bernard on Contemplation and the Contemplative Life* (Nachdr. v.: Dom Cuthbert BUTLER, *Western Mysticism: The Teaching of Augustine, Gregory and Bernard on Contemplation and the Contemplative Life* [2. Aufl.; London: E. P. Dutton and Company, 1926]; Mineol: Dover Publications, 2003).

5 Theodore CAMELOT, „Action et Contemplation dans la tradition chrétienne", *La Vie Spirituelle* 327 (März 1948): 272–301. Theodore CAMELOT und Ignatius MENNESSIER, „Aktives und kontemplatives Leben", in *Die Katholische Glaubenswelt: Wegweisung und Lehre 2: Moraltheologie* (hg. v. einer Arbeitsgemeinschaft v. Theologen; aus dem Französischen übertragen v. Georg Muschalek et al.; Basel, Freiburg i. Br. und Wien: Herder, 1960), 961–964.

6 Giles CONSTABLE, *Three Studies in Medieval Religious and Social Thought: The Interpretation of Mary and Martha: The Ideal of the Imitation of Christ. The Orders of Society* (Cambridge: Cambridge University Press, 1995).

7 Maurice DE GANDILLAC, „Deux figures eckartiennes de Marthe", in *Métaphysique: Historie de la philosophie: Recueil d'études offert à F. Brunner* (hg. v. Gilbert Boss et al.; Boudry-Neuchâtel: La Baconnière, 1981), 119–134.

8 Daniel A. CSÁNYI, „Optima Pars: Die Auslegugsgeschichte [sic!] von Lk 10,38–42, bei den Kirchenvätern der ersten vier Jahrhunderte", *StudMon* 2 (1960) 1: 5–78.

9 Alois Maria HAAS, *Gottleiden - Gottlieben: Zur volkssprachlichen Mystik im Mittelalter* (Frankfurt a. M.: Insel, 1989), 97–108.

10 Blake HEFFNER, „Meister Eckhart and a Millennium with Mary and Martha", in *Biblical Hermeneutics in Historical Perspective: Studies in Honor of Karlfried Froehlich on his Sixtieth Birthday* (hg. v. Paul Rorem; Grand Rapids: Eerdmans, 1991), 117–130.

11 Amy HOLLYWOOD, *Acute Melancholia and Other Essays: Mysticism, History, and the Study of Religion* (Gender, Theory, and Religion; New York: Columbia University Press, 2016), 253–269; 367–373.

12 Beverly KIENZLE, *The Sermon* (Typologie des sources du moyen âge occidental; Turnhout: Brepols, 2000), 81–83.

13 Alfons KEMMER, „Maria und Martha: Zur Deutungsgeschichte von Lk 10,38ff. im alten Mönchtum", *Erbe und Auftrag* 40 (1964): 355–367.

McGinn,[14] Mary Elisabeth Mason,[15] Dietmar Mieth,[16] Marcel Viller and Karl Rahner,[17] Elisabeth Schüssler Fiorenza,[18] usw. Emidio Vergani hat einen Artikel über Maria und Marta bei Ephräm dem Syrer verfasst,[19] der insofern eine Besonderheit darstellt, als hier ein durch und durch ostchristlicher patristischer Hintergrund von einem zeitgenössischen westlichen katholischen Wissenschaftler interpretiert wird. Der vorliegende Aufsatz bezieht sich an vielen Stellen auf die beiden neuesten Beiträge über Maria und Marta, zwei denkbar unterschiedliche Artikel aus überkonfessionellen Kontexten: die bereits erwähnte Arbeit von Prof. Amy Hollywood von der Harvard Divinity School[20] und einen Artikel von Aleksandr Petrov aus der Orthodoxen Enzyklopädie.[21] Solche unterschiedlichen Ansätze helfen, sich dem Thema auf einer breiteren Basis zu nähern. Die genannten Arbeiten bieten einen Überblick über etliche Sekundärquellen und reflektieren die darin geäußerten Vorstellungen. Wir werden uns im Folgenden jedoch vor allem mit den Primärquellen befassen.

Wenn man nach spätantiken Interpretationen zu Maria und Marta forscht, kann man den Eindruck gewinnen, dass die damaligen Autoren nur selten auf die betreffenden Passagen Bezug genommen haben. Die niedrige gesellschaftliche Stellung und die Probleme der Frauen waren für sie kein Thema. In aller Regel beschäftigten sich die Mönche des Ostens eher mit der Frage, wie man als Mönch, Priester oder Diakon ein angemessenes Leben führte. Wer an einem For-

---

14 Bernard McGinn, *The Foundations of Mysticism: Origins to the Fifth Century* (The Presence of God: History of Western Christian Mysticism 1; New York: Crossroad, 1991), 69, 106, 126, 215, 249, 257; Ders., *The Presence of God: A History of Western Christian Mysticism 2. The Growth of Mysticism: Gregory the Great through the 12th Century* (New York: Crossroad, 1994), 76, 143, 184, 185, 214, 222, 223, 278, 315, 356.

15 Mary Elizabeth Mason, *Active Life and Contemplative Life: A Study of the Concepts from Plato to the Present* (Wisconsin: Marquette University Press, 1961).

16 Dietmar Mieth, *Die Einheit von vita activa und vita contemplativa in den deutschen Predigten und Traktaten Meister Eckharts und bei Johannes Tauler: Untersuchungen zur Struktur des christlichen Lebens* (Studien zur Geschichte der kath. Moraltheologie 15; Regensburg: Pustet, 1969), 29–117.

17 Marcel Viller und Karl Rahner, *Aszese und Mystik in der Väterzeit: Ein Abriß der frühchristlichen Spiritualität* (unveränderte Neuausg. d. Ausg. v. 1939 mit einem Vorwort v. Karl Heinz Neufeld; Freiburg i. Br., Basel und Wien: Herder, 1989).

18 Elisabeth Schüssler Fiorenza, *Theological Criteria and Historical Reconstruction: Martha and Mary: Lk 10,38–42: Protocol of the Fifty-Third Colloquy, 10 April 1986* (hg. v. Herman C. Waetjen; Berkeley: Center for Hermeneutical Studies in Hellenistic and Modern Culture, 1987).

19 Emidio Vergani, „Tra le altre: Marta e Maria nei madraše di Efrem il Siro", in *Il cristianesimo e le diversità: Studi per Attilio Agneletto* (hg. v. Remo Cacitti, Grado Giovanni Merlo und Paola Vismara; Studi di storia del cristianesimo e delle chiese cristiane 1; Mailand: Edizioni Biblioteca Francescana, 1999), 101–126.

20 Hollywood, *Acute Melancholia*.

21 Aleksandr Petrov, „Marfa i Marija" (Martha und Maria), in *Pravoslavnaja Enciklopedija (Orthodoxe Enzyklopädie)* (Moskau: Kirchlich-wissenschaftliches Zentrum „Orthodoxe Enzyklopädie", 2016), 44: 137–243, bes. 137f.

schungsüberblick zu solchen frühen Schriften von Origenes, Johannes Cassianus, Evagrius Ponticus und Augustinus interessiert ist, sei auf die oben erwähnten neueren Artikel über Maria und Marta von Amy Hollywood und von Aleksandr Petrov verwiesen. Interpretationen der alexandrinischen Patristik zu Lk 10,38–42 ziehen das Beispiel dieser beiden Frauen heran, um Fragen nach der besten monastischen Praxis zu beantworten, und wenden so ein ursprünglich weibliches Ideal auf einen männlichen Kontext an. Dieser *Gender Twist* verweist schon auf die eigentliche Wurzel des Problems. Das Bild von zwei Frauen, die außerhalb einer monastischen Gemeinschaft lebten, war unkonventionell, was patristischen Schriftstellern die Gelegenheit gab, sie in ihren moralisierenden Texten auf eine eher abstrakte Weise zu verwenden, die bei den Mönchen selbst weniger Anstoß erregte. Sexuelle Anspielungen – implizit als mystische himmlische Liebe oder explizit als Identifizierung von Martas Schwester Maria mit Maria Magdalena eingeführt – liegen bei diesem Thema nie sehr weit unter der Oberfläche. Homilien von Bischöfen, die je nachdem auch vor einer größeren, teilweise weiblichen Gemeinde gehalten wurden, konnten sich an die weibliche Hälfte der spätantiken Kirche richten und auch mit Frauenproblemen im engeren Sinne befassen. Dennoch lassen solche nahöstlichen Predigten keine positive Einstellung zu den realen Frauen der damaligen Zeit erkennen.

Ein genauerer Blick auf die biblischen Perikopen kann uns einen Schlüssel zu den Interpretationen der verschiedenen Autoren an die Hand geben. Es liegt nahe, das Material in zwei Teile zu teilen und die Maria-und-Marta-Perikopen aus dem einen und aus dem anderen Evangelium – Lk 10,38–42 und Joh 11,1–45 – gesondert zu behandeln, da die Mönche, Priester und Diakone sie in ihren Schriften und Homilien zu den verschiedenen Festen ebenfalls getrennt verarbeiteten.

2. Zu den griechischen und lateinischen Versionen von Lk 10,38–42

Lk 10,38–42 beschreibt, wie Jesus in Martas Haus kommt und von ihr empfangen wird. Als Marta ihn auffordert, ihrer Schwester Maria zu sagen, dass sie ihr bei der Hausarbeit helfen soll, statt nur dazusitzen und ihm zuzuhören, weist Jesus Martas Ansinnen zurück. Im Grunde handelt es sich hierbei um ein kleines häusliches Drama des Alltagslebens im Nahen Osten, doch wie die griechischen und lateinischen Versionen der Bibel diese Geschichte darstellen und was sie daraus machen, ist eine ganz andere Frage.

Die erste schriftliche Fassung dieser häuslichen Episode aus Lk 10,38–42 wurde in vereinfachtem Koine-Griechisch aufgeschrieben. Griechisch war die Sprache des Neuen Testaments, blickte jedoch in seiner weiterentwickelten klassischen und hellenistischen Form auf eine lange Geschichte zurück. Eine solche Sprache enthielt für ihre Leser*innen und Hörer*innen zahlreiche Konnotationen und Nuancen, die in den Kommentaren der frühen christlichen Kirchenväter diskutiert wurden. Das Griechische ist weitaus vieldeutiger als das Lateinische, das sich geradliniger übersetzen lässt. Im Griechischen kann (wie in vielen östlichen Sprachen) nahezu jedes geschriebene Wort ein großes Spektrum an Bedeutungen haben. Bei aller Sorgfalt des Sprachgebrauchs konnten die frühen Kirchenväter den polysemantischen und unerwarteten religiösen Konnotationen, die das klassische Griechisch mit sich brachte, doch nicht völlig aus dem Weg gehen. Hier und da flackern in Text oder Rede linguistische „Atavismen“ auf, die die theologische Interpretation beeinflussen. Die lateinischen Übersetzungen enthalten dieselben in der klassischen Kultur verwurzelten Konnotationen, legen sich jedoch bei der Wiedergabe der im griechischen Text des Neuen Testaments enthaltenen Verben auf eine strenge Auswahl von Bedeutungen fest. Was die Tradition der spätantiken lateinischen Kirche für „nicht notwendig“ hält, wird aussortiert und zurückgelassen.

> Es geschah aber, als sie ihres Weges zogen, dass er in ein Dorf kam; und eine Frau mit Namen Marta nahm ihn auf. Und diese hatte eine Schwester, genannt Maria, die sich auch zu den Füßen Jesu niedersetzte und seinem Wort zuhörte. Marta aber war sehr beschäftigt mit vielem Dienen; sie trat aber hinzu und sprach: Herr, kümmert es dich nicht, dass meine Schwester mich allein gelassen hat zu dienen? Sage ihr doch, dass sie mir helfe! Jesus aber antwortete und sprach zu ihr: Marta, Marta! Du bist besorgt und beunruhigt um viele Dinge; eins aber ist nötig. Maria aber hat das gute Teil erwählt, das nicht von ihr genommen werden wird.[22]

Amy Hollywood[23] und Alexandr Petrov[24] haben sich in ihren jüngsten Arbeiten unter anderem mit der essentiellen Analyse der griechischen und lateinischen Textfassungen von Lk 10,38–42 beschäftigt. Zeitgenössische Wissenschaftler*innen aus unterschiedlichen Kontexten fokussieren sich in ihren Darstellungen auf die Überlegungen der patristischen Autoren, die der Frage nachgehen, welches „Teil“ Maria als „das gute“ oder „beste“ erwählt habe und ob lediglich ἑνὸς δέ ἐστιν χρεία oder ὀλίγων δέ ἐστιν χρεία ἢ ἑνός bzw., in der lateinischen Fassung, *pauca autem necessaria sunt aut unum/unum est necessarium*, ob also „eins“ oder „wenig oder nur eins“ „nötig“ sei. Dennoch bleibt unklar, was genau dieses (sehr ungenau mit „Teil“ übersetzte) μερίς eigentlich meint. Μερίδα (Akkusativ

22 Lk 10,38–42 (Elberfelder Bibel).

23 Hollywood, *Acute Melancholia*, 255, 368.

24 Petrov, „Marfa i Marija“ (Martha und Maria).

Singular des Substantivs μερίς) kann mit „Aspekt",[25] „Anteil",[26] „Los",[27] „Unterstützung",[28] „Hilfe",[29] oder, ironisch, mit „Subjekt"[30] oder „Persönlichkeit"[31] wiedergegeben werden. Das Lateinische übersetzt *partem* (Akkusativ Singular des Substantivs *pars*), was „Stück", „Portion", „Anteil", „Partei", „Gruppe", „Seite", „Bühnenpart" oder „Bühnencharakter" – also „Rolle" (eines Schauspielers) –, „Funktion", „Amt", „Pflicht", „Los", „Zuteilung", „Schicksal", „Aufgabe", „Lektion" und sogar „Körperteil" heißen kann.[32] Nimmt man für die Worte Jesu eine ironische Bedeutung an, dann hätte sich Maria zwischen zwei möglichen Verhaltensweisen entscheiden müssen: ob sie ihrer Schwester als eine abhängige Dienstmagd entsprechend der Sitte gehorchen sollte oder ob sie sich so verhalten sollte, weil Maria eine Schwester „ohne Anteil, d.h. ohne Mitgift" ist. Die Mitgift bestimmt über das Schicksal der Frau. Sie legt ihr Verhalten fest und definiert ihre „Rolle" in der nahöstlichen Wüste. Marias Mitgift ist bislang ihr Glaube, während Martas Mitgift im Diesseits existiert. Der Unterschied zwischen der griechischen und der lateinischen Fassung besteht darin, wie Marta in diesem Abschnitt charakterisiert wird. Das griechische Substantiv γυνή (in etwa gleichbedeutend mit „Frau") betont vor allem die Weiblichkeit Martas als einer „verheirateten" oder „wie auch immer gestellten" Frau.[33] Der lateinische Text charakterisiert Marta als *mulier* („Herrin" im Unterschied zu „Magd"):[34] Sie ist eine Besitzerin und Gebieterin. Die aktivische lateinische Verbform *excipio* unterscheidet sich ebenfalls vom griechischen Verb, das unter anderem mit „abwehren"[35] konnotiert ist: Das heißt, dass Marta Jesus gegenüber „Abstand wahrte", ihn jedoch „erfrischte" und ihm „half", indem sie diesem Heimatlosen

---

25 „Storona" („Seite/Aspekt") – siehe: Iosif Dvoreckij, *Drevnegrečesko-russkij slovar´ (Altgriechisch-Russisches Wörterbuch)* (Moskau: Staatlicher Verlag für fremdsprachige und nationale Wörterbücher, 1958), 2, 1072 (nachfolgend Dvoreckij).

26 „Paj, dolja" („Anteil, Anteil") – ebd.

27 „Učast´, dolja" („Schicksal, Anteil") – ebd.

28 „Podderžka" („Unterstützung") – ebd.

29 „Pomoš´" („Hilfe") – ebd.

30 „Sub″ekt" („Subjekt") – ebd.

31 „Ličnost´" („Persönlichkeit") – ebd.

32 Charlton T. Lewis, Charles Short und E. A. Andrews William Freund, *A Latin Dictionary Founded on Andrew's Edition of Freund's Latin Dictionary* (Oxford: Clarendon Press, 1998), 1306f. (nachf. Lewis und Short).

33 Walter Bauer und Frederick Danker, *A Greek-English Lexicon of the New Testament and other Early Christian Literature* (basierend auf Walter Bauers *Griechisch-deutsches Wörterbuch zu den Schriften des Neuen Testaments und der frühchristlichen Literatur* (hg. v. Frederick W. Danker; Chicago, London: University of Chicago Press, [3]2000), 208 f. (nachf. Bauer und Danker).

34 Lewis und Short, 1170; William Whitaker's Words, *Latin on-line Dictionary* auf der Webseite der Notre-Dame University: http://archives.nd.edu/cgi-bin/wordz.pl?keyword=mulier [zuletzt abgerufen am 10.10.2020].

35 Ebd.: http://archives.nd.edu/cgi-bin/wordz.pl?keyword=excipio [zuletzt abgerufen am 10.10.2020].

gegenüber, den sie „Herr" nennt, die nachsichtige Freundlichkeit der „Gebieterin" und „Besitzerin" an den Tag legt. Während diese Bedeutung von „Teil" als „Subjekt" oder „Persönlichkeit" im Griechischen ironisch ist, ist die lateinische Übersetzung mit „Rolle" durchaus ernstgemeint. Wo das Griechische mit dem Schein der Gesetzmäßigkeit spielt, tendiert die lateinische Übersetzung dazu, Marias Rolle zu „legalisieren". Sie beschloss zu handeln, indem sie sich Martas Gast „scheinbar" passiv unterwarf. Im nahöstlichen Kontext war das ein häuslicher Skandal, und es kann nicht verwundern, dass Marta ärgerlich wurde. Der griechische Text gebraucht das Wort ὑποδέχομαι („ins Haus nehmen"), was bedeutet, dass Marta auf *ihre* Verantwortung handelt, als sie Jesus bei sich zuhause aufnimmt. Wenn eine orientalische Frau einen Mann in ihr Haus lässt, ohne dass ein männlicher Aufpasser zugegen ist, läuft sie im nahöstlichen Kontext Gefahr, einen Skandal zu provozieren. Die Grundbedeutung des Verbs ὑποδέχομαι lautet „Gastfreundschaft gewähren".[36] Dieses griechische Verb besitzt jedoch noch weit stärkere Konnotationen: „unternehmen", „engagieren" und sogar „empfangen", „schwanger werden".[37] Die traditionell reichhaltige Bewirtung eines Mannes durch eine Frau in der Wüste zielt darauf ab, im heißen Wüstenklima sein sexuelles Verlangen zu wecken und ein Kind von ihm zu empfangen. Doch Jesus, der Gott war, wollte eigentlich etwas Anderes. Martas Verhalten war schon durchaus gewagt, doch das ihrer Schwester Maria war geradezu dreist.

Die nahöstliche Tradition wird Martas Verhalten „hinterfragen" und Marias Verhalten in dieser Situation tadeln. Die griechischen Versionen legen offen, was geschieht, während die lateinischen Fassungen es verschleiern. Erstens wählt Maria eine „Abkürzung" zu Jesus, indem sie sich nahe zu ihm setzt. Dem griechischen Text zufolge setzt sie sich πρὸς τοὺς πόδας nieder, was nicht nur „ihm zu Füßen", sondern von der Grundbedeutung her auch „bei" oder „an seinen Beinen" oder sogar „auf seinen Beinen" heißen kann. Das hier benutzte Substantiv kann auch das „ganze Bein" bezeichnen, weil πόδας der Akkusativ Plural von πούς („Fuß" oder „Bein") ist.[38] Die Präposition πρὸς mit dem Akkusativ kann „nahe bei", aber auch „auf" bedeuten.[39] Die lateinische Übersetzung deutet Marias Position als bescheidener und keuscher als die griechische Fassung.[40] Das lateinische *pedes*, Akkusativ Plural von *pes*, bedeutet nur „Füße" (und nicht

---

36 Barclay M. NEWMAN, Jr. (Hg.), *A Concise Greek-English Dictionary of the New Testament* (Stuttgart: Deutsche Bibelgesellschaft, 1993), 189 (nachf. NEWMAN); BAUER und DANKER, 1037.

37 Henry George LIDDELL und Robert SCOTT, *A Greek-English Lexicon* (vollst. überarb. u. erw. v. Henry Stuart Jones unter Mitarb. v. Roderick McKenzie und vielen anderen Wissenschaftlern; mit überarb. Ergänzungsband; Oxford: Clarendon Press, 1996), 738 (nachf. LIDDELL und SCOTT).

38 „Noga" („Bein/Fuß") – DVORECKIJ, 2, 1362.

39 Ebd., 1396; LIDDELL und SCOTT [gekürzt], 596 (πρός with accus., I. of place): „towards, to, upon".

40 Die lateinische Übersetzung gibt damit die gängige Rezeption des griechischen Textes wieder (Anm. d. Hg.).

„Beine"),[41] und die lateinische Präposition *secus* bedeutet nur „bei", „neben", „entlang" (und nicht „auf").[42] Zweitens weisen die Verben, die dieses Sitzen beschreiben, weitere Konnotationen auf. Lk 10,39 enthält die Passivform des relativ seltenen Verbs παρακαθέζομαι anstelle des geläufigeren und direkteren παρακαθίζομαι, das nur in einigen Handschriften auftaucht[43] Παρα-καθέζομαι ist ein Kompositum zu καθέζομαι, das „sich untätig hinsetzen" oder „sich faul hinsetzen" oder „träge sein" bedeutet.[44] Es bezeichnet eine Handlung, die eine gleichzeitig einsetzende Untätigkeit mit sich bringt. Das Verb παρακαθέζομαι ist ein Deponens, das heißt, die aktivischen Formen drücken aus, dass jemand einer Handlung unterworfen wird, während die Passivformen ein aktives Handeln bezeichnen können. Einige Handschriften verwenden eine Form, die darauf hinweist, dass sich Maria, als Marta sie fand, gewissermaßen an Jesus „herangeschlichen" hatte. Marta wurde ärgerlich und tadelte Jesus sanft, weil Maria nach den Sitten des Nahen Ostens nicht ohne dessen Erlaubnis so nahe bei einem Mann Platz nehmen durfte. Die lateinische Fassung beschreibt Maria mit dem Partizip Präsens Aktiv von *sedeo* als *sedens*, was nicht einfach nur sitzen, sondern „träge dasitzen" oder „untätig sein" bedeutet, außerdem „niedergelassen" oder „etabliert sein" oder auch „in der Nähe" oder „still sitzen".[45] Der lateinischen Version zufolge hat Maria also einen „festen" Platz, eine „bequeme Position" gefunden. Der lateinische Text geht über die Probleme der nahöstlichen Kultur hinweg und betont stattdessen die Vorteile, die Marias Entscheidung für sie hat.

Die griechischen Textfassungen implizieren, dass Marias Schwester Marta ihre Unruhe selbst verschuldet, während die Antwort des Herrn in den lateinischen Übersetzungen auf eine verhüllte Kritik an Marta hinweist. Dies leisten die Texte durch die Verwendung der Verbformen, mit denen sie Marta beschreiben, nämlich der aktivischen Formen im Griechischen und einer passivischen Verbform im lateinischen Text. Beide Varianten – von θορυβάζω/θορυβέω und τυρβάζω/τυρβάζομαι – bedeuten in der aktivischen Form „sich Unruhe machen".[46] Die griechischen Fassungen suggerieren, dass Marta einfach dadurch, dass sie sich an das Verhaltensmuster der traditionellen Gastfreundschaft hält, ihre Unruhe selbst verursacht. Im Lateinischen dagegen wird das Verb *turbo* („stören, aufregen, durcheinanderbringen")[47] an dieser Stelle passivisch verwendet. Wo das Griechische die Verantwortung für die Unruhe allein Marta anlastet, stellt der lateinische Text Marta als ein Opfer der Unruhe dar. Das Griechische weist nicht nur Marta, sondern auch Maria eine aktivere Rolle zu als das

41 Lewis und Short, 1362f.
42 Ebd., 1656f.
43 Vgl. Nestle-Aland, 28. Auflage 2012.
44 „Sidet′ bez dela", „ostavat′sja v bezde'jstvii" („untätig herumsitzen, untätig bleiben") – Dvoreckij, 1, 849.
45 Lewis und Short, 1658f.
46 Bauer und Danker, 1021. Newman, 185.
47 Lewis und Short, 638.

Lateinische. Marias Verhalten wird mit der Medialform des Verbs ἐκλέγω oder ἐκλέγομαι[48] ausgedrückt, die ein eher energisches Auftreten beschreibt und so viel bedeutet wie „einfordern",[49] „erhaschen", „abnötigen" oder „entwinden",[50] ferner „Tribut erheben"[51] oder „erklären".[52] Jesus deutet also in der griechischen Fassung an, dass Maria sich einige Mühe gegeben hat, diesen [„Teil"] zu ergattern. Die lateinische Version benutzt das Verb *eligo* („wählen", „herauspicken", „aussuchen")[53] – die Maria der *Vulgata* agiert umsichtig und ohne Anstrengung.

Im griechischen Text kann man Marias Verhalten so deuten, dass dieser [„Teil"] ihr nicht mit Gewalt genommen werden kann, und allem Anschein nach sagt auch die lateinische Version, dass der „Teil" ihr nicht genommen werden kann, doch es gibt einen Unterschied, der das „Wie" betrifft. Das Verb ἀφαιρέω („etwas mit Gewalt abtrennen", „einen Zustand oder Umstand beenden", „beseitigen", „rauben", „wegnehmen")[54] bedeutet, dass das, was Maria bekommen hat, ihr nicht auf legale Weise wieder genommen werden kann. Ironischerweise bedeutet dieses griechische (nicht jedoch das lateinische) Verb aber auch „befreien", „entledigen", „erleichtern", „erlösen".[55] Das könnte darauf hinweisen, dass Maria sich etwas mit Gewalt genommen und dieses Etwas daraufhin so heftig von ihr Besitz ergriffen hat, dass sie sich nicht selbst davon befreien kann. Dieser [„Teil"] wirkt wie eine Abhängigkeit und wird im Text über das Adjektiv ἀγαθός („gut") definiert. Das Lateinische verwendet an derselben Stelle die Passivform des Verbs *aufero* („wegnehmen", „fort- oder wegbringen", „wegschaffen", „entziehen", „entfernen"; „davontragen", „wegschnappen"; „gewaltsam nehmen", „mit Gewalt wegnehmen", „rauben", „stehlen", „erringen").[56] Das in der *Vulgata* verwendete Verb fügt den Aspekt hinzu, dass etwas „unerwartet und unrechtmäßig weggenommen wird". Die lateinische Version lässt also die Deutung zu, dass Jesus Marta „tadelt", weil sie suggeriert oder anregt, ihrer Schwester die gewonnene Gunst unrechtmäßig wieder wegzunehmen, doch anders als im griechischen Text enthalten die Worte Jesu keinerlei Hinweis auf das „Suchtpotential" dessen, was Maria erhält. Der Aspekt der Abhängigkeit von diesem [„Teil"] wird „von der lateinischen Deutung verschleiert". Aus Sicht der westlichen Kirche ist Maria definitiv die Gewinnerin der unveränderlichen Dinge.

---

48 Newman, 63.

49 „Vzyskivat′" („eintreiben") – Dvoreckij, 1, 488.

50 „Vyryvat′" („ausreißen/ziehen") – ebd.

51 Liddell und Scott, 511.

52 Liddell und Scott, 511.

53 Lewis und Short, 638.

54 Bauer und Danker, 154.

55 „Osvoboždat′, izbavljat′" („befreien, befreien/erretten") – Dvoreckij, 1, 271.

56 Lewis und Short, 203.

Durch ihre Art, auf Jesus zuzugehen, gelang es Maria, Nähe und Unmittelbarkeit zu erzeugen: Qualitäten, die ihrerseits jedoch auch Gehorsam beinhalteten. Marta, die die Distanz nicht sofort verkürzte, verfehlte ihr Ziel. Wenn ihre διακονία (ihr „Dienst") unter anderem darin bestand, „Essen zuzubereiten", dann ist dies so zu verstehen, dass Marta, wie in der traditionellen nahöstlichen Gastfreundschaft üblich, darauf hinarbeitete, sexuelles Verlangen zu wecken und Nachkommen zu zeugen. Doch das war ein Fehler, denn Jesus hatte andere Ziele. Der griechischen Version zufolge hat Marta jedoch offenbar eine Chance, sich aus der völligen Abhängigkeit einer engen Beziehung zu befreien, während Maria, die anscheinend versucht hatte, „den Stier bei den Hörnern zu packen", den Folgen ihrer Entscheidung womöglich nicht mehr entkommen kann: Sie hat zwar das „Gute" erwählt, doch dieses Gute ist und bleibt – wenn wir die tieferen Bedeutungsschichten der älteren griechischen Texte ernstnehmen wollen – eine Form der Abhängigkeit.

3. Patristische Interpretationen von Lk 10,38–42

Jesu anfängliche Rolle erscheint in den griechischen Fassungen von Lk 10,38–42 recht ambivalent, weil Marias Zuneigung zu ihm einer Abhängigkeit ähnelt und weil er gegen die traditionellen nahöstlichen Sitten verstoßen hat. Wenn man Jesus als einen gewöhnlichen Menschen betrachten wollte, könnte man sein menschliches Verhalten sofort als Indiz dafür deuten, dass er als Mann Maria den Vorzug gibt: Marias Aufmerksamkeit schmeichelt seinem männlichen Selbstwertgefühl. Er will keine hart arbeitende, proaktive Frau, die ihm Pflichten auferlegt. Er zieht eine Frau vor, die ihn schweigend und ohne Diskussion anhört. Einer Frau gegenüber neigt der traditionelle nahöstliche Mann typischerweise dazu, den Ton anzugeben. Doch die Christen glauben, dass dieser Jesus Gott und mithin gut ist, und deshalb muss seine Kirche sein Verhalten rechtfertigen. Die Mönche betrachteten es als ihre Aufgabe, Gott in den Augen der Menschen und der Kirche zu rechtfertigen.

Das Plädoyer eines solchen Jesus-Verteidigers sollte ungefähr so beginnen: „Gott ist gut und seine Wege sind unergründlich [...]", und dann sollte er sagen, dass die Dinge nicht so sind, wie ein profaner Leser vielleicht auf den ersten Blick meint, sondern etwas Anderes bedeuten. Die patristischen Autoren geben der Angelegenheit einen so geheimnisvollen Anstrich, dass sie für viele Menschen mangels einer einfachen, für ihren gesunden Menschenverstand nachvollziehbaren Erklärung unbegreiflich wird. Der *Gender Twist* in den patristischen Kommentaren dient dazu, ein weibliches Exemplum zu allegorisieren, um junge Männer von der Notwendigkeit der kontemplativen Praxis zu überzeugen. Die Aufmerksamkeit des Lesers wird von natürlichen Beziehungen zwischen Mann und Frau auf etwas ganz Anderes abgelenkt. Martas Schwester Maria wird in letzter Konsequenz zur Inkarnation der θεωρία (der „Kontemplation") und des „kontemplativen" Gebets – des „Jesusgebets", des „geistigen Gebets", dessen Praxis, so Gott will, auch die intellektuellen Fähigkeiten verbessern kann.

Die alexandrinischen Autoren setzten also einen jungen Mann mit einer Schwester gleich, die jedoch zunächst als negatives Beispiel gedeutet wurde. Clemens von Alexandrien (150 bis ca. 215)[57] verglich Marta mit dem jungen Mann, der Jesus fragte, was er tun müsse, um gerettet zu werden:

> Denn er wollte nicht wirklich das Leben, wie er sagte, sondern umhüllte sich nur mit dem Schein einer guten Absicht und konnte sich zwar um vieles bemühen, aber er hatte weder die Fähigkeit noch den Willen noch die Kraft, das eine, das Werk des Lebens, zu vollbringen. Es war ähnlich wie bei Martha: Als sie sich viele Mühe machte und geschäftig hin und her eilte und sich von den Sorgen für die Bewirtung beunruhigen ließ, ihrer Schwester aber Vorwürfe machte, weil sie, ohne sich um die Bewirtung zu kümmern, zu den Füßen des Heilandes saß und sich die Zeit nahm, von ihm zu lernen, da sagte der Heiland zu ihr: „Du machst dir viel Unruhe; Maria aber hat das gute Teil erwählt, und es soll ihr nicht genommen werden." So befahl er auch diesem, seine Vielgeschäftigkeit aufzugeben, sich nur um eines zu kümmern und dabei zu bleiben, nämlich bei der Gnade dessen, der ewiges Leben gewährt.[58]

Clemens, der vom Mittelplatonismus beeinflusst war, favorisierte die allegorische Methode[59] und gebrauchte Wörter und Wendungen oft im übertragenen Sinn. Er erklärte eine neutestamentliche Stelle mit einer anderen, was bei den orthodoxen Christen des Ostens als ἀναγωγή („Hinaufführen" [*scil.* zu mystischen Ursprüngen]) bezeichnet wird.[60] Die beiden Schwestern dienten Clemens als Beispiele: Seiner Deutung zufolge ermahnte Jesus den reichen Jüngling, sich wie Maria zu verhalten, der Jüngling aber handelte wie Marta. Der Alexandriner stellt Marta in diesem Vergleich als eine Frau dar, die weltliches „Knowhow" besitzt. Genau wie Marta, so Clemens' Beschreibung, „wollte"[61] der junge Mann „nicht [...] das [transzendente] Leben"[62] („οὐ [...] ζωὴν ἤθελεν"), sondern περιεβάλλετο (hier sind zwei Übersetzungen denkbar: „umhüllte sich" [von sich aus] oder „war umhüllt")[63] mit der „δόξα προαιρέσεως ἀγαθῆς" („dem Ansehen[64]

---

[57] Denise Kimber BUELL, *Making Christians: Clement of Alexandria and the Rhetoric of Legitimacy* (Princeton: Princeton University Press, 1999), 10.

[58] CLEMENS VON ALEXANDRIEN, *Quis. Div.* 10 (PG 9,613CD; BKV^2 8,239).

[59] Vgl. David DAWSON, *Allegorical Readers and Cultural Revision in Ancient Alexandria* (Berkeley: University of California Press, 1992), 183–234.

[60] LIDDELL und SCOTT [gekürzt], 48.

[61] Von „ἐθέλω" – „wünschen", LIDDELL und SCOTT [gekürzt], 194.

[62] BAUER und DANKER, 430.

[63] Von „περιβάλλω" – (i. ü. S.) „um herumwerfen", „überwerfen", „ausstatten mit"; „herausragen", i. e. „überwiegen", LIDDELL und SCOTT, 1369).

[64] „δόξα" – „Ruhm", „Ansehen", „Begriff", „Meinung", „bloße Meinung (im Gegensatz zu gesichertem Wissen)", „die Meinung, die andere von einem haben", „fantasievolle Vorstellung" (LIDDELL und SCOTT [gekürzt], 178).

einer wohltätigen[65] Absicht"[66]). Clemens stellt es so dar, dass Marta denkt, von sich aus zu handeln, gleichzeitig jedoch unter ihrem Tun leidet. Er charakterisiert sie als περιελκομένην (als eine Frau, die „[von sich aus] geschäftig hin und her eilte" oder die „betrogen wurde"[67]). Er schreibt, dass Marta ταρασσομένην ist (also entweder [von sich aus] „Unruhe verbreitet" oder „sich beunruhigen lässt"[68]), und zwar διακονικῶς („nach Art einer Dienstmagd" oder „sklavisch")[69] – und nicht wie eine Herrin (was der lateinischen *Vulgata* widerspricht). Clemens beschreibt Marta als αἰτιωμένην (zu „αἰτιάομαι"), das heißt, dass sie ihrer Schwester „Vorwürfe machte", sie „beschuldigte" oder, genauer noch, sie „zur Ursache (ihrer eigenen Unruhe) erklärte".[70] Clemens vergleicht Marta mit dem in weltlicher Hinsicht erfolgreichen jungen Mann, den er als ἀδύνατος („unfähig", „machtlos"),[71] ἀπρόθυμος („abgeneigt")[72] und ἀσθενὴς („kraftlos")[73] schildert, weil, so Clemens, τῆς ζωῆς ἔργον („das Werk des Lebens") darin besteht, von Gott ewiges Leben zu erlangen. Maria war μαθητικὴν[74] ἄγουσα σχολήν (sie „gab sich der Muße *einer Lernbegierigen* hin"). Martas Ziel wird von Clemens ganz unumwunden mit dem „Ansehen einer guten Absicht" angegeben. Martas Bild ist scheinbar positiv, doch in Wirklichkeit nicht so positiv wie das der Maria. Clemens von Alexandrien beschreibt Maria als eine Frau, die sich der Muße hingibt, um für „Wissen" empfänglich zu werden, und hat damit vermutlich Origenes inspiriert.

Origenes von Alexandrien (ca. 184 bis ca. 253 n. Chr.) gilt als der Autor, der das Bild der Maria in Lk 10,38–42 mit unablässiger θεωρία („Kontemplation")[75] in Verbindung brachte und mit einem Leben in beständiger Liebe verglich:

> Selig sind also die Frauen Salomos, zweifellos die Seelen, die des Wortes Gottes und seines Friedens teilhaftig werden, selig seine Knaben, die sich immer in seiner Nähe aufhalten.

---

65 Das Adjektiv erscheint in der weiblichen Form (NEWMAN, 1) und bezieht sich auf das feminine Substantiv „προαίρεσις".

66 „προαίρεσις" – „Bevorzugung einer vor einer anderen Sache, Entscheidung" (BAUER und DANKER, 865).

67 „περιέλκω" – (i. ü. S.) „in Schwierigkeiten bringen" und „ablenken" (LIDDELL und SCOTT, 1372); oder direkter im übertragenen Sinn – Plato: „vodit′ kogo-nidud′ vokrug da okolo, t.e. naduvat′" (d. i. – sehr unumwunden ausgedrückt – „düpieren, betrügen") (DVORECKIJ, 2, 1290).

68 „ταράσσω" – (i. ü. S.) „aufstacheln/aufwühlen/provozieren" (LIDDELL und SCOTT [gekürzt], 691).

69 „podobno služanke" („gleich einer Magd") – DVORECKIJ, 1, 372.

70 „ob″javljat′ pričinoj" („einen Grund bekanntgeben") – DVORECKIJ, 1, 58.

71 LIDDELL und SCOTT [gekürzt], 13.

72 LIDDELL und SCOTT [gekürzt], 97.

73 LIDDELL und SCOTT [gekürzt], 108.

74 „μαθητικός" – „želajuščij znat′" („wissbegierig"), „stremjaščijsja izučit′" („einer, der gerne forscht"); „legko usvaivajuščij"(„einer, der schnell lernt"), „vospriimčivyj" („sensibel, empfänglich"), „ponjatlivyj"(„gewitzt, scharfsinnig"), platonisch „kasajuščijsja znanija" („auf die Erkenntnis, auf die Gnosis bezogen") – DVORECKIJ, 2, 1045.

75 LIDDELL und SCOTT [gekürzt], 317.

> Nicht die, die manchmal da sind und manchmal nicht da sind, sondern die, die sich immer und ohne Unterlass beim Wort Gottes aufhalten, sind wahrhaftig selig. So war auch jene Maria, die zu Füßen Jesu saß und ihm zuhörte, der auch der Herr selbst das Zeugnis ausstellt, indem er zu Martha sagt: „Maria hat den besten Teil gewählt, der ihr nicht genommen werden wird."[76]

Die *bonam partem* (den „guten Teil", annäherungsweise übersetzt) aus der griechischen Version des Neuen Testaments änderte Origenes zur *optimam partem* (zum „besten Teil"), womit er Marias Verhalten aufwertete und bewusst betonte. Hieronymus richtete sich in seiner Vulgata-Übersetzung nach Origenes, der, genau wie Clemens, das Verhalten einer Frau auf junge Männer übertrug. Clemens hatte Maria außerdem mit den Frauen Salomos verglichen, die er positiv bewertete. Diese Vergleiche beziehen sich auf Personen des Alten Testaments. Einerseits wird Maria mit einer (Ehe-)Frau verglichen, andererseits ermöglicht der Vergleich mit einem Knaben, der dem Wort Gottes dient, letztlich einen Vergleich zwischen Maria und einem Diakon. Marias Rolle ist die einer hingebungsvollen Dienerin, wie beide Vergleiche anschaulich zeigen.

Ferner lässt sich festhalten, dass diese Überlegung den griechischen Begriff ψυχή („Seele" ist nur eine sehr grobe Arbeitsübersetzung) weiterentwickelt, der weiblich ist, aber für die Seelen von Frauen wie Männern verwendet wird. Schon Basilius der Große (329 oder 330 bis 1. oder 2. Januar 379) neigte in seinem Text über Maria und Marta dazu, eine Unterscheidung der Geschlechter nicht wahrnehmbar zu machen. Er war vom Denken des Origenes beeinflusst. Gleichwohl führte auch der Bischof von Cäsarea das Bild von Marias Schwester Marta als durchaus positives Beispiel von πράξις („Handeln", „Tat" u. ä.)[77] an. Hatte Origenes noch eine poetische Verbindung zum Alten Testament hergestellt, verankerte Basilius diese Vorstellung von Maria als einem Vorbild der θεωρία („Kontemplation")[78] bereits im christlichen Alltagsleben. Er vertrat die Auffassung, dass diejenigen, die sowohl Martas als auch Marias Beispiel folgten und neben der πράξις (dem „Handeln") auch die θεωρία („Kontemplation") nicht vernachlässigten, die Frucht der Erlösung empfangen würden. Basilius machte sich das Schweigen dieses weiblichen Charakters zunutze. Die neutestamentliche Erzählung enthält keinerlei Informationen darüber, was Maria dachte, während sie neben dem Gast saß, oder ob sie überhaupt etwas dachte. So konnte die „nur zuhörende" Maria zum Bild einer verschwiegenen Eingeweihten in die Mysterien aufgebaut werden. Der Bischof rückt Maria, die ὁ πνευματικὸς λόγος („das geistige Wort", sehr grob übersetzt) hört, in den Vordergrund. Beide Frauen, die offenbar keine Kinder haben, konnten durch männliche Diener ersetzt und daher von Basilius als *Exempla* für einen Mann verwendet werden, den er mit ἀγαπητὲ („Geliebter") anspricht. Der Text zielt darauf ab, Männer für den Dienst

---

76 ORIGENES, *Comm. Cant.* 2,1,37 (OWD 9/1,193).
77 LIDDELL und SCOTT [gekürzt], 582.
78 LIDDELL und SCOTT [gekürzt], 317.

in Basilius' monastischer Gemeinschaft zu gewinnen. Basilius versucht potentielle Mönche davon zu überzeugen, dass Marias Rolle die bessere ist – obwohl ein solcher Werdegang für einen Novizen und Mönch in der Gemeinschaft des Basilius alles andere als selbstverständlich ist. Viele der Kandidaten werden es nie so weit bringen, dass sie sich (nach Marias Vorbild) der Kontemplation hingeben können, sondern immer niedriggestellte Sklaven bleiben. Die Art, wie Basilius der Große von Lk 10,38–42 Gebrauch macht, zeigt, dass er nicht nur ein Mystiker, sondern in kirchlichen Dingen zudem ein geschickter Politiker ist.

> Denn Marta empfängt den Herrn, während Maria zu seinen Füßen sitzt. In beiden Schwestern ist guter Wille (würdiger Eifer); doch unterscheide die beiden Fälle. Denn Marta diente (war mit Dienen beschäftigt) und (bereitete), indem sie für die herzliche Begrüßung/Weckung der Bedürfnisse seines Leibes sorgte, (vor, was für den Leib des Gastes) notwendig (war); Maria, zu seinen Füßen sitzend, hörte seine Worte. Also gewährte die eine einerseits Ruhe dem (erfrischte mithin den) *Geschauten/Sichtbaren*, während die andere dem *Unsichtbaren/was nicht geschaut wurde* diente/versklavt wurde. Denn er, der gegenwärtig war, war wahrhaft sowohl Gott als auch Mensch, und derselbe Herr billigte den Eifer beider Frauen. Doch da sie von der Mühe bedrängt wurde, verlangte Marta, dass der Herr für sie Fürsprecher sein und dass ihre Schwester ihr beim Dienen helfen solle. „Sag ihr", sprach sie, „dass sie aufstehen und mir bedienen helfen sollte." Der Herr sprach zu ihr: „Marta, Marta, du bist in Unruhe und kümmerst dich um vieles. Doch eins ist notwendig. Maria hat den guten Teil gewählt, der nicht von ihr genommen werden soll." Denn wir sind nicht gekommen, um auf Betten zu liegen und unseren Bauch zu nähren, sondern wir sind da, um euch mit dem Wort der Wahrheit und mit der Betrachtung von Mysterien zu speisen. Einerseits rief er die eine [Schwester Marta] nicht von den Dingen fort, die sie verrichtete, lobte aber die andere [Schwester Maria] dafür, dass sie sich ihm vollständig widmete. Siehe nun zwei Stände bezeichnet durch zwei Frauen – eine umfasst den eher leiblichen Dienst (obgleich dies auch der nützlichste ist), die andere [Schwester den] besseren, insofern er zur Schau von Mysterien aufsteigt und eher geistlich ist. Auch du, der du zuhörst, empfange diese Dinge dem Geist nach und wähle, was du willst. Doch wenn du dienen willst, dann diene im Namen Christi. Denn er selbst hat gesagt: „Was ihr für den Geringsten meiner Brüder getan habt, das habt ihr für mich getan." Ob ihr Gäste empfangt oder Bettler erquickt oder euch der Trauernden erbarmt oder eine helfende Hand nach jenen ausstreckt, die in Not und Unglück sind, all das empfängt Christus in sich selbst. Doch wenn ihr Maria nachahmen wollt, die den Dienst des Leibes hinter sich gelassen hat und zur Schau der geistlichen Begriffe aufgestiegen ist, dann geht diesem Geschäft aufrichtig nach. Lasst den Leib, gebt den Ackerbau, die Kochkunst und solch materiellen Teil auf, sitzt zu Füßen des Herrn und lauscht seinen Worten, auf dass ihr der Mysterien der göttlichen Natur teilhaftig werdet. Denn die Betrachtung der Lehren Jesu übersteigt den Dienst am Leib.
>
> Du hast also, Geliebter, das Muster und die Beispiele angenommen. Sei mit großem Eifer, was du willst: entweder ein Diener der Notleidenden oder ein „Liebhaber" der Meinungen Christi. Doch wenn du imstande bist, beide nachzuahmen, dann wirst du von jedem die Frucht der Erlösung erlangen. Das Erste jedoch ist das Wort des Geistes; alles andere ist zweitrangig. „Maria", sprach er, „hat den guten Teil erwählt." Wenn du also wünschst, *ein Eingeweihter/im Liebesmysterium* Christi zu sein, dann wirst du daselbst zu seinen Füßen sitzen, daselbst das Evangelium empfangen. Du wirst daselbst das ganze Leben hinter dir lassen und ohne Sorge leben, dann wirst du sogar deinen Leib vergessen und schließlich wirst du imstande sein, dich mit Schauungen von ihm zu unterhalten (Latein: „mit ihm,

indem du schaust"), sodass du mit Maria wetteifern kannst und *im Höchsten/in der Tiefe* die Frucht der Herrlichkeit erhältst.[79]

An erster Stelle steht für Basilius ὁ πνευματικὸς λόγος („das geistliche Wort", sehr grob übersetzt). Die Wendung bedeutet möglicherweise nicht „das Wort des Geistes", sondern „das Wort irgendeines Geistes" – Basilius drückt sich hier nicht eindeutig aus. Das Substantiv λόγος ist extrem polysemantisch; die platonische passt allerdings besser als andere Bedeutungen – als da wären: „das, was gesagt wird", „Meinung", „Daseinsgrund", „Verständnis", „Erklärung"[80] – in den Kontext der Schriften des Basilius. Wenn man alle diese Bedeutungen zusammennimmt, könnte man mutmaßen, dass Basilius so etwas wie „die wirksame Wortbedeutung" meint. Dieser inspirierende λόγος – den die Christen, weil Basilius ein christlicher Heiliger ist, als das Wort des Geistes deuten – spielt im Denken des Bischofs eine herausragende Rolle.

Basilius bewertet Jesu Erscheinen bei den beiden Schwestern als ein christlicher Mystiker, der davon überzeugt war, dass Jesus wahrer Gott und wahrer Mensch zugleich ist. (Ἦν γὰρ ἀληθῶς καὶ ἄνθρωπος καὶ Θεὸς ὁ παρὼν [„Der Gegenwärtig Seiende nämlich war wahrhaft Gott und Mensch"]). Über die Art, wie sie Jesus in Lk 10,38–42 dienen, definiert der Bischof, was Maria und Marta sind. Nur vor diesem Hintergrund ist es möglich, den folgenden Satz in der Übersetzung aus dem Griechischen positiv zu verstehen: Ἡ μὲν οὖν ἀνέπαυε τὸ φαινόμενον, ἡ δὲ ἐδούλευε τῷ ἀοράτῳ („Einerseits nämlich erquickte die eine [der Schwestern], was vor den Augen erscheint [nämlich den sichtbaren Leib Jesu], andererseits war die andere [Schwester] dem Einen, der nicht gesehen werden kann, als Sklavin unterworfen"). Nur wenn man glaubt, dass es sich nicht um eine Täuschung, sondern um eine „gute Erscheinung" Jesu handelt, der Gott und Mensch zugleich ist, kann diese Situation positiv aufgefasst werden. Die eine der beiden Schwestern hat den Menschen gesehen und versucht den Einen, dessen Erscheinung sie schaut, zu erquicken. Basilius verwendet für das Verhalten, das Marta Jesus gegenüber an den Tag legt, sogar das Substantiv δεξίωσις, was im Griechischen nicht nur „herzliches Willkommen", sondern auch „Intrige",[81] „Bewerbung"[82] und „Gesuch"[83] oder „Aufdringlichkeit"[84] bedeuten kann. Vielleicht war der Archimandrit der Meinung, dass übertriebene Hingabe an Gott ein würdiges Ziel darstellt. Die andere Schwester hört sein Wort und wird für ihn (den man nicht einmal sieht) so etwas wie eine Sklavin; das ist

---

79 Basilius von Cäsarea, *Constitutiones Asceticae, ad eos qui simul solitarii vivunt* 1,1: *Quod precatio omnibus est anteponenda* (PG 31,1325BC und 1328AB); englische Übersetzung: John C. Dayton.

80 Dvoreckij, 2, 1034.

81 „Intriga" („Intrige") – Dvoreckij, 1, 352.

82 „Zaiskivanie" („Lobhudelei/Schmeichelei") – ebd.

83 „Domogatel´stvo" („Bemühung/Erflehen/Belästigung") – ebd.

84 Ebd.

deshalb akzeptabel, weil der Archimandrit das Wort nicht für eine Sinnestäuschung, sondern für eine echte Gotteswahrnehmung hält. Basilius zufolge akzeptiert der Gott und Mensch – als ein Δεσπότης („ein absoluter Herrscher") – die προθυμία („Sehnsucht",[85] „Bereitwilligkeit",[86] „Eifer",[87] „Treue",[88] „Fürsorge"[89] oder sogar „Leichtfertigkeit" und „Gedankenlosigkeit"[90]) der Frauen. Der christliche Bischof ist der Meinung, dass nicht einmal προθυμία (im Sinne von „Leichtfertigkeit") ein Problem darstellt, weil er ein Δεσπότης („ein absoluter Herrscher"[91]) ist und die Frauen, die ihm dienen, trotz all ihrer Fehler kontrollieren und lenken kann. Marta versteht anscheinend nicht, mit wem sie es zu tun hat. Sie spricht ihn – ironisch oder nicht – lediglich als κύριος („Herr") an, als sie versucht, ihn in eigener Sache zu ihrem Fürsprecher zu machen, was bei einem Δεσπότης („einem absoluten Herrscher") allerdings nicht wirklich verfängt. Für das rationale Denken unserer Zeit klingen diese semantischen Implikationen merkwürdig, auch wenn wir nicht umhinkönnen, den Formulierungskünsten des hochgebildeten Basilius Respekt zu zollen. Die Erklärung liegt in der despotischen Autorität, die Basilius selbst in der Mönchsgesellschaft des Nahen Ostens ausübte und die er damit rechtfertigt, dass sie zum Wohl der Mönche dem Vorbild des Schöpfers nachempfunden sei. Er ist der Künstler, und die Mönche sind seine gehorsamen Werkzeuge,[92] die ohne seine Erlaubnis gar nichts tun können und für jeden Schritt bestraft werden, den sie tun, ohne dass Basilius, der bei Gott für sie eintritt, dies angeordnet hätte.[93] Hier wird jede, wirklich jede eigenständige mentale Aktivität ausgelöscht: als wären die Menschen hirnlos und müssten aufgrund ihrer Unfähigkeit, für sich selbst zu sorgen, von ihm gesteuert und in Besitz genommen werden. Basilius behandelt die Schwestern vor dem Hintergrund dessen, was er selbst von seinen Mönchen erwartet.

Während das Lukasevangelium Maria und Marta als lebendige Menschen darstellt, dienen die beiden Schwestern dem Bischof von Cäsarea bereits als *Exempla*, anhand deren er, wie vor ihm schon Origenes und Clemens, zwei Rollen veranschaulicht. Bischof Basilius erklärt, dass Maria und Marta Frauen sind, die Jesus von sich aus oder sogar wie zwei nahöstliche Dienstmägde aufwarten: δύο γυναικῶν („ein Paar (Ehe-)Frauen"[94]). Er definiert sie sogar über das Partizip εἰσαγομένη („eingeführt"), das das Griechische traditionell benutzt, um eine

---

85 Liddell und Scott, 1481.

86 Ebd.

87 Ebd.

88 „Predannost′" („Treue") – Dvoreckij, 2, 1382.

89 „Zabota" („Pflege/Fürsorge/Kummer") – ebd.

90 „Poryvistost′" („Heftigkeit") und „vzbalmošnost′" („Verdrehtheit/Unberechenbarkeit") – ebd.

91 Liddell und Scott, 381.

92 Basilius von Cäsarea, *Quod asceta non debet privatus negotia habere: Constitutiones Asceticae* 17 (PG 31,1417B).

93 Basilius von Cäsarea, *De obedientia uberius: Constitutiones Asceticae* 22,5 (PG 31,1409A–C).

94 Newman, 39.

Frau zu beschreiben, die (von sich aus) in jemandes Haus kommt oder dorthin geführt wird.[95] Wir stellen fest, dass Basilius der Erste ist, der Maria und Marta mit Ehefrauen gleichsetzt – und nicht Augustinus, der dies (wie Amy Hollywood herausgestellt hat) vermutlich als erster westlicher Schriftsteller, aber eben später als der Bischof von Cäsarea getan hat.[96] Der Bischof bezeichnet die Rollen der Schwestern als δύο μερίδας („zwei Teile", annähernd übersetzt), wobei μερίς eine „Art Unterstützung"[97] oder eine „Art Hilfe"[98] bedeuten kann. Denn Basilius betont ihre Rollen als τὰς δύο μερίδας διὰ τῶν δύο γυναικῶν εἰσαγομένας („zwei Teile, die durch zwei Frauen veranschaulicht werden"). Strenggenommen sind sie gar keine Frauen, denn das Neue Testament verweist nicht auf die „Funktion" des Gebärens, die man als Argument für ihre Nicht-Austauschbarkeit anführen könnte: Sie sind lediglich Dienerinnen eines Höhergestellten und mithin kann ihre Aufgabe ebenso gut von Männern übernommen werden.

Außerdem nimmt Archimandrit Basilius in seiner Nacherzählung der lukanischen Episode scheinbar kleine, aber doch bedeutsame Veränderungen vor. Der Bischof ersetzt das neutestamentliche Verb συναντιλαμβάνομαι („zu Hilfe kommen")[99] durch συνδιακονέω („gemeinsam durchführen"),[100] was bedeutet, dass Marta Maria als ihr ebenbürtige Mitarbeiterin anfordert: Sie soll „gemeinsam mit ihr gebieten", als Gleichgestellte, und ihr nicht als abhängige Dienstmagd zur Hand gehen. Der Höhergestellte verkehrt eben kraft seiner höheren Stellung die Rangfolge zwischen Maria und Marta in ihr Gegenteil. Er macht Marta zu einer Helferin, die unter Maria steht.

Von einer Kontemplation Marias ist in Lk 10,38–42 nicht die Rede, und doch wird sie ihr bei Basilius zugeschrieben. Dem Text zufolge saß sie einfach neben Jesus, hörte ihm zu und war „sprachlos", doch Basilius fügt dieses Detail aus irgendeinem Grund hinzu, und die orthodoxen Christen, für die Basilius ein Heiliger ist, konnten diese Zuschreibung – anders als im Falle des „häretischen" Origenes – auf den Einfluss des Heiligen Geistes zurückführen. Die Originaltexte von Origenes' Predigten über Maria und Marta im Lukasevangelium sind nur durch die Schriften anderer, späterer Autoren und in Fragmenten auf uns gekommen, und es lässt sich nicht mit letzter Klarheit bestimmen, was genau von Origenes stammt und was von den späteren Autoren hinzugefügt wurde.[101] Basilius der Große ergänzt in Martas Worten über Maria die Verbform ἀναστᾶσα (zu „ἀνίστημι" – „aufstehen", „aufwachen", „von den Toten auferstehen").[102] Diese

---

95 Liddell und Scott [gekürzt], 199.

96 Hollywood, *Acute Melancholia*, 257, 369. A. Hollywoods Artikel bezieht sich auf die traditionelle Interpretation von Maria und Marta im abendländischen Christentum.

97 „Podderžka" („Zustimmung/Unterstützung") – Dvoreckij, 2, 1072.

98 „Pomošč'" („Hilfe/Unterstützung") – Dvoreckij, 2, 1072.

99 Newman, 172.

100 Liddell und Scott, 1702.

101 Origenes, *Ejusdem in Lucam* [ex cod. Venet. 394 (72–73).], 10,38–42 (PG 17,353CD–354AB).

102 Bauer und Danker, 82f.

Hinzufügung deutet an, dass Maria die Verbindung zu ihrer lebendigen Umwelt verloren hatte und beim Anhören der Worte Gottes in eine Art Trance verfallen war. Basilius unterstellte, dass Maria ἐδούλευε τῷ ἀοράτῳ („dem Unsichtbaren [sklavisch und klaglos]/in sklavischer Unterwerfung diente") und τὴν δὲ ἀναβεβηκυῖαν τῇ θεωρίᾳ τῶν μυστηρίων κρείττονα („den besseren Dienst" leistete, der „zur Schau von Mysterien aufsteigt"). Δουλεύω heißt „wie jemand handeln oder sich verhalten, der einem anderen ganz und gar dient".[103] Basilius zog Menschen an, die Gott hingebungsvoll und gehorsam zu dienen vermochten.

Gott auf eine solch unterwürfige Art zu dienen hieß, wie oben bereits erklärt, dass man dem Oberen der Mönchsgemeinschaft – der als Stellvertreter Gottes handelt – in derselben Weise sklavisch unterworfen war. Tatsächlich versprach der Archimandrit einem Mann ἀγάπη („Zuneigung", „Liebe" ohne Begrenzung, eine Beziehung, die sehr eng sein kann, aber nur in seltenen Fällen auf sexueller Anziehung beruht), wenn er ihn als ἀγαπητὲ („Geliebter") anspricht und auf diese Weise mit der Ambivalenz des im Text benutzten Vokabulars spielt. Basilius stellt einem Menschen, der womöglich versuchen will, ein μύστης Christi zu werden („ein Eingeweihter"[104] oder metaphorisch „einer, der im Geheimnis der Liebe ist"[105]), Maria als Vorbild vor Augen. Der Bischof bezeichnet eine solche Person als ἐραστής („Liebhaber" in der Grundbedeutung und nur im metaphorischen Gebrauch „Anhänger" oder „Parteigänger").[106] Angesichts des doppelten Genitivs δογμάτων Χριστοῦ fragt sich der Leser, ob vom δόγμα Χριστοῦ (der „Meinung Christi") oder vom Χριστός δογμάτων („Christus der Meinungen") die Rede ist. Wenn es sich um die „Meinungen" oder „Dogmen Christi" handelt, dann kann der ἐραστής ein „Anhänger" sein, doch wenn es um den „Christus der Meinungen" geht, bedeutet ἐραστής vielleicht sogar „Liebhaber [Christi]". Basilius richtet seine Schrift an den männlichen ἀγαπητός („Geliebten"), den er als ἐραστής und μύστης bezeichnet, während er seine Rolle mit der Rolle Marias, einer Frau, vergleicht. Zudem verwendet Basilius noch ein drittes, doppeldeutiges griechisches Substantiv: κοινωνός („Partner").[107] In bestimmten Formulierungen kann dieses Wort auch die „Sexualpartnerin", das heißt sowohl die „Ehefrau" oder die „Braut"[108] als auch die „Partnerin im Ehebruch"[109] bezeichnen. Es lässt sich nicht mit Sicherheit sagen, ob der Bischof diese Konnotation bewusst eingesetzt hat, doch linguistisch betrachtet sind die sexuellen Anspielungen im griechischen Text durchaus enthalten. Der griechische Originaltext gibt einigen Interpretatoren die Möglichkeit, zu argwöhnen,

103 Ebd., 259.

104 LIDDELL und SCOTT [gekürzt], 456.

105 „[V] peren[ocnom značenii] ‚posvjaščënnyj v (ljubovnye) tajny' („[Im] übertragenem Sinn ‚jmd. einführen in Liebesgeheimnisse'") – DVORECKIJ, 2, 1117.

106 LIDDELL und SCOTT [gekürzt], 268.

107 BAUER und DANKER, 553.

108 „κ γάμων – podruga žizni, supruga" („Lebensgefährtin, Ehefrau") – DVORECKIJ, 1, 962.

109 κοινωνός τῆς μοχείας – BAUER und DANKER, 533.

dass Maria und Jesus eine Liebesbeziehung hatten,[110] doch ἀγάπη ist nicht das einzige Lockmittel, das Basilius einsetzt.

Der Mystiker und Mönchsobere versucht seinen Leser mit einer sehr besonderen mystischen Erfahrung zu ködern. Wer Marias Spuren folgt, so der Archimandrit, κοινωνὸς γένῃ τῶν τῆς θεότητος μυστηρίων („werde der Mysterien der göttlichen Natur teilhaftig"). Basilius verspricht, dass ein solcher Mensch wie Maria sein wird, die ἀναβᾶσαν δὲ εἰς θεωρίαν τῶν πνευματικῶν θεαμάτων („zur Schau der geistlichen Begriffe" oder „zur Wahrnehmung geistlicher Schauungen aufgestiegen ist"). Der Bischof geht sogar weiter als Lk 10,38–42: καὶ οὕτω δυνήσῃ προσδιαλέγεσθαι αὐτοῦ τοῖς θεωρήμασιν („schließlich wirst du imstande sein, dich mit Schauungen von ihm zu unterhalten"), τὴν ἀνωτάτω καρπώσῃ δόξαν („und die Frucht der Herrlichkeit in der Höhe erlangen"). In diesem Zusammenhang erwähnt Basilius die Verkündigung an Maria, die *Theotokos* (die Gottesgebärerin), und verschmilzt so die eine mit der anderen Maria. Die Priorisierung mystischer Erfahrungen hat allerdings ihren Preis.

Doch für Basilius sind diese Erfahrungen ihren Preis wert. Er verspricht seinem männlichen Leser: ἐπιλησθήσῃ δὲ καὶ τοῦ ἰδίου σώματος („und [du] wirst sogar [deinen eigenen] Leib vergessen"), wobei er das Passiv des Verbs ἐπιλανθάνω gebraucht („dem Vergessen anheimfallen"); und, unter Verwendung des Futurs von κατα-λείπω: καταλείψεις αὐτοῦ ὅλον τὸν βίον („du wirst daselbst das ganze Leben zurücklassen"). Dieses Verb hat mehrere Bedeutungen: Es kann mit „verlassen", aber auch mit „zurückbehalten", „überlassen" und „abgeben" übersetzt werden.[111] Diese Deutung würde zu der Erwartung passen, dass die eintretenden Mönche ihren Besitz dem Kloster oder – aufgrund seiner absolut autoritären Stellung an der Spitze der Mönchsgemeinschaft –, ganz konkret, ihrem Oberen Basilius überlassen.

Was Basilius in seinem Text über Maria und Marta geschrieben hat, lässt sich nicht vollständig aus der betreffenden Stelle im Lukasevangelium (Lk 10,38–42) ableiten, sondern stellt ein Beispiel für die „Inspiration" dar, die Basilius als Heiliger für sich in Anspruch nahm. Basilius trug seine Gedanken vor und gab ihnen einen schönen idealistischen Rahmen, um das kirchliche System zu unterstützen. Basilius bietet seinem ἀγαπητός („Geliebten"), einem bestimmten, aber nicht namentlich genannten Mann, der sich mit dem Gedanken trägt, der Mönchsgemeinschaft als Novize beizutreten, die Gelegenheit, sich zwischen den

110 Wie schon gesagt, gab Basilius' Verwendung griechischer Wörter Augustinus die Gelegenheit, Schwestern und Ehefrauen gleichzustellen. A. Hollywood erwähnt in ihrem Beitrag, dass Augustinus Maria und Marta mit zwei alttestamentlichen Ehefrauen, Rahel und Lea, vergleicht und darin etlichen früheren Autoren folgt, die dieses Thema ebenfalls behandelt hatten. HOLLYWOOD, *Acute Melancholia*, 257, 369.

111 „Ostavljat" („[ver-]lassen"), „terjat′" („verlieren"), „brocat′" („aufgeben"), „octavljat′ posle sebja ili v nasledstvo" („etwas dabehalten/zurücklassen oder erben"), „ostavljat′, sochranjat′, sberegat′" („[ver-]lassen, behalten, aufbewahren"), „predostavljat′" („geben/überlassen") – DVORECKIJ, 1, 895.

beiden Vorbildern Maria und Marta zu entscheiden. Doch dieses Angebot wirkt unseriös, wenn man bedenkt, wie schwierig das Ziel eines kontemplativen Lebens im Kloster zu erreichen war. Basilius versichert einem solchen Menschen sogar: δέχῃ δὲ αὐτοῦ τὸ Εὐαγγέλιον („du wirst daselbst das Evangelium empfangen") – ein Vorgang, der „wundersam" erscheint, es sei denn, τὸ Εὐαγγέλιον („das Evangelium") wäre wirklich ein Buch, das der Betreffende aus den Händen des Basilius von Cäsarea entgegennimmt. Doch es klingt wie eine Täuschung, wenn man bedenkt, dass der heilige Nikolaus das Evangelium nur im Traum und erst kurz vor seiner Ernennung zum Erzbischof aus den Händen Christi empfing. Das wirft die Frage auf, was sich Basilius wirklich von dem potentiellen Novizen versprach. Man kann argwöhnen, dass es in den damaligen östlichen Klöstern übliche Praxis war, von eifrigen Gläubigen, die Mönche werden wollten, Spenden anzunehmen. Das Problem war jedoch, dass die Betreffenden, wenn sie ihre Begeisterung für das Mönchsleben verloren und die Gemeinschaft wieder verließen, womöglich vor einem weltlichen Gericht ihren Besitz zurückverlangten und die christlichen Klöster auf diese Weise in Verruf brachten. Diese Möglichkeit wird im darauffolgenden Jahrhundert bei Johannes Cassianus erwähnt.[112] Einen letzten Beweis gibt es jedoch nicht, denn Basilius wäre kein Heiliger geworden, wenn es in seinem Leben einen solchen Skandal gegeben hätte. Und noch etwas bleibt im Dunkeln: Ist der Name von Basilius' ἀγαπητός („Geliebtem"), der sich so zu Maria, der Mystikerin, hingezogen fühlte, unbekannt, weil dem Mann eine großartige Laufbahn beschieden war oder weil er scheiterte?

Basilius stellt also die θεωρία („Kontemplation") als Marias und die διακονία („Dienst" im Allgemeinen[113] und hier insbesondere die Zubereitung der Mahlzeiten) als Martas Beschäftigung dar. Er hat sich nicht nur an der hier behandelten Stelle, sondern in mindestens zwei weiteren Fragmenten dazu geäußert, in denen er Marta kurz erwähnt und von der Vielfalt der Speisen und ihrer Zubereitung spricht.[114] Allem Anschein nach hat er die Tradition eingeführt, Martas Dienst auf die unnötig reichliche Bereitstellung und Zubereitung von Speisen zu beziehen. Der neutestamentliche Text erwähnt nichts dergleichen, doch spätere monastische Schriftsteller machten lange Zeit von dieser Vorstellung Gebrauch, weil traditionellen Mönchen die Vorstellung eines weiblichen Diakons in der Regel Unbehagen bereitete.

Evagrius Ponticus (345–399 n. Chr.) griff Basilius' Gedanken im Großen und Ganzen auf, nahm jedoch Marta gegenüber eine negative Haltung ein und verurteilte ihre Eitelkeit im Hinblick auf die Speisen, weil diese dem kontemplativen Leben im Wege gestanden habe.

---

112 JOHANNES CASSIANUS, *De Coenobiorum institutis libri duodecim* 4,4 (PL 49,156A–158A).

113 BAUER und DANKER, 230.

114 BASILIUS VON CÄSAREA, *Moralia, Regula* 38,1 (PG 31,757CD und 760A). DERS., *Regulae fusis tractatae per interrogationes et responsiones traditae, Interrogatio* 20,3: *Quae ratio tenenda sit in cibis, cum excipiuntur hospites* (PG 31,973BCD und 976A).

> Wenn jemand sich nicht von diesen Dingen gelöst hat, wird er in diesem Lebensstil in keiner Weise Erfolg haben können. Nimm kleine Mengen von Speisen, die leicht verschmäht werden können, keine großen Mengen, die leicht ablenken. Wenn dir unter dem Vorwand der Gastfreundschaft irgendein Gedanke der Üppigkeit in den Sinn kommt, so merze ihn aus und halte nicht daran fest. Damit stellt dir der Feind eine Falle, durch die er dich vielleicht aus der Ruhe bringt. Du hast den Herrn Jesus, der die Seele der Marta tadelt, die sich mit solchen Dingen beschäftigte, und der sagte: „Warum bist du in Unruhe über vieles? Nur eins ist nötig", nämlich das Göttliche Wort zu hören, und danach findet sich alles andere ohne Anstrengung. Deshalb fügt er sogleich hinzu: „Maria hat den guten Teil gewählt, der nicht von ihr genommen werden wird."[115]

Evagrius' Kommentar zu Lk 10,38–42 beruht auf der Vorstellung, dass man durch das, was man isst, die Kontrolle über den eigenen Geist erlangen kann. Vor allem im heißen Wüstenklima, wo der menschliche Körper nicht viel Energie auf die Wärmeerzeugung verwenden muss, spielt die Selbstkontrolle bei der Nahrungsaufnahme eine wesentliche Rolle. Evagrius schrieb möglicherweise über die Verbesserung mentaler Prozesse und darüber, wie eine solche Verbesserung zu erreichen sei. Nachdem man das Wort Gottes gehört habe, finde sich „alles andere ohne Anstrengung":[116] ἀκμητὶ παντὸς τοῦ εὑρισκομένου. Hierbei ist ἀκμητὶ („ohne Anstrengung", „mühelos") positiv zu verstehen. Man kann eine solche Einfachheit mit Fehlern wie Dummheit, Scheinheiligkeit oder Täuschung oder, im Gegenteil, mit Heiligkeit und Arglosigkeit in Verbindung bringen. Alle diese Eigenschaften sind denkbar, doch man sollte auch das persönliche Schicksal des Evagrius berücksichtigen, der als gebildeter und in höchstem Maße kultivierter Mann schließlich in die sketische Wüste (Σκῆτις, Ägypten) ging, um in der dortigen Mönchskolonie so etwas wie Einfachheit und Demut zu lernen.

Einige Schriften, die möglicherweise von Evagrius stammen und Fragmente über Maria und Marta enthalten, sind im Corpus der Nilus dem Älteren zugeschriebenen Werke auf uns gekommen. In einem dieser Fragmente findet sich ebenfalls die schon erwähnte Vorstellung, dass man mit einer ausgewogenen Ernährung Kontrolle über den eigenen Geist gewinnen könne:

> Sollen wir nicht sagen, dass Maria besser ist als Marta? Der Herr zog sie aufgrund ihrer großen Ruhe ohne Zerstreuung derjenigen (Marta) vor, die im Dienst am Leib zerstreut war und sich um die Bewirtung kümmerte, die Erquickung des Fleisches ist, und sagte nicht zu ihr (Maria), sondern zu ihr (Marta), die meinte, etwas Großes zu tun, und deshalb der Ermahnung bedurfte: „Marta, Marta, du bist beunruhigt und geplagt mit zahlreichen Dingen, aber ein Ding ist notwendig: Maria hat den guten Teil gewählt, der nicht von ihr genommen werden soll." Selbst wenn die Tätigkeit voller Eifer war, dem Herrn selbst zu dienen, wurde sie doch für diese Geisteshaltung nicht gelobt; vielmehr tadelte er sie, denn als sie aufgehört hatte, sich (wie Maria) um das Wort und das Wohl der Seele zu kümmern, achtete sie nur noch darauf, dass es bei der großartigen Zubereitung des Festmahls an nichts fehle und wie die prächtige Tafel der üppigen und traditionellen Gastlichkeit gedeckt werden solle. Denn dass er ihren Namen zweimal rief und solchen Eifer als keineswegs angebracht zu tadeln wünschte und sagte, Marta, Marta, war ein Zeichen dafür, dass

---

115 EVAGRIUS PONTICUS, *Rerum monachalium rationes* 18,3 (PG 40,1253CD); englische Übersetzung: John C. Dayton.

116 LIDDELL und SCOTT, 51.

> einer vielleicht klagte und den Kopf schüttelte ob einer solchen fehlgeleiteten Tätigkeit, als ob es etwas Notwendiges wäre; wahrlich, er wusste, wie viel zuträglicher das, was vernachlässigt wurde, dem Erreichen der Andacht war als das, was geschäftig getan wurde.[117]

Der Text beginnt mit einer rhetorischen Frage, die andeutet, dass Maria ἀμείνων ist als Marta. Das griechische Adjektiv ist eine Steigerungsform von ἀγαθός, was an dieser Stelle vermutlich nicht heißt, dass sie „tapferer" und „stärker",[118] sondern dass sie „vornehmer" (wie bei Plato)[119] ist als Marta. Maria positioniert sich sehr nahe beim Herrn – genau wie ein Mitglied der Oberschicht, das sich sowohl im weltlichen als auch im kirchlichen Kontext in der Nähe der höchsten Autorität positionieren würde. Der Autor erklärt die Bevorzugung Marias durch Jesus mit ihrem ἀπερίσπαστον (ihrer „Nicht-Zerstreutheit"[120]). Was Marta betrifft, so unterscheidet Nilus in ihr zwei Haltungen: die Sorge um Jesu leibliche Bedürfnisse, die gut ist, und die „fehlgeleitete Tätigkeit", der sie mit „Eifer" und Ehrgeiz nachgeht, um ihren Dienst zu vervollkommnen, etwas traditionell Wichtiges zu tun und damit ihre eigene Bedeutung zu steigern. Wir stellen fest, dass Nilus im Unterschied zu Basilius Martas Eifer nicht gutheißt, weil sie seiner Ansicht nach damit beschäftigt war, den Anschein ihrer eigenen Wichtigkeit zu erzeugen. Ihre Tätigkeit war scheinheilig, weil sie sie dazu veranlasste, das Verhalten ihrer Schwester unverhohlen zu missbilligen. Doch auch wenn sie sich selbst zu betrügen vermochte, konnte sie doch unmöglich Gott in die Irre führen. Deshalb verdiente sie den Tadel. Anstelle der bei Lukas erwähnten διακονία („Dienst") stellt sich der Autor auch hier wieder ein üppiges Festmahl vor. Was in den Wüstenregionen des Nahen Ostens als eine große Menge an Speisen gilt, ist nach europäischen Maßstäben ein eher bescheidenes Mahl. Nilus' Zielgruppe stammte vermutlich aus dem Adel, denn in seiner Beschreibung ist die Situation sehr viel luxuriöser als im Text selbst. Im Kontext der Gesellschaft der römischen Kaiserzeit war Marias Verhalten vermutlich angebracht. Doch in ihrem Umfeld war es nicht ganz ungefährlich, als Frau gar keine Arbeit zu tun.
Ein weiteres Nilus-Fragment über Maria findet sich in seinem Brief an Diakon Euthymius und bezieht sich auf Lk 10,38–42: „Maria hat den guten und immerblühenden Teil der göttlichen Jüngerschaft erwählt."[121]

Nilus bietet hier eine Kurzfassung des weiter oben behandelten Basilius-Fragments, richtet die Botschaft aber stattdessen an einen namentlich bekann-

---

117 Nilus der Ältere, *De monachiorum praestantia* 16 (PG 79,1080BC); englische Übersetzung: John C. Dayton.

118 Ebd.

119 „Als Bezeichnung für kurulische (gegnerische plebejische) Ädilen verwendet, D.C. 53.53.3" – ebd., Suppl. 22; „οἱ ἀμείνονες, Plat. „Vysšij klass, znat′" („Spitzenklasse, wissen") (Dvoreckij, 1, 94).

120 τὸ ἀπερίσπαστον – „Freiheit von Zerstreuungen" (Liddell und Scott, 186).

121 Nilus der Ältere, *Ep.* 2,41: *Euthymio Diacono* (PG 79,216AB); englische Übersetzung: John C. Dayton.

ten Diakon und bewertet Marias Rolle als ἀειθαλῆ („immerblühend" oder „unsterblich"[122]). Nilus deutet an, weshalb μερίδα („der Teil") nicht fortgenommen werden wird. Diese μερίς (dieser „Teil") haftet nicht wie eine tote Formel, sondern als etwas Lebendiges, Blühendes und Unvergängliches im Gedächtnis. Ist das übertriebene Schriftzitat womöglich Ausdruck eines etwas verzweifelten Versuchs, Diakon Euthymius oder vielleicht sogar sich selbst zu überzeugen und zu inspirieren?

Der Hintergrund des alltäglichen Lebens eines gewöhnlichen Mönchs in einer einfachen kirchlichen Gemeinschaft lässt Lk 10,38–42 in einem ganz anderen Licht erscheinen und bildet ein Gegengewicht zur Interpretation des Evagrius. Eine Geschichte über Wüstenmönche aus den *Apophthegmata Patrum* (5. Jh. n. Chr.)[123] zeigt, wie freimütig die monastische Gemeinschaft der damaligen Zeit der von Maria verkörperten θεωρία („Kontemplation") gegenüber eingestellt war. Die Erzählung handelt von einem Mönch, der von irgendwoher ins Sinaikloster kam und Abt Silvanus und seine Mönche belehren wollte; er sagte zu ihnen: Μὴ ἐργάζεσθε τὴν βρῶσιν τὴν ἀπολλυμένην· Μαρία γὰρ ἀγαθὴν μερίδα ἐξελέξατο („‚Arbeitet nicht für vergängliche Speise.' ‚Maria hat den guten Teil erwählt.'"). Die Mönche schwiegen daraufhin und ließen ihn gewähren, doch zur Essenszeit rief niemand den Mönch zu Tisch. Als der hungrige Mönch die anderen Brüder daraufhin zur Rede stellte, antwortete der Älteste: Σὺ ἄνθρωπος πνευματικὸς εἶ, καὶ οὐ χρείαν ἔχεις τῆς βρώσεως ταύτης. Ἡμεῖς δὲ σαρκικοὶ ὄντες θέλομεν φαγεῖν, διὰ τοῦτο καὶ ἐργαζόμεθα. Σὺ δὲ τὴν ἀγαθὴν μερίδα ἐξελέξω ἀναγιγνώσκων ὅλην τὴν ἡμέραν φαγεῖν. („Du bist ein geistlicher Mann und brauchst diese Nahrung nicht. Wir aber, die wir leibliche Wesen sind, wollen essen, und deshalb arbeiten wir. Du hast den guten Teil gewählt, indem du den ganzen Tag zu ‚essen' liest."). Diese amüsante Geschichte basiert auf dem vernünftigen Grund der Alltagsrealität des christlichen Mönchslebens. Abschließend erklärt der Älteste: Πάντως χρείαν ἔχει καὶ ἡ Μαρία τῆς Μάρθας· διὰ γὰρ τῆς Μάρθας καὶ ἡ Μαρία ἐγκωμιάζεται („Maria braucht Marta in jeder Hinsicht. Denn Maria wird durch Marta verherrlicht."). Dieser Gedanke ist sehr unverblümt und unterscheidet sich von den Meinungen, die in anderen Quellen der östlichen Patristik geäußert werden. Der Text bringt Marta insbesondere mit dem „täglichen Brot" in Verbindung, das in der Wüste in keiner Qualität und Quantität leicht zu beschaffen war. Die ägyptischen Einsiedler „korrigierten" Auslegungen à la Evagrius zu Lk 10,38–42. Sollte der namenlose Mönch Evagrius selbst gewesen sein?

---

122 ἀειθαλής bedeutet auch „neuvjadaemyj, bessmertnyj" (i. e. „unvergänglich, unsterblich", vgl. DVORECKIJ, 1, 38).

123 *De vitis patrum liber quintus sive Verba Seniorum, De discretione* (b) 10,69 (PL 73,924BC); Περὶ διακρίσεως 10,99 (SC 474,78).

Die offizielle Tendenz ging jedoch nach wie vor dahin, die in den „Nilus" zugeschriebenen Texten geäußerte Meinung von der Jüngerschaft Marias zu unterstützen. Cyrill von Alexandrien (der Patriarch, 4.–5. Jh. n. Chr.) schrieb über den ewigen Besitz des Glaubens und stellte Maria als beispielhafte Jüngerin dar:

> Die levitischen Besitztümer können nicht aufgegeben werden, denn ihr Erbe ist für die Heiligen sicher bewahrt worden und sie haben feste Hoffnung. Und deshalb sprach Christus zu Maria, die die Jüngerschaft überaus begehrte, dass sie den guten Teil gewählt habe, der nicht von ihr genommen werden würde. Jedenfalls gibt es in Christus Erlösung und feste Hoffnung für Kleine und Große, Priester und Volk, überhaupt für alle.[124]

Hier stellt Cyrill Maria, die den guten Teil erwählt hat, in eine Reihe mit besonders geehrten Personen wie der levitischen Priesterschaft („Leviten"). Der Patriarch von Alexandrien spielt geradezu unvermittelt auf Marias Zuhörerinnenrolle an, die wie ein Priester „wartend" bei den Beinen Christi sitzt: Offenbar hat diese Vorstellung im Patriarchat von Alexandrien bereits Fuß gefasst. Sowohl Patriarch Cyrill von Alexandrien als auch alexandrinische Diakone setzten dieses Bild und diesen Vergleich mit einer Frau als selbstverständlich voraus. Diakon Olympiodor von Alexandrien bezieht ihn ebenfalls auf die Arbeit des Klerus („levitische Besitztümer"), aber nur als alltägliche Regel:

> Denn wenn es notwendig ist, sich für das Schlechte (Niedere, Geringe) und für das Gute zu plagen, so folgt auf das Schlechte Bestrafung, aber unsagbare Freude auf das Gute. Rückhaltlos zu bevorzugen ist die Plage für das Gute. Insbesondere wird der tugendhafte Mann sich nicht von vielen Dingen zerstreuen lassen, gemäß dem Wort: Marta, Marta, du kümmerst dich und bist beunruhigt über viele Dinge. Weniges ist nötig oder eines. Das ist von Geboten/Vorschriften gesagt oder von alles umschließender Liebe. Es ist also absolut nützlich, dass den Menschen mühsame Beschäftigung gegeben wurde.[125]

Es lässt sich – zumal in der Wüste, wo das Überleben allein schon über die Maßen schwierig ist – nicht leicht vermeiden, für τὸ φαῦλον („niedere", „unwerte", „geringe" Dinge)[126] zu arbeiten. Das Fragment enthält eine Moralisierung über ἐντολῶν („Vorschriften"), die mit „dem wenigen" oder „dem einen" und mit τῆς πασῶν συνεκτικῇ ἀγάπῃ („alles umschließender Liebe", „grundlegender Liebe") gleichgesetzt werden. Bringt Liebe aus sich selbst Vorschriften hervor? Ist Liebe die Grundlage dieser Gebote? Die beiden wichtigsten Gebote sind die der Gottes- und der Nächstenliebe. Wenn jemandem Liebe geboten wird, könnte dies als Hinweis darauf gedeutet werden, dass ein Gesetz an die Stelle der Liebe tritt. Gebote können aber auch aus Liebe erfüllt werden – und sie können Ausdruck einer falschen Liebe sein. Oft – allzu oft – ist die erzwungene Liebe das eigentliche Problem.

---

[124] Cyrill von Alexandrien, *De adoratione et cultu in spiritu et veritate* 13 (PG 68,872BC); englische Übersetzung: John C. Dayton.

[125] Olympiodor von Alexandrien, *Comm. Eccl.* 1,13 (PG 93,489CD); englische Übersetzung: John C. Dayton.

[126] Englische Übersetzung: John C. Dayton.

Dass Maria zunächst Novizen, dann jungen Klerikern und schließlich der Priesterschaft (den „Leviten") insgesamt als neutestamentliches *Exemplum* und Allegorie vor Augen gestellt wurde, hat allem Anschein nach damit zu tun, dass die Aufgabe eines Priesters gegen Ende der Spätantike vor allem in der Kontemplation bestand. Eine Gesellschaft, die es nur Männern erlaubte, an Gottes Altar feierliche Riten zu vollziehen, verwandelte die sprachlose schweigende Frau aus Lk 10,38–42 in das Idealbild eines Priesters. Von dieser Funktion Marias findet sich im Lukasevangelium keine Spur: Es handelt sich um eine Erfindung, die entweder auf Origenes (was nicht mit letzter Sicherheit bewiesen werden kann, weil das, was von den Schriften dieses „Häretikers" auf uns gekommen ist, nicht unmittelbar von ihm selbst stammt, sondern aus Zitatfragmenten oder Zusammenstellungen besteht, die andere Autoren während der Polemik verfasst haben) oder auf Basilius den Großen zurückgeht. Sie setzte sich in den Köpfen von Kirchenmännern fest und etablierte sich schließlich als θεωρία („Kontemplation"). Im Christentum der ausgehenden Spätantike wurden Frauen in letzter Konsequenz vom Diakonat ausgeschlossen und konnten vom Frauenpriestertum nicht einmal mehr träumen. Die Rolle der obersten geistlichen Leitung duldete – wie im „geistigen Gebet" (oder Jesus-Gebet, dem kontemplativen Gebet der Ostkirche) – ganz „esoterisch" nur die Jungfrau Maria,[127] an die in den liturgischen Lesungen der Marienfeste das Bild von Martas Schwester Maria angeglichen wurde. Diese erhaltenen ursprünglichen Schriften über Maria und Marta zogen nicht einmal weibliche Adressaten in Betracht.

4. Johannes Chrysostomus' Ansprachen an Frauen über Maria und Marta in Joh 11,1–45128

Homilien waren selten an Frauen gerichtet, und wenn, dann war der Prediger meist ein hochrangiger Kirchenmann, dem die kirchlichen Autoritäten es zutrauten, die Interessen der männlichen Mönchsgemeinschaft zu vertreten. Was konnte man auch anderes erwarten von östlichen Mönchen, die sich, wenn man ihnen ihre Beziehungen zu Frauen vorwarf, aus der Affäre zogen und auf der kirchlichen Karriereleiter weiter erfolgreich nach oben kletterten? Sie neigten

---

127 ARCHIMANDRIT GEORGIJ, *Svjatitel'Grigorij Palama – učitel'obоženija* (ARCHIMANDRIT GEORG, *Heiliger Gregor Palamas – Schüler der Theosis*) (Athos: St. Panteleimon Kloster, 2000), 22f.

128 JOHANNES CHRYSOSTOMUS, *Commentarius in sanctum Joannem Apostolum et Evangelistam* (a), *Homilia* 62 (PG 59). Aus Platzgründen werden wir die griechischen und lateinischen Fassungen von Joh 11,1–45 und die umfängliche *Homilie 62* hier nicht im Einzelnen analysieren, sondern nur auf diejenigen Stellen eingehen, die Johannes' Haltung gegenüber Maria und Marta betreffen – und seine Haltung gegenüber lebenden Frauen, die in dieser Homilie auf bemerkenswerte Weise zum Ausdruck kommt.

dazu, im buchstäblichen wie im übertragenen Sinne von der Kanzel auf die Frauen herabzusehen. Johannes Chrysostomus war da keine Ausnahme. Heutige Forscher*innen vermeiden es in der Regel, sich mit dem zu befassen, was er in seiner *Homilie 62* über Frauen sagt. Auch wenn Johannes Chrysostomus Marta und Maria darin als ein gutes Vorbild für christliche Frauen darstellt, blickt er auf die Schwestern herab.[129]

Chrysostomus bewertete das Verhalten der Schwestern des Lazarus beim Tod ihres Bruders positiv,[130] stand aber der weiblichen Trauer insgesamt – wenn die Wehklage so heftig wurde, dass Frauen sich beim Tod ihrer Ehemänner die Haare ausrissen und sich teilweise entblößten – kritisch gegenüber.[131] Andererseits verdross es den Erzbischof, dass arme Frauen, die obendrein noch ihren Ehemann verloren hatten, nach Liebhabern Ausschau hielten, die ihnen vielleicht helfen konnten. Chrysostomus sagte, er habe es erlebt, dass Frauen sich, noch während sie den Tod ihrer Männer beklagten,[132] schon anderen Männern feilboten.[133] Erzbischof Johannes missbilligte aber auch das Verhalten wohlhabender Frauen, die ihre öffentliche Wehklage mäßigten, wenn sie damit bei anderen Anstoß erregten und Anlass zu Kritik gaben.[134] Er tadelte sie, weil sie die Reaktionen anderer Menschen mehr zu fürchten schienen als Gott. Erzbischof Johannes gab ihnen den Rat, ihre toten Ehemänner zu ehren, indem sie Seelenämter bestellten, Wohltätigkeit übten und in Christi Namen Almosen gaben. Chrysostomus ermahnte also einerseits sowohl die reichen als auch die armen Frauen, sich von ihrem Kummer, ob übertrieben oder verborgen, nicht übermannen zu lassen, was ein guter Ratschlag zu sein scheint. Auf der anderen Seite aber war der Erzbischof bereit, den Kummer der Witwen auszunutzen, und gab ihnen den Rat, während ihrer Trauerzeit zum Vorteil der Kirche lieber Seelenämter zu bestellen, für die sie bezahlen sollten,[135] (und Nonnen zu werden?), als sich weltliche Liebhaber zu suchen.[136] Johannes' Standpunkt in dieser Sache scheint sehr zweckdienlich für die Kirche, aber mehr noch für die christliche Ideologie, da er die offenkundig problematische Frage nach der Stellung der Frauen in der Kirche betrifft.

Während er die Frauen seiner Zeit kritisierte, machte Johannes Maria und Marta aus dem Evangelium zu Vorbildern für diese seine Zeitgenossinnen: Die beiden Schwestern hätten Jesus Bewunderung und Liebe gezollt und Jesus habe

129 PG 59,343.
130 PG 59,345.
131 PG 59,346.
132 PG 59,346.
133 PG 59,348.
134 PG 59,347.
135 PG 59,348.
136 PG 59,348.

ihre Liebe erwidert[137] und ihr Kummer habe ein Ende gefunden, weil sie überrascht und geliebt worden seien und φιλοσοφία bewiesen hätten – was Chrysostomus offenbar beeindruckte, obwohl er ihre γνώμη als ἀσθενής bezeichnete. Der Erzbischof gibt uns ein Rätsel auf. Nicht nur das griechische Substantiv φιλοσοφία hat mehrere Bedeutungen, darunter „Weisheitsliebe", „Wissbegierde" oder „intellektuelle Neugier".[138] Erzbischof Johannes hielt nicht viel von der γνώμη der Frauen, die er als ἀσθενής charakterisierte. Das Substantiv γνώμη bedeutet „Erkenntnismittel", „Wahrnehmungsorgan", „Verstand", „Urteil" und schließlich „Absicht".[139] Johannes charakterisiert das intellektuelle Vermögen der Frauen als ἀσθενής („schwach", „unwirksam").[140] Frauen hatten keine schlechteren „Wahrnehmungsorgane" als Männer, doch die orientalische Kultur neigte dazu, sie kleinzureden, zu demütigen und sie im Gegensatz zu den Männern an der Entfaltung ihrer intellektuellen Fähigkeiten zu hindern. Denken wir nur an die heilige Katharina von Alexandrien, eine Zeitgenossin von Johannes Chrysostomus, die imstande war, Philosophen ihrer Zeit zu beschämen – und die das Martyrium erlitt, nachdem sie ihre Klugheit hatte erkennen lassen. In Osteuropa gibt es ein Sprichwort: „Wenn du Verstand hast, brauchst du noch mehr Verstand, um deinen Verstand zu verstecken."

Im Osten sind die Frauen es gewohnt, ihre intellektuellen Fähigkeiten zu verstecken, um sich keine Probleme einzuhandeln und um zu überleben. Das ist das übliche Los von Frauen in Kontexten, in denen man grundsätzlich davon ausgeht, dass Frauen weniger intelligent sind als Männer. Tatsächlich warb Johannes Chrysostomus für die Idee, dass Frauen trotz ihrer „schwachen Erkenntnismittel" oder ihres „schwachen Verstandes" in der christlichen Erkenntnis voranschreiten könnten, wenn sie von männlichen christlichen Priestern wie ihm in der richtigen Weise angeleitet würden. Um im Nahen Osten zu überleben, mussten Frauen alles überaus pragmatisch verstehen. Dieser Pragmatismus provozierte Erzbischof Johannes. Was er direkt an sie gewandt sagte: Ὦ γύναι, ἔτι κάτω βλέπεις;[141] („Ihr Frauen, seht ihr noch immer zu Boden?"), steht nicht im Neuen Testament. Frauen in solchen östlichen Gesellschaften finden sich oft damit ab, dass man ihnen „schwache Erkenntnismittel" unterstellt, denn das ist nicht das Schlimmste, was im Nahen Osten über sie gesagt werden kann. Schlimmer als das ist die Tatsache, dass eine Frau als verdorben gilt, wenn sie den Anschein erweckt, sie wüsste zu viel. Das bestätigt Johannes Chrysostomus in seiner Homilie dadurch, dass er die Schwestern von diesem Verdacht reinwäscht.

---

137 PG 59,343.

138 „ljubov′ k mudrosti" und „ljuboznatel′nost′" („Liebe zur Weisheit und Wissbegierde") – Dvoreckij, 2, 1733.

139 Liddell und Scott, 354.

140 Bauer und Danker, 142f.

141 PG 59,345.

Er schrieb, dass nach dem Tod ihres Bruders viele Menschen zu den beiden Schwestern gekommen seien, weil man sie als anständige Frauen achtete. Johannes wies auch die Spekulationen anderer Priester zurück, wonach Maria mit der Prostituierten identisch gewesen sei, die die Füße Christi im Haus des Simon mit Nardenöl gesalbt hatte.[142] Damit widerspricht Johannes Chrysostomus der Meinung westlicher Autoren. Als Papst Innozenz I. 591 n. Chr. Maria, die Schwester des Lazarus, und Maria Magdalena in seiner *Homilie* 23 indirekt, aber doch offiziell zu ein und derselben Person erklärte,[143] war Johannes Chrysostomus bereits tot, sodass er nicht in einen neuerlichen Konflikt mit den kirchlichen Autoritäten und mit der westlichen Kirche geraten konnte. Was die östliche Christenheit betrifft, so ergriff die orthodoxe Kirche die Partei ihres Heiligen Johannes Chrysostomus und erklärte, dass Marias Schwester Marta nicht mit Maria Magdalena identisch sei.[144] Fest steht, dass eine Verbindung zwischen den beiden Frauen zwar theoretisch möglich, auf der Grundlage des Neuen Testaments aber nicht zu belegen ist. Innerhalb der Kirche ist die Frau und die Nonne in erster Linie eine Arbeiterin. In der traditionellen christlichen Kirche muss eine Frau jemandes besondere Gunst genießen, wenn sie nicht dauerhaft auf diese Arbeiterinnenrolle festgelegt werden, sondern stattdessen nach Wissen und Erkenntnis streben will – vor allem, wenn dieses Wissen die Mystik betrifft, die als das schwierigste Gebiet überhaupt gilt. Frauen, die sich der Spiritualität und Mystik widmen, sind immer von vagen Verdächtigungen umgeben.

Die übliche und priesterliche Verfahrensweise der Kirche bestand darin, auf die Gefahren hinzuweisen, die die Gesellschaft von Frauen mit sich brachte, und den Zeitgenossinnen untadelige Frauengestalten aus dem Evangelium als heilige Vorbilder aus der Vergangenheit vor Augen zu stellen. Diese Methode wurde in den Predigten der männlichen Priester populär, die, wie Andreas von Kreta, die hier behandelte Homilie oder andere Chrysostomus zugeschriebene Homilien als Vorlage für ihre eigenen Predigten nutzten.

Für Mönche waren Frauen etwas, das es zu meiden galt, obwohl gerade die Frauen es waren, die Tag für Tag mit einer harten Realität zu kämpfen hatten. Indem man Frauen zum Schweigen brachte, sie in schweigende Bilder verwandelte, diese schweigenden Bilder entsprechend den Fantasien männlicher Mönche mystifizierte und sie zur Veranschaulichung vermutlich unerreichbarer spiritueller Ideale benutzte, unterwarf man die biblischen Frauengestalten den religiösen Zwecken männlicher Priester und instrumentalisierte sie, um Novizen, Mönche und weltliche Frauen zu disziplinieren.

---

[142] PG 59,343.

[143] Die wichtigsten Belegstellen sind: GREGOR DER GROSSE, *Hom. Ezech.* 1,8,2 (PL 76,854C); *XL Homiliae in Evangelia* 2,33 (PL 76,1239CD). Denselben Gedanken äußert Papst Gregor I. aber auch ganz offen in einem privaten Brief an eine Nonne, die in einem der vatikanischen *Cubicula* (Schlafräume) Dienst tat: GREGOR DER GROSSE, *Ep.* 7,15,25 (PL 77,877–878).

[144] GREGOR DER GROSSE, *Ep.* 7,15,25 (PL 77,877–878).

Frauen in den Evangelien: Zum Verlust von Individualität und Vielfalt

Anneliese Felber, Universität Graz

Alle Frauen in der Bibel sind irgendwie Typos für die Kirche. Dass die Frauengestalten ekklesiologisch, die Männergestalten hingegen christologisch gedeutet werden, verwundert nicht, wenn man bedenkt, dass die in einem patriarchalen System selbstverständliche hierarchische Beziehung zwischen Mann und Frau im Analogiedenken auf die ontologische Hierarchie zwischen Christus und seiner Kirche (als Sünderin) übertragen wird.[1] Oft dienen biblische Frauen als modellhafte Vorbilder, wenn beispielsweise die Gesinnung der armen Witwe, die zwei kleine Münzen opfert (Mk 12,41–44), als reich bezeichnet wird,[2] oder auch als Negativbilder im Glaubensleben,[3] oder sie werden für dogmatische Ansichten instrumentalisiert. Ein schönes Beispiel dafür ist die Samaritanerin[4] in Joh 4, die von gnostischer wie theologischer Seite[5] für ihre jeweiligen Vorstellungen in Anspruch genommen wird. Für die sogenannten Gnostiker versinnbildet das Gespräch zwischen der Frau und Jesus am Jakobsbrunnen das Erwachen der in die Materie gefallenen Seele, dessen wahren Mann der im göttlichen Pleroma verbliebene Teil darstellt. Für die frühchristlichen Theologen wird mit diesem Gespräch, vor allem in den Versen 6–9, Jesus in seiner wahren Menschheit bezeugt, der sich ermüdet und durstig am Brunnen niederlässt.[6] Origenes sieht darin eine geistige Begegnung Jesu mit der Seele[7], für Augustinus wird die Samaritanerin

---

1 Vgl. Pierre-Thomas CAMELOT, *Die Lehre von der Kirche: Väterzeit bis ausschließlich Augustinus* (Handbuch der Dogmengeschichte 3/3b; Freiburg i. Br.: Herder, 1970), 51f. Anknüpfend an Eph 5,31f. wird das als tiefes Geheimnis betrachtet.

2 CLEMENS VON ALEXANDRIEN, *Strom.* 4,6,35 (BKV^2 19,31f.). – Zur blutflüssigen Frau (Mk 5,25–34) siehe den Artikel von Eva SYNEK in diesem Band.

3 Vgl. Susan Ashbrook HARVEY, „Biblische Frauen der syrischen Tradition", in *Christliche Autoren der Antike* (hg. v. Kari E. Børresen und Emanuela Prinzivalli; Die Bibel und die Frauen 5/1; Stuttgart: Kohlhammer, 2016), 118–136; 131.

4 Vgl. dazu ausführlicher Michael MEES, „Das Gespräch mit der Samaritanerin am Jakobsbrunnen: Jo 4,6–26 in frühchristlicher Sicht", *Aug* 24 (1984): 367–384.

5 Eine strenge Unterscheidung von heterodoxen Strömungen (wie der Gnosis) und kirchlichen Autoren, ebenso von apokryphen und kanonischen Schriften, ist eine retrospektive Kategorisierung, die wissenschaftlich in Frage zu stellen ist. Wenn ich sie aufrecht halte, ist es deswegen, weil sie für die katholische Tradition durchaus eine Rolle spielt.

6 Vgl. ORIGENES, *Cels.* 1,70 (FC 50/1,345) oder TERTULLIAN, *Carn. Chr.* 9,7 (FC 84,207).

7 ORIGENES, *Hom. Gen.* 10,5 (OWD 1/2,207).

zum Typos der Kirche aus den Heiden: „denn die Kirche sollte von den Heiden den Ausgang nehmen, nicht von dem Geschlechte der Juden stammen“.[8]

Auf jeden Fall zeigt sich die Tendenz, die historische Ebene aufzulösen zugunsten einer Typisierung und Allegorisierung der Frauengestalten. Ich richte mein Augenmerk auf die zwei Marien, die Mutter Jesu, um sie in ein anderes Licht zu rücken, und die aus Magdala als Exponentin der Osterfrauen, um die Mechanismen zu systematisieren, die sie als Auferstehungszeugin entwertet haben.

1. Maria, Mutter Jesu

Bei Jesu Mutter sind vor allem zwei Linien hervorzuheben, die weniger im allgemeinen Gedächtnis sind: Maria als Prophetin und Maria als Wöchnerin, die ihr Kind in einer natürlichen Geburt zur Welt gebracht hat. Diese ursprüngliche Annahme wird im 4. Jh. aufgrund asketischer und dogmatischer Interessen und medizinischer Einflüsse zugunsten einer (immerwährenden) Jungfräulichkeitsvorstellung (*ante partum, in partu, post partum*)[9] verdrängt. Ein gänzlich anderes Bild zeichnet Proba in ihrem Cento von Maria als zärtlicher Mutter.[10]

---

8 Vgl. AUGUSTINUS, *Tract. Ev. Jo.* 15,10 (BKV² 8,257f.).

9 Jungfräulichkeit vor der Geburt meint, dass kein Mann beim Sexualakt beteiligt war, Gott selber hat eingegriffen. Die Jungfräulichkeit während der Geburt schließt aus, dass die Geburtswege geöffnet wurden bzw. wurde der Schoß wieder verschlossen. Jungfräulichkeit nach der Geburt meint, dass keinerlei Geschlechtsgemeinschaft mit einem Mann stattgefunden hat, eine lebenslange ‚Unversehrtheit‘.

10 PROBA, *Cento* 372–379 (CSEL 16/1,591f.), Übersetzung von Wolfgang FELS, *Proba: Die Heilige Schrift* (Stuttgart: Hiersemann, 2017), 54. Im Übrigen nimmt Proba die Täuschung der Frau durch die Schlange in Gen 3 bei der Versuchung Jesu Mt 4,1–11 wieder auf, sodass sich gleichsam eine Eva-Christus-Parallele ergibt, die im Mittelalter auch Hildegard von Bingen hat, gewiss als Reaktion auf den theologischen Mainstream, vgl. PROBA, *Cento* 429–455 (FELS, *Proba*, 58–60). – Zu den frauenfreundlichen und frauenfeindlichen Aspekten der Mariologie vgl. *Maria für alle Frauen oder über allen Frauen?* (hg. v. Elisabeth Gössmann und Dieter R. Bauer; Freiburg i. Br.: Herder, 1989).

1.1 Maria als Prophetin

Diese Vorstellung knüpft an Marias Magnificat (Lk 1,46–55)[11] an, beispielsweise heißt es bei Irenäus, dass Maria prophetisch im Namen der Kirche rief.[12] Origenes verbindet Marias Prophetengabe mit ihrer von Jes 7,14 stammenden Bezeichnung als ‚Jungfrau' zum Motiv der ‚Jungfrau Prophetin'.[13] Marias Lobpreis übertrifft an Umfang alle anderen Prophetien, selbst Mirjams Lied (Ex 15,20f.),[14] und ihre prophetische Gabe wird folglich, z. B. bei Ambrosius, auf ihr ganzes Leben ausgeweitet: auf die Darbringung Jesu im Tempel, wo Marias Klugheit und Einsicht über die himmlischen Dinge[15] sichtbar wird, oder den Kreuzestod Christi, indem Maria über Christi Rolle im Heilsplan, über Tod und Auferstehung ihres Sohnes vorausweiß.[16] Bei Autoren wie Gaudentius von Brescia und Maximus von Turin (gest. Anfang 5. Jh.) zeigt sich Marias prophetische Gabe bei der Hochzeit in Kana, in ihrer Weisung an die Diener (Joh 2,5) und im Vorauswissen auf das Wunder, das Jesus vollbringen wird.[17]

Apologetisch (gegen falsche Prophetien) zählen die Apostolischen Konstitutionen im 4. Jh. (in 8,2,9) folgende Prophetinnen auf: Mirjam, Debora, Hulda, Judit, die Mutter des Herrn, Elisabeth, Hanna und die Töchter des Philippus. Sie alle haben sich mit ihrer Gabe nicht über die Apostel erhoben. Für Antipater von Bostra (Mitte 5. Jh.) schließt Maria mit dem Magnificat alle Prophetien ab.[18] Jakob von Sarug (gest. 521) verbindet das Magnificat mit dem Wissen um das Königtum Christi, sodass der Titel ‚Königin der Propheten' durchaus nachvollziehbar wäre.[19]

---

11 Siehe dazu den Artikel von Silke PETERSEN, „Maria von Nazaret: Eine Geschichte der Verwandlung", in *Evangelien: Erzählungen und Geschichte* (hg. v. Mercedes Navarro Puerto und Marinella Perroni, dt. Ausgabe hg. v. Irmtraud Fischer und Andrea Taschl-Erber; Die Bibel und die Frauen 2/1; Stuttgart: Kohlhammer, 2012), 320–339; grundlegend Alois GRILLMEIER, „Maria Prophetin: Eine Studie zu einer Messianisch-Patristischen Mariologie", in *Mit ihm und in ihm: Christologische Forschungen und Perspektiven* (hg. v. dems.; Freiburg i. Br.: Herder, 1975), 198–216.

12 IRENÄUS, *Haer.* 3,10,2 (FC 8/3,84).

13 ORIGENES, *Hom. Luc.* 8,1 (FC 4/1,116). – Er kennt auch die Variante, dass nach einigen Codices Elisabeth das Magnificat spricht, *Hom. Luc.* 7,3 (FC 4/1,109).

14 AMBROSIUS, *Exp. Luc.* 2,35 (BKV^2 21,71).

15 AMBROSIUS, *Exp. Luc.* 2,61 (BKV^2 21,87).

16 AMBROSIUS, *Instit.* 7,49 (Opere morali 2,2: Verginità e vedovanza [hg. v. Franco Gori; Sancti Ambrosii Episcopi Mediolanensis opera 14/2; Milano: Biblioteca Ambrosiana und Rom: Città Nuova Editrice, 1989], 148).

17 GAUDENTIUS, *Tract. 9 de Ev. lect.* 2,14 (CSEL 68,79); MAXIMUS, *Hom. 23 de epiph. Dom.* (PL 57,275).

18 ANTIPATER VON BOSTRA, *Hom. in s. deiparae annunt.* 20 und 25 (PG 85,1788f. und 1792BC).

19 JAKOB VON SARUG, *Gedicht über die allerseligste Jungfrau* (BKV^2 6,54 bzw. 302). Vgl. dazu die Lauretanische Litanei.

Auf griechischer Seite begegnet vor allem eine Kombination von Jes 8,3 „Dann nahte ich mich der Prophetin“ – ursprünglich auf Jesajas ehelichen Umgang mit seiner Frau, jetzt aber auf Maria bezogen – und Jes 7,14. Zum ersten Mal findet sich das bei Irenäus.[20] Eusebius bezieht dieses Nahen des Propheten schon lieber auf den Heiligen Geist und seine Herabkunft auf Maria,[21] ähnlich Epiphanius, wobei sich diese Voraussage im Magnificat erfüllt.[22] Pseudo-Basilius bezieht Jes 8,3 auf Jesaja selbst, der sich in der Vorausschau auf die messianische Mutterschaft der Prophetin im Geiste nähert:

> Was soll es heißen: „Ich nahte mich der Prophetin“? Das ist: Ich nahte mich im Geiste der Prophetin, in der Vorausschau des Zukünftigen. Ich begegnete nämlich und nahte mich sozusagen in prophetischer Schau, und ich sah von der Ferne ihr Empfangen, voraussehend im prophetischen Charisma, daß sie einen Sohn gebar, von dem der Herr sagte: „Nenne seinen Namen ‚Raubebald-Schnellbeute‘.“[23]

Autoren wie Cyrill von Alexandrien, Nilus von Ankyra, Theodotus von Ankyra (alle gegen Mitte des 5. Jh. gest.) oder Prokop von Gaza (gest. um 530) bzw. auch Hieronymus bezeugen, meist in Kommentaren zu Jes 8,3, die Verbindung von Maria als Prophetin und ihrer Empfängnis – ganz deutlich bei Theodotus: „Durch das Gehör empfing Maria, die Prophetin, den lebendigen Gott. Denn der natürliche Weg der Reden ist das Gehör“.[24] Patristische Exegese stellt Maria ganz in die Linie geistbegabter prophetisch redender Frauen und bewahrt somit die Kontinuität mit der jüdischen Tradition.

1.2 *Maria als Wöchnerin: Mutter und Jungfrau?*

Gegen die Ansichten von Doketen und Gnostikern mühen sich die christlichen Autoren ab, eine natürliche Geburt Mariens und damit wirkliche Fleischwerdung Jesu, die für die Frage der Erlösung der Menschheit unabdingbar ist, zu verteidigen, was im Credo durch die Formulierung „ex“ (*Maria virgine*) ausgedrückt wird.[25] Die Jungfräulichkeit[26] Mariens, die biblisch vorgegeben ist, wird

20 IRENÄUS, *Haer.* 4,33,11 (FC 8/4,268f.).

21 EUSEBIUS, *Ecl. proph.* 4,5 (PG 22,1205BC).

22 EPIPHANIUS, *Pan.* 31 (GCS 25,376f.).

23 PSEUDO-BASILIUS, *Comm. in Is.* 8,208 (PG 30,476f.; deutsche Übersetzung: GRILLMEIER, „Maria Prophetin“, 206f.).

24 THEODOTUS, *Hom. 4: in deiparam et in Simonem* 2 (PG 77,1392D; deutsche Übersetzung: GRILLMEIER, „Maria Prophetin“, 208).

25 Grundlegend ist Georg SÖLL SDB, *Mariologie* (Handbuch der Dogmengeschichte 3/4; Freiburg i. Br.: Herder, 1978). Siehe auch Stephan J. SHOEMAKER, *Mary in Early Christian Faith and Devotion* (New Haven: Yale University Press, 2016), bes. 64–99 für die Entwicklung im 3. Jh.

26 Jes 7,14 und Mt 1,23 meinen eine junge, heiratsfähige Frau; die Vorstellung von einer sexuell unberührten Frau ist eine verengte Sicht.

bei Tertullian und Origenes[27] nicht angetastet, indem sie diese am Geschlechtsverkehr mit einem Mann festmachen. Was das Gebären betrifft, ist die Behauptung der (gnostischen) Gegner abzuwehren, dass Jesus „wie durch einen Kanal" durch Maria hindurchgegangen wäre, ohne aus ihrem Fleisch und Blut zu stammen.[28]

Als unverdächtiger Zeuge soll Athanasius genannt sein:

> Auch die Geburt erwähnt die Schrift und sagt: „Sie legte ihn in Windeln" (Lk 2,7); auch die Brüste wurden selig gepriesen, die er gesogen hat (Lk 11,27); auch ein Opfer wurde gebracht, wie wenn er durch seine Geburt den Mutterschoß geöffnet hätte (Lk 2,23). Das alles waren Kennzeichen einer gebärenden Jungfrau. Auch Gabriel verkündete ihr die frohe Botschaft in bestimmter Weise, indem er nicht einfach sagte: das in dir Erzeugte, damit der Leib nicht für etwas gehalten würde, was von außen in sie eingeführt worden wäre, sondern: „aus dir" (Lk 1,35), damit man glaube, dass das Erzeugte der Natur nach aus ihr sei; auch die Natur gibt das deutlich zu erkennen, da es unmöglich ist, dass eine Jungfrau, die nicht geboren hat, Milch habe, unmöglich auch, dass ein Leib mit Milch genährt und in Windeln gelegt werde, der nicht vorher in natürlicher Weise geboren wurde.[29]

In diesem Zusammenhang sei das Protevangelium Jacobi[30] erwähnt, in dem Jesus ganz im Sinne einer atl. Theophanie als Licht aus einer Wolke erscheint, was die Hebamme als außergewöhnliches Schauspiel (19,2) bezeichnet und Salome herbeiruft, die die Physis der Frau untersuchen will (19,3–20,1).[31] *Opinio communis* ist es, dass diese Schrift die jungfräuliche Geburt Marias im Blick habe, auch wenn in der Forschung immer wieder darauf verwiesen wird, dass es um eine christologische Frage gehe.[32] Christologisch soll Salome die wundersame Ankunft

---

27 Vgl. TERTULLIAN, *Carn. Chr.* 23,2 (FC 84,259): „sie war eine Jungfrau, insofern man es von ihrem Mann aus betrachtet, sie war aber keine Jungfrau, insofern man es von ihrer Geburt aus betrachtet" (*et virgo quantum a viro, non virgo quantum a partu*); ähnlich ORIGENES, *Hom. Luc.* 14,7f. (FC 4/1,173): „Denn es ist ja bei allen anderen Frauen nicht die Geburt des Kindes, die den Schoß aufschließt, sondern die Vereinigung mit dem Mann. Der Schoß der Mutter unseres Herrn wurde in dem Augenblick geöffnet, in dem die Leibesfrucht hervortrat."

28 Z. B. JOHANNES CHRYSOSTOMUS, *Hom. Matt.* 4,3: „Denn dass sein Leib aus dem Fleische der Jungfrau gebildet war, bezeugt uns der Evangelist mit den Worten: ‚denn, was aus ihr geboren ward', und Paulus sagt: ‚geworden aus dem Weibe' (Gal 4,4), womit er diejenigen widerlegte, die da behaupten, Christus sei durch Maria wie durch einen Kanal hindurchgegangen. Denn wenn das wahr wäre, wozu brauchte er dann überhaupt eine Mutter? Er hätte dann aber auch gar nichts mit uns gemein; er wäre Fleisch aus anderem, nicht aus unserem Fleisch" (BKV^2 23,63).

29 ATHANASIUS, *Ep. Epict.* 5 (BKV^2 13,509). Vgl. SÖLL, *Mariologie*, bes. 52–60.

30 Vgl. Silvia PELLEGRINI, „Das Protevangelium des Jakobus", in *Antike christliche Apokryphen in deutscher Übersetzung* 1/2 (hg. v. Christoph Markschies und Jens Schröter; Tübingen: Mohr Siebeck, ^{7}2012), 903–929.

31 Ebd., 925f.

32 Z. B. Enrico NORELLI, „Wie sind die Erzählungen über Maria und Josef in Mt 1–2 und Lk 1–2 entstanden?", in *Evangelien: Erzählungen und Geschichte* (hg. v. Mercedes Navarro Puerto und Marinella Perroni, dt. Ausgabe hg. v. Irmtraud Fischer und Andrea Taschl-Erber; Die Bibel und die Frauen 2/1; Stuttgart: Kohlhammer, 2012), 302–319, bes. 319; Silvia

Christi bestätigen. Gregor Emmenegger[33] hat m.E. zurecht herausgearbeitet, dass es darum geht zu untersuchen, ob Maria entbunden hat oder nicht. Salome ist als Pendant zum ungläubigen Thomas im Evangelium (Joh 20,24–29), der an der Auferstehung des Gekreuzigten zweifelt, zu verstehen. Ihr verbrennt zur Strafe die Hand. Der erste Bezug auf das Protevangelium findet sich bei Clemens von Alexandrien:

> Aber wie es scheint, gilt für die Masse auch jetzt noch Maria als eine Wöchnerin, weil sie das Kind geboren hat, während sie keine Wöchnerin ist, denn manche erzählen, dass sie, als sie nach der Geburt von einer Hebamme gepflegt wurde, als Jungfrau befunden worden sei. Solcher Art sind für uns auch die Schriften des Herrn, die die Wahrheit auf die Welt bringen und doch jungfräulich bleiben, weil sie die Geheimnisse der Wahrheit verbergen. „Sie hat geboren und hat nicht geboren", sagt die Schrift, da sie von sich selbst und nicht infolge der Verbindung mit einem anderen empfangen hat.[34]

Clemens äußert sich nicht über die theologischen Konsequenzen dieser doketischen Aussage. Das sogenannte Ezechielapokryphon „Sie hat geboren und hat nicht geboren" (4,1), von der Färse gesprochen, durchzieht alle doketisch geprägten Texte zur Geburt Jesu wie die Himmelfahrt des Jesaja 11,7–14 oder die Acta Petri 24. Maria war zwar schwanger, aber das Kind kam nicht aus ihrem Schoß, sondern von einem himmlischen Ort. Daher gebiert Maria ohne Schmerzen, was theologisch aber auch den Strafspruch über die erste Frau aufhebt (Gen 3,16). Im 2. Jh. war dieser Doketismus nicht mehrheitsfähig, wie Clemens bezeugt, sondern man geht davon aus, dass Maria Jesus natürlich zur Welt gebracht hat. Die Rede von der Jungfräulichkeit Marias in der Geburt Jesu ist ein gnostischer Topos, der durch die Aufhebung der Jungfräulichkeit bei den christlichen Theologen argumentativ entkräftet wird. Selbst Hieronymus und Ambrosius, die für die dauernde Jungfräulichkeit Mariens eintreten, weisen das Protevangelium und eine wundersame Erscheinung Jesu zurück.[35] Rufin von Aquileia referiert Meinungen von Personen, die eine natürliche Geburt durch die Geschlechtsteile einer Frau hindurch für etwas Schändliches halten und lieber eine *virginitas in partu* (Geburt unter Wahrung der biologischen Jungfräulichkeit) wollten, aber sie ist (noch) nicht theologisch entfaltet.[36]

Pellegrini, „Geburt und Jungfräulichkeit im Protevangelium des Jakobus", in *Antike christliche Apokryphen: Marginalisierte Texte des frühen Christentums* (hg. v. Outi Lehtipuu und Silke Petersen; Die Bibel und die Frauen 3/2; Stuttgart: Kohlhammer, 2020), 79–95, interpretiert m. E. das Protevangelium zu sehr aus späterer Entwicklung.

33 Vgl. Gregor Emmenegger, *Wie die Jungfrau zum Kind kam: Zum Einfluss antiker medizinischer und naturphilosophischer Theorien auf die Entwicklung des christlichen Dogmas* (Paradosis 56; Fribourg: Academic Press, 2014), bes. 211–215.

34 Clemens von Alexandrien, *Strom.* 7,16,93f. (BKV² 20,97f.).

35 Hieronymus, *Helv.* 8a (BKV² 15,271): „Diese Stelle entkräftet die Phantastereien der Apokryphen, da Maria in eigener Person das Kind in Windeln wickelte"; Ambrosius, *Exp. Luc.* 2,5,57 (BKV² 21,85): „Jesus allein öffnete auch sich den Mutterschoß. Und kein Wunder."

36 Rufinus, *Symb.* 10 (BKV¹ [1876], 40).

Im 4. Jh. findet eine Verschiebung des Jungfräulichkeitsverständnisses vom sozialen Status zu biologistischen Vorstellungen statt und eine Ausweitung auf das ganze Leben der Maria. Faktoren sind die boomende Askesebewegung mit Betonung sexueller Enthaltsamkeit, die ‚Entdeckung' eines körperlichen Merkmals für Jungfräulichkeit durch den Vergilkommentator Servius[37], weiters die Verknüpfung von Konkupiszenz mit der Ursünde/Erbsünde bei Augustinus, sodass nun Maria Jesu Sündenlosigkeit garantieren muss.[38]

Eine Neuinterpretation des Protevangeliums erfolgt in dieser Zeit bei Zeno von Verona im Sinne des sich inzwischen entwickelten Virginitätsideals, das dann auf der Lateransynode 649 n. Chr. festgeschrieben wird. Diese Theorie des *uterus clausus* (ungeöffneten bzw. wieder verschlossenen Mutterschoßes) wird biblisch begründet durch Hld 4,12 (verschlossener Garten) und Ez 44,1–3 (verschlossenes Osttor Jerusalems) bei Ambrosius und Hieronymus.[39] In Traktat 1,54 des Zeno heißt es:

> Wie groß ist doch das Geheimnis des Heiles! Maria empfing ohne Verletzung als Jungfrau, gebar nach der Empfängnis als Jungfrau, blieb nach der Geburt Jungfrau. Die Hand der ungläubigen Hebamme, die eine Untersuchung an der Wöchnerin vorgenommen, geriet zum Zeugnis dafür, dass dieselbe auch nach der Geburt in unveränderter Jungfrauschaft befunden ward, in Brand; als sie aber das Kind berührte, erlosch sofort die verzehrende Flamme.[40]

Es dürfen aber nicht die Aussagen vergessen werden, die eine Empfängnis durch das Ohr bezeugen, und damit Virginität als „Haltung und nicht Ent-haltung", wie Catharina Halkes[41] es nennt, verstehen, z. B. Augustinus: *fides in mente, Christus in ventre.*[42] Die Vorstellungen einer Empfängnis durch das Ohr sind vor allem in der

---

37 Bis dahin war ein sog. Hymen medizinisch umstritten.

38 Auch wenn bei Jesu Zeugung die Mitwirkung eines Mannes und somit die Übertragung der Ursünde ausgeschaltet ist, stellt sich im Mittelalter vor allem bei den Franziskanertheologen wie Bonaventura, die nicht Aristoteles rezipiert haben, der eine völlige Passivität der Frau bei der Fortpflanzung vertritt, die Frage, ob nicht über Maria etwas an Erbsünde auf Jesus übertragen worden sein könnte, was letztlich zur Vorstellung einer *immaculata conceptio* für Maria führt, d. h. auch Maria selbst wird aus der Sündenverstrickung herausgenommen.

39 Vgl. HIERONYMUS, *Comm. Ezech.* 44,1–3 (CCSL 75,646f.); SÖLL, *Mariologie*, 79f.105f.

40 ZENO VON VERONA, *Tract.* 1,54 (CCSL 22,129; BKV^2 10,222f. = Traktat 2,8). Die Lateransynode 649 n. Chr. formuliert: „Wer nicht mit den heiligen Vätern im eigentlichen und wahren Sinne die heilige und immer jungfräuliche und unbefleckte Maria als Gottesgebärerin bekennt, da sie [...] das göttliche Wort [...] ohne Samen, vom Heiligen Geist empfangen und unversehrt geboren hat, indem unverletzt blieb ihre Jungfrauschaft auch nach der Geburt: der sei verworfen."

41 Catharina J. M. HALKES, „Eine ‚andere' Maria", *Una sancta* 32 (1977): 323–337; 332.

42 AUGUSTINUS, *Serm.* 196,1: *Angelus nuntiat, virgo audit, credit, et concipit. Fides in mente, Christus in ventre.* Drobner 264f.: „Der Engel verkündet, die Jungfrau hört, sie glaubt und empfängt. In ihren Gedanken ist Glaube, in ihrem Schoß Christus."

orientalischen Patristik geläufig, etwa bei Ephräm dem Syrer: „Achte auf den Boten, der kam, um diesen Samen in ihr Ohr einzupflanzen“,[43] oder: „Das Böse entleerte sein Gift durch die Schlange in Evas Ohr; der Gute aber neigte seine Erbarmung herab und ging durch das Ohr Mariens hinein. Durch das nämliche Tor, durch welches der Tod eindrang, trat auch das Leben ein, das den Tod tötete“[44] oder Zeno von Verona: „Weil der Teufel mit seiner Überredung durch das Ohr in Eva sich eingeschlichen, sie verwundet und getötet hatte, darum trat auch Christus durch das Ohr in Maria ein und schnitt alle Laster des Herzens aus“.[45]

1.3 *Maria im Heilsplan: die Knotenlöserin*

Die Reflexion über den Ort der Mutter Jesu im Heilsplan Gottes führt schon früh zur Ausbildung der sog. Eva-Maria-Parallele,[46] wonach Sünde und Tod, die durch das Wort der Schlange in die Welt gekommen waren, durch Marias Glauben aufgehoben werden. Maria handelt „unter denselben Bedingungen, als Jungfrau, entscheidend anders“.[47] Irenäus gebraucht ein schönes Bild:

> So werden die ersten Knoten durch die zweiten gelöst, und die zweiten befreien die ersten. [...] So wurde auch der Knoten des Ungehorsams der Eva durch den Gehorsam Mariens gelöst; denn was die Jungfrau Eva durch ihren Unglauben angebunden hatte, das löste die Jungfrau Maria durch ihren Glauben.[48]

Diese Sicht heilsgeschichtlicher Kontinuität mündet bald in eine scharfe Antithese, z.B. prägnant bei Hieronymus formuliert: *mors per Evam, vita per Mariam*.[49] Dazu gehört auch die Aufhebung von Gen 3,16, das heißt, dass Maria ohne Schmerzen gebiert.[50] Schon Sara ist eine Ausnahmefrau, die in ‚Lachen‘ gebiert,

---

[43] EPHRÄM, *Kommentar zum Diatessaron* 4,15 (SC 121,102).

[44] EPHRÄM, *Lobrede auf die Menschwerdung des Sohnes Gottes und die allerseligste Jungfrau und Gottesmutter Maria* 7 (BKV^1 [1873], 56).

[45] ZENO VON VERONA, *Tract.* 1,3,19 (CCSL 22,28; BKV^2 10,164f. = Traktat 1,13,10).

[46] Vgl. JUSTIN, *Dial.* 100,4f. (BKV^2 33,163f.); TERTULLIAN, *Carn. Chr.* 17,5f. (FC 84,237). – Diese Eva-Maria-Parallele wird noch häufig in päpstlichen Dokumenten bemüht, z. B. *Mulieris dignitatem* 1988, 9–11, zurückhaltender im Dokument „Über die Zusammenarbeit von Mann und Frau in der Kirche und in der Welt“ 2004, 6f.15f. – Grundlegend zur Rezeption von Gen 1–3 ist Helen SCHÜNGEL-STRAUMANN, *Eva: Die erste Frau der Bibel: Ursache allen Übels?* (Paderborn: Schöningh, 2014).

[47] Vgl. Monika LEISCH-KIESL, *Eva als Andere: Eine exemplarische Untersuchung zu Frühchristentum und Mittelalter* (Köln: Böhlau, 1992), 43.

[48] IRENÄUS, *Haer.* 3,22,4 (FC 8/3,279f.). – Ich vermute, dass die barocken und späteren Bilder von Maria als Knotenlöserin diese Vorstellung rezipieren und aktualisieren.

[49] „Tod durch Eva, Leben durch Maria“, HIERONYMUS, *Ep.* 22,21 (BKV^2 16,86). – Im Mittelalter wird diese Typologie eher als Kontinuität einer Mutter-Tochter-Reihe verstanden, die sich im Kampf gegen das Böse verbindet, z. B. bei Hildegard von Bingen.

[50] Vgl. dazu auch die Topoi in antiken Herrscherbiographien bei Isolde KURZMANN-PENZ, *Zur literarischen Fiktion von Kindheit: Überlegungen zu den apokryphen Kindheitsevangelien Jesu im*

überboten wird sie aber von Maria.[51] Die Tendenz geht dahin, dass ehelos Lebende, Asketinnen und Jungfrauen, anders als der Großteil der Frauen, von Gen 3,16 nicht betroffen und aus dieser Ordnung herausgehoben sind. Cyprian formuliert das Jungfrauen gegenüber so:

> Euch betrifft dieser Ausspruch nicht, ihr habt die Betrübnisse und Seufzer der Frauen nicht zu fürchten, ihr braucht keine Angst wegen des Kindergebärens zu haben; ihr habt auch keinen Gatten zum Herrn.[52]

Und letztlich muss Maria als Erziehungsmodell und Rollenvorbild herhalten für Jungfrauen wie später für katholische Frauen,[53] z. B. empfiehlt Ambrosius:

> Es sei euch also das Leben Marias die gleichsam bildlich dargestellte Jungfräulichkeit. Aus ihm strahlt euch wie aus einem Spiegel die Schönheit der Keuschheit und die Pracht der Tugend entgegen. Von hier mögt ihr Beispiele für euer Leben nehmen [...] demütig von Herzen, besonnen in Worten, klugen Sinnes, eher knapp im Reden, eifriger im Lesen (d.h. der Hl. Schrift), setzte sie ihre Hoffnung nicht auf die Unsicherheit des Reichtums, sondern auf das Gebet der Armen. Eifrig bei der Arbeit, zurückhaltend im Gespräch, befragte sie als Richter über ihren Geist keinen Menschen, sondern Gott, beleidigte niemanden, meinte es allen gut, stand vor Älteren auf, beneidete ihresgleichen nicht, floh vor Prahlerei, folgte der Vernunft, liebte die Tugend etc.[54]

1.4 *Maria: Typos der Kirche oder der Synagoge?*

Ambrosius hat in seinem Lukaskommentar (390 n. Chr.) die Formel von Maria als Typos der Kirche[55] geprägt. Das schließt nicht aus, dass die Figur der Maria zum Gegenstand antijüdischer Argumentationsmuster werden und in antijüdischen Debatten eine Rolle spielen kann. In der dogmengeschichtlichen Entwicklung wird Maria in die christologischen Kontroversen, z. B. um den Theotokos-Titel und die Zweinaturenlehre Christi rund ums Konzil von Ephesus 431, hineingenommen. Andererseits wird jede Kritik an mariologischen Aussagen wie Gottesmutterschaft und (immerwährende) Jungfräulichkeit als jüdische oder judaisierende Tendenz wahrgenommen.[56] Weiters zeigt sich die Tendenz, dass Frauen

---

Rahmen der antiken Biographie (Stuttgart: Franz Steiner Verlag, 2018), vor allem die Tabelle 100–104.

51 Vgl. Anneliese FELBER, „Sara – Ausnahmefrau und Anti-Modell in der lateinischen Patristik“, in *Sara lacht ... Eine Erzmutter und ihre Geschichte: Zur Interpretation und Rezeption der Sara-Erzählung* (hg. v. Rainer Kampling; Paderborn: Schöningh, 2004), 183–198.

52 CYPRIAN VON KARTHAGO, *Hab. virg.* 22 (BKV^2 34,80).

53 Christa MULACK, *Maria: Die geheime Göttin im Christentum* (Stuttgart: Kreuz-Verlag, ^{4}1991), 85, spricht von der Gipsfigur von Lourdes, die das Marienbild katholischer Frauen geprägt hat. – Die ‚Entdeckung‘ der Maria in der feministischen Theologie ging vom Protestantismus aus.

54 AMBROSIUS, *Virg.* 2,2,6f. (FC 81,213–217).

55 AMBROSIUS, *Exp. Luc.* 2,7 (BKV^2 21,53).

56 Vgl. Rainer KAMPLING, „‚... die Jüdin, aus deren Fleisch er geboren wurde ...‘: Zu einem antijudaistischen und antimarianischen Modell der patristischen Auslegung“, in *Maria –*

wie Mirjam ganz in Maria aufgehen, sodass Mirjam sowohl zum Typos der Kirche wie auch jungfräulich werden kann.[57]

Ausgangspunkt für eine negative Erinnerung von Maria als Jüdin[58] ist die Perikope von Jesu missglückter Begegnung mit seiner Familie in Mk 3,31–35, wo Jesus die wahre Familie Gottes konstituiert. Bekanntes Beispiel ist die Interpretation Tertullians von Mk 3,31–35 in *De carne Christi* (206 n. Chr.):

> Aber es bedeutet noch mehr: In seiner Mutter, welche von ihm getrennt ist, liegt eine Figur der Synagoge und in seinen ungläubigen Brüdern eine Figur der Juden. In jenen befand sich Israel „draußen", die neuen Jünger aber, welche drinnen zuhörten und glaubten, sie, die Christus eng verbunden waren, skizzierten (bereits) das Bild der Kirche, welche er, nachdem er die Verwandtschaft dem Fleisch nach zurückgewiesen hatte, die „vortrefflichere Mutter" und die „würdigeren Brüder" nannte. In eben diesem Sinne antwortete er schließlich auch auf jenen bekannten Ausruf (vgl. Lk 11,27), wobei er nicht den Leib und die Brüste seiner Mutter verleugnete, sondern diejenigen als seliger bezeichnete, die das Wort Gottes hören (vgl. Lk 11,28).[59]

Maria steht exemplarisch für Unglauben, der als jüdisches Verhalten gedeutet wird, und sie wird typologisch auf die Synagoge bezogen. Die Auslegung richtet sich gegen Apelles, der die Frage Jesu „Wer ist meine Mutter?" als Argument gegen Jesu Geborensein verwendete. Tertullian geht es an dieser Stelle nicht um eine Debatte mit Juden, sondern um Argumente gegen die Interpretation des Apelles mit allen theologischen Konsequenzen, wobei er sich den antijüdischen Verstehenshorizont der LeserInnen zunutze macht und den Antijudaismus in einem innerchristlichen Streitthema antihäretisch funktionalisiert.[60] Der Gegensatz Unglaube – Glaube des Textes begünstigt in heilsgeschichtlicher Perspektive die typologische Auslegung auf Synagoge und Kirche, wobei Maria den Bruch zwischen Israel und der Kirche markiert. Selbst Ambrosius deutet in seiner Auslegung zu Lk 8,19–21 die Draußenstehenden im geistigen Sinn, ordnet sie dem Unglauben zu, implizit also auch Maria, und schließt auf eine Bevorzugung der Kirche aufgrund ihres Glaubens.

Tochter Sion? Mariologie, Marienfrömmigkeit und Judenfeindschaft (hg. v. dems. und Rainer Kampling; Paderborn: Schöningh, 2001), 13–36; 16f.

57 Vgl. Charles W. NEUMANN, *The Virgin Mary in the Works of Saint Ambrose* (Fribourg: Univ. Press, 1962), 51–60. Vgl. ausführlich Agnethe SIQUANS, *Die alttestamentlichen Prophetinnen in der patristischen Rezeption: Texte - Kontexte - Hermeneutik* (HBS 65; Freiburg i. Br.: Herder, 2011), 82–85.91–102.

58 Vgl. ausführlicher Anneliese FELBER, „Maria – Figuration des ‚Gottesvolks'? Überlegungen zur christlichen Identitätskonstruktion", in *„Zu unserer Belehrung geschrieben": Die Konstruktion christlicher und jüdischer Identitäten in der antiken Bibelauslegung* (hg. v. Agnethe Siquans; Antike Schriftauslegung 1; Göttingen: Vandenhoeck & Ruprecht, 2021), 163–178.

59 TERTULLIAN, *Carn. Chr.* 7,13 (FC 84,197–199).

60 Vgl. Anneliese FELBER, „Zum Problem des Antijudaismus in der Patristik", *StPatr* 40 (2006): 197–201 = Anneliese FELBER, *Väterexegese: Brisanz und Vielfalt* (Habilitationsschrift, Graz: unipub, 2011), 29–33.

> Auch der Gedanke klingt nicht befremdlich, dass Christus den Juden, „von denen er dem Fleische nach abstammt“ (Röm 9,5), sinnbildlich an seinen Verwandten zeigen will, dass der Kirche, welche den Glauben angenommen, der Vorrang gebührt.[61]

Im *Opus imperfectum in Matthaeum*, verfasst von einem anonymen Autor im 5. Jh., wird das Motiv von Maria als Typos der Synagoge uminterpretiert zur *synagoga credens*. Der Autor unterscheidet zwischen Juden dem Fleische nach und die dies bleiben, und den Juden, die zum Glauben an Christus gekommen sind. Auch wenn Jesus fleischlich aus den Juden stammt (Röm 9,5), ist die fleischliche Abstammung aus dem Judentum nicht heilsrelevant: „Nein, jene Synagoge erkennen wir in der Mutter, welche gerettet wurde als an Christus Glaubende und ihn nicht kreuzigte“.[62] Ich füge noch Gregor den Großen zu Mt 12,46–50 (590/2 n. Chr.) an:

> Und seiner Mutter nun, da sie gleichsam nicht erkannt wird, wird geheißen, draußen stehen zu bleiben. Offensichtlich wird dementsprechend die Synagoge von ihrem Urheber nicht wiedererkannt, da sie sich an die Gesetzesobservanz haltend, den geistigen Sinn verloren hat.[63]

Maria wird als *Iudaea* bezeichnet und zum Demonstrationsobjekt des Schicksals der Synagoge. Implizit wird auch auf den Juden Jesus verwiesen, der aber nach Interpretation Gregors nichts von seiner Herkunft wissen will. Bemerkenswert ist allerdings, wie klar Gregor die Bindung Marias und Jesu an das Judentum bezeugt.

Maria spielt eine zentrale Rolle bei der heilsgeschichtlichen Konfrontation zwischen Jüd*nnen und Christ*nnen zur Bestimmung von Differenz und Distanz. Es ist auch die Tendenz zu erkennen, sie zu entjudaisieren und auf die christliche Seite zu stellen, z. B. bei Petrus Chrysologus (gest. ca. 451) in seiner zweiten Auferstehungspredigt. Die beiden Marien, die ans Grab kommen und die Auferstehung bezeugen (Mk 16,1; Mt 28,1) verschwimmen zu einer Figur, wie auch die Kirche aus Heiden und Juden besteht.[64] Die Stelle enthält nichts explizit Negatives, aber Maria wird durch die Namensgleichheit der Zeuginnen entjudaisiert.[65]

---

61 AMBROSIUS, *Exp. Luc.* 6,38 (BKV² 21,288).

62 *Opus imperfectum, Hom. 30* (PG 56,791 zu Mt 12,50; deutsche Übersetzung: Kampling, „Jüdin“, 30 A. 46).

63 GREGOR DER GROSSE, *Ev. hom.* 3,1 (deutsche Übersetzung: Kampling, „Jüdin“, 31 A. 50; vgl. auch die glättende Übersetzung in FC 28/1,80f. von Michael Fiedrowicz).

64 PETRUS CHRYSOLOGUS, *Serm.* 75,3 (CCSL 24A,459f.).

65 Vgl. Johannes HEIL, „‚… auch durch deine Seele wird ein Schwert dringen‘: Zur Auslegung von Lk 2, 34–35 in der exegetischen und homiletischen Literatur von der Patristik zum Hochmittelalter“, in *Maria – Tochter Sion? Mariologie, Marienfrömmigkeit und Judenfeindschaft* (hg. v. Johannes Heil und Rainer Kampling; Paderborn: Schöningh, 2001), 37–57, 42.

2. Frauen in den Ostererzählungen

2.1 *Das Ärgernis der Erstzeugenschaft von Frauen*

Auf historischer Ebene sind die Kirchenväter mit der Tatsache beschäftigt, warum Jesus zuerst Frauen erschienen ist und nicht den Aposteln und diese beauftragt hat, den Jüngern die Botschaft von der Auferstehung zu verkündigen.[66] Die Lösungsvorschläge sind verschieden. Johannes Chrysostomus sieht die gesellschaftliche Situation der Frauen realistisch und sieht in der Bevorzugung eine ausgleichende Privilegierung, die sich in der Menschwerdung und Auferstehung zeige, und begründet dies mit dem größeren Mut der Frauen und ihrem Ausharren bei der Kreuzigung.

> Genau deswegen erschien er zuerst den Frauen. Da ja dieses Geschlecht in schlechterer Lage sich befindet, erfuhr die Frau sowohl bei der Geburt wie bei der Auferstehung als erste die Gnade.[67]

Was die Aussage des Paulus in 1 Kor 15,5 betrifft, sei Jesus dem Petrus lediglich als erstem unter den Männern erschienen, gleichsam als Trost, damit er dies nicht als Zurückweisung wegen seiner Verleugnung verstehe.[68] In der Begründung der Bevorzugung der Frauen kommen grundsätzlich typisch geschlechtsspezifische Wertungen zum Tragen: Fähigkeit zur Liebe und Bereitschaft zu Mitleid, ihr Ausharren am Grab, aber sie haben nicht die Fähigkeit, vom Grab auf die Auferstehung zu schließen. Maria von Magdala verstehe nichts Erhabenes und werde langsam durch den Gärtner zur Erkenntnis gebracht.[69]

---

[66] Es gibt sehr viel Literatur zu Maria von Magdala, äußerst informativ ist der Artikel von Rosemarie NÜRNBERG, „Apostolae apostolorum: Die Frauen am Grab als erste Zeuginnen der Auferstehung in der Väterexegese", in *Stimuli: Exegese und ihre Hermeneutik in Antike und Christentum: Festschrift Ernst Dassmann* (hg. v. Georg Schöllgen und Clemens Scholten; JAC.E 23; Münster: Aschendorff, 1996), 228–242. Siehe weiters Dietmar BADER (Hg.) *Maria Magdalena: Zu einem Bild der Frau in der christlichen Verkündigung* (München: Schnell & Steiner, 1990); Erika MOHRI, *Maria Magdalena: Frauenbilder in Evangelientexten des 1. bis 3. Jahrhunderts* (MThSt[G] 63; Marburg: Elwert, 2000); Andrea TASCHL-ERBER, *Maria von Magdala – erste Apostolin? Joh 20,1-18: Tradition und Relecture* (HBS 51; Freiburg i. Br.: Herder, 2007); DIES., „‚Eva wird Apostel!': Rezeptionslinien des Osterapostolats Marias von Magdala in der lateinischen Patristik", in *Geschlechterverhältnisse und Macht: Lebensformen in der Zeit des frühen Christentums* (hg. v. Irmtraud Fischer und Christoph Heil; Exegese in unserer Zeit 21; Münster: LIT, 2010), 161–196; DIES., „Maria von Magdala – erste Apostolin?", in *Evangelien: Erzählungen und Geschichte* (hg. v. Mercedes Navarro Puerto und Marinella Perroni, dt. Ausgabe hg. v. Irmtraud Fischer und Andrea Taschl-Erber; Die Bibel und die Frauen 2/1; Stuttgart: Kohlhammer, 2012), 362–382.

[67] JOHANNES CHRYSOSTOMUS, *Hom. 1 Cor.* 38,4 (PG 61,327).

[68] JOHANNES CHRYSOSTOMUS, *Hom. 1 Cor.* 38,4 (PG 61,326f.).

[69] Dass Maria von Magdala bei Johannes als exemplarische Jüngerin fungiert und das johanneische Sehen lernen eine kollektive Dimension hat, erkennt patristische Exegese nicht.

Cyrill von Alexandrien argumentiert recht aufwändig, dass die Männer nicht aus Feigheit, sondern aus Voraussicht nach Hause flüchteten, um später den Verkündigungsauftrag zu einem friedlichen Zeitpunkt ungehindert erfüllen zu können. „Die überaus weisen Jünger verstecken sich, weil es nützlich war".[70] Diskriminierend wird er, wenn es um die allmähliche Erkenntnis der Maria von Magdala geht: Für die Männer sind die Worte des Engels überflüssig, weil sie um die Übereinstimmung von Ereignis und Schrift wissen, die Frau aber kennt die Schrift nicht und weiß auch nichts vom Mysterium der Auferstehung.[71]

Ambrosius kann die rechte Ordnung aufrecht erhalten, indem er feststellt, dass die Frauen wegen ihrer mangelnden Ausdauer und Schwäche nur zur Verkündigung der Auferstehung für die im Haus (*domestici*), die Männer aber zur offiziellen Evangeliumsverkündigung (*evangelizandi officium*) bestimmt seien.[72] Gemäß dem Lehrverbot in 1 Tim 2,12 sollen ja die Frauen nicht lehren, sondern zu Hause ihre Männer befragen als die *perfectiores* (Vollkommeneren).[73]

2.2 *Noli me tangere: Mangel an christologischem Bekenntnis*

Zu Joh 20,17 (*noli me tangere*) bringt Johannes Chrysostomus ein objektiv heilsökonomisches Argument, dass Jesus zuerst den Hl. Geist erbitten müsse (Joh 14,16). In den Verkündigungsauftrag „Geh zu meinen Brüdern" mit der Unterscheidung von „meinem und eurem Vater" liest Johannes die Zweinaturenlehre[74] hinein. Die Vorbehalte der Jünger, die Maria von Magdala als nicht glaubwürdig betrachten, spiegeln wiederum die gesellschaftliche und kirchliche Ordnung und er sieht gleichsam einen notwendigen Zusammenhang zwischen der sozialen-kirchlichen Situation und der Bevorzugung. Er hat kein Problem, diese Frauen den Männern als Vorbild vor Augen zu stellen: „Ihr Männer, lasst uns diese Frauen nachahmen!"[75] Den Frauen unter seinen Zuhörern erklärt er:

> Ihr alle habt die Möglichkeit, wenn ihr wollt, auch jetzt nicht nur seine Füße und Hände, sondern auch sein heiliges Haupt zu berühren, so oft ihr mit reinem Gewissen die hochheiligen Geheimnisse genießt.[76]

Beim *Noli me angere* argumentiert Cyrill von Alexandrien wie Johannes Chrysostomus mit der Geistsendung, allerdings sieht er darin einen Typos der Kirche: Katechumene sind von der Eucharistie ausgeschlossen, bis sie mit dem Hl. Geist

---

70 Cyrill von Alexandrien, *In Joh. Ev.* 12 (PG 74,685–688 zu Joh 20,10).

71 Vgl. Cyrill von Alexandrien, *In Joh. Ev.* 12 (PG 74,688f. zu Joh 20,11–13).

72 Vgl. Ambrosius, *Exp. Luc.* 10,157 (CCSL 14,390).

73 Ambrosius, *Exp. Luc.* 10,165 (CCSL 14,393).

74 Nämlich die Gleichheit dem Fleische nach und die Distanz zwischen Gottessohn und den Menschen.

75 Johannes Chrysostomus, *Hom. Matt.* 88,3 (PG 58,778).

76 Johannes Chrysostomus, *Hom. Matt.* 89,3 (PG 58,784).

getauft sind. Ähnlich ekklesiologisch-sakramental bezeugt auch Ephräm der Syrer: „Einige sagen, dass unser Herr nicht berührt werden wollte, weil Maria noch nicht das Sakrament seines Leibes und seines Blutes empfangen hatte".[77] Cyrill verbindet ebenso den Auftrag mit der Zweinaturenlehre, aber nicht, um – wie Chrysostomus – auf die Distanz zwischen Gottessohn und Menschen zu verweisen, sondern um die gleiche menschliche Natur zu betonen wie auch die Gottheit.[78] Cyrills Auslegung mündet in eine heilsgeschichtliche Deutung, dass das (schwerkranke) Geschlecht der Frauen geheilt und zum Besseren gewendet wurde. Die Erklärung der Erstzeuginnenschaft für die Auferstehung als Wiedergutmachung der ersten Sünde, oft typologisch als Eva-Maria Magdalena-Parallele, begegnet immer wieder.

Die Jungfrauen mahnt Ambrosius – in der Deutung zu Joh 20,17 – „zu den auserwählten und höchst zu achtenden Priestern" zu gehen und diese als „die Fortgeschritteneren" nach der dogmatischen Unterscheidung von „meinem und eurem Vater" zu fragen".[79] Deshalb heißt es „noli me tangere", weil Maria von Magdalas „Glaube an die Auferstehung noch schwankte", während seine Mutter Maria als Jungfrau glaubt. Sein pastorales Anliegen ist es, die Jungfrauen in ihrem Glauben an die Auferstehung zu festigen. Was Chrysostomus mit der ausstehenden Geistsendung begründet, erklärt Ambrosius mit dem fehlenden christologischen Bekenntnis der Magdalenerin, weil sie nicht wie die andere Maria (Mt 28,9), die Jesu Füße festhielt, bekennt, dass „Christus sowohl Mensch als auch Gott ist".[80] Um Mt und Joh zu harmonisieren, vermutet Ambrosius zwei Magdalenen: *nescit una Magdalena Maria secundum Johannem, scit altera Maria Magdalena secundum Matthaeum.*[81]

Augustinus versucht mit der Begegnung zwischen Jesus und Maria Magdalena in Joh 20,17 die Häretiker zum orthodoxen Glauben zurückzuführen:

> Was sagst du Arianer? Es gab eine Zeit, als der Sohn nicht war. Siehst du, dass er für dich noch nicht zum Vater aufgestiegen ist? Berühre nicht, glaube nicht so! Es gibt keine Zeit zwischen Vater und Sohn.[82]

Auch in den Predigten zur Osteroktav will er seine Gläubigen in Hippo Regius einfühlsam an die rechte Lehre heranführen und spricht sich vehement gegen ein zu seiner Zeit offensichtlich gängiges Argument aus, dass Jesus sich nur von Männern berühren lassen wolle, nicht von Frauen.[83] Außerdem gehe es in Joh

---

77 EPHRÄM, *Kommentar zum Diatessaron* 21,26 (SC 121,389).

78 CYRILL VON ALEXANDRIEN, *In Joh. Ev.* 12 (PG 74,700f. zu Joh 20,17).

79 Vgl. AMBROSIUS, *Virginit.* 4,23 (BKV[1] [1871], 155).

80 AMBROSIUS, *Exp. Luc.* 10,163 (CCSL 14,393).

81 „Nicht erkennt ihn die eine Maria Magdalena nach Johannes, es erkennt ihn die andere Maria Magdalena nach Matthäus", AMBROSIUS, *Exp. Luc.* 10,153 (CCSL 14,389).

82 AUGUSTINUS, *Serm.* 244,4 (BAC 447,449).

83 AUGUSTINUS, *Tract. Ev. Jo.* 121,3 (BKV[2] 19,355).

20,17 nicht um körperliche Berührung, sondern um eine geistige, die Annäherung im Glauben.[84] „Glaubt, und ihr berührt Christus", führt Augustinus variantenreich aus.[85] Aber es geht nicht nur um den Glaubensakt, sondern auch um den Glaubensinhalt, die Wesensgleichheit von Vater und Sohn: „Willst du richtig berühren? Begreife, dass Christus gleich ewig wie der Vater ist, und du hast ihn berührt".[86] Augustinus deutet Joh 20,17 nicht individualisierend-moralisch, sondern kollektiv, Maria Magdalena wird zum Prototyp für alle Gläubigen: „Was Maria hörte, soll auch die Kirche hören. Alle sollen das hören, alle sollen begreifen ... Berühren wir alle, wenn wir glauben wollen".[87] Er versucht Männer nicht als die Glaubensstärkeren darzustellen und bezieht das Glauben von Johannes und Petrus in Joh 20,8 lediglich auf das leere Grab, nicht auf die Auferstehung. Und er fragt, wo die Stärke des Felsens, Petrus, geblieben sei.[88]

2.3 *Erstschuld der Frau – Erstzeugnis der Osterfrauen*

Als prominentes Beispiel bringe ich Hippolyt (gest. 235/6), der in seinem Hoheliedkommentar[89] die verschiedenen Ostererzählungen und die Braut des Hoheliеds zu einem dichten Gewebe verarbeitet unter den Stichwörtern Nacht, Garten, Suchen/Finden, Festhalten,[90] wobei Maria Magdalena zur Repräsentantin eines neuen Israel wird. Die beiden Frauen nennt er Maria (Magdalena) und Marta (vgl. Lk 10; Joh 11). Wie die Braut des Hohelieds suchen die beiden Frauen Jesus bei Nacht im Grab und können ihn nicht finden, denn es heißt: Was sucht ihr den Lebendigen bei den Toten? (Lk 24,5). Als sie ihn aber finden, fassen sie seine Füße, um ihn festzuhalten[91] trotz seiner Abwehr: Halt mich nicht fest (Joh 20,17). Eine heilsgeschichtliche Wende geschieht: ‚Eva' ist die jetzt nicht Verführte, sondern den Baum des Lebens festhalten Wollende.

> [...] und die Apostel der Apostel wurden sie, von Christus gesandt [...] Aber damit sie nicht von einem Engel gesandt keinen Glauben hätten („fänden"?), begegnet Christus selbst sendend, damit auch Frauen Apostel Christi werden und den Mangel des Ungehorsams der ersten Eva durch den jetzigen zurechtbringenden Gehorsam offenbar machten [...] O wunderbarer Berater, Eva wird Apostel! [...] Jetzt wird Eva eine Gehilfin dem Adam. O

---

84 AUGUSTINUS, *Ep.* 149,32 (CSEL 44,378).

85 Vgl. NÜRNBERG, „Apostolae", 239f.

86 AUGUSTINUS, *Serm.* 243,2 (BAC 447,485f.).

87 AUGUSTINUS, *Serm.* 245,2–4 (BAC 447,502–504).

88 AUGUSTINUS, *Serm.* 244,1 (BAC 447,493f.).

89 HIPPOLYT, *In Cant.* 15 zu Hld 3,1–4 (GCS 1,350–355). Vgl. auch Andrea TASCHL-ERBER, „Intertextuelle Lektüre und typologische Interfigurationen im Hohelied-Kommentar des Hippolyt", in *Biblical Women in Patristic Reception/Biblische Frauen in patristischer Rezeption* (hg. v. Agnethe Siquans; JAJSup 25/5; Göttingen: Vandenhoeck & Ruprecht, 2017), 154–185.

90 Vgl. Hld 3,4; Joh 20,17.

91 Vgl. Hld 3,4: „[...] fand ich ihn, den meine Seele liebt. Ich packte ihn, ließ ihn nicht mehr los." (EÜ 2016)

> der schönen Gehilfin durch das Evangelium! Daher auch die Frauen Evangelium verkündigen. Ursache aber hiervon, weil die Gewohnheit war der Eva, zu verkündigen Lüge (Irrtum) und nicht Wahrheit. Was dies? Bei uns verkündigen Frauen als Evangelium die Auferstehung.[92]

Frauen werden nun Apostel und verkünden als Apostel Christi das Evangelium von der Auferstehung und die Wahrheit, nicht mehr Irrtum.[93] Die Bezeichnung *apostolae apostolorum* (Apostelinnen der Apostel), die ab dem 11./12. Jh. ein fester Topos wird, findet sich hier explizit, wie auch bei Hieronymus.[94]

Nicht typologisch-heilsgeschichtlich, sondern mit wesentlich schärferem Ton wird bei Ambrosius der Vorrang der Frauen nivelliert und die Erstschuld durch das Erstzeugnis kompensiert. Es gleicht einer heilsgeschichtlichen Instrumentalisierung, wenn er knapp formuliert: *per os mulieris mors, per os mulieris vita.*[95]

Augustinus vermerkt zu Lk 24,11, wo die Jünger die Aussage der Frauen als albernes Geschwätz bezeichnen, es sei paradox, dass Männer dem Irrtum geglaubt haben, aber nicht der Wahrheit der Frauen: *per feminam mors, per feminam vita.*[96] Weitere Beispiele finden sich bei Gregor von Nazianz: „Eva, als erste gefallen, grüßt als erste Christus und gibt es den Jüngern bekannt“[97] oder Gregor von Nyssa: Als erste Auferstehungszeugin macht sie den Ungehorsam der ersten Frau wieder gut.[98]

Petrus Chrysologus[99] führt in seiner 79. Predigt das Eva-Motiv breit aus mit den Stereotypen von weiblicher Sündhaftigkeit, Schwäche und Emotionen – Frauen vergießen Tränen, die Männer ihr Blut – und nimmt die ungläubige Reaktion der Apostel auf die Nachricht von der Auferstehung (Lk 24,11) in Schutz:

> Darum ist es nicht zu verwundern, [...] wenn das Weib zuerst zu den Tränen eilt, das zuerst auch hingeeilt zum Falle; vorausschreitet zum Grab, das vorausschritt zum Tod; auftritt als Verkünderin der Auferstehung, das einst des Todes Vermittlerin gewesen; und wenn, wie es dem Manne die Botschaft seines schrecklichen Falles gebracht, es nun auch selbst des großen Heiles Wort überbringt, um so wieder gut zu machen durch die Botschaft des Glaubens, was sie geschadet, indem sie dem Unglauben das Ohr lieh. Nicht verkehrt ist hier die Ordnung, sondern voll des Geheimnisses; nicht nachgesetzt erscheinen die Apostel den Frauen, sondern für Größeres aufbehalten: [...] Aber auch dies, dass die Apostel den die Auferstehung des Herrn berichtenden Frauen entweder nicht geglaubt oder es für Träumerei gehalten haben, wie zu lesen ist, darf niemand verargen: der tiefe Zweifler glaubt umso tiefer; nicht kann sobald getäuscht werden, wer nicht leichtgläubig Gehörtes hinnimmt; unmännlich wäre es, nach gemachter Erfahrung sich abermals unvorsichtig finden zu lassen. [...] So ist Adam, der Neuling, schnell gelaufen, da er schnell glaubte; und

---

92 HIPPOLYT, *In Cant.* 15 zu Hld 3,1–4 (GCS 1,353–355).

93 Im Schlusssatz deutet Hippolyt eine zweite Wende an, die der Synagoge in die Kirche.

94 Vgl. HIERONYMUS, *Comm. Soph.* prol. (CCSL 76A,655).

95 „Durch den Mund einer Frau (kam) der Tod, durch den Mund einer Frau das Leben“, AMBROSIUS, *Exp. Luc.* 10,156 (CCSL 14,390).

96 „Durch die Frau Tod, durch die Frau Leben“, AUGUSTINUS, *Serm.* 232,2 (SC 116,262).

97 GREGOR VON NAZIANZ, *Or.* 45,24 (PG 36,657A).

98 GREGOR VON NYSSA, *Contra Eunom.* 3,10,16 (GNO 2,295).

99 Vgl. dazu TASCHL-ERBER, *Maria von Magdala*, 598–604.

da er leichtgläubig sein Ohr der Rede des Weibes lieh, hat er sich und seine Nachkommen dem schlimmsten Feinde überliefert: hingegen aber der alterfahrene Petrus (*veteranus Petrus*) hört das Weib nicht leichtgläubig an, dem Frauenberichte traut er nur zögernd, und wie ein Veteran überlegt er wohl, um nicht wie ein Knabe ins Verderben zu geraten. Erst dann, als zwei von den Jüngern, die nach der Auferstehung den Herrn als Wegbegleiter zu haben gewürdigt wurden, bei ihrer Rückkehr verkündeten, dass sie den Herrn gesehen: erklären die Apostel das Gehörte nicht für Träumerei, sondern als Männerwort.[100]

Das Zeugnis der Frauen wird durch das Eva-Motiv abgewertet und Petrus Chrysologus konstruiert eine bemerkenswerte Adam-Petrus-Typologie. Er ist Bischof von Ravenna (gest. um 450) und seine Aussagen spiegeln die Stellung des Petrus, die zu seiner Zeit mit Papst Leo I. und seinem Primatsanspruch einen Höhepunkt erreicht hat. Es gehe nicht um Schuld der Jünger, sondern um eine mystische Ordnung.

Glaubst du etwa, dass die Abwesenheit des Petrus und des Johannes, ja die aller Jünger getadelt oder als Feigheit gescholten werde dadurch, dass dem auferstehenden Christus zuerst die Frauen, die allein die Nacht durchwacht hatten, voll Eifer entgegeneilen? Wird denn der Vorrang des Mannes dadurch hervorgehoben, dass zur Herrlichkeit der Auferstehung (ihm) vorauseilt das schwache Weib? Das sei ferne, Brüder! Es hat dies einen tiefen Grund, nicht ist es des Zufalls Spiel; ein Geheimnis waltet vor, nicht Fügung des Schicksals, gewollte Ordnung, nicht Schuld (irgendeines). Denn das Weib folgt doch hier dem Manne, nicht eilt es ihm voraus; denn der Mann war doch (vorher) auferstanden in Christus. Erkenne also, dass Petrus nicht zurückstand hinter den Frauen, sondern hinter Christus; dass er nicht wich der Magd, sondern dem Herrn, dem Geheimnis sich unterwarf, nicht dem Schlafe, der Ordnung, nicht der Furcht. Denn der Mann war schon da in Christus, als der Engel zu den Frauen kam, sodass in demselben Maße, in dem der Herr die Engel überragte, auch der Mann das Weib überragte an Ehre. [...] Auch hier werden die Apostel den Frauen nicht nachgesetzt, sondern das Weib wird von der Schuld losgesprochen, indem es die Kunde von dem Leben bringt, die Kunde von der Auferstehung übermittelt, da es auch überbracht hatte die Kunde von dem Tode und dem Untergang [...] „Sie traten herzu und umfassten seine Füße", damit sie wüssten, dass im Haupte Christi der Mann sei, dass sie nur seien in den Füßen Christi, dass es ihnen gegeben sei, dem Mann in Christo zu folgen, nicht aber ihm voranzugehen.[101]

Die patriarchale Geschlechterordnung wird eingefordert, die Hierarchie Christus-Mann-Frau bleibt unangetastet. Weniger polemisch, aber klar bezeugt auch Gregor der Grosse (gest. 604) in seiner Homilie 25,6 (zu Joh 20,11–18):

Seht, die Schuld der Menschheit wird dort getilgt, von wo sie ausgegangen ist. Da nämlich im Paradies die Frau dem Mann den Tod zu trinken gab (vgl. Gen 3,6), verkündet vom Grabe aus eine Frau den Männern das Leben. Und es berichtet die Worte ihres Lebensspenders, die die Worte der todbringenden Schlange berichtet hatte. Als wollte der Herr der Menschheit nicht durch Worte, sondern durch die Geschehnisse sagen: Aus der Hand, die euch den Trank des Todes reichte, empfangt auch den Kelch des Lebens.[102]

---

[100] Petrus Chrysologus, *Serm.* 79,2–4 (CCSL 24A,484–486; BKV[1] [1874], 366–368).

[101] Petrus Chrysologus, *Serm.* 80,1.4.6 (CCSL 24A,490f.493f.; BKV[2] 43,135f.137–139).

[102] Gregor der Grosse, *Ev. hom.* 25,6 (FC 28/2,461).

2.4 Verkündigende Frauen als Typos der Kirche

Petrus Chrysologus gelingt es, das Ärgernis der verkündigenden Frauen und des Versagens der Jünger zu lösen, indem er die historische Ebene völlig auflöst und die Frauen als Symbol der Kirche erscheinen lässt. Die beiden Marien bei Mt sind vollkommen und gläubig und umfassen die Füße Christi, während Maria Magdalena bei Johannes noch ganz dem Irdischen verhaftet ist und daher daran gehindert wird, das zu tun.

> Der Engel entsendet hier nicht die Frauen als solche, sondern die Kirche sendet er in den beiden Frauen, [...] der Engel sendet so die Braut zum Bräutigam.[103]
> Sie kommen nicht in der Gestalt von Frauen, sondern im Typos der Kirche zum Grab des Herrn.[104]

Allegorische und historische Auslegung können aber willkürlich je nach Legitimationsinteresse wechseln, vor allem gilt es den Widerspruch zu Joh 20,18, der Verkündigung durch Maria von Madgala, zu lösen. Das Schweigen der Frauen in Mk 16,8 untermauert er mit dem Hinweis auf das Lehrverbot 1 Kor 14,34f., Chrysologus schreibt:

> „Und sie sagten niemandem etwas“: – den Weibern nämlich ist zu hören, nicht zu reden gestattet; zu lernen ist ihnen erlaubt, nicht zu lehren, nach der Anweisung des Apostels: „Die Frauen haben in der Kirche zu schweigen.“ Doch ist es dieselbe Maria, welche später hingeht und es verkündigt; doch vertrat sie damals nicht mehr das Weib, sondern die Kirche, sodass sie dortmals in der Eigenschaft des Weibes schweigt, hier aber als Bild der Kirche verkündigt und spricht.[105]

Der Prediger wendet das Problem der Verkündigung von Frauen ins Symbolische, um Ansprüche von Frauen abzuwehren. Somit entspricht ein Verschweigen oder eine Uminterpretation der apostolischen Rolle Marias von Magdala als Erstverkündigerin der österlichen Frohbotschaft einer gleichzeitigen Zurückdrängung der Frauen aus der Verkündigung.[106]

Hatten sogenannte apokryphe Schriften des 2./3. Jh.s, wie das Evangelium der Maria und die Pistis Sophia, die Legitimität der Verkündigung von Frauen anhand der Maria von Magdala als Symbolfigur diskutiert,[107] zeigen diese Texte die strukturelle Entwicklung der Kirche zu männlichen Verkündigern und der Spitzenstellung des Petrus.

---

[103] PETRUS CHRYSOLOGUS, *Serm.* 76,2 (CCSL 24A, 465; BKV[1] [1874], 348f.).

[104] PETRUS CHRYSOLOGUS, *Serm.* 75,3 (CCSL 24A,459).

[105] PETRUS CHRYSOLOGUS, *Serm.* 82,6 (CCSL 24A,508; BKV[1] [1874], 385).

[106] Vgl. Anne JENSEN, „Maria von Magdala – Traditionen der frühen Christenheit“, in *Maria Magdalena: Zu einem Bild der Frau in der christlichen Verkündigung* (hg. v. Dietmar Bader; Freiburg i. Br.: Katholische Akademie, 1990), 33–50; 41.

[107] Vgl. Silke PETERSEN, *„Zerstört die Werke der Weiblichkeit!“: Maria Magdalena, Salome und andere Jüngerinnen Jesu in christlich-gnostischen Schriften* (NHMS 48; Leiden: Brill, 1999); Andrea TASCHL-ERBER, „Maria von Magdala: Galionsfigur in frühchristlichen Auseinandersetzungen um Leitungsfunktionen von Frauen“, *BK* 65 (2010): 238–242.

2.5 Maria von Magdala eine Prostituierte?

An Gregor dem Großen kann man festmachen, wie Maria zur Sünderin geworden ist. In seiner Homilie 33,1 (zu Lk 7,36–50) identifiziert er sie mit der unbekannten Prostituierten aus Lk 7, die im Haus des Pharisäers Simon Jesu Füße salbt, worauf in Lk 8,2 im Gefolge Jesu Maria Magdalena genannt wird, aus der sieben Dämonen ausgefahren waren. Gregor versteht diese Dämonen von seiner Lasterlehre her, wobei das „viel geliebt" (Lk 7,47) eine wesentliche Rolle spielt, und es wird die Tendenz sichtbar, Frauen mit dem Namen Maria bzw. alle Frauen, die salben, gleichzusetzen:

> Lukas bezeichnet sie als eine Sünderin, Johannes aber als Maria; wir glauben, dass sie jene Maria ist, der, wie Markus bezeugt, sieben Dämonen ausgetrieben wurden. Und was wird durch die sieben Dämonen anderes bezeichnet als die Gesamtheit der Laster? Da nämlich durch sieben Tage die ganze Zeit erfasst wird, lässt sich zu Recht mit der Siebenzahl die Gesamtheit bezeichnen. Sieben Dämonen besaß also Maria, die von sämtlichen Lastern erfüllt war.[108]
>
> „Ihr sind viele Sünden vergeben, weil sie viel geliebt hat" (Lk 7,47). Wie vollständig ihr vergeben worden sei, geht auch aus ihrem nachmaligen Verhalten hervor, indem sie zu den Füßen des Herrn saß und das Wort aus seinem Munde vernahm (Lk 10,39). Dem beschaulichen Leben ergeben hatte sie sich bereits über das tätige Leben erhoben, welches ihre Schwester Martha noch führte. Eifrig suchte sie den Herrn, nachdem er begraben war, und fand seinen Leichnam nicht, als sie sich über das Grab beugte. Aber selbst als die Jünger das Grab verließen, blieb sie weinend vor dem Eingange desselben stehen und verdiente so, den lebend zu sehen, den sie als Toten suchte, und verkündigte den Jüngern seine Auferstehung (Joh 20,1ff; Mt 28,1ff). Auch dies geschah durch die wunderbare Fügung der göttlichen Güte, dass ein Weib die Lebenskunde brachte, nachdem Weibesmund im Paradiese den Tod gebracht hatte. Zu einer andern Zeit sah sie mit der andern Maria den Herrn nach seiner Auferstehung, näherte sich ihm und umfasste seine Füße.[109]

Andrea Taschl-Erber schreibt dazu: „Ob es Gregor um eine Abwertung der konkreten Frau aus Magdala geht, ist fraglich. Im Vordergrund steht für ihn ihre vorbildhafte Funktion als ‚Prototyp des sündigen Menschen, dem [...] Rettung nicht versagt bleibt'; daraus bezog das Bild der Sünderin Magdalena schließlich seine Kraft. Von Seiten feministischer Kritik erhebt sich jedoch die Frage, warum eine Frau als Typus der SünderInnen fungieren muss, wenn genauso gut Petrus, der Jesus verleugnete, bereute und schließlich Vergebung erfuhr (vgl. Joh 21), Vorbild des fehlenden Menschen sein könnte. Hier treten deutlich die Auslegungsmechanismen patriarchaler Projektionen zu Tage"[110] bzw. zum Brief an Gregoria: „Hier bilden Elemente aus Lk 7; 10; Joh 20; Mt 28 die Elemente der Magdalenenvita. Als Sünderin ist Maria Magdalena Beispiel des göttlichen Erbarmens, als Maria von Betanien Typus des kontemplativen Lebens, als Osterbotin Verkünderin der Auferstehung des Herrn, wenngleich ihre apostolische

108 Gregor der Grosse, *Ev. hom.* 33,1 (FC 28/2,619).

109 Gregor der Grosse, *Brief an Gregoria* 7,22 (25) (CCSL 140,473; BKV[1] [1874], 369f.).

110 Vgl. dazu Taschl-Erber, *Maria von Magdala*, 610f.

Funktion durch die bekannte Eva-Typologie [...] und das Paradigma der Sünderin neutralisiert wird. Die mt Proskynese-Szene unterstreicht die demütige Haltung der Reuigen. Mit seinen Magdalenenhomilien, die auch in der Liturgie verwendet wurden, schuf Gregor die Basis für die spätere Legende, was die ‚biblische' Biographie der Heiligen betrifft, und beeinflusste weitgehend die mittelalterlichen Magdalenenpredigten und -dichtungen."[111]

Maria Magdalena wird mit anderen ntl. Frauengestalten harmonisiert wie der stadtbekannten Sünderin in Lk 7,36–50, die salbt und die auf Sexualität reduziert wird. Die Salbungsgeschichten in Mt 26,6–13 (Betanien), Mk 14,3–9 (Betanien) und 16,1 wiederum werden mit Joh 12,1–11, wo Maria von Betanien salbt, in Verbindung gebracht. Die unsichere Identität der biblischen Marien lässt schon im 2./3. Jh. Maria von Betanien zur Schwester Martas (Lk 10,38–42) werden. Der Osten ist andere Wege gegangen und feiert ein Fest der Myrophoren (Salbenträgerinnen) als Apostelgleiche.[112]

Schluss

Meine Ausführungen wollen zeigen, dass Rezeption immer interessegeleitet und abhängig von Geschlechterkonstruktionen ist. Die Bibel wird den jeweiligen theologischen und dogmatischen Vorstellungen dienstbar gemacht, und die Bibelauslegung spiegelt die jeweiligen theologischen Diskussionen wider, zumal biblische Texte auch eine gewisse Offenheit und Uneindeutigkeit haben, die solche Adaptionen zulässt. Dabei werden von den frühchristlichen Theologen oft Textdetails übermäßig gewichtet, um eigene Theorien zu legitimieren. Aber der Rezeptionsprozess verläuft nicht einlinig.[113] Es können durchaus verschüttete oder widersprüchliche Traditionen zu Tage treten, wie im Falle der Maria ihr natürliches Gebären und ihre Funktionalisierung für Kirche und Synagoge. Das theologische Interesse dominiert über dem historischen Interesse, was zur Auflösung der biblischen Frauengestalten ins Symbolische bzw. zur Typisierung entweder als ‚Eva' oder als Maria führt. Frauen werden dabei zu Schablonen männlicher Vorstellungen. Eine diachrone Perspektive lässt klar die Abwertungs- und Verdrängungsmechanismen für öffentliches Wirken von Frauen erkennen, wie im Fall der Maria von Magdala als Symbolfigur.

---

111 Ebd., 612.

112 Vgl. Eva SYNEK, „‚Πρῶται … τῶν διδασκάλων διδάσκαλοι': Anmerkungen zur Rolle der Myrophoren im Diskurs pro und contra Frauenämter", in *Biblical Women in Patristic Reception/Biblische Frauen in patristischer Rezeption* (hg. v. Agnethe Siquans; JAJSup 25/5; Göttingen: Vandenhoeck & Ruprecht, 2017), 220–256; Vgl. JENSEN, „Maria von Magdala", 43f.

113 Vor allem sind auch Schriften einzubeziehen, die aus interessegeleiteter Kategorisierung als heterodox oder apokryph bezeichnet werden, die z. B. für die Rezeption in der Kunst keinerlei Rolle spielt.

Lehren ja – aber nicht *ex cathedra*: Frauen aus den Paulusbriefen in der patristischen Literatur

Dominika Kurek-Chomycz, Liverpool Hope University

1. Einleitende Bemerkungen

„Was lehrt Paulus über Frauen?“, mag man sich in der Exegese noch bis vor wenigen Jahrzehnten gefragt haben, und es ist durchaus denkbar, dass diese Frage in Kreisen, die mit der Forschungsliteratur weniger vertraut sind, auch heute noch hin und wieder gestellt wird. In der Bibelwissenschaft herrscht jedoch inzwischen weitgehende Einigkeit darüber, dass die „Regeln“ und „Vorschriften“ für Frauen, die der Apostel Paulus vermeintlich formuliert hat, auf bestimmte Situationen und Gelegenheiten bezogen sind. Gleichwohl wird nach wie vor versucht, seine „Ansichten“ zu rekonstruieren. Wie Margaret MacDonald in ihrem 2011 publizierten Beitrag zu The Blackwell Companion to Paul schreibt: „Over the past twenty-five years in particular, scholars have sought to untangle and resolve contradictory impressions and ambiguities in Paul's thought concerning women and gender.“[1] Das zentrale Problem betrifft dabei noch immer die augenscheinlichen Widersprüche zwischen den (wenngleich vereinzelten und alles andere als systematischen) allgemeinen Aussagen über Frauen und den konkreten, namentlich erwähnten Frauen, die mit Paulus zusammengearbeitet und offenbar in einigen Fällen eine wichtige Rolle in der frühchristlichen Bewegung gespielt haben. Um erneut MacDonald zu zitieren:

> On the one hand, the apostle is well known for encouraging the women prophets of 1 Corinthians 11:2–16 to cover their heads and for silencing wives who persistently ask questions during church assemblies in 1 Corinthians 14:34–35. On the other hand, it is to Paul's letters that people turn for evidence of women's leadership, particularly to the description of the „deacon“ Phoebe (Rom 16:1) or the „apostle“ Junia (Rom 16:7).[2]

Ein Blick auf einschlägige Datenbanken[3] verrät, dass sich die christlichen Autoren der Antike, um ihre eigene Sicht auf die Frauen zu untermauern, häufiger

---

1 Margaret Y. MacDonald, „Women in the Pauline Churches“, in *The Blackwell Companion to Paul* (hg. v. Stephen Westerholm; Somerset: Wiley-Blackwell, 2011), 268–284; 268.

2 Ebd., 268.

3 S. insbes. die Datenbank mit Zitaten aus den Paulusbriefen: http://itsee-web.bham.ac.uk/epistulae/citations.html [zuletzt abgerufen 19.10.2021].

auf die erstgenannte Gruppe von Zitaten, also auf die vermeintlich grundsätzlichen Aussagen des Apostels zu weiblichen Rollen und Verhaltensweisen, als auf Äußerungen über bestimmte, namentlich genannte Frauen beriefen. Bezeichnenderweise gilt dies hauptsächlich für solche Aussagen, die in der modernen Interpretation als eher negativ betrachtet werden. Zwar ist auch die sogenannte „Taufformel"[4] in Gal 3,28 oft Gegenstand von Zitaten oder Anspielungen, aber dort liegt der Fokus vor allem auf einem allgemeinen „Einssein" in Christus.[5]

Hinzu kommt, dass in der modernen Bibelwissenschaft zwischen den unstrittigen Paulusbriefen – dazu gehören auch der erste Brief an die Gemeinde von Korinth und der Brief an die Gemeinde von Rom – und jenen Briefen unterschieden wird, bei denen die Verfasserschaft des Paulus fraglich ist. Unter Letzteren gilt insbesondere der erste Timotheusbrief, der das ausdrücklichste neutestamentliche Verbot weiblichen Lehrens und weiblicher Autorität über Männer enthält (vgl. 1 Tim 2,12), bei der Mehrzahl der Fachleute als ein Text, der nach Paulus' Tod von einem Nachahmer des Apostels verfasst worden ist. Und auch die Briefe an die Gemeinden von Kolossä und Ephesus, in deren sogenannten „Haustafeln" die Forderung erhoben wird, dass Ehefrauen ihren Männern „untertan" zu sein hätten (Kol 3,18 und Eph 5,24), werden in der kritischen Forschung gemeinhin als deuteropaulinisch betrachtet. Also wurde in der Exegese unter anderem die Strategie verfolgt, den kanonisch-literarischen „Paulus" (der sich aus sämtlichen mit ihm in Verbindung gebrachten neutestamentlichen Briefen konstituiert) dem „historischen" Paulus gegenüberzustellen, der den Beitrag der Frauen zur Ausbreitung des Evangeliums besser zu schätzen gewusst habe und nicht für die kontroversen Aussagen aus den umstrittenen paulinischen Briefen verantwortlich gemacht werden könne.[6] Selbst dann aber bleibt,

---

4 So wird Gal 3,28 in der Forschung meistens bezeichnet; eine andere Sichtweise, die diese Deutung in Frage stellt, findet sich hingegen bei Gesila N. UZUKWU, *The Unity of Male and Female in Jesus Christ: An Exegetical Study of Galatians 3.28c in Light of Paul's Theology of Promise*, (LNTS 531; London: Bloomsbury T&T Clark, 2015). „There is no surviving evidence that Gal. 3:28 may have persisted as part of a baptismal liturgy", schlussfolgert Pauline N. HOGAN in *„No Longer Male and Female": Interpreting Galatians 3:28 in Early Christianity*, (LNTS 380; London und New York: T&T Clark, 2008), erklärt jedoch andererseits: „The arguments for considering the verse part of an early ritual are convincing." (194)

5 HOGAN, *„No Longer Male and Female"*, 194. Vgl. auch ihren nachfolgenden Kommentar zu Gal 3,28 im frühen Christentum: „As significant as it has become for many scholars of today, there are far too many Christian writers of the first four centuries who ignore the verse for us to imagine that it was as important to early Christians as it has become recently." (ebd.)

6 Die Strategie ist aus feministischer Sicht eher problematisch; schon Mary DALY spricht in ihrem einflussreichen Buch *Beyond God the Father: Toward a Philosophy of Women's Liberation* (Boston: Beacon Press, 1973) über „the labored defense of Paul by Scripture scholars who would have us know that ‚the real Paul' was not the author of the objectionable passages against women and was *not* the all time male chauvinist. [...] The point is that for nearly two thousand years the passages have been used to enforce sexual hierarchy." (5)

wie der oben zitierte Kommentar von MacDonald belegt, die Tatsache bestehen, dass auch im ersten Brief an die Gemeinde von Korinth problematische Aussagen enthalten sind, über die gesprochen werden muss. Eine andere Strategie, die häufig angewandt wird, um die augenscheinlichen Unstimmigkeiten der paulinischen „Ansichten" über Frauen aus der Welt zu schaffen, besteht darin, 1 Kor 14,34–35 als Interpolation, das heißt als Randnotiz wegzuerklären, die nachträglich in den paulinischen Text eingefügt worden sei. Und schließlich findet sich unter den Methoden, mit denen Paulus gegen den Vorwurf der Frauenfeindlichkeit verteidigt wird, auch die, dass man die Bedeutung seiner Äußerungen auf einen sehr spezifischen korinthischen Kontext beschränkt und demgegenüber die Relevanz eher inklusiver Passagen wie Gal 3,28 oder die Liste der namentlich genannten Frauen in Röm 16 betont.

Wenngleich die frühchristlichen Schriftsteller andere Sorgen hatten als wir heute, waren, wie wir noch sehen werden, doch auch unter ihnen einige, die als aufmerksame Leser den Versuch unternahmen, Unstimmigkeiten in den Anweisungen des Apostels zu erklären. In der patristischen Literatur und bis zum Beginn der Neuzeit war die Verfasserschaft des ersten Timotheusbriefs und der Briefe an die Gemeinden von Kolossä und Ephesus unumstritten und eine Unterscheidung zwischen dem Paulus der strittigen und dem Paulus der unstrittigen Briefe für die patristischen Autoren mithin keine Option. Andererseits aber kam auch die Vorstellung einer Geschlechtergleichheit im modernen Sinne in ihrem Weltbild nicht vor, weshalb sie Aussagen, die von Lesenden des 21. Jahrhunderts als problematisch empfunden werden, öfter als nicht für geeignet hielten, die Unterlegenheit der Frauen anhand der Bibel zu belegen. Die Auslegungen von Autoren wie Johannes Chrysostomus, die an einer kontinuierlicheren Auseinandersetzung mit den „paulinischen" Aussagen interessiert waren und sie nicht nur als Belegtexte heranzogen, sind weniger eindeutig. Dennoch teilte auch Chrysostomus die patriarchale Sichtweise derer, die für die neutestamentlichen *Haustafeln* verantwortlich zeichnen. Obwohl er Männern und Frauen so, wie sie bei ihrer Erschaffung von Gott gewollt waren, den gleichen Wert zuschreibt, darf ὁμοτιμία (wörtl. „Gleichheit der Ehre"), wie Korinna Zamfir betont, nicht mit dem modernen Begriff der Geschlechtergleichheit verwechselt werden.[7]

---

[7] Korinna ZAMFIR, „Men and Women in the House(Hold) of God: Chrysostom's Homilies on 1 Tim 2,8–15", *Sacra Scripta* 6/2 (2008): 144–164; 156, Anm. 45. Sie nimmt darüber hinaus weitere Begriffe in ihre Liste auf: ὁμοούσιος, ὁμογενής und τῆς φύσεως κοινωνός; Letzteres deutet sie – im Unterschied zu Valerie A. KARRAS, „Male Domination of Woman in the Writings of Saint John Chrysostom", *The Greek Orthodox Theological Review* 36/2 (1991): 131–139; 132 – als „sharing in the implied human nature and in the implied worth, and not social (even less political) equality". Für Chrysostomus war die Unterordnung der Frau, wie Zamfir schreibt, sowohl durch den Ungehorsam der ersten Frau im Garten Eden als auch durch die Schöpfungsreihenfolge bedingt und mithin gottgewollt. Vgl. auch Chris L. DE WET, „Husbands, Wives and the Haustafeln in John Chrysostom's Homilia in Epistu-

Im vorliegenden Beitrag gilt mein Interesse vor allem denjenigen Stellen in der griechischen und lateinischen Literatur der christlichen Antike etwa bis zur Mitte des 5. Jahrhunderts – also aus den ersten 400 Jahren nach Abfassung der frühesten Paulusbriefe –, an denen auf bestimmte, in den Paulusbriefen namentlich erwähnte Frauen Bezug genommen wird. Mein besonderes Augenmerk liegt dabei auf der Frage, ob und, wenn ja, wie die einzelnen Autoren versuchen, die Präsenz prominenter Frauengestalten mit jenen Aussagen zu vereinbaren, die die Dienstausübung von Frauen einschränken. Der Text der Paulusbriefe, der den patristischen Autoren zugänglich war, war allerdings nicht ganz derselbe wie der unserer modernen kritischen Ausgaben (und Übersetzungen). Deshalb müssen wir nicht nur fragen, *welche* Frauen in den 13 Briefen, die der Apostel Paulus geschrieben hat oder die ihm zugeschrieben werden (also im paulinischen Briefkorpus mit Ausnahme des Hebräerbriefs, in dem nicht der Anspruch erhoben wird, dass er von Paulus stammt), namentlich erwähnt werden, sondern auch, welche dieser Frauen in den neutestamentlichen Textversionen enthalten waren, die den patristischen Autoren vorlagen. Zudem sagen Unterschiede zwischen den Handschriften – auch dann, wenn keine der erhaltenen patristischen Quellen hierzu Stellung nimmt – etwas darüber aus, mit welchen namentlich bekannten Frauen und paulinischen Texten über Frauen *andere* christliche Lesende (einschließlich der Schreiber) womöglich vertraut waren und welche Erwähnungen sie vielleicht als problematisch empfanden. Vor diesem Hintergrund werde ich im Folgenden zunächst einen kurzen Überblick über einige textkritische Erwägungen geben und mich erst danach den antiken christlichen Schriftstellern zuwenden.

2. Namentlich erwähnte Frauen in den paulinischen Briefen und textkritische Probleme

Im Nestle Aland 28, der derzeit gebräuchlichsten Ausgabe des griechischen Neuen Testaments, werden im *Corpus Paulinum* 16 Frauen *namentlich* erwähnt, die Zeitgenossinnen des Paulus waren (biblische Frauengestalten wie Sara, Hagar oder Eva werden hier nicht berücksichtigt). Außer Prisca werden alle diese Frauen nur einmal und die meisten von ihnen in Röm 16 erwähnt: Phöbe (Röm 16,1–2); Prisca (Röm 16,3–5; 1 Kor 16,19; 2 Tim 4,19; immer gemeinsam mit Aquila); Maria (Röm 16,6); Junia (Röm 16,7; gemeinsam mit Andronikus); Try-

lam Ad Ephesios 20“, *Acta Patristica et Byzantina* 21/2 (2010): 51–62, der zeigt, dass Chrysostomus in seiner Interpretation von Eph 5,22–24 „the rhetoric of naturalization“ verwendet. (53)

phäna und Tryphosa (Röm 16,12); Persis (Röm 16,12); Julia (Röm 16,15; gemeinsam mit Philologus); Chloë (1 Kor 1,11); Evodia und Syntyche (Phil 4,2–3); Nympha (Kol 4,15); Eunike und Loïs (2 Tim 1,5); Claudia (4,21); und Apphia (Phlm 2).

Die 28. Auflage der Nestle-Aland-Ausgabe, die praktisch identisch ist mit der fünften Auflage des *Greek New Testament* der *United Bible Societies* und den meisten der heutigen englischen Bibelübersetzungen zugrunde liegt, stimmt jedoch nicht völlig mit dem Text des Neuen Testaments überein, mit dem die patristischen Autoren gearbeitet haben. Der in modernen Ausgaben des Neuen Testaments enthaltene Text ist insofern eklektisch, als er nicht auf einer bestimmten Handschrift fußt, sondern die Entscheidungen des Herausgeberteams widerspiegelt, welche Fassung dem „ältesten erreichbaren Text" der neutestamentlichen Schriften am nächsten kommt.[8] Diese Fassung basiert auf verschiedenen Handschriften. Das heißt nicht, dass das Neue Testament der Kirchenväter ein völlig anderes war als der Text, der den meisten heutigen Leserinnen und Lesern des Neuen Testaments vertraut ist. Da jedoch die Unterschiede zwischen den Handschriften unter anderem das Geschlecht einiger der erwähnten Charaktere betreffen,[9] können wir nicht selbstverständlich davon ausgehen, dass die oben zusammengestellte Liste der im paulinischen Korpus namentlich erwähnten Frauen für die Autoren der christlichen Antike genauso ausgesehen hätte. Überdies vermitteln uns die verschiedenen in den Handschriften belegten Lesarten – auch wenn uns der biblische Text, den der betreffende Autor benutzt hat, nicht in allen Einzelheiten bekannt ist – einen Eindruck von der Vielfalt der Texte, die den frühen Christen vorgelegen haben. Und schließlich gibt es einige Hinweise darauf, dass die Schreiber im Hinblick auf das Geschlecht einer bestimmten Person zuweilen unsicher waren – und für andere Lesende (und Hörende) mag dasselbe gegolten haben.

Von den oben aufgelisteten Frauen ist Nympha diejenige, die in den Bibeln der patristischen Autoren am häufigsten als Mann in Erscheinung trat. Im Brief

---

8 Ein vergleichender Überblick zu NA28 und UBS GNT findet sich online: www.bibelwissenschaft.de/de/bibelgesellschaft-und-bibelwissenschaft/griechisches-nt/vergleich-na28-ubs5 [zuletzt abgerufen 15.10.2021].

9 Eine Überblicksdarstellung zum Verhältnis zwischen Textkritik und Gender bietet Dominika Kurek-Chomycz, „Text Critical Approaches: New Testament", in *Oxford Encyclopedia of the Bible and Gender Studies* (hg. v. Julia O'Brien; Oxford Encyclopedias of the Bible; Online-Version; online: www.oxfordbiblicalstudies.com/article/opr/t998/e61 [zuletzt abgerufen am 15.10.2021]). In der Vergangenheit galt die neutestamentliche Textkritik in der Forschung als „lower criticism", eine Herangehensweise, die im Wesentlichen darin bestand, Handschriften miteinander zu vergleichen, um den „Urtext" zu finden. Inzwischen ziehen WissenschaftlerInnen es vor, statt vom „Urtext" vom „Ausgangstext" oder vom „ältesten wiederherstellbaren" Text zu sprechen. Für unsere Zwecke noch wichtiger ist, dass in der heutigen Textkritik mehr und mehr nach den Rückschlüssen gefragt wird, die die verschiedenen Textvarianten auf die theologischen, sozialen und kulturellen Voraussetzungen der Kopisten und der Leserschaft der verschiedenen Jahrhunderte und, allgemeiner gesprochen, auf die Interpretationsgeschichte der Bibel zulassen.

an die Gemeinde von Kolossä kommt ihr Name im Akkusativ, Νυμφαν, und ohne Akzente vor, das heißt, es könnte sich sowohl um eine Form des Frauennamens Nympha (Νύμφα) als auch um eine Form des Männernamens Nymphas (Νυμφᾶς) handeln. Derselbe Vers enthält auch Grüße an die Hausgemeinde der betreffenden Person, doch die Textüberlieferung ist gespalten, was das auf „Haus" bezogene Possessivpronomen betrifft. In der Mehrzahl der Handschriften – und vermutlich auch in den biblischen Texten, mit denen die meisten der weiter unten diskutierten Autoren gearbeitet haben – findet sich das maskuline Pronomen αὐτοῦ („sein"). Die weibliche Form αὐτῆς („ihr"), die im Codex Vaticanus aus dem 4. Jahrhundert und in einigen wenigen anderen Handschriften belegt ist, ist nach Einschätzung der heutigen Forschung näher am Ausgangstext, und zwar vor allem deshalb, weil es plausibler ist, dass die weibliche Form nachträglich in eine männliche umgewandelt wurde als umgekehrt. An keiner der drei anderen neutestamentlichen Stellen, an denen die Formulierung ἡ κατ᾽ οἶκον ἐκκλησία (üblicherweise übersetzt mit „eine Gemeinde in [jemandes] Haus") vorkommt, wird eine Frau als einzige Gastgeberin benannt.[10] Nymphas Rolle als Gastgeberin einer Hausgemeinde und mithin vermutlich als Eigentümerin des betreffenden Hauses weist darauf hin, dass sie in der örtlichen Gemeinde eine Führungsrolle innehatte, die einige der Schreiber vielleicht als problematisch ansahen. Die Pluralform αὐτῶν, „ihr", die unter anderem im Codex Sinaiticus aus dem 4. Jahrhundert belegt ist,[11] könnte aus derartigen Bedenken entstanden sein.

Ein bekannteres Beispiel für eine textliche Geschlechtsumwandlung ist der Fall der Junia, die in Röm 16,7 gemeinsam mit Andronikus gegrüßt wird. Ihr Fall unterscheidet sich allerdings insofern von dem der Nympha, als die Kontroverse über ihr Geschlecht sich hauptsächlich in einigen Ausgaben des griechischen Neuen Testaments aus dem 20. Jahrhundert und in einer Anzahl englischer Übersetzungen des 19. und 20. Jahrhunderts widerspiegelt (wenngleich die männliche Form ihres Namens in Deutschland bereits in der Lutherbibel erscheint).[12] Überdies spricht keiner der antiken Autoren von dieser Person als von einem Mann. Die einzige Quelle aus dem ersten Jahrtausend, in der die männliche Namensform Junias belegt ist, ist der Epiphanius zugeschriebene,

---

10 In 1 Kor 16,19 und Röm 16,5 sind Prisca und Aquila die Gastgeber; in Phlm 2 ist dies Philemon oder Philemon gemeinsam mit Apphia.

11 Eine Einleitung zum Codex Sinaiticus, Bilder vom Codex, eine Transkription und eine Übersetzung finden sich online: www.codexsinaiticus.org/de [zuletzt abgerufen am 15.10.2021].

12 Eine überaus detaillierte Darstellung textkritischer Fragen im Zusammenhang mit Junia bietet Eldon Jay EPP, *Junia: The First Woman Apostle* (Minneapolis: Fortress Press, 2005) auf der Grundlage seiner früheren Arbeit „Text-Critical, Exegetical, and Socio-Cultural Factors Affecting the Junia/Junias Variation in Romans 16,7", in *New Testament Textual Criticism and Exegesis: Festschrift J. Delobel*, (hg. von A. Denaux; BETL 161; Leuven: Leuven University Press und Peeters, 2002), 227–291.

aber höchstwahrscheinlich aus späterer Zeit stammende *Index apostolorum discipulorumque.*[13] Diese Quelle hält auch Evodia und Prisca für Männer. In der „Liste von 70 Jüngern" wird eine Reihe von Personen aufgezählt, die „Paulus erwähnt", wie es im *Index* heißt. Dazu gehören unter der Nummer 59 ein gewisser „Euodos" (Ευοδος), „der nach Petrus der erste Bischof von Antiochia wurde", und unter der Nummer 63 ein gewisser „Priscas" (Πρισκας), „der Bischof von Kolophon wurde"; von seinem Nachfolger Iounias (Ιουνιας) heißt es dort, er sei Bischof der syrischen Stadt Apameia geworden.

Was die antiken Handschriften angeht, gibt es nur sehr wenige Hinweise darauf, dass irgendeiner der Schreiber – mit einer möglichen Ausnahme – Andronikus' Partner für einen Mann gehalten hätte. Die älteste Handschrift, die die Sammlung der paulinischen Briefe enthält, der vermutlich aus dem 3. Jahrhundert stammende Papyrus-Codex P46, lässt keine eindeutigen Schlüsse zu. Wir stellen zunächst fest, dass P46 dem Gefährten oder der Gefährtin des Aquila in 1 Kor 16,19 nicht den weiblichen Namen Prisca, sondern den männlichen Namen Πρεισκας gibt,[14] was üblicherweise als Resultat einer Dittographie erklärt wird: einer unabsichtlichen/unbewussten Wiederholung des Buchstabens Sigma, mit dem das nächste Wort (das griechische σύν) beginnt. Solche Fehler waren nicht selten, wenn ein Text in einem Stück abgeschrieben wurde.[15] Da die Pastoralbriefe in P46 nicht enthalten sind und Priscas Name in Röm 16,3 im Akkusativ erscheint, was die Bestimmung des Genus erschwert, können wir nicht ausschließen, dass der Schreiber – und vermutlich auch einige Leser – des Papyrus diese Person für einen Mann gehalten haben.[16] Prisca ist die einzige der im paulinischen Korpus namentlich genannten Frauen, die dreimal, in drei verschiedenen Briefen, und, wenngleich in der Verkleinerungsform ihres Namens, Priscilla, überdies auch in der Apostelgeschichte erwähnt wird (Apg 18,2.18.26). Wie wir noch sehen werden, stellen patristische Autoren, die sie erwähnen, oft die Verbindung zur Apostelgeschichte her: Allem Anschein nach herrschte also in späterer Zeit keinerlei Verwirrung hinsichtlich ihres Geschlechts. Es ist jedoch möglich, dass P46 in einer Epoche oder in einer Umgebung abgeschrieben wurde, in der die Apostelgeschichte nicht begleitend zu den Paulusbriefen gelesen und daher kein Zusammenhang zwischen 1 Kor 16,19 und Apg 18 hergestellt

---

13 Zum griechischen Text s. Theodorus SCHERMANN, *Prophetarum Vitae Fabulosae; Indices Apostolorum Discipulorumque Domini Dorotheo, Epiphanio, Hippolyto Aliisque Vindicata* (Leipzig: Teubner, 1907), 107–126.

14 Ein Digitalisat ist online zugänglich: https://manuscripts.csntm.org/Manuscript/Group/GA_P46 [zuletzt abgerufen 15.10.2021].

15 Zu den Diskussionen der verschiedenen textkritischen Fragen in Bezug auf Prisca und Aquila s. Dominika KUREK-CHOMYCZ, „Is There an ‚Anti-Priscan' Tendency in the Manuscripts? Some Textual Problems with Prisca and Aquila", *JBL* 125/1 (2006): 107–128.

16 Wie Richard FELLOWS anmerkt (http://paulandco-workers.blogspot.com/2018/10/ [zuletzt abgerufen 15.10.2021]), bietet P46 in Gal 2,1 anstelle der männlichen Form Barnabas einen weiblichen Genitiv. Das bestätigt, dass der Schreiber von P46 höchstwahrscheinlich nicht mit der Apostelgeschichte vertraut war.

wurde. Oder dass man „Prisca" und „Priscilla" für die Namen zweier unterschiedlicher Personen hielt.

Doch kommen wir auf Junia zurück. P46 bietet in Röm 16,7 den Akkusativ Ιουλιαν.[17] Die nächstliegende Deutung wäre, dass diese Form sich auf eine Frau namens Julia bezieht. Eine ähnliche Variante ist auch in einigen anderen Handschriften belegt und muss für sich alleingenommen noch nichts bedeuten. Hinzu kommt jedoch, dass P46 die Reihenfolge der in Röm 16,15 genannten Namen verändert: Statt Ιουλιαν Νηρεα και την αδελφην αυτου („Julia, Nereus und seine Schwester") steht dort Nereus an erster Stelle, was dafür spricht, Ιουλιαν als männliche Namensform zu deuten, weil die Schwester der betreffenden Person mit dem männlichen Pronomen „seine" bestimmt wird.[18] Wenn in Vers 15, wie es der Schreiber von P46 verstanden wissen wollte, von einem Mann, einem mutmaßlichen Julias, die Rede ist, dann gilt dies womöglich auch für Vers 7. Die Tatsache, dass in 1 Kor 16,19 der Männername Priskas erscheint, macht dies noch plausibler. Außerdem bietet P46 im Unterschied zu den meisten anderen Handschriften, in denen es heißt, dass sowohl Andronikus als auch Junia vor Paulus „in Christus waren", die Singularform: ος και προ εμου γεγονεν εν χρω („der [mask.] auch vor mir in Christus war"). Während die Exegeten diesen Satz in der Regel nur auf Andronikus beziehen, ist es vor dem Hintergrund dessen, was wir über Vers 15 gesagt haben, wahrscheinlicher, dass P46 diesen Kommentar auf Andronikus' männlichen Partner Julias bezieht. Ungeachtet der mutmaßlichen Absichten der Schreiber lässt sich festhalten, dass durch die Verwendung der männlichen Form des Namens Prisca ebenso wie durch die stillschweigende Voraussetzung, dass es sich bei Andronikus' Partner und der in Vers 15 neben Nereus genannten Person um einen Mann gehandelt habe, gleich mehrere namentlich genannte Frauen aus der paulinischen Briefsammlung getilgt werden.

Drei zweisprachige (griechisch-lateinische) Handschriften bieten noch eine weitere Textvariante in Bezug auf das in Röm 16,7 erwähnte Paar.[19] Anstelle von Junia und Andronikus, die unter den Aposteln herausragten und „die (οι) auch (και) vor mir in Christus waren", wobei das Pronomen „die" im Griechischen im

---

17 Digitalisat online: https://manuscripts.csntm.org/Manuscript/Group/GA_P46_Mich [zuletzt abgerufen 15.10.2021].

18 Ich danke Richard Fellows, der mich auf die Folgen dieser veränderten Reihenfolge aufmerksam gemacht hat. Vgl. sein http://paulandco-workers.blogspot.com/2018/10/p46-presented-prisca-and-junia-as-men.html [zuletzt abgerufen 15.10.2021]. Genau genommen sind in P46 auch die Namen Nereus und Julia(s) fehlerhaft; außerdem heißt es dort Βηρεα και Αουλιαν (Bereus und Aulias) statt Νηρεα και Ιουλιαν. Eine mögliche Erklärung bietet Fellows. (ebd.)

19 Digitalisate dieser Handschriften sind online zugänglich: https://manuscripts.csntm.org/Manuscript/Group/GA_06 [zuletzt abgerufen 15.10.2021] (D – Codex Claromontanus, 5. Jh.); https://manuscripts.csntm.org/Manuscript/Group/GA_010 [zuletzt abgerufen 15.10.2021] (F – Codex Augiensis, 9. Jh.) und https://manuscripts.csntm.org/Manuscript/Group/GA_012 [zuletzt abgerufen 1510.2021] (G – Codex Boernerianus, 9. Jh.).

Nominativ steht, lesen wir hier von Junia und Andronikus, die unter den Aposteln herausragten, „die (τοις) vor mir in Christus waren". Das „auch" fehlt, und das „die" steht im Dativ und damit in demselben Fall wie die Apostel in der dem Relativsatz vorangehenden Präpositionalgruppe, was dazu führt, dass der Relativsatz sich nun nicht mehr auf Andronikus und Junia, sondern auf andere Apostel bezieht, die vor Paulus in Christus waren! Mithin haben die betreffenden Schreiber Junia zwar möglicherweise für eine Frau gehalten, aber durch die am Ende von Vers 7 vorgenommenen Veränderungen die Bedeutung des Paares heruntergespielt. Eine ähnliche Lesart findet sich auch in anderen altlateinischen, in einigen Vulgata-Handschriften und bei Ambrosiaster, dem am wenigsten frauenfreundlichen der antiken Paulusbriefkommentatoren.

Interessanterweise bezeugen zwei dieser zweisprachigen, eng verwandten Handschriften, F und G, in Vers 15 eine Geschlechtsumwandlung in die andere Richtung: Anstelle des Männernamens Olympas verwenden sie den augenscheinlich weiblichen Namen Olympis (Akkusativ: Ολυμπειδα). Zwar stammen diese Codices aus einer späteren Zeit (9. Jahrhundert) als die Autoren, mit denen wir uns weiter unten befassen werden, doch auch in den lateinischen Handschriften findet sich an dieser Stelle durchweg der Frauenname Olympias (*Olympiadem*). Wenn weniger auf dem Spiel stand – die betreffende Person wird nicht als Apostel bezeichnet, und es ist auch nicht davon die Rede, dass sie einen redegewandten Mann korrigiert hätte –, war ein Wechsel in diese Richtung ebenfalls möglich.

Was die prominentere neutestamentliche Frau namens Prisca betrifft, hat außer P46 offenbar keine andere Handschrift den Versuch unternommen, ihr Geschlecht zu verändern. Es gibt jedoch gewisse Abweichungen in der Namensform. Im Brief an die Gemeinde von Rom und im zweiten Timotheusbrief verwenden die meisten Handschriften die Form „Prisca"; nur in einigen späten Minuskeln wird daraus in Röm 16,3 das Diminutiv „Priscilla". In 1 Kor 16,19 bieten demgegenüber nur einige wenige (zumeist frühe) Handschriften die Form „Prisca" und die meisten anderen die Form „Priscilla". Letztere ist wahrscheinlich sekundär und auf den Einfluss der Apostelgeschichte zurückzuführen, wo Lukas den Namen der Prisca ebenfalls in der – meines Wissens einzigen für die Textüberlieferung der Apostelgeschichte bezeugten – Verkleinerungsform verwendet. Dennoch ist der Einfluss der Apostelgeschichte vielleicht nicht die einzige Erklärung. Es gibt Hinweise darauf, dass Namensdiminutiva zumindest in einem eher offiziellen Kontext sowohl von griechischen als auch von lateinischen Muttersprachlern als herabsetzend empfunden werden konnten.[20] Allerdings müssen wir zugeben, dass die patristischen Schriftsteller dies anders interpretiert haben.

Ein berühmteres (berüchtigteres) Textproblem im Zusammenhang mit Prisca und Aquila betrifft die Reihenfolge ihrer Namen. In der 28. Auflage der

---

20 Vgl. KUREK-CHOMYCZ, „‚Anti-Priscan' Tendency", 116–117.

Nestle-Aland-Version des Neuen Testaments wird der Name der Frau an vier von sechs Erwähnungen von Prisca/Priscilla und Aquila an erster Stelle genannt. Dies erregte – anders als das Diminutiv von Priscas Namen – die Aufmerksamkeit der patristischen Autoren, die daraufhin nach einer Erklärung suchten. In der Mehrzahl der Handschriften scheint die Namensreihenfolge in Apg 18,26 (nicht aber in Apg 18,18!) von „Priscilla und Aquila" zu „Aquila und Priscilla" geändert worden zu sein. Das lässt sich am besten mit der Rolle erklären, die Prisca bei der Unterweisung des Apollos gespielt haben muss, der in Vers 24 als „in der Schrift bewandert" beschrieben wird.[21] Bemerkenswert ist, dass die Reihenfolge der Namen in den erhaltenen Handschriften der paulinischen Briefe meines Wissens unverändert bleibt (Prisca wird sowohl in Röm 16,3 als auch in 2 Tim 4,19 an erster Stelle genannt). Von den patristischen Schriftstellern lässt sich dies allerdings nicht ausnahmslos behaupten (s. u.).

In der Hauptsache beziehen sich die Textvarianten also – abgesehen vom Geschlecht der in Kol 4,15 gegrüßten Person – auf Frauen, die in Röm 16 erwähnt werden. Daneben finden sich Abweichungen in der Beschreibung der Apphia in Vers 2 des Philemonbriefs. Die Lesart, die nach Einschätzung der Herausgeber des Nestle-Aland näher am Ausgangstext ist, τη αδελφη („Schwester"), findet sich im Codex Sinaiticus aus dem 4. Jahrhundert sowie in mehreren anderen antiken und mittelalterlichen Schriften einschließlich zweisprachiger, griechisch-lateinischer Ausgaben. Doch die Mehrzahl der (später als der Sinaiticus entstandenen) Handschriften weisen eine andere Lesart auf, nämlich τη αγαπητη („geliebte"). Wie wir noch sehen werden, hat sich gerade diese letztere Variante für die Autoren, die sie in ihrer Ausgabe des Neuen Testaments vorfanden, als problematisch und erklärungsbedürftig erwiesen.

Fassen wir zusammen: Mindestens eine der in den paulinischen Briefen namentlich genannten Frauen, nämlich Nympha, kam in den Bibelausgaben der meisten unserer Autoren nicht vor. Andererseits gingen lateinischsprachige Autoren davon aus, dass in Röm 16,15 nicht von einem Mann namens Olympas, sondern von einer Frau namens Olympias die Rede sei, der sie aber offenbar keine besondere Beachtung schenkten. Auch wenn im Hinblick auf Andronikus' Partner eine gewisse Verwirrung herrscht, weist nichts darauf hin, dass die im vorliegenden Beitrag untersuchten patristischen Autoren diese Person für einen Mann hielten. Abgesehen vom Geschlecht betreffen die wesentlichen Varianten, die in den antiken Handschriften der paulinischen Briefe bezeugt sind, die Form des Namens Prisca und die Apposition zu Apphia. Zudem liegt uns eine allerdings

---

21 Weitere Details bietet ebd., 124–126; andere Sichtweisen zu Frauen in den sogenannten „westlichen" Texten finden sich bei Michael W. HOLMES, „Women and the ‚Western' Text of Acts", in *The Book of Acts as Church History/Apostelgeschichte Als Kirchengeschichte* (hg. v. Tobias Nicklas und Michael Tilly; BZNW 120; Berlin: de Gruyter, 2003), 183–203; Ann GRAHAM BROCK, „Appeasement, Authority, and the Role of Women in the D-Text of Acts", in *The Book of Acts as Church History*, 205–224; Ben WITHERINGTON, „The Anti-Feminist Tendencies of the ‚Western' Text in Acts", *JBL* 103 (1984): 82–84.

eher beschränkte Zahl von Hinweisen darauf vor, dass die Bedeutung von Andronikus und Junia durch Änderungen am letzten Relativsatz in Röm 16,7 heruntergespielt wurde.

3. Neutestamentliche Apokryphen, Tertullian und die Lehrtätigkeit von Frauen

Nachdem wir uns mit einigen ausgewählten Problemen der Textkritik befasst haben, sind wir nun in der Lage, uns mit den namentlich genannten Frauen auseinanderzusetzen, die in der antiken christlichen Literatur mit Paulus in Verbindung gebracht werden. Wie eingangs erwähnt, sind Paulus' allgemeine Äußerungen über Frauen weit häufiger Gegenstand von Zitaten und Anspielungen im patristischen Schrifttum als seine Bezugnahmen auf bestimmte, namentlich genannte Frauen. Zum Teil ist dies vielleicht darauf zurückzuführen, dass es außer im Fall der Prisca und des Aquila, zu denen uns Lukas in Apg 18 weitere Informationen liefert, keine erinnerungswürdigen Geschichten gibt, mit denen sich diese Frauen in Verbindung bringen ließen. Manches weist darauf hin, dass Phöbe, die in Kenchreä die Stellung einer *Diakonos* bekleidete, zumindest für einige Diakoninnen in späteren Jahrhunderten eine wichtige Bezugsgröße war. Das belegt eine Jerusalemer Grabinschrift aus dem 4. Jahrhundert, auf der eine gewisse Sophia, die Diakonin war, als „die Magd und Braut Christi" und als eine „zweite Phöbe" bezeichnet wird.[22]

In den meisten Fällen jedoch – daher der Fokus der Abschnitte 4 und 5 weiter unten – beziehen sich christliche Autoren der Antike mit einigen wenigen Ausnahmen vor allem in ihren Homilien und Kommentaren zu den paulinischen Briefen[23] auf die von Paulus namentlich erwähnten Frauen. Die einzige Frau, die

---

[22] Eine Übersetzung samt Kommentar bieten Kevin MADIGAN und Carolyn OSIEK, *Ordained Women in the Early Church: A Documentary History* (Baltimore: Johns Hopkins University Press, 2005), 90–91.

[23] Oder gelegentlich auch in Homilien zu anderen biblischen Büchern. Eine Homilie, die Victorinus von Pettau, einem christlichen Schriftsteller des späten dritten Jahrhunderts, zugeschrieben wird, beginnt mit einem Abschnitt über die Frage, warum die „göttlichen Schriften", die nicht leicht zu lesen sind, interpretiert werden müssen. Die Einleitung endet mit dem Beispiel des Apollos, der, wie es in der Apostelgeschichte heißt (18,24) „in der Schrift bewandert" (*potens in Scripturis*) war. Dennoch, so bemerkt der Verfasser der Homilie in Anlehnung an Apg 18,26, „nahmen (*apprehenderunt*) Aquila und Priscilla ihn und legten ihm den Weg des Herrn genauer dar" (PL 8,1009). Aquila wird wie in der Mehrzahl der griechischen Handschriften, nicht aber der Vulgata, an erster Stelle erwähnt. Dem Homileten geht es jedoch in erster Linie um die Frage der Schriftauslegung und insbesondere um die Weisheit des Apollos, der bereit war, sich belehren zu lassen, „denn die Weisen werden leicht getadelt" (*facile enim sapientes reprehenduntur*).

mit dem Apostel Paulus in Zusammenhang stand und es in der Spätantike zu einer gewissen Popularität gebracht hat, ist Thekla, die in keinem der neutestamentlichen Texte vorkommt. Ihre Bekanntheit ist sowohl in literarischen als auch in ikonographischen Quellen hinreichend belegt.[24] Überdies wird Thekla in den Lebensbeschreibungen bedeutender Christinnen späterer Jahrhunderte angeführt, um deren Rollen in Kirche und Gesellschaft zu rechtfertigen.[25] Der Text der apokryphen *Paulusakten* und darin insbesondere der Teil, der sich mit der Gestalt der Thekla befasst (daher der Name *Akten des Paulus und der Thekla*), war für die wissenschaftliche Beschäftigung mit der Rolle der Frauen im frühen Christentum von besonderem Interesse. Da dieses Werk zweifellos zur Rezeptionsgeschichte der paulinischen Schriften gehört, ist es verwunderlich, dass außer einem einzigen Bezug auf eine „Königin Tryphäna", die höchstwahrscheinlich von der Erwähnung der beiden Frauen Tryphäna und Tryphosa in Röm 16,12 inspiriert ist, in der Theklageschichte keine weiteren prominenten paulinischen Frauen vorkommen. Nur in einer isolierten, im koptischen Bodmer-Papyrus XLI überlieferten Episode[26] werden Prisca und Aquila erwähnt. Im Unterschied zur Mehrzahl der neutestamentlichen Stellen wird Aquila dort zuerst genannt und Prisca mit der lukanischen Namensform Priscilla belegt. Das Haus des Paares wird beim ersten Mal als das „Haus des Aquila und der Priscilla", bei der späteren Erwähnung jedoch nur mehr als das „Haus des Aquila" bezeichnet. Wie in der Apostelgeschichte scheint das Paar verheiratet zu sein; entsprechend den für diese apokryphe Schrift charakteristischen asketischen Tendenzen wird jedoch angedeutet, dass sie keinen Geschlechtsverkehr haben. Als er bei Prisca und Aquila wohnt, hat Paulus eine außergewöhnliche Vision von einem Engel, der in Zungen redet. Dann erzählt er von seinen früheren Reisen: unter anderem die Geschichte von einem Löwen, den der Apostel getauft und der nach seiner Taufe das sexuelle Interesse an einer Löwin verloren hat. Anschließend weist Paulus Prisca und Aquila an, sich für die Verkündigung zu engagieren; Inhalt dieser Verkündigung ist vermutlich ein Leben in sexueller Reinheit. In der weiteren Erzählung geraten Prisca und Aquila wieder aus dem Blickfeld. Eine Reihe anderer

---

24 Vgl. insbes. Stephen J. DAVIS, *The Cult of Saint Thecla: A Tradition of Women's Piety In Late Antiquity* (Oxford: Oxford University Press, 2001) und Jeremy W. BARRIER et al. (Hg.), *Thecla: Paul's Disciple and Saint in the East and West* (Studies on Early Christian Apocrypha 12; Leuven: Peeters, 2017); auch Susan E. HYLEN, *A Modest Apostle: Thecla and the History of Women in the Early Church* (New York: Oxford University Press, 2015) diskutiert im 5. Kapitel ihres Buchs („The Reception of Thecla in the Early Church") eine Auswahl von Quellen.

25 Das zeigt zuletzt Tobias NICKLAS, „An ‚Apocryphal' Role Model Allowing for a Different Lifestyle: Olympias as a Late Antique Thecla", *ETL* 96/3 (2020): 509–519, der sich auf die Verwendung der Thekla-Gestalt im Leben der Olympias konzentriert. Nicklas führt außerdem eine Liste früherer Untersuchungen an, die zeigen, wie die Thekla-Bildlichkeit in Gregor von Nyssas *Leben der Makrina*, im *Leben der Helia* und in der *Passion der Eugenia* verwendet wird.

26 Rodolphe KASSER und Philippe LUISIER, „Le Papyrus Bodmer XLI en édition princeps: L'épisode d'Éphèse des Acta Pauli en copte et en traduction", *Le Muséon* 117/3 (2004): 281–384.

wichtiger Frauengestalten wird eingeführt, doch es ist keine darunter, die auch in Paulus' eigenen Briefen mit dem Apostel in Verbindung gebracht werden. Übrigens gibt es auch keine Prisca-Akten oder Akten über irgendeine andere der paulinischen Frauen. Und bei den auf uns gekommenen *Aquila-Akten* handelt es sich um eine Schrift, die mehrere Jahrhunderte später – vermutlich eher gegen Ende des ersten Jahrtausends[27] – und in einem recht anderen Geist verfasst wurde. In dieser Geschichte werden dem Paar zwei Söhne, Clemens und Niketas, zugeschrieben, doch der Text erzählt vor allem von Aquilas missionarischen Leistungen und Wundern und interessiert sich kaum für seine Ehefrau.

Auch wenn die frühen Christen die abenteuerlustige Thekla offenbar faszinierender fanden als die gebildete Prisca, konnte Theklas Popularität und die Verwendung ihrer Gestalt zur Rechtfertigung der Rollen von Frauen nicht jedermann begeistern.[28] Der früheste uns bekannte Autor, der die Paulusakten erwähnt, Tertullian – in seinem um 200 n. Chr. verfassten Werk *Über die Taufe* –, war entschieden dagegen, dass das Beispiel der Thekla herangezogen wurde, um Frauen das Lehren und Taufen zu erlauben. Die betreffende Stelle ist auch der früheste Beleg eines lateinischen Zitats von 1 Kor 14,34–35:

> Wenn irgendwelche „Taten des Paulus", die einen falschen Titel tragen, das Beispiel der Thecla im Hinblick auf die Vollmacht der Frauen zu lehren und zu taufen als gut und richtig hinstellen, so sollen sie wissen: In Kleinasien wurde ein Priester, der diese Schrift fabrizierte und sie sozusagen durch die Nennung des ehrenvollen Namens des Paulus im Titel eigenmächtig aufwertete, der Fälschung überführt, und er trat, nachdem er erklärt hatte, dies aus Liebe zu Paulus getan zu haben, von seinem Amt zurück. Denn wie glaubwürdig erscheint es, dass derjenige einer Frau die Vollmacht zu lehren und zu taufen gegeben hätte, der es einer Frau nicht einmal immer zugestand, zu lernen (*qui ne discere quidem constanter mulieri permisit*)? „Schweigen sollen sie", sagt er, „und zu Hause ihre Männer befragen!" (vgl. 1 Kor 14,34 f.).[29]

---

27 Den griechischen Text samt französischer Übersetzung und Anmerkungen des Herausgebers bietet Jean EBERSOLT (Hg.), *Les Actes de Saint Jacques et Les Actes d'Aquilas* (Paris: Ernest Leroux, 1902), 47–73.

28 Es darf nicht vergessen werden, dass in der späteren Rezeption der Thekla-Geschichte nicht ihre Rolle als Lehrerin im Vordergrund stand: „Along with different *Paulusbilder*, there were also different *Theklabilder*: a martyr, ideal virgin, miracle worker, etc.", erinnert Outi LEHTIPUU, „Apostolic Authority and Women in Second-Century Christianity", in *Receptions of Paul in Early Christianity: The Person of Paul and His Writings Through the Eyes of His Early Interpreters* (hg. v. Jens Schröter, Simon Butticaz und Andreas Dettwiler; BZNW 234; Berlin und Boston: de Gruyter, 2018), 607–622; 620.

29 TERTULLIAN, *Bapt.* 17,5. Es liegen diverse neusprachliche Übersetzungen vor, online: www.tertullian.org [zuletzt abgerufen 15.10.2021]. Ich habe den lateinischen Text und die englische Übersetzung von Ernest EVANS, *Tertullian's Homily on Baptism* (London: SPCK, 1964), verwendet, die auch online zugänglich ist, allerdings die Übersetzung des in Klammern auch auf Latein zitierten Satzes modifiziert. Der deutsche Wortlaut folgt, mit Ausnahme des von der Autorin veränderten Satzes, der Übersetzung von Dietrich SCHLEYER, *Tertullian, De baptismo: De oratione/Von der Taufe. Vom Gebet* (FC 76; Turnhout: Brepols, 2006), 205–207.

In dem oben zitierten Passus führt Tertullian 1 Kor 14,34–35 an und unterstellt, mit der Aussage, dass Frauen während gottesdienstlicher Zusammenkünfte nicht reden sollten, habe Paulus sagen wollen, dass es ihnen in einem derartigen Kontext nicht einmal erlaubt sei, zu lernen. An einer früheren Stelle derselben Schrift (*Bapt.* 1,2–3) scheint er auf 1 Tim 2,12 anzuspielen. Er mokiert sich über ein weibliches Mitglied der Kainitensekte und bezeichnet die Frau als „weibliche Schlange“, die „nicht einmal das Recht gehabt hätte, recht zu lehren“ (*cui nec integre quidem docendi ius erat*). *Über die Taufe* stammt aus der Zeit vor Tertullians montanistischer Phase. In *Über die Seele*, das vermutlich nicht lange nach seinem Beitritt zur Neuen Prophetie entstanden ist, versucht er offenbar, die Möglichkeit, dass Frauen während der Gottesdienste Visionen haben, mit der Tatsache in Einklang zu bringen, dass sie nicht vor versammelter Gemeinde sprechen sollen. In *An.* 9,4 erwähnt er eine Schwester, die während der „heiligen Zeremonien des Herrentags“, also an einem Sonntag, ekstatische Erlebnisse hat: „Sie spricht mit Engeln und manchmal sogar mit dem Herrn“ (*conuersatur cum angelis, aliquando etiam cum domino*). Dennoch fordert man sie erst nach dem Ende des Gottesdienstes und nach der Entlassung der Gemeinde auf, von ihren Visionen zu *berichten* (*post transacta sollemnia dimissa plebe*).

Tertullian ist berüchtigt für seine negativen Aussagen über Frauen einschließlich seiner Bezeichnung Evas als „Tor des Teufels“ (*Cult. fem.* 1,1,2). Elizabeth Clark schreibt:

> On one point only does Tertullian accord women more „liberty“ than we might expect: his acknowledgment that they offer authoritative prophecy. Both this expansion of female opportunity and his limitation of it in other contexts find their basis in Paul's writings.[30]

Auch Nonna Verna Harrison verweist auf „the loving mutuality, equality, unity, and collaboration between husband and wife“, die in Tertullians Schrift *An seine Frau* zum Ausdruck komme und vielleicht geeignet sei, den Eindruck der Frauenfeindlichkeit zu mildern.[31] Seine Ansichten darüber, was Frauen erlaubt war und was nicht, wurden womöglich dadurch beeinflusst, dass er sich mit Priscas und Maximillas Prophetinnenstatus arrangieren musste. Im fünften Buch von *Gegen Marcion*, seinem *Opus magnum*, kommt er in einem Kommentar zu 1 Kor 14,34–35 auf 1 Kor 11 zurück und schreibt, Paulus habe „bereits gezeigt, dass sogar sie das Recht haben, prophetisch zu reden, da er betont, dass eine Frau, selbst

---

30 Elizabeth A. Clark, „*Status Feminae*: Tertullian and the Uses of Paul“, in *Tertullian and Paul* (hg. v. Todd D. Still und David E. Wilhite; London: Bloomsbury, 2013), 127–155.

31 Nonna V. Harrison, „Women, Human Identity, and the Image of God: Antiochene Interpretations“, *JECS* 9/2 (2001): 205–249: 206. Andere AutorInnen halten es für nicht gerechtfertigt, Tertullian als misogyn abzustempeln; vgl. insbes. Daniel F. Hoffman, *The Status of Women and Gnosticism in Irenaeus and Tertullian* (Lewiston: Edwin Mellen Press, 1995), 145–207; Barbara Finlay, „Was Tertullian a Misogynist? A Reconsideration“, *Journal of the Historical Society* 3 (2003): 503–525.

wenn sie prophetisch redet, verschleiert sein muss".[32] Noch verwirrender aber ist, dass er in *Über das Fasten* zu akzeptieren scheint, dass nicht nur Montanus, sondern auch Priscilla[33] und Maximilla das Recht hatten, zu predigen (*praedicare*) und zu lehren (*docere*):

> Ihretwegen werden die neuen Prophezeiungen verworfen, nicht etwa deswegen, weil Montanus, Priszilla und Maximilla einen neuen Gott predigen (*praedicent*), nicht weil sie Christum auflösen, nicht weil sie irgendeine Regel des Glaubens oder der Hoffnung umstoßen, sondern weil sie offen lehren (*doceant*), man müsse öfter fasten als heiraten.[34]

Es scheint jedoch, dass weder die Beziehung zu seiner Frau noch sein gutes Verhältnis zu bestimmten Christinnen, ja nicht einmal seine Achtung vor Prophetinnen der montanistischen Bewegung Tertullians Interesse an bestimmten, in den Paulusbriefen namentlich erwähnten Frauen zu wecken vermochten.[35] Ironischerweise lässt er die Prisca aus dem ersten Jahrhundert trotz seiner Sympathie für ihre montanistische Namensvetterin selbst in seiner Schrift *Flucht in der Verfolgung* unerwähnt, wo er drei der Männer auflistet, die in Korinth und Ephesus mit dem Apostel zu tun hatten: Aquila, Onesiphorus und Stephanas (*Fug.* 12,9).

4. Bestimmte paulinische Frauen in antiken griechischen Kommentaren und Homilien zu den paulinischen Briefen

4.1. Origenes

Origenes war ein produktiver frühchristlicher Autor, dessen Einfluss auf die spätere Bibelwissenschaft gar nicht zu hoch eingeschätzt werden kann. Er war der Erste, der (in der ersten Hälfte des dritten Jahrhunderts) Kommentare zu allen

---

32 TERTULLIAN, *Marc.* 5,8,11. Lateinischer Text mit englischer Übersetzung von Ernest EVANS, *Tertullian: Adversus Marcionem* (Oxford: Clarendon Press, 1972; auch online: www.tertullian.org/articles/evans_marc/evans_marc_00index.htm [zuletzt abgerufen 15.10.2021]).

33 Das Diminutiv des Namens erscheint nur an dieser einen Stelle in Tertullians Werk; ob die Form wirklich auf ihn selbst zurückgeht, ist jedoch umstritten. Von *Über das Fasten* sind keine Handschriften erhalten; heutige Texteditionen basieren auf einer Ausgabe aus dem 16. Jahrhundert.

34 TERTULLIAN, *Jejun.* 1,3; deutsche Übersetzung: *Tertullian: Über das Fasten, gegen die Psychiker (De ieiunio adversus psychicos)* (übers. v. Heinrich Kellner; BKV1; 1915), 519–559; 522.

35 HOFFMAN, *The Status of Women*, 168, schreibt: „Tertullian, like Irenaeus, offers praise for biblical women like Mary." Marienlob ist – wie jeder weiß, der mit der katholischen Tradition vertraut ist – nicht zwangsläufig ein Hinweis auf eine wertschätzende Haltung gegenüber Frauen im Allgemeinen oder auch nur biblischen Frauen im Besonderen.

Paulusbriefen verfasst hat, doch sein gewaltiges exegetisches Œuvre ist zu einem Großteil verlorengegangen. In verschiedenen Katenen haben allerdings Fragmente seines Kommentars zum ersten Brief an die Gemeinde von Korinth überlebt.[36] Dazu zählt auch eine Erläuterung zu 1 Kor 14,34–35, die Origenes für eine antimontanistische Polemik nutzt und in der er sowohl die montanistischen Prophetinnen Priscilla und Maximilla als auch deren Anhänger verunglimpft. Zunächst zitiert er 1 Kor 14,34a („[...] sollen die Frauen in den Versammlungen schweigen") und kommentiert sodann: „Dieses Gebot aber missachteten die Anhänger der Frauen, die Schüler von Priscilla und Maximilla und nicht von Christus, dem Bräutigam, geworden waren." Im Anschluss folgt eine systematische Liste von biblischen Frauen sowohl aus dem Alten als auch aus dem Neuen Testament, die mit Prophetie in Verbindung gebracht wurden und dennoch, wie Origenes anmerkt, nicht vor versammelter Gemeinde das Wort ergriffen! Das nächste Argument stützt sich auf seine Auslegung von Tit 2,3: Die älteren Frauen (πρεσβύτιδες), die in diesem Vers als „Lehrer des Guten" bezeichnet werden (καλοδιδάσκαλοι), hätten keine generelle Lehrerlaubnis; sie sollten lediglich jüngere Frauen in dem unterweisen, was gut ist. Schließlich kommt er wieder auf 1 Kor 14,35 zurück und erklärt, dass ἄνδρες, das griechische Wort für „Ehemänner" oder auch „Männer" im allgemeineren Sinne, sich in Vers 35 nicht nur auf Ehemänner beziehen könne, denn sonst hätten Jungfrauen und Witwen zuhause niemanden, den sie fragen könnten!

Origenes' Römerbriefkommentar ist nur in der über 200 Jahre später entstandenen lateinischen Übersetzung des Rufinus auf uns gekommen. Wenn man dieser Fassung jedoch trauen kann, dann begegnet uns in Origenes' Kommentar zu Röm 16 ein recht ambivalenter Versuch, mit bedeutenden Frauengestalten umzugehen. Zunächst erklärt Origenes mit Bezug auf Röm 16,1–2: „Diese Stelle lehrt (*docet*) mit apostolischer Autorität (*apostolica auctoritate*), dass auch Frauen zum Dienst in der Kirche bestellt werden (*etiam feminas in ministerio ecclesiae constitui*)."[37] Dieser Dienst scheint, wie der folgende Passus nahelegt, zuerst und vor allem in einer überaus lobenswerten Gastfreundschaft bestanden zu haben. Allerdings vergleicht Origenes den Dienst der Phöbe mit dem des Lot und des Abraham, die beide sogar den Herrn und seine Engel bewirteten, und stellt damit die auf den ersten Blick scheinbar typische Rollenverteilung auf den Kopf, ja mehr noch: Ehe er zum Ende kommt, wiederholt Origenes:

> Daher lehrt (*docet*) diese Stelle zweierlei: dass es auch Frauen gab, die einen Dienst in der Kirche bekleideten (*haberi ut diximus feminas ministras in ecclesia*), wie wir sagten, und dass

---

[36] Claude JENKINS, „Origen on 1 Corinthians", *JTS* 9 (1908): 232–247; 353–372; 500–514; 10: 29–51. Eine Katene (*catena*, wörtlich „Kette" auf Latein) ist eine bestimmte Form eines versweise voranschreitenden, früheren Kommentatoren exzerpierenden Kommentars zu einem biblischen Buch.

[37] Deutsche Übersetzung: *Origenes: Commentarii in epistulam ad Romanos. Liber nonus, liber decimus/Römerbriefkommentar. Neuntes und zehntes Buch* (übers. v. Theresia Heither; FC 2/5; Freiburg i. Br.: Herder, 1996), 244f.

> solche in den Dienst aufgenommen werden sollten (*tales debere assumi in ministerium*), die vielen beigestanden hatten und durch ihre guten Dienste dahin gelangt waren, dass der Apostel sie lobte.[38]

Dies weist darauf hin, dass Origenes es zwar nicht guthieß, dass Frauen in der Gemeindeversammlung redeten, dass er andererseits aber gegen diejenigen polemisierte, die die Frauen gänzlich vom kirchlichen Dienst ausschließen wollten. Hinzu kommt, dass die Empfehlung der Phöbe als paulinische *Lehr*aussage (man beachte die Wiederholung des Verbs *docet*, „lehrt") über die Rolle verstanden wird, die Frauen im kirchlichen Umfeld zu spielen haben.

Prisca und Aquila, die nächsten beiden Personen, die in Röm 16 lobend erwähnt werden, werden von Origenes gleichfalls gepriesen. Er zitiert Apg 18,1–3 und weist darauf hin, dass Prisca in der Apostelgeschichte Priscilla genannt wird. Dann mutmaßt er, dass sie sich vielleicht „als Paulus durch die Intrigen der Juden bedroht war, selbst Widerstand geleistet und sich dafür eingesetzt, daß er unbehelligt abreisen konnte".[39] Doch auch bei diesen beiden ist der Grund dafür, dass sie Lob und Dankbarkeit verdienen, letztlich ihre Gastfreundschaft, ein „Dienst" (*ministerium*), den sie gemeinsam mit ihrer Dienerschaft verrichteten. Deshalb, so Origenes, habe Paulus von ihrer Hausgemeinde gesprochen (*domestica ecclesia*).[40]

Der im Hinblick auf die Geschlechterrollen differenzierteste Kommentar ist Maria vorbehalten, die in der Gemeinde von Rom „viel gearbeitet" hat (*quae multum laboravit*). Es sei nämlich so, erklärt Origenes,

> dass auch die Frauen für die Gemeinden Gottes Mühe auf sich nehmen müssen. Denn sie geben sich Mühe, wenn sie die jungen Frauen lehren, nüchtern zu sein, ihre Männer zu lieben, Kinder aufzuziehen, sittsam zu sein, keusch, ihr Hauswesen gut zu verwalten, gütig und ihren Männern untertan zu sein (vgl. Tit 2, 4f), gastfreundlich zu sein, den Heiligen die Füße zu waschen (vgl. 1 Tim 5, 10) und all das übrige, was man über den Dienst der Frauen in der Schrift lesen kann, in aller Keuschheit auszuüben.[41]

Im Anschluss an diese pastoraleske Katene, bei der es sich großenteils um eine Paraphrasierung von Tit 2,3–5 handelt, richtet Origenes seine Aufmerksamkeit auf das zweite in Röm 16 namentlich genannte Paar: Andronikus und Junia. Genau wie im Fall der Prisca äußert sich Origenes/Rufinus in keiner Weise zu Junias Geschlecht, doch besteht kein Grund zu der Annahme, er hätte sie nicht für eine

---

38 ORIGENES, *Comm. Rom.* 10,17. Zum lateinischen Text s. Caroline P. HAMMOND BAMMEL, *Der Römerbriefkommentar des Origenes: Kritische Ausgabe der Übersetzung Rufins. Buch 7–10* (Aus der Geschichte der lateinischen Bibel 34; Freiburg i. Br.: Herder, 1998); englische Übersetzung von Thomas P. SCHECK, *Origen: Commentary on the Epistle to the Romans: Books 6–10* (The Fathers of the Church: New Translation 104; Washington, DC: Catholic University of America Press, 2002). S. allerdings meine Anmerkung zu Schecks Umgang mit dem Namen Junia weiter unten; deutsche Übersetzung: HEITHER, *Origenes*, 245.

39 HEITHER, *Origenes*, 247.

40 ORIGENES, *Comm. Rom.* 10,18.

41 ORIGENES, *Comm. Rom.* 10,20; deutsche Übersetzung: HEITHER, *Origenes*, 249.

Frau gehalten.[42] Er spekuliert, dass Andronikus und Junia vielleicht zu den 72 gehört haben könnten, die selbst Apostel genannt wurden. Im ersten Teil seiner Erläuterungen wird die Aussage, sie seien vor Paulus „in Christus" gewesen, auf Andronikus und Junia, im weiteren Verlauf jedoch offenbar auf die Apostel bezogen, unter denen sie berühmt waren (vgl. die textkritischen Anmerkungen weiter oben in Abschnitt 2). Origenes' Hauptinteresse richtet sich jedoch auf die Frage, was Paulus gemeint haben könnte, wenn er sie als seine „Mitgefangenen" bezeichnet (*concaptivi*), was ihn „bewegt" (*movet*). Er kommt zu dem Schluss, dies sei vermutlich auf die „Gefangenschaft" bezogen, „von der Christus durch sein Kommen erlösen wollte".[43]

Ein weiteres Mal erscheint das Paar im Kommentar zu Vers 11a, wo Paulus' Erwähnung seines „Verwandten" Herodion Anlass zu einem Vergleich mit Andronikus und Junia gibt. Wie Origenes anmerkt, ist Herodion im Unterschied zu den beiden weder Paulus' „Mitgefangener", noch wird er als „ein angesehener Apostel [...], unter denen" bezeichnet, „die schon vor Paulus in Christus waren".[44]

Die übrigen in Röm 16 genannten Frauen werden nur mit kurzen Kommentaren bedacht. Bei Tryphäna und Tryphosa liegt der Fokus auf ihrer „Mühe", da sie „im Herrn" (*in Domino*) und mithin „nicht von dieser Welt" sind „noch zum allgemein üblichen Leben" gehören (*non huius mundi neque communis vitae*).[45] Mit Blick auf Persis merkt Origenes an, dass sie anscheinend mehr gelobt werde als die beiden anderen, weil Paulus schreibt, dass sie „viel" im Herrn gearbeitet hat (*multum*), und weil er sie „liebste" Persis (*carissima*) nennt.[46]

---

[42] Scheck verwendet – allerdings ohne Angabe von Gründen – in seiner Übersetzung in 10,21 und 10,26 die männliche Namensform „Junias" und in 10,39 die weibliche Form „Junia". Nähere Informationen zu zwei Handschriften aus dem 12. Jahrhundert, die in 10,39 die männliche Form Junias gebrauchen, bietet EPP, „Factors Affecting the Junia/Junias Variation in Romans 16,7", 253.

[43] ORIGENES, *Comm. Rom.* 10,21; deutsche Übersetzung: HEITHER, *Origenes*, 251.

[44] ORIGENES, *Comm. Rom.* 10,26; deutsche Übersetzung: HEITHER, *Origenes*, 255. S. auch 10,39, wo Andronikus und Junia wieder gemeinsam mit Herodion erwähnt werden.

[45] HEITHER, *Origenes*, 255.

[46] ORIGENES, *Comm. Rom.* 10,28–29. Hinsichtlich des Lemmas herrscht in diesem Fall eine gewisse Unklarheit: „Rufinus' lemma text [...] reads *quae multum laborant* (‚who have worked hard') at the beginning of the verse in addition to *quae multum laboravit* [who worked much] at the end", bemerkt Christina M. KREINECKER, „Rufinus' Translation of Origen's Commentary on Romans", in *Commentaries, Catenae and Biblical Tradition* (hg. v. H. A. G. Houghton; Piscataway: Gorgias Press, 2016), 227–252; 240. Der biblische Text, den zumindest Rufinus sowohl in Bezug auf Tryphäna und Tryphosa als auch in Bezug auf Persis verwendet hat, spricht also davon, dass die Betreffenden „viel" gearbeitet hätten. Die Auslegung von Röm 16,12b „appears to be based on the omission of *multum* [much] in the first half of the verse." (ebd.) Das weist darauf hin, dass die Lemmata in Rufinus' Übersetzung keine Übersetzungen des griechischen Texts von Origenes, sondern einer separaten lateinischen Handschrift des Römerbriefs entnommen sind. Das erzeugt zuweilen Widersprüche oder zumindest Spannungen zwischen Lemma und Kommentar, zeigt jedoch

Origenes stellt also zumindest in der Übersetzung des Rufinus keinen ausdrücklichen Zusammenhang zwischen der paulinischen Aussage, wonach Frauen in der Gemeinde weder sprechen noch lehren dürften, und den konkreten Frauengestalten in Röm 16 her. Der sehr geschlechterrollenspezifisch gedachte Kommentar zu Maria und zu Phöbe, deren Gastfreundschaft der des Lot und des Abraham geglichen habe, weist ebenso wie die Tatsache, dass das Geschlecht im Zusammenhang mit gemischtgeschlechtlichen Missionarspaaren (anders als bei Philologus und Julia, wo Origenes mutmaßt, dass die beiden verheiratet waren) nicht eigens betont wird, auf eine unterschwellige Spannung hin, die Origenes/Rufinus jedoch nicht ausdrücklich ansprach.

4.2. Johannes Chrysostomus

Das homiletische Werk des Johannes Chrysostomus ist einzigartig in der christlichen Antike, auch wenn uns bedauerlicherweise für eine Reihe von Schriften noch keine kritischen Editionen vorliegen.[47] Während er in der populärwissenschaftlichen Wahrnehmung oft als frauenfeindlich gilt, haben Publikationen der vergangenen Jahrzehnte der Forschung zu einer nuancierteren Sicht auf seine Einstellung zu Frauen verholfen.[48] Wenn er die betreffenden Stellen in seinen Homilien erläutert, macht er sich die allgemeinen Äußerungen über Frauen, die Lesende des 21. Jahrhunderts als problematisch empfinden – etwa 1 Kor 14,34–36 oder 1 Tim 2,12–15 –, uneingeschränkt zu eigen. Konkrete Fälle von Frauen, die in den paulinischen Briefen mit Namen genannt werden, erwähnt er in diesen Homilien nicht, doch wie wir in Kürze sehen werden, wenn er Passagen über

---

auch, dass Rufinus insgesamt nicht nennenswert von der origeneischen Exegese abweicht.

47 Bei den Homilien zu den Paulusbriefen stütze ich mich auf *Sancti Patris Nostri Joannis Chrysostomi Archiepiscopi Constantinopolitani Interpretatio Omnium Epistolarum Paulinarum per Homilias Facta*, (hg. v. Frederick Field; 7 Bde.; Oxford: J. H. Parker, 1845), eine Ausgabe, die schwieriger zugänglich, aber nach allgemeiner Einschätzung besser ist als die häufiger benutzte PG-Version.

48 Wie Wendy MAYER, „John Chrysostom and Women Revisited", in *Men and Women in the Early Christian Centuries* (hg. v. ders. und Ian J. Elmer; Strathfield: St Paul's Publications, 2014), 211–225, gezeigt hat, unterhielt Chrysostomus schon in Antiochia enge Beziehungen zu Frauen und sowohl in Antiochia als auch in Konstantinopel zu einer ganzen Reihe von Frauen. Daher ist die Annahme unzutreffend, dass seine Einstellung sich in Konstantinopel von Grund auf verändert hätte und dass dies insbesondere durch seine enge Beziehung zu der Diakonin Olympias bedingt gewesen wäre. Einen hilfreichen Überblick über andere Publikationen, die dieser allzu einfachen Deutung von Chrysostomus' Einstellung zu Frauen widersprechen, bieten die Fußnoten bei MAYER, „John Chrysostom and Women Revisited", insbes. 213–214. Für unsere Fragestellung besonders wichtig war die Untersuchung von Catherine BROC-SCHMEZER, *Les figures féminines du Nouveau Testament dans l'œuvre de Jean Chrysostome: Exégèse et pastorale* (Collection des Études Augustiniennes: Série Antiquité 185; Paris: Institut d'Études Augustiniennes, 2010).

namentlich erwähnte Frauen behandelt, bezieht er sich oft auf 1 Tim 2,12 und beschränkt in diesem Kontext dessen Geltungsbereich. Seine Ansichten darüber, ob – und wenn ja, inwiefern – auch die Frau als Bild Gottes erschaffen wurde, sind Gegenstand einer wissenschaftlichen Debatte. Nonna Verna Harrison fasst die wesentlichen Unterschiede, die in dieser Frage zwischen den patristischen Theologen bestehen, wie folgt zusammen:

> The Alexandrians and Cappadocians read Genesis 1:26-27 together with Galatians 3:28 and conclude that men and women alike are created according to God's image, a position that has become standard in subsequent Christian theology. In contrast, the Antiochenes Diodore and Theodore read Genesis 1:27b in terms of Genesis 2:18-24 and 1 Corinthians 11:3-12 and conclude that woman is not made in the image of God. Yet all are agreed that woman is fully human and of the same essence as man, is capable of the same virtue and sanctification, and hopes in Christ for the same eschatological reward.[49]

Wie die anderen Antiochener versteht auch Chrysostomus das „Bild“ aus Gen 1,26 als auf die Autorität und in diesem Kontext insbesondere auf Adams kosmische Autorität bezogen. Entscheidend war jedoch, dass diese Autoren das Menschsein nicht über die Gottebenbildlichkeit, sondern über die Gottähnlichkeit definierten. Die Unterscheidung zwischen Gottähnlichkeit und Gottebenbildlichkeit ermöglichte es den Antiochenern, wie Harrison gezeigt hat, der Frau die vollumfängliche menschliche Natur zuzubilligen und dennoch an einer angeblich in der Schöpfungsordnung wurzelnden Geschlechterhierarchie festzuhalten. Gleichwohl glaubt Chrysostomus, dass Adam und Eva dazu berufen seien, „to live together in such harmony and unity that their inequality fades into insignificance and she shares all that is his including his sovereignty over the visible creation“.[50]

Das könnte die Frage aufwerfen, ob es vielleicht durch Chrysostomus' Auffassung von der Stellung der Frau in der Schöpfungsordnung bedingt ist, dass er diejenigen, die die Begrenzungen ihrer „Natur“ seiner Ansicht nach überwunden haben, derart mit Lob überschüttet. Zwar ist besagte Auffassung von der „natürlichen“ Stellung der Frau auch für andere antike Schriftsteller typisch – doch der Lobgesang, den Chrysostomus auf einige der einzelnen Frauengestalten anstimmt, ist in der patristischen Literatur eher einzigartig. Während die Kommentare zu Röm 16 bei anderen Autoren zumeist recht kurz ausfallen, hat Chrysostomus über Röm 15,25–16,16 zwei komplette Homilien verfasst (*Hom. Rom.* 31–32), ja mehr noch: Im Gegensatz zu den meisten anderen Autoren, die die von Paulus namentlich genannten Frauen lediglich in den Kommentaren zu

---

49 Nonna V. HARRISON, „Women and the Image of God According to St. John Chrysostom“, in *In Dominico Eloquio – In Lordly Eloquence: Essays on Patristic Exegesis in Honour of Robert Louis Wilken* (hg. v. Paul M. Blowers et al.; Grand Rapids und Cambridge: Eerdmans, 2002), 259–279; 260. Vgl. Kari E. BØRRESEN, „God's Image, Man's Image? Patristic Interpretation of Gen 1,27 and 1 Cor. 11,7“, in *The Image of God: Gender Models in Judaeo-Christian Tradition* (hg. v. ders.; Minneapolis: Fortress, 1995), 187–209.

50 HARRISON, „Women and the Image of God According to St. John Chrysostom“, 271.

den betreffenden Briefen erwähnen, bringt Chrysostomus gleich in mehreren seiner Werke ausgewählte Frauen aus Röm 16 zur Sprache. Wenngleich auch Phöbe und andere seine Aufmerksamkeit wecken, ist Prisca (die er stets Priscilla nennt) doch zweifellos sein bevorzugter weiblicher Charakter aus der apostolischen Zeit.[51] Wie Catherine Broc-Schmezer gezeigt hat, erwähnt er sie jedes Mal, wenn er eine beispielhafte Frau aus dieser Periode anführen will.[52] Prisca ist einzigartig unter den neutestamentlichen Frauen in der Weise, wie Johannes Chrysostomus aus ihr ein spezifisch weibliches Vorbild macht, das an die weiblichen Mitglieder seiner Hörerschaft adressiert ist.[53]

Chrysostomus' Faszination für Prisca ist am eindeutigsten für seine spätere Schaffensperiode bezeugt, in der er auch eine höhere Wertschätzung für die Ehe an den Tag legt als in seiner früheren, eher asketisch geprägten Lebensphase. Gleichwohl wäre es irreführend, diese Faszination auf sein Interesse an Prisca und Aquila zurückzuführen: das prominenteste Missionarspaar des Neuen Testaments, das durchaus als Idealbeispiel für eine über alle Unterschiede hinweg gelungene Zusammenarbeit zwischen Mann und Frau hätte fungieren können. Chrysostomus neigt nicht nur in seiner Bewunderung für Prisca dazu, sich insbesondere auf *sie* und weniger auf die Paarbeziehung zwischen ihr und Aquila zu fokussieren; zudem erwähnt er sie auch schon in seiner frühen asketischen Schrift „Über die Jungfräulichkeit". Mit Bezug auf 1 Kor 7,16a („Woher weißt du denn, Frau, ob du den Mann retten kannst?") merkt Chrysostomus an, dass eine Frau dies *nicht* könne, wenn sie von ehelichen Angelegenheiten in Anspruch genommen sei, dass sie aber zur „Tugend der seligen Männer (ἀνδρῶν)"[54] voranschreite, wenn sie ihrer Natur nach (τῇ φύσει) eine Frau bleibe, oder, wie er es im Anschluss weniger geschlechtsbezogen formuliert, wenn sie „ihm ein dem Evangelium gemäßes Leben vor Augen führt" (τὸν εὐαγγελικὸν ἐπιδείκνυσθαι βίον).[55] Prisca ist seiner Auffassung nach das Musterbild einer Frau, die dies außerhalb der Ehe erreicht hat (γάμου χωρίς).[56] Denn als sie Apollos beiseite nahm,

---

51 Eine Volltextsuche im TLG hat ergeben, dass der Namen der Phoebe in sechs verschiedenen Werken des Johannes Chrysostomus vorkommt, während Prisca in mindestens dreimal so vielen Werken mit Namen genannt wird, wobei diese Erwähnungen von kurzen Anspielungen bis hin zu zwei vollständigen Homilien reichen, die ihr und ihrem Ehemann gewidmet sind.

52 BROC-SCHMEZER, *Les figures féminines*, 453.

53 Ebd., 453: „Gemeinsam mit ihren Zeitgenossinnen ist sie in der Tat die einzige Frau des Neuen Testaments, die Chrysostomos seinen Zuhörerinnen derart explizit als spezifisch weibliches Vorbild vor Augen stellt."

54 JOHANNES CHRYSOSTOMUS, *Virginit.* 47,1 (SC 125,262). Die hier vorgelegte Übersetzung ist meine eigene; darüber hinaus gibt es eine englische Übersetzung: *John Chrysostom: On Virginity; Against Remarriage* (übers. v. Sally R. Shore; Studies in Women and Religion 9; Lewiston: Mellen Press, 1983).

55 JOHANNES CHRYSOSTOMUS, *Virginit.* 47,2 (SC 125,264).

56 SHORE, *John Chrysostom*, 73, übersetzt „ohne zu heiraten". Mit Prisca führt Chrysostomus allerdings eine verheiratete Frau als Beispiel an; jedoch war der Mann, den sie „rettete",

habe sie „ihn zum ganzen Weg der Wahrheit geführt" (πρὸς πᾶσαν ἐχειραγώγησε τῆς ἀληθείας τὴν ὁδόν).[57] Aquila bleibt also in Chrysostomus' Nacherzählung von Apg 18,26 gänzlich unerwähnt – und das, obwohl sein Name, wie wir noch sehen werden, im Text der Apostelgeschichte an erster Stelle stand.[58]

Es kommt, wie wir schon bald sehen werden, häufiger vor, dass Chrysostomus, wenn er von Prisca spricht, nur sie als Lehrerin des Apollos erwähnt – so auch in seiner 31. Homilie zum Römerbrief.[59] Prisca wird hier im Lemma zunächst gemeinsam mit Aquila eingeführt, doch werden die beiden interessanterweise nicht wie in den uns bekannten Handschriften von Röm 16,3 als „Mitarbeiter" (συνεργοί), sondern Chrysostomus zufolge als συλλειτουργοί[60] gegrüßt: ein Wort, das mit „Mitdienende" oder mit „Kollegen im liturgischen Dienst" übersetzt werden kann. Der Begriff wird in der antiken christlichen Literatur oft für Mitbrüder im Bischofsamt oder Mitkleriker verwendet und ist auch in christlichen Papyri belegt.[61] Chrysostomus preist sowohl Prisca als auch Aquila und erinnert in diesem Kontext zudem an Philemon und Apphia (seiner Ansicht nach ein verheiratetes Paar).[62] „Auch verheiratet", so schreibt er, könne man „bewundernswert und vornehm" sein. Die eigentliche Lobrede aber ist Prisca allein vorbehalten. Der folgende Auszug vermittelt uns einen Eindruck:

> Denn sage mir, welche Königin hat je so geglänzt, wessen Lob ist je so gesungen worden wie das dieser Frau des Zeltmachers? Sie wird in aller Munde sein: nicht zehn oder 20 Jahre lang, sondern bis zur Ankunft Christi, und alle preisen sie für etwas, das weit mehr schmückt als ein königliches Diadem. Denn was ist größer, was kommt dem gleich, eine Beschützerin(?)[63] des Paulus zu sein, den Lehrer der ganzen bewohnten Welt dadurch zu

---

indem sie ihn auf den Weg der Wahrheit führte, nicht Aquila, der solcher „Führung" vermutlich nicht bedurfte, sondern Apollos.

57 JOHANNES CHRYSOSTOMUS, *Virginit.* 47,2 (SC 125,264).

58 Zu den Problemen bei der Erstellung der kritischen Ausgabe den Chrysostomus-Homilien zur Apostelgeschichte s. die bibliographischen Hinweise im Eintrag der Clavis-Datenbank: https://clavis.brepols.net/clacla/OA/Details.aspx?id=327F7B993C2A47CDB2AB1B6119609ED9 [zuletzt abgerufen 15.10.2021].

59 Zählung nach FIELD, *Interpretatio* (= JOHANNES CHRYSOSTOMUS, *Hom. Rom.* 30 in PG 60). Zum Text von Chrysostomus' Homilien über Röm 16 s. Bd. 1 der Ausgabe von FIELD, *Interpretatio, In divi Pauli epistolam ad Romanos homiliae XXXIII*; *Hom.* 31: S. 460–471; *Hom.* 32: S. 471–485.

60 Der Begriff wird sowohl im Lemma als auch zweimal in Chrysostomus' nachfolgendem Kommentar verwendet.

61 S. insbes. zwei Empfehlungsschreiben aus dem 4. Jahrhundert: P.Oxy. 56 3857 (http://papyri.info/ddbdp/p.oxy;56;3857# [zuletzt abgerufen 15.10.2021]) und P.Oxy. 8 1162 (http://papyri.info/ddbdp/p.oxy;8;1162 [zuletzt abgerufen 15.10.2021]). In Letzterem spricht ein Presbyter namens Leon (Λέων πρεσβύτερος) andere Presbyter und Diakone an und nennt sie συλλειτουργοί und „geliebte Brüder in Gott, dem Herrn".

62 Zu Apphia bei Hieronymus, Johannes Chrysostomus, Theodor von Mopsuestia, Pelagius und Theodoret von Kyrrhos s.: D. Francois TOLMIE, „The Reception of Apphia in the Fourth and Fifth Centuries C.E", *AcT* 36 (2016): 283–301.

63 Chrysostomus gebraucht hier das Nomen προστάτις. Paulus wendet diesen Begriff, der schwierig zu übersetzen ist und in modernen Bibelübersetzungen häufig mit „Wohltäter" wiedergegeben wird, in Röm 16 auf Phöbe an.

retten, dass sie sich selbst Gefahren aussetzt? Bedenke, wie viele Königinnen es gibt, über die man schweigt, doch von der Frau des Zeltmachers und dem Zeltmacher wird allenthalben berichtet. [...] Perser und Skythen und Thraker und die, die in den entlegensten Teilen der Erde wohnen, besingen die Liebe dieser Frau zur Weisheit/Philosophie[64] (τὴν φιλοσοφίαν) und nennen sie selig.[65]

An einer früheren Stelle derselben Homilie preist Chrysostomus auch Phöbe, betont ihre Stellung als „Diakon" (διάκονος) und nennt sie „heilig" und „selig". Dann lobt er sowohl Phöbe als auch Prisca gemeinsam als „vornehme Frauen", die durch ihre Natur nicht daran gehindert wurden, den Pfad der Tugend einzuschlagen.[66] Das, so schreibt er, sei zu erwarten, „denn in Christus Jesus gibt es weder Mann noch Frau" (Ἐν γὰρ Χριστῷ Ἰησοῦ οὐκ ἄρσεν, οὐ θῆλυ).[67] Anders als man vielleicht meinen könnte, nehmen patristische Autoren im Zusammenhang mit den herausragenden Frauen aus den paulinischen Briefen nur selten Bezug auf Gal 3,28: eine Vorsichtsmaßnahme womöglich, weil sie befürchteten, dass die Aufhebung aller Unterschiede „in Christus" Frauen dazu veranlassen könnte, führende Positionen für sich zu beanspruchen, die die betreffenden Autoren ihnen nicht zubilligen wollten. Epiphanius von Salamis mokiert sich in seinem nur wenige Jahrzehnte früher verfassten *Panarion*[68] über die „Quintillianisten", bei denen „Frauen Bischöfe sind und Frauen Priester sind und dergleichen; weil es, wie sie sagen, keinen Unterschied macht, ‚denn in Christus Jesus gibt es weder Mann noch Frau'".[69] Um zu „beweisen", dass dieser Anspruch irrig und die Priester- oder Bischofsweihe von Frauen (seiner Meinung nach) „Evas wegen"

---

64 Zu Chrysostomus' Vorstellung von einer christlichen *Philosophia* als Gegenentwurf zur hellenischen *Paideia* vgl. Jan R Stenger, „Where to Find Christian Philosophy? Spatiality in John Chrysostom's Counter to Greek Paideia", *JECS* 24,2 (2016): 173–198.

65 Johannes Chrysostomus, *Hom. Rom.* 31,230; eigene Übersetzung; griechischer Text bei Field, *Interpretatio* 1, 467 f. (= PG 60,665).

66 Vgl. die Homilie *Postquam reliquiae martyrum*, wo Phöbe und Prisca gleichermaßen als vorbildliche Frauen genannt werden, die den Aposteln trotz ihrer weiblichen Natur ebenbürtig waren (PG 63,467–472); englische Übersetzung: Pauline Allen und Wendy Mayer, *John Chrysostom* (The Early Church Fathers; London und New York: Routledge, 2000), 86–92.

67 Nummerierung nach Field, *Interpretatio* (= PG 60, *Hom. Rom.* 30). Broc-Schmezer weist darauf hin, dass Chrysostomus auch in seiner Schrift *De studio praesentium*, wo er „Mann" und „Frau" neu definiert, von Gal 3,28 beeinflusst ist. Eine weitere Stelle, an der Chrysostomus Gal 3,28 – und zwar in Bezug auf die Fähigkeit, das sexuelle Verlangen zu beherrschen – mit „Priscilla, Persis und anderen" in Verbindung bringt, ist *Hom. Matt.* 73; s. Broc-Schmezer, *Les figures féminines*, 473 und 477.

68 Epiphanius begann 374 oder 375 mit der Arbeit an seinem *Panarion* und beendete es innerhalb von drei Jahren. Die Datierung der Chrysostomus-Homilien ist eine komplexe Angelegenheit, wie Pauline Allen und Wendy Mayer in einer Reihe von Publikationen gezeigt haben, s. insbes. Wendy Mayer, *The Homilies of St John Chrysostom – Provenance: Reshaping the Foundations* (OrChrAn 273; Rom: Pontificio Istituto Orientale, 2005).

69 Epiphanius von Salamis, *Pan.* 49,2,5. Eine detailliertere Quellendiskussion zur Frage von Amtsträgerinnen im Montanismus bietet William Tabbernee, „Women Office Holders in Montanism", in *Patterns of Women's Leadership in Early Christianity* (hg. v. Joan E. Taylor und Ilaria L. E. Ramelli; Oxford: Oxford University Press, 2021), 151–179.

absurd ist, beeilt er sich, Gen 3,16, 1 Kor 11,8 und 1 Tim 2,12.14 zu zitieren (*Pan.* 49,3,2–3) und das Befreiungspotential von Gal 3,28 somit zu neutralisieren. Es ist also nicht weiter überraschend, dass Johannes Chrysostomus, nachdem er Gal 3,28 zitiert hat, in seiner nächsten Homilie die herausragende Stellung bestimmter Frauen in Röm 16 mit den „paulinischen" Texten zu vereinbaren sucht, die ihnen Unterordnung vorschreiben.

In seiner 32. Homilie zum Römerbrief, die den Versen 16,5b–16 gewidmet ist, bemerkt Chrysostomus, dass in Vers 6 „erneut eine Frau gekrönt und ermuntert" und die Männer somit beschämt würden. Nachdem er erklärt hat, dass Maria „die Aufgabe der Apostel und Evangelisten auf sich nahm",[70] fragt er:

> Wie aber kommt es dann, dass er [Paulus] sagt: „Ich erlaube es einer Frau nicht, zu lehren?" Insofern, als er sie aus der Versammlung der zum Gottesdienst versammelten Kleriker und vom Thron auf der Tribüne (τῆς ἐν τῷ μέσῳ προεδρίας αὐτὴν κωλύων καὶ θρόνου τοῦ ἐν τῷ βήματι),[71] nicht aber vom Wort der Lehre fernhält (οὐ τοῦ λόγου τῆς διδασκαλίας). Wenn dem so wäre, wie konnte er dann zu der Frau, die einen ungläubigen Ehemann hatte, sagen: „Denn woher weißt du, Frau, ob du deinen Mann retten wirst?" Wie konnte er es erlauben, Kinder zu erziehen, indem er sagte: „Sie wird durch das Kindergebären gerettet werden, sofern sie festhalten am Glauben und an der Liebe und an der Heiligkeit, mit Bescheidenheit"? Wie konnte Priscilla Apollos im Glauben unterweisen (κατήχει)? [...] Wenn sie [die Frau] weiser ist (σοφωτέρα), dann hält [Paulus] sie nicht davon ab, zu lehren und zu korrigieren (διδάσκειν καὶ διορθοῦν).[72]

Im Gegensatz zu Epiphanius, der die Bibelstellen über die Unterordnung der Frau zitierte, um das Potential von Gal 3,28 zu relativieren und zu neutralisieren, relativiert Johannes Chrysostomus die Tragweite von 1 Tim 2,12.15 durch eine sehr spezielle und im Fall von 1 Tim 2,15 sogar recht eigentümliche Auslegung

---

70 Vgl. JOHANNES CHRYSOSTOMUS, *Hom. Eph.* zu Eph 4,11–12, wo Chrysostomus Prisca und Aquila als Beispiele für „Evangelisten" anführt.

71 Der griechische Begriff βῆμα bezeichnet einen erhöhten Bereich und bezog sich im klassischen Altertum auf eine Tribüne, von der aus öffentliche Reden gehalten wurden. Was den spätantiken christlichen Kontext betrifft, nimmt die Forschung gemeinhin an, dass der Terminus für einen erhöhten Bereich im Altarraum in der östlichen Apsis der Kirche verwendet wurde, wo sich der Bischofsthron befand und von dem aus der Bischof predigte. Ein solcher halbkreisförmiger, gestufter Sitzbereich mit einem Thron in der Mitte scheint in beiden Städten existiert zu haben, in denen Chrysostomus predigte. Für Kirchen in Nordostsyrien ist allerdings noch eine andere „Bema" bezeugt: ein u-förmiger, erhöhter Bereich im Schiff mit einem „Thron" in der Krümmung des U, wo das Evangeliar platziert war und hinter dem der Prediger Aufstellung nahm. Eine solche „Bema" kennt man in Antiochien aus der Kirche des hl. Babylas. Es könnte also auch sein, dass Chrysostomus hier auf diese architektonische Gestaltung anspielt. Der Begriff προεδρία bezieht sich laut Wendy Mayer auf die „confraternity of clergy present at worship", die auf der „Bema" gesessen habe (E-Mail-Korrespondenz vom 13. August 2021). Ich bin Professor Mayer sehr dankbar für die Beantwortung meiner Fragen. S. auch Kap. 3 von Mayer, *Provenance*; vgl. Wendy MAYER und Pauline ALLEN, *The Churches of Syrian Antioch (300–638 CE)* (Late Antique History and Religion 5; Leuven: Peeters, 2012).

72 FIELD, *Interpretatio* 1, 474 (= PG 60,669).

(bei der er die Rettung der Frau durch das Gebären mit der Erziehung – vermutlich auch männlicher – Kinder in Zusammenhang bringt!). Hinzu kommt, dass er sich bei seiner Auslegung von Röm 16 nicht etwa an den allgemeinen „paulinischen“ Aussagen orientiert, sondern sich ihrer bedient, um seine eigene Meinung darüber, was für Frauen angemessen ist, zu untermauern, und dass er gleichzeitig bestimmte in den Paulusbriefen namentlich genannte Frauen heranzieht, um eine allzu rigide Deutung von 1 Tim 2 zu unterminieren. Seiner Ansicht nach sollten Frauen davon abgehalten werden, so zu predigen, wie Bischöfe es tun würden (also vom Bischofsthron herab), und mithin vermutlich auch nicht zu Bischöfen geweiht werden. Doch trotzdem und ungeachtet dessen, was er über Frauen und das Bild Gottes sagt, hegte er für die in den Paulusbriefen mit Namen genannten Frauen eine Wertschätzung, die in der übrigen aus dieser Zeit erhaltenen Literatur ihresgleichen sucht. Hierfür mag es mehrere Gründe geben: seine Bewunderung für den Apostel Paulus,[73] die ihn verpflichtete, Paulus' Erwähnungen bestimmter Frauen ernst zu nehmen; seine eigenen engen Freundschaften mit Frauen – auch (aber nicht nur) weiblichen Diakonen – sowohl in Antiochia als auch in Konstantinopel; und, *last but not least*, der homiletische Kontext und die damit verbundenen pastoralen Erfordernisse.[74] Anhand der Beispiele von Frauen aus der apostolischen Zeit konnte er den Gegensatz veranschaulichen, der seiner Meinung nach zwischen dem Mut, der Demut und den anderen Tugenden dieser Frauen einerseits und dem luxuriösen Lebenswandel und sonstigen Unzulänglichkeiten seiner Zeitgenossen und Zeitgenossinnen andererseits bestand.

Vor diesem Hintergrund ist es nicht weiter verwunderlich, dass Johannes Chrysostomus offenbar der einzige Autor ist, der das Geschlecht der Junia thematisiert. Während er Röm 16,7c inklusiv versteht (dass also sowohl Andronikus als auch Junia Apostel waren), staunt er insbesondere über Junias „Philosophie“ (φιλοσοφία),[75] die in der Tat groß gewesen sein muss, wenn sie „die Bezeichnung eines Apostels verdiente“.[76]

Die übrigen Frauen, die im Brief an die Gemeinde von Rom gegrüßt werden, bedenkt er mit freundlichen, aber kurzen Bemerkungen. Darüber hinaus findet sich eine allgemeine Erwähnung der Frauen aus Röm 16 – ohne dass eine von ihnen beim Namen genannt würde – in einem Brief, den Chrysostomus an eine römische Adlige namens Italica geschrieben hat. Zu Beginn des Briefes unterscheidet er zwischen den „äußeren Angelegenheiten“ ('Επὶ μὲν τῶν ἔξωθεν πραγμάτων) einerseits und den „Wettkämpfen Gottes/um Gottes willen und den

---

[73] S. insbes. Margaret M. MITCHELL, *The Heavenly Trumpet: John Chrysostom and the Art of Pauline Interpretation* (Louisville: Westminster John Knox Press, 2002).

[74] S. insbes. BROC-SCHMEZER, *Les figures féminines*, 483–509, zur „pastoralen Verwendung“. Zur Anwesenheit von Frauen bei liturgischen Feiern s. Wendy MAYER, „Female Participation and the Late Fourth-Century Preacher's Audience“, *Aug* 39 (1999): 139–147.

[75] S. o., Anm. 61.

[76] FIELD, *Interpretatio* 1, 475 (= PG 60,670).

Anstrengungen für die Gemeinde“ (Ἐπὶ δὲ τῶν τοῦ Θεοῦ ἀγώνων, καὶ τῶν ὑπὲρ τῆς Ἐκκλησίας πόνων) andererseits. Im erstgenannten Fall gibt es einen Unterschied zwischen Männern und Frauen: Den Frauen sei „die Sorge um das Heim zugewiesen“, den Männern hingegen die „Beteiligung an politischen und geschäftlichen Angelegenheiten“. Dies, so Chrysostomus weiter, gelte jedoch nicht für die Dinge Gottes/der Gemeinde, im Gegenteil:

> Es ist durchaus möglich, dass eine Frau an diesen guten Wettkämpfen und Anstrengungen mit größerer Stärke teilnimmt als ein Mann. Das macht Paulus in einem Brief an die Stadt eurer Vorfahren deutlich, und er rühmt viele Frauen und sagt, dass sie nicht wenige Mühen erduldet haben, wenn sie Männer zurechtwiesen und zu dem hinführten, was angemessen ist (πολλὰς ἀνακηρύττει γυναῖκας, λέγων αὐτὰς οὐ μικρὰ πεπονηκέναι ἐν τῷ ἄνδρας διορθοῦν, καὶ ἐνάγειν ἐπὶ τὰ προσήκοντα).[77]

Wer nicht mit Chrysostomus' Römerbriefhomilien vertraut ist, wundert sich vielleicht über diese Erwähnung von Frauen, die „Männer zurechtwiesen“. Dass er in seinem Brief an Italica gerade diesen Aspekt seiner eigenen Auslegung von Röm 16,1–16 betont, unterstreicht den Stellenwert dieser von Frauen erwarteten (wenngleich nicht öffentlichen) Unterweisung und die Bedeutung insbesondere der Prisca, mit der dieses Motiv aufs Engste verknüpft ist. Chrysostomus' Wertschätzung für Prisca wird ferner dadurch bestätigt, dass er den Grüßen an Prisca und Aquila zwei weitere Homilien gewidmet hat (*In illud: Salutate Priscillam et Aquilam*). In der ersten äußert er sich unter anderem zur Reihenfolge der Namen in Röm 16,3. Dass Prisca an erster Stelle erwähnt wird, ist Chrysostomus zufolge auf ihre größere Frömmigkeit (εὐλάβεια) zurückzuführen, die in der Apostelgeschichte veranschaulicht wird. Im Anschluss erzählt Chrysostomus ein weiteres Mal, wie Prisca den redegewandten Apollos unterrichtete – ein etwas merkwürdiger Beweis für Priscas *größere* Frömmigkeit, wenn man bedenkt, dass Apollos laut Apg 18 von Priscilla und Aquila gemeinsam belehrt wurde! Für Chrysostomus ist dies jedoch eine Gelegenheit, die Tragweite von 1 Tim 2,12 wie schon in seinen Anmerkungen zu Maria ein weiteres Mal zu relativieren. Dieses Mal konzentriert er sich auf das Beispiel der Prisca: Offenbar beziehe sich das Verbot, Männer zu belehren und Autorität über sie auszuüben, nur auf Männer, die gottesfürchtig sind, demselben Glauben anhängen und dieselbe Weisheit teilen (τῆς αὐτῆς σοφίας μετέχων). Gegenüber Männern, die ungläubig oder in einem Irrtum befangen sind, stelle Paulus die Lehrautorität von Frauen nicht in

[77] Zum griechischen Text s. PG 52,709 f. Die englische Fassung stammt teilweise aus der Übersetzung von Timothy D. Barnes und George Bevan, *Funerary Speech for John Chrysostom* (Translated Texts for Historians 60; Liverpool: Liverpool University Press, 2013), 151 f., an der ich jedoch einige Änderungen vorgenommen habe. Die wichtigste betrifft das Wort ἄνδρας, das Barnes und Bevan mit „Ehemänner“ wiedergeben, das aber im Licht dessen, was Chrysostomus an anderer Stelle über Prisca sagt, auf Männer im Allgemeinen bezogen werden muss.

Abrede! Auch hier zitiert Chrysostomus das Beispiel des ungläubigen Ehemannes aus 1 Kor 7,15–16 und bemerkt, die gläubige Ehefrau könne den ungläubigen Ehemann womöglich retten,

> [...] indem sie unterweist/katechisiert (κατηχοῦσα) und lehrt (διδάσκουσα) und ihn zum Glauben führt (ἐνάγουσα πρὸς τὴν πίστιν), wie es Priscilla mit Apollos tat. Jedenfalls spricht er [Paulus], wenn er sagt, „Ich erlaube es einer Frau nicht, zu lehren", über das Lehren auf der Tribüne[78] (περὶ τῆς ἐν τῷ βήματι διδασκαλίας), über die öffentliche Rede und über das Priestertum gemäß dem Wort (καὶ τῆς κατὰ τὸν ἱερωσύνης λόγον). Er schließt nicht aus, dass sie im Privaten ermahnt und Rat erteilt. Wenn dies ausgeschlossen gewesen wäre, dann hätte er sie [Priscilla] nicht für ihr Handeln gelobt.[79]

Auch hier bringt Chrysostomus seine Überzeugung zum Ausdruck, dass Frauen zwar nicht predigen sollten, ihnen das Lehren aber nicht unter allen Umständen verboten ist. Vor diesem Hintergrund könnten wir uns fragen, wie er die Rolle der Evodia und der Syntyche gesehen hat. Moderne Kommentare zum Brief an die Gemeinde von Philippi neigen zu der Auslegung, dass in Phil 4,2–3 auf einen Konflikt zwischen diesen beiden Frauen angespielt wird, in dem der „treue Jochgefährte" (oder Syzygos für diejenigen, die glauben, das griechische Wort σύζυγος sei ein Eigenname) vermitteln soll. Dies ist die „almost universally held assumption", wie Richard Fellows und Alistair Stewart schreiben, die diese Deutung hinterfragen wollen.[80] Sie räumen aber auch ein, dass einige feministische ExegetInnen eine alternative Interpretation vorgeschlagen haben: Demnach seien die beiden Frauen nicht miteinander, sondern mit Paulus in Streit geraten.[81] Tatsächlich geht das Motiv dieses angeblichen Konflikts zwischen Evodia und Syntyche, wie wir schon bald sehen werden, auf antike Kommentare zurück. Johannes Chrysostomus dagegen versteht die Stelle anders: „Chrysostom's exegesis of Paul's Epistle to the Philippians", schreibt Pauline Allen, „is the most

---

78 Zu der Schwierigkeit, die genaue Bedeutung des griechischen Begriffs βῆμα in diesem Kontext zu bestimmen, vgl. o., Anm. 68.

79 PG 51,192; englische Fassung in Anlehnung an die Übersetzung von Elizabeth A. CLARK, *Women in the Early Church* (Collegeville: Liturgical Press, 1990), 158–160, jedoch mit Änderungen. Im Internet ist außerdem eine englische Übersetzung der ganzen Homilie von Catherine CLARK KROEGER zugänglich: www.cbeinternational.org/resource/article/priscilla-papers-academic-journal/john-chrysostoms-first-homily-greeting-priscilla [zuletzt abgerufen 15.10.2021]; allerdings bedarf die Übersetzung von Chrysostomus' Kommentar zu 1 Tim 2,12 einer Korrektur. Chrysostomus macht geltend, dass Frauen keine Bischöfe oder Presbyter sein und daher nicht predigen dürfen; von „reviling the clergy", wie Clark Kroeger übersetzt, ist bei ihm nicht die Rede.

80 Richard G. FELLOWS und Alistair C. STEWART, „Euodia, Syntyche and the Role of Syzygos: Phil 4:2–3", *ZNW* 109/2 (2018): 222–234; 222; in Anm. 1 auf S. 223 außerdem ein bibliographischer Überblick über die Arbeiten, die diese populäre Deutung vertreten.

81 Mary Rose D'ANGELO, „Women Partners in the New Testament", *JFSR* 6/1 (1990): 65–86; 76, gefolgt von Cynthia B. KITTREDGE, *Community and Authority: The Rhetoric of Obedience in the Pauline Tradition* (Harrisburg: Trinity Press International, 1998), 105–108, und Joseph A. MARCHAL, *Hierarchy, Unity, and Imitation: A Feminist Rhetorical Analysis of Power Dynamics in Paul's Letter to the Philippians* (Atlanta: Society of Biblical Literature, 2006), 147–149.

comprehensive treatment of the letter surviving from Christian antiquity".[82] In seiner 14. Homilie zum Philipperbrief beginnt Chrysostomus seinen Kommentar zu 4,2–3 damit, dass er die von „einigen" (τινες) vorgeschlagene Interpretation verwirft, wonach σύζυγος (wörtl. „Jochgefährte") sich auf Paulus' Ehefrau beziehe.[83] Die Identität dieser Person ist für Chrysostomus nicht sonderlich interessant; er konzentriert sich auf die beiden Frauen, die Paulus seiner Meinung nach seinem „Jochgenossen" empfiehlt – genauso, wie er Phöbe den Römern empfohlen hatte. „Siehst du den Grad ihrer Tugend, den er [Paulus] bezeugt?" (Ὁρᾷς ὅσην αὐτοῖς ἀρετὴν μαρτυρεῖ;), fragt Chrysostomus. Für ihn hat es den Anschein, dass „diese Frauen das Oberhaupt der dortigen Gemeinde waren" (Δοκοῦσι δέ μοι αὗται αἱ γυναῖκες τὸ κεφάλαιον εἶναι τῆς ἐκκλησίας τῆς ἐκεῖ)![84] Anschließend erklärt er, dass „der Schutz/die „Autorität (προστασία[85]) nicht auf Freundschaft, sondern auf Leistungen beruht". Genau wie in seinem Kommentar zu Röm 16 betont Chrysostomus das Geschlecht der Evodia und der Syntyche: „Was sagst du? Haben Frauen Seite an Seite mit dir gerungen? [...] Es haben in der Tat viele mit ihm zusammengearbeitet (συνεργούντων αὐτῷ), und unter den vielen haben auch diese Frauen mitgearbeitet (συνέπραττον)." Abschließend betont Chrysostomus einmal mehr, dass die Identität des „Jochgenossen" kaum von Belang ist; was zählt, ist die Tatsache, dass Paulus „Anweisung gibt, dass die Frauen große Autorität/großen Schutz genießen sollen" (ἀλλ' ὅτι πολλῆς κελεύει αὐτὰς προστασίας ἀπολαῦσαι).

---

82 Pauline ALLEN in der Einleitung zu ihrer Übersetzung von *John Chrysostom, Homilies on Paul's Letter to the Philippians* (Atlanta: SBL, 2013), xii. Im Folgenden stütze ich mich (mit einigen wenigen Veränderungen) auf Allens englische Übersetzung.

83 Diese Tradition ist unter anderem bei CLEMENS VON ALEXANDRIEN (*Strom.* 3,53) und bei ORIGENES (*Comm. Rom.* 1,3) belegt.

84 Es überrascht, dass Fellows und Stewart, „Euodia", die Evodia und Syntyche zu den von Paulus in Phil 1,1 angesprochenen Vorstehern (*episkopoi*) zählen, Chrysostomus' Auslegung unerwähnt lassen. In Anbetracht seiner ablehnenden Haltung gegenüber einer bischofsähnlichen Predigttätigkeit von Frauen ist es eher unwahrscheinlich, dass er sich Evodia und Syntyche als *episkopoi* dachte; wahrscheinlich hatten sie eine andere Leitungsfunktion inne. Erstaunlicherweise bringt MITCHELL, *Heavenly Trumpet*, 360, Anm. 792, das bei Johannes Chrysostomus erwähnte „Haupt" (κεφάλαιον) mit Syzygos in Verbindung, „in whose charge Paul has placed these unruly women". Allerdings ist der griechische Wortlaut hier eindeutig, und soweit ich sehe, gibt es keinen Hinweis darauf, dass Chrysostomus Evodia und Syntyche als „unruly" betrachtete.

85 Pauline Allen übersetzt προστασία an dieser Stelle mit „Schutz", während sie dasselbe Wort am Ende des Abschnitts mit „Autorität" wiedergibt. Auch wenn „Autorität" eine reizvolle Option darstellt, weisen der Kontext (die Empfehlung der Frauen an den „Jochgenossen") und die Parallele mit Phöbe darauf hin, dass „Schutz" oder „Unterstützung" eher der Aussageabsicht des Chrysostomus entsprechen.

4.3. Theodor von Mopsuestia

Theodor (ca. 350–428) war mit Johannes Chrysostomus befreundet und hat in Antiochia mit ihm gemeinsam Exegese betrieben und studiert. Ein Großteil seiner exegetischen Arbeiten ist jedoch verlorengegangen, weil man ihn mit der nestorianischen Lehre in Verbindung brachte. Trotz dieser fragmentarischen Beschaffenheit weisen die auf uns gekommenen Textzeugnisse darauf hin, dass die beiden Autoren ähnlich wie andere Antiochener zwischen Gottebenbildlichkeit und Gottähnlichkeit unterscheiden und die Schöpfungserzählungen im Licht von 1 Kor 11,7 lesen.[86] Was die in den Paulusbriefen namentlich erwähnten Frauen betrifft, sind ihre Einstellungen jedoch sehr verschieden.

Theodors Kommentare zum Römer- und zum ersten Korintherbrief sind nur in Auszügen erhalten.[87] Keine dieser Stellen scheint sich auf bestimmte, namentlich erwähnte Frauen zu beziehen, doch die Spannung zwischen dem, was Paulus über prophetisch redende Frauen sagt, und dem Redeverbot in den Gemeindeversammlungen ist dem Autor offenbar bewusst. In seinem Kommentar zu 1 Kor 14,34–35 schreibt der Bischof von Mopsuestia, dass Paulus an einer früheren Stelle (desselben Briefes) prophetisch redende Frauen erwähne. „Vielleicht redeten sie zuhause prophetisch?", überlegt Theodor. Ansonsten, so betont er, hätten sie zu schweigen und dürften nicht reden. Denn, wie Theodor hinzufügt, „Prophetie ist etwas anderes als Lehre" (διαφέρει δὲ προφητεία διδασκαλίας).[88]

Wir wissen nicht, wie Theodor Paulus' Frauenlob in Röm 16 interpretiert hätte. Das folgende, auf Röm 16,3 bezogene Katenenfragment scheint allerdings eher nicht darauf hinzuweisen, dass er sich auch nur für irgendeine der in diesem Kapitel gegrüßten Frauengestalten sonderlich begeistert haben sollte: „Es sieht so aus, als wäre dies derselbe Mann, von dem auch der selige Lukas in der Apostelgeschichte schreibt, dass er redegewandt war (ὡς ἐλλογίμου) und die Juden in Widerlegungen gezwungen habe infolge der Kenntnis der göttlichen Schriften (καὶ ἀπὸ τῆς γνώσεως τῶν θείων γραφῶν)."[89] Dass Theodor für die sowohl im Römerbrief als auch in der Apostelgeschichte erwähnte Person durchgängig das Maskulinum Singular verwendet, legt die Vermutung nahe, dass er der Rolle der Prisca – ganz im Gegensatz zu Johannes Chrysostomus – keinerlei Beachtung schenkt und sich ganz auf Aquilas Beredsamkeit und Schriftkenntnis fokussiert.

---

86 HARRISON, „Women, Human Identity, and the Image of God".

87 Zum griechischen Text von Theodors Fragmenten zum Römerbrief s. Karl STAAB, *Pauluskommentare aus der griechischen Kirche. aus Katenenhandschriften gesammelt und herausgegeben* (NTA 15; Münster: Aschendorff, 1933), 113–212. Zu Theodors Pauluskommentaren s. auch Ulrich WICKERT, *Studien zu den Pauluskommentaren Theodors von Mopsuestia als Beitrag zum Verständnis der antiochenischen Theologie* (BZNW 27; Berlin: Töpelmann, 1962).

88 STAAB, *Pauluskommentare*, 193.

89 Ebd., 172.

Von Theodors Kommentaren zu den kleineren Paulusbriefen, die er vermutlich in seiner Zeit als Bischof verfasst hat (392–428), liegen uns jedoch eine lateinische Übersetzung und eine Anzahl griechischer Fragmente vor.[90] Seine Auslegung des zweiten Timotheusbriefs scheint sein mangelndes Interesse an bestimmten, namentlich erwähnten Frauen zu bestätigen. Ziehen wir jedoch Theodors Kommentare sowohl zu Apphia als auch zu Evodia und Syntyche in Betracht, ergibt sich ein etwas nuancierteres Bild. In seinem Kommentar zum Philemonbrief[91] lässt er, was das Verhältnis zwischen Apphia und Philemon betrifft, keinerlei Zweifel erkennen: Apphia ist Philemons Ehefrau und Archippus ihrer beider Sohn. Damit befindet er sich im Einklang mit seinem patriarchalen Umfeld, das einer Frau bevorzugt den Platz der Ehefrau und Mutter zuwies (und muss außerdem nicht erklären, weshalb Apphia vor Archippus erwähnt wird). Gleichwohl fühlt sich Theodor gedrängt, die Charakterisierung der Apphia als einer „geliebten" (*carissima*/ἀγαπητή) zu rechtfertigen. Paulus, so Theodor, habe Apphia genauso wie Philemon als „geliebt" angesprochen, „weil er der Meinung ist, dass Frauen sich hinsichtlich der Frömmigkeit in keiner Weise von Männern unterscheiden" (ἅτε δὴ μηδὲν διαφέρειν κατὰ τὴν εὐσέβειαν ἀνδρῶν τὰς γυναῖκας ἡγούμενος).[92]

Eine ähnliche Bemerkung im Hinblick auf den nicht vorhandenen Unterschied zwischen der „Frömmigkeit" (*pietas*) von Männern und Frauen macht Theodor in seiner Auslegung von Phil 4,2–3. Hier jedoch nimmt er deutlich ausführlicher zu Evodia und Syntyche Stellung. Wieder bezieht er sich, anders als Chrysostomus, auf die Meinungsverschiedenheit zwischen den beiden Frauen: „Es ist klar, dass sie sich in einem Zustand der Zwietracht befanden" (δῆλον ὅτι καὶ αὗται πρὸς ἀλλήλας ἐστασιάζον). Diesen Zustand deutet Theodor jedoch als ein Wetteifern darum, wer von beiden die tugendhaftere ist! Dennoch versteht er den paulinischen Text als eine „Zurechtweisung" der beiden Frauen, weist aber auch darauf hin, dass Evodia und Syntyche nicht nur „gestritten", sondern Paulus auch „gedient" (*ministrauerunt*) hätten, indem sie die „Lehre der Frömmigkeit" erfüllten.[93]

---

90 Zum lateinischen Text und den griechischen Fragmenten s. die englische Übersetzung von Rowan A. Greer, *Theodor von Mopsuestia, The Commentaries on the Minor Epistles of Paul* (Atlanta: SBL, 2010).

91 Zu Theodors Exegese des Philemonbriefs s. John F. Fitzgerald, „Theodore of Mopsuestia on Paul's Letter to Philemon", in *Philemon in Perspective: Interpreting a Pauline Letter* (hg. v. D. Francois Tolmie; BZNW 149; Berlin und New York: De Gruyter, 2010), 333–364.

92 Ich habe die Übersetzung von Greer verwendet, aber εὐσέβεια (*pietas* in der lateinischen Fassung) mit „Frömmigkeit" wiedergegeben; Greers Vorschlag „wahre Religion" scheint ein wenig anachronistisch.

93 Greer, *Theodore of Mopsuestia: The Commentaries on the Minor Epistles of Paul*, 355, Anm. 24, deutet Theodors Intention falsch, wenn er schreibt: „That is, to show that the women ‚contended' not only by witnessing but also by teaching." Der Text bietet keinerlei Hinweis darauf, dass die Frauen „lehrten". Bedauerlicherweise liegt uns von Theodors Kom-

Selbst dort, wo Theodor in seinen Kommentaren zu Apphia, Evodia und Syntyche aufrichtig bemüht scheint, die Bedeutung dieser von Paulus hervorgehobenen weiblichen Charaktere zumindest in Teilen zu würdigen, ist seine Haltung eher ambivalent. Mithin kann es nicht verwundern, dass er, ähnlich wie andere „Kirchenväter", die Idee weiblicher Presbyter nicht guthieß. Wir haben gesehen, wie Origenes in seinem Kommentar zu Maria in Röm 16,6 Tit 2,3–5 paraphrasiert und wie er Tit 2,3 benutzt, um das auf Frauen bezogene Redeverbot in der Gemeinde zu verteidigen. Was Theodor von Mopsuestia angeht, liegt uns sowohl der griechische Text als auch die lateinische Übersetzung seiner Auslegung zu Tit 2,3a aus seinem Titusbriefkommentar vor. Darin kritisiert er, dass „einige" (τινες) das griechische Wort πρεσβύτιδες auf die Ordination – wörtlich „Handauflegung" (griech. χειροτονία) – weiblicher Presbyter bezogen hätten, und hegt keinerlei Zweifel daran, dass hier lediglich von älteren Frauen die Rede sei.

4.4. *Theodoret von Cyrus*

Wir beschließen den Abschnitt über paulinische Frauen in antiken griechischen Kommentaren und Homilien mit Theodoret von Cyrus (393 bis nach 460), einem gebildeten Bischof, dessen Muttersprache das Syrische war. Ironischerweise ist die von diesem syrischen Autor verfasste, auf Mitte des 5. Jahrhunderts datierte *Interpretatio in XIV epistulas S. Pauli* der einzige vollständig auf uns gekommene antike Kommentar zum gesamten *Corpus Paulinum* (14 mit Paulus in Verbindung gebrachten Briefen einschließlich des Hebräerbriefs) in griechischer Sprache.[94]

Theodoret stand unter dem Einfluss seiner Vorläufer in der Tradition der antiochenischen Exegese. In seinem Vorwort erklärt er ausdrücklich, dass er aus den Texten der „seligen Väter" schöpft. Es herrscht weitgehende Einigkeit darüber, dass hiermit vor allem Theodor von Mopsuestia und Johannes Chrysostomus gemeint sind.[95] Einer der wesentlichen Unterschiede zwischen Chrysosto-

---

mentar zu Phil 4,3 nur der lateinische Text vor, der συνήθλησαν („sich mitmühen/mitanstrengen", aber in einem sportlichen Sinne) merkwürdigerweise mit *decertauerunt*, „sie kämpften", übersetzt. Der Autor scheint hier mit der Bedeutung des Verbs zu spielen: Entweder kämpften die beiden Frauen Seite an Seite für das Evangelium, oder sie kämpften/wetteiferten miteinander, welche von ihnen sich im Hinblick auf das Evangelium am meisten hervortat.

94 Es gibt eine englische Übersetzung: *Theodoret of Cyrus, Commentary on the Letters of St. Paul*, (übers. v. Robert C. Hill; 2 Bde.; Brookline: Holy Cross Orthodox Press, 2001). Die griechische Textgrundlage ist nach wie vor PG 82,36–877.

95 Eine detaillierte Diskussion bietet P. M. Parvis, *Theodoret's Commentary on the Epistles of St. Paul: Historical Setting and Exegetical Practice* (Diss. Universität Oxford, 1975), Teil 2, Kap. 2 (109–170) und 3 (171–204). Vgl. Jean-Noël Guinot, *L'Exégèse de Théodoret de Cyr* (Théologie historique 100; Paris: Beauchesne, 1995). Zu Theodoret und Chrysostomus als Exegeten

mus' Homilien und Theodorets Kommentar besteht darin, dass Ersterer sich eher auf pastorale Belange richtet, während sich Letzterer auf den Bibeltext konzentriert. Da dies jedoch in erster Linie der Gattung geschuldet ist – Homilien auf der einen, Kommentare auf der anderen Seite –, sollte man den Unterschied nicht überbewerten und etwa annehmen, dass Theodorets Auslegung des paulinischen Texts die objektivere sei. Theodoret erklärt in seinem Vorwort ausdrücklich, dass er sich kurzfassen will: „Mir ist bewusst, dass Kürze selbst diejenigen ermutigt, die leichten Wegen der Lektüre zugeneigt sind." Hierzu bemerkt Robert Hill: „Perhaps the prolixity of a preacher like Chrysostom, open before him, prompts this aspiration."[96] Das mag den recht verhaltenen Ton im Zusammenhang mit den paulinischen Frauen in Teilen erklären, doch dieser Ton ist auch seinem eigenen Kontext geschuldet.

Theodoret nimmt zu keiner der Frauengestalten aus den Paulusbriefen so ausgiebig Stellung, wie Chrysostomus dies tut, und doch lässt er es sich in seinem Kommentar zu Röm 16 anders als manch anderer Autor angelegen sein, zu den meisten der in den Grüßen erwähnten Einzelpersonen das eine oder andere anzumerken. Diese seine Anmerkungen sagen jedoch eher etwas darüber aus, was er selbst im Hinblick auf die Rolle von Frauen in der Gemeinde für angemessen hielt, und lassen eine gewisse Tendenz erkennen, sie zu domestizieren und ihre Bedeutung in einer Weise herunterzuspielen, die in Chrysostomus' Homilien über Röm 16 weitgehend fehlt. Diese Tendenz ist allerdings weniger ausgeprägt, wenn Frauen gemeinsam mit ihren männlichen Partnern erwähnt werden.

Die Empfehlung der Phöbe in Röm 16,1–2 gibt Theodoret Gelegenheit, weniger Phöbe als vielmehr Paulus zu preisen.[97] Kenchreä, so schreibt er, sei das „größte Dorf in Korinth" gewesen. Dass die dortige Gemeinde „einen weiblichen Diakon/eine Frau als Diakon" (γυναῖκα διάκονον) hatte, zeugt von der Macht der (mutmaßlich paulinischen) Verkündigung, die binnen kurzem „nicht nur Städte, sondern auch Dörfer mit Frömmigkeit erfüllte". Mit Phöbes „Beistand" (προστασία) sei, so die Interpretation des Theodoret, ihre Gastfreundschaft und Fürsorge gemeint.[98] Er staunt über die Diskrepanz zwischen dem kurzen Erweis ihrer Gastfreundschaft und dem Ruhm, den das Lob des Paulus Phöbe eingetragen habe und aufgrund dessen sie „nicht nur den Römern und Griechen, sondern auch all den Barbaren" bekannt sei.

---

des Römerbriefs s. Agnès LORRAIN, *Le Commentaire de Théodoret de Cyr sur l'Épître aux Romains* (Berlin: De Gruyter, 2018), 143–216.

96 HILL, *Theodoret: Commentary*, 13.

97 HILL, *Theodoret: Commentary*, 135. Ich habe Hill sowohl hier als auch im Folgenden verändert.

98 Theodoret erinnert die Leser in seiner Auslegung von 1 Tim 5,10 auch an Phöbes (und Lydias) Rolle als Gastgeberin und betont insbesondere den Hinweis auf die Witwen, die „Fremde beherbergt" und „den Heiligen die Füße gewaschen" haben. Das ist womöglich ein Indiz dafür, dass er sowohl Phöbe als auch Lydia, die allem Anschein nach keinen Mann an ihrer Seite hatten, für Witwen hielt.

Die Bedeutung der Prisca erkennt Theodoret bereitwilliger an; sie habe Phöbe „übertroffen" (ὑπερηκόντισε). Auch wenn der Kommentator dies nicht ausdrücklich sagt, wurde die potentielle Gefahr, die von einer mächtigen unabhängigen Frau ausging, in Priscas Fall vermutlich dadurch abgeschwächt, dass Aquila an ihrer Seite war. Möglich ist auch, dass sich Theodoret hier vom Prisca-Lob des Chrysostomus hat beeinflussen lassen. Mit der Anmerkung, dass beide Formen von Priscas Namen („Prisca" und „Priscilla") „in den Büchern" (ἐν τοῖς βιβλίοις) zu finden seien, beweist Theodoret seine Detailgenauigkeit. Seiner Meinung nach nennt Paulus Prisca und Aquila seine „Mitarbeiter *in Christus Jesus*", um deutlich zu machen, dass damit nicht ihre gemeinsame Berufsausübung gemeint sei. Auf die Frage, worin genau diese Mitarbeit bestand, geht der Bischof von Kyrrhos jedoch nicht näher ein. Mit Blick auf ihre „Hausgemeinde" erklärt Theodoret, dass das Paar „die Mitglieder des Haushalts (τοὺς οἰκείους) in der höchsten Tugend unterwies". Interessanter ist jedoch, dass sie seiner Darstellung zufolge „eifrig in ihrem Haus die göttlichen Liturgien/Dienste versahen (τὰς θείας λειτουργίας ἔνδον ἐπετέλουν προθύμως)". Auch wenn nicht deutlich wird, worin genau Priscas Rolle bei Letzterem bestand, ist die Verwendung des Plurals in diesem Kontext bemerkenswert.

Die Kommentare zu anderen Frauen in Röm 16 sind kürzer und leicht ambivalent. Andronikus und Junia werden gemeinsam gelobt, ohne dass das Geschlecht der Letztgenannten irgendwie thematisiert würde.[99] Maria ist laut Theodoret „eine weitere Frau, die durch ihre eigenen/häuslichen? Arbeiten gekrönt wird" (Ἄλλη πάλιν γυνὴ ὑπὸ τῶν οἰκείων πόνων στεφανουμένη). „Ihre eigenen" ist Hills bevorzugte Übersetzung von οἰκείων. Da aber sowohl Phöbe als auch Prisca zuerst und vor allem für das gelobt wurden, was jede von ihnen in ihrem Haus tat, ist denkbar, dass auch Maria in den Augen Theodorets für ihre Gastfreundschaft und dafür Lob verdient, dass sie die Angehörigen ihres Haushalts in der Tugend unterwies. Die Beispiele, anhand deren er die „Arbeiten" der Tryphäna und Tryphosa veranschaulicht, scheinen diese Deutung zu bestätigen: „Arbeit der Gastfreundschaft, Fasten oder eine andere Tugend" (κόπον δὲ, ἢ φιλοξενίας, ἢ νηστείας, ἢ ἄλλης ἀρετῆς τινος). Zu Persis (die „viel gearbeitet hat") schreibt er nur: „Ihre Empfehlung ist größer, weil ihre Arbeitsliebe größer ist" – ohne dies genauer zu erläutern.

Als er auf die letzte der drei Erwähnungen Priscas und Aquilas in den paulinischen Briefen zu sprechen kommt (2 Tim 4,19), weist Theodoret auf die Reihenfolge der Namen hin. Er merkt an, dass Paulus die Frau, Prisca, „wieder" (πάλιν) vor ihrem Mann Aquila ehrt. Dies lag seiner Meinung nach an ihrem größeren Einsatz und Eifer für das Gute. Diese Erklärung ist eindeutig von

[99] Laut HILL, *Theodoret: Commentary*, 156, Anm. 4, hält Theodoret Junia für einen Mann; im Text findet sich allerdings kein Hinweis darauf.

Chrysostomus' 10. Homilie zum zweiten Timotheusbrief inspiriert, aus der Theodoret den Komparativ σπουδαιοτέρα („eifriger") entlehnt.[100] An einer früheren Stelle, in einer Anmerkung zu 2 Tim 1,5, nimmt er die Erwähnung der Großmutter des Timotheus anscheinend nicht zur Kenntnis und kommentiert lediglich, dass „der selige Lukas auch in der Apostelgeschichte an seine Mutter erinnert".[101] Seine Auslegung bezieht sich eher auf den lukanischen als auf den „paulinischen" Text, und er nimmt an, dass die Mutter keine Jüdin mehr war, als sie zum Glauben kam. Theodorets Kommentar zur „wohlwollenden Erwähnung seiner Eltern" durch den „göttlichen Apostel" zeigt, dass er 2 Tim 1,5 weiterhin durch die lukanische Brille liest: Eunikes Bedeutung wird heruntergespielt und Loïs gar nicht erwähnt.

Doch kommen wir zu Prisca und Aquila zurück. Neben den drei neutestamentlichen Stellen wird das Paar in Theodorets Einführung zum Brief an die Gemeinde von Ephesus erwähnt; „Aquila und Priscilla", so heißt es dort, seien mit Paulus in Ephesus gewesen. Der einzige Hinweis auf eine Lehrtätigkeit des Paares bleibt jedoch die Bemerkung, dass sie „die Mitglieder des Haushalts in Tugendhaftigkeit unterwiesen".

Theodorets Exegese zu Phil 4,2–3 weist Anklänge an Theodor von Mopsuestia auf. Er beginnt mit der Anmerkung, dass Paulus auf „irgendeinen Streit" zwischen den beiden Frauen „anspielt" (αἰνίττεται δὲ ὡς ἔριν τινὰ πρὸς ἀλλήλας ἐχούσας), geht jedoch nicht näher darauf ein, sondern zitiert gleich im Anschluss Vers 3 und nimmt dieses „höchste Lob für die Frauen" in den Blick, die Paulus „Teilhaber der um des Evangeliums willen erduldeten Gefahren" (wörtlich „Mitarbeiter in den Gefahren des Evangeliums", κοινωνοὺς γὰρ αὐτὰς καλεῖ τῶν ὑπὲρ τοῦ Εὐαγγελίου κινδύνων) nennt. „Einige Kommentatoren", schreibt Theodoret,

> haben den törichten Gedanken gefasst, dass der Partner (σύζυγος) die Ehefrau des Apostels war, und nicht berücksichtigt, was im Brief an die Korinther geschrieben steht, dass er sich unter die Unverheirateten einreihte. [...] Es ist klar, dass er, ob unverheiratet oder verwitwet, keine Frau hatte – wobei es wahrscheinlicher ist, dass er unverheiratet war, weil er in seiner Jugend berufen wurde. Also nennt er ihn Partner (σύζυγον οὖν αὐτὸν καλεῖ), weil er dasselbe Joch der Frömmigkeit trägt; und er drängt ihn, mit diesen vortrefflichen Frauen zusammenzuarbeiten (τῶν ἀρίστων γυναικῶν) und Eintracht zwischen ihnen zu vermitteln.[102]

Im Gegensatz zu seiner Deutung der Rolle der Frauen in Röm 16 scheint Theodoret also davon auszugehen, dass Evodia und Syntyche an der Verkündigung des Evangeliums beteiligt waren. Apphia dagegen hält er genauso wie Chrysostomus

---

100 Hill, *Theodoret: Commentary*, 251, bemerkt sarkastisch: „Theodoret goes out of his way, on rather flimsy grounds, to pay his compliments to Aquila's better half." Man möchte sich fragen, was Hill zu Chrysostomus' Loblied auf Prisca zu sagen hätte (das Theodoret vermutlich zu seinem eher bescheidenen Enkomion inspiriert hat).

101 Hill, *Theodoret: Commentary*, 237.

102 Hill, *Theodoret: Commentary*, 78.

und Theodor für die Ehefrau des Philemon. Dann aber entfährt ihm ein recht sarkastischer Kommentar über ihre Aufnahme in die Liste der Adressaten: „Wenn man sie übergangen hätte, hätte sie sich den Inhalten des Briefes vermutlich widersetzt." Diese, wie Hill schreibt, „gratuitously grudging remark"[103] erinnert uns daran, dass Theodorets Exegese ungeachtet seines präzisen und vermeintlich sachlichen Stils nicht frei von seinen persönlichen Vorurteilen ist.

5. Namentlich erwähnte paulinische Frauen in lateinischen Kommentaren der Antike

5.1. Früheste lateinische Kommentare (außer Ambrosiaster und Pelagius)

Vor der Mitte des 4. Jahrhunderts gab es keine lateinischen Kommentare zu den Paulusbriefen. Erst danach verfassten innerhalb eines halben Jahrhunderts (genauer gesagt in den letzten vier Jahrzehnten des 4. und im ersten Jahrzehnt des 5. Jahrhunderts) sechs verschiedene Autoren Kommentare entweder zu ausgewählten oder, wie im Fall der Schriftsteller Ambrosiaster und Pelagius, zu allen 13 Briefen. Und auch Rufinus' Übersetzung von Origenes' Römerbriefkommentar datiert aus dem ersten Jahrzehnt des 5. Jahrhunderts.[104]

Marius Victorinus ist der erste lateinische Exeget, der (in den 360er-Jahren) Kommentare zum Galater-, Philipper-, Epheser-, Römer- sowie zum ersten und zweiten Korintherbrief verfasste, von denen aber nur die drei erstgenannten auf uns gekommen sind.[105] So interessant es auch wäre, sich im Hinblick auf sein platonistisches Christentum und seine philosophische Exegese mit diesen Texten zu befassen,[106] besitzt für unsere Fragestellung doch in erster Linie seine Auslegung von Phil 4,2–3 Relevanz. Um zu erklären, was es bedeutet, dass Evodia und

---

103 Hill, *Theodoret: Commentary*, 265.

104 Laut C. P. Hammond, „The Last Ten Years of Rufinus' Life and the Date of His Move South from Aquileia", *JTS* 28/2 (1977): 372–429, vollendete Rufinus seine Übersetzung von Origenes' Römerbriefkommentar um 405/406.

105 Der lateinische Text liegt in zwei kritischen Ausgaben vor: *Marii Victorini Afri Commentarii in Epistulas Pauli Ad Galatas, Ad Philippenses, Ad Ephesios* (hg. v. Albrecht Locher; Leipzig: Teubner, 1972) und *Marii Victorini Opera Pars II: Opera Exegetica,* (hg. v. Franco Gori; CSEL 83/2; Wien: Hölder-Pichler-Tempsky, 1986).

106 Cooper, „The Platonist Christianity of Marius Victorinus", *Religions* 7 (2016). Zu Victorinus' Paulus-Exegese im Besonderen s. auch Giacomo Raspanti, *Mario Vittorino Esegeta Di S. Paolo* (Palermo: L'Epos, 1996); Werner Erdt, *Marius Victorinus Afer, der erste lateinische Pauluskommentator* (Frankfurt a. M.: Peter Lang, 1980).

Syntyche gemeinsam mit Paulus im Evangelium gearbeitet haben, schlägt Victorinus zwei Möglichkeiten vor: entweder, dass sie das von Paulus verkündete Evangelium „anerkennen, hüten und ihm dienen", oder dass sie selbst „verkünden, verteidigen und evangelisieren" (*ut et ipsae vel ipsum evangelium quod ego adnuntio agnoscant, custodiant, servent, vel ipsae adnuntient, adserant, evangelizent*). Zwar nimmt er an, dass es zwischen den beiden Frauen Meinungsverschiedenheiten gab und Paulus Epaphroditus bat, ihnen bei deren Überwindung zu helfen; doch er unterstellt mit keinem Wort, dass sich die Verkündigung des Evangeliums durch Frauen auf bestimmte Orte beschränken sollte.

Daneben liegen uns Kommentare zu ausgewählten paulinischen Briefen (an Philemon, Titus und an die Gemeinden in Galatien und in Ephesus) vor, die Hieronymus im Sommer und Frühherbst des Jahres 386 verfasst hat.[107] Hier verdienen vor allem Hieronymus' kurze Bemerkungen zu Apphia Erwähnung. Als er zum ersten Mal auf sie Bezug nimmt, zitiert Hieronymus Vers 2 (*Appiae quoque sorori*, „Auch an Apphia, die Schwester") und fügt hinzu: „eine, die nichts von Falschheit und vorgetäuschter Schwesterlichkeit in sich hat". Diese Charakterisierung ist durch und durch positiv und völlig frei vom Sarkasmus eines Theodoret. Dennoch gibt D. Francois Tolmie zu bedenken: „Whereas the positive evaluation of Philemon and Archippus is linked to what they were or what they had done, in Apphia's case it is linked to what she was not."[108] Für unseren Fokus interessanter ist die Tatsache, dass Hieronymus es im weiteren Verlauf für nötig hält, zu erklären, warum Apphia in der Brieferöffnung vor Archippus genannt wird. Zunächst paraphrasiert er Gal 3,28, was, wie wir gesehen haben, bei antiken christlichen Autoren im Zusammenhang mit bestimmten Frauen aus den paulinischen Briefen nicht eben häufig vorkommt. Anschließend erklärt Hieronymus, dass Apphias Name zwischen den Namen der beiden apostolischen Männer erscheine (*uiros et apostolicos*[109]), sie mithin von beiden Seiten, durch den Mitarbeiter und durch den Mitstreiter des Paulus, gestützt werde und die Reihenfolge nicht ihrem Geschlecht, sondern ihrem Verdienst geschuldet sei. Das stimmt mit den Ansichten überein, die Hieronymus auch an anderen Stellen vertritt: dass die Frauen zwar einerseits das „schwächere, anfälligere Geschlecht" seien, andererseits aber insbesondere durch Askese und intellektuelles Streben – wie nicht zuletzt die Korrespondenz mit seinen engen Freundinnen beweist[110]

---

107 Die lateinische Textgrundlage ist PL 26,307–618; englische Übersetzung: *St. Jerome's Commentaries on Galatians, Titus, and Philemon* (übers. v. Thomas P. Scheck; Notre Dame: Notre Dame University Press, 2010).

108 TOLMIE, „The Reception of Apphia", 286.

109 Tolmie übersetzt hier „Männer und Apostel", aber *apostolicus* ist nicht dasselbe wie *apostolus*.

110 Elizabeth E. CLARK, *Jerome, Chrysostom, and Friends: Essays and Translations* (Studies in Women and Religion 2; New York - Toronto: Edwin Mellen Press, 1979), 35–106: „Friendship between the Sexes: Classical Theory and Christian Practice". Zu Hieronymus und den

– über ihr „Frausein" hinauswachsen könnten. Vielleicht ist das auch der Grund dafür, dass Hieronymus am Ende seines Kommentars zum Philemonbrief, wo er die Bedeutungen aller darin vorkommenden Eigennamen erklärt, die Bedeutung des Namens Apphia mit *„continens", aut „libertas"* („enthaltsam/keusch, oder Freiheit") wiedergibt.

Ebenfalls auf das ausgehende vierte Jahrhundert wird schließlich[111] auch der anonyme sogenannte Budapester Kommentar[112] zum paulinischen Corpus datiert, der neben den 13 Briefen, in denen Paulus als Verfasser genannt wird, auch einen – den ältesten uns bekannten lateinischen – Kommentar zum Hebräerbrief enthält.[113] Weil er so kurz ist und über lange Textstrecken hinweg keinerlei exegetische Kommentare bietet, ist vermutet worden, dass der Budapester Kommentar eigentlich aus einer Kombination von Bibelcodex und Randglossen entstanden ist. Umso bemerkenswerter ist, dass der Verfasser, der an den von Paulus namentlich erwähnten Frauen (und Männern) im Allgemeinen kein allzu großes Interesse zeigt, Röm 16 wie folgt kommentiert:

> Hier zeigt der Apostel, dass eine Person nicht als Mann oder Frau angenommen/bevorzugt oder ausgewählt werden soll, wenn er den Römern einen Brief durch eine Frau sendet und in demselben Brief anderen Frauen einen Gruß bestellen lässt. (*Hic monstrat apostol(us) non accipienda(m) aut eligenda(m) e(ss)e p(er)sona(m) uiri uel feminae quando romanos p(er) muliere(m) litteras mittit & in eadem ep(istu)la aliis feminis mandat salute(m).*)

Frauen s. auch Antti Arjava, „Jerome and Women", *Arctos; Acta Philologica Fennica* 23 (1989): 5–18.

111 Auch Augustinus arbeitete an Kommentaren zum Galater- und zum Römerbrief; sein Römerbriefkommentar blieb allerdings unvollendet.

112 R. F. MacLachlan, „A Reintroduction to the Budapest Anonymous Commentary on the Pauline Letters", in Early Readers, Scholars and Editors of the New Testament: Papers from the Eighth Birmingham Colloquium on the Textual Criticism of the New Testament (hg. v. H. A. G. Houghton; Texts and Studies 11; Piscataway: Gorgias Press, 2014), 93–106; 93: „VL 89 is known as the ‚Budapest Anonymous Commentary' since it was rediscovered by Hermann Frede in the library of the Hungarian National Museum in Budapest." Theodore S. de Bruyn, „Constantius the ‚Tractator': Author of an Anonymous Commentary on the Pauline Epistles?", *JTS* 43/1 (1992): 38–54, hält Constantius für den Verfasser.

113 Textausgabe von Hermann J. Frede, *Ein neuer Paulustext und Kommentar* (AGLB 7–8; Freiburg i. Br.: Herder, 1973/1974). Rosalind F. MacLachlan hat außerdem eine digitalisierte Fassung des Budapester Kommentars zum Römer-, zum ersten und zweiten Korinther- und zum Galaterbrief erstellt, die online zugänglich ist: http://itsee-web.bham.ac.uk/epistulae/XML/compaul.xml [zuletzt abgerufen 15.10.2021].

5.2. *Ambrosiaster*

Der Ambrosiaster genannte Schriftsteller, dessen richtigen Namen wir nicht kennen, verfasste irgendwann im letzten Viertel des 4. Jahrhunderts einen umfangreichen Kommentar zu den paulinischen Briefen.[114] In der handschriftlichen Überlieferung galt Ambrosius als der Urheber dieses ersten vollständigen lateinischen Kommentars zur paulinischen Briefsammlung, was erklärt, weshalb er im Mittelalter so populär war. Der Name „Ambrosiaster" ist eine neuzeitliche Prägung: Mit dem pejorativen Suffix *-aster* wollte man anzeigen, dass es sich um einen (nicht ebenbürtigen) Nachahmer des Ambrosius handelte.[115] Ambrosiaster wirkte zur selben Zeit, als Hieronymus sich dort aufhielt (382–385), in Rom und war wahrscheinlich ein Presbyter. Sein Kommentar ist eine wichtige Quelle für alle, die sich mit der Paulusrezeption im Westen und mit textkritischen Fragen befassen, doch eine äußerst triste Lektüre für diejenigen, die nach positiven Aussagen über Frauen suchen. Wie Nonna Verna Harrison schreibt, bietet Ambrosiaster „the most rigorous and consistent account of an anthropology in which women lack the divine image and are inherently inferior to men".[116] Es kann daher nicht verwundern, dass er sich in seinem Kommentar zu 1 Kor 14,34–35 (in seiner lateinischen Textvorlage folgt die betreffende Stelle auf Vers 40) auf 1 Kor 11,7 rückbezieht. Frauen, so Ambrosiaster, sollten nicht nur verschleiert, sondern auch still und bescheiden sein, „denn wenn nicht die Frau, sondern der

---

[114] Vgl. *Ambrosiaster's Commentary on the Pauline Epistles: Romans* (hg. v. Theodore S. de Bruyn, David G. Hunter und Stephen A. Cooper; Atlanta: SBL, 2017), XXVII: „The emerging consensus is that the later revisions of the Commentary and the *Quaestiones* date from the mid-380s. The earlier versions would have been written in the early 380s, or perhaps sometime in the later 370s." Eine kritische Ausgabe des lateinischen Texts ist die von Heinrich J. VOGELS, *Ambrosiastri qui dicitur Commentarius in Epistulas Paulinas* (CSEL 81,1-3; Wien: Hölder-Pichler-Tempsky, 1966–1969). Die Abweichungen in den handschriftlichen Textzeugnissen sind zum Teil auf Ambrosiasters eigene Überarbeitungen zurückzuführen, wirken sich aber nicht wesentlich auf das aus, was er über Frauen zu sagen hat. Der oben genannte Band (*Ambrosiaster's Commentary*) enthält die englische Übersetzung von Theodore de Bruyn. Für die verbleibenden Briefe gibt es bislang nur die weit weniger genauen Übersetzungen in *Ambrosiaster: Commentaries on Romans and 1-2 Corinthians* (übers. v. Gerald L. Bray; Ancient Christian Texts; Downers Grove: IVP Academic, 2009) und *Commentaries on Galatians – Philemon* (Ancient Christian Texts; Downers Grove: IVP Academic, 2009).

[115] Früher wurde die Herkunft des Namens „Ambrosiaster" mit Erasmus in Verbindung gebracht; s. aber Jan KRANS, „Who Coined the Name ‚Ambrosiaster'?", in *Paul, John, and Apocalyptic Eschatology: Studies in Honour of Martinus C. de Boer* (hg. v. Jan Krans et al.; Leiden und Boston: Brill, 2013), 274–281, der die These vertritt, der Name sei aller Wahrscheinlichkeit nach von Franciscus Lucas Brugensis geprägt worden, in dessen *Notationes* (1580) er zum ersten Mal vorkommt.

[116] HARRISON, „Women, Human Identity, and the Image of God", 205 f.; eine detailliertere Diskussion bietet David HUNTER, „The Paradise of Patriarchy: Ambrosiaster on Woman as (Not) God's Image", *JTS* 43/2 (1992): 447–469.

Mann das Bild Gottes ist und wenn sie durch das Gesetz der Natur dem Mann unterworfen ist, um wie viel unterwürfiger sollte die Frau dann sein, wenn sie in der Kirche ist: zum Zeichen der Ehrerbietung gegenüber dem Mann, der der Botschafter dessen ist, der sein Haupt ist."[117]

Ambrosiasters Interesse an den von Paulus gerühmten Frauen hält sich in Grenzen, und selbst wenn er auf sie Bezug nimmt, wird ihr Geschlecht in aller Regel nicht, oder wie im Fall der Mutter des Rufus, der weiter unten noch erörtert werden wird, auf eine eher verstörende Weise betont. Apphia bleibt in seinem Kommentar zum Philemonbrief völlig unerwähnt, und die Erwähnung der Mutter und der Großmutter des Timotheus in 2 Tim 1,5 ist für ihn wie schon für Theodoret eine Gelegenheit, nicht etwa die beiden Frauen, sondern Timotheus zu loben. Gleichwohl ist Ambrosiaster der einzige antike Kommentator, der zweifelsfrei davon ausging, dass es sich bei Nympha um eine Frau handelte. Anders als im Griechischen lässt zwar das in Kol 4,15 gebrauchte Pronomen, das anzeigt, wem das Haus gehörte, im Lateinischen keinerlei Rückschlüsse auf das Geschlecht der betreffenden Person zu, weil das Pronomen hier im Genitiv Singular erscheint, der für alle drei Genera gleich lautet, nämlich *eius*. Das Partizip *devota* („fromm") ist hingegen eindeutig weiblich. Interessant ist, dass Ambrosiaster, der *ecclesia domestica* („Hausgemeinde") in Röm 16,5 als Priscas und Aquilas *domesticos et vernaculos* deutet („die Mitglieder des Haushalts und die Sklaven"), in seinem Kommentar zu Kol 4,15 eine ausführlichere Erläuterung bietet: Nympha habe Paulus sehr am Herzen gelegen, denn sie war offenbar „so fromm, dass ihr ganzer Haushalt mit dem Zeichen des Kreuzes bezeichnet war" (*tam enim devota videtur fuisse, ut omnis domus eius signo titulata esset crucis*). Ambrosiaster hält es also für wichtig, zu erklären, weshalb Paulus Nympha hier so besonders erwähnt; womöglich bereitete es ihm ein gewisses Unbehagen, dass in diesem Kontext kein einziger Mann in Erscheinung tritt. Jedenfalls ist dies eine der positivsten Aussagen über eine Frau, die im gesamten Kommentar zu finden ist.

Phöbe wird – wenn wir uns nun Ambrosiasters Erläuterungen zu Röm 16 zuwenden – als gemeinsame Schwester „dem Gesetz nach" (*de lege*) und als *ministra* (Dienerin?, Amtsträgerin?) der Gemeinde von Kenchreä bezeichnet und erhält ein allgemeines Lob, ohne dass der Kommentator jedoch näher darauf eingeht, auf welche Weise sie Paulus unterstützt hat. In seinen Ausführungen zu 1 Tim 3,11 wendet sich Ambrosiaster ausdrücklich gegen die Vorstellung, dass Diakoninnen (*diaconissae*)/weibliche Diakone (*diaconae*)[118] geweiht werden sollten, denn „die Apostel haben sieben männliche Diakone erwählt".[119] Daher verwun-

---

[117] Bray, *Ambrosiaster: Commentaries on Romans and 1-2 Corinthians*, 189.

[118] Es gibt einen Unterschied zwischen den beiden Fassungen: Die eine hat *diaconissas*, die andere *diaconas*.

[119] In seinem Kommentar zu 1 Tim 3,11 fragt Ambrosiaster ironisch: „Fand sich mithin etwa keine geeignete Frau, wenn wir lesen, dass unter den elf Aposteln heilige Frauen waren?" (*Numquid nulla mulier tunc idonea inventa est, cum inter undecim Apostolos sanctas mulieres*

dert es auch nicht, dass er in seinem Kommentar zu Röm 16,1 sowohl im Lemma[120] als auch in der betreffenden Auslegung nur den allgemeinen Begriff *ministra* verwendet[121] und nicht von einer *diaconissa* oder *diacona* spricht.

In seinen Kommentaren zu Prisca und Aquila in Röm 16,3–5 nennt Ambrosiaster die Namen der beiden in einer Reihenfolge, die in den Handschriften für 1 Kor 16,19, nicht aber für Röm 16,3 typisch ist, nämlich: *Salutate Aquilam et Priscillam* („Grüßt Aquila und Priscilla").[122] Er erwähnt, dass Apollos, wie die Apostelgeschichte erzählt, von ihnen noch genauer im Weg des Herrn unterwiesen wurde, obwohl er in den Schriften bereits sehr bewandert war. Die Schlussfolgerung, dass Prisca und Aquila in der Schrift demnach sogar noch besser bewandert gewesen sein müssen, unterschlägt Ambrosiaster, und die veränderte Reihenfolge erlaubt es ihm, Priscas Rolle aus dem Fokus zu nehmen. Seltsamerweise jedoch findet sich in seinen Kommentaren auch der folgende Hinweis: „Aquila ist Priscillas Ehemann" (*Aquila vir Priscillae est*). In einer Welt, in der üblicherweise Frauen als „Ehefrauen" der betreffenden Männer, nicht aber Männer als „Ehemänner" der betreffenden Frauen ausgewiesen wurden, ist dies eine recht ungewöhnliche Weise, von einem Mann zu sprechen.

In seinem Kommentar zu Röm 16,7 scheint Ambrosiaster Andronikus und Junia/Julia[123] für Blutsverwandte des Paulus zu halten, „sowohl im Fleisch als auch im Geist", und verweist in diesem Zusammenhang auf Marias Verwandte Elisabet. Sie seien früher Aposteln nachgefolgt[124] (waren also nicht selbst Apos-

---

fuisse legamus?) Der Satz ist nicht ganz eindeutig, könnte aber inklusiv als Hinweis darauf gelesen werden, dass Ambrosiaster zwar Diakoninnen ablehnt, aber die Existenz weiblicher Apostel akzeptiert!

120 Wie im kritischen Apparat bei Vogel angegeben, heißt es in einigen Handschriften *in ministerio ecclesiae quae est* [...] („im Dienst der Kirche, welche ist [...]); online: https://itseewce.birmingham.ac.uk/citations/citation/results/?biblical_work__identifier=NT_Rom&chapter=16&verse=1 [zuletzt abgerufen 18.10.2021].

121 Madigan und Osiek, *Ordained Women*, 17, merken an: „For Ambrosiaster, *ministra* does not signify a distinct, well-recognized category of ecclesiastical office, nor is Phoebe to be enumerated among the ‚deacons' of the churches." Mir ist nicht klar, weshalb de Bruyn *ministra* im Lemma mit „minister", im daran anschließenden Kommentar von Ambrosiaster aber mit „servant" wiedergibt.

122 Allerdings weist auch in diesem Fall, wie in Vogels Apparat vermerkt, eine Gruppe von Handschriften eine andere Reihenfolge auf, nämlich *Priscillam et Aquilam*. In Ambrosiasters Kommentar zu 2 Tim 4,19 weicht die Reihenfolge der Namen ebenfalls ab (*Saluta Priscillam et Aquilam*), doch er hat nicht mehr über die beiden zu sagen, als dass sie Paulus' Gastgeber waren.

123 Beide Namen sind in der handschriftlichen Überlieferung belegt; in Ambrosiasters erster Fassung des Römerbriefkommentars stand jedoch laut der von Vogel besorgten Ausgabe Junia, was spätere Überarbeitungen zu Julia änderten.

124 Hier sind es – genau wie in einigen der griechisch-lateinischen Codices und einigen anderen lateinischen Handschriften – nicht Andronikus und Julia/Junia, die vor Paulus „in

tel?) und hätten um des Glaubens willen Paulus' Gefangenschaft geteilt. Während Ambrosiaster betont, dass Andronikus und Junia/Julia geehrt werden müssten, wird das Geschlecht der/des Letztgenannten nicht thematisiert. Ambrosiaster macht ferner einige kurze Anmerkungen zu Tryphäna und Tryphosa und dann zu Persis, die seiner Meinung nach höher in Ehren steht als die beiden erstgenannten Frauen. In keiner seiner Erläuterungen nimmt er ausdrücklich auf ihr Geschlecht Bezug. Erst in seinem Kommentar zu Vers 13 benutzt er zum ersten Mal das Wort *mulier* („Frau"). Der Apostel, schreibt Ambrosiaster,

> stellte diesen Rufus über seine Mutter, weil er auserwählt war, die Gnade Gottes zu spenden, eine Verrichtung, in der eine Frau keinen Platz hat (*in qua mulier locum non habet*). Gleichwohl hielt der Apostel die Mutter für so heilig, dass er sie auch als seine eigene Mutter bezeichnet.[125]

Die einzige Stelle, an der er das Geschlecht thematisiert, bezieht sich also auf eine Frau, die von Paulus nicht mit Namen genannt wird und allem Anschein nach keine spezifisch missionarische Tätigkeit oder Funktion ausgeübt hat. Wenn wir uns Phil 4,2–3 zuwenden, stellen wir wenig überraschend fest, dass Evodia und Syntyche allenfalls halbherzig und in leicht herablassendem, missbilligendem Ton gelobt werden. Hier sind Ambrosiasters Kommentare kürzer als der paulinische Text selbst. Seiner Auslegung zufolge drängt Paulus Evodia und Syntyche (*Aevodiam et Sinticem*), ihr Urteilsvermögen zu schärfen (*ad prudentiam amplificandam hortatur*), damit „sie in der Erkenntnis und Weisheit Gottes so fortschritten, wie sie in den Werken des Evangeliums fortgeschritten waren" (*ut sicut in operibus evangelii profecerant, proficerent et in scientia et sapientia dei*). Dabei ist allerdings nicht klar, was er mit den „Werken des Evangeliums" meint.

Christus" waren, sondern die Apostel selbst, unter denen die beiden „ausgezeichnet" (*insignes*) waren.

125 De Bruyn, *Ambrosiaster's Commentary: Romans*, 269.

5.3. *Pelagius*

Pelagius' Kommentar zu den 13 paulinischen Briefen[126] ist von Ambrosiaster und von anderen, früher abgefassten lateinischsprachigen Kommentaren zu ausgewählten Briefen beeinflusst.[127] Was die Bemerkungen zu Frauen betrifft, ist die Haltung des Pelagius jedoch weit positiver als die des Ambrosiaster.

In seinem Kommentar zu den 13 Paulusbriefen erklärt Pelagius durchgängig, dass Frauen lehren dürfen und dies auch tun – aber nur *zuhause*. Diese Auffassung vertritt er im Zusammenhang sowohl mit allgemeinen paulinischen Aussagen als auch mit bestimmten Frauengestalten, wenngleich es leichte Unstimmigkeiten in der Frage gibt, *wen* Frauen lehren sollen. In seiner Erläuterung zu 1 Tim 2,12 („Ich erlaube aber einer Frau nicht zu lehren") bemerkt Pelagius: *Publice non permittit: nam filium uel fratrem debet docere priuatim* („Er [Paulus] erlaubt [das Lehren] nicht öffentlich; denn einen Sohn oder Bruder soll sie privat belehren"). Diese Bemerkung relativiert die absolute Aussage aus 1 Tim 2,12 auf subtile, aber wirkungsvolle Weise – wenn auch anders als bei Chrysostomus. Im weiteren Verlauf beruft er sich auf 1 Kor 14,34: *sed taceat in ecclesia* („in der Gemeindeversammlung aber soll sie schweigen"). Auch damit untergräbt – da 1 Tim 2,12 nicht ausdrücklich erwähnt, dass das Schweigen sich nur auf den kirchlichen Raum bezieht – Pelagius die Absolutheit dieses Verbots.[128] Doch obwohl die Belehrung eines Sohnes oder eines Bruders gutgeheißen wird, verstößt es, wie Pelagius im Zusammenhang mit 1 Kor 14,34 erklärt, „gegen die Ordnung von Natur und Gesetz", in einer Versammlung von Männern das Wort zu ergreifen (*Quia contra ordinem est naturae uel legis ut in conuentu uirorum feminae loquantur*). An einer anderen Stelle sagt Paulus, wie Pelagius in Anspielung auf Tit 2,4–

[126] Den lateinischen Text von Pelagius' Kommentar zu den 13 Paulusbriefen hat Alexander Souter ediert: *Pelagius's Expositions of Thirteen Epistles of St Paul: Text and Apparatus Criticus* (hg. v. Alexander Souter; Texts and Studies 9/2; Cambridge: Cambridge University Press, 1926); englische Übersetzung: *Pelagius's Commentary on St Paul's Epistle to the Romans* (übers. v. Theodore S. de Bruyn; Oxford: Clarendon Press, 1993). De Bruyn hat außerdem den von Pelagius zugrunde gelegten Römerbrieftext neu rekonstruiert (168–193). Nach allem, was ich weiß, gibt es keine vollständige englische Übersetzung anderer Briefe mit Ausnahme der in die Reihe *Ancient Christian Commentary on Scripture* aufgenommenen Exzerpte. Ich arbeite hier mit meiner eigenen englischen Übersetzung ausgewählter Zitate.

[127] Zu Pelagius' Verwendung des anonymen Budapester Kommentars, der Origenes-Übersetzung des Rufinus und Augustinus vgl. DE BRUYN, *Pelagius's Commentary*, 4–6. SOUTER, *The Earliest Latin Commentaries on the Epistles of St. Paul*, 226 ff., zeigt, dass er Ambrosiaster und Hieronymus benutzt hat. Vgl. Alfred J. SMITH, „The Latin Sources of the Commentary of Pelagius on the Epistle of St Paul to the Romans", *JTS* 19 (1917): 167–230.

[128] Zu fragen wäre auch, inwiefern hier durch die Verwendung der verschiedenen lateinischen Wörter für „Schweigen" womöglich eine weitere Nuance eingeführt wird: Während es in Pelagius' Textfassung von 1 Tim 2,12 *esse in silentio* („in Schweigen sein") heißt, verwendet er in seinem Kommentar das Verb aus 1 Kor 14,34: *tacere*.

5 anmerkt, dass Frauen „Selbstbeherrschung und Keuschheit lehren sollen" (*mulieres docere prudentiam et castitatem debere*) – aber „unter ihrem eigenen Geschlecht" (*in sexu suo*). Dasselbe Motiv kehrt auch in Pelagius' Kommentar zu Titus 2,3–5 wieder: „Er [Paulus] erlaubt es ihnen, zu belehren, aber Frauen, und dies nicht in der Gemeindeversammlung, sondern privat" (*Docere illis permisit, sed feminas, et hoc non in ecclesia, sed privatim*). Und auch in seinem Kommentar zu 1 Kor 11,5, einem Vers, der Frauen anweist, ihr Haupt zu bedecken, wenn sie beten oder prophetisch reden, stellt Pelagius klar: *Prophetans in suo sexu et in domo* („wenn sie unter ihrem eigenen Geschlecht und zuhause prophetisch reden").

Pelagius' Kommentar zu den Erwähnungen bestimmter Frauen in den Briefen an die Gemeinden von Rom und Philippi stimmt mit seiner Auffassung überein, dass eine häusliche/private Lehrtätigkeit empfehlenswert war, und er deutet sogar an, dass ein solches „Lehren" nicht auf Selbstbeherrschung und Keuschheit beschränkt sein müsse. In seiner Auslegung zu Röm 16 äußert sich Pelagius nur zu Phöbe und Prisca; trotz de Bruyns Übersetzung („Junias") gibt es jedoch keinen Grund zu der Annahme, dass er Junia für einen Mann gehalten hätte.[129] Was Phöbe betrifft, gibt Pelagius' Text das griechische Wort διάκονος mit *in ministerio* wieder, was sowohl für die Vulgata als auch für die altlateinischen Übersetzungen von Röm 16,1 typisch ist. Pelagius mutmaßt allerdings, dass sie eine Diakonin (*diaconissa*) gewesen sein könnte, denn „es scheint, dass im Osten selbst jetzt noch weibliche Diakoninnen bei der Taufe bei ihrem eigenen Geschlecht Dienst tun" (*etiam nunc in orientalibus locis diaconissae mulieres in suo sexu ministrare uidentur*). Seiner Ansicht nach könnte Phöbes Dienst aber auch ein Dienst am Wort gewesen sein, „weil wir feststellen, dass Frauen privat lehrten wie Priscilla, deren Ehemann Aquila hieß" (*quia privatim docuisse feminas invenimus, sicut Priscillam, cuius vir Aquila vocabatur*). Im Gegensatz zu Ambrosiaster betont Pelagius also nicht nur Priscas Geschlecht, sondern führt sie sogar im Zusammenhang mit Phöbe als Beispiel an. Als er dann zu den Versen 3–5 übergeht, merkt er an, dass Paulus Priscilla und Aquila als Helfer (*adiutores*) bezeichnet, „denn es heißt, dass sie Apollos im Glauben bestärkt haben" (*qui confirmasse Apollon dicuntur in fide*) – eine recht euphemistische Formulierung für ihr in Apg 18,26 beschriebenes korrigierendes Eingreifen. Auch sie nämlich „halfen/wirkten mit bei der Arbeit der Unterweisung, mit der er [Paulus] selbst beschäftigt war". Pelagius geht nicht auf die Frage ein, ob sich diese Tätigkeit auf eine häusliche/private Umgebung beschränkte: Möglicherweise lässt er dies absichtlich offen, weil in diesem Fall ein Mann und eine Frau beteiligt waren. Auffällig ist, dass

129 Aus späterer, rezeptionsgeschichtlicher Sicht interessant ist auch die im Codex G aus dem 9. Jahrhundert (St. Gallen, Stiftsbibliothek, Cod. 73) belegte Lesart von erster Hand *Andronicam et Iuliam*, die darauf hinweist, dass der betreffende Schreiber im 9. Jahrhundert annahm, in Röm 16,7 sei von zwei Frauen namens Andronika und Julia die Rede! Die Stelle wurde später zu *Andronicum et Iulium* geändert, womit aus den zwei Frauen zwei Männer wurden. Zur digitalisierten Fassung des Faksimiles s. www.e-codices.unifr.ch/en/csg/0073/54/0 [zuletzt abgerufen 18.10.2021].

Pelagius Paulus an einer früheren Stelle, im Zusammenhang mit Kapitel 15, als „guten Lehrer" (*bonus doctor*) darstellt, der seine Schüler durch sein Lob ermutigt. Laut de Bruyn ist diese Darstellung des Paulus als eines Lehrers typisch für Pelagius.[130] Entsprechend aussagekräftig ist es folglich, dass auch Prisca und Aquila für ihre Beteiligung an Paulus' Lehrmission gepriesen werden.

Dass Evodia und Syntyche laut Phil 4,2–3 gemeinsam mit Paulus „im Evangelium gearbeitet haben" (*laborauerunt in euangelio*), deutet Pelagius erwartungsgemäß dahingehend, dass sie „gelehrt haben – nicht in der Gemeindeversammlung, sondern zuhause" (*non in ecclesia, sed in domo erant docentes*). Er weist jedoch darauf hin, dass „diese Frauen gesetzeskundig waren" (*hae mulieres scientes erant legis*), und besteht diesmal nicht darauf, dass sie ihre Lehrtätigkeit nur „unter ihrem eigenen Geschlecht" ausübten.

Pelagius versucht also in seinen Erläuterungen zu bestimmten namentlich erwähnten Frauen, ihre aktive Beteiligung an der missionarischen Arbeit mit der Vorschrift in Einklang zu bringen, wonach Frauen in der Gemeinde zu schweigen hatten. Dabei betont er jedoch weniger das Redeverbot an sich als vielmehr die Forderung, dass ihr Lehren nicht in der Öffentlichkeit, sondern im privaten Raum stattzufinden habe. Am Beispiel der Prisca wird allerdings deutlich, dass die Grenzen zuweilen verschwammen und dass eine Frau, die lehrte, zumindest dann akzeptabel war, wenn ihr ein Mann zur Seite stand.

6. Abschließende Bemerkungen

„Allen bin ich alles geworden", erklärt Paulus in 1 Kor 9,22. Diese ursprünglich in der Mitte des ersten Jahrhunderts an eine bestimmte Gemeinde in der Hauptstadt der römischen Provinz Achaia geschriebenen Worte sind in der Folgezeit auch für das Briefkorpus wahr geworden, das Paulus hinterlassen hat. Die in den paulinischen Briefen namentlich erwähnten Frauengestalten sind – im Hinblick auf das, was Paulus über die Rolle der Frauen dachte, wie auch vor dem Hintergrund zeitgenössischer Debatten über das Dienstamt der Frau – nicht nur für unsere Zeit relevant. Der fragmentarische Charakter des uns vorliegenden Materials – die literarischen Erzeugnisse der Antike sind zu einem Großteil verlorengegangen – hindert uns daran, zuverlässige Schlüsse zu ziehen. Auf der Grundlage der verfügbaren Quellen lässt sich jedoch sagen, dass offenbar keine der Frauen, die in den kanonischen Texten des Neuen Testaments mit Paulus in Verbindung gebracht werden, in der christlichen Volksfrömmigkeit der Antike eine besondere Rolle gespielt hat. Dasselbe scheint – mit einer nennenswerten Ausnahme, nämlich Johannes Chrysostomus – für die Mehrheit der patristischen

[130] De Bruyn, *Pelagius's Commentary*, 53.

Schriftsteller zu gelten. Darüber hinaus beschränken sich Erwähnungen bestimmter Frauen hauptsächlich auf Homilien und Kommentare zu den paulinischen Briefen.

Und doch zeigen die Schriften der im vorliegenden Beitrag untersuchten Verfasser, dass auch diese antiken Autoren die in den paulinischen Briefen und insbesondere in Röm 16 namentlich erwähnten Frauengestalten benutzt haben, um ihren Zeitgenossen das eine oder andere zu verdeutlichen. Ihre Interpretation der paulinischen Passagen war genau wie die unsrige durch einen spezifischen sozialen, theologischen und kulturellen Kontext beeinflusst. Im Gegensatz zur Leserschaft des 21. Jahrhunderts gingen die patristischen Autoren nicht davon aus, dass die Gleichheit von Mann und Frau ein erstrebenswertes Ideal sei, und lasen die biblischen Texte nicht durch die Genderbrille, im Gegenteil: Für sie war die Unterordnung der Frau in puncto „Natur“ als auch in puncto gesellschaftliche Stellung eine Selbstverständlichkeit. Und doch konnte es auch den antiken Exegeten als aufmerksamen Lesern der paulinischen Texte nicht entgehen, dass innerhalb der 13 Briefe des paulinischen Corpus (deren Verfasserschaft sie nicht in Zweifel zogen) und innerhalb ihrer „Schriften“ insgesamt Spannungen bestanden. In diesem Zusammenhang sei auf das Bemühen verwiesen, 1 Kor 11,7 mit Gen 1,26–27 in Einklang zu bringen, ohne die menschliche Natur der Frau in Abrede zu stellen. Interessanterweise neigen moderne Pauluslesende dazu, 1 Kor 11,7 seltener zu thematisieren als andere für problematisch erachtete paulinische Verse – vielleicht, weil die darin enthaltene Aussage keine so unmittelbaren praktischen Konsequenzen hat wie etwa die Anweisung, dass Frauen ihr Haupt bedecken oder dass sie nicht lehren sollen.

Wie Tertullians Beispiel beweist, gab es in der Antike auch Christen, die sich zwar nicht für einzelne Frauengestalten interessierten, es aber für notwendig hielten, gewisse allgemeine Aussagen über Frauen miteinander zu vereinbaren, die ihrer (und unserer) Ansicht nach widersprüchliche Perspektiven implizierten. Dies betraf unter anderem Paulus' Anweisung in 1 Kor 11, dass Frauen verschleiert sein sollten, wenn sie prophetisch redeten, und das Gebot aus 1 Kor 14, wonach Frauen „in den Gemeindeversammlungen“ zu schweigen hatten. Was die Spannung zwischen gewissen allgemeinen Aussagen über Frauen einerseits und der herausragenden Stellung einzelner bei Paulus genannter Frauen andererseits betrifft, galt es insbesondere die Vorschrift aus 1 Tim 2,12, wonach Frauen nicht „lehren“ sollten, und Lukas' Bericht über Prisca und Aquila, die Apollos unterrichteten (Apg 18,26), miteinander in Einklang zu bringen. Auch wenn dieser Bericht nicht in den paulinischen Briefen enthalten ist, nahmen Autoren, die Röm 16,3–5 und andere Paulusverse interpretierten, in denen Prisca und Aquila vorkamen, oft darauf Bezug. Anders als moderne Lesende vielleicht erwarten, wird Gal 3,28 nur selten herangezogen, um die Rolle zu erklären, die Prisca und andere von Paulus namentlich erwähnte Frauen womöglich gespielt haben.

Die Art und Weise, wie die Spannung zwischen den Verboten und den im Neuen Testament belegten Rollen von Frauen jeweils erklärt wurde, hängt von der Einstellung der betreffenden Autoren zu Frauen, von ihren Ansichten über die weibliche „Natur", aber auch von ihrer Zielsetzung und ihren eigenen Beziehungen zu bestimmten Frauen ab. Letztere sind für uns schwieriger zu beurteilen, wenn wir über das Leben eines Autors nur wenig wissen, aber im Fall des Johannes Chrysostomus haben sie ganz sicher eine wichtige Rolle gespielt. Chrysostomus' Lob der mit Paulus in Verbindung gebrachten Frauen war nicht zuletzt in hohem Maß durch sein seelsorgerisches Anliegen bedingt, seinen damaligen Zuhörerinnen ein nachahmenswertes Modell vor Augen zu stellen, und könnte daher letztlich auch als Mittel abgetan werden, sie zu kontrollieren. Umgekehrt jedoch hatte die positive Sicht auf die Frauen der apostolischen Zeit das Potential, Christinnen, die andere Zeitgenossen vielleicht lieber in völliger Stille und Unterwerfung gehalten hätten, neue Perspektiven zu eröffnen. Chrysostomus ist in der Tat der Einzige, der das Geschlecht beinahe aller Frauen aus Röm 16 einschließlich der Junia thematisiert, die er mit Freuden einen „Apostel" nennt. Die Tatsache, dass andere ihr Geschlecht nicht nur nicht kommentieren, sondern auch keinen Versuch unternehmen, der genauen Bedeutung der griechischen Wendung ἐπίσημοι ἐν τοῖς ἀποστόλοις („herausragend/berühmt unter den Aposteln": entweder im inklusiven Sinne, dass sie selbst zur Gruppe der Apostel gehören, oder in dem Sinne, dass sie den Aposteln wohlbekannt sind) auf den Grund zu gehen, ist vielleicht ein Hinweis darauf, dass sie im Unterschied zu einigen modernen Christen kein Problem damit hatten, dass eine Frau als Apostel bezeichnet wurde.

Ich habe hoffentlich zeigen können, dass eine nuancierte und sorgfältige Erforschung der antiken Schriften zielführender ist als eine etikettierende Charakterisierung der betreffenden Autoren. Selbst Ambrosiaster, der von allen in meinem Beitrag untersuchten Autoren sicherlich die negativste Haltung gegenüber Frauen einnimmt, ist, wie sein Kommentar zu Nympha zeigt, zu positiveren Äußerungen in der Lage, wenn er glaubt, dass der Text dies erfordert. Während Pelagius eine ganz andere Einstellung vertritt, ist sein wiederholter Hinweis darauf, dass Frauen zwar lehren, dieser Tätigkeit aber nur im häuslichen/privaten Bereich nachgehen dürfen, ein zweischneidiges Schwert. Einerseits relativiert er das absolute Verbot weiblicher Rede und Lehre; andererseits schränkt er ihre Freiheit nicht nur der Lehre, sondern auch der prophetischen Rede ein. Wie es der Zufall will, war kein anderer als Tertullian, ein üblicherweise als „misogyn" geltender Autor, weniger restriktiv, was die prophetische Rede von Frauen in einer kirchlichen Umgebung betraf, was zweifellos auf seine Sympathie für die Neue-Prophetie-Bewegung zurückzuführen ist. Dass der Kontext des Exegeten nicht nur seine Auslegung, sondern auch die Fragen beeinflusst, die man an einen Text heranträgt, gilt für die heutige Welt nicht weniger als für das Altertum. Lesenden des 21. Jahrhunderts, die biblischen Texten auch heute noch eine besondere Wertschätzung entgegenbringen, mag die Interpretation der patristischen Schriftsteller als Hinweis darauf dienen, dass Paulus' Erwähnungen bestimmter, namentlich genannter Frauen ein befreiendes Potential enthalten, das keine „Erfindung" moderner Zeiten ist. Denjenigen, die an einer Rekonstruktion der Erfahrungen antiker Frauen interessiert sind, bieten die Kommentare zu den paulinischen Briefen zwar nur indirekte, aber dennoch nützliche Anhaltspunkte dafür, wie die Auslegung der paulinischen Texte ihr Leben und ihre Stellung in den christlichen Gemeinschaften beeinflusst haben könnte. Alle diejenigen schließlich, denen unabhängig von ihren religiösen Überzeugungen das Wohl und die Befreiung der Frauen am Herzen liegt, können sich durch das oben Gesagte – wenngleich vieles davon ihnen bei der Lektüre Unbehagen bereitet haben mag – auf konstruktive Weise daran erinnern lassen, dass auch Texte, die als heilig und unumstößlich gelten, letztlich formbar sind.

On gendering purity: Geschlechtsspezifische Vorstellungen und Vorschriften über rein und unrein

Eva M. Synek, Universität Wien

1. Vorbemerkungen

Dorothea Erbele-Küster hat im ersten Band dieser Reihe aufgewiesen, dass die den Titeln unserer beiden Beiträge zugrunde gelegte „Gegenwortbildung Unrein/Rein“[1] „die hebräische Denkweise der Reinheitsbestimmungen in Levitikus“[2] nicht wirklich trifft. In der jungen Christenheit (und den Ostkirchen grosso modo bis heute) wurde allerdings v. a. die griechische Bibel rezipiert. Während die im Deutschen gewöhnlich mit rein/unrein wiedergegebenen Termini im hebräischen Levitikustext unterschiedliche Wurzeln aufweisen, verwendet diese sehr wohl die unmittelbar aufeinander bezogenen Termini καθαρός und ἀκάθαρος.

> „Rein“ stellt im Gefolge der Septuaginta die Grundkategorie dar und „Unrein“ wird durch die privative Vorsilbe (α bzw. un-/im-) entsprechend als dessen Negation gesehen.[3]

Abgesehen von exegetisch akzentuierten Texten wie Levitikuskommentaren und Auslegungen der den Un/reinheitstopos aufnehmenden neu/zweittestamentlichen Referenztexte bietet sich für eine biblische Rezeptionsgeschichte

---

1 Wilfried PASCHEN, *Rein und Unrein: Untersuchungen zur biblischen Wortgeschichte* (SANT 24; München: Kösel, 1970), 13.

2 Dorothea ERBELE-KÜSTER, „Geschlecht und Kult: ‚Rein‘ und ‚Unrein‘ als genderrelevante Kategorien“, in *Hebräische Bibel - Altes Testament: Tora* (hg. v. Irmtraud Fischer, Mercedes Navarro Puerto und Andrea Taschl-Erber; Die Bibel und die Frauen 1/1; Stuttgart: Kohlhammer, 2010), 347–374; 366; vgl. auch umfassender DIES., *Körper und Geschlecht: Studien zur Anthropologie von Leviticus 12 und 15* (WMANT 121; Neukirchen-Vluyn: Neukirchener, 2008) bzw. die rezente englische Übersetzung der Monographie: *Body, Gender and Purity in Leviticus 12 and 15* (LHBOTS 539; London: Bloomsbury T&T Clark, 2017).

3 ERBELE-KÜSTER, „Geschlecht und Kult“, 366f.; zur Begriffsgeschichte: Christophe NIHAN und Christian FREVEL (Hg.), *Purity and the Forming of Religious Traditions in the Ancient Mediterranean World and Ancient Judaism* (Leiden: Brill, 2012); zur griechischen Vorgeschichte der jüdisch-christlichen Rezeption v. a. Noel ROBERTSON, „The Concept of Purity in Greek Sacred Laws“, in ebd., 195–243 und Linda-Marie GÜNTHER, „Concepts of Purity in Ancient Greece, with Particular Emphasis on Sacred Sites“, in ebd., 245–260.

eine Fülle weiterer Quellen an[4]: So werden unterschiedliche Vorstellungen von „rein" und „unrein" beispielsweise in narrativen Texten wie hagiographischen Zeugnissen gespiegelt. Rituelle Handlungen wie die bereits von Dorothea Erbele-Küster in ihrem Beitrag angesprochene „Aussegnung" (*churching*) von Müttern[5] gehören genauso zur christlichen Rezeptionsgeschichte von Levitikus wie kirchenrechtliche Entscheidungen zur Eucharistiezulassung, die – gleich jüdisch-halachischen Voten – ggf. durchaus ohne expliziten Rückbezug auf die Bibel auskommen können. Um Fragen körperbezogener kultischer Un/reinheit kann es sogar dann gehen, wenn keiner der beiden Termini – rein bzw. unrein – überhaupt fällt bzw. wie in einer Reihe spätantiker Quellen syrischer Provenienz die Vorstellung von „Unreinheit" der Wöchnerin bzw. einer menstruierenden Frau zwar verbal verworfen, faktisch aber sehr wohl deren mehr oder weniger extensive körperliche Distanz von den *Sacra* eingemahnt wird.[6] Damit ist klar, dass eine umfassende Behandlung der vorhandenen Fülle relevanter Zeugnisse den hier vorgesehenen Rahmen auch dann sprengen würde, wenn jene Fragen[7], die keine besondere Genderdimension aufweisen, vorweg ausgeklammert werden.

---

4 Eine Fülle von Material hat Mark W. ELLIOTT, *Engaging Leviticus: Reading Leviticus Theologically with its Past Interpreters* (Eugene, Oregon: Cascade Books, 2012) zusammengetragen.

5 Zu der in diesem Beitrag nicht im Detail behandelten mittelalterlichen und neuzeitlichen Rezeptionsgeschichte des Geburtstabus im Westen vgl. unten, Anm. 21. Die Rezeption des Geburtstabus im byzantinischen Liturgie- und Rechtskreis und seine dortige rituelle Ausgestaltung wird aktuell im Rahmen eines vom FWF unterstützten Wiener Forschungsprojektes detailliert untersucht: Projektvorstellung und erste Ergebnisse: Claudia RAPP, Eirini AFENTOULIDOU, Daniel GALADZA, Ilias NESSERIS, Giulia ROSSETTO und Elisabeth SCHIFFER, „Byzantine Prayer Books as Sources for Social History and Daily Life", *Jahrbuch der Österreichischen Byzantinistik* 67 (2017): 173–211; bes. 200–204, der von Afentoulidou gezeichnete Part „The Childbed Prayers in the Byzantine Euchologia: Preliminary Notes". Bis zum Vorliegen der Endergebnisse vgl. vorerst noch Eva SYNEK, *„Wer aber nicht völlig rein ist an Seele und Leib …": Reinheitstabus im Orthodoxen Kirchenrecht* (Kanon SH 1; Egling: Kovar, 2006), 69–81; DIES., „Göttliche Gesetzgebung? Reinheitstabus im christlichen Erbe", in *Geschlechterverhältnisse und Macht: Lebensformen in der Zeit des frühen Christentums* (hg. v. Irmtraud Fischer und Christoph Heil; Exegese in unserer Zeit 21; Wien und Münster: LIT, 2010), 230–256; 233–236 sowie insbesondere Margaret DIMITROVA, *Srednovekovni molitvi za rodilki* (Sofia: Heron Press, 2014).

6 Für Beispiele vgl. SYNEK, *Reinheitstabus*, 22; 45; 71.

7 So etwa die Frage etwaiger „Kontamination" (und in Folge Kultuntauglichkeit) durch den Konsum bestimmter Nahrungsmittel: Hierzu u. a. Jürgen WEHNERT, *Die Reinheit des „christlichen Gottesvolkes" aus Juden und Heiden: Studien zum historischen und theologischen Hintergrund des sogenannten Aposteldekrets* (FRLANT 173; Göttingen: Vandenhoeck & Ruprecht, 1997); am Beispiel der byzantinischen Rezeptionsgeschichte: Eva SYNEK, „‚Wenn eine Maus in den Brunnen fällt …': Rezeptionsgeschichtliche Anmerkungen zu ἀκαθαρσία unter bes. Berücksichtigung der byzantinischen Rechtsgeschichte", *PZB* 21 (2012): 21–41 und DIES., „Verzichtbare Gebote? Speisetabus im byzantinischen Kirchenrecht", in *Recht – Religion – Kultur: Festschrift Richard Potz* (hg. v. Brigitte Schinkele et al.; Wien: facultas.WUV, 2014), 867–885 (jeweils mit Quellenbelegen und weiterführender Literatur); zuletzt auch: Béatrice CASEAU, *Nourritures terrestres, nourritures célestes: La culture alimentaire à Byzance*

Ich habe mich dafür entschieden, den Schwerpunkt auf die halachischen – bzw. im Sinne der weiteren Rezeptionsgeschichte formuliert: kirchenrechtlichen – Quellen der „Väter“ zu legen und die Frage nach der Geschichtswirksamkeit der in diesen gespiegelten Reinheitskonzepte exemplarisch an der Frage der Eucharistiezulassung menstruierender Frauen zu verfolgen. In Lev 15 (wie auch in einigen frühen kirchenrechtlichen Quellen) werden die Fragen der Kulttauglichkeit einer Frau während ihrer Regel und jene eines Mannes nach einem Samenerguss bzw. von Ehepaaren, die sexuelle Beziehung unterhalten, gemeinsam abgehandelt. Letztere werde ich in Folge aber nur streifen, weil es nicht nur beim Koitus, sondern auch der davon unabhängigen Pollution im Unterschied zur Menses eher möglich war und ist, die Reinheitsfrage von (nur) körperbezogener Kulttauglichkeit[8] auf eine (zumindest teilweise) ethisch-moralische Ebene zu verlagern.[9] So unterschieden die byzantinischen Kanonisten deutlich zwischen einem unwillentlichen, „natürlichen“ (und somit aus moralisch-ethischer, aber auch kultischer Perspektive weithin für unbedenklich gehaltenen) nächtlichen Samenerguss einerseits und (als sündhaft gewerteter) Masturbation andererseits.[10] Ausführlicher thematisieren möchte ich hingegen die vom Beitrag von Dorothea Erbele-Küster vorgegebene Frage, ob bzw. wenn ja, welche Bedeutung die Frauen bereits in frühen kirchenrechtlichen Quellen attestiert wurde, durch die Menses bedingte periodische Einschränkung ihrer Kulttauglichkeit für ihre Amtstauglichkeit entfaltete. Schließlich stellt sich vor dem Hintergrund der Zeugnisse zum weiblichen Kirchenengagement der „Väterzeit“ einerseits und der letztendlich frauenexklusiv verlaufenden Geschichte jedenfalls des christlichen Priesteramtes andererseits die Frage nach der Rolle von Frauen bei der Durchsetzung historisch siegreicher Positionen zum Menstruationstabu

(Collège de France – Centre de Recherche d'Histoire et Civilisation de Byzance, Monographies 46; Paris: ACHCByz, 2015), bes. 9–74.

8 Zur Terminologie: Im Englischen trifft physical oder biological pollution/impurity am ehesten das Gemeinte; vgl. Christophe NIHAN, „Forms and Functions of Purity in Leviticus“, in *Purity and the Forming of Religious Traditions*, 311–367; 321.

9 Zu dieser Unterscheidung vgl. grundlegend Jonathan KLAWANS, *Impurity and Sin in Ancient Judaism* (Oxford: Oxford University Press, 2000) und die kritisch-konstruktive Auseinandersetzung mit seinem Ansatz durch NIHAN, „Forms and Functions of Purity in Leviticus“, hier bes. 339–350. Zur komplexen Frage, inwiefern bereits das Un-/Reinheitskonzept der hebräischen Bibel „has moral dimensions and is thus linked to the concept of צדקה (‚justice')“, zuletzt auch wieder Marianne GROHMANN, „Purity/Impurity: Identity Marker and Boundary Maintenance in Postexilic Discourse“, in *Sedaqa and Torah in Postexilic Discourse* (hg. v. Susanne Gillmayr-Bucher und Maria Häusl, LHBOTS 640; London und New York: T&T Clark, 2017), 103–121.

10 Vgl. näherhin Patrick VISCUSO, „Menstruation: A Problem in Byzantine Canon Law“, *Byzantine Studies/Etudes Byzantines* 4 (1999): 116–125; 117–119 sowie DERS., „Purity and Sexual Defilement in Late Byzantine Theology“, *OCP* 57 (1991): 339–408, wo auch eingehend die Frage sexueller Beziehungen von Ehepartnern behandelt wird.

wie auch der unmittelbaren Partizipation von Frauen in den spätantiken Reinheitsdiskursen. Zunächst einmal sind aber in exemplarischer Form die unterschiedlich akzentuierten Reinheitskonzepte der „Väter" zu skizzieren.

2. Variierende Vorstellungen von Un-/Reinheit

Ohne es explizit zu sagen, legt mein Beitragstitel nahe, dass die christliche Rezeptionsgeschichte der Reinheitstorot in einer frauenlastigen Weise verlief. Aber welche Bedeutung konnten die in Levitikus formulierten Kriterien für Kult/un/tauglichkeit in der jungen Christenheit überhaupt entfalten? „Für die Reinen", fasste der Autor des Titusbriefes seine Paulus fortschreibende Sicht der Dinge pointiert zusammen, „ist alles rein; für die Unreinen und Ungläubigen aber ist nichts rein, sogar ihr Denken und ihr Gewissen sind unrein" (Tit 1,15 EÜ). Hat das Neue/Zweite Testament nicht generell einer ethisierenden Relecture der Reinheitstorot Vorschub geleistet[11], die eine ursprünglich körperbezogene kultische Bedeutung zumindest zurücktreten, wenn nicht sogar ganz obsolet erscheinen lässt? So würde es nach Mary Douglas „schwer" fallen, „in der christlichen Praxis" überhaupt „Beispiele für rituelle Unreinheit zu finden."[12] Einen ganz anderen Eindruck vermittelt dagegen Dorothea Erbele-Küster, wenn sie unter Berufung auf den von Kristin de Troyer herausgegebenen Sammelband „*Wholly Woman - Holy Blood*"[13] einen wirkungsgeschichtlichen Zusammenhang zwischen dem bis in die Gegenwart vielfach aufrechterhaltenen „Ausschluss von Frauen vom priesterlichen Dienst" und „der wiederkehrenden kultischen Unreinheit von Frauen während der Menstruation und in Gefolge von Geburten"[14] postuliert.

Von diesen schwer miteinander in Einklang zu bringenden Positionen renommierter Wissenschaftlerinnen der Gegenwart lässt sich durchaus ein Bogen zurück zur „Kirchenväterexegese" schlagen. Je nachdem, welchen „Vater" man konsultiert, kann man, wie David Brakke an der spätantiken Bewertung der in

---

[11] Für eine kritische Auseinandersetzung mit dem facettenreichen neu/zweittestamentlichen Un/reinheitsdiskurs vgl. z. B. Bruce CHILTON, „Jesus, Levitical Purity, and the Development of Primitive Christianity", in *The Book of Leviticus: Composition and Reception* (hg. v. Robert A. Kugler und Rolf Rendtorff; VTSup 93; FIOTL 3, Leiden: Brill, 2003), 358–381.

[12] Mary DOUGLAS, *Reinheit und Gefährdung: Eine Studie zu Verunreinigung und Tabu* (Nördlingen: Suhrkamp, 1988 = Übersetzung der engl. Originalausgabe: *Purity and Danger: An Analysis of Concepts of Pollution and Taboo*, London: Routledge, 1966), 83.

[13] Kristin DE TROYER (Hg.), *Wholly Woman, Holy Blood: A Feminist Critique of Purity and Impurity* (SAC; Harrisburg: Trinity Press, 2003).

[14] ERBELE-KÜSTER, „Geschlecht und Kult", 372.

Lev 15 thematisierten Emissionen unter besonderer Akzentuierung des nächtlichen Samenergusses von Männern gezeigt hat, zu völlig unterschiedlichen Ergebnissen kommen:

> Christians held nearly every conceivable position: some believed that such emissions were always defiling, others that they were never so, and still others that some emissions were defiling and some not.[15]

Johannes Chrysostomus († 407) hat im Zuge seiner Auslegung von Tit 1,15 die Position vertreten, dass die levitischen Tabus „Symbole" (*allegoria, typoi*) für durch moralisch verwerfliche Handlungen entstehende „Unreinheit" darstellen.[16] Die zum Teil äußerst rigiden Bußbestimmungen der Alten Kirche bezeugen einen breiten Grundkonsens, dass persönlich zu verantwortendes, moralisch negativ qualifiziertes Verhalten die Kulttauglichkeit einmal getaufter Christinnen und Christen beeinflussen kann. Bereits in Lev 18 verpönte Sexualbeziehungen (Inzest, Ehebruch, Sexualkontakte unter Männern, Bestialität), die aus Sicht der kirchlichen Autoritäten zum temporären oder sogar lebenslänglichen Ausschluss vom Eucharistieempfang führen, spielen hier eine wichtige Rolle. Das jedenfalls dürfte Mary Douglas entgangen sein. Doch lassen sich die Reinheitsdiskurse der frühen Christenheit auch nicht auf diese Ebene reduzieren.

Allein der Umgang mit dem Geburtstabu zeugt von einer großen Bandbreite variierender Vorstellungen. Johannes Chrysostomus scheint letzterem in seinen Ende des 4. Jh. gehaltenen Predigten nicht mehr unmittelbare praktische Relevanz einzuräumen als den im zeitgenössischen christlichen Mainstream aufgegebenen Speisetabus.[17] Theodoret vermutet Mitte des 5. Jh. im Anschluss an den gemeinsamen Lehrer Diodor (?, † vor 394) in der levitischen Qualifikation der Wöchnerin als „unrein" gleichsam einen Trick Gottes, der die Ehemänner dazu bringen sollte, ihren durch Schwangerschaft und Geburt erschöpften Ehefrauen durch Sexualabstinenz eine längere Rekreationszeit zu gewähren. Dabei zeichnet er ein Bild von seinen Geschlechtsgenossen als triebgesteuert und rücksichtslos: Gott habe Wöchnerinnen als „unrein" erklären müssen, weil die Männer den eigentlichen Grund für die geforderte Sexualkarenz nicht respektiert hätten. Die kultische Dimension des biblischen Reglements berührt er nicht.[18]

---

15 David BRAKKE, „The Problematization of Nocturnal Emissions in Early Christian Syria, Egypt, and Gaul", *JECS* 3–4 (1995): 419–460; 421.

16 JOHANNES CHRYSOSTOMUS, *Hom. Tit.* 1 (PG 62,682).

17 JOHANNES CHRYSOSTOMUS, *Hom. Tit.* 1 (PG 62,682); DERS., *Hom. Heb.* 13,33 (PG 63,227–228).

18 Vgl. THEODORET VON CYRUS, *Quaestio XIV in Leviticum*; englische Übersetzung: Robert C. HILL, *Theodoret of Cyrus: The Questions on the Octateuch 2, On Leviticus, Numbers, Deuteronomy, Joshua, Judges and Ruth* (LEC 2; Washington, D. C.: The Catholic University of America Press, 2007), 34–37. Bei dieser Auslegung stellt sich die in Levitikus für Knaben und Mädchen unterschiedlich anberaumte Karenzzeit der Mutter als Problem dar. Theodoret verweist vorsichtig darauf, dass „manche" sagen würden, die Geburt eines Mädchens wäre für die Mutter doppelt schwierig.

Der in der ersten Hälfte des 3. Jh. in Alexandrien lehrende Origenes war bekanntlich wie bereits Philo (?, † nach 40) und Klemens v. Alexandrien (?, † ca. 220) ein Anhänger allegorischer Bibelauslegungen. Bei der Reinigungsfrist *post partum*[19] beließ er es dann aber offenbar doch beim Literalsinn.[20] Als marginales „Sondervotum" eines insgesamt äußerst umstrittenen Theologen lässt sich sein Verständnis des Geburtstabus jedenfalls nicht bagatellisieren, wie die während der letzten Jahre in zahlreichen Studien unter verschiedenen Gesichtspunkten gut aufgearbeitete mittelalterliche und neuzeitliche Praxis der „Aussegnung" (*Churching*) von Müttern im westlichen Liturgiekreis sehr deutlich macht.[21] Aber auch bereits zeitnahe Quellen zum in der weiteren Entwicklung v. a. von syrischen Autoritäten geteilten Votum von Chrysostomus wie ein (gleich den Origeneshomilien nur lateinisch erhaltener, einflussreicher) Levitikuskommentar griechischer Provenienz und die in der Koptischen Kirche kanonisch rezipierten sog. Hippolytkanones[22] teilen Origenes Levitikusrezeption in Sachen „Unreinheit"

---

19 Vgl. ORIGENES, *Hom. Lev.* 8,3f. (GCS 29,396–400) sowie DERS., *Hom. Luc.* 14,3,6 (SC 87,218–223, 224f.) Vgl. näherhin Gerard ROUWHORST, „Leviticus 12–15 in Early Christianity", in *Purity and Holiness: The Heritage of Leviticus* (hg. v. Marcel J. H. M. Poorthuis und Joshua J. Schwartz, Jewish and Christian Perspectives Series 2; Leiden: Brill, 2000), 181–193; 184–190.

20 Ob er als junger Mann auch wirklich die „selbst gemachten Eunuchen für das Himmelreich" (καὶ εἰσὶν εὐνοῦχοι οἵτινες εὐνούχισαν ἑαυτοὺς διὰ τὴν βασιλείαν τῶν οὐρανῶν) wortwörtlich genommen und durch Selbstkastration drastische Konsequenzen aus Mt 19,12 gezogen hat, ist umstritten. Vgl. Emanuela PRINZIVALLI, „Weiblichkeitskonstruktionen und Bibelverwendung bei Origenes und in der Origenestradition", in *Christliche Autoren der Antike* (hg. v. Kari E. Børresen und Emanuela Prinzivalli; Die Bibel und die Frauen 5/1; Stuttgart: Kohlhammer, 2016), 79–99; 79.

21 Zu dieser Frage wurde seit der grundlegenden Arbeit von Adolph FRANZ, *Die kirchlichen Benediktionen des Mittelalters* 2 (Freiburg i. Br.: Herder, 1909; Neuauflage: Graz: Akademische Druck- und Verlagsanstalt, 1960), bes. 209–245, in den letzten Jahren sehr viel publiziert. Vgl. Z. B. Walter VON ARX, „The Churching of Women after Childbirth: History and Significance", in *Liturgy and Human Passage* (hg. v. David Power und Luis Maldonado, Concilium 112; New York: Seabury Press, 1979), 63–72; Charles CASPERS, „Leviticus 12, Mary and Wax: Purification and Churching in Late Medieval Christianity", in *Purity and Holiness*, 295–309; Joanne M. PIERCE, „‚Green Women' and Blood Pollution: Some Medieval Rituals for the Churching of Women after Childbirth", *Studia Liturgica* 29 (1999): 191–215; Paula M. RIEDER, *On the Purification of Women: Churching in Northern France, 1100-1500* (The New Middle Ages; New York: Palgrave Macmillan, 2006); Susan K. ROLL, „The Churching of Women after Childbirth: An Old Rite Raising New Issues", *Questions Liturgiques* 76 (1995): 206–229; DIES., „The Old Rite on the Churching of Women after Childbirth", in *Wholly Woman, Holy Blood: A Feminist Critique of Purity and Impurity* (hg. v. Kristin de Troyer; SAC; Harrisburg: Trinity Press, 2003), 117–141; Daniel G. VAN SLYKE, „The Churching of Women: Its Introduction and Spread in the Latin West", *Ephemerides Liturgicae* 115 (2001): 208–238.

22 C. 18 Hippolytkanones (PO 31,372–375); deutsche Übersetzung: Wilhelm RIEDEL, *Die Kirchenrechtsquellen des Patriarchats Alexandrien* (Leipzig: Deichertsche Verlagsbuchhandlung, 1900; Nachdruck Aaalen: Scientia Verlag, 1968), 200–230; englische Übersetzung: *The Canons of Hippolytus* (hg. v. Paul F. Bradshaw und Carol Bebawi; Grove Liturgical Studies 50; Bramcote: Grove Books, 1987). Vgl. ROLL, „The Churching of Women", 210f.

von Frauen, die geboren haben.[23] Während allerdings Hesychius v. Jerusalem die „Unreinheit“ der Wöchnerin mit der Weitergabe der Erbsünde zu rationalisieren versuchte, hielten letztere – unter Einbeziehung der Hebammen – überhaupt nur lakonisch fest:

> Die Hebammen kommunizieren, bevor sie gereinigt sind, nicht an den Mysterien. Für ihre Reinigung gilt folgende Regel: Wenn das neugeborene Kind, welches sie gehoben haben, männlich ist, 20 Tage; ist es weiblich, 40 Tage. [...] Eine Frau, welche geboren hat, soll außerhalb des heiligen Raumes stehen: 40 Tage, wenn das neugeborene Kind männlich ist, 80 Tage, wenn es weiblich ist. Wenn sie die Kirche betritt, soll sie mit den Katechumenen und Hebammen beten. Letztere sollen zahlreich sein, damit sie nicht ihr ganzes lebenlang draußen stehen.[24]

3. Frühchristliche Rechtsquellen zur Rezeptionsgeschichte von Lev 15,19-24

Die sogenannten Hippolytkanones dürften ins 4. Jh. zu datieren sein.[25] Mit der Kulttauglichkeit einer menstruierenden Frau befassen sich dagegen bereits zwei kirchenrechtlich akzentuierte Texte aus dem 3. Jh., ein sowohl in den östlich-orthodoxen als auch den orientalisch-orthodoxen Kirchen kanonisch rezipierter *Brief des alexandrinischen Bischofs Dionysius* († 264/265)[26] und die wohl noch etwas ältere sog. *Didaskalia*, eine anonyme, das Haustafelgenus fortschreibende Schrift.[27]

Auf den zeitgenössischen christlichen Kontext hin adaptiert, konnte sich die Frage nach körperlicher Kult/un/tauglichkeit insbesondere auf das Betreten des Versammlungsraumes der Gemeinde und auf den Sakramentenempfang beziehen, aber auch darauf, ob man im Zustand körperlicher „Unreinheit“ heilige Schriften berühren oder auch nur ein Gebet verrichten dürfe. Ideelle Voraussetz-

---

23 Vgl. Hesychius von Jerusalem, *Comm. Lev.* 12,6-8 (PG 93,925f.).

24 C. 18 Hippolytkanones (PO 31,374; Riedel, *Kirchenrechtsquellen*, 209–210). Es fällt auf, dass hier die Karenzzeit für Hebammen unter Beibehaltung der (in der jüngeren byzantinischen Rezeptionsgeschichte gefallenen) geschlechtsspezifischen Differenzierung kürzer bemessen ist als jene, die in Lev 12 für Wöchnerinnen vorgesehen ist.

25 Vgl. Bruno Steimer, *Vertex Traditionis: Die Gattung der altchristlichen Kirchenordnungen* (BZNW 63, Berlin und New York: de Gruyter, 1992), 76–78.

26 Dionysius von Alexandrien, *Brief an Basilides*: Edition und französische Übersetzung: Périclès-Pierre Joannou (Hg.), *Discipline générale antique 2: Les canons des synodes particuliers (IVe-IXe s.)* (Fonti 1/9; Grottaferrata [Rom]: Tipografia Italo-Orientale „S. Nilo“, 1962), 4–14.

27 Deutsche Übersetzung, wenn nicht anders angegeben: Achelis und Flemming; syrischer Text: CSCO 401.407; englische Übersetzung: CSCO 402.408 bzw. auch *The Didascalia apostolorum: An English Version with Introduction and Annotation* (übers. v. Alistair Stewart-Sykes; StTT 1; Turnhout: Brepols, 2009).

zungen für eine entsprechende Sicht sind ein in vom rabbinischen Judentum geprägten Kreisen wohl erst später erfolgter (Re-)sakralisierungsschub[28], ein Verständnis des eucharistischen Mahls in der Kategorie des Opfers[29] und Assoziationen des Versammlungsraumes der Gemeinde mit einem Tempel.[30] Damit zählen die Didaskalia und Dionysius' an einen Amtsbruder namens Basilides adressiertes Schreiben insgesamt zu den frühesten auf uns gekommenen literarischen Quellen, die die postbiblische Rezeptionsgeschichte von Lev 15,19-24 spiegeln.

Die gängige Gattungsbezeichnung für die Didaskalia und andere vergleichbare pseudapostolische Kompositionen ist die der Kirchenordnung.[31] In der Forschung herrscht breiter Konsens über Griechisch als Originalsprache. Die Rekonstruktion der ursprünglichen Textierung der Didaskalia ist allerdings nicht immer ganz einfach. Neben einer altsyrischen und größeren Teilen einer lateinischen Übersetzung[32] ist eine griechische Fassung im Rahmen der sog. *Apostolischen Konstitutionen*[33], einer Kompilation v. a. kanonisch-liturgisch akzentuierter Materialien, erhalten. Dennoch dürfte die alte syrische Version näher am ursprünglichen Text sein als die von den Konstitutionen gebotene Fassung. Die vornehmlich in ihrem abschließenden Kapitel 26 gespiegelten Kontroversen in Sachen Levitikusrezeption spitzen sich auf verschiedene Facetten des Menstruationstabus zu. In den Ausführungen von Dionysius sowie Updates aus der 2. Hälfte des 4. Jh. im sechsten Buch der Apostolischen Konstitutionen einerseits

---

28 Für ein rezentes Summary vgl. Linda S. SCHAERING, „Double Time ... Double Trouble? Gender, Sin, and Leviticus 12", in *The Book of Leviticus*, 429–450; 436–438.

29 Wie Willem C. VAN UNNIK, „The Significance of Moses' Law for the Church of Christ According to the Syriac Didascalia", in DERS., *Sparsa Collecta* (NovTSupp 31; Leiden: Brill, 1983), 7–39; 21–22, herausgearbeitet hat, scheint der Didaskalist dies nach Möglichkeit vermieden zu haben.

30 Vgl. Gabriele FASSBECK, *Der Tempel der Christen: Traditionsgeschichtliche Untersuchungen zur Aufnahme des Tempelkonzepts im frühen Christentum* (TANZ 33; Tübingen-Basel: Francke, 2000); die Anfänge der christlichen Übertragung des Konzeptes eines „heiligen Raumes" auf den Versammlungsort der Gemeinde sind wohl älter (und stärker), als Miriam Czock in ihrer vor allem frühmittelalterliche Quellen westlicher Provenienz berücksichtigenden Dissertation (Bochum 2009) annimmt. Vgl. Miriam CZOCK, *Gottes Haus: Untersuchungen zur Kirche als heiligem Raum von der Spätantike bis ins Frühmittelalter* (Berlin: de Gruyter, 2012).

31 Zu den Einleitungsfragen vgl. hier und im Folgenden zusammenfassend STEIMER, *Vertex traditionis*, 49 passim (mit Literaturüberblick und Quellenausgaben) sowie die in Anm. 27 und 32 zit. Ausgaben; Marcel METZGER, *L'Église dans l'Empire Romain: Le culte 1: Les institutions* (SA 163; Analecta Liturgica 33; Roma: EOS, 2015), v. a. 100–129; zur Gattungsbezeichnung bes. auch Eva SYNEK, *„Dieses Gesetz ist gut, heilig, es zwingt nicht": Zum Gesetzesbegriff der Apostolischen Konstitutionen* (Kirche und Recht 21; Wien: Plöchl, 1997), 12–20.

32 Vgl. *Didascaliae apostolorum, canonum ecclesiasticorum, traditionis apostolicae versiones latinae* (hg. v. Eric Tidner; TU 75, 5. Reihe 19; Berlin: Akademie-Verlag, 1963).

33 *Const. ap.* (SC 320.329.336); vgl. zu letzteren näherhin SYNEK, *Gesetz*, passim; Joseph G. MUELLER, *L'Ancien Testament dans l'ecclésiologie des Pères: Une lecture des Constitutions Apostoliques* (Turnhout: Brepols, 2004); unter besonderer Berücksichtigung von genderrelevanten Fragen Eva SYNEK, *ΟΙΚΟΣ: Zum Ehe- und Familienrecht der Apostolischen Konstitutionen* (Kirche und Recht 22; Wien: Plöchl, 1999).

und als authentisch gewerteten kanonischen Antworten von Timotheus[34], dem 14. Nachfolger des Dionysius auf der Kathedra von Alexandrien andererseits, kommt diesem ebenfalls ein besonderer Stellenwert zu.

Inhaltliche Bezugspunkte aller dieser Texte (unter Einschluss der Hippolytkanones) zu den in der althistorischen Forschung traditionell als *leges sacrae*[35] qualifizierten Quellen sind selbst dort auf den ersten Blick offenkundig, wo es große formale Unterschiede gibt. So reagieren sowohl Dionysius als auch Timotheus unmittelbar auf Anfragen anderer Bischöfe, ersterer in einem vergleichsweise elaborierten Brief, der erst sekundär in Kanones aufgesplittet wurde, zweiterer in Form knapper Responsen, zu denen die vorgelegten Fragen erhalten geblieben sind. Noch deutlicher ist die formale Differenz, schon allein was die Textmenge betrifft, bei der Didaskalia (und den Apostolischen Konstitutionen): Handelt es sich bei den sog. *leges sacrae* in der Regel um relativ kurze Inschriften mit einem kultbezogenen normativen Inhalt, so stellt die Didaskalia einen umfangreichen Traktat dar, der in der CSCO-Edition von Arthur Vööbus zwei Bände umfasst und stilistisch, wie schon Willem C. van Unnik festgestellt hat, mehr an eine Predigt erinnert als an das, was man sich heute landläufig unter einem Rechtstext vorstellt.[36] Schließlich ist der dem lateinischen *lex* korrespondierende Begriff *nomos*, wie gleich zu zeigen sein wird, für den sich die Autorität des Apostelkollegiums borgenden Autor der Didaskalia – nach der *communis opinio* ein *pro domo*, d. h. zu Gunsten einer monarchischen Gemeindeverfassung argumentierender, Bischof aus Syrien – sehr spezifisch besetzt. Nicht zuletzt deshalb erscheint diese Quelle im Blick auf eine gendersensible Rezeptionsgeschichte der

34 TIMOTHEUS VON ALEXANDRIEN, *Kanonische Antworten*: Edition und französische Übersetzung: Périclès-Pierre JOANNOU (Hg.), *Discipline générale antique 2: Les canons des synodes particuliers (IVe-IXe s.)* (Fonti 1/9; Grottaferrata [Rom]: Tipografia Italo-Orientale „S. Nilo", 1962), 240–250.

35 Vgl. etwa die wiederaufgelegte Sammlung von Ioannes DE PROTT und Ludovicus ZIEHEN, *Leges Graecorum sacrae e titulis collectae* (Leipzig: Teubner, 1896–1906, Reprint: Chicago 1988); Franciszek SOKOLOWSKI, *Lois sacrées de l'Asie Mineure* (École française d'Athènes: Travaux et Mémoires des anciens membres étrangers, fasc. 9; Paris: De Boccard, 1955); DERS., *Lois sacrées des cités grecques: Supplément* (École Française d'Athènes. Travaux et mémoires des anciens membres étrangers de l'École et de divers savants, fasc. 11; Paris: De Boccard, 1962); DERS., *Lois sacrées des cités grecques: Supplément* (Travaux et mémoires des anciens membres étrangers de l'École et de divers savants, fasc. 18; Paris: De Boccard, 1969); Eran LUPU, *Greek Sacred Law: A Collection of New Documents (NGSL)* (RGRW 152; Leiden und Boston: Brill, 2005) bzw. auch die kommentierte Edition einer vergleichsweise spät entdeckten Inschrift aus einer süd-italienischen griechischen Kolonie: Michael H. JAMES, David R. JORDAN und Roy D. KOTANSKY, *A „lex sacra" from Selinous* (Greek, Roman and Byzantine Monographs 11; Durham: Duke University, 1993).

36 Vgl. VAN UNNIK, „The Significance of Moses' Law", 10–11; STEIMER, *Vertex traditionis*, hat zur Qualifikation von Kirchenordnungen daher auch vom Bibelwissenschaftler Klaus Berger die Formulierung „paränetisches Recht" geborgt. Vgl. näherhin Eva SYNEK, „Die Apostolischen Konstitutionen – ein ‚christlicher Talmud' aus dem 4. Jh.", *Bib* 79 (1998): 27–56; v. a. 37.

Bibel, wie sie sich diese Reihe zum Anliegen gemacht hat, aber von besonderem Interesse.[37]

Nomos meint in der Didaskalia die *Tora*, insofern ihr Verfasser die alt/ersttestamentliche Überlieferung als ursprüngliche Weisung Gottes anerkannt hat. Diese wurde von ihm mit grundlegenden Aspekten der Römischen Rechtsordnung in eins gesehen.[38] Der Didaskalist setzte voraus, dass die so verstandene Tora sowohl für Angehörige des jüdischen Volkes als auch für Menschen aus den Völkern grundsätzlich „in Geltung steht“:

> Denn auch im Evangelium bestätigt er das Gesetz, aber <aus der Last der Fesseln und aus der Wiederholung des> Gesetzes ruft er uns und führt er uns heraus. Etwas anderes nun ist das Gesetz, und etwas anderes die Wiederholung des Gesetzes.[39]

Wiederholung des Gesetzes in der deutschen Übersetzung von Hans Achelis und Johannes Flemming entspricht dem syrischen *tenyan nomosa* und dem lateinischen *secundatio legis*. Im griechischen Urtext der Didaskalia stand allem Anschein nach δευτέρωσις, ein Terminus, der auch zur Bezeichnung für das Deuteronomium und die Mischna Verwendung fand.[40] Eine Verbindung der Begriffe *deuterosis* und *nomos* wurde seitens des Didaskalisten offenbar bewusst vermieden. Nach seiner (in der Kompilation der Apostolischen Konstitutionen modifizierten![41]) Toraauslegung ist die *deuterosis* im Gegensatz zum *nomos* erst „wegen der Verfertigung des (goldenen) Kalbes und wegen des Götzendienstes auferlegt worden“.[42] Gott habe darin „in der Glut seines Zornes verbunden mit der Liebe seiner Güte“[43] das widerspenstige Israel durch eine Menge belastender Vorschriften „gebunden“:

> Unablässige Opfer also und Zwang legte er ihnen auf, und von den Speisen trennte er sie durch Unterscheidungen in den Speisen. Von da an nämlich wurden die Tiere mit reinem und unreinem Fleisch bekannt, und von da an die Unterscheidungen, Reinigungen, Waschungen und Besprengungen, von da die Opfer.[44]

Diese unter Berufung auf ein Ezechielzitat (Ez 20,9-11)[45] als „nicht gut“ qualifizierten kultbezogenen Vorschriften habe Gott freilich, wie bereits die Propheten

---

37 Vgl. diesbezüglich auch die Analyse von VAN UNNIK, „The Significance of Moses' Law“, v. a. 11 passim.

38 Vgl. *Did. apost.* 26 (Achelis und Flemming, 137): „Denn auch die Römer halten das Gesetz, aber die Wiederholung verschmähen sie.“ Exemplarisch benannte der Didaskalist die Sanktionierung von Mord durch das Römische Recht. Vgl. ebd. (Übersetzung nach: Achelis und Flemming, 138).

39 *Did. apost.* 26 (Achelis und Flemming, 134).

40 Vgl. näherhin zur Übersetzungsproblematik SYNEK, *Gesetz*, 47; v. a. Anm. 195.

41 Vgl. im Detail SYNEK, *Gesetz*, passim.

42 *Did. apost.* 26 (Achelis und Flemming, 132).

43 *Did. apost.* 26 (Achelis und Flemming, 130).

44 *Did. apost.* 26 (Achelis und Flemming, 131).

45 Vgl. *Did. apost.* 26 (Achelis und Flemming, 134); vgl. Pieter W. VAN DER HORST, „‚I Gave Them Laws that Were not Good‘: Ezekiel 20:25 in Ancient Judaism and Early Christianity“, in *Sacred History and Sacred Texts: A Symposium in Honour of A. S. van der Woude* (hg. v. Jan N.

bezeugen, zurückgenommen und sie in Jesus vollständig abrogiert. M. a. W.: Der Didaskalist wollte sein Werk als autoritative Wiedergabe der – juristisch gesprochen – authentischen Interpretation der Tora durch das im Evangelium tradierte Wort und Exempel Jesu im Namen des Apostelkollegiums[46] verstanden wissen.[47] Wie z. B. Übertragungen der priesterbezogenen Vorschriften des Pentateuch auf kirchliche Kontexte zeigen[48], fand zwar keine exklusive Identifikation der „in Geltung stehenden" Tora mit dem *Zehnwort vom Sinai* statt.[49] Doch erlaubte das Konzept der *deuterosis* dem Didaskalisten, sich als problematisch empfundener Reinheitstorot zu entledigen. Typologische Umdeutungen im Sinne der antiochenischen Schule erübrigten sich dabei genauso wie der Versuch, den Reinheitstorot mittels Allegorese einen tieferen Sinn zu unterlegen.

Dass viele der kultbezogenen Vorschriften in ihrem Literalsinn unter römischer Herrschaft sowieso nicht praktiziert werden konnten, ließ sich als zusätzliches Argument für die Abrogation der als *deuterosis* verstandenen Texte der Tora heranziehen.[50] Wer nichtsdestotrotz an Vorschriften festhielt, die der Didaskalist der *deuterosis* subsummierte, wurde von diesem unter Berufung auf das, was in der Tora über Gesetzesübertreter „geschrieben steht" (vgl. etwa Dtn 27,26), in der Tradition antiker Kultvorschriften als verflucht erklärt.[51]

Bremmer und Florentino García Martínez, Contributions to Biblical Exegesis & Theology 5; Kampen: Kok Pharos, 1992), 94–118.

46 Zur Problematik fiktiver Verfasserschaft vgl. näherhin SYNEK, *Apostolische Konstitutionen*, 39–42.

47 Vgl. *Did. apost.* 26 (Achelis und Flemming, 133): „[...] denn er [Jesus] hat sich nicht der Besprengungen, der Waschungen und der sonstigen Gebräuche bedient und nicht Schlacht- und Brandopfer dargebracht, noch alles, was in der Wiederholung des Gesetzes [griechischer Urtext: δευτέρωσις/deuterosis] darzubringen vorgeschrieben ist. [...] Die also, welche nicht auf ihn hören, daß er ihnen Erleichterung schaffe und sie von den Banden der Wiederholung des Gesetzes [deuterosis] erlöse, sind ungehorsam gegen Gott, der sie ruft, daß sie herkommen sollen zur Lösung, zur Ruhe und zu den Erleichterungen, und binden sich selbst an die schweren und unnützen Lasten der Wiederholung des Gesetzes [deuterosis]. Denn unser Herr und Erlöser, der das Gesetz und die Wiederholung des Gesetzes [deuterosis] gegeben hat, legt Zeugnis über das Gesetz ab, daß es Leben für diejenigen ist, die es beobachten; von der Wiederholung des Gesetzes [deuterosis] aber zeigt er, daß es eine Fessel der Blindheit ist."

48 Vgl. VAN UNNIK, „The Significance of Moses' Law", bes. 21.

49 Vgl. *Did. apost.* 26 (Achelis und Flemming, 129): „Das Gesetz also sind die zehn Gebote und Satzungen, über welche Jesus Zeugnis gegeben und also gesprochen hat: ‚Ein Jod, ein Buchstabe soll nicht vergehen vom Gesetz'."

50 Vgl. *Did. apost.* 26 (Achelis und Flemming, 137–138): „Du also, der du heute unter der Wiederholung des Gesetzes [griechischer Urtext: δευτέρωσις/deuterosis] sein willst, kannst, da die Römer herrschen, nichts tun, was in der Wiederholung des Gesetzes [deuterosis] steht, denn du kannst die Bösen nicht steinigen, und die Götzendiener nicht töten, den Opferdienst nicht verrichten, die Reinigung und Besprengung der jungen Kuh [vgl. Dtn 21,3ff.] nicht ausführen [...]."

51 *Did. apost.* 26 (Achelis und Flemming, 138).

4. Die in der Didaskalia und bei Dionysius gespiegelten Kontroversen

> Ihr nun, die ihr euch aus dem (auserwählten) Volke dem Glauben an Gott, unseren Heiland, Jesum Christum zugewendet habt, beharret also nicht weiter in euren früheren Gewohnheiten, [...] die nichtigen Verpflichtungen zu beobachten, die Reinigungen, Besprengungen und Waschungen und den Unterschied der Speisen, denn der Herr hat euch gesagt: „Gedenket nicht des Alten; und siehe ich mache alles neu [...]“[52]

Angesichts aller mit dem Verlust von Eigenstaatlichkeit und Tempel, spezifischen rechtlichen Einschränkungen und der Diasporasituation im allgemeinen gegebenen Schwierigkeiten für die Toraobservanz[53] kam es nicht nur zu einem Bedeutungsgewinn der den Intimbereich betreffenden levitischen Gebote[54] im rabbinischen Judentum. Menstruations-, aber auch Geburts- und Pollutionstabu waren – anders als die vom römischen Recht bei nichtjüdischer Abstammung nicht tolerierte Beschneidung – auch von Völkerchrist*innen vergleichsweise leicht zu rezipieren. Jedenfalls für einen Teil der Neochristen und Neochristinnen paganer Herkunft mögen Adaptionen auf christliche Kontexte in Hinblick auf ihre bisherige religiöse Praxis sogar ausgesprochen naheliegend gewesen sein.[55] Damit ist es vielleicht gar nicht so verwunderlich, dass die Applikation des

---

52 *Did. apost.* 26 (Achelis und Flemming, 128).

53 Vgl. z. B. Amos LINDER, *The Jews in Roman Imperial Legislation* (Detroit: Wayne State University Press, 1987); Karl L. NOETHLICHS, *Das Judentum und der Römische Staat: Minderheitenpolitik im antiken Rom* (Darmstadt: Wissenschaftliche Buchgesellschaft, 1996); DERS., *Die Juden im christlichen Imperium Romanum (4.–6. Jahrhundert)* (Berlin: Akademie Verlag, 2001).

54 Aus der Fülle einschlägiger Literatur vgl. v. a. die in Anm. 2 aufgeführten Arbeiten von ERBELE-KÜSTER; an älteren Studien z. B. Ina J. BATHMARTHA (PETERMANN), „Machen Geburt und Monatsblutung die Frau ‚unrein‘? Zur Revisionsbedürftigkeit eines mißverständlichen Diktums“, in *Von der Wurzel getragen: Christlich-feministische Exegese in der Auseinandersetzung mit Antijudaismus* (hg. v. Luise Schottroff und Marie-Theres Wacker; Biblical Interpretation Series 17; Leiden: Brill, 1996), 43–60; Ilana BE'ER, „Blood Discharge: On Female Im/Purity in the Priestly Code and in Biblical Literature“, in *A Feminist Companion to Exodus to Deuteronomy* (hg. v. Athalya Brenner; FCB 6; Sheffield: Sheffield Academic Press, 1994), 152–164; John F. A. SAWYER (Hg.), *Reading Leviticus: A Conversation with Mary Douglas* (JSOT.S 227; Sheffield: JSOT-Press, 1996); für einen breiteren forschungsgeschichtlichen Überblick mit weiterer Bibliographie: Veronika BACHMANN, „Die biblische Vorstellungswelt und deren geschlechterpolitische Dimension – methodologische Überlegungen am Beispiel der ersttestamentlichen Kategorien ‚rein‘ und ‚unrein‘“, *lectio difficilior* 2 (2003): www.lectio.unibe.ch/03_2/bachmann.htm [zuletzt abgerufen am 17.9.2018].

55 Für Beispiele in griechischen sog. „leges sacrae“ vgl. Angelos CHANIOTIS, „Reinheit des Körpers – Reinheit des Sinnes in den griechischen Kultgesetzen“, in *Schuld, Gewissen und Person* (hg. v. Jan Assmann und Thomas Sundermeier; Studien zum Verstehen fremder Religionen 9; Gütersloh: Gütersloher Verlagshaus, 1997), 142–179; bes. 146–147; ROBERTSON, „The Concept of Purity in Greek Sacred Laws“; GÜNTHER, „Concepts of Purity in Ancient Greece“.

levitischen Menstruationstabus auf kultische respektive parakultische Zusammenhänge in Texten christlicher Provenienz früher nachzuweisen ist als in genuin jüdischen Quellen.[56] Der Niddah-Traktat des babylonischen Talmud berührt Fragen wie das Betreten der Synagoge oder das Berühren heiliger Schriften während der Menses gar nicht. Ersteres ist im jüdischen Schrifttum erst spät, in der – nicht mehr ohne Weiteres rezipierten – nachrabbinischen Baraita de Niddah explizit untersagt[57], während die Tosefta in dem beginnenden Diskurs gleich dem Didaskalisten ausdrücklich gegen eine Übertragung des Menstruationstabus auf das Studium heiliger Schriften votierte.[58]

Wie das vorangestellte Zitat aus Kapitel 26 der Didaskalia indirekt belegt, muss es in dem Gemeindekontext, den der Didaskalist vor Augen hatte, *de facto* Christinnen und Christen gegeben haben, die nicht nur Speisetabus beachteten, sondern auch körperliche Reinheit im Sinne von Levitikus als Voraussetzung von Kulttauglichkeit sahen. Insbesondere dürften sie davon ausgegangen sein, dass die Menses, generell eheliche Beziehungen, aber auch jede Pollution unmittelbar kultuntauglich machen[59] bzw. die Kulttauglichkeit erst durch ein Reinigungsritual wiederhergestellt werden müsse.

Was die für Christen und Christinnen nach der Tora zweite normative Schicht „Heiliger Texte" betrifft, so birgt Lk 2[60] zwar jeweils einen verhaltenen Hinweis auf eine frühchristliche Rezeption des levitischen Geburtstabus. Die im Neuen/Zweiten Testament kanonisch gewordenen Texte enthalten aber keinerlei explizite Auseinandersetzung mit Frauen während der Menses. Für die nicht nur von AdressatInnen des Didaskalisten, sondern geschichtswirksamer auch

---

56 Vgl. näherhin Shaye J. D. COHEN, „Menstruants and the Sacred in Judaism and Christianity", in *Women's History and Ancient History* (hg. v. Sarah B. Pomeroy; Chapel Hill und London: The University of North Carolina Press, 1991), 273–299; DERS., „Purity and Piety: The Separation of Menstruants from the Sancta", in *Daughters of the King: Women and the Synagogue* (hg. v. Susan Grossman und Rivka Haut; Philadelphia: Jewish Publication Society, 1992), 103–115; Charlotte E. FONROBERT, *Menstrual Purity: Rabbinic and Christian Reconstruction of Biblical Gender* (Contraversions: Jews and Other Differences; Stanford: Stanford University Press, 2000); Evyatar MARIENBERG, *Niddah: Lorsque les juifs conceptualisent la menstruation* (Paris: Les Belles Lettres, 2003).

57 Vgl. Evyatar MARIENBERG, *La Baraita de-Niddah: Un texte juif pseudo-talmudique sur les lois religieuses relatives à la menstruation* (BEHER 157; Turnhout: Brepols, 2012).

58 Vgl. zuletzt Moshe BLIDSTEIN, *Purity, Community, and Ritual in Early Christian Literature* (Oxford Studies in the Abrahamic Religions; Oxford: Oxford University Press, 2017), 193–197.

59 Vgl. *Did. apost.* 26 (Achelis und Flemming, 139).

60 Und das in der Spätantike über seinen vermutlich syrischen Entstehungskontext hinaus sehr breit rezipierte sog. „Protoevangelium des Jakobus" 5,2: Edition und französische Übersetzung: Émile de STRYCKER, *La forme la plus ancienne du Protoévangile de Jacques: Recherches sur le papyrus Bodmer 5 avec une édition critique du texte grec et une traduction annotée* (SHG 33; Brüssel: Société des Bollandistes, 1961), 88f.

vom alexandrinischen Bischof Dionysius behauptete Inkompatibilität von Menses und Eucharistie gibt es also keinen unmittelbaren biblischen Bezugspunkt[61], was dazu führte, dass der Schriftbeweis sowohl *pro* als auch *contra* mit Hilfe der Perikope von der „Blutflüssigen Frau“ (vgl. Mk 5,25 ff. par) geführt wurde.[62] In seinem kanonischen Brief an Basilides argumentierte der Origenesschüler Dionysius wie folgt:

> Was die Frauen in ihrer Menses[63] betrifft, ob es sich ziemt, dass sie in diesem Zustand das Haus Gottes betreten, meine ich, es ist überflüssig, auch nur die Frage zu stellen; ich glaube also, dass sie nicht einmal selbst, wenn sie fromm und gottesfürchtig sind, in diesem Zustand wagen würden, sich dem heiligen Tisch zu nähern oder Leib und Blut Christi zu berühren; denn auch die Frau, die zwölf Jahre einen Blutfluss hatte, hat ihn, um geheilt zu werden, nicht berührt, sondern nur den Saum seines Kleides[64] [...]; wer aber nicht völlig rein ist an Seele und Leib, dem soll es verboten sein, sich dem Heiligen und dem Allerheiligsten zu nähern.[65]

Der Didaskalist kam zum gegenteiligen Schluss. Wer Menstruations- oder Pollutionstabu als in Geltung erachte, müsste mit dem Ergebnis kontinuierlicher Kontaminationsgefahr konsequenter Weise auch alle anderen levitischen Reinheitsvorstellungen inklusive Verunreinigung durch den Kontakt mit einem Toten rezipieren: Ob durch einen Friedhofsbesuch, das Tragen von Lederschuhen oder das versehentliche Treten auf einen Knochen würde Kultuntauglichkeit entstehen und eine rituelle Waschung notwendig werden.[66]

---

61 Insgesamt gestaltet sich die Frage nach Bezugspunkten in biblischen Texten aus spätantiker Perspektive natürlich diffiziler als aus moderner westlicher Sicht: So wollte ja auch der Didaskalist seine Kirchenordnung als Verschriftlichung apostolischer Tradition verstanden wissen – genauso wie die Autoren von kanonisch gewordenen Apostelbriefen, aber auch einer Fülle anderer, letztlich außerhalb des (biblischen) Kanons verbliebener, Schriften wie dem Protoevangelium des Jakobus. Für viele orthodoxe Kanonisten stehen schließlich traditionell die als „heilige und göttliche Kanones“ rezipierten Rechtstexte, zu denen auch die sog. Dionysiuskanones gehören, den biblischen Schriften sehr nahe.

62 Zur Argumentation von Dionysius näherhin Eva SYNEK, „Zur Rezeption biblischer Frauen im orthodoxen Kirchenrecht“, *Österreichisches Archiv für Recht und Religion* 59 (2012): 199–221; 206–207. Allgemein zur Auslegungsgeschichte siehe z. B. Ulrike METTERNICH, *Sie sagte ihm die ganze Wahrheit: Die Erzählung von der ‚Blutflüssigen‘ feministisch gedeutet* (Mainz: Matthias-Grünewald-Verlag, 2000); Barbara BAERT (Hg.), *The Woman with the Blood Flow (Mark 5:24-34): Narrative, Iconic, and Anthropological Spaces* (Art & Religion 2; Leuven: Peeters, 2014) und Emma SIDGWICK, *From Flow to Face: The Haemorrhoissa Motif (Mark 5:24b-34parr) between Anthropological Origin and Image Paradigm* (Art & Religion 3; Leuven: Peeters, 2015).

63 Wie bereits in der LXX-Fassung von Lev 12,2 wörtlich ἐν ἀφέδρῳ, „auf einem getrennten Sitz“.

64 Zur bildlichen Repräsentation in der frühchristlichen Kunst vgl. den Beitrag von Renate PILLINGER in diesem Band.

65 DIONYSIUS, Brief an Basilides 2: Périclès-Pierre JOANNOU (Hg.) *Discipline générale antique 2: Les canons des synodes particuliers (IVe–IXe s.)* (Fonti 1/9; Grottaferrata [Rom]: Tipografia Italo-Orientale „S. Nilo“, 1962), 12 (eigene Übersetzung).

66 Vgl. *Did. apost.* 26 (Achelis und Flemming, 142, sprachlich leicht adaptiert).

> Darum tretet ohne Hinderung an die Verstorbenen heran, ihr werdet nicht unrein werden, wie ihr auch andererseits diejenigen, welche die Regel haben, nicht absondern sollt; denn auch jenes Weib, das den Blutfluss hatte, als sie den Saum des Gewandes unseres Heilands berührte, wurde nicht getadelt, sondern sie wurde sogar der Vergebung aller ihrer Sünden für würdig befunden. [...] darum wenn es einer Frau auf die Weise der Frauen ergeht, und wenn ein Mann Samenfluß hat, und wenn Mann und Frau bei einander liegen und der eine von der Seite des anderen sich erhebt, so mögen sie ungehindert ohne sich zu waschen zur Versammlung kommen, denn sie sind rein. Wenn aber jemand Unzucht begeht[67] oder sich mit einer Buhlerin verunreinigt und, nachdem er sich von ihrer Seite erhoben, sich in allen Meeren und Ozeanen badete und sich in allen Flüssen wüsche, so kann er doch nicht rein werden.[68]

Wie Angelos Chaniotis mit Beispielen belegt, hat die seit dem 5. Jh. v. Chr. in griechischen literarischen Quellen (z. B. bei Aischylos und Sophokles) reflektierte Vorstellung, „daß das ganze Wasser der Welt die Menschen von gewissen Verbrechen nicht reinigen kann"[69], auch in griechische *leges sacrae* Einzug gehalten.[70] Findet sich dort, sofern ethische Gesichtspunkte zum Tragen kommen, aber in der Regel die von Dionysius geteilte Forderung *sowohl* ethisch-moralischer („innerer") *als auch* körperlicher („äußerer") Reinheit, distanzierte sich der Didaskalist in einem viel höheren Ausmaß von einem dinglichen Reinheitsverständnis[71] und damit verbundenen Ritualen. Frauen in seiner Gemeinde, die a) in der von Dionysius gebotenen Weise während der Menses Distanz zu den *Sacra* hielten und b) die Segregationszeit mit den im jüdischen Schrifttum geforderten und archäologisch indirekt durch Miquot-Funde nachweisbaren rituellen Waschungen[72] beschlossen, mussten sich nicht nur sagen lassen, dies sei ver-

---

67 Vgl. die Testimonien zur Kultuntauglichkeit durch verbotene Sexualbeziehungen in griechischen „leges sacrae" bei CHANIOTIS, „Reinheit des Körpers", 160–161, sowie eine ebd., 161, Anm. 30, referierte pythagoräische Anekdote: Die Argumentation des Didaskalisten kommt hier den in pythagoräischen Kreisen vertretenen Ansichten (eheliche Beziehungen machen nicht kultuntauglich, Ehebruch dagegen bewirkt eine dauerhafte, durch ein rituelles Bad nicht einfach wegzuwaschende Verunreinigung) sehr nahe.

68 Vgl. *Did. apost.* 26 (Achelis und Flemming, 143–144).

69 Vgl. CHANIOTIS, „Reinheit des Körpers", bes. 163, unter Verweis auf die grundlegende Arbeit von Robert PARKER, *Miasma: Pollution and Purification in Early Greek Religion* (Oxford: Clarendon Press, 1983), 227, Anm. 110.

70 Vgl. CHANIOTIS, „Reinheit des Körpers", bes. 163 passim.

71 Dass auch er es nicht völlig hinter sich lässt, scheinen mir die Rezeptionen aus dem erst/alttestamentlichen Priesterrecht zu zeigen, so wird z. B. in *Did. apost.* 8 (Achelis und Flemming, bes. 42–44) das Recht der in die Tradition alt/ersttestamentlicher „Priester und Leviten und Diener, die den Dienst vor Gott verrichten" gestellten Bischöfe, „sich von der bischöflichen Stellung zu ernähren", mit einem langen Testimonium aus dem Buch Numeri begründet, ohne die dort vorzufindenden Reinheitsregeln auch nur irgendwie zu problematisieren.

72 Vgl. zur Frage ihres Aufkommens bereits ERBELE-KÜSTER, „Geschlecht und Kult", 363, unter Verweis auf Andrea M. BERLIN, „Jewish Life Before the Revolt: The Archeological Evidence", *JSJ* 36 (2005): 417–470; für eine umfassendere Bibliographie Jürgen K. ZANGENBERG, „Pure Stone: Archaeological Evidence for Jewish Purity Practices in Late Second Temple

zichtbar. Sie wurden auch scharf kritisiert. Dabei spielten neben Fragen der richtigen Torarezeption unterschiedliche Pneumatologien in diesen Diskurs hinein. So machte in der Gemeinde des Didaskalisten offensichtlich das Theologumenon die Runde, dass der Heilige Geist sowohl während der sexuellen Vereinigung von Mann und Frau als auch während der Menses quasi „Urlaub" mache.

> Wenn du nämlich meinst, o Frau, daß du in den sieben Tagen deiner Menstruation des heiligen Geistes bar seist, so gehst du, wenn du in diesen Tagen stirbst, leer und ohne Hoffnung dahin. [...] Überlege also und sieh, daß auch das Gebet durch den heiligen Geist erhört, und die Eucharistie durch den heiligen Geist angenommen und geheiligt wird, und die Schriften Worte des heiligen Geistes und heilig sind. Wenn also der heilige Geist in dir ist, warum wahrest du deine Seele, daß du den Werken des heiligen Geistes nicht nahe trittst? wie diejenigen, die sagen: „Ein jeder, der bei dem Altar schwört, tut keine Sünde, ein jeder aber, der bei dem Opfer darauf schwört, tut Sünde." Wie unser Herr gesagt hat: „Ihr Toren und Blinde, was ist größer, die Gabe, oder der Altar, der die Gabe heiligt? [...]" Wenn du also den heiligen Geist besitzest und deine Seele wahrest vor seinen Früchten, ohne ihnen näher zu treten, so musst auch du von unserem Herrn Jesus Christus hören: „Du Törin und Blinde ..." [...] unnütze Gebräuche hältst du fest, wenn aber der heilige Geist nicht in dir ist, wie willst du Gerechtigkeit üben? Denn der heilige Geist bleibt bei denen, die ihn besitzen allezeit. [...] Wer also von einem unreinen Geiste sich getrennt und entfernt hat und von ihm weggegangen ist durch die Taufe, der ist des heiligen Geistes voll geworden und wenn er gute Taten vollbringt, so harrt der heilige Geist bei ihm aus, und der bleibt voll (von ihm), und der unreine Geist kann keinen Platz bei ihm finden. [...] Du aber, o Weib, wie du sagst, daß du in den Tagen deiner Menstruation [des heiligen Geistes] bar seist, so wirst du des unreinen Geistes voll werden, indem nämlich der unreine Geist sich zu dir wendet und Platz findet, eintritt und bei dir allezeit wohnt; und dann findet der Einzug des unreinen Geistes und der Auszug des heiligen Geistes und beständiger Kampf statt. Darum, o Törinnen, (wisset): alle diese Geschehnisse treffen euch um eurer Gedanken willen, und um der Gebräuche willen, die ihr beobachtet. [...]."[73]

Judaism (Miqwa'ot and Stone Vessels)", in *Purity and the Forming of Religious Traditions in the Ancient Mediterranean World and Ancient Judaism* (hg. v. Christophe Nihan und Christian Frevel; Leiden: Brill, 2012), 537–572.

73 Vgl. *Did. apost.* 26 (Achelis und Flemming, 139–141). Was die Kulttauglichkeit unmittelbar nach ehelichen Beziehungen oder einem nächtlichen Samenerguss betrifft, geht die Halacha nicht ganz so weit auseinander, ist aber immer noch deutlich divergent: DIONYSIUS VON ALEXANDRIEN, *Brief an Basilides*, 3 und 4 (JOANNOU, *Discipline générale antique* 2; 13–14), lässt die Betroffenen nach dem eigenen Gewissen verfahren, der Didaskalist kennt dagegen kein Pardon für Skrupulanten und Skrupulantinnen. Zur weiteren, ambivalent verlaufenen Rezeptionsgeschichte des Pollutionstabus, dessen Bedeutung für das Zölibatsgesetz der Römisch-Katholischen Kirche in der Regel heute nicht mehr ohne Weiteres bewusst ist, vgl. zusammenfassend z. B. BRAKKE, „Nocturnal Emissions"; Conrad LEYSER, „Masculinity in Flux: Nocturnal Emission and the Limits of Celebacy in the Early Middle Ages", in *Masculinity in Medieval Europe* (hg. v. Dawn M. Hadley, London: Routledge, 1999), 103–120 wie auch SYNEK, „Göttliche Gesetzgebung", 238–240.246–248. Speziell zur westlichen Rezeptionsgeschichte z. B. Jean-Louis FLANDRIN, *Un temps pour embrasser: aux origines de la morale sexuelle occidentale (VI-XIe siècle)* (Paris: du Seuil, 1983); Raffaele SAVIGNI, „Purità rituale e ridefinizione del sacro nella cultura carolingia: l'interpretazione del Levitico e dell'Epistola agli Ebrei", *Annali di storia dell'esegesi* 13/1 (1996): 229–255; Paul BEAUDETTE, „‚In the World but not of it': Clerical Celebacy as a Symbol of the Medieval Church", in

5. Menses, Sacra und Sexualkarenz in der weiteren kirchenrechtlichen Entwicklung

Der Redaktor der *Apostolischen Konstitutionen*[74] folgte dem Didaskalisten nicht blindlings. In Sachen Kompatibilität von Menses und *Sacra*[75] schrieben die Konstitutionen aber jedenfalls die Position des Didaskalisten fort.[76] Der im *Pedalion*, einer Ende des 18. Jh. zusammengestellten, im Patriarchat von Konstantinopel und der Kirche von Griechenland quasi-offiziell gewordenen Kirchenrechtssammlung, unternommene Versuch, im Kommentar zum gegenläufigen Votum von Dionysius die in den Konstitutionen erfolgte Kommunionzulassung von Frauen während der Regel im Sinne von „nicht kann sein, was nicht sein darf" als angeblich sekundäre Glosse wegzuretuschieren[77], muss nach der kritischen Edition von Marcel Metzger definitiv als gescheitert betrachtet werden.

Etwa zeitgleich zum Votum der Konstitutionen hatte *Timotheus von Alexandrien* die Rechtsauffassung seines Amtsvorgängers Dionysius in Bezug auf das Menstruationstabu bekräftigt und präzisiert. Die Frage, ob eine Frau während ihrer Regelblutung zu den heiligen Mysterien herantreten dürfe (womit im christlichen Kontext der Eucharistieempfang gemeint ist), beantwortete er lakonisch: Sie müsse zuwarten, bis sie wieder rein/gereinigt sei (καθαρισθῇ).[78] Die von Dionysius nicht behandelte Frage, wie man mit einer Katechumenin, die am geplanten Tauftag die Regel hat, verfahren solle, wurde – anders als in jüngeren kirchenrechtlichen Quellen noch ohne Kasuistik, was ggf. bei drohender Todesgefahr zu tun sei – analog gelöst.[79] Letztendlich wurden die im eigenen zeitge-

---

Medieval Purity and Piety: Essays on Medieval Clerical Celibacy and Religious Reform (hg. v. Michael Frasetto; Garland Medieval Casebooks 19; New York: Routledge, 1998), 23–46.

74 Bzw. die Redaktoren: Marcel Metzger, der die kritische Ausgabe verantwortet, geht von einem Team aus: METZGER, *L'Église*, 102, mit Verweis auf die im Rahmen seiner Edition erfolgten Ausführungen, SC 320, Introduction, 52–54.

75 Vgl. SYNEK, *Reinheitstabus*, 110f. Komplexer ist die Frage der Rezeption von Speisetabus sowie jene der Kompatibilität von Menses und ehelichen Beziehungen, auf die ich weiter unten in Abschn. 4 noch eingehen werde.

76 Vgl. *Const. ap.* 6,27–28 (SC 329,378–387). Nicht so klar beantwortbar ist die Frage von Kontinuität oder Diskontinuität hinsichlich der von Levitikus gebotenen Sexualkarenz. Die lateinische Version der Didaskalia (TU 75,39,11–12) und Apostolischen Konstitutionen 6,28,8 (SC 329,386) hielten am Verbot sexueller Beziehungen während der Menses fest, nicht dagegen der syrische Textzeuge (CSCO 408,244, Anm. 229), der an der fraglichen Stelle allerdings verderbt erscheint.

77 Kommentar (vermutlich im Wesentlichen von Nikodemos Hagiorites, mit bürgerlichem Namen Nikolaos Kallivourtis) zum sog. c. 2 Dionysius: englische Übersetzung: Cummings, 720; hierzu: SYNEK, *Reinheitstabus*, 113f.

78 TIMOTHEUS VON ALEXANDRIEN, *Responsum VII* (JOANNOU, *Discipline générale antique 2*; 244).

79 TIMOTHEUS VON ALEXANDRIEN, *Responsum VI* (JOANNOU, *Discipline générale antique 2*; 243–244).

nössischen Kontext strittigen Voten von Dionysius und Timotheus nicht nur bestimmend für die ägyptische Christenheit.[80] Sie haben im Laufe der Zeit als sog. „Väterkanones" v. a. auch Eingang in die byzantinischen kanonischen Sammlungen gefunden und den – ambivalenter verlaufenden – kanonischen Diskurs der Syrisch-Orthodoxen Kirche beeinflusst.[81] Es gab aber auch noch eine dritte Option, wonach

> einer Frau [...] während der Menstruation" nicht nur nicht „untersagt werden [darf], eine Kirche zu betreten, weil ihr der Ausfluß der Natur nicht als Schuld angerechnet werden kann und es nicht gerecht ist, daß sie durch das, was sie wider Willen erduldet, am Betreten der Kirche gehindert wird. [...] Es darf ihr" auch „nicht untersagt werden, an diesen Tagen das Geheimnis der Heilige Kommunion zu empfangen. Wenn sie es jedoch aus großer Ehrfurcht nicht zu empfangen wagt, ist sie zu loben; wenn sie es aber empfangen hat, ist sie nicht zu verurteilen.[82]

Dieses im Vergleich zu der von den alexandrinischen Bischöfen vertretenen Position wesentlich konziliantere, gemessen an der scharfen Tabukritk der ursprünglich wahrscheinlich in einem (griechischsprachigen) syrischen Milieu zu verortenden Didaskalia aber deutlich verhaltenere Votum zur Kommunionzulassung einer menstruierenden Frau stammt aus Rom. Es ist Teil eines als *„Responsa ad Augustinum"* bekannten, in *Bedas „Kirchengeschichte des englischen Volkes"* aufgenommenen und schließlich v. a. über das *Decretum Gratiani* geschichtswirksam gewordenen kanonischen Schreibens, in dem sich *Papst Gregor* (*„der Große"*[83], † 604) ausführlich mit Anfragen des zu den Angelsachsen entsandten Missionsbischofs Augustinus befasste.[84] Als biblische Autorität musste darin einmal mehr die Perikope von der „Blutflüssigen Frau" herhalten:

> Wir wissen nämlich, daß eine Frau, die unter der Blutung litt, hinter dem Rücken des Herrn demütig herankam, den Saum seines Gewandes berührte und ihr Unwohlsein sofort

80 Zur aktuellen Diskussion in der Koptischen Kirche vgl. z. B. Summary of a Holy Synod Study Dealing with Issues related to Women Receiving Holy Communion: https://lacopts.org/story/summary-of-a-holy-synod-study-dealing-with-issues-related-to-women-receiving-holy-communion/ [zuletzt abgerufen am 25.9.2018]; Moses SAMAAN, Women, the Church is not Your Enemy: https://lacopts.org/story/women-the-church-is-not-your-enemy/ [zuletzt abgerufen am 25.9.2018].

81 Belegstellen bei SYNEK, *Reinheitstabus*, 37f.

82 GREGOR DER GROSSE, *Responsum VIII ad Augustinum* (Colgrave et al., *Beda*, 96–97).

83 Das ist die im Westen gängige Bezeichnung. Im Osten hat sich dagegen in Hinblick auf seine dort wesentlich stärker als die „Responsa ad Agustinum" rezipierten „Dialoge" die Bezeichnung „Gregor der Dialoge" eingebürgert.

84 Zu Kontext und Wirkungsgeschichte vgl. Ian WOOD, „Some Historical Re-identifications and the Christianization of Kent", in *Christianizing Peoples and Converting Individuals* (hg. v. Guyda Armstrong und Ian Wood; International Medieval Research 7; Turnhout: Brepols, 2000), 27–35; Rob MEENS, „Questioning Ritual Purity: The Influence of Gregory the Great's Answers to Augustine's Queries about Childbirth, Menstruation and Sexuality", in *St. Augustine and the Conversion of England* (hg. v. Richard Gameson, Stroud: Sutton, 1999), 174–186 sowie DERS., „‚A Relic of Superstition': Bodily Impurity and the Church form Gregory the Great to the Twelfth Century Decretists", in *Purity and Holiness*, 281–293.

> von ihr wich. Wenn also die unter der Blutung leidende Frau in lobenswerter Weise das Gewand der Herrn berührten konnte, warum soll es dann der Frau, die die Menstruation erduldet, nicht erlaubt sein, die Kirche des Herrn zu betreten? [....] Wenn also die von Unwohlsein befallene Frau, die das Gewand des Herrn berührte, richtig handelte, warum soll das, was einer kranken Person zugestanden wird, nicht allen Frauen zugestanden werden, die von einem Gebrechen ihrer Natur heimgesucht werden?[85]

Bleibt noch die Frage der Sexualkarenz während der Menses: Dass eine Frau während der Regel für ihren Mann tabu ist, steht explizit in den Juden- und Christentum gemeinsamen Heiligen Texten und wurde *grosso modo* generell auch christlicherseits weiter als bindend betrachtet. In seinem Responsum VIII ad Augustinum hat Gregor d. Große ausdrücklich darauf Bezug genommen, dass „das Gesetz" (Lev 20,18) Geschlechtsverkehr mit einer Menstruierenden zu den todeswürdigen Verbrechen zählt. Die Motivation für die starke christliche Rezeption des levitischen Verbotes dürfte allerdings durchaus vielfältig(er) gewesen sein: Einerseits missbilligten die Väter in ihrem betont funktionalen Verständnis sexueller Beziehungen generell nicht auf die Zeugung legitimer Nachkommen ausgerichtete sexuelle Akte.[86] In exegetischen Texten wurden andererseits aber auch immer wieder eugenische Überlegungen thematisiert, hielt sich doch in Antike und Mittelalter gegenüber dem grundsätzlich bereits vorhandenen medizinischen Wissen hartnäckig der Verdacht von Missbildungen gegebenenfalls doch während der Menses gezeugter Kinder. Daneben findet sich in einigen Quellen die Angst vor Schädigung des männlichen Sexualpartners durch die Berührung mit Menstruationsblut.[87]

Auch wenn Gregors Name in der byzantinischen Kirche durchaus positiv besetzt war[88], scheint seine Position in Sachen Menses (Zugeständnis von Kirchenbesuch und Eucharistieempfang bei gleichzeitiger Beibehaltung des Verbots ehelicher Beziehungen) zunächst doch nur die westliche kanonische Entwicklung bestimmt zu haben (und wie gegenläufige Bestimmungen in Bußbüchern westlicher Provenienz zeigen, auch das auf lange Zeit hin nicht konkurrenzlos[89]). In der byzantinischen Kirche wurde das Menstruationstabu im Widerstreit tabukritischer und tabukonservativer Tendenzen im Sinne von Dionysius und Timotheus um einiges deutlicher kanonisch befestigt als das Pollutionstabu.[90] Damit

---

85 Gregor der Grosse, *Responsum VIII ad Augustinum* (Colgrave et al., *Beda*, 96–97).

86 So könnte für den Redaktor der Apostolischen Konstitutionen die *ratio legis* damit verknüpft gewesen sein, dass während der Menses sowieso kein Kind gezeugt werden kann.

87 Vgl. z. B. Peggy McCracken, *The Curse of Eve, the Wound of the Hero: Blood, Gender, and Medieval Literature* (Philadelphia: University of Pennsylvania Press, 2003).

88 So wurde ihm sogar das Formular für die sogenannte „Liturgie der Vorgeweihten Gaben" (ein in der vorösterlichen Fastenzeit gebräuchlicher Wortgottesdienst mit Kommunionfeier) zugeschrieben.

89 Vgl. Synek, *Reinheitstabus*, 20f.

90 Vgl. u. a. Tim Vivian, „‚Everything Made by God is Good': A Letter Concerning Sexuality from Saint Athanasius to the Monk Amoun", *EgT* 24 (1993): 75–108; Patrick Viscuso, *Sexuality, Marriage, and Celibacy in Byzantine Law: The Alphabetical Collection of Matthew Blastares:*

stimmt für diese zweifelsohne das von Dorothea Erbele-Küster – insgesamt vielleicht ein wenig allzu pauschal – behauptete vornehmlich „weibliche Gesicht" der „in den [levitischen] Reinheitsbestimmungen beschriebene[n] Kultunfähigkeit in der Rezeptionsgeschichte."[91]

Dass sich das Menstruationstabu im byzantinischen Kontext auch abgelöst von den in der Didaskalia angegriffenen pneumatologischen Vorstellungen hielt, zugleich aber *in extremis* genauso für sistiert erklärt wurde wie ein zur Buße verhängtes Kommunionverbot[92], macht deutlich: Das Kernproblem liegt offensichtlich auf einer anderen Ebene als besonderer Bibeltreue oder einer spezifischen Pneumatologie und es ist bis in die Gegenwart virulent geblieben. So ist es sicher kein Zufall, dass die Reinheitsdebatte der Spätantike just heute im Kontext einer umfassenderen Neuverhandlung von Geschlechterrollen in den orthodoxen Kirchen eine spannende Neuauflage erfährt.[93] Dabei sind es nicht nur unmittelbar betroffene Frauen, die sich nicht länger aufgrund ihrer biologischen Konstitution auf eine periodische Einschränkung ihrer Kulttauglichkeit festlegen lassen wollen und den kanonisch rezipierten Voten von Dionysius und Timotheus gerne die Didaskalia oder auch Gregors Responsum als in einem postaufgeklärten Kontext argumentativ besser nachvollziehbare patristische Autoritäten entgegen halten.[94] Sie erfahren durchaus auch Schützenhilfe männlicher Theologen. Wie in der Spätantike geht es also gegenwärtig neben dem Sach-

---

Selections from a Fourteenth-Century Encyclopedia of Canon Law and Theology (Brookline: Holy Cross Orthodox Press, 2008), bes. 19–28; SYNEK, *Reinheitstabus*, 82–95 (mit weiterer Literatur).

91 ERBELE-KÜSTER, „Geschlecht und Kult", 372.

92 Für Beispiel der mittelalterlichen Kasuistik vgl. SYNEK, *Reinheitstabus*, 114f.

93 Vgl. u. a. SYNEK, *Reinheitstabus*, bes. 114–143 (mit Referenzen); Kyriaki KARIDOYANNES FITZGERALD, „Orthodox Women and Pastoral Praxis: Observations and Concerns for the Church in America", in *Orthodox Perspectives on Pastoral Praxis* (hg. v. Theodore Stylianopoulos, Brookline: Holy Cross Orthodox Press, 1988), 101–126; deutsche Übersetzung einer Kurzfassung: „Orthodoxe Frauen und Pastorale Praxis: Beobachtungen und Überlegungen", *Orthodoxie aktuell* 4/2 (2000): 2–9; Vassa LARIN, „What Is ‚Ritual Im/Purity' and Why?", *SVTQ* 52 (2008): 275–292.

94 Einiger Beliebtheit erfreuen sich auch Versuche, die Verantwortung für die in der eigenen Tradition stark verankerte, heute aber zumindest von einem Teil der orthodoxen TheologInnen zusehends als problematisch wahrgenommene tabukonservative Option nach außen zu verlagern: Einerseits werden alttestamentlich-jüdische Wurzeln betont, andererseits westliche Einflüsse geltend gemacht, so auch wieder Fotios IOANNIDIS, „Human Sexuality in the Latin Tradition", in *Deaconesses, the Ordination of Women and Orthodox Theology* (hg. v. Petros Vassiliadis, Niki Papageorgiou und Eleni Kasselouri-Hatzivassiliadi; Newcastle: Cambridge Scholars Publishing, 2017), 431–439; bes. 437f. Umgekehrt tendieren KirchenhistorikerInnen und TheologInnen westlicher Prägung ihrerseits dazu, christliche Adaptionen biblischer Reinheitstabus aus dem eigenen Erbe möglichst auszublenden und wo, wie in bestimmten Bußbüchern, unleugbar bezeugt, als östlichen Einfluss abzutun.

auch wieder um einen Autoritätskonflikt.[95] Ich werde Letzteren in Bezug auf die Spätantike gleich etwas näher nachzuzeichnen versuchen.

Zuvor sei allerdings davor gewarnt, Aspekte der Rezeptionsgeschichte patristischer Voten zu übersehen, die mit der in diesem Beitrag zu behandelnden Frage der Adaption biblischer Reinheitstabus auf christliche Kontexte als solcher vermutlich sehr wenig bis gar nichts zu tun haben: Dieser Vorbehalt ist in gleicher Weise für die Kirchen des Ostens zu machen wie für die westliche Christenheit, in der zwar die Karenzzeit von Wöchnerinnen und deren ritueller Abschluss bis ins 20. Jh. hinein eine signifikante Rolle spielten[96], die prinzipielle Kulttauglichkeit von Frauen während ihrer Regelblutung aber im 12. Jh. durch die (nicht unbedingt aus inhaltlichen Gründen erfolgte) Übernahme von Gregors Position ins Decretum Gratiani[97] (jedenfalls auf der genuin rechtlichen Ebene) vergleichsweise früh festgeschrieben wurde. Im Osten blieb die Nutzung der Apostolischen Konstitutionen als praktischer kirchenrechtlich-liturgischer „*Vademecum*" nicht auf ihr ursprüngliches Entstehungsmilieu (wahrscheinlich ein antiochenischer Kontext) beschränkt. Die im Anhang des letzten Buches zusammengestellten sog. „Apostolischen Kanones" und mit ihnen das c. 2 der Synode von Gangra (ca. 340) durch unmittelbare Rückbindung an die Tora (*nomos*) leicht modifizierende Votum der Konstitutionen für die Fortgeltung des biblischen Bluttabus als Speisetabu[98] finden sich bis heute am Anfang der Kirchenrechtssammlungen der östlich-orthodoxen Kirchen.[99] Als Ende des 7. Jh. auf einer das

---

95 Vgl. den Sammelband zu einer Tagung in Münster (2016) zum Thema „Purity and Authority in Ancient Mediterranean Religions": Benedikt ECKHARDT, Clemens LEONHARD und Klaus ZIMMERMANN (Hg.), *Reinheit und Autorität in den Kulturen des antiken Mittelmeerraumes* (Baden-Baden: Ergon, 2020).

96 Editionen und Ritualanalysen der letzten Jahre haben zeitlich und räumlich durchaus unterschiedliche Konnotationen des Aussegnungsrituals zutage gebracht, das aber bei aller Vielfalt und unterschiedlicher Wahrnehmung seitens betroffener Frauen doch immer seine Wurzeln verrät: Es geht um ein biblisch v. a. an Lk 2 angeknüpftes (damit aber jedenfalls indirekt auch auf Levitikus zurückweisendes), Frauen in die Gemeinschaft re-integrierendes Ritual, in dem das Reinigungselement im Westen textlich aufgrund theologischer Kritik immer mehr zurückgedrängt, in der Wahrnehmung betroffener Frauen, wie etwa Clementi an Hand von Interviews im deutschsprachigen Raum gezeigt hat, aber dennoch oft bestimmend blieb. Vgl. Sieglinde CLEMENTI, *Die Aussegnung und die Unreinheit der Wöchnerin: Zur Geschichte eines Kirchenbrauchs und seiner Idee* (Diplomarbeit, Wien, 1994); für Irland: Louise LEWIS, „‚Churching' women after childbirth made many new mothers feel ostracised", *thejournal.ie* (2013): www.thejournal.ie/readme/churching-women-after-childbirth-dublin-tenement-1913-1061449-Aug2013 [zuletzt abgerufen am 21.9.2018]; für England: Margaret HOULBROOKE, *Rite out of Time: A Study of the Ancient Rite of Churching and its Survival in the Twentieth Century* (Donington: Shaun Tyas, 2011).

97 Decretum Gratiani, Pars I, Distinctio V (hg. v. Aemilius Friedberg, *Corpus Iuris Canonici I*; Leipzig: Bernhard Tauchnitz, 1879; Nachdruck: Graz: Akademische Druck- und Verlagsanstalt, 1959; online: https://geschichte.digitale-sammlungen.de/decretum-gratiani/kapitel/dc_chapter_0_0038 [zuletzt abgerufen am 7.7.2020]).

98 Sog. canon 63 der sog. „Apostolischen Kanones" (SC 336,298).

99 Vgl. näherhin METZGER, *L'Église*, 123–129.

5. und 6. „Ökumenische" Konzil fortschreibenden Bischofsversammlung in Konstantinopel (Penthekte/Quinisextum bzw. Trullanum) der Grundbestand des für die weitere Entwicklung der byzantinischen Kirche (und in Folge der gesamten östlich-orthodoxen Christenheit) maßgeblichen kanonischen Erbes kodifiziert wurde, hat man die Kanoneskompilation der Konstitutionen gemeinsam mit den Responsen der alexandrinischen Bischöfe explizit bestätigt (und das Konsumverbot für nicht voll ausgeblutetes Fleisch[100] in einem eigenen Kanon nochmals bekräftigt), während Gregors Responsen unerwähnt blieben und der Großteil der Konstitutionen aussortiert wurde. Grund für Letzteres waren noch nicht prinzipielle Zweifel an ihrer vorgeblichen apostolischen Autorität, doch hatten bestimmte theologische Formulierungen den Verdacht „häretischer Kontamination" aufkommen lassen. Zwar gelang die vollständige Verbannung der Konstitutionen aus dem byzantinischen kanonischen Fundus dennoch nicht, aber jene besondere Autorität, die die ausdrücklich in die kanonischen Sammlugen rezipierten Kanones „Heiliger Väter" erlangt hatten, blieb ihnen in der byzantinischen Kirche verwehrt und die byzantinischen Kanonisten, die es durchaus gewohnt waren, ein spannungsreiches Erbe auszutarieren, brauchten sich in Sachen Kompatibilität von Menses und *Sacra* gar nicht erst mit den divergierenden Rechtsauffassungen frühchristlicher Autoritäten herumzuschlagen. Dass dies Ende des 18. Jh. im Pedalion dann in der oben beschriebenen Form doch passierte, zeugt eigentlich von der grundsätzlichen wissenschaftlichen Redlichkeit der Redaktoren dieser Sammlung. Neuerdings rekurrieren auch solche orthodoxe Theologinnen und Theologen, die die von Dionysius und Timotheus vertretene Rechtsauffassung in Sachen Menstruationstabu mit gegenläufigen patristischen Zeugnissen zu bekämpfen oder zumindest zu relativieren versuchen, gelegentlich auf die Apostolischen Konstitutionen.

6. Periodische Kultuntauglichkeit = Amtsuntauglichkeit?

Die *Apostolischen Konstitutionen* müssen freilich auch bis heute als Referenztext herhalten, wenn es darum geht, den traditionellen Ausschluss von Frauen von der Priesterweihe „apostolisch" abzusichern:

> Denn wenn das Haupt der Frau der Mann ist [vgl. Eph 5,21], ist auch er zum Priestertum erwählt [...].[101]

---

[100] Wörtl. Fleisch im „Blut seines Lebens/seiner Seele" (vgl. Gen 9, 4): c. 67 Quinisextum/Trullanum: *Concilivm Constantinopolitanvm a. 691/2 in Trvllo habitvm (Concilivm Qvinisextvm)* (hg. v. Heinz Ohme; *ACO* II, 2/4; Berlin: de Gruyter, 2013), 50.

[101] *Const. ap.* 3,9,2 (SC 329,142–143).

Implizit zeigt der Passus, dass Frauen zunächst durchaus zum Kreis jener Personen gehörten, die (jedenfalls in manchen christlichen Kontexten) rituelle, im Laufe der weiteren Entwicklung dem männlichen Klerus vorbehaltene Kompetenzen wahrnahmen, die Taufe spendeten (wogegen u. a. auch bereits Tertullian[102] und der Didaskalist Stellung bezogen hatten[103]) und wohl auch der Eucharistie vorstanden.[104] Dass sie im Zuge der Verfestigung der klassischen Ämtertrias von Episkopat und Presbyterat ausgeschlossen wurden, ist allgemein bekannt. Ihre potentielle kultische Unreinheit durch die Menses scheint dabei, anders als heute gern behauptet, allerdings nicht maßgeblich gewesen zu sein.[105] Jedenfalls fehlen nicht nur in den Konstitutionen, sondern auch in anderen einschlägigen alten Quellen entsprechende Hinweise.

Auch in den die Diskussion um Altersuntergrenzen für im Zuge der frühchristlichen Rechtsentwicklung akzeptierte weibliche Amtsträgerinnen (v. a. Diakoninnen) spiegelnden Rechtstexten und in genuin auf Frauen gemünzten Betretungsverboten für den Altarraum wie c. 44 der vom Quinisextum rezipierten sog. „Kanones von Laodikeia" (wahrscheinlich wie die sog. „Apostolischen Kanones" eine Kompilation des 4. Jh.) wird die Menstruationsfrage regelmäßig *nicht* thematisiert. Eine Ausnahme macht das sog. *Testamentum Domini*[106], dessen Rezeptionsgeschichte in den Raum der Orientalischen Orthodoxen Kirchen verweist.[107] Die Anwesenheit von Frauen im Altarbereich wird hier aber gerade nicht prinzipiell ausgeschlossen. Unter normalen Umständen bzw. während der Darbringung des eucharistischen Opfers wies das Testamentum der mit einem

---

102 TERTULLIAN, *Bapt.* 17,4 (FC 76,204–205); weitere Testimonien bei Haye VAN DER MEER, *Priestertum der Frau? Eine theologiegeschichtliche Untersuchung* (QD 42; Freiburg i. Br.: Herder, 1969), 68f.

103 Vgl. *Did. apost.* 15 (CSCO 407,166; Achelis und Flemming, 81).

104 Zum einschlägigen Zeugnis von Bischof Firmilian von Cäsarea vgl. ausführlich Anne JENSEN, *Gottes selbstbewußte Töchter: Frauenemanzipation im frühen Christentum?* (TFFE 9; Freiburg i. Br.: Herder, 1992), 352–358.

105 Vgl. Eva SYNEK, „The Church as ‚oikos': Main Canonical Consequences", in *Gender and Religion - Genre et religion* (hg. v. Kari E. Børresen et al.; Quaderni 2; Rom: Carocci, 2001), 143–153; DIES., „Oikos-Ecclesiology and Church Order in Eastern Christianity", in *Households, Women, and Christianities in Late Antiquity and the Middle Ages* (hg. v. Anneke B. Mulder-Bakker und Jocelyn Wogan-Browne, Medieval Women: Texts and Contexts 14; Turnhout: Brepols, 2005), 37–70.

106 Ich folge grundsätzlich der Ausgabe von Ignatius Ephraem RAHMANI, *Testamentum Domini Nostri Jesu Christi* (Mainz: Franz Kirchheim, 1899, Reprint: Hildesheim 1968). Für eine englische Übersetzung siehe Grant SPERRY-WHITE, *The Testamentum Domini* (Grove Liturgical Study 66, Bramcote, Nottingham: Grove Books, 1991).

107 Zu Einleitungsfragen und Rezeptionsgeschichte vgl. zuletzt Heinzgerd BRAKMANN, „Pseudapostolische Ordinationsgebete in apostolischen Kirchen: Beobachtungen zur gottesdienstlichen Rezeption der *Traditio Apostolica* und ihrer Deszendenten", in *Liturgy in East and West: Ecumenical Relevance of Early Liturgical Development* (hg. v. Hans-Jürgern Feulner; Österreichische Studien zur Liturgiewissenschaft und Sakramententheologie 6; Wien: LIT, 2013), 61–98; 71f.

liturgischen Ritual eingesetzten „Witwe" ihren Platz bei den männlichen Klerikern zu. Nur im Fall ihrer Menses wurde die kirchlich beamtete Witwe seitens der Kirchenordnung ins Kirchenschiff unter das gläubige Volk (nach der verschärfenden äthiopischen Rezension: vor die Kirche[108]) verwiesen, „nicht weil sie gleichsam unrein sei, sondern wegen der Ehre des Altares."[109] Mar Johannan bar Qursos von Tella, der Anfang des 6. Jh. kanonische Antworten verfasste, die ins Westsyrische Synodikon Eingang gefunden haben, äußerte sich in Bezug auf Diakoninnen: Grundsätzlich billigte der Bischof Letzteren zu, den Altarraum zu betreten und im Bedarfsfall Kommunion auszuteilen, nicht aber während der Regelblutung.[110]

Möglicherweise spielte die Menstruationsfrage aber bei der Rückdrängung des weiblichen Diakonats eine Rolle. Nicht erst Matthaios Blastares behauptete in seiner im 14. Jh. zusammengestellten, in den östlich-orthodoxen Kirchen äußerst geschichtswirksamen Enzyklopädie byzantinischen Kirchenrechts, dass den „Diakoninnen [...] von den späteren Vätern untersagt" worden wäre, den Altarraum „zu betreten und die zu ihrem Amt gehörigen Funktionen zu besorgen aufgrund des unwillentlichen monatlichen Blutflusses."[111] Auch bereits die Kanonisten des 12. Jh. sahen einen Zusammenhang zwischen Menses einerseits und dem Bedeutungsverlust des weiblichen Diakonats andererseits. „Views of women as spiritually polluted and ritually defiled as a result of their physiological nature"[112] hatten sich in spätbyzantinischer Zeit weithin durchsetzen können. Sie bildeten die Voraussetzung dafür, dass die kanonischen Expertisen die periodische Kultuntauglichkeit von Frauen aufgrund ihrer Menses mit ihrem nunmehr eingeforderten permanenten Fernbleiben vom Altarraum assoziierten und mochten im Rahmen eines größeren Ursachenbündels auch wirklich zum Bedeutungsverlust des altkirchlichen Frauenamtes beigetragen haben.

---

108 *Test. Dom.* 1,37: Robert BEYLOT (Hg.), *Le Testamentum Domini éthiopien* (Louvain: Peeters, 1984), 206f. (mit französischer Übersetzung).

109 *Test. Dom.* 1,42 (RAHMANI, *Testamentum*, 100f.).

110 MAR JOHANNAN, „Responsum 36 an Sargis", in *The Synodicon of the West Syrian Tradition* 1 (CSCO 367,218).

111 MATTHAIOS BLASTARES, Alphabetisches Syntagma Γ, 11 (PG 144,1173) = Georgios RHALLES und Michael POTLES, *Syntagma ton theion kai hieron kanonon* VI (Athen: Typographeion tes Auges, 1853; Nachdruck: Kassandra M. Grigorios, 1966), 171–172 (eigene Übersetzung). Zu den Quellen: SYNEK, *Reinheitstabus*, 47, Anm. 47.

112 VISCUSO, „Menstruation", 125.

7. Weitergabe und Durchsetzung kirchenrechtlicher Entscheidungen[113]

Die meisten Väter waren prinzipiell keine Freunde von Frauenlehre. Beschränkte sich diese allerdings auf die christliche Sozialisation von Frauen und Mädchen, ließ sich ihr auch aus der Sicht des männlichen theologischen Mainstreams etwas abgewinnen. So sprach auch der Didaskalist Frauen in dem auf Witwen fokussierten Teil seiner Kirchenordnung (Kapitel 15) zunächst einmal pauschal die Lehrbefähigung ab, ruderte im anschließenden Diakonatskapitel (Kapitel 16) aber zurück:[114] Kirchlich beamtete Frauen, die seine eigenen theologischen Ansichten teilten, sollten diese durchaus an andere Frauen weitergeben dürfen. Der Text enthält keine unmittelbare inhaltliche Präzisierung der Diakoninnen eingeräumten Lehrbefugnis. Versucht man diese mit den in Kapitel 26 eindringlich formulierten Anliegen des Didaskalisten in Beziehung zu setzen, erhält man aber ein recht deutliches Bild. Zweifelsohne wünschte sich der Didaskalist Amtsträgerinnen, die Neophytinnen die Einmaligkeit der Taufe einschärften, statt ihnen regelmäßige rituelle Waschungen nahezulegen. Er sah es wohl auch als ihre Aufgabe, die Permanenz der Einwohnung des Heiligen Geistes zu betonen, statt Phasen von dessen Abwesenheit zu behaupten. Sie hätten auf der Kompatibilität von sexueller Befindlichkeit, Menses und Sexualleben einerseits und Gebet, Schriftlesung und Eucharistieempfang andererseits zu bestehen. Mit anderen Worten: Sie wären in jeder Hinsicht loyale Mitarbeiterinnen des Bischofs und keine unliebsame Konkurrenz wie die vergleichsweise unabhängig und nicht immer konsensuell agierenden Witwen, die in dem vom Didaskalisten avisierten Gemeindemilieu traditionell offensichtlich ebenfalls eine mehr oder minder offizielle kirchliche Rolle spielten.

Solche loyalen Mitarbeiterinnen des Bischofs müssten in einem Gemeindekontext, wo ein Bischof wie Dionysius oder Timotheus von Alexandrien eine andere Halacha als der Didaskalist vertraten, die ihnen anvertrauten Frauen und

---

[113] Zu den in Kap. 7 und 8 behandelten Fragen vgl. meinen Beitrag in der Festschrift für Johannes Hofmann: Eva SYNEK, „Törinnen und Blinde? Zur Rolle von Frauen im kirchenrechtlichen Diskurs des 1. Jahrtausends" in *Historia magistra vitae: Leben und Theologie der Kirche aus ihrer Geschichte verstehen* (Eichstätter Studien, NF 76; Regensburg: Pustet, 2016), 493–517.

[114] Vgl. zu diesem spannungsvollen Befund Eva SYNEK, „In der Kirche möge sie schweigen", *OrChr* 77 (1993): 151–164; partiell kritisch mit meinem Aufsatz auseinandergesetzt hat sich Cornelia SCHLARB, „Die (un)gebändigte Witwe: Exegetische Überlegungen zur Entwicklung eines Frauenamts in der Syrischen Didaskalia" in *Syrisches Christentum weltweit: Studien zur syrischen Kirchengeschichte: Festschrift Prof. Hage* (hg. v. Martin Tamcke und Wolfgang Schwaigert; Münster: LIT, 1995), 36–75. Nochmals kritischer gegenüber Frauenlehre war offensichtlich der Redaktor der Apostolischen Konstitutionen eingestellt, vgl. hierzu SYNEK, *ΟΙΚΟΣ*, 39f.

Mädchen freilich auch anders lehren als es dessen Kirchenordnung für r/Recht befand, denn prinzipiell war die Entscheidung, ob bzw. in welchem Ausmaß in einer Gemeinde Frauen eine periodische Kultuntauglichkeit attestiert wurde, in der Spätantike zunächst noch „Chefsache". Ortsbischöfe, die sich nicht so sicher waren, wie in einer umstrittenen Frage zu verfahren sei, mochten wie Basilides den Rat eines als besonders gelehrt geltenden Kollegen einholen. Die Responsen von Timotheus setzen einen breiteren Diskurs unter Bischöfen und eine gemeinsame Anfrage voraus. Erst mit der Übernahme von Responsen in kanonische Sammlungen von regionaler und überregionaler Bedeutung verringerte sich der Spielraum für variierende Positionen, musste aber nicht notwendigerweise ganz verschwinden. Einzelaspekte der Kompatibilität von Menses und *Sacra* wurden im 2. Jahrtausend auch nach der Verfestigung der Grundpositionen weiterdiskutiert.

Als überaus spannend erweist sich dabei die Frage nach der Rolle von Frauen hinsichtlich Weitergabe und Durchsetzung der kirchenrechtlichen Entscheidungen. Obwohl die, angefangen mit 1 Kor 14,37 und 1 Tim 2,12 nicht nur in der Didaskalia und den diese fortschreibenden Apostolischen Konstitutionen, sondern auch in vielen anderen normativen Quellen des frühen Christentums, geäußerte grundsätzliche Skepsis gegen lehrende Frauen nicht minder geschichtswirksam wurde als die Skepsis gegen kultisch-rituelles Handeln durch Frauen, gab es faktisch sehr wohl immer wieder eine Minorität „gelehrter" Frauen in der Kirche, die sich auch als „Lehrende" profilieren konnten.[115] In einem kirchenamtlichen Zusammenhang sind nicht nur die bereits mehrfach angesprochenen Diakoninnen, die im Namen der Kirche KatechumenInnen und/oder NeophytInnen unterwiesen[116], sondern gegebenenfalls auch hierarchisch eingebundene Witwen, wie sie jedenfalls das Testamentum Domini ausdrücklich bejahte[117], zu

115 Vgl. zuletzt z. B. Cornelia SCHLARB, „Weibliche Mission in der Alten Kirche", in *Frauen und Zeiten: Frauen in der Hermannsburger Mission und ihren Partnerkirchen im 20. Jahrhundert* (hg. v. Jobst Reller; Quellen und Beiträge zur Geschichte der Hermannsburger Mission und des Ev.-luth. Missionswerkes in Niedersachsen 23; Berlin: LIT, 2014), 27–42; Katharina GRESCHAT, *Gelehrte Frauen des frühen Christentums: Zwölf Porträts* (Standorte in Antike und Christentum 6; Stuttgart: Hiersemann, 2015); Eva SYNEK, „‚Πρῶται … τῶν διδασκάλων διδάσκαλοι': Anmerkungen zur Rolle der Myrophoren im Diskurs pro und contra Frauenämter", in *Biblical Women in Patristic Reception/Biblische Frauen in patristischer Rezeption* (hg. v. Agnethe Siquans; JAJSup 25/5; Göttingen: Vandenhoeck & Ruprecht, 2017), 220–256.

116 Dass Männer wie der von THEODORET VON CYRUS in seiner Kirchengeschichte (*Hist. eccl* 3,14: SC 530,136–141) beschriebene Sohn eines paganen Priesters ihren Katechumenenunterricht durch eine Diakonin erhielten, scheint zwar die Ausnahme von der Regel gewesen zu sein, konnte aber offensichtlich zumindest in Einzelfällen doch vorkommen. Vgl. JENSEN, *Töchter*, 151–156.

117 Vgl. *Test. Dom.* 1,40 (RAHMANI, Testamentum, 96–97). Zu den Aufsichtsfunktionen der Witwen vgl. auch 2,4 (ebd., 118–119).

vergegenwärtigen, des Weiteren die in syrischen Quellen bezeugten „Bundestöchter“[118] und monastische Autoritäten wie Äbtissinnen oder in Klöstern tätige Lehrerinnen[119], deren Einfluss unter Umständen weit über die unmittelbaren Insassen eines bestimmten Konventes hinausreichen konnte. Schließlich spielten in der religiösen Erstsozialisation von Kindern die zumeist ihrerseits wohl nur mit einem rudimentären religiösen Wissen ausgestatteten Mütter und Großmütter[120], Ammen und weibliches Hauspersonal traditionell eine wichtige Rolle.

Während der Anteil von Männern in der Durchsetzung der letztendlich kanonisch rezipierten Entscheidungen dank der einschlägigen überlieferten kanonischen Responsen und Handbücher für Beichtväter auf den ersten Blick hin leichter nachvollziehbar erscheint, so beantworten diese Quellen die Frage nach der praktischen Durchsetzung der in ihnen tradierten Normvorstellungen doch höchstens sehr indirekt. Zeitgenössische orthodoxe Theologinnen gehen aber davon aus, dass für eine tabukonforme Sozialisation, wie sie in den orthodoxen Kirchen oft bis heute stattfindet, die Unterweisung von Mädchen durch andere Frauen und generell für die Befolgung der tradierten Tabus Gruppendruck unter den Frauen in vielen Pfarrgemeinden und Klöstern mindestens so wichtig wie Interventionen des männlichen Klerus sind. Sie berichten weiters, dass die „von Frau zu Frau“ tradierten Regeln in Bezug auf kultische „Unpässlichkeiten“ die kirchenoffiziellen Vorgaben zum Teil sogar noch über den kanonischen Befund hinaus erweitern.[121] Andererseits sind es heute gerade auch Frauen, die selbst eindeutig kanonisch rezipierte Adaptionen der levitischen Reinheitstorot in Frage stellen. Der alte Regelbestand wird keineswegs mehr ohne Weiteres an die nachfolgende Generation weitgegeben. Manche erwachsene Frauen kennen bestimmte Traditionen gar nicht mehr so genau.

---

118 Vgl. Susan Ashbrook HARVEY, „Revisiting the Daughters of the Covenant: Women's Choirs and Sacred Song in Ancient Syriac Christianity“, *Hug* 8 (2005 [2009]): 125–149 (mit Literatur).

119 Deren oft über die Insassen eines Konvents hinausreichender Einfluss wird insbesondere durch hagiographische Quellen belegt. So zeichnet z. B. die Febroniavita das eindrucksvolle Bild einer monastischen Lehrerin, die sowohl Nonnen als auch Laienfrauen unterrichtet. Vgl. Eva SYNEK, „Kultur und Heiligkeit: Zum spirituellen Erbe des syrischen Mönchtums“, *Geist und Leben* 66 (1993): 359–381; bes. 368–370. Die Überlieferung zur während des byzantinischen Bilderstreits als Vorsteherin eines Doppelklosters fungierenden Äbtissin Anthusa zeigt, dass die in der Febroniavita vorausgesetzte scharfe Geschlechtertrennung nicht überall Praxis war; zumindest gelegentlich konnte sich monastische Frauenlehre auch auf Männer erstrecken. Vgl. Johannes HOFMANN, „Äbtissin Anthousa von Mantineon – geistliche Mutter eines Doppelklosters im Zeitalter des Ikonoklasmus“, *Erbe und Auftrag* 77 (2001): 226–238.

120 Zur Rolle von Müttern und Großmüttern als Lehrerinnen vgl. z. B. Judith HERRIN, „Mothers and Daughters in the Medieval Greek World“, in DIES., *Unrivalled Influence: Women and Empire in Byzantium* (Princeton und Oxford: Princeton University Press, 2013), 80–114; 90–96.

121 Vgl. z. B. LARIN, „What Is ‚Ritual Im/Purity'“.

Diese Zwiespältigkeit nährt den Verdacht, dass es auch bereits in der Vergangenheit alle Varianten gegeben hat: Frauen, die sich christliche Adaptionen der in Lev 15,19-24 vorausgesetzten Inkompatibilität von Menses und Kult zu eigen gemacht haben und solche auch bei anderen Frauen einforderten, Frauen, die diesen mehr oder weniger kritisch begegneten und genug Einfluss hatten, um zumindest lokal Variationen der kirchlichen Praxis durchzusetzen[122], sowie Unwissenheit bezüglich der kanonischen Regeln. Letzteres konnte (und kann bis heute) zu extensiven Auslegungen (etwa im Sinne: während der Menses keine Kerze bzw. kein Öllämpchen entzünden) führen, die gleichsam das jüdische Motiv vom „Zaun um die Tora" variieren. Es konnte (und kann) daraus aber auch gegenläufig die praktische Nichtbefolgung der kanonischen Regeln folgen. Ein gutes Indiz für Letzteres sind Beichtmanuals, die mehr oder minder strenge Sanktionen für den Kommunionempfang während der Menses vorsehen.

8. Zur Teilhabe von Frauen am spätantiken Reinheitsdiskurs

Jedenfalls von jüdischer Seite wurde die Beobachtung des Menstruationstabus während der letzten Jahre immer wieder von Frauen selbst mit religiöser Identität[123], ritueller Kompetenz[124] wie auch sexueller Autonomie[125] in Zusammenhang gebracht. Vor diesem Hintergrund möchte ich abschließend die Frage auf-

---

122 Ein schönes Beispiel enthält ein Kommentar aus dem 12. Jh. zu dem aus dem Brief an Basilides extrahierten sog. c. 2 Dionysios: Der bekannte byzantinische Kanonist Theodor Balsamon kam hier auf die Praxis von Nonnen zu sprechen, die während der Menses dem Gottesdienst von Annexräumen der Klosterkirche folgten, statt diesem ganz fernzubleiben. Text mit englischer Übersetzung und Kommentar bei Robert E. TAFT, „Women at Church in Byzantium: Where – When – and Why?", *DOP* 52 (1989): 27–87; 50–55.

123 So z. B. Rachel WASSERFALL, „Menstruation and Identity: The Meaning of Niddah for Moroccan Women Immigrants to Israel", in *People of the Body: Jews and Judaism from an Embodied Perspective* (hg. v. Howard Eilberg-Schwartz; The Body in Culture, History, and Religion; New York: State University of New York Press, 1992), 309–327.

124 So betont z. B. die Anthropologin Adriana Destro – ausgehend von der rabbinischen Rezeption der *nidda*-Vorschriften – die rituelle Kompetenz von Frauen durch die Bestimmung der Zeit ihrer „Unreinheit": Vgl. Adriana DESTRO, „The Witness of Times: An Anthropological Reading of Niddah", in *Reading Leviticus: A Conversation with Mary Douglas* (hg. v. John F. A. Sawyer; JSOT.S 227; Sheffield: Sheffield Academic Press, 1996), 124–138.

125 Die während der Menses geforderte Sexualkarenz wird zum Teil ausgesprochen positiv gesehen. So beschreibt sie etwa Rachel M. HERWEG, *Die jüdische Mutter: Das verborgene Matriarchat* (Darmstadt: Wissenschaftliche Buchgesellschaft, 1994), 70 in den Kategorien „Recht der Frau auf sexuelle Selbstbestimmung" und „Bereicherung der ehelichen Beziehung".

werfen, inwiefern christliche Frauen selbst am spätantiken Reinheitsdiskurs aktiv teilnahmen oder doch nur Multiplikatorinnen der kontroversen Normvorstellungen von Männern waren. Grundsätzlich muss man in den Reinheitsdiskursen genauso wie in dogmatischen Fragen und im Ringen um die Kirchenordnung durchaus damit rechnen, dass Frauen genauso wie Männer unterschiedliche Positionen vertraten und sich nicht immer notwendigerweise für eine Option stark gemacht haben, die dem heutigen westlichen Mainstream als „frauenfreundlicher" erscheinen mag als die oben ausführlich besprochenen geschichtswirksamen Voten von Dionysius und Timotheus von Alexandrien. So hatten sich offensichtlich auch die in Kapitel 26 der Didaskalia kritisierten Frauen für eine aus heutiger pastoraltheologischer Sicht zumindest heikle und aus der Perspektive von Gendergerechtigkeit sehr umstrittene Praxis entschieden.

Dass im vom Didaskalisten avisierten Gemeindemilieu Menschen mit jüdischen Wurzeln eine signifikante Rolle gespielt haben[126], wird nicht erst durch moderne Studien der Kirchenordnung suggeriert. Der Text legt das unmittelbar nahe und scheint damit die traditionelle Interpretation der christlichen Positivrezeption eines körperbezogenen, dinglichen Reinheitsverständnisses als „jüdisch" beeinflusst zu stützen. Auf den ersten Blick ist der Gedankengang ja durchaus bestechend: In Sachen Menses hätten Christinnen jüdischer Herkunft in ihrer religiösen Praxis zunächst einfach weiterhin das getan, was sie bereits vor ihrer Taufe praktiziert haben (also: sexuelle Segregation, Reinigungsrituale mit Wasser, Abstinenz von den *Sacra*), und damit die bereits ausführlich dargelegten unterschiedlichen Reaktionen männlicher religiöser Autoritäten provoziert. Die einen – wie der Didaskalist[127] – versuchten, sie von ihrem Verhalten abzubringen. Andere – wie etwa Bischof Dionysius und der mit seinen Responsen als kanonistische Autorität reüssierende Timotheus von Alexandrien – bestärkten Frauen dagegen darin, wobei sie nicht zwischen Frauen jüdischer und Frauen paganer Herkunft differenzierten. Wieder andere – wie Gregor von Rom – versuchten sich in vermittelnden Positionen.

Aber sind mittels der kanonischen Rezeption der Rechtsauffassung von Dionysius und Timotheus von Alexandrien im christlichen Osten auf lange Sicht wirklich ursprünglich jüdische Frauenpraktiken großkirchlicher Standard geworden, während der Didaskalist vorerst vergeblich dem „Judaisieren" zu wehren versuchte? Ganz so simpel liegen die Dinge wohl nicht. Dass die Adaption des Menstruationstabus auf genuin kultische respektive parakultische Zusammenhänge im christlichen Kontext älter zu sein scheint als im genuin jüdischen, wurde bereits herausgestellt. Was die vom Didaskalisten abgelehnten rituellen

---

126 Vgl. *Did. apost.* 26 (Achelis und Flemming, 128).

127 Starke Vorbehalte gegen „judaisierende" Praktiken im Kontext der zeitgenössischen Attraktivität synagogaler Praktiken für ChristI*innen paganer Herkunft hatte, wie seine noch in Antiochien gehaltenen berüchtigten „Adversus Judaeos"-Predigten bezeugen, auch Johannes Chrysostomus. Dass er die Übertragung des levitischen Geburtstabus auf den christlichen kultischen Kontext ablehnte, erscheint somit nur als konsequent.

Waschungen zur Beendigung der Sexualkarenz betrifft, wurden diese von Dionysius in seinem geschichtswirksamen Brief an Basilides nicht eigens thematisiert. Von solchen steht freilich auch (noch) nichts in den Juden/Jüdinnen und Christ*innen gemeinsamen biblischen Basistexten. Jede entsprechende Halacha war von daher weder in den jüdischen noch in den christlichen Gemeinden eine ausgemachte Sache. Im jüdischen Mainstream wurden die rituellen Reinigungsbäder Standard, für die orthodoxen Kanonisten waren sie kein Thema, im Gegenteil: In spätbyzantinischer Zeit finden sich sogar kanonische Responsen, die es explizit verbieten, vor oder nach der Feier der Eucharistie ein Bad zu zu besuchen. In asketischen Kreisen wurde bereits in der Spätantike *alousia* (Waschverzicht) praktiziert. Ein prominentes Beispiel für diese aus heutiger Sicht recht befremdlich wirkende „Tugend" ist Melania die Ältere. Von ihr erzählt Palladius, sie habe sich gerühmt, dass sie nicht nur Bäder, sondern auch normales Waschen weitestgehend verweigert hätte.[128] Die kanonische Rezeption ritueller Reinigungsbäder blieb auf die Taufe fokussiert. Abgesehen von diesem einmaligen Akt konnte sich die asketische Praxis von *alousia* zu einem stärker verbreiteten Ideal entwickeln. Das paradoxe Ergebnis hat Patrick Viscuso auf den Punkt gebracht:

> [...] from a late byzantine canonical perspective the more one is physically filthy, the more one may be spiritually purified; cleanliness was indeed not next to godliness.[129]

Wie die rezenten Untersuchungen von Eirini Afentoulidou ans Tageslicht gebracht haben, ist das allerdings auch nur die eine Seite der Medaille. In den Texten zum Ekklesiasmos (churching) findet sich ab dem 15. Jh. regelmäßig in den in dieser Zeit generell ausführlicher werdenden Rubriken eine Phrase, die auf ein Bad der Wöchnerin schließen lässt.[130]

Es bleibt somit a) die Frage, inwieweit Frauen in Hinblick auf die Menses selbst einer kultbezogenen christlichen (bzw. auch jüdischen) Relecture des Bluttabus Vorschub geleistet haben, und b) was sie mit der ihnen in der Didaskalia zugeschriebenen „Geistabwesenheitstheologie" zu tun hatten. Sicher ist eigentlich nur, dass der Niddah-Diskurs unter Christ*innen spätestens seit dem 3. Jh. kontrovers geführt wurde und dass Frauen und Männer daran partizipierten. Es lässt sich heute aber nicht mehr rekonstruieren, wo er seinen Ausgang genommen hat. Denkbar sind sowohl Selbstreflexion und Praktiken von Frauen als auch die theoretische Reflexion von Männern über Frauen angemessenes Verhalten. Schriftliche Äußerungen von Frauen sind, sofern es sie denn je gab, nicht

---

128 PALLADIUS, *Historia Lausiaca* 55,1–2 (Nachtrag zu Kap. 54) (FC 67,294–295).

129 Patrick VISCUSO, „Cleanliness, Not a Condition for Godliness: Alousia as a Canonical Requirement in Late Byzantium", *GOTR* 46 (2001): 75–88; 86.

130 „προσέρχεται ἡ γυνὴ κεκαθαρμένη καὶ λελουμένη. Gebadet sollte explizit auch das Neugeborene vor einer Nottaufe werden." Eirini AFENTOULIDOU, E-Mail vom 7.12.2018; sie weist darin auch darauf hin, dass es sich hier wohl v. a. um eine praktische Frage gehandelt haben dürfte und es jedenfalls keine expliziten Hinweise darauf gibt, „dass es ganz speziell um ein rituelles Bad" gegangen wäre.

direkt auf uns gekommen. Immerhin stützt das indirekte Zeugnis von Kapitel 26 der Didaskalia nicht nur die wohlbegründete Vermutung, dass Frauen sich zumindest da und dort bereits relativ früh eine extensive, tabubefestigende Halacha zu eigen gemacht hatten.[131] Es lässt auch durchscheinen, wie sich Frauen im Diskussionsprozess um die rechte Levitikusrezeption aktiv beteiligten. Im Witwenkapitel reflektiert das Zeugnis des Didaskalisten weitere Ebenen theologischer Debatten, in die Frauen, ohne dass es um frauenspezifische Fragen gegangen wäre, involviert waren. So äußerten sie sich – zum Leidwesen des Verfassers der Kirchenordnung – beispielsweise zu den diffizilsten christologischen Problemen wie Fragen der Inkarnation.[132] Charlotte Fonrobert betont meines Erachtens zu Recht: Es spricht nichts dafür, dass der Didaskalist Frauen theologische Gedankengänge unterstellte, die sie selbst so nie vertreten haben.[133] Und wenn die ihnen zugeschriebenen pneumatologischen Vorstellungen aus heutiger theologischer Sicht noch so bizarr erscheinen mögen – als Indiz für theologische Unbedarftheit sind sie gerade nicht zu werten. Entsprechende Vorstellungen[134] finden sich immerhin auch in der literarischen Hinterlassenschaft der zeitgenössischen männlichen Bildungselite, beim Ehemann Tertullian [135] genauso wie beim Asketen Origenes.[136] Letzterer war nicht nur der unmittelbare Lehrer von Dionysius. Seine Theologie wurde auch prägend für Melania d. Ältere

---

131 FONROBERT, *Menstrual Purity*, 179 passim, sieht in ihrer ausführlichen Analyse der Didaskalia zwei Möglichkeiten: a) „konservative" Frauen aus einem jüdischen Milieu, in dem bereits eine (para)kultische Adaption der levitischen Tabus erfolgt war, hätten diese christlich weitergeführt oder b) „innovative" Frauen hätten nach ihrer Konversion innerhalb des neuen, stärker von kultischen Kategorien geprägten Referenzsystems die ursprünglich auf den Jerusalemer Tempel bezogenen levitischen Tabus eigenständig christlich reinterpretiert. Dabei scheint sie vorsichtig a) zu präferieren, obwohl sie sich absolut im Klaren ist, dass externe Belege für eine einschlägige zeitgenössische jüdische Praxis fehlen. Nicht in den Blick kommt Variante c), die aber meines Erachtens auch nicht vorweg ausgeschlossen werden kann: Die getadelte Segregationspraxis könnte den Frauen natürlich auch zunächst von Männern, die wie Dionysius eine zum Didaskalisten gegenläufige Halacha vertraten, nahegelegt worden sein.

132 Nach Meinung ihres Kritikers: ohne angemessene Kenntnis der Materie.

133 Gegen BLIDSTEIN, *Purity*, 196; vgl. FONROBERT, *Menstrual Purity*, 174–179.

134 Die Frage zeigt nicht zuletzt, dass man bezüglich der Wertung des „theologischen Niveaus" des Didaskalisten im Vergleich zu den „großen Theologen" der Zeit vielleicht doch ein wenig vorsichtiger sein sollte als gemeinhin üblich. So betonte z. B. auch noch Georg SCHÖLLGEN, *Die Anfänge der Professionalisierung des Klerus und das kirchliche Amt in der syrischen Didaskalie* (JAC.E. 26; Münster: Aschendorff, 1998), 2, seine Arbeit „habe sich nicht zum Ziel gesetzt, die Kirchenordnung als ein Werk von hohem theologischem Reflexionsstand zu rehabilitieren und in eine Reihe mit den Schriften des Origenes und Tertullianus zu stellen".

135 TERTULLIAN, *Exh. cast.* 10,6 (SC 319,106–107).

136 ORIGENES, *Hom. Num.* 6,3,7 (SC 415,154–157).

und die Kappadokischen Mütter und Väter.[137] Ob bzw. wie sich Vertreterinnen der origenistischen Schule wie Melania d. Ältere oder Makrina d. Ältere in diesem Diskurs positioniert haben, ist nicht überliefert. Dass sich Frauen die Vorstellung der Abwesenheit des Heiligen Geistes während des Koitus zu eigen gemacht haben und auf die Zeit ihrer Menses applizierten, erscheint aber jedenfalls alles andere als unplausibel, hält man sich vor Augen, wie unmittelbar männlicher Samenerguss und weibliche Regelblutung in Lev 15 aufeinander bezogen sind.

[137] Vermittelt über Gregor Thaumatourgos, dessen unmittelbare Schülerin Makrina die Ältere war, die Großmutter von Basileios und dessen Geschwistern, Makrina der Jüngeren und Gregor von Nyssa.

„Die Frau möge schweigen“: Diskurse über das öffentliche Sprechen und Lehren von Frauen in vorkonstantinischer Zeit

Katharina Greschat, Ruhr-Universität Bochum

Vor einigen Jahren erschien das leidenschaftliche Manifest: „Frauen und Macht“ von Mary Beard[1]. Beard ist Althistorikerin aus Cambridge, die fast wie ein Popstar verehrt, aber auch massiv angefeindet wird. Der erste kurze Text aus diesem Manifest – „Die öffentliche Stimme von Frauen“[2] – prangert an, dass die abendländische Kultur nun schon seit Jahrtausenden Frauen systematisch zum Schweigen gebracht habe. So werde schon Penelope in der Odyssee von dem heranwachsenden Telemachos an den Webstuhl zurückgeschickt, damit sie schweigt; Iupiter mache in Ovids Metamorphosen die Io zu einer Kuh, damit sie nicht reden kann und der attische Prinzessin Philomela wird nach ihrer Vergewaltigung auch noch die Zunge abgeschnitten, um sie an der Anklage zu hindern. Darüber hinaus könne der römische Autor Valerius Maximus[3] überhaupt nur drei Frauen nennen, die öffentlich geredet haben: die eine redete zum Glück nur zu Frauen, die andere verteidigte sich erfolgreich vor Gericht, weil sich hinter ihrer weiblichen Erscheinung das Wesen eines Mannes verbarg, während die dritte ihre Zuhörer durch ihr elendes Gekläffe und Gebelle erschöpfte. Öffentlich haben überhaupt nur christliche Märtyrerinnen auf dem Weg in den Tod oder aber die tugendhafte Matrone Lukretia reden dürfen, bevor sie sich dann aber ins Schwert stürzte.[4]

Was Mary Beard hier in aller Deutlichkeit brandmarkt,[5] lässt sich auch für das Christentum durchdeklinieren – kurz vor ihrem Tod durften die Märtyrerinnen reden, alle anderen Frauen sollten aber still sein, schließlich wollte schon

1 Mary Beard, *Frauen und Macht: Ein Manifest* (Frankfurt a. M.: Fischer, 2018, engl. 2017).

2 Beard, *Frauen und Macht*, 11–50.

3 Valerius Maximus, *Facta et dicta memorabilia* 8,3.

4 Beard, *Frauen und Macht*, 22–24.

5 Vgl. auch M. I. Finley, „The Silent Women of Rome“, in *Sexuality and Gender in the Classical World: Readings and Sources* (hg. v. Laura K. McClure; Oxford: Blackwell Publishers, 2008), 147–160.

Paulus, dass das Weib in der Gemeinde schweige (1 Kor 14,35), was die Pastoralbriefe noch einmal mit Nachdruck bekräftigten,[6] wenn etwa im 1. Timotheusbrief (5,13) das Reden von Frauen als Geschwätz und Einmischung in Dinge, die sie nichts angehen, kritisiert wird. Hier wie dort war die Rede, verstanden als ein öffentliches und rhetorisch inszeniertes Ereignis, eine der exklusiven Praktiken und Fähigkeiten, die Männlichkeit als soziales Geschlecht definierten.[7] In dieser Welt kamen deshalb eben keine Frauen vor.[8] Natürlich sprachen auch Frauen in der Antike, aber sie sollten eben nicht öffentlich das Wort ergreifen. Charakteristisch in dieser Hinsicht ist die berühmte Aussage des Plutarch, der ehrbaren Frauen empfiehlt, zu Hause zu bleiben und den Mann öffentlich reden lassen.[9] Und auch Cato, nicht nur von Livius als einen der wichtigsten Garanten für die altrömischer Sittlichkeit gezeichnet, kritisierte Frauen, die aus dem Haus laufen und fremde statt ihrer eigenen Männer ansprechen.[10] Am Ende müsse man in diesem Fall auch damit rechnen, dass Frauen auf das Forum drängen oder sich gar an Abstimmungen beteiligen, was natürlich vollkommen undenkbar sei.[11] Schließlich wirken Frauen, die öffentlich reden, eher peinlich, gerade weil sie wie Hunde kläffen und bellen.[12] Wieder und wieder wurde betont, dass die Kunst der Rhetorik eine spezifisch männliche Kunst sei,[13] durch die sich der Redner als tugendhaftes Subjekt im öffentlichen Raum präsentiert und sich damit auch selbst vergewissert.[14]

> Practically speaking, rhetoric and oratory in Rome were wholly male endeavors in that the art of persuasive speech was taught, studied, and practiced in public space, which is to say in male space, by men, for men, to men, according to men's interests: it formed the

[6] Korinna ZAMFIR, *Men and Women in the Household of God: A Contextual Approach to Roles and Ministries in the Pastoral Epistles* (Göttingen: Vandenhoeck & Ruprecht, 2013), 195–216. Vgl. auch Christine SCHENK, *Crispina and Her Sisters: Women and Authority in Early Christianity* (Minneapolis: Fortress Press, 2017), 57–60.

[7] Joy CONNOLLY, *The State of Speech: Rhetoric and Political Thought in Ancient Rome* (Princeton: Princeton University Press, 2007), 84.

[8] BEARD, *Frauen und Macht*, 26.

[9] PLUTARCH, *Conj. praec.* 142d. Vgl. auch Amy RICHLIN, *Arguments with Silence: Writing the History of Roman Women* (Ann Arbor: University of Michigan Press, 2014).

[10] LIVIUS, *Ab urbe condita* 34,2,9.

[11] Ebd.; vgl. auch Karen Jo TORJESEN, *Als Frauen noch Priesterinnen waren* (Frankfurt a. M.: Zweitausendeins, 1995), 169f.

[12] Thorsten FÖGEN, „Female Speech“, in *A Companion to the Ancient Greek Language* (hg. v. Egbert J. Bakker; Oxford: Wiley-Blackwell, 2010), 311–326; 320–323.

[13] Amy RICHLIN, „Gender and Rhetoric: Producing Manhood in the Schools“, in *Roman Eloquence: Rhetoric in Society and Literature* (hg. v. William J. Dominik; London und New York: Routledge, 1997), 90–110.

[14] Zu den unterschiedlichen Raumkonzeptionen der Geschlechter vgl. auch Monika TRÜMPER, „Gender and Space, Public and Private“, in *A Companion to Women in the Ancient World* (hg. v. Sharon James und Sheila Dillon; Oxford: Wiley-Blackwell, 2012), 288–303.

> core of Roman education and was the primary instrument of the law court, Forum, and senate.[15]

Für Frauen wurden völlig andere Tugenden kommuniziert und diese auch vielfältig inszeniert: sie hatten in erster Linie keusch und gehorsam zu sein und dementsprechend im öffentlichen Kontext zu schweigen.[16] Folglich dürfte es außerhalb des eigenen Hauses oder des unmittelbaren Umfeldes überhaupt keinen Platz für Frauen gegeben haben, die es gewagt hätten, ihre Stimme zu erheben. Doch bei derartigen Aussagen gilt zu beachten, dass hier Idealbilder gezeichnet bzw. Wunschvorstellungen formuliert werden.[17] Sie beschwören wortreich und mit großem Nachdruck eine traditionelle Ordnung, die es so vermutlich nie gegeben hat und die wohl schon immer als gefährdet angesehen wurde. Solche Texte sind also als Teil eines Diskurses oder eine Auseinandersetzung zu lesen. Denn hinter diesen Texten bzw. durch sie hindurch lassen sich auch christliche Frauen wahrnehmen, die sich zwar nicht bei Gericht, auf dem Forum oder im Senat, aber doch im Rahmen einer begrenzten Öffentlichkeit zu Wort gemeldet haben. Diesen weiblichen Reden, Verkündigungen und Lehren soll in diesem Beitrag genauso nachgegangen werden wie den Stimmen, die ihnen den Mund verbieten wollten. Auf diese Weise – so jedenfalls die Hoffnung – kann die Diskussion, die seinerzeit stattgefunden hat, wieder ein wenig verflüssigt werden.

Zunächst sollen die Diskurse um verkündigende Frauen im Umkreis der Jünger Jesu, anschließend die um weibliche Apostel in der Tradition des Paulus und zum Schluss um prophetisch redende und eben auch lehrende Frauen in vorkonstantinischer Zeit nachgezeichnet werden. Schließlich war das Reden von Frauen außerhalb des Hauses sowohl bei Christen als auch bei Nichtchristen keine Selbstverständlichkeit und höchst umstritten.

1. Sollen wir etwa auf eine Frau hören? – Der Diskurs um Frauen in der Verkündigung

Bei genauerer Betrachtung zeigten sich schon im Umkreis Jesu, selbst in seinem engsten Kreis, nicht nur redende Männer, sondern interessanterweise auch

15 Joy CONNOLLY, „Virile Tongues: Rhetoric and Masculinity“, in *A Companion to Roman Rhetoric* (hg. v. William Dominik und Jon Hall; Oxford: Wiley-Blackwell, 2010), 83–97; 83f.

16 Vgl. dazu TORJESEN, *Als Frauen noch Priesterinnen waren*, 123–127.

17 Das betont zu Recht auch Gabriella ARAGIONE, „Bibelrezeption in den Diskursen über Frauen im 1. und 2. Jahrhundert“, in *Christliche Autoren der Antike* (hg. v. Kari E. Børresen und Emanuela Prinzivalli; Die Bibel und die Frauen 5/1; Stuttgart: Kohlhammer, 2016), 15–63; 17. Vgl. auch Elizabeth CLARK, „Ideology, History and the Construction of ‚Women‘ in Late Ancient Christianity“, *JECS* 2 (1994): 155–184.

Frauen, die das Wort ergriffen und für sich in Anspruch nahmen zu verkündigten.[18] Besonders prominent ist natürlich Maria Magdalena, die nach dem Zeugnis aller kanonischen Evangelien von Jesus den Auftrag bekommen hat, den Jüngern die Auferstehung mitzuteilen.[19] Ihre Rede wird dort leider nicht überliefert – es wird lediglich erzählt, dass sie geredet habe. Der Verfasser des Lukasevangeliums weiß darüber hinaus zu berichten, dass die Jünger ihre Rede für Geschwätz gehalten[20] und ihr nicht geglaubt haben. Für Celsus, einen gebildeten Gegner des Christentums aus dem zweiten Jahrhundert, war nicht zuletzt genau dieses „Geschwätz“ der Grund für sein vernichtendes Urteil über die gesamte Erzählung von der Auferstehung.[21] Man könne sie schon deshalb unmöglich glauben, weil Jesus lediglich von einer hysterischen Frau und vielleicht noch von einigen anderen gesehen worden sei, die sich das intensiv gewünscht und deshalb auch zusammenphantasiert haben. Sehr viel plausibler erschien Celsus, dass diese Personen andere Menschen mit dieser absurden Geschichte einfach nur beeindrucken wollten.[22] Was Frauen reden, konnte für Celsus eben nichts anderes als Geschwätz sein. Dass der Auferstandene nur einer Frau und seinen eigenen Anhängern erschienen sei, mache die Sache zudem schon von vornherein äußerst unglaubwürdig.[23]

Vollkommen anders – und nunmehr aus einer dezidiert christlichen Perspektive – erzählt das Evangelium der Maria[24] die auch dem Celsus bekannte Ge-

---

18 Vgl. dazu auch Andrea BIERNATH, *Mißverstandene Gleichheit: Die Frau in der frühen Kirche zwischen Charisma und Amt* (Stuttgart: Franz Steiner Verlag, 2005), 70f.

19 Mk 16,17; Mt 28,7f.; Lk 24,9f.; Joh 20,17f. Vgl. dazu auch Carolyn OSIEK, „The Women at the Tomb: What are They Doing There?“, *HTS* 53 (1997): 103–118; zu Maria Magdalena vgl. insbesondere Judith HARTENSTEIN, *Charakterisierung im Dialog: Maria Magdalena, Petrus, Thomas und der Mutter Jesu im Johannesevangelium im Kontext anderer frühchristlicher Traditionen* (Göttingen: Vandenhoeck & Ruprecht, 2007), 125–138; Ally KATEUSZ, *Mary and Early Christian Women: Hidden Leadership* (Cham: Springer; Palgrave Macmillan, 2019).

20 Vgl. dazu Christfried BÖTTRICH, „Zwischen Sensibilität und Konvention: Rollenbilder von Frauen im lukanischen Doppelwerk“, in *Frauen im antiken Judentum und frühen Christentum* (hg. v. Jörg Frey und Nicole Rupschus; WUNT 2/489; Tübingen: Mohr Siebeck, 2019), 175–208; 198: „Doch keiner der Evangelien hat die Herablassung der Männer in dieser Szene derart ungeschminkt formuliert wie Lukas.“ Vgl. auch TORJESEN, *Als Frauen noch Priesterinnen waren*, 43f. und Marianne Bjelland KARTZOW, *Gossip and Gender: Othering of Speech in the Pastoral Epistles* (BZNW 164; Berlin: de Gruyter, 2009), 67–116.

21 ORIGENES, *Cels.* 2,55.

22 ORIGENES, *Cels.* 2,55.

23 ORIGENES, *Cels.* 2,70.

24 Judith HARTENSTEIN, „Das Evangelium nach Maria“ (BG1/P.Oxy L 3525/P.Ryl. III 463), in *Antike christliche Apokryphen in deutscher Übersetzung* 1/2 (hg. v. Christoph Markschies und Jens Schröter, Tübingen: Mohr Siebeck, [7]2012), 1208–1216. Vgl. jetzt auch Stephanie JANZ, „Characterization in the Gospel of Mary“, in *Frauen im antiken Judentum und frühen Christentum* (hg. v. Jörg Frey und Nicole Rupschus; WUNT 2/489; Tübingen: Mohr Siebeck, 2019), 235–259; Markus VINZENT, „‚More Holy Women‘ in Early Christianity: The Gospels

schichte! In diesem vermutlich ebenfalls aus dem zweiten Jahrhundert stammenden Text[25] redet Maria nun tatsächlich zu den Jüngern, die soeben den Missionsbefehl erhalten hatten.[26] Voller Angst weinen diese und fragen sich, warum ausgerechnet sie mit dem Leben davonkommen sollten, wenn schon Jesus selbst um seiner Botschaft Willen gestorben war? Und was macht Maria mit den verängstigten Jüngern?

> Da stand Maria auf, küsste sie alle und sprach zu den Geschwistern: Weint nicht und seid nicht traurig und zweifelt auch nicht! Denn seine Gnade wird mit euch allen sein und euch beschützen. Vielmehr lasst uns seine Größe preisen, denn er hat uns vorbereitet und uns zu Menschen gemacht.[27]

Die Jünger wissen zwar, dass Maria eine besondere Form der Offenbarung des Erlösers mittels einer Vision zuteil geworden ist, dennoch entsteht, kaum dass Maria ihnen von ihrer Vision erzählt hat, eine sehr hitzige Diskussion. Andreas weigert sich schlichtweg zu glauben, was sie da sagt. Auch Petrus[28] meldet Zweifel an und fragt sich selbst und die anderen:

> Sprach er wirklich mit einer Frau und das nicht öffentlich? Sollen wir uns ihr nun zuwenden und auf sie hören? Hat er sie uns vorgezogen?[29]

Erst Levi vermag die Wogen zu glätten und den Status der Maria Magdalena zu stärken, so dass sich die Gruppe nun endlich der ihnen gestellten Aufgabe der Verkündigung und Predigt zuwenden kann.[30] Das Evangelium der Maria ist aber keineswegs der einzige Text, der Maria Magdalena als Jüngerin zeichnet, die vor allem zu Petrus in Konkurrenz stand.[31] Doch allein in diesem Evangelium wird explizit nicht nur davon berichtet, dass Maria öffentlich verkündigt habe, sondern darüber hinaus auch wörtlich wiedergegeben, was sie redete.

---

of Mary and Marcion", in *Patterns of Women Leadership within Early Christianity and Judaism* (hg. v. Joan E. Taylor und Ilaria L. E. Ramelli; Oxford: Oxford University Press, 2021).

25 Hartenstein, „Evangelium nach Maria", 1211; vgl. Torjesen, *Als Frauen noch Priesterinnen waren*, 44f.

26 Vgl. Hartenstein, *Charakterisierung*, 135.

27 *Ev. Mariae*, 1213f.

28 Vgl. zu ihm auch Tobias Nicklas, „Petrus als Gegenspieler der Maria von Magdala im Evangelium der Maria?", in *Gegenspieler: Zur Auseinandersetzung mit dem Gegner in frühjüdischer und urchristlicher Literatur* (hg. v. Michael Tilly und Ulrich Mell; WUNT 428; Tübingen: Mohr Siebeck, 2019), 381–399.

29 *Ev. Mariae*, 1215f.

30 *Ev. Mariae*, 1216. Ob allerdings Maria tatsächlich predigend tätig wurde, bleibt nach Ausweis des nur fragmentarisch erhaltenen Textes letztlich unklar, vgl. dazu Janz, *Characterization*, 255.

31 Vgl. auch Hanns-Christof Brennecke, „Dass es den Frauen verboten sei zu lehren", in *Über das Verhältnis der Geschlechter* (hg. v. Gunther Wanke; Erlanger Forschung 100; Erlangen: Universität Erlangen-Nürnberg, 2002), 107–130; 120, nennt das Thomasevangelium, Philippusevangelium und die Pistis Sophia.

Gleichzeitig wird im Evangelium der Maria kein Hehl daraus gemacht, dass weibliche Predigt, Verkündigung und Unterweisung im höchsten Maße umstritten waren.[32] Davon zeugt auch die vielleicht ebenfalls aus Syrien stammende Didaskalia,[33] die für sich in Anspruch nimmt, von den Aposteln selbst verfasst zu sein. [34] Diese Kirchenordnung verbietet die öffentliche Verkündigung von Frauen ganz explizit:

> Wenn nämlich die Heidenvölker, die bekehrt werden, das Wort Gottes hören, ohne dass es ihnen ordnungsgemäß, wie es sich gehört, verkündigt wird, zumal wenn ihnen von einer Frau vorgetragen wird, wie unser Herr mit dem Leib bekleidet war, so lachen und spotten sie, anstatt das Wort der Lehre zu preisen.[35]

Würde den Heiden die Botschaft von Frauen verkündigt, dann wäre die Verkündigung schon aus diesem Grund wirkungslos geblieben, weil die Hörer über öffentlich redende Frauen nur gespottet und gelacht hätten. Um also die Mission wirksam werden zu lassen und die Hörer tatsächlich zu erreichen, sollten die Frauen zwar dabei, aber eben gerade nicht in der Lehre tätig sein:

> Denn er, Gott der Herr, Jesus Christus, unser Lehrer, hat uns, die Zwölf ausgesandt, das auserwählte Volk und die Heiden zu lehren. Es waren aber mit uns Jüngerinnen: Maria von Magdala und Maria, die Tochter des Jakobus, und die andere Maria. Er hat sie jedoch nicht ausgesandt, mit uns das Volk zu lehren. Denn wenn es nötig gewesen wäre, so hätte es ihnen unser Lehrer befohlen.[36]

Auf diese Weise meint der Verfasser der Kirchenordnung hinreichend deutlich gemacht zu haben, dass Frauen eben deshalb nicht lehren sollen,[37] weil Christus es nirgendwo ausdrücklich befohlen habe.

---

32 JANZ, *Characterisation*, 257: „This could reflect a community, which is familiar with the idea of a single disciple having received ‚secret‘ revelations from the Saviour in visions and accept this disciple being a woman. Nonetheless, they are aware of the fact that their Christian message is regarded as strange or even ‚heretical‘ by others.“

33 Nach Ansicht von Judith HARTENSTEIN, *Die Zweite Lehre: Erscheinungen des Auferstandenen als Rahmenerzählung frühchristlicher Dialoge* (TUGAL 146; Berlin: de Gruyter, 2000), 132, sind beide Texte in Syrien entstanden.

34 Vgl. zur Frage nach den unterschiedlichen Bearbeitern dieses Textes jetzt *The Didascalia Apostolorum: An English Version with Introduction and Annotation* (übers. v. Alistair Stewart-Sykes; StTT 1; Turnhout: Brepols, 2009), 6–49. Zur Diskussion um diese Gattung die Beiträge von Bruno STEIMER, *Vertex Traditionis: Die Gattung der altchristlichen Kirchenordnungen* (BZNW 63, Berlin und New York: de Gruyter, 1992), 347–350, sowie Georg SCHÖLLGEN, „Der Abfassungszweck der frühen Kirchenordnungen: Anmerkungen zu den Thesen Bruno Steimers“, *JAC* 40 (1997): 55–77.

35 *Did. apost.* 15. Vgl. auch Charlotte METHUEN, „‚For Pagans Laugh to Hear Women Teach‘: Gender Stereotypes in the Didascalia Apostolorum“, in *Gender and Christian Religion: Papers read at the 1996 summer meeting and the 1997 winter meeting of the Ecclesiastical History Society* (hg. v. Robert N. Swanson; SCH 34; Woodbridge: Boydell Press, 1998), 23–35.

36 *Did. apost.* 15.

37 Vgl. auch Paul BRADSHAW, „Women and Baptism in the Didascalia Apostolorum“, *JECS* 20 (2012): 641–645.

2. Sollen Frauen etwa das Wort Gottes verkündigen? Der Diskurs um die Apostelin Thekla

Neben der Jesustradition steht die Tradition der Apostel, die sich als Nachfolger des Paulus begreifen. Mit Bezug auf Paulus zeichnet Clemens von Alexandrien ein sehr interessantes Bild von der urkirchlichen Mission.[38] Er beschreibt die Gesamtheit der Apostel als Gruppe verheirateter Männer. Selbst Paulus sei verheiratet gewesen, habe aber seine Frau nicht auf die Missionsreisen mitgenommen, während andere genau das getan hätten.[39] Dabei wäre diesen Frauen, die die Apostel aber nicht als ihre Ehefrauen, sondern als Schwestern betrachtet hätten, die Aufgabe zugefallen, in die Haushalte zu gehen und genau dort zu verkündigen, wo männliche Rede problematisch geworden wäre.[40] Clemens unterscheidet demnach geradezu idealtypisch zwischen einer männlichen und einer weiblichen Sphäre: die Männer verkündigen in der Öffentlichkeit, die Frauen in den Häusern! Genau diese Unterscheidung steht in Clemens Augen voll und ganz im Einklang mit Paulus und seinen Vorgaben im Hinblick auf die Rolle der Frau bei der Verkündigung.[41]

Doch gibt es mit Thekla[42] auch eine sehr prominente weibliche Figur, die nach dem Zeugnis der Apostelakten als von Paulus direkt dazu beauftragt wurde, als Apostelin zu verkündigen.[43] Im Verlauf der Romanschilderung verfällt die junge Thekla geradezu der paulinischen Verkündigung und wird aufgrund ihres Bekenntnisses zum Tod in der Arena verurteilt. Dort tauft sie sich jedoch selbst, muss als Dienerin Gottes jedoch freigelassen werden und trifft schließlich den Apostel Paulus wieder, der ihr daraufhin explizit befiehlt: „Gehe hin und lehre

---

38 Clemens von Alexandrien, *Strom.* 3,6,53,3.

39 Hier bezieht sich Clemens auf 1 Kor 9,5.

40 Vgl. auch Margaret Y. MacDonald, „‚Was Celsus Right?‘: The Role of Women in the Expansion of Early Christianity“, in *Early Christian Families in Context: An Interdisciplinary Dialogue* (hg. v. David L. Balch und Carolyn Osiek; Grand Rapids: Eerdmans Publishing, 2003), 157–184; 168.

41 Clemens nennt hier explizit den zweiten Timotheusbrief; gemeint sein dürfte aber 1 Tim 3,11.

42 Barbara Müller, „Frauen in Männerdomänen: Historische Beispiele“, in *Unbeschreiblich weiblich? Neue Fragestellungen zur Geschlechterdifferenz in den Religionen* (hg. v. Christine Gerber und Silke Petersen; Theologische Frauenforschung in Europa 26, Münster: LIT, 2011), 141–157; 141–144.

43 Zu diesem Text jetzt auch Veronika Niederhofer, *Konversion in den Paulus- und Theklaakten: Eine narrative Form der Paulusrezeption* (WUNT 459; Tübingen: Mohr Siebeck, 2017), sowie Matthijs den Dulk, „I Permit No Woman to Teach Except for Thecla: The Curious Case of the Pastoral Epistles and the Acts of Paul Reconsidered“, *NovT* 54 (2012): 176–203.

das Wort Gottes“ (41).[44] Als Apostelin im Auftrag des Paulus verkündigt sie daraufhin in Ikonium und Seleukia. Damit trat den Rezipienten dieses wohl weit verbreiteten Textes[45] eine Paulusfigur entgegen, die sich – so vermutet Veronika Niederhofer in ihrer jüngst erschienenen Untersuchung – kritisch mit den Pastoralbriefen auseinandersetzte und deshalb auch „nicht akzeptiert, dass Frauen nicht lehren“.[46] Offensichtlich haben sich die „Taten des Paulus und der Thekla“ enorm großer Beliebtheit erfreut und viele Frauen dazu ermutigt zu verkündigen und zu taufen.[47]

Aber natürlich gab es auch dagegen ganz massiven Widerspruch! Der nordafrikanische Theologe Tertullian setzte alles daran, diesen Frauen die Berufung auf den Apostel Paulus streitig zu machen:

> Wenn sie die Schriften, welche verkehrterweise für Schriften Pauli gelten, und das Beispiel der Thekla zugunsten der Statthaftigkeit des Lehrens und Taufens durch Frauen vorschützen, so mögen sie wissen, daß jener Priester in Asien, welcher die genannte Schrift gefertigt hat und so den Ruhm des Paulus gleichsam durch seinen eigenen vervollständigte, seiner Stelle entsetzt worden ist, nachdem er überführt war und gestanden hatte, es aus Liebe zu Paulus getan zu haben. Wie wahrscheinlich wäre es wohl, daß der, welcher dem Weibe beharrlich die Erlaubnis zu lehren verweigert hat, ihm die Macht, zu lehren und zu taufen, sollte eingeräumt haben? „Sie sollen schweigen", drückte er sich aus, „und zu Hause ihre Ehemänner befragen“.[48]

Für Tertullian steht demnach fest, dass in den „Taten des Paulus und der Thekla“ gar nicht der echte Paulus gesprochen haben könne, weil sich die Botschaft dieses Textes nicht mit den zweifelsfrei überlieferten Aussagen des Apostels vereinbaren lasse. Der wahre Paulus habe nämlich – ganz ähnlich wie auch Plutarch – gar nichts davon wissen wollen, dass Frauen in der Öffentlichkeit redeten. Vielmehr sollen sie ihre Männer reden lassen und können diese dann ja später zu Hause befragen. Und an anderer Stelle macht Tertullian seine Position zu diesem Thema noch einmal unmissverständlich klar:

> Es ist der Frau nicht erlaubt, in der Gemeindeversammlung zu reden, das bedeutet: nicht lehren, taufen, das Opfer darbringen noch ein männliches Amt, geschweige denn die Aufgabe des priesterlichen Dienstes, für sich zu beanspruchen.[49]

---

44 Vgl. auch die Untersuchung von Susan E. HYLEN, *A Modest Apostle: Thecla and the History of Women in the Early Church* (Oxford: Oxford University Press, 2015).

45 Vgl. auch Korinna ZAMFIR, „The Acts of Paul and Thecla: Ecclesial, Social and Political Context“, *ETL* 92/3 (2016): 350–380.

46 NIEDERHOFER, *Konversion*, 244.

47 Vgl. dazu Stephen J. DAVIS, *The Cult of St. Thecla: A Tradition of Women's Piety in Late Antiquity* (Oxford: Oxford University Press, 2001) und Lynn H. COHICK und Amy BROWN HUGHES, *Christian Women in the Patristic World: Their Influence, Authority, and Legacy in the Second through Fifth Century* (Grand Rapids: Baker Academic, 2017), 1–25, die sehr genau darlegen, wie unterschiedlich die Theklaerzählung gelesen und verstanden werden konnte.

48 TERTULLIAN, *Bapt.* 17; vgl. auch BRENNECKE, *Dass es den Frauen verboten sei zu lehren*, 122f.

49 TERTULLIAN, *Virg.* 9,1.

3. Auf welche Weise spricht der Heilige Geist aus dem Mund von Prophetinnen?

Demnach wurde das Lehren und Verkündigen von Frauen im frühen Christentum einerseits ganz bewusst geübt, es war aber andererseits auch hochgradig umstritten. Doch gab es in der Antike noch eine andere Art und Weise weiblichen Sprechens: die griechische römische Literatur ist eben nicht allein geprägt von den Stimmen der öffentlich sprechenden männlichen Rhetoren, sondern auch von vielen, sehr einflussreichen weiblichen Stimmen: von der orakelnden Sphinx, prophetischen Sibyllen,[50] verführerisch singenden Sirenen und von grässlich schreienden Erinnyen.[51] OrakelverkünderInnen, Prophet*innen waren in der antiken Welt ebenso allgegenwärtig wie eine ebenso große Fülle an sehr unterschiedlichen Sammlungen von Aussprüchen inspirierter Männer und Frauen.[52] In Delphi verkündete nicht nur die berühmte Pythia,[53] sondern auch eine Priesterin namens Themistocla, von der Pythagoras – nach Ansicht von Diogenes Laertius – seine ethischen Lehren übermittelt bekommen haben soll.[54] Auch in jüdisch-hellenistischen Kontexten ist weibliche Prophetie sehr breit bezeugt.[55] Wenn der römische Satiriker Juvenal schildert, wie eine reiche Römerin Kontakt mit ekstatischen Verehrern der Bellona und der Magna Mater aufnimmt, sich ihre Träume von einer jüdischen Priesterin und Gesetzesauslegerin für wenig Geld deuten lässt,[56] armenische und kommagenische Haruspices sowie

---

50 Vgl. dazu auch Marco FRENSCHKOWSKI, *Prophetie: Innovation, Tradition und Subversion in spätantiken Religionen*, (Standorte in Antike und Christentum 10; Stuttgart: Hiersemann, 2018), 66–69.

51 Lily TONGER-ERK, „Rhetorik und Gender Studies", in *Rhetorik und Stilistik: Ein internationales Handbuch historischer und systematischer Forschung* 1/1 (hg. v. Ulla Fix et al.; Berlin und New York: de Gruyter, 2008), 880–894; 889.

52 Vgl. etwa Christopher FORBES, *Prophecy and Inspired Speech in Early Christianity and its Hellenistic Environment* (WUNT 2/75; Tübingen: Mohr Siebeck, 1995); zu den Sammlungen vgl. Marco FRENSCHKOWSKI, *Prophetie*, 151–155.

53 Vgl. dazu insbesondere Manuela GIORDANO, „From Gaia to the Pythia: Prophecy Suits Women", *Journal of Ancient Judaism* 6 (2015): 382–396.

54 DIOGENES LAERTIUS, *Vitae philosophorum* 8,8; vgl. auch ZAMFIR, *Men and Women*, 209.

55 Vgl. auch Jonathan STÖKL und Corinne L. CARVALHO, *Prophets Male and Female: Gender and Prophecy in the Hebrew Bible, the Eastern Mediterranean, and the Ancient Near East* (Atlanta: Society of Biblical Literature, 2013).

56 JUVENAL, *Sat.* 6,541–548; vgl. auch Robert KNAPP, *Pilger, Priester und Propheten: Alltag und Religionen im Römischen Reich* (Stuttgart: Klett-Cotta, 2018), 228; Patricia WATSON, „Juvenal's scripta matrona: Elegiac Resonances in Satire 6", *Mnemosyne* 60 (2007): 628–640.

chaldäische Astrologen befragt oder auch verschiedene Orakelbücher konsultiert, dann ist das sicherlich um der Satire willen zugespitzt.[57] Dennoch ist sicher, dass unterschiedlichste Formen von Weissagungen, Orakeln und divinatorischen Aussprüchen ganz selbstverständlich auch von Frauen geübt wurden. Das Christentum macht hier keine Ausnahme, wie insbesondere Paulus, aber auch die Apostelgeschichte des Lukas zeigen, die beide ganz selbstverständlich davon ausgehen, dass prophetische Rede, geübt sowohl von Prophetinnen wie auch von Propheten, zum gemeindlichen Leben gehören.[58] Die jungfräulichen Töchter des Philippus[59] zeigen das ebenso wie die Prophetinnen der Montanisten, die bisweilen in Ekstase redeten.[60]

Hippolyt warf diesen Montanisten jedoch vor, diese schwachen Frauen sogar noch über die Apostel und Christus zu stellen.[61] Origenes hingegen argumentierte mit der Autorität des Paulus und führte gegen die montanistischen Prophetinnen das Wort des Apostels, wonach die Frau in der Gemeinde schweigen solle, ins Feld.[62] Er ging sogar noch weiter und behauptete, dass selbst biblische Prophetinnen wie Deborah, Miriam, Huldah und Anna nicht öffentlich vor der Gemeinde gesprochen hätten.[63] Und um ganz sicher zu gehen, erwähnt er an anderer Stelle, dass im Titusbrief zwar von lehrenden Frauen die Rede sei, diese aber lediglich andere Frauen und diese nur in Fragen der Lebensführung unterwiesen haben. Männer würden von ihnen hingegen nicht unterrichtet.[64]

Häufig wurde gegen diese ekstatischen Ausdrucksformen, derer sich aber keineswegs nur MontanistInnen bedienten, massiv polemisiert und versucht, Prophetie und ekstatische Elemente voneinander zu trennen. Voller Abscheu beschreibt etwa Firmilian von Cäsarea das Auftreten einer Prophetin, die in Verzückung geraten sei und sich gebärdet habe, als habe sie den Heiligen Geist in sich. Aus diesem Grunde habe sie Wunder gewirkt und sei selbst im Schnee nur

---

57 JUVENAL, *Sat.* 6,512–588; vgl. auch FRENSCHKOWSKI, *Prophetie*, 153.

58 FRENSCHKOWSKI, *Prophetie,* 153; vgl. auch TORJESEN, *Als Frauen noch Priesterinnen waren*, 32–35.

59 Vgl. dazu Agnethe SIQUANS, „Prophetinnen und Jungfrauen: Die vier Töchter des Philippus in der patristischen Rezeption“, in *Biblical Women in Patristic Reception/Biblische Frauen in patristischer Rezeption* (hg. v. Agnethe Siquans; JAJSup 25/5; Göttingen: Vandenhoeck & Ruprecht, 2017), 257–285.

60 Vgl. auch Laura S. NASRALLAH, *An Ecstasy of Folly: Prophecy and Authority in Early Christianity* (HTS 52; Harvard: Harvard University Press, 2003); FRENSCHKOWSKI, *Prophetie*, 181–183.

61 HIPPOLYT, *Haer.* 8,19.

62 Fragmenta ex commentariis in epistulam I in corinthios; griechischer Text bei Claude JENKINS, „Origen on 1 Corinthians“, *JTS* 10 (1908/9): 29–51; 41f.

63 Vgl. auch Emanuela PRINZIVALLI, „Weiblichkeitskonstruktionen und Bibelverwendung bei Origenes und in der Origenestradition“, in *Christliche Autoren der Antike* (hg. v. Kari E. Børresen und Emanuela Prinzivalli; Die Bibel und die Frauen 5/1; Stuttgart: Kohlhammer; 2016), 79–99; 95f.

64 Vgl. dazu Christine TREVETT, *Montanism: Gender, Authority and the New Prophecy* (Cambridge: Cambridge University Press, 1996), 174.

barfuß gelaufen. Firmilian hält diese Prophetin jedoch schlichtweg für besessen und nimmt insbesondere daran Anstoß, dass sie – wie eben auch Thekla – taufte und die Eucharistie feierte.[65] Einmal mehr hören wir aus dem Munde eines Gegners Abgrenzungsbestrebungen gegenüber einer geistbegabten Prophetin, die ganz offensichtlich eine Funktion in der Gemeinde ausübte und dabei sicherlich auch ihre Stimme hat verlauten lassen.[66]

Ganz anders verhält sich hingegen ein namentlich nicht bekannter Redaktor, der das mit Träumen und Visionen gespickte Tagebuch der Märtyrerin Perpetua[67] in den Kontext prophetischer Texte stellt und dezidiert als Ausweis des Wirkens des Heiligen Geistes deutet![68] Für ihn sticht die aus vornehmem Hause stammende und klassisch gebildete Perpetua aus der Gruppe der seinerzeit in Karthago verhafteten Katechumenen heraus.[69] Perpetua selbst beschreibt, wie ihr Vater sie im Gefängnis besucht, weil er erreichen will, dass sich seine geliebte Tochter gerade nicht zum Glauben bekennt.[70] Allerdings spricht der Vater in diesem Gespräch interessanterweise selbst fast gar nicht; Perpetua führt hier das Wort; sie ist es, die redet und sie ist es auch, die ihren Vater mittels rhetorischer Fragen geradezu sokratisch belehrt![71] Wer diesen Text liest, dürfte nachhaltig irritiert gewesen sein: dem Leser tritt in dieser Darstellung eine Tochter entgegen, die ihrem Vater keineswegs mit der gebotenen pietas und schweigend gegenübertritt; stattdessen redet sie und belehrt ihren Vater sogar. In Perpetuas Deutung rückt der eigene Vater schließlich sogar in die Nähe des Teufels.[72]

Leider nicht mehr erhalten sind hingegen die von dem Marcioniten Apelles schriftlich niedergelegten Offenbarungen (Phaneroseis) einer Prophetin mit Namen Philumene.[73] Für Apelles schien vollkommen offensichtlich zu sein, dass

---

65 Bei CYPRIAN VON KARTHAGO, *Ep.* 75,10.

66 BIERNATH, *Mißverstandene Gleichheit*, 86–94, macht es sich m. E. zu einfach, wenn sie mit Bezug auf Max Webers Dualität von Charisma und Amt betont, dass die zunehmende Hierarchisierung der Kirche und die Ausbildung fester Ämter, die nur von Männern bekleidet werden konnten, die anfängliche Hochschätzung auch der weiblichen Prophetie verdrängt und in die Häresie getrieben habe. Vgl. auch ebd., 66: „Denn auch die Funktionen von Frauen in der christlichen Gemeinde wirkten wegen ihrer auf die Anfänge zurückgehenden Entwicklungsgeschichte wie ein Mahnmal des ursprünglichen christlichen Selbstverständnisses und dies inmitten eines zunehmend organisierten Komplexes, der sich als Großkirche zu formieren begann."

67 Jan B. BREMMER und Marco FORMISANO (Hg.), *Perpetua's Passions: Multidisciplinary Approaches to the Passio Perpetuae et Felicitatis* (Oxford: Oxford University Press, 2012).

68 *Pass. Perp.* 1,1–6.

69 *Pass. Perp.* 2,1.

70 *Pass. Perp.* 3,1.

71 *Pass. Perp.* 3,1f. Vgl. auch Heidi VIEROW, „Feminine and Masculine Voices in the Passion of Saints Perpetua et Felicitas", *Latomus* 58 (1999): 600–629.

72 *Pass. Perp.* 3,3. Vgl. auch COHICK und HUGHES, *Christian Women*, 49.

73 Genannt wird das Werk in TERTULLIAN, *Praescr.* 30,6; HIPPOLYT, *Haer.* 7,38,2 und 10,20,2 sowie PSEUDO-TERTULLIAN, *adv. omn. haer.* 6,6 und THEODORET VON CYRUS, *Haer. fab.* 1,25. Vgl. dazu Anne JENSEN, *Gottes selbstbewußte Töchter: im frühen Christentum?* (TFFE 9; Freiburg i.

sich der Heilige Geist in ihrem Sprechen und Wirken zu erkennen gebe, weshalb sie ganz außergewöhnliche Zeichen und Wunder tun und – wie Tertullian hämisch anmerkt – dem Apelles schließlich eine ganz und gar neue Lehre einflüstern konnte.[74] Tertullian, selbst dem Montanismus nahe stehend, empfand große Sympathien für Prophetinnen, aber nur für solche aus den eigenen Reihen:

> So lebt heutzutage eine Mitschwester bei uns, welche die Gnade erhalten hat, Offenbarungen zu empfangen, die sie in der Kirche während der Feier zu Ehren des Herrn durch Verzückung im Geiste erfährt: sie spricht mit den Engeln, zuweilen auch mit dem Herrn, sieht und hört Geheimnisse, durchschaut die Herzen verschiedener Menschen und erhält Anweisungen zur Heilung für diejenigen, die sie benötigen. Je nachdem nun Schriftstellen gelesen, Psalmen gesungen, Predigten gehalten oder Gebete gesprochen werden, werden ihr daraus die Gegenstände für ihre Visionen geliefert.[75]

Doch in Philumene, die sich in ganz ähnlicher Weise wie die von Tertullian so gelobte Mitschwester äußerte, sah er keineswegs eine geistbegabte Prophetin, sondern den vom Apostel Paulus vorhergesagten Engel der Verführung, der gekommen sei, um seine Anhänger vom Evangelium abspenstig zu machen![76] Wohl kaum zufällig führt Tertullian auch hier den Paulus wiederum für seine eigene Position ins Feld, um mit Nachdruck zu verhindern, dass sich Philumene und Apelles auf den Apostel berufen können. Schließlich empfing Philumene ihre Weisungen von Christus oder eben auch von Paulus, die ihr beide in Gestalt eines Knaben erschienen.[77] Tertullians Strategie hat jedoch noch eine andere Seite, wenn er Apelles zugleich auch damit diskreditiert, seine – sogar noch über Marcions Ansichten hinausgehende – äußerst schändliche Häresie aus dem Munde einer Frau empfangen zu haben.[78]

In ganz ähnlicher Weise dürfte auch eine von Celsus verwendete Quelle zu verstehen sein, die eine Anzahl christlicher Gruppierungen aufzählt, die sich auf Frauen zurückführen lassen:[79] die Simonianer auf Helena, die Marcellianer auf

---

Br.: Herder, 1992), 373ff.; Roman HANIG, „Der Beitrag der Philumene zur Theologie der Apelleianer“, ZAC 3 (1999): 240–277; Katharina GRESCHAT, *Apelles und Hermogenes: Zwei theologische Lehrer des zweiten Jahrhunderts* (SVigChr 48; Leiden: Brill, 2000), 110–113.

74 TERTULLIAN, *Praescr.* 6,6. Für JENSEN, *Töchter*, 376, ist damit klar, dass Apelles seine Lehre tatsächlich von Philumene übernommen habe.

75 TERTULLIAN, *An.* 9; vgl. auch TORJESEN, *Als Frauen noch Priesterinnen waren*, 38f.

76 TERTULLIAN, *Carn. Chr.* 6,2; 24,2 und *Praescr.* 6,5; vgl. auch GRESCHAT, *Apelles und Hermogenes*, 111.

77 AUGUSTINUS, *Haer.* 24; vgl. auch GRESCHAT, *Apelles und Hermogenes*, 112. JENSEN, *Töchter*, 377 sieht in diesem Text, lediglich „seltsame Visionen und Wunder [...], die mit der historischen Philumene nichts zu tun haben dürften“.

78 GRESCHAT, *Apelles und Hermogenes*, 115–122.

79 ORIGENES, *Cels.* 5,62; vgl. auch Alistair LOGAN, *The Gnostics: Identifying an Early Christian Cult* (London: T&T Clark, 2006), 40.

Marcellina, die Harpocratianer auf Salome und andere, die ihren Namen von Mariamne und von Marta haben.[80] Gerade Marcellina[81] dürfte in diesem Kontext von besonderer Bedeutung gewesen sein, denn sie soll Mitte des zweiten Jahrhunderts nach Rom gekommen sein, sich selbst als eine Gnostikerin bezeichnet und ihren Anhängern eine christliche Philosophie gelehrt haben. Dazu passt, dass ihr Kreis auch Christusbilder aus verschiedenen Materialien besessen habe, die gemeinsam mit den Bildern von Philosophen wie Pythagoras, Platon und Aristoteles verehrt und geschmückt wurden.[82]

4. Fazit

Wenn auch nicht bei Gericht, auf dem Forum oder im Senat, d.h. in der ganz explizit von Männern geprägten öffentlichen Sphäre, so haben frühchristliche Frauen doch immer wieder das Wort ergriffen, ihren Glauben verkündigt und damit auch andere belehrt. Zumindest einige der hier untersuchten Texte betonen das sehr programmatisch und wissen zugleich doch auch sehr genau, dass die weibliche Rede außerhalb des eng begrenzten häuslichen Kontextes höchst umstritten war – sowohl unter Christen wie unter Nichtchristen[83]. Nicht selten wurden diese Frauen Opfer von Hohn und Spott oder man grenzte sich in aller Deutlichkeit gegen solche verkündigenden Frauen ab, die es selbstverständlich nur bei denen gab, die von der eigenen, rechten Lehre abgewichen waren.

Wie ausgesprochen heikel es sein konnte, eine gebildete Frau in der Öffentlichkeit reden zu lassen, macht auch das Zeugnis des Hieronymus am Ende des vierten Jahrhunderts deutlich. Nach seinem eigenen unrühmlichen Weggang aus Rom versuchte er über Gewährsleute den Kontakt zu halten, um weiterhin seinen Einfluss in der Stadt auszuüben zu können.[84] Eine wichtige Rolle spielte

---

80 Vgl. auch Silke PETERSEN, *„Zerstört die Werke der Weiblichkeit!“: Maria Magdalena, Salome und andere Jüngerinnen Jesu in christlich-gnostischen Schriften* (NHMS 48; Leiden: Brill, 1999); Allie M. ERNST, *Martha from the Margins: The Authority of Martha in Early Christian Tradition* (SVigChr 98; Leiden: Brill, 2009), 272–281.

81 H. Gregory SNYDER, „‚She Destroyed Multitudes‘: Marcellina's Group in Rome“, in *Women and Knowledge in Early Christianity* (hg. v. Ulla Tervahauta et al.; SVigChr 144; Leiden: Brill, 2017), 39–61.

82 Vgl. zu dieser Notiz auch Winrich A. LÖHR, „Karpokratianisches“, *VigChr* 49 (1995): 23–48; und zu den Bildnissen: Peter STEWART, *Statues in Roman Society: Representation and Response* (Oxford: Oxford University Press, 2003).

83 Sarah PARKHOUSE, „The Fetishization of Female *Exempla*: Mary, Thecla, Perpetua and Felicitas“, *NTS* 63 (2017): 567–587, macht deutlich, dass die genannten Frauengestalten keineswegs durchgehend und immer nur positiv gezeichnet bzw. gedeutet worden sind.

84 Andrew CAIN, „Rethinking Jerome's Portrait of Holy Women“, in *Jerome of Stridon: Life, Writings, and Legacy* (hg. v. Andrew Cain und Josef Lössl; Farnham: Ashgate, 2009), 47–57.

dabei ganz offensichtlich seine einstige Schülerin Marcella.[85] Hieronymus ahnte natürlich, dass man ihn auch deshalb auslachen könnte, weil er sich derart lobend über Frauen äußerte, und gab zu bedenken, dass er lediglich seinem Herrn Jesus Christus folge, der sich ja schließlich auch mit Frauen umgeben hatte. Darüber hinaus seien die Frauen am Grab – insbesondere Maria Magdalena – die erste Auferstehungszeugin noch vor den männlichen Aposteln gewesen.[86] Marcella wird von Hieronymus gleichsam als hervorragenden Ersatz für seine eigene Person gewürdigt; schließlich sei sie ihm nachgefolgt und habe seinerzeit alles von ihm selbst gelernt.[87] Das ging sogar so weit, dass sie zu entscheiden hatte, wenn über irgendeine Schriftstelle in der Stadt ein Streit ausbrach.[88] Ganz wie ein zweiter Hieronymus konnte Marcella aber dann doch – trotz all ihrer philosophischen Tugend, über das, was angemessen ist (τὸ πρέπον), zu urteilen[89] – nicht agieren, weil sie als Frau nicht öffentlich reden durfte. Deshalb beeilte sich Hieronymus festzustellen, dass sie auf Fragen folgendermaßen antwortete:

> [...] dass sie auch ihre eigenen Gedanken entweder für die meinigen oder für die eines anderen ausgab, so dass sie auch bei dem, was sie selbst lehrte, so tat, als ob sie es von anderen gelernt hätte. Sie kannte eben das Wort des Apostels: Aber zu unterrichten gestatte ich der Frau nicht![90]

Selbst in dieser – vermutlich wohl doch sehr begrenzten – Öffentlichkeit lehrend, erweckte Marcella also den Eindruck, als sei sie gar keine Lehrende, sondern bliebe auch in Abwesenheit ihres Lehrers Hieronymus nach wie vor seine Schülerin, weil sie nach Maßgabe des Apostel Paulus handelte. Und Hieronymus fügte hinzu, dass sie das männliche Geschlecht, insbesondere die Priester, die sie um Rat fragten, ihre eigene Überlegenheit nicht habe fühlen lassen wollen.[91] Auf gar keinen Fall durfte offenbar der Eindruck entstehen, dass Marcella sich anmaßte, als eigenständige Lehrerin oder sogar Rednerin aufzutreten – auch wenn es faktisch genauso war. Hieronymus wusste natürlich, dass er sich damit selbst diskreditiert und seine traditionellen Denkmustern verhafteten Unterstützer in der römischen Oberschicht verloren hätte. Und dennoch lässt er zwischen den

---

85 Vgl. dazu Andrew CAIN, *The Letters of Jerome: Asceticism, Biblical Exegesis, and the Construction of Christian Authority in Late Antiquity* (Oxford und New York: Oxford University Press, 2009), 68–98.

86 HIERONYMUS, *Ep.* 127,5.

87 HIERONYMUS, *Ep.* 127,7, vgl. auch CAIN, *Letters*, 93 und Silvia LETSCH-BRUNNER, *Marcella – Discipula et Magistra: Auf den Spuren einer römischen Christin des 4. Jahrhunderts* (BZNW 91; Berlin und New York: de Gruyter, 1998), 16–22.

88 HIERONYMUS, *Ep.* 127,7.

89 HIERONYMUS, *Ep.* 127,7.

90 HIERONYMUS, *Ep.* 127,7: *ut etiam sua non sua diceret, sed vel mea vel cuiuslibet alterius, ut et in ipso, quod docebat, se discipulam fateretur. Sciebat dictam ab Apostolo: docere autem mulieri non permitto.*

91 HIERONYMUS, *Ep.* 127,7.

Zeilen mehr als nur durchblicken, dass Marcella tatsächlich eigenständig geredet und eben auch gelehrt hat!

Frauen in Ämtern und Führungspositionen (4.–5. Jahrhundert)[1]

Clelia Martínez Maza, Universidad de Málaga

Die wissenschaftliche Auseinandersetzung mit der Rolle der Frau im frühen Christentum – insbesondere im Hinblick auf Frauen in Führungspositionen, das Ausmaß ihres Einflusses und ihrer Autorität sowie die Frage, wann und wie sie zum Schweigen gebracht und wieder auf Rollenbilder festgelegt wurden, die im Vergleich zur männlichen Autorität zweitrangig oder untergeordnet waren – ist durch die gegenwärtige Debatte über die Frauenordination in der katholischen Kirche wiederaufgelebt.[2] In der Regel wird solchen Fragen aus der Genderperspektive nachgegangen, und dieser Ansatz ist entscheidend, wenn es darum geht, aus denselben Quellen qualitativ andere Informationen zu erhalten als die, die traditionell verwendet werden, um die Geschichte der christlichen Gemeinden des 4. und 5. Jahrhunderts zu rekonstruieren.

Die nachkonstantinische Zeit war, was den Prozess der Institutionalisierung und der Konzentration von Macht in den Händen der Bischöfe betraf, insofern eine entscheidende Phase, als die Konstruktion einiger wesentlicher Bausteine – zu nennen wären etwa die korrekte Bibelauslegung, der Traditionsbegriff, die apostolische Sukzession als Legitimation der kirchlichen Hierarchie und die Schaffung bestimmter Einrichtungen zur Ausübung zunehmend differenzierter Funktionen – in dieser Epoche ihren Höhepunkt erreichte. Es kann daher nicht überraschen, dass damals auch damit begonnen wurde, die Beteiligung der Frauen in den christlichen Gemeinden in Frage zu stellen und zu reglementieren

---

1 Der vorliegende Beitrag ist im Rahmen des vom spanischen Ministerium für Wissenschaft und Innovation finanzierten Forschungsprojekts HAR2017-84789-C2-1P entstanden.

2 Vgl. Rosemary R. RUETHER (Hg.), *Religion and Sexism: Images of Women in Jewish and Christian Tradition* (New York: Simon & Schuster, 1974); Leonard J. SWIDLER und Arlene SWIDLER (Hg.), *Women Priests: A Catholic Commentary on the Vatican Declaration* (New York: Paulist Press, 1977); Rosemary R. RUETHER und Eleanor MCLAUGHLIN (Hg.), *Women of Spirit: Female Leadership in the Jewish and Christian Traditions* (New York: Simon & Schuster, 1979); Paul Corby FINNEY, David SCHOLER und Everett FERGUSON (Hg.), *Women in Early Christianity* (New York: Routledge, 1993); Elisabeth SCHÜSSLER FIORENZA (Hg.), *Searching the Scriptures* (2 Bde.; New York: Crossroad, 1993–1994); Wendy MAYER und Ian J. ELMER, „Reading Men and Women in the Early Christian Centuries", in *Men and Women in the Early Christian Centuries* (hg. v. dens.; Strathfield: St. Pauls Publications, 2014), 1–22.

und – dringender noch, weil beunruhigender – ihren Zugang zu Führungspositionen zu beschränken. Ihre anscheinend gleichberechtigtere Beteiligung in den frühchristlichen Gemeinden wurde im Zuge einer Entwicklung, die die Kirchenstrukturen zwecks effizienterer Funktionsweise und besserer Integration zunehmend an den soziopolitischen und religiösen Gepflogenheiten des Römischen Reichs ausrichtete, Schritt für Schritt zurückgedrängt.

Zuvor hatten Frauen auf verschiedenen Ebenen Ämter innegehabt und sehr ähnliche und in Teilen sogar identische Funktionen ausgeübt wie die männlichen Amtsträger, was auf eine anfängliche Flexibilität der Kirche und darauf hinweist, dass die verschiedenen Aufgabenbereiche je nach Bedarf auch von Frauen übernommen wurden. Vom 4. und 5. Jahrhundert an wurden kirchliche Ämter in den Händen von Frauen jedoch strenger reglementiert: Wo Frauen dieselbe Verantwortung trugen wie Männer, wurde ihnen diese abgenommen und sie mussten sich der männlichen Autorität unterwerfen. Dies betraf, in absteigender Rangfolge, die Diakoninnen und die *Presbyterae*, die Thema der vorliegenden Analyse sind. Außer mit Frauen, die in ihren Stellungen innerhalb der offiziellen Kirchenhierarchie ein gewisses Maß an Autorität ausübten, werden wir uns auch damit befassen, wie die Kirche weibliche Führung und Autorität benutzte, um gegnerische Bewegungen in Misskredit zu bringen. Außerdem werde ich mich mit den weiblichen Intellektuellen auseinandersetzen, die zwar nicht Teil der kirchlichen Hierarchie waren, aber aufgrund ihrer Weisheit und der Anerkennung, die ihnen von maßgeblichen Kirchenverantwortlichen gezollt wurde, ein womöglich noch größeres Maß an *auctoritas* und Prestige genossen.

1. Gab es Bischöfinnen?

Um die Frage, ob es Frauen gegeben hat, die die höchsten kirchlichen Machtpositionen bekleideten, ist eine überaus kontroverse Debatte entbrannt, die auf der einen Seite von den Thesen der feministischen Theologie und auf der anderen Seite vom Widerstreben der katholischen Kirche befeuert wird, ihre patriarchalischen Organisationsstrukturen zu überdenken.[3]

Die angeführten Belege sind spärlich, kontextabhängig und meines Erachtens überaus fragwürdig. Es findet sich kein einziges Zeugnis aus einer kirchlichen Quelle: Konzilsbeschlüssen, päpstlichen Empfehlungen, Kommentaren, Instruktionen oder anderen schriftlichen Verlautbarungen, die als Ausdruck eines

3 Joan MORRIS, *The Lady Was a Bishop: The Hidden History of Women with Clerical Ordination and the Jurisdiction of Bishops* (New York: MacMillan, 1973); Charlotte METHUEN, „Vidua – Presbytera – Episcopa: Women with Oversight in the Early Church“, *Theology* 108 (2005): 163–177; 164.

offiziellen Standpunkts betrachtet werden könnten. Manche halten dieses Stillschweigen für das Resultat eines absichtsvollen Akts mit dem Ziel, sämtliche Spuren einer weiblichen Beteiligung am Priesteramt zu beseitigen. Andere vertreten die Auffassung, dass die (angeblichen) Belege ein getreuliches Abbild der gesellschaftlichen Realität und mithin belastbar sind,[4] ihre Interpretation aber bislang bewusst oder unbewusst durch die aus der Tradition hergeleitete Standardantwort beeinflusst worden ist.

Die Hinweise auf die mutmaßliche Existenz von Bischöfinnen in der hier untersuchten Zeit stammen aus zwei Quellen: der Ikonographie und der Epigraphik. Was Erstere betrifft, sind die aussagekräftigsten Belege, die angeführt werden, die (auf das 5. oder frühe 6. Jahrhundert datierten) Portraits der Cerula und der Bitalia in der San-Gennaro-Katakombe in Neapel. Eine detaillierte ikonographische Analyse würde den Rahmen der vorliegenden Untersuchung sprengen; daher soll an dieser Stelle der Hinweis genügen, dass, der innovativsten Interpretation zufolge, die hier dargestellte Frauengestalt ein hohes Amt in der christlichen Gemeinde innehatte. Ihre Kleidung und Haltung, die aufgeschlagenen Evangelienbücher rechts und links von ihrem Kopf und das rote *Chi-Rho*-Kreuz darüber sind als Elemente gedeutet worden, die die Frau als Bischöfin kennzeichnen.[5] Meines Erachtens handelt es sich hierbei jedoch um eine höchst voreilige Schlussfolgerung, weil das Bild allenfalls den Umstand widerspiegelt, dass Frauen – vor der definitiven Institutionalisierung – üblicherweise auf derselben Ebene wie ihre Brüder im Glauben am christlichen Gemeindeleben teilhatten.

Was den epigraphischen Befund betrifft, so liegt aus der hier untersuchten Periode nur ein Zeugnis vor: eine rätselhafte Grabinschrift aus Umbrien, die einer *„ehrwürdigen Frau Bischöfin [...]"* gewidmet ist.[6] Traditionell wird diese Bezeichnung – auf der Grundlage von Kanon 14 des Konzils von Tours (567), der so interpretiert wird, dass er einem Bischof, der keine Ehefrau (*episcopiam*) hat, die weibliche Begleitung verbietet – als Ehrentitel der Frau eines Bischofs gedeutet.[7] Forscher wie Osiek und Madigan haben jedoch auf der Grundlage einer früheren als der traditionell akzeptierten Datierung (nicht auf das 6., sondern auf das 4. Jahrhundert) eine andere Interpretation vorgeschlagen: Da die hier vorliegende Bezeichnung von allerhöchstem Respekt zeuge, könne es sich, so ihre Vermutung, um die Mutter oder die Frau von Papst Siricius (384–399) handeln. Auch dann aber würde sich der Begriff *episcopa* nicht auf eine kirchliche Amtsträgerin,

---

4 Rebecca LYMAN, „Women Bishops in Antiquity: Apostolicity and Ministry", in *The Call for Women Bishops* (hg. v. Harriet Harris und Jane Shaw; London: SPCK, 2004), 37–50; 41–43.

5 Ally KATEUSZ, *Mary and Early Christian Women: Hidden Leadership* (Cham: Springer; Palgrave Macmillan, 2019), 154–182.

6 Ute E. EISEN, *Amtsträgerinnen im frühen Christentum: Epigraphische und literarische Studien* (Forschungen zur Kirchen- und Dogmengeschichte 61; Göttingen: Vandenhoeck & Ruprecht, 1996), 193.

7 Kanon 14: *Episcopum episcopiam non habentem nulla sequatur turba mulierum.*

sondern auf ein besonders prominentes weibliches Gemeindemitglied beziehen. Es ist höchst zweifelhaft, dass er sich auf eine Bischöfin, das heißt auf eine Frau bezogen haben soll, die – in einer Zeit, da sich die patriarchalischen Organisationsstrukturen der kirchlichen Hierarchie bereits verfestigt hatten und die weibliche Beteiligung in den Hintergrund verbannt und einer strengen Kontrolle unterworfen war – ein Leitungsamt innehatte.

2. Diakoninnen

Im Zuge der Konsolidierung des institutionellen Kirchenapparats wurde die im frühen Christentum zunächst höchst profilierte Präsenz von Frauen nach und nach ausgehöhlt. Weibliche Gemeindemitglieder wurden an den Rand gedrängt, der männlichen Autorität unterworfen und auf Hilfstätigkeiten reduziert, die man – gemäß dem patriarchalen Diskurs, der nicht nur die christlichen Autoren, sondern die ganze Gesellschaft der damaligen Zeit prägte[8] – für ihrer niederen Natur angemessen erachtete. Altehrwürdige Stellen aus den neutestamentlichen Paulusbriefen wurden angeführt, um die Benachteiligung der Frauen bei der kirchlichen Rollenverteilung zu legitimieren: dass Frauen lernen sollten, unterwürfig und schweigend zuzuhören, dass sie sich nicht die Autorität der Männer anmaßen, sondern stattdessen im Haus bleiben sollten,[9] oder dass der Mann das Haupt der Frau ist[10] und der übrige Leib nicht das Recht habe, über das Haupt zu herrschen.[11]

Die paritätische Beteiligung der Frauen wurde also durch eine ganze Reihe von Mitteln nach und nach eingeschränkt,[12] und Frauen durften während der

---

8 Elizabeth CLARK und Herbert RICHARDSON (Hg.), *Women and Religion: A Feminist Sourcebook of Christian Thought* (New York: Harper & Row, 1977), 37–52; Elisabeth SCHÜSSLER FIORENZA, *Zu ihrem Gedächtnis ... Eine feministisch-theologische Rekonstruktion der christlichen Ursprünge* (München und Mainz: Kaiser & Grünewald, 1988), 343; Ross Shepard KRAEMER, *Her Share of the Blessings: Women's Religions Among Pagans, Jews, and Christians in the Greco-Roman World* (New York und Oxford: Oxford University Press, 1992), 128.

9 Tim 2,11–15; vgl. Robin SCROGGS, „Paul and the Eschatological Woman", *JAAR* 41 (1972): 283–303; Elaine H. PAGELS, „Paul and Women: A response to recent discussion", *JAAR* 42 (1974): 538–549; 547; William O. WALKER JR., „I Corinthians 11:2–16 and Paul's Views Regarding Women", *JBL* 94 (1975): 94–110; Derwood C. SMITH, „Paul and the non Eschatological Woman", *Ohio Journal of Religious Studies* 4 (1976): 11–18.

10 1 Kor 11,3.

11 *Const. ap.* 3,6,1–2: Franz X. FUNK, *Didascalia et Constitutiones Apostolorum* (2 Bde.; Paderborn: Ferdinand Schoeningh, 1905).

12 Karen Jo TORJESEN, *Cuando las mujeres eran sacerdotes: El liderazgo femenino de las mujeres en la Iglesia primitiva y el escándalo de su subordinación con el auge del cristianismo* (Córdoba: El Almendro, 1996), 154–159; Virginia ALFARO BECH, „Retratos de mujer según el Montanismo de Tertuliano", in *Desvelar modelos femeninos: Valor y representación en la Antigüedad* (hg. v.

Gottesdienste nicht mehr die Sakramente spenden, wie sie es früher getan hatten. So belegt die *Didaskalia Apostolorum* aus dem 3. Jahrhundert, dass Diakoninnen zwar wichtige Aufgaben erfüllten, dabei aber nun stets durch den Bischof beaufsichtigt wurden.[13] Ihre Funktionen wurden darauf beschränkt, Frauen während der Taufe zu helfen und sie, bevor sie ins Wasser hinabstiegen, mit Öl zu salben. Außerdem waren sie für die Krankenpflege und für Lehrtätigkeiten zuständig, die innerhalb der häuslichen Sphäre blieben[14] (so lehrten sie zum Beispiel neugetaufte Frauen, wie diese ihr Taufsiegel unversehrt bewahren konnten), durften aber nicht selbst taufen oder die Schrift lehren.[15] Frauen hatten in der Versammlung zu schweigen,[16] ihr Haupt zum Zeichen der Unterwerfung mit einem Schleier zu bedecken und unter der Aufsicht der bischöflichen Autorität wohltätige Werke zu verrichten.[17]

Im späten 4. Jahrhundert erreichte die Institutionalisierung der Kirche ihren Höhepunkt mit der Schaffung von Handlungs- und Führungsstrukturen, die die vorherrschenden Rollenverteilungen, gesellschaftlichen Hierarchien und

---

Virginia Alfaro Bech und Victoria E. Rodríguez Martín; Málaga: Universidad de Málaga, 2002), 99–118; 117.

13 *Did. apost.* 16: *The Didascalia Apostolorum in Syriac* (hg. v. Arthur Vööbus; CSCO 402; Leuven: Secrétariat du Corpus SCO, 1979); Jean DANIELOU, „Le ministère des femmes dans l'Église ancienne", *La Maison Dieu* 61 (1960): 70–96; John G. DAVIES, „Deacons, deaconesses and the minor orders in the patristic period", *JEH* 16 (1963): 1–15; Aimé-Georges MARTIMORT, *Les diaconesses: Essai historique* (Rom: CLV/Edizioni Liturgiche, 1982); Elizabeth CLARK, *Women in the Early Church* (Wilmington: M. Glazier, 1983), 172–174; Manuel GUERRA GOMEZ, *El sacerdocio femenino* (Toledo: Aldecoa, 1987), 420–440; Kevin MADIGAN und Carolyn OSIEK, *Ordained Women in the Early Church: A Documentary History* (Baltimore: Johns Hopkins University Press, 2005), 111–112.

14 *Did. apost.* 15–16; Charlotte METHUEN, „‚For Pagans Laugh to Hear Women Teach' Gender Stereotypes in the Didascalia Apostolorum", in *Gender and Christian Religion: Papers read at the 1996 summer meeting and the 1997 winter meeting of the Ecclesiastical History Society* (hg. v. Robert N. Swanson; SCH 34; Woodbridge: Boydell Press, 1998), 23–35.

15 Cipriano VAGAGGINI, „L'ordinazione delle diaconesse nella tradizione greca e bizantina", *OCP* 40 (1974): 146–189; Juana TORRES, „*Mulieres diaconissae*: Ejemplos paradigmáticos en la Iglesia oriental de los ss. IV–V", in *Diakonía, Diaconiae, Diaconato: Semantica e Storia nei Padri della Chiesa, Studia Ephemeridis Augustinianum* 117 (2010): 625–638; METHUEN, „Vidua – Presbytera – Episcopa", 168.

16 James DONALDSON, *Woman: Her position and Influence in Ancient Greece and Rome, and among the Early Christians* (London: Longmans, Green & Co., 1907); Pierre DE LABRIOLLE, „‚Mulieres in ecclesia taceant': Un aspect de la lutte antimontaniste", *Bulletin d'ancienne littérature et d'archéologie chrétiennes* 1 (1911): 3–24; Elisabeth SCHÜSSLER FIORENZA, „Women in the Prepauline and Pauline Churchs", *Seminary Quarterly Review* 33 (1978): 153–166; 160.

17 Virginia ALFARO BECH undVictoria E. RODRÍGUEZ MARTÍN, „El velo en Tertuliano", in *Actas del Congreso sobre Género y Violencia* (hg. v. María Teresa López Beltrán et al.; Málaga: Universidad de Málaga, 2001), 117–126; Virginia ALFARO BECH und Victoria E. RODRÍGUEZ MARTÍN, „Influencias grecorromanas y judías para la imposición del velo en el cristianismo africano del s. III", *Analecta Malacitana* 24/1 (2001): 93–110; Geoffrey DUNN, *Tertulllian: The Early Church Fathers* (New York: Routledge, 2004).

kulturellen Werte des spätantiken Mittelmeerraums widerspiegelten. Führungsrollen von Frauen, wie sie den frühchristlichen Gemeinden ihren Stempel aufgedrückt hatten, waren nun de facto nicht mehr existent und sämtliche Überbleibsel waren reduzierte Formen, die stets unter männlicher Oberaufsicht ausgeübt wurden. Gleichwohl überlebten Spuren einer weiblichen Führung im 5. Jahrhundert in der Gestalt präziser Anweisungen bezüglich der Grenzen weiblichen Handelns und der Rollen, die sie innerhalb der kirchlichen Strukturen spielen durften, und es finden sich sogar Hinweise auf bischöfliche Missbilligung und daraus resultierende Konzilsbestimmungen, die darauf abzielten, die weibliche Beteiligung auf ein Mindestmaß zu reduzieren.

Trotz der Beschränkungen, die den Diakoninnen von der *Didaskalia* auferlegt wurden, erkannten die *Constitutiones Apostolorum* (eine liturgische und kanonische Kompilation aus der Region Syrien, deren erste sechs Bücher auf der *Didaskalia Apostolorum* fußen) den Frauendiakonat 150 Jahre später als ein wichtiges Amt mit liturgischen und pastoralen Funktionen an, das demzufolge eine höhere Stellung und größere Verantwortung mit sich brachte, als andere Frauen sie ausübten, die – wie die Witwen oder die Jungfrauen – einem *Ordo* angehörten und doch als Mitglieder des Laienstands angesehen wurden.[18]

Die *Constitutiones* zeigen, dass der weibliche Diakonat eine Entwicklung durchlaufen hatte und seine Funktionen inzwischen genauer (und enger) umrissen worden waren. Diakoninnen waren nun ein Teil des Klerus, und ihr Status wurde mit demselben Vergleich beschrieben wie in der *Didaskalia Apostolorum*: Wie Bischöfe mit Gott und Diakone mit Christus vergleichbar waren, so waren Diakoninnen mit dem Heiligen Geist und Presbyter mit den Aposteln vergleichbar. Dieses Bild offenbart genau wie die den betreffenden Ämtern jeweils zugeordnete Verantwortung eine hierarchische Struktur: Es war den Diakoninnen nicht erlaubt zu taufen, die Kommunion zu spenden, dem Bischof zu assistieren, oder irgendeine Funktion auszuüben, die ihren männlichen Kollegen zugedacht war, weil sie gemeinsam mit den Subdiakonen oder Lektoren eine untergeordnete Position auf der Hierarchieleiter innehatten und lediglich als Dienerinnen, also direkte Untergebene, des Diakons fungierten (*Const. ap.* 8,28). Das, so heißt es in den *Constitutiones Apostolorum*, „ist schön und Gott angenehm [...]; denn die Kirche ist nicht der Unordnung, sondern der Ordnung Schule.“ (*Const. ap.* 8,31)[19]

In Anbetracht ihrer Stellung in der kirchlichen Hierarchie überrascht es nicht, dass die liturgischen Funktionen der Diakoninnen eingeschränkt waren oder dass sich ihr untergeordneter Rang in der Liturgie insofern auch optisch widerspiegelte, als der Bischof auf seinem Stuhl lediglich von Presbytern und

---

18 Charlotte METHUEN, „Widows, Bishops and the Struggle for Authority in the Didascalia Apostolorum“, *JEH* 46 (1995): 197–213.

19 Francine CARDMAN, „Women, Ministry, and Church Order in Early Christianity“, in *Women and Christian Origins: A Reader* (hg. v. Ross Shepard Kraemer und Mary Rose d'Angelo; Oxford: Oxford University Press, 1999), 300–329; 317; deutsche Übersetzung: BKV[1] (1874), 296.

dem Diakon flankiert wurde. Gleichwohl erhielten die Diakoninnen gemeinsam mit dem übrigen Klerus einen Anteil des nach der Eucharistie übriggebliebenen nicht konsekrierten Brotes (*Const. ap.* 8,3), und ihr Amt war sicherlich insofern unverzichtbar, als sie Funktionen ausübten, die, wie aus den *Constitutiones* und der älteren *Didaskalia Apostolorum* hervorgeht, mit der Betreuung der weiblichen Gläubigen zu tun hatten. Ihre Anwesenheit half, den Anstand zu wahren, der bei jeder öffentlichen und umso mehr bei einer religiösen Aktivität von Frauen erwartet wurde. Aus diesem Grund waren die Diakoninnen während der Taufzeremonie dafür zuständig, die weiblichen Täuflinge zu salben, ehe sie unter Wasser getaucht wurden, und ihnen – ein Versuch, den nackten Frauenkörper vor männlichen Blicken zu schützen – danach beim Abtrocknen zu helfen (*Const. ap.* 8,28,6). Außerdem waren sie dafür verantwortlich, Katechumeninnen im Glauben zu unterweisen und zu erziehen. Auf diese Weise sollte der unmittelbare Kontakt zwischen Angehörigen beiderlei Geschlechter vermieden werden, der – wie im Fall der an den frühen Christen oder an Mitgliedern häretischer Bewegungen der damaligen Zeit geäußerten Kritik – missverstanden und manipuliert werden konnte. Dass der Handlungsradius der Diakoninnen auf ausschließlich weibliche Umgebungen beschränkt wurde, hatte gravierende und verhängnisvolle Auswirkungen auf den Zugang von Frauen zu Leitungsämtern. Frauen wurden in Übereinstimmung mit der in 1 Tim 2,11–15 formulierten Vorschrift von der Unterweisung der Männer ausgeschlossen, was jene Marginalisierung zur Folge hatte, die in der katholischen Kirche bis zum heutigen Tag fortdauert. Andererseits spiegeln die Quellen auch eine gewisse Diskrepanz zwischen der Strenge der offiziellen Weisungen und einer weitaus flexibleren Alltagsrealität, die sich nach den individuellen Bedürfnissen jeder christlichen Gemeinde richtete. Wir haben Kenntnis von Diakoninnen, die auch Männer unterwiesen – wie in dem bei Theodoret von Cyrus erwähnten Fall einer namenlosen Diakonin, die einem heidnischen Waisenjungen Unterricht gab.[20]

Diakoninnen dienten ferner in den Kirchen als Türsteherinnen, die die weiblichen Gläubigen begrüßten, während die Begrüßung der Männer den Diakonen oblag (*Const. ap.* 2,57). Sie achteten darauf, dass die Frauen die Kirche geordnet betraten und sich im Inneren angemessen verteilten, überwachten ihre Bewegungen bei bestimmten liturgischen Gesten wie beispielsweise dem Friedenskuss und sorgten dafür, dass junge Frauen ihren Platz an ältere abtraten (*Const. ap.* 2,58,4–6; 3,16,4). Diakoninnen dienten auch als Ansprechpartnerinnen für weibliche Gläubige, die dem Bischof oder Diakon ein Anliegen vortragen wollten, und als Zeuginnen, die den gebührenden Anstand gewährleisteten (*Const. ap.* 2,26,6; 3,19,1; 6,17,4), und sie waren verantwortlich für wohltätige Werke wie die Witwenhilfe oder Besuche bei kranken oder anderweitig beeinträchtigten Frauen, bei denen sie den Bischof vertraten, um sämtlichen Gerüchten vorzubeugen, die dem Ansehen der Gemeinde schaden konnten (*Const. ap.* 3,1,14). Aus

---

20 THEODORET VON CYRUS, *Hist. eccl.* 3,14.

diesen Gründen war ihre Arbeit wesentlich, weil nur Frauen freien Zutritt zum privaten, häuslichen Bereich hatten, um weiblichen Gemeindemitgliedern in der Not zu helfen, aber auch und vor allem, um Haushalte zu christianisieren, die noch dem Polytheismus anhingen.[21]

2.1 Die Diakoninnenweihe

Die Kandidatin für den Diakonat musste Jungfrau oder eine verwitwete *Univira*, das heißt eine Frau sein, die nur einmal verheiratet gewesen war (*Const. ap.* 6,17,4). Diakoninnen wurden vom Bischof in der Anwesenheit von Presbytern und Diakonen durch Handauflegung (*cheirotonia*) (*Const. ap.* 8,19,20) und ein eigens hierfür vorgesehenes Gebet des Bischofs ordiniert, dem die *Constitutiones* dazu raten, seine Untergebenen unverzüglich auszuwählen, damit er geeignete Mitarbeiter hat, die ihn bei der Ausübung seiner Funktionen unterstützen. Die *Constitutiones* halten außerdem fest, dass sich neben dem Diakon „auch eine gläubige und fromme Diakonissin“[22] unter seinen Helfern befinden solle (*Const. ap.* 3,15,2). Das vorgeschriebene Gebet sanktionierte die den Diakoninnen zugewiesenen Funktionen überdies durch den Verweis auf wichtige biblische Vorbilder: Mirjam,[23] Debora,[24] Hanna[25] und Hulda[26] (*Const. ap.* 3,20). Die zwischen diesen Prophetinnen und den Diakoninnen hergestellte Verbindung führt etwas in die Irre, weil die Gabe der Prophetie nie ein anerkannter Bestandteil des Frauendiakonats gewesen ist, und ist in der Forschung als ein Mittel gedeutet worden, mit dem die Kirchenhierarchie diese prophetische Gabe, die einige charismatische Witwen früher an den Tag gelegt hatten, zu kontrollieren suchte.[27]

Das Gebet ruft Gott als „Vater unsers Herrn Jesu Christi, Schöpfer des Mannes und Weibes“ an (*Const. ap.* 8,3,28) und fügt hinzu, Gott habe es nicht verschmäht, seinen „eingebornen Sohn aus einem Weibe geboren werden zu lassen“.[28] Diese Formulierung ist insofern bemerkenswert, als sie nur bei der Weihe der Diakonin und nicht bei der Weihe ihres männlichen Kollegen vorkommt und als Versuch gedeutet worden ist, ordinierte Frauen in ihrer neuen Rolle zu legitimieren, indem man die Gemeinde daran erinnerte, dass auch die Frauen Geschöpfe Gottes waren und bei der Menschenwerdung Gottes auf Erden eine wesentliche Rolle gespielt hatten. Zudem enthält der Gebetsschluss verschiedene Elemente, die im Weihegebet für die Diakone nicht enthalten sind. Die an Gott

21 Clemens von Alexandrien, *Strom.* 3,53,3.
22 BKV[1] (1874), 125.
23 Ex 15,20–21.
24 Ri 4–5.
25 1 Sam 1,1–2,10.
26 2 Kön 22,14–20.
27 Philo, *Contempl.* 22, 28–30, 68; Methuen, „Vidua – Presbytera – Episcopa“, 167.
28 BKV[1] (1874), 291.

gerichtete Bitte um den Heiligen Geist, dass die Diakonin ihre Aufgabe frei „von jeder Befleckung des Fleisches und Geistes" antreten möge (*Const. ap.* 8,3,28),[29] kam bei der Diakonweihe nicht vor, weil man einen solchen Willen zur Reinheit vor allem auf die Frauen herabflehte, die allein schon aufgrund ihrer Natur eine Quelle der Versuchung und Opfer der ihnen angeborenen geistlichen Schwachheit waren. Also bat man Gott, die Gaben des Heiligen Geistes in ausreichendem Maß über der Kandidatin auszugießen, damit diese ihrer Sendung untadelhaft nachkommen konnte und zugleich gewährleistet war, dass sie sich der Autorität des Bischofs und des übrigen männlichen Klerus unterordnete. Auch hier haben wir es wieder mit einer verhüllten Strategie zu tun, die – diesmal unter Verweis auf ihre angeborene Nichteignung aufgrund ihrer *infirmitas sexus* – darauf abzielt, die Marginalisierung von Frauen im Hinblick auf die kirchlichen Leitungsämter voranzutreiben.

2.2 Der Frauendiakonat im Osten

Was die Beliebtheit des Frauendiakonats im 4. und 5. Jahrhundert im Osten betrifft, stellen die epigraphischen Zeugnisse eine außergewöhnliche Informationsquelle dar.[30] Diverse christliche Inschriften enthalten Widmungen an Frauen, die dieses kirchliche Amt (im Unterschied zu dem Ehrentitel, den andere Frauen, wie oben gesehen, nach ihrem Tod erhielten) offenbar zu Lebzeiten innehatten. Es fällt auf, dass viele dieser Widmungen in der Region Phrygien gefunden worden sind, was als Hinweis auf den möglichen Einfluss des Montanismus gedeutet worden ist,[31] der Frauen die Gelegenheit bot, Leitungsämter auszuüben, die in der offiziellen Kirche für sie unüblich waren. Ein gutes Beispiel hierfür ist der Fall der montanistischen Prophetinnen Priskilla und Maximilla.

Einige der Inschriften sind deshalb besonders aufschlussreich, weil sie die Verstorbenen mit Frauen identifizieren, die in biblischen Zeiten großes Führungstalent bewiesen, was als implizites Lob und als Legitimation der betreffenden Frau verstanden werden kann. So heißt es in einer Jerusalemer Grabinschrift aus dem 4. Jahrhundert: „Hier liegt die Sklavin und Braut Christi Sophia,

---

29 Ben WITHERINGTON III, *Women in the Earliest Churches* (Cambridge: Cambridge University Press, 1988), 200.

30 MADIGAN und OSIEK, *Ordained Women*, 67–98.

31 TORRES, „Mulieres diaconissae", 625–638; Christine TREVETT, *Montanism: Gender, Authority and the New Prophecy* (Cambridge: Cambridge University Press, 1996), 185–196; William TABBERNEE, *Montanist Inscriptions and Testimonia: Epigraphic Sources illustrating the History of Montanism* (Macon: Mercer University Press, 1997).

Diakonin, die zweite Phöbe."[32] Hier wird auf Phöbe verwiesen, die Paulus in Röm 16,1 ausdrücklich als Diakonin der Kirche von Kenchreä erwähnt und der er für den Beistand dankbar ist, den sie ihm und der ganzen Gemeinde geleistet hat. Ein zweites Epitaph, das aus Kappadozien stammt und auf das 6. Jahrhundert datiert worden ist, beschreibt die Handlungen einer Diakonin namens Maria (und ist offenbar von den Eigenschaften inspiriert, die laut 1 Tim 5,10 von einer Witwe erwartet werden):

> Hier liegt die Diakonin Maria frommen und seligen Angedenkens, die nach den Worten des Apostels Kinder erzog, Gäste beherbergte, den Heiligen die Füße wusch, an Notleidende ihr Brot verteilte. Gedenke ihrer, Herr, wenn sie in dein Reich kommt.[33]

Zusammen mit dem inschriftlichen Befund stellen auch Konzilsbestimmungen ein indirektes Zeugnis für die Existenz von Diakoninnen in der nachkonstantinischen Kirche dar. Einer der Kanones des Konzils von Nizäa (325) enthielt Instruktionen darüber, wie mit Klerikern zu verfahren sei, die Anhänger des im Jahr 259 abgesetzten antiochenischen Bischofs Paulus von Samosata gewesen waren. Der Kanon legte fest, dass jeder Anhänger dieser Irrlehre, der in den Schoß der Kirche zurückkehrte, ein weiteres Mal getauft werden solle, und formulierte präzise Anweisungen für Diakoninnen und andere subalterne Kleriker:

> Ebenso wird dieselbe Vorgehensweise auch bezüglich der Diakoninnen und überhaupt aller, die zum Klerus gehören, beachtet. Wir haben die Diakoninnen erwähnt, die zum Klerusstand gezählt wurden. Da sie nicht einmal eine Handauflegung haben, gehören sie konsequenterweise in jeder Hinsicht zu den Laien.[34]

Diese Stelle hat zu intensiven Debatten über die Frage geführt, ob Diakoninnen geweiht worden und mithin Teil der offiziellen kirchlichen Hierarchie gewesen seien oder nicht. Die Meinungen sind geteilt. Einige vertreten die Auffassung, dass die Diakoninnen der Paulianisten nicht einmal innerhalb der häretischen Bewegung geweiht gewesen seien und deshalb – als Angehörige des Laienstandes – ihre Rolle auch weiterhin hätten ausüben können.[35] Die Praxis, die Ränge unterhalb des Diakonats nicht zu weihen, stimme mit den Weisungen überein,

---

32 EG 4.445, Abb. 132; Text: Roger GRYSON, *The Ministry of Women in the Early Church* (Collegeville: Liturgical Press, 1976), 90, 153, Anm. 148; Ross Shepard KRAEMER, *Women's Religions in the Greco-Roman World: A Sourcebook: Maenads, Martyrs, Matrons, Monastics* (New York: Oxford University Press, 2004), 257–258; MADIGAN und OSIEK, *Ordained Women*, 90.

33 Text: *SEG* 27 (1977): 948A; deutsche Übersetzung: EISEN, *Amtsträgerinnen*, 164; Diskussion: GRYSON, *The Ministry of Women in the Early Church*, 90; Übersetzung: KRAEMER, *Women's Religions*, 258; MADIGAN UND OSIEK, *Ordained Women*, 82.

34 Canon 19; deutsche Übersetzung: Dekrete der ökumenischen Konzilien, Band 1: Konzilien des ersten Jahrtausends: vom Konzil von Nizäa (325) bis zum Vierten Konzil von Konstantinopel (869/70) (ins Dt. übertr. u. hg. unter Mitarb. v. Gabriel Sunnus und Johannes Uphus v. Joseph Wohlmuth; 3. Aufl.; Paderborn et al.: Schöningh, 1998), 15; englische Übersetzung: GRYSON, *The Ministry of Women in the Early Church*, 48.

35 CARDMAN, „Women, Ministry, and Church Order", 318.

die aus der früheren Überlieferung erhalten sind. So erklärt die *Didaskalia Apostolorum*, die in derselben Zeit und Region (dem Syrien des 3. Jahrhunderts) angesiedelt ist wie die besagte Bewegung, dass Diakoninnen ernannt, aber nicht ordiniert wurden. Es sei also plausibel, dass die paulianistischen Gemeinden an dieser Praxis festgehalten hätten. Andere verstehen den Kanon so, dass die Handauflegungen, die innerhalb der häretischen Gruppierung vorgenommen wurden, ungültig gewesen und die paulianistischen Diakoninnen deshalb nicht von der offiziellen Kirche geweiht worden und nicht Teil des Klerus gewesen seien.[36]

Ungeachtet des oben Gesagten hatte sich die Situation ein Jahrhundert später vollkommen verändert, wie aus den *Constitutiones* hervorgeht: Sie belegen, dass in Syrien und in anderen östlichen Kirchen Diakoninnen geweiht wurden, und überliefern, wie wir weiter unten noch sehen werden, bestimmte Details aus der Weihezeremonie. 390 erließ Theodosius I. ein Gesetz, das – wie bei Sozomenus erwähnt[37] – ein Mindestalter (60 Jahre) für die Zulassung festlegte und Testamente zugunsten des Klerus verbot, um das Hab und Gut vornehmer Familien zu schützen, da adlige Christen ihrer Gemeinde oft großzügige Schenkungen hinterließen, die vom Bischof verwaltet wurden.[38] Später, im 5. Jahrhundert, erkannte das Konzil von Chalzedon (451) die Diakoninnenweihe an und legte ein neues Eintrittsalter von 40 Jahren fest, das niedriger war, als das, das die *Didaskalia Apostolorum* (50 Jahre) oder die *Constitutiones* (60 Jahre) für die Aufnahme ins Witwenverzeichnis vorsahen. Eine im Westen unter Kaiser Majorian (458) erlassene kaiserliche Verfügung aus derselben Zeit legte dasselbe Alter (40 Jahre) als frühestmöglichen Zeitpunkt fest, zu dem Frauen mit dem Status der *Virgo* geehrt werden konnten und man von kinderlosen Witwen keine Wiederheirat mehr verlangte.[39]

Und schließlich wird die Blütezeit des Frauendiakonats im östlichen Teil des Reichs im 4. und 5. Jahrhundert auch durch literarische Quellen bestätigt. Noch in der Zeit von Justinian I. waren an der Hagia Sophia in Konstantinopel 60 Priester, zehn Diakone und 40 Diakoninnen beschäftigt.[40] Die Namen vieler dieser Diakoninnen sind überliefert, vor allem dann, wenn sie zu jenen Frauen gehörten, die im Briefwechsel mit dem Bischof der kaiserlichen Hauptstadt, Johannes Chrysostomus, standen. Zu ihnen gehörten Amprucla und Pentadia, die auch dann noch mit dem Bischof in Verbindung blieben, als er seines Amts enthoben und 404 von der Eichensynode in die Verbannung geschickt worden war.[41] Dank

---

36 Fernando RIVAS REBAQUE, „Diaconado de las mujeres en la Antigüedad cristiana", in *Mujeres y Diaconado: Oportunidad o riesgo, Iglesia viva. Pensamiento crítico y cristianismo* 274 (2018): 29–43; 34.

37 SOZOMENUS, *Hist. eccl.* 7,16.

38 *Codex Theodosianus* 16,2,27.

39 *Novella Maioriani* 6,1.

40 *Novella Iustiniani* 3,11.

41 Amprucla: JOHANNES CHRYSOSTOMUS, *Ep.* 96, 103 und 191; Pentadia: DERS., *Ep.* 94, 104 und 185.

Sozomenus wissen wir, dass Pentadia die Witwe des Konsuls Timasios und von der gravierenden Anklage freigesprochen worden war, die Hagia Sophia nach der Vertreibung des Patriarchen niedergebrannt zu haben.[42] Sozomenus erwähnt ferner die Diakoninnen Nektaria in Armenien und Eusebia in Konstantinopel.[43] Die Diakonin Sabiniana, Tante des Patriarchen väterlicherseits, begleitete ihn trotz ihres fortgeschrittenen Alters ins Exil, wie Palladios überliefert, der außerdem die Diakonin von Cäsarea in Palästina namentlich erwähnt.[44]

Die Lebensbeschreibung der heiligen Pelagia, die einem Diakon namens Jacobus zugeschrieben wird, erzählt von der Bekehrung einer Hure in Antiochia, bei der eine „*Domina Romana Prima Diaconissarum*“[45] eine wichtige Rolle gespielt habe. Romana war auf Ersuchen von Bischof Nonnus vor Ort und für Pelagias Taufe zuständig; entsprechend dem Aufgabenbereich der Diakoninnen half sie Pelagia beim Verlassen des Taufbeckens und schützte sie vor allen männlichen Blicken. Ein weiterer Historiker der damaligen Zeit, Theodoret, korrespondierte ebenfalls mit Diakoninnen: Axia, Casiana, Celerina (in Konstantinopel) und Publia (einer Diakonin aus Antiochia),[46] was beweist, dass christliche Intellektuelle und hochrangige weibliche Gläubige in regem Kontakt zueinander standen. Außerdem erzählt Theodoret, dass ein junger *Hellene* dank einer Frau, „die sich durch Frömmigkeit auszeichnete und das ehrenvolle Amt einer Diakonissin innehatte“, den christlichen Glauben angenommen habe.[47] Porphyrius von Gaza überliefert den Namen der Diakonin Manaris, der er ein Waisenmädchen zur Obhut und Unterweisung anvertraut habe, und veranschaulicht mit diesem Beispiel eine der wichtigsten pastoralen Funktionen der Diakoninnen.[48]

Eine der berühmtesten Diakoninnen jedoch war ohne jeden Zweifel Olympias, die eine intensive Korrespondenz mit Johannes Chrysostomus unterhielt, von dem sie mit nur 30 Jahren – früher, als in den kirchlichen Regularien vorgesehen – zur Diakonin geweiht worden war.[49]

Die Briefe, die Johannes Chrysostomus aus dem Exil an Olympias schrieb, zeigen, dass diese Frau in den kirchlichen Kreisen der oströmischen Hauptstadt eine führende Rolle spielte. Ihr hoher gesellschaftlicher Rang und ihr enormer

---

42 SOZOMENUS, *Hist. eccl.* 8,7.

43 SOZOMENUS, *Hist. eccl.* 4,24; 9,2.

44 PALLADIUS, *Historia Lausiaca* 41; JOHANNES CHRYSOSTOMUS, *Ep.* 13.

45 Sebastian BROCK und Susan Ashbrook HARVEY, *Holy Women of the Syrian Orient* (Berkeley: California University Press, 1987), 40–62.

46 THEODORET VON CYRUS, *Ep.* 17 und 101.

47 THEODORET VON CYRUS, *Hist. eccl.* 3,14 (GCS 19, 190–192; BKV[1] [1926], 185).

48 MARCUS DIACONUS, *Vita Porphyrii Episcopi Gazensis* 102 (hg. u. ins Frz. übers. v. Henri Grégoire und Marc Antoine Kugener; Paris: Belles Lettres, 1930); lateinisch-deutsche Ausgabe: Adelheid HÜBNER (Hg.), *Marcus Diaconus: Vita Sancti Porphyrii = Leben des heiligen Porphyrius* (FC 53; Freiburg i. B. et al.: Herder, 2013).

49 Fernando RIVAS REBAQUE, „Vidas paralelas: Olimpia (c. 360–410) y Pulqueria (399–453). Auctoritas versus potestas“, in *Mujeres con autoridad en el cristianismo antiguo* (hg. v. Carmen Bernabé; Estella [Navarra]: Verbo Divino, 2007), 128–162.

Reichtum verliehen ihr am kaiserlichen Hof fraglos beträchtlichen Einfluss,[50] und sie scheute sich nicht, diesen gegen Chrysostomus' Feinde und im Rahmen eines konzertierten Vorgehens geltend zu machen, das auf die Aufhebung seiner Verbannung abzielte. Wie viele Christinnen der gesellschaftlichen Elite des 4. und 5. Jahrhunderts führte sie ein asketisches Leben, das darin gipfelte, dass sie in der Nachbarschaft der Kirche von Konstantinopel ein Kloster gründete, dem sie vorstand und in das sie 50 Jungfrauen aufnahm. Weil Frauenklöster so häufig von Diakoninnen geleitet wurden, entwickelte es sich zu einer verbreiteten Praxis (wenn auch nicht zur Bedingung), dass die Frauen, die diese Verantwortung übernahmen, zu Diakoninnen geweiht wurden.[51] Das weist darauf hin, dass Oberinnen für das spirituelle, disziplinarische und materielle Wohl der von ihnen geleiteten Gemeinschaft verantwortlich und autorisiert waren, bei sämtlichen dem Diakonat zugeordneten liturgiebezogenen Handlungen den Vorsitz zu führen. Außer Olympias, die Diakonin und Oberin war, wissen wir, dass ihre drei weiblichen Verwandten, die sich mit ihr gemeinsam aus dem weltlichen Leben zurückzogen, Elisanthia, Martyria und Palladia, ebenfalls geweihte Diakoninnen waren und dass Elisanthia später Oberin des besagten Klosters wurde.[52] Egeria erwähnt in ihrem Pilgerbericht eine Diakonin namens Martana, die sie in Jerusalem traf und die das Kloster der heiligen Thekla in Seleukia leitete.[53] Diakoninnen, die ihre jeweiligen Klöster leiten, begegnen uns auch in der Korrespondenz des Mönchs Severus, nämlich in den Briefen an Anastasia,[54] Eugenia,[55] Valeriana[56] und Jannia.[57] Und Palladius erzählt in seiner *Historia Lausiaca* von einer jungen schwangeren Frau, die in einem Kloster Zuflucht fand, nachdem sie dessen Diakonin gebeten hatte, bis zur Geburt dort bleiben zu dürfen.[58]

2.3 *Der Frauendiakonat im Westen*

Während die Existenz von Diakoninnen im östlichen Teil des Reichs gut dokumentiert ist, haben einige Autoren die These vertreten, dass die westliche Kirche

50 SOZOMENUS, *Hist. eccl.* 8,9; PALLADIUS, *Historia Lausiaca* 56;61 (hg. u. ins Ital. übers. v. Christine Mohrmann, Gerhardus J. M. Bartelink und Marino Barchieri; Turin: Fondazione Lorenzo Valla, 1974).

51 MARTIMORT, *Les diaconesses*, 137; P. L. GATIER, „Aspects de la vie religieuse des femmes dans l'Orient paléochretien: ascétisme et monachisme", in *La femme dans le monde mediterranéen I: Antiquité* (hg. v. Anne-Marie Vérilhac; Lyon: Maison de l'Orient et de la Méditerranée, Jean-Pouilloux/MOM, 1985), 165–183; 174.

52 *Vita Olympiadis* 6, 20 und 12.

53 *Peregrinatio Egeriae* 23,3 (SC 296).

54 SEVERUS VON ANTIOCHIEN, *Ep.* 69; 70; 71; 72.

55 DERS., *Ep.* 110.

56 DERS., *Ep.* 7,1.

57 DERS., *Ep.* 7,2.

58 PALLADIUS, *Historia Lausiaca* 70,22–25.

das Amt nicht als Bestandteil des Klerus anerkannt habe.[59] Dennoch finden sich – allerdings spärliche – Hinweise darauf, dass es den Frauendiakonat im 4. und 5. Jahrhundert gegeben hat. Neben dem schon erwähnten kaiserlichen Erlass Theodosius' I. aus dem Jahr 390, der das Mindestalter für den Diakonat festlegte, verurteilte die Synode von Nîmes 396 die Frauenordination und wies sie in ihrem zweiten Kanon kategorisch zurück:

> Das Folgende ist von gewissen Einzelnen vorgebracht worden, dass unwissentlich entgegen apostolischer Lehre an dem einen oder anderen Ort Frauen in den Priesterdienst aufgenommen worden zu sein scheinen. Die Kirchenordnung lässt dies nicht zu, weil es unpassend ist, und eine solche Weihe sollte ungeschehen gemacht werden, wenn sie entgegen der Vernunft ausgeführt wird. Es sollte darauf geachtet werden, dass sich in Zukunft niemand etwas Derartiges erlaubt.[60]

Es ist darauf hingewiesen worden, dass der Begriff Diakonin nicht ausdrücklich erwähnt und es daher nicht möglich sei, genau zu bestimmen, um welches kirchliche Amt es hier geht.[61] Im Licht der Regelungen einer anderen Synode, die fast ein halbes Jahrhundert später in Gallien abgehalten wurde, muss es jedoch als nahezu sicher betrachtet werden, dass auf der Synode von Nîmes von Diakoninnen die Rede war. In Kanon 26 der ersten Synode von Orange (441) wird die Diakoninnenweihe ausdrücklich verboten:

> Diakoninnen (*Diaconae*) dürfen unter keinen Umständen geweiht werden. Wenn es Diakoninnen gibt, die bereits geweiht worden sind, dann sollen sie ihr Haupt unter den Segen beugen, der dem Laienstand gewährt wird.[62]

Viele Jahre später, 494, schickte Papst Gelasius einen Brief an die Bischöfe in Süditalien und Sizilien, in dem er die Zulassung von Frauen zum Altardienst verurteilte, obwohl auch hier nicht mit letzter Sicherheit geklärt werden kann, ob sich dies auf Diakoninnen oder auf *Presbyterae* bezieht:

> Gleichwohl haben wir zu unserem Missfallen gehört, dass es um die göttlichen Dinge so schlecht bestellt ist, dass Frauen ermutigt werden, an den heiligen Altären Dienst zu tun und an allem teilzuhaben, was den Ämtern des männlichen Geschlechts zugerechnet wird, dem sie nicht angehören.[63]

Die Ablehnung, die in beiden Texten zum Ausdruck kommt, bestätigt, dass die Praxis weiter Bestand hatte, und zeigt andererseits, dass die Frauen von jeder Rolle ausgeschlossen werden sollten, die mit den Leitungsfunktionen der Männer vergleichbar gewesen wäre. Das Weiheverbot im ersten Text ist ein klarer

---

59 Jean LAPORTE, *The Role of Women in Early Christianity* (New York: Edwin Mellen Press, 1982), 214.

60 Kanon 2; englische Übersetzung: MADIGAN und OSIEK, *Ordained Women*, 185.

61 GRYSON, *The Ministry of Women in the Early Church*, 99–102.

62 *Concilia Galliae a. 314–506* (hg. v. C. Munier; CCSL 148; Turnhout: Brepols, 1963), 84; englische Übersetzung: MADIGAN und OSIEK, *Ordained Women*, 145–146.

63 GELASIUS, *Ep.* 14, in *Epistolae Romanorum pontificum genuinae et quae ad eos scriptae sunt a S. Hilaro usque ad Pelagium II* (hg. v. Andreas Thiel; New York: Georg Olms Verlag, 1974), 376–377; englische Übersetzung: MADIGAN und OSIEK, *Ordained Women*, 186.

Hinweis darauf, dass noch immer Diakoninnen geweiht wurden und ihre Pflichten als Teil des Klerus ausübten. Der Papstbrief indessen belegt dieselbe Kontinuität, denn wenn es keine geweihten Diakoninnen gegeben, sondern es sich nur um einen Ehrentitel gehandelt hätte, wären die betreffenden Frauen nicht in der Lage gewesen, wie jedes andere geweihte Mitglied der Kirche und mit ähnlichen Pflichten wie der männliche Klerus – ob diese nun (wie die Mitwirkung bei einer Taufe) liturgischer oder (wie die Unterweisung der Frauen) pastoraler Natur waren – aktiv am Altardienst teilzunehmen.

Die Strategie, die die Kirche verfolgte, um die Beteiligung der Frauen einzuschränken und umzuleiten, zeigt sich auch in anderen Dokumenten der fraglichen Zeit. Die Statuta Ecclesiae Antiqua, eine gallische Kompilation kirchendisziplinarischer Kanones aus der Mitte des 5. Jahrhunderts, führt en détail aus, worin die Funktionen einer Diakonin bestanden:

> Witwen und geheiligte Frauen (*sanctimoniales*), die für den Dienst der Frauentaufe ausgewählt werden, sollen so für das Amt ausgebildet werden, dass sie imstande sind, ungebildete und bäuerliche Frauen, deren Taufe bevorsteht, offen und korrekt darin zu belehren, wie sie die Fragen des Täufers beantworten und wie sie nach dem Empfang der Taufe leben sollen.[64]

Der Begriff *sanctimoniales* ist unüblich, aber es besteht kein Zweifel, dass er sich auf dasselbe Amt oder auf identische, Frauen zugewiesene Aufgaben bezieht: sakramentale Funktionen wie die Taufe von Frauen und pastorale Unterweisung von Katechumeninnen, die zu den Pflichten von Diakoninnen gehörten.

3. Presbyterae

Anders als der Frauendiakonat, der ein fester Bestandteil der Dienstamtshierarchie war und mithin vom Bischof problemlos kontrolliert werden konnte, ist es unmöglich, auch nur annähernd sicher zu bestimmen, worin das mit dem Begriff *Presbytera* bezeichnete Amt bestanden hat.

Auch wenn die inschriftlichen Befunde belegen, dass es *Presbyterae* gegeben hat, sind angesichts der geringen Menge und der Ambivalenz der aus dieser Periode auf uns gekommenen Informationen wiederholt Zweifel daran geäußert worden, dass es sich hierbei um ein mit spezifischen Funktionen verbundenes Amt innerhalb der kirchlichen Hierarchie gehandelt habe.

Presbytera, so hat man vorgeschlagen – und dabei vor allem *e silentio* argumentiert –, sei möglicherweise ein Ehrentitel für die Frau eines *Presbyters* gewesen. Die spärlichen Grabwidmungen, die erhalten geblieben sind, verraten kaum mehr als den Titel und Namen der Verstorbenen und geben keinerlei Hinweis

---

[64] Kanon 100 (SC 353–354).

auf die Art der von ihr wahrgenommenen Verantwortung. Das gilt für drei Inschriften aus dem 4. bis 6. Jahrhundert: Ein Epigraph aus Salona (Kroatien) bewahrt lediglich sehr bruchstückhaft den Titel *Sacerdotae*, also nicht das Femininum von *Presbyter*, sondern die weibliche Form des entsprechenden lateinischen Substantivs.[65] Im Westen ist eine Grabinschrift aus dem kalabrischen Tropea zu Ehren der *Presbytera* Leta erhalten, die ihr von ihrem Ehemann gewidmet worden ist, während eine weitere Inschrift aus Sizilien an die *Presbytera* Kale erinnert.

Darüber hinaus scheinen zwei weitere Konzilsbestimmungen diese Hypothese zu erhärten. Das 567 abgehaltene zweite Konzil von Tours verfügte Folgendes:

> Wenn ein Presbyter mit seiner Presbyterin (*presbiteria*) oder ein Diakon mit seiner Diakonin (*diaconissa*) oder ein Subdiakon mit seiner Subdiakonin (*subdiaconissa*) angetroffen wird, soll er ein ganzes Jahr lang exkommuniziert (*excommunis*), jedweden Klerikeramts enthoben und den Laien zugezählt sein.[66]

Der Kanon belegt, dass eine *Presbytera* lediglich die Frau eines *Presbyter* ist, wie ja auch die Frauen aller anderen männlichen Kleriker dem Titel ihres Mannes entsprechend angeredet wurden. Gleichwohl sollten wir uns angesichts der Tatsache, dass es in der fraglichen Zeit Diakoninnen mit einer Reihe klar definierter Befugnisse gegeben hat, davor hüten, die jeweilige weibliche Form automatisch mit „Frau von" zu übersetzen. Der Kanon ist auch deshalb interessant, weil er darauf hinweist, dass Mitglieder des Klerus zwar noch nicht auf die Ehe verzichten mussten, dass aber sexuelle Beziehungen zwischen den Eheleuten mit der strengen Strafe der Exkommunikation belegt wurden.[67] Auch die Synode von Auxerre gebot eine zölibatäre Lebensweise:

> Es ist keinem Presbyter erlaubt, nachdem er den Segen der Weihe empfangen hat, mit seiner Presbytera im selben Bett zu schlafen oder sich in fleischlicher Sünde zu vereinigen; auch einem Diakon oder Subdiakon ist solches verboten.[68]

---

65 Eisen, *Amtsträgerinnen*, 135–137; Madigan und Osiek, *Ordained Women*, 197.

66 Kanon 9: *Concilia Galliae a. 314–506*, 184; englische Übersetzung: Madigan und Osiek, *Ordained Women*, 172.

67 Haye van der Meer, *Women Priests in the Catholic Church? A Theological-Historical Investigation* (Philadelphia: Temple University Press, 1974), 94 (dt. Orig.: *Priestertum der Frau? Eine theologiegeschichtliche Untersuchung*; QD 42; Freiburg i. Br. et al.: Herder, 1969); Joseph Ysebaert, „The Deaconesses in the Western Church of Late Antiquity and Their Origin", in *Eulogia: Mélange offerts à Antoon A. R. Bastiaensen à l'occasion des son soixante-cinquième anniversaire* (hg. v. Gerhardus M. Bartelink, Anton Hilhorst und C. H. Kneepkens; IPM 24; Turnhout: Brepols, 1991), 421–436; 434; Gryson, *The Ministry of Women in the Early Church*, 108.

68 Abgehalten im Jahr 578; Kanon 21: „Non licet presbytero post accepta benedictione in uno lecto cum presbytera dormire nec in peccato carnali miscere, nec diacono nec subdiacono": Concilia Galliae a. 511–695 (hg. v. C. de Clercq; CCSL 148A; Turnhout: Brepols, 1963), 268; Madigan und Osiek, *Ordained Women*, 172–173; Van der Meer, *Women Priests*, 95; Ysebaert, „The Deaconesses in the Western Church", 423–436.

Wieder weisen alle diese Einschränkungen, die Mitgliedern des Klerus Keuschheit auferlegen, darauf hin, dass die Wirklichkeit sehr anders aussah und dass Eheleute auch nach der Weihe weiterhin geschlechtlich miteinander verkehrten.[69]

Im Unterschied zu Forscher*innen, die die *Presbytera* nicht als kirchliche Amtsträgerin deuten, haben andere die Auffassung vertreten, dass mit dieser Bezeichnung dienstamtliche Funktionen innerhalb der Kirchenhierarchie verbunden gewesen seien,[70] und auf inschriftliche Befunde verwiesen, die einen Blick auf einige dieser Funktionen erhaschen lassen. Im Westen erscheint der Name Martia auf einem Graffito, das in der Nähe von Poitiers entdeckt worden ist und das Martia gemeinsam mit Olybrius und Nepos[71] als eine *Presbytera* erwähnt, die die Opfergaben dargebracht (*ferit obblata*), mit anderen Worten, eine eucharistische Amtshandlung vollzogen habe. Dass ihr Name gemeinsam mit den Namen zweier Männer im Kontext dieses liturgischen Akts erwähnt wird, weist darauf hin, dass ihre Rolle in irgendeiner Weise die Teilnahme an kirchlichen Aufgaben vorsah, die – anders als die einfachen Hilfsaufgaben, die in der damaligen Zeit offenbar von dem *Ordo* der Witwen übernommen wurden – eine Art Leitungsamt beinhaltete und eine Weihe und die Handauflegung durch einen Bischof erforderte. Im Osten ist auf einer zweiten Inschrift aus Salona,[72] die auf 425 datiert wird, verzeichnet, dass der Widmer Theodosius der *Presbytera* Flavia Vitalia für drei Gold-*Solidi* eine Grabstätte abgekauft hat. Auch wenn die Inschrift keine liturgische Funktion erwähnt, die Flavia Vitalia womöglich ausgeübt haben könnte, weist die Tatsache, dass sie bei diesem Kauf als Mittelsperson genannt wird, darauf hin, dass sie – da Transaktionen, die mit Gräbern zu tun hatten, im 4. und 5. Jahrhundert in die Zuständigkeit der Kirche fielen[73] – in ihrer Stadtgemeinde ein gewisses Maß an Verantwortung und daher womöglich ein Amt innehatte.

Kombiniert man diese dürftigen Daten mit Papst Gelasius' Verurteilung der Beteiligung von *Presbyterae* (und Diakoninnen) an der Altarliturgie, dann scheint der Gedanke plausibel, dass die *Presbyterae* Angehörige des geweihten Klerus waren, die die Handauflegung empfangen hatten und daher liturgische Aufgaben

---

69 Papst Gregor I. berichtet von einer sehr ähnlichen Situation, vgl. GREGOR DER GROSSE, *Dialogi* 4,12,2 (SC 265, 48–50).

70 METHUEN, „Vidua – Presbytera – Episcopa", 169.

71 MADIGAN und OSIEK, *Ordained Women*, 195–196; Georgio OTRANTO, „Note sul sacerdozio femminile nell'antichità in margine a una testimonianza di Gelasio I", *Vetera Christianorum* 19 (1982): 341–360; DERS., „Il sacerdozio della donna nell'Italia meridionale", in *Italia meridionale e Puglia paleochristiane: Saggi storici. Scavi e ricerche*, 5 (Bari: Edipuglia, 1991), 94–121; 114–115.

72 MADIGAN und OSIEK, *Ordained Women*, 196.

73 Éric REBILLARD, „The Church, the Living, and the Dead", in *A Companion to Late Antiquity* (hg. v. Philip Rousseau; West Sussex: Wiley-Blackwell, 2012), 224.

übernehmen durften, die nach dem Willen des Papstes von nun an ihren männlichen Kollegen vorbehalten sein sollten.

Hierfür scheint auch die Strenge der Maßnahmen zu sprechen, die gegen die Teilnahme von *Presbyterae* an liturgischen Tätigkeiten ergriffen wurden und nicht nur die Existenz dieser Position, sondern auch die Absicht der Kirchenführung belegen, der Partizipation von Frauen, die man als Eindringlinge im kirchlichen Dienst empfand, ein Ende zu setzen. Kanon 11 des Konzils von Laodicea belegt in der zweiten Hälfte des 4. Jahrhunderts, dass geweihte Frauen Führungsaufgaben wahrnahmen und als Vorsteherinnen ihrer Gemeinden dienten.[74] Die profilierte Beteiligung der Frauen in dieser Region ist nicht weiter überraschend, wenn man bedenkt – wie weiter oben bereits erwähnt –, dass dort der Montanismus entstanden ist, der die alltägliche Praxis der orthodoxen Kirchen vor Ort durchaus beeinflusst haben mag.

Dass das Konzil die Weihe von *Presbyterae* verbot, ist ein Beleg dafür, dass diese Praxis nach wie vor Bestand hatte und die offizielle Kirche versuchte, die Frauen aus den geweihten Dienstämtern auszuschließen und als Witwen oder Diakoninnen der Kontrolle des männlichen Klerus zu unterstellen. Ein ähnliches Verbot erscheint in einem Brief, den Licinius, Melanius und Eustochius, Bischöfe der Diözesen Tours, Rennes und Angers, 511 an die beiden bretonischen Priester Lovocatus und Catihernius sandten.[75] Die Bischöfe waren von einem Priester namens Speratus über inakzeptable Praktiken informiert worden. Sie werfen den Priestern vor, dass sie tragbare Altäre benutzen, um die Messe zu feiern, und dass sie Frauen (der Brief verwendet den Begriff *conhospitae*) bei der Austeilung der Eucharistie helfen lassen. Die Bischöfe bringen diese Beteiligung von Frauen an zentralen liturgischen Aktivitäten mit dem Aufkommen einer neuen Bewegung in Gallien in Verbindung, die der östlichen Bewegung der sogenannten Pepuzianer ähnelt, welche wiederum Ähnlichkeiten mit dem Montanismus aufweist. Sie drängen die Priester, von solchen Praktiken Abstand zu nehmen, außer mit engen Verwandten nicht mit Frauen zusammenzuwohnen (hier wäre etwa das Zusammenwohnen mit den *Subintroductae* zu erwähnen,[76] das in Nizäa ausdrücklich verurteilt worden war und auf das der Text höchstwahrscheinlich

---

74 Zum griechischen und lateinischen Text s. Josephine MAYER, *Monumenta de viduis diaconissis virginibusque tractantia, Florilegium patristicum tam veteris quam medii aevi auctores complectens* 42 (Bonn: Peter Hanstein, 1938), 11; Jean GALOT, *La donna e I ministeri nella chiesa* (Assisi: Cittadella editrice, 1973), 81–83; YSEBAERT, „The Deaconesses in the Western Church", 427; MADIGAN und OSIEK, *Ordained Women*, 163–164.

75 Brief der Bischöfe Licinius, Melanius und Eustochius, in *Les Sources de l'Histoire du Montanisme* (hg. v. Pierre de Labriolle; Collectanea Friburgensia 15; Fribourg: Libraire de l'Université, 1913), 227–228.

76 Zu den Subintroductae vgl. Livia NEUREITER, „Zwischen Enthaltsamkeit und Begehren: Formen des Zusammenlebens von Männern und Frauen in der christlichen Antike", in *Geschlechterverhältnisse und Macht* (hg. v. Irmtraud Fischer und Christoph Heil; Wien et al.: LIT, 2010), 211–229.

anspielt) und sicherzustellen, dass die heiligen Sakramente nicht durch die Beteiligung von Frauen verunreinigt werden. Die Bischöfe fügen hinzu, dass den Priestern die Exkommunikation drohe, wenn sie den kirchlichen Erlassen nicht Folge leisten. In dem Brief wird die erwähnte häretische Sekte nach ihrem mutmaßlichen Gründer Pepodius benannt; tatsächlich aber leitete sich der Name, wie wir noch sehen werden, von der phrygischen Stadt Pepuza ab.

4. Weibliche Führung als Kennzeichen der Häresie

Unter Verwendung einer Strategie, die in hohem Maß auf Rhetorik beruhte, beeilte sich die kirchliche Hierarchie, die Autorität und Geltung, die Frauen in den frühen Tagen des Christentums genossen hatten, zu beschränken. Weibliche Beteiligung wurde mit der Begründung verurteilt, dass Frauen in moralischer und intellektueller Hinsicht schwach und in sexueller Hinsicht zügellos seien; deshalb müssten sie der Kontrolle der Männer unterworfen bleiben. Auf diese Weise rechtfertigte man die Unterordnung der Frauen. Dieselbe Kritik, die schon von polytheistischer Seite gegen die Christen vorgebracht worden war, diente nun innerhalb des Christentums dazu, denjenigen Gruppen die Legitimation abzusprechen, die die von der Orthodoxie gezogenen Grenzen nicht akzeptierten und deshalb als häretisch eingestuft wurden. Wenn Gemeinschaften dafür verurteilt wurden, dass sie Frauen Lehr- oder Leitungsaufgaben übertrugen, warf man ihnen damit implizit vor, in Chaos und Anarchie zu leben – im Gegensatz zur offiziellen Kirche, in der die Frauen gehorsam und bescheiden waren, die Öffentlichkeit mieden und sich so verhielten, wie es dem idealen Frauenbild ihrer Epoche entsprach.[77]

Diese Rolle von Frauen in heterodoxen Bewegungen, die sich in der christlichen Literatur widerspiegelt,[78] ist eines der Argumente, die in der Forschung vorgebracht worden sind, um zu beweisen, dass manche Gemeinschaften es Frauen erlaubten, auf Augenhöhe mit den Männern Leitungsämter zu übernehmen, und infolgedessen für häretisch erklärt wurden.

Einigen häretischen Gruppen gehörte tatsächlich eine beträchtliche Anzahl von Frauen mit prophetischem Charisma an: einer Gabe, die durch den Hinweis darauf legitimiert wurde, dass sie auch bei großen Frauen des Alten und des Neuen Testaments vorgekommen sei.[79] Später, als sich die patriarchalischen

---

77 Clelia MARTINEZ MAZA, „La retórica de la marginación femenina en el cristianismo primitivo", in *Marginación y Mujer en el Imperio romano* (hg. v. Pilar Pavón; Rom: Quasar, 2018), 253–273.

78 MARTINEZ MAZA, „La retórica de la marginación femenina", 261–264.

79 Phyllis BIRD, „Images of Women in the Old Testament", in *Religion and Sexism* (hg. v. Rosemary R. Ruether; New York: Simon & Schuster, 1974), 41–88; Mar MARCOS, „Mujer y

Strukturen der offiziellen Kirche verfestigten, überlebte diese weibliche Gabe nur in einigen Randgruppen, die damit unwiderleglich der Häresie überführt waren. Der Montanismus ist in der fraglichen Periode in dieser Hinsicht besonders erwähnenswert, weil er das prophetische Handeln einiger seiner weiblichen Mitglieder bis auf Isebel, die Rivalin des Johannes, und auf die vier Töchter des Philippus zurückführte, denen der heilige Paulus im palästinischen Cäsarea begegnete.[80] Andere weibliche Mitglieder, deren Namen wir kennen, sind die schon erwähnten Montanistinnen Priskilla und Maximilla, die man, nachdem sie ihre prophetische Gabe vorgeführt hatten, beschuldigte, vom Teufel besessen zu sein. Einige Prophezeiungen der Montanisten und ihres Gründers, die von den Anhängern des Montanismus nicht weniger hoch verehrt wurden als die heiligen Schriften, sind bis auf den heutigen Tag erhalten geblieben.[81] Andere häretische Gruppen, denen prophetische Frauen angehört haben sollen, sind die Quintillianer, eine nach ihrer Gründerin Quintilla benannte Untergruppierung der Montanisten, und die sogenannten Pepuzianer, deren Name sich von der phrygischen Stadt Pepuza ableitet, wo sich laut einer Offenbarung, die die Prophetin empfangen hatte, dereinst das himmlische Jerusalem befinden sollte.

Alles, was wir über diese Gruppen und die prominente Stellung einiger ihrer weiblichen Mitglieder wissen, stammt von orthodoxen Intellektuellen, weshalb es sehr schwierig ist, die tatsächliche Rolle, die sie in ihren jeweiligen Gemeinschaften gespielt haben, zu beurteilen: nicht nur aufgrund des rhetorischen Charakters der betreffenden Beschreibungen, sondern auch, weil uns keine Informationen aus erster Hand von den Beschuldigten selbst vorliegen. Infolgedessen lässt sich nicht genau bestimmen, wie groß die Autorität und Autonomie dieser Frauen in diesen Bewegungen war und welche Pflichten sie womöglich mit ihren männlichen Kollegen geteilt haben. Mithin wäre es unklug anzunehmen, dass die vorliegenden Informationen über die soziale Zusammensetzung und über die Lehre dieser Bewegungen belastbar sind, denn sie wurden aus einer orthodoxen Perspektive in einer bestimmten Weise und mit dem klaren Ziel verbreitet, aufzuzeigen, auf welchem Irrtum das Gebäude dieser Gruppen aufruhe.[82] Die meisten Vorwürfe hinsichtlich der Präsenz von Frauen waren höchstwahrscheinlich

---

profecía en el cristianismo antiguo", in *Profecía, magia y adivinación en las religiones antiguas* (hg. v. Ramón Teja; Aguilar de Campoo: Fundación Santa Maria la Real del Patrimonio Histórico, 2001), 89–106.

80 Apg 21,8–9; EUSEBIUS, *Hist. eccl.* 3,21.

81 HIPPOLYT, *Haer.* 8,19,1–3; EUSEBIUS, *Hist. eccl.* 5,16,9; 6,20,3; EPIPHANIUS, *Pan.* 48,3–8; THEODORET VON CYRUS, *Haer. fab.* 3,2; Juana TORRES und Mar MARCOS, „El Evangelio de María Magdalena y la Literatura Gnóstica", in *María Magdalena: De apóstol a prostituta y amante* (hg. v. Isabel Gómez-Acebo; Bilbao: Desclée de Brouwer, 2007), 119–151.

82 Walter BAUER, *Orthodoxy and Heresy in Earliest Christianity* (Philadelphia: Fortress Press, 1971), 95–110; Ross Shepard KRAEMER, „The Other as Woman: Aspects of Polemic between Pagans, Jews and Christians in the Greco-Roman Antiquity", in *The Other in Jewish Thought and History* (hg. v. Laurence Silberstein; New York: NY University Press, 1994), 121–144.

unbegründet, und zweifellos spielten Frauen in der Organisationsstruktur dieser Gruppen eine weniger wichtige Rolle als behauptet.[83]

Dieser Verbindung zwischen Frauen und Häresie war eine große literarische Karriere beschieden, und sie wurde das gesamte 4. und 5. Jahrhundert hindurch – unter Beibehaltung der grundlegenden Bestandteile – wieder und wieder angepasst, um die unterschiedlichsten heterodoxen Bewegungen zu diskreditieren.[84] Wollte man eine bestimmte Gruppe für inakzeptabel erklären, musste man nur behaupten, dass einer ihrer Gründer oder zumindest ein wichtiges Mitglied derselben eine Frau gewesen war. Schon im 3. Jahrhundert hatten Irenäus von Lyon, Hippolyt von Rom und Tertullian die Leitungsverantwortung von Frauen als Beweis dafür angeführt, dass bestimmte christliche Gruppen, gemessen am wahren Glauben, heterodox und randständig seien. Sie berichteten von Beispielen wie dem Fall der Marcellina, die Karpokrates in den Lehren unterwiesen habe, die er daraufhin verkündete,[85] oder dem der Jungfrau Philumene, die ihre Lehre an den Markion-Schüler Apelles weitergegeben habe.[86] Hippolyt beschreibt sie als eine Prophetin, die als solche ein *ius* beansprucht und ausgeübt habe, das die orthodoxe Kirche Frauen verweigerte. Laut Tertullian verfasste Apelles seine Offenbarungen unter dem teuflischen Einfluss der Philumene, die der christliche Apologet als Hure darstellt. Auch die Frau namens Helena, die mit Simon Magus in Verbindung gebracht wird, wurde in Streitschriften gegen diese häretischen Bewegungen als Hure beschrieben.[87]

Später, Anfang des 5. Jahrhunderts, listet der heilige Hieronymus in seinem Brief an Ktesiphon[88] im Zusammenhang mit dem Pelagianismus (einer der für ketzerisch erklärten Lehren) die verschiedenen häretischen Bewegungen auf und nennt die bekanntesten Häretiker zusammen mit ihrem jeweiligen weiblichen Alter Ego:

> Simon der Magier begründete seine Irrlehre mit Hilfe einer Dirne namens Helena. Nikolaus von Antiochia, dessen Irrlehre voller Schmutzereien ist, war von einem Schwarm von Frauen umgeben. Marcion schickte eine Frau nach Rom voraus, welche den Weg zur Täu-

83 Karen L. KING, *Images of the Feminine in Gnosticism* (Philadelphia: Fortress Press, 1998); Anne MCGUIRE, „Women, Gender, and Gnosis in Gnostic Texts and Traditions“, in *Women and Christian Origins: A Reader* (hg. v. Ross Shepard Kraemer und Mary Rose d'Angelo; Oxford: Oxford University Press, 1999), 257–299; 257–260.

84 Virginia BURRUS, „The Heretical Woman as Symbol in Alexander, Athanasius, Epiphanius and Jerome“, *HTR* 84 (1991): 229–248; Jennifer WRIGHT, *Abandoned to Lust: Sexual Slander and Ancient Christianity* (New York: Columbia University Press, 2006), 145–147; J. Kevin COYLE, *Manichaeism and Its Legacy* (Leiden: Brill, 2009), 187–205 („Women and Manichaeism's Mission to the Roman Empire“).

85 IRENÄUS VON LYON, *Haer.* 1,25.

86 HIPPOLYT, *Haer.* 7,26.

87 IRENÄUS, *Haer.* 1,23,2; HIPPOLYT, *Haer.* 6,19–20; *Homiliae Pseudoclementinae* 2,23.

88 HIERONYMUS, *Ep.* 133,4, *CSEL* 56, 247–248; Alberto FERREIRO, „Jerome's polemic against Priscillian in his Letter to Ctesiphon (133.4)“, *REAug* 39 (1993): 309–332.

> schung anderer Frauen vorbereiten sollte. Apelles tat sich zur Verbreitung seiner Irrlehren mit Philomene zusammen. Montanus, von einem unreinen Geiste als Prediger entsandt, hat viele Kirchen durch Prisca und Maximilla, zwei vornehme und reiche Frauen, mit Gold bestochen und nachher mit seiner Lehre besudelt. Aber wozu von den alten Irrlehren sprechen? Kommen wir auf unsere Zeit! Um der Welt den Kopf verdrehen zu können, hat Arius vorher die Schwester des Kaisers in seine Fallstricke gelockt. Lucilla unterstützte den Donatus mit ihrem Vermögen, um mit seinen übelriechenden Wassern alle die Unglücklichen beschmutzen zu können. In Spanien führte Agape den Elpidius, also ein Weib den Mann, eine Blinde den Blinden in den Graben. In ihre Fußstapfen trat Priszillian, ein eifriger Anhänger des Zauberers Zoroaster, und wurde aus einem Zauberer ein Bischof. An ihn hing sich eine gewisse Galla – dies ist ihr Name, nicht etwa die Bezeichnung ihrer Herkunft. Sie ließ eine Schwester als Erbin zurück, welche hin und her reiste, um eine dem Priszillianismus verwandte Irrlehre zu verbreiten. Noch jetzt arbeitet sie im Dienste des Geheimnisses der Bosheit.[89]

An diesem Abschnitt wird deutlich, dass Hieronymus sich in seinem Bestreben, diese Gruppen zu diskreditieren, nicht nur auf ihre Lehrirrtümer, sondern auch auf die den Frauen zugebilligte Rolle fokussiert und diese benutzt, um ihnen Unmoral vorzuwerfen, sie lächerlich zu machen und ihre Legitimität in Zweifel zu ziehen.[90] Mit dieser Argumentationsstrategie verurteilt Hieronymus Einzelpersonen wie Vigilantius,[91] Johannes von Jerusalem[92] und Jovinian[93] sowie Gruppen wie die, die er als „Häretiker von Spanien“[94] oder als Origenisten[95] bezeichnet. Gestützt auf die Worte des heiligen Paulus brandmarkt er ihre Anhängerinnen sogar als Dirnen (*mulierculae*), „die sündenbeladenen Weiblein, die immer lernen wollen und nie zur Erkenntnis der Wahrheit kommen.“[96]

Seine Kritik scheint nicht nur den betreffenden Bewegungen, sondern auch den Frauen zu gelten, die sie unterstützten: vornehmen Römerinnen wie jenen aus der Familie der *Anicii*, die sich insbesondere für Pelagius begeisterten.[97] Aus verschiedenen Gründen konnte er diese Frauen in seiner Diatribe jedoch nicht direkt angreifen: erstens deshalb, weil Hieronymus zu anderen Frauen aus derselben Familie gute Beziehungen unterhielt und de facto der geistliche Leiter einer der jüngsten von ihnen war, die sich einem Leben in Jungfräulichkeit geweiht hatte;[98] zweitens, weil er zunächst, 382 bis 385, in der Hauptstadt selbst

---

89 HIERONYMUS, *Ep.* 133,4, (BKV² 18, 209–211).

90 HIERONYMUS, *In Hieremiam* 1,57,4.

91 HIERONYMUS, *Contra Vigilantium* 3.

92 HIERONYMUS, *Contra Joannem Hierosolytitanum ad Pammachium* 1,39.

93 HIERONYMUS, *Adversus Iovinianum* 1,11; 2,36–37.

94 HIERONYMUS, *Ep.* 75,4.

95 HIERONYMUS, *Ep.* 84,6.

96 2 Tim 3,7; HIERONYMUS, *Ep.* 133,3 (BKV² 16, 96).

97 Michael Shane BJORNLIE, „The Anicii between Rome, Ravenna and Constantinople“, in *Politics and tradition between Rome, Ravenna and Constantinople: A Study of Cassiodorus and the Variae* (Cambridge: Cambridge University Press, 2013), 124–162.

98 HIERONYMUS, *Ep.* 130. Vgl. Peter BROWN, „The Patrons of Pelagius: The Roman Aristocracy between East and West“, *JThS* 21 (1970): 56–72.

und später, nachdem er Rom hatte verlassen müssen, auch im Heiligen Land[99] von der langfristigen Unterstützung vornehmer Römerinnen profitierte;[100] und drittens schließlich, weil auch ihm – eben aufgrund seines engen und täglichen Kontakts mit besagten vornehmen Frauen – Unsittlichkeit, Unzucht und unmoralisches Verhalten vorgeworfen worden war.[101]

Dennoch begnügte er sich nicht damit, die Beteiligung von Frauen an der Gründung dieser andersdenkenden Gruppen zu erwähnen. Um sie noch mehr in Verruf zu bringen, das von ihnen vertretene Alternativangebot schlechtzumachen und ihre Heterodoxie zu beweisen, wies er auf illegitime Beziehungen zwischen diesen Frauen und den Gründern der jeweiligen Bewegungen hin oder diffamierte ihre Riten durch Anspielungen auf sexuelle Praktiken. Auf diese Weise wurde die weibliche Beteiligung an der Leitung dieser Gruppen mit sexueller Perversion assoziiert. Hieronymus diskreditierte Häretikerinnen, indem er sie als das fleischgewordene unkontrollierte Verlangen darstellte: als lüstern, promiskuitiv, in Begierde entbrannt, Huren und Ehebrecherinnen und von Natur aus liederlich.[102]

Vor dem Hintergrund dessen, was wir über den damaligen Kontext wissen, waren seine Vorwürfe eines sittenlosen Betragens gänzlich unbegründet. Das galt auch für den Montanismus, der sich heftigsten Angriffen ausgesetzt sah, weil dort Frauen ohne männliche Kontrolle prophetischen Tätigkeiten nachgehen durften. Montanus' Anhängerinnen wurden verurteilt, weil sie angeblich ein liederliches Leben führten, ihre Männer verließen und die Autorität der Kirche missachteten;[103] diese Anschuldigungen waren jedoch nicht zuletzt deshalb völlig aus der Luft gegriffen, weil die Anhänger des Montanus glaubten, dass das Ende der Welt unmittelbar bevorstehe, und sich mit strenger Askese darauf vorbereiteten. Dieselben Vorwürfe wurden gegen Manichäer und Priszillianer erhoben und können aus denselben Gründen zurückgewiesen werden.[104] Alle diese Bewegungen waren von einer asketischen Prägung, die der Liederlichkeit, die ihnen von orthodoxer Seite vorgeworfen wurde, diametral entgegengesetzt

---

99 HIERONYMUS, *Ep.* 21,5; 26,1; 28,1; 29,1; 22,26; 39,2; 54,13; 65,1; 79,5; Silvia JANNACONE, „Roma 384: Struttura sociale del gruppo jeronimiano", *GIF* 19 (1966): 32–48; Franca Ela CONSOLINO, „Modelli di comportamento e modi di santificazione per l'aristocrazia femminile d'Occidente", in *Società romana e impero tardoantico* 1 (hg. v. Andrea Giardina; Rom und Bari: Laterza, 1986), 273–306.

100 Mar MARCOS, *Las mujeres de la aristocracia senatorial en la Roma del Bajo Imperio (312–410)* (Santander: Universidad de Cantabria, 1990); Mercedes SERRATO GARRIDO, *Ascetismo femenino en Roma: estudios sobre San Jerónimo y San Agustín* (Cádiz: Universidad de Cádiz, 1993).

101 HIERONYMUS, *Ep.* 45.

102 MARTÍNEZ MAZA, „La retórica de la marginación femenina", 253–273.

103 EPIPHANIUS, *Pan.* 48,2,4.

104 John OPPEL, „Saint Jerome and the History of Sex", *Viator, Medieval and Renaissance Studies* 24 (1993): 1–22; 13–15; AUGUSTINUS, *C. du. ep. Pelag.* 11,11,2.

war.[105] Gleichwohl wurden sie von den maßgeblichen christlichen Autoren für ihr unmoralisches, obszönes und promiskuitives Verhalten verurteilt, das diese ihnen einzig und allein aufgrund der Tatsache unterstellten, dass sie viele weibliche Mitglieder anzogen.

Zusammenfassend lässt sich sagen, dass eine solchermaßen unerträglich aktive Beteiligung der Frauen dazu diente, den *Topos* der Häresie zu konstruieren und mit fragwürdigen moralischen Praktiken und ähnlichen Attributen auszuschmücken. Weibliche Führung wurde als in höchstem Maße gefährlich verunglimpft, weil sie die Mitglieder der Sekte zu Genuss und Wollust anstachele. Über Priszillian schreibt Hieronymus beispielsweise, dass seine Anhänger ihm „sehr zugetan" und „so verwegen" gewesen seien, „für sich den Begriff der Vollkommenheit und des Wissens in Anspruch zu nehmen. Zu zweien schließen sich Männer mit Frauen ein und singen ihnen, während sie sich der Unzucht hingeben, folgende [vergilischen] Verse vor".[106] Es zeigt sich, dass die Orthodoxie die in der damaligen Gesellschaft vorherrschende Wahrnehmung (wonach sexuelle Beziehungen die Moral schwächen) reproduzierte und auf diejenigen Gruppen anwandte, die eine Bedrohung für die Autorität der offiziellen Kirchenhierarchie darstellten. Diese Strategie wurde nicht nur verwendet, um andersdenkende Gruppierungen in Verruf zu bringen, sondern auch, um die Rolle der Frauen in der Kirche einzuschränken.

5. Anerkennung als Mittel der Neutralisierung: Jungfrauen und Witwen

Eine wenig überraschende Facette im Prozess der Unterordnung der Frauen, der durch die zunehmende Verfestigung der patriarchalen Kirchenstrukturen vorangetrieben wurde, war die Entmachtung einer Gruppe von Frauen, die in den Christengemeinden der ersten Jahrhunderte als Autoritäts- und Führungspersonen ein gewisses Ansehen genossen zu haben scheinen: die Witwen.[107] Dass sie in der Frühzeit aktive Führungsrollen übernommen haben, lässt sich aus der Stringenz ableiten, mit der die dem römischen Priester Hippolyt zugeschriebene *Traditio Apostolica* ihre Rolle im späten zweiten und frühen dritten Jahrhundert

105 Vgl. SULPICIUS SEVERUS, *Chronicorum Libri duo* 2,50,3; Juana TORRES, „Sexo y herejía en el mundo antiguo", *Edades* 8 (2000): 137–144; 141.

106 HIERONYMUS, *Ep.* 133,3–4 (BKV² 18, 203f.); Yvette M. DUVAL, „Pélage est-il le censeur inconnu de l'adversus Iovinianum à Rome en 393? Ou: Du portrait-robot de l'héretique chez S. Jérôme", *RHE* 75 (1980): 525–557.

107 PHILO, *Contempl.* 22, 28–30, 68; Bonnie Bowman THURSTON, *The Widows: A Women's Ministry in the Early Church* (Minneapolis: Fortress Press, 1989), 88, 90; CARDMAN, „Women, Ministry, and Church Order", 304.

abgrenzt.[108] Der Text enthält detaillierte Vorschriften für Witwen, die als ein *Ordo*, ein Stand aufgefasst werden (*ordo viduarum*), und in ähnlicher Form auch für Jungfrauen (*ordo virginum*). Gemeinsam war diesen Witwen und Jungfrauen die zölibatäre Lebensweise: Erstere hatten sich als über 60-jährige *Univirae* entschlossen, nach dem Tod ihres ersten Mannes nicht wieder zu heiraten, und Letztere hatten als junge Frauen ihre Jungfräulichkeit unversehrt bewahrt. Als Gegenleistung für die finanzielle Unterstützung dieser Frauen erwartete die kirchliche Hierarchie, dass sie den männlichen Gemeindevorstehern gehorchten, und beschränkte ihre Beteiligung am Leben der Kirche wie für alle anderen Gläubigen auch auf Fasten und Beten. In dem Text erörtert Hippolyt ausdrücklich, weshalb Witwen nicht denselben Status oder Aktionsradius haben können wie der männliche Klerus: Witwen werden ernannt (*kathistasthai*), aber nicht geweiht (*cheirotonein*), und sie werden nicht geweiht, weil sie, wie er schreibt,[109] keinen liturgischen Dienst verrichten und auch nicht das Brot darbringen. Der Eifer, mit dem Hippolyt die Stellung der Witwen in allen Einzelheiten beschreibt, und die Tatsache, dass er sie als eigenen Stand anerkennt, ihnen aber keine Handlungsmöglichkeit zuschreibt, ist als Hinweis darauf gedeutet worden, dass Witwen zumindest in der Kirche von Rom bis dato in der Liturgie eine aktive Rolle gespielt hatten, die über ihre Zuständigkeit hinausging und als Bedrohung der männlichen Autorität wahrgenommen wurde.[110] Die *Traditio Apostolica* erkennt außerdem an, dass Jungfrauen einen eigenen Stand bilden, der sich von dem der Laien unterscheidet; gleichwohl haben auch sie, genau wie die Witwen, keine anerkannte Führungsrolle inne, und der Text verweist ein weiteres Mal darauf, dass sie nicht geweiht sind und den Status einer Jungfrau allein deshalb erwerben, weil sie selbst es so wollen.[111]

Damit waren Frauen von jeder liturgischen Aktivität ausgeschlossen, die sie zuvor möglicherweise ausgeübt hatten, und die Führungsrollen in der Kirche nahezu alleiniges Vorrecht der Männer. Vom 3. Jahrhundert an erlaubte es die Kirche den Frauen nur noch, den Diakonat auszuüben: ein Amt, das eine Weihe und die Handauflegung durch den Bischof erforderte. Diakoninnen wurden zu den einzigen Frauen mit – allerdings, wie oben gesehen –sehr begrenzten liturgischen Funktionen. Im 4. und 5. Jahrhundert spiegelte sich dies zunächst in der *Didaskalia* und dann in den *Constitutiones Apostolorum* wider.[112] Bei aller Begrenztheit diente diese wachsende Anerkennung der Diakoninnen auch dazu, die

---

108 HIPPOLYT, *Traditio Apostolica*: Gregory DIX und Henry CHADWICK (Hg.), *The Treatise on the Apostolic Tradition of St. Hippolytus of Rome* (London: Routledge, Neuauflage, 1992).

109 HIPPOLYT, *Trad. Ap.* 11,1.

110 CARDMAN, „Women, Ministry, and Church Order", 307.

111 HIPPOLYT, *Trad. Ap.* 13.

112 *Did. apost.* 3,1,1–2; *Const. ap.* 8,25,2–3 ; Jean DANIÉLOU, „Le ministère des femmes dans l'Église ancienne", *La Maison Dieu* 61 (1960): 70–96; A. V. NAZZARO, „La vedovanza nel cristianesimo antico", *Annali della Facoltà di Lettere e Filosofia della Università di Napoli* 26 (1983/1984): 197–219.

kirchliche Präsenz von Witwen neu zu definieren und zu neutralisieren. Die herausragende Rolle, die Witwen in apostolischen Zeiten gespielt hatten, verschwand, und auch den Jungfrauen wurde keine irgendwie bedeutende Rolle mehr zugewiesen. Dennoch impliziert die jungfräuliche Lebensweise, die Frauen der senatorischen Aristokratie über den gesamten hier untersuchten Zeitraum hinweg praktizierten, dass viele Jungfrauen gemeinsam mit hochrangigen christlichen Witwen in der Kirche eine solche *auctoritas* und einen solchen Einfluss gewannen, dass sie im kirchlichen Leben der damaligen Zeit letztendlich doch eine sehr maßgebliche Stellung innehatten. Genau wie andere verheiratete Gläubige waren sie vor allem als Gönnerinnen und Gelehrte tätig und spielten, wie wir noch sehen werden, eine bedeutende Rolle in intellektuellen Kreisen, wo Witwen und Jungfrauen die Möglichkeit hatten, die Führungspositionen zu erringen, die ihnen in der Amtskirche verweigert wurden.

6. Weibliche christliche Intellektuelle

Einer der Bereiche, wo weibliche Gläubige einen gewissen Handlungsspielraum genossen, war die intellektuelle Sphäre, in der sie beinahe so viel Anerkennung und Ansehen errangen wie die Männer. Hochgebildet und kultiviert, wie sie waren, übten sie außerdem auch in offiziellen Kreisen einigen Einfluss aus, weil sie in vielen der häufigen theologischen Dispute des 4. und 5. Jahrhunderts als Autoritäten galten.

Natürlich verfügten nur Frauen der Elite über ausreichend Bildung, um auf Augenhöhe konkurrenzfähig zu sein. Erkenntnisstreben war ein Teil des „vollkommenen Lebens", das man durch die Praxis der Askese verwirklichen konnte: eine Lebensweise, die – im Unterschied zu der in der polytheistischen Gesellschaft vorherrschenden traditionellen Rolle der Ehefrau und Mutter – vor allem über sexuelle Enthaltsamkeit, will sagen, über Jungfräulichkeit, oder im Falle der Witwen, über Keuschheit definiert wurde.

Dass die Asketinnen die reproduktive Rolle ablehnten, die Frauen traditionell zugewiesen wurde, bedeutet jedoch keineswegs, dass sie frei waren und als unabhängige Intellektuelle betrachtet werden konnten, die innerhalb der Kirche über autonomen Einfluss verfügten. Asketinnen lebten entweder in der *domus* ihrer Familie unter der Kontrolle ihrer Väter oder Ehemänner oder (im Osten die üblichste Option) gemeinsam mit anderen Frauen in der Weltabgeschiedenheit eines Klosters, wo sie, wie von der kirchlichen Hierarchie vorgegeben, der Autorität eines Mannes unterworfen waren.[113] Als Beispiele für intellektuelle Beziehungen zwischen einem männlichen christlichen Lehrer und einer Asketin

113 Clelia Martínez Maza, „Cristianas sabias, arquetipo femenino en el mundo antiguo: Una aproximación historiográfica", *Revista de Historiografía* 22 (2015): 83–100.

aus der gesellschaftlichen Oberschicht wären Rufinus von Aquileia und Avita und Melania die Ältere, Pelagius und Demetrias und sogar Augustinus höchstpersönlich zu nennen, der mit Frauen wie der jüngeren Melania in Kontakt stand. Die Beziehung, über die wir am meisten wissen, war jedoch ohne Zweifel die zwischen Hieronymus und den römischen Frauen aus dem sogenannten aventinischen Zirkel.[114]

Die Beziehung zwischen Hieronymus und den Frauen vom Aventin spiegelte die typische Dynamik der Zeit wider: Er, ein Mann mit kirchlichen Funktionen, übernahm die geistliche Leitung von Frauen der Elite, die eine asketische Berufung hatten. Eine dieser vornehmen Christinnen war Marcella, die in ihrem Palast in Rom Zusammenkünfte organisierte, bei denen Hieronymus Hebräisch, Griechisch und die Auslegung biblischer und patristischer Texte lehrte. Andere Frauen aus dieser Gruppe waren Paula und ihre Tochter Eustochium, allesamt getreue Anhängerinnen des Hieronymus, die ihn ins Heilige Land begleiteten. Sie alle waren dafür bekannt, dass sie das Griechische und Hebräische beherrschten und in der *Lectio Divina* sehr geübt waren.

Aus sozioökonomischer Sicht lässt sich die Verbindung zwischen diesen Aristokratinnen und Persönlichkeiten wie Hieronymus als Mäzenatenverhältnis definieren: im Rom vergangener Zeiten die verbreitetste Beziehungsform, die es vornehmen Frauen erlaubte, die Künste zu fördern und öffentliche Werke zu finanzieren.[115] Auf diese Weise waren sie aktiv am öffentlichen Leben des römischen Reichs beteiligt und genossen eine *auctoritas*, die ihnen für sich selbst und für ihre Familien ein ähnliches Maß an Einfluss und Ansehen verlieh, wie es von Männern in Anspruch genommen wurde.

In der Zeit des christlichen Kaiserreichs wurde diese Tradition von vornehmen weiblichen Gläubigen weitergeführt, die nun zu Beschützerinnen und Wohltäterinnen von Intellektuellen wie Hieronymus wurden, dem sie sowohl Kost und Logis als auch die mit seiner Arbeit verbundenen Ausgaben – etwa teures Pergament oder Schreibkräfte, die er beschäftigte – bezahlten und überdies denkbar treue Gefährtinnen waren.

---

114 Fernando RIVAS REBAQUE, „Jerónimo y las mujeres del Aventino: estudio de la Escritura", in *Iguales y diferentes: Interrelación entre mujeres y varones cristianos a lo largo de la historia* (hg. v. Fernando Rivas Rebaque; Madrid: San Pablo, 2012), 128–169.

115 Elizabeth A. CLARK, „Patrons, not Priests: Gender and Power in Late Ancient Christianity", *Gender and History* 2 (1990): 255–273; Stephan JOUBERT, „One Form of Social Exchange or Two? 'Euergetism', Patronage, and Testament Studies", *BTB* 31 (2001): 17–25; L. Michael WHITE (Hg.), *Social Networks in the Early Christian Environment: Issues and Methods for Social History* (Atlanta: Scholars Press, 1992); Carolyn OSIEK , „Diakonos and Prostatis: Women's Patronage in Early Christianity", *HTS* 61 (2005): 347–370; Carolyn OSIEK, Margaret Y. MACDONALD und Janet TULLOCH, *A Woman's Place: House Churches in Earliest Christianity* (Minneapolis: Fortress Press, 2006), 199–203; Enrique MELCHOR GIL, „Mujeres y evergetismo en la Hispania romana", in *Hispania y la epigrafía romana, cuatro perspectivas* (hg. v. Juan Francisco Rodríguez Neila; Epigrafia e Antichità 26; Faenza: Lega Fratelli, 2009), 133–178.

Außerdem spielten diese Frauen eine entscheidende Rolle bei der Erhaltung und Verbreitung von Hieronymus' Schriften – und das nicht nur im wörtlichen Sinn, sondern auch insofern, als sie sich voller Eifer für seine Person und seine Ideen einsetzten und auf diese Weise maßgeblich dazu beitrugen, dass seine biblischen Arbeiten überlebten, die andernfalls womöglich auf einem staubigen Regal in dem entlegenen Kloster in Betlehem, wo der Heilige seine letzten Tage verbrachte, in Vergessenheit geraten wären. Als Hieronymus Rom verließ, fungierte Marcella als Kustodin seines Werkes und war für die Verbreitung seines Gedankenguts verantwortlich.[116] Dass sie hierbei eine führende Rolle spielte, lässt sich daran festmachen, dass Hieronymus sie als *Ergodiōktēs*,[117] mit anderen Worten, als „Aufseherin seines Werks" bezeichnete: ein Begriff, der für die „Antreiber" verwendet wurde, die die Arbeit der Juden in Ägypten beaufsichtigten,[118] und der hier mit liebevoller Ironie auf Marcella bezogen wird, deren Aufgabe darin bestand, zum einen als Aufseherin intellektuelle Sorgfalt einzufordern und zum anderen als „Managerin" – wenn auch diskret – Hieronymus' Arbeitsplan zu überwachen. Die Bildung dieser Frauen, die als hervorragende Bibelkennerinnen galten, verschaffte ihnen zweifellos privilegierten Zugang zu den Schriften in ihren griechischen Versionen und zum Alten Testament im hebräischen Original. Außerdem wissen wir, dass Marcella ausgewählt wurde, um die Jungfrau Principia in den Schriften zu unterweisen,[119] und dass Eustochium sie, was Askese und Bibelkenntnis betraf, als eine Schülerin ihrer Mutter Paula bezeichnete.[120]

Ihr erschöpfendes Wissen über die Bibel ermöglichte diesen Frauen eine Partizipation auf zwei eng miteinander verbundenen Ebenen. Erstens waren sie an Arbeiten beteiligt, die mit der Übertragung und Abschrift von Manuskripten zu tun hatten, was zu den angesehensten Handarbeiten des monastischen Lebens gehörte. Diese anspruchsvolle intellektuelle Tätigkeit, die eine wesentliche Voraussetzung dafür war, dass Texte (Briefe, Abhandlungen, Kommentare und ihre jeweiligen Übersetzungen) erhalten, in Umlauf gebracht, überliefert und damit letztlich an diejenigen, die – selbst im Westen – danach verlangten, ausgegeben werden konnten, wurde in Frauenklöstern verrichtet. In dem von Paula und Eustochium in Betlehem gegründeten und gebauten Frauenkloster entwickelte sie sich sogar zu einer der wichtigsten Aufgaben.

Zweitens waren christliche Asketinnen an einer sogar noch komplexeren und verantwortungsvolleren Tätigkeit beteiligt: der Überarbeitung der Schriften des Hieronymus. Das bedeutete, dass sie Korrekturen vornahmen, neue Ideen vorschlugen und ihre Vorschläge in die Texte ihres geistlichen Vaters einpflegten. Wir wissen zum Beispiel, dass Paula Hieronymus' Auslegungen und

---

116 HIERONYMUS, *Ep.* 126,3.
117 HIERONYMUS, *Ep.* 28,1.
118 Ex 3,7; 5,6.10.13.
119 HIERONYMUS, *Ep.* 65,2.
120 RIVAS REBAQUE, „Jerónimo y las mujeres del Aventino", 158.

Übersetzungen korrigierte und ihre kritische Meinung äußerte. Tatsächlich musste Hieronymus seine Übersetzung der Psalmen neu schreiben, nachdem Paula und ihre Tochter Eustochium in der Abschrift der ersten Fassung zahlreiche Fehler gefunden hatten. Und als Paula 404 gestorben war, ließ sich Hieronymus nur von Eustochium, die ihn anflehte, die endgültige Fassung seiner Vulgata-Übersetzung fertigzustellen, zum Weiterarbeiten bewegen. Natürlich war diese Übersetzung einzig und allein das Werk des Hieronymus – und doch wäre dieses sein *Opus magnum* ohne die Mitarbeit und die Bemühungen von Marcella, Paula und Eustochium nie vollendet worden.

Möglich wurde dies alles, weil sie – großenteils dank Hieronymus – über umfangreiche Latein- und Hebräischkenntnisse verfügten und außerdem in einer Zeit, in der das Griechische im Westen allmählich in Vergessenheit geriet, fließend Griechisch sprachen. Ihre herausragenden philologischen Fertigkeiten befähigten sie, nicht nur hebräische und griechische Texte ins Lateinische zu übersetzen, sondern auch die Schriften auszulegen. Hieronymus sagte über Paula:

> Noch etwas anderes will ich anführen, was vielleicht denen, welche ihr nachzueifern wünschen, unglaublich vorkommt. Sie wollte die hebräische Sprache lernen, welche ich mir von Jugend auf mit vieler Mühe und Arbeit nur zum Teil angeeignet habe, mit der ich mich unermüdlich beschäftige, damit sie mich nicht im Stiche lässt, – und sie hat es erreicht. Sie konnte die Psalmen hebräisch singen und ihre Aussprache war frei von jeder Eigentümlichkeit der lateinischen Sprache.[121]

Um zu veranschaulichen, wie außergewöhnlich die Bildung dieser Frauen war, soll an dieser Stelle der Hinweis genügen, dass etwa ein Augustinus in seinen *Bekenntnissen* erklärt, er habe das Hebräische gar nicht und das Griechische nur mangelhaft beherrscht.

Das eigentliche Problem bei dem Versuch, den tatsächlichen Umfang der intellektuellen Leistungen von Frauen zu bestimmen, ist der Mangel an schriftlichen Belegen. Dieses Schweigen spiegelt möglicherweise einen unbewussten Bias wider, denn diese hochgebildeten und kultivierten Personen wuchsen in einem traditionellen patriarchalischen System auf, wo von den Frauen erwartet wurde, dass sie bescheiden auftraten und ihre Aktivitäten auf den häuslichen Bereich beschränkten. Es könnte sich aber auch um eine bewusste und wohlüberlegte Entscheidung gehandelt haben – was angesichts der Tatsache, dass man in orthodoxen christlichen Kreisen gemäß dem Paulus zugeschriebenen Verbot weiblicher Lehrtätigkeit[122] eine aktive Beteiligung von Frauen am intellektuellen Leben ausdrücklich ablehnte, durchaus verständlich wäre.

---

121 HIERONYMUS, *Ep.* 108,26 (BKV^2 15,142); RIVAS REBAQUE, „Jerónimo y las mujeres del Aventino", 156–158.

122 1 Kor 14,34–35; Ross Shepard KRAEMER, „Women's Authorship of Jewish and Christian Literature in the Greco-Roman Period", in *‚Women Like This': New Perspectives on Jewish Women in the Greco-Roman Period* (hg. v. Amy-Jill Levine; EJL 1; Atlanta: Society of Biblical Literature, 1991), 221–242; Mary R. LEFKOWITZ, „Did Ancient Women Write Novels?", in *‚Women Like This'*, 199–219; Susan L. SERED, *Priestess, Mother, Sacred Sister: Religions Dominated by*

Solche Haltungen machten es diesen weiblichen christlichen Intellektuellen unmöglich, in den intellektuellen Zirkeln ihrer Zeit eine führende Rolle zu übernehmen, und verbannten ihr beharrliches und autoritatives Wirken von Anfang an in die zweite Reihe. In einem Abschnitt über Marcella beschreibt Hieronymus wieder einmal, welches von Bescheidenheit und Demut geprägte Verhalten von den Frauen erwartet wurde:

> Nur eines will ich noch anfügen. Was ich mir in langem Studium gesammelt habe, was mir durch tägliche Beschäftigung gleichsam zur zweiten Natur geworden ist, das hat sie aufgenommen, das hat sie gelernt und zu ihrem geistigen Eigentum gemacht. Und wenn nach meiner Abreise über irgendeinen Schrifttext eine Meinungsverschiedenheit entstand, dann ließ man sie entscheiden. Weil sie nun überaus klug war und jene Gabe besaß, welche die Philosophen τὸ πρὲπον, d. h. Takt nennen, so antwortete sie auf die Fragen in der Weise, dass sie auch ihre eigenen Gedanken entweder für die meinigen oder die eines anderen ausgab, so dass sie auch bei dem, was ihr geistiges Eigentum war, tat, als ob sie es von anderen gelernt hätte. Sie kannte eben das Wort des Apostels: „Aber zu unterrichten gestatte ich der Frau nicht" (1 Tim 2,12). Sie wollte das männliche Geschlecht, zuweilen selbst Priester, die sie über dunkle und zweifelhafte Stellen um Rat fragten, ihre Überlegenheit nicht fühlen lassen.[123]

Es kann daher nicht überraschen, dass von Frauen verfasste Texte praktisch nicht existieren. Außerdem müssen ForscherInnen bei dem Versuch, die Stimmen dieser weiblichen christlichen Intellektuellen wieder hörbar zu machen, Quellen zu Rate ziehen, die *von* den patriarchalen Machtstrukturen und *für* diese geschaffen wurden, weil die meisten Dokumente, die benutzt werden, um weibliche christliche Intellektuelle zu identifizieren und zu erforschen, im Wesentlichen von männlichen Autoren verfasst worden sind. Grabreden, die die Tugenden und Verdienste verstorbener Christinnen rühmen (zum Beispiel Hieronymus' in Briefform verfasste *Laudatio* auf Paula) und die Homilien von Kirchenvätern wie Johannes Chrysostomus und Augustinus verweisen ständig auf das Leben und die Praxis von Frauen, während die Korrespondenz von Männern wie Hieronymus und Johannes Chrysostomus im 4. und 5. Jahrhundert die intellektuelle Facette der Schülerinnen und Gönnerinnen beleuchtet, mit denen sie in Briefwechsel standen. Eine weitere besonders interessante Quelle ist die Gattung der Biographie, die sich zwar ebenfalls überwiegend mit männlichen Persönlichkeiten befasst, aber auch eine nicht zu vernachlässigende Anzahl an Frauenviten umfasst wie beispielsweise – im 4. und 5. Jahrhundert – die Lebensbeschreibung der Makrina (von ihrem Bruder Gregor von Nyssa), der Olympias (von einem anonymen Verfasser), Melania der Älteren (von Gerontius) und der Syncletica von Alexandrien (die Athanasius von Alexandrien zugeschrieben wird).

Die Biographien dieser Frauen spiegeln das archetypische christliche Ideal – folgerichtig wird jede von ihnen als Inbegriff der Tugenden und Eigenschaften

---

Women (New York: Oxford University Press, 1994); Judith M. LIEU, „The ‚Attraction of Women' in/to Early Judaism and Christianity: Gender and the Politics of Conversion", *JSNT* 72 (1998): 5–22; MAZA, „Cristianas sabias".

123 HIERONYMUS, *Ep.* 127,7 (BKV^2 15,188).

portraitiert, die von einer guten Christin erwartet werden. Dennoch wird auch ihre Beteiligung am religiösen Leben ihrer Zeit betont, obwohl sie keine verantwortungsvollen kirchlichen Positionen innehatten und kein greifbares Vermächtnis hinterließen. Ihr – gleichwohl indirekter – Einfluss lässt sich aus der Intensität der damaligen theologischen Debatten ableiten, bei denen die Beherrschung der heiligen Schriften – ein Gebiet, auf dem sich diese Frauen besonders hervortaten – Grundvoraussetzung war. Wir wissen, dass männliche Laien und auch Kleriker diese gelehrten Frauen selbst in so entlegenen Regionen wie der ägyptischen Wüste in Fragen der biblischen Exegese um ihren Rat baten. So wurde die Wüstenmutter Amma Theodora beispielsweise von berühmten Männern aufgesucht, damit sie ihnen biblische Fragen beantwortete.[124] Im Westen schaltete sich Melania die Ältere (gemeinsam mit Rufinus) in die Origenisten-Debatte ein und erklärte sich bereit, nizänischen Bischöfen und Priestern, die unter dem Arianer Valens verfolgt wurden, auf ihrem Anwesen Zuflucht zu gewähren. Marcella brachte ihre umfangreichen Schriftkenntnisse ebenfalls in die Auseinandersetzung mit den Origenisten ein. In Konstantinopel führte Melania die Jüngere ihre theologischen Fertigkeiten gegen die Lehre des Nestorius ins Feld, wie Gerontius überliefert:

> Deshalb suchten viele Gattinnen von Senatoren und andere Leute unsere heilige Mutter auf und stritten mit ihr um den wahren Glauben. Da sie den Heiligen Geist im Herzen hatte, lehrte sie vom frühen Morgen bis zum späten Abend unermüdlich die göttlichen Dinge, führte viele vom Irrtum zum wahren Glauben.[125]

Zu diesen Frauen, die sich aktiv an den theologischen Debatten ihrer Zeit beteiligten, kamen andere – etwa die Frauen aus der theodosianischen Dynastie – hinzu, die sich in die Beratungen der diversen Synoden und Konzilien einschalteten und ihre privilegierte Stellung nutzten, um das Schicksal einer Kirche zu beeinflussen, die auf die eine oder andere Weise kaiserlichen Entscheidungen unterworfen war. So verhinderte Aelia Flaccilla, eine treue Anhängerin der nizänischen Lehre, 381 auf dem Konzil von Konstantinopel ein Treffen zwischen ihrem Ehemann Theodosius I. und dem Neu-Arianer Eunomius von Cyzikus, um jedwede Beeinflussung des Kaisers zu unterbinden. Galla Placidia griff 419 in die Pelagianismus-Debatte und die Spaltung der römischen Kirche ein, indem sie

---

124 Patricia WILSON-KASTNER, *A Lost Tradition: Women Writers of the Early Church* (Washington, D. C.: University Press of America, 1991); Sira CARRASQUER, Araceli DE LA RED, *Matrología I.: Madres del desierto* (Burgos: Monte Carmelo, 2000); Sira CARRASQUER und Koldo SARATXAGA, *Matrología II: Primeras Madres de Occidente (ss. I-VII)* (Burgos: Monte Carmelo, 2001); Laura SWAN, *The Forgotten Desert Mothers: Saying, Lives, and Stories of Early Christian Women* (New Jersey: Paulist Press, 2001).

125 GERONTIUS, *Vita Melaniae iunioris* 54 (BKV[1] [1912], 483).

Briefe an mehrere Bischöfe sandte, damit sie an der Synode von Spoleto teilnahmen und dem Konflikt ein Ende bereiteten.[126] Eudokia, eine Monophysitin, und ihre Schwester Pulcheria machten während des Konzils von Ephesus (431) ihren Einfluss auf Theodosius II. geltend, und Letztere spielte außerdem eine wichtige Rolle beim Sieg gegen die Monophysiten auf dem Konzil von Chalzedon (451).

Frauen aus den kirchlichen *Ordines* beteiligten sich auch an der diplomatischen Arbeit der Kirche. Als Ambrosius versuchte, den Nizäner Anemius zum Bischof von Sirmium zu machen, setzten die Arianer der Stadt Jungfrauen auf Anemius an, der dabei beinahe getötet wurde. Ambrosius selbst wurde ebenfalls von einer großen Gruppe von Jungfrauen unterstützt.[127] Der Bischof der oströmischen Hauptstadt, Johannes Chrysostomus, wurde nach Konflikten mit der Kaiserin Eudoxia und den Witwen in ihrem Gefolge – Marsa, Castricia und Eugraphia – letztlich seines Amts enthoben und in die Verbannung geschickt. Im Exil jedoch konnte sich der Bischof, wie wir gesehen haben, auf die materielle und spirituelle Hilfe anderer vornehmer Frauen – der Diakonin Olympias etwa –, mit denen er in Briefwechsel stand, und seiner Tante Sabiniana stützen, die ebenfalls Diakonin war.[128]

Dennoch erfolgte die Beteiligung von Frauen an diesen Debatten nur innerhalb der Grenzen, die ihnen die patriarchalen Machtstrukturen auferlegten: Engagierte Frauen standen stets im Schatten der Männer, wie die christlichen Quellen belegen. Hieronymus berichtet, dass Marcella, wenn man sie in exegetischen Dingen um Rat fragte, trotz ihrer eigenen umfassenden Bibelkenntnis immer der Auslegung ihres Lehrers – Hieronymus – den Vorzug gab und daher nie als Urheberin der Lösung in Erscheinung trat.

Dieses Verhalten veranschaulicht wieder einmal die Reaktion, die man von einer frommen Frau erwartete: gebildetes Schweigen und zurückhaltende Weisheit. Fromme Frauen, die die Möglichkeit hatten, Ideen und Diskurse zu verbrei-

---

126 Charles Pietri, „Esquisse de conclusion: L'Aristocratie chrétienne entre Jean de Constantinople et Augustin d'Hippone", in *Jean Chrysostome et Augustin* (hg. v. Charles Kannengiesser; Paris: Beauchesne, 1975), 283–305; Kenneth H. Holum, *Theodosian Empresses: Women and Imperial Dominion in Late Antiquity* (Berkeley: University of California Press, 1982); Consolino, „Modelli di Comportamento", 273–306; Ramón Teja, *Emperadores, obispos, monjes y mujeres: Protagonistas del cristianismo antiguo* (Madrid: Trotta, 1999), 215–231 („Feminismo, religión y política en la Antigüedad tardía"); Juana Torres, „El protagonismo de las mujeres en el Imperio Romano: Del politeísmo tradicional al monoteísmo cristiano, *Anuario. Escuela de Historia* 31 (2019): http://anuariodehistoria.unr.edu.ar/ojs/index.php/Anuario/index [zuletzt abgerufen am 07.01.2021].

127 Paulinus von Mailand, *Vita Sancti Ambrosii* 11; Rita Lizzi, „Una società esortata al ascetismo: misure legislative e motivazioni economiche nel IV–V secolo d. C.", *StudStor* 30 (1989): 137–138.

128 Florent van Ommeslaeghe, „Jean Chrysostome en conflict avec l'emperatrice Eudoxie: Le dossier et les origines d'une légende", *AnBoll* 97 (1979): 131–159; Ramón Teja, *Olimpiade la diaconessa* (Donne d'Oriente e d'Occidente; Mailand: Jaca Books, 1997).

ten, die aus ihrer eigenen Bibelinterpretation erwuchsen, stellten für die kirchliche Autorität eine Bedrohung dar – der man wirkungsvoll begegnen konnte, indem man ihr Wissen kontrollierte und es der männlichen Autorität unterwarf.

Biblische Frauen in typologischer und allegorischer Auslegung

Hannah Hunt, Open University

1. Einleitung

Die weiblichen Charaktere, die in der Bibel vorkommen, spielen unterschiedliche Rollen und sind unterschiedlich interpretiert worden. Typologie und Allegorie sind zwei Mittel, ihre Erzählungen für die Leserschaft oder Hörerschaft verständlich zu machen: Der vorliegende Beitrag untersucht diese beiden exegetischen Methoden in dem nicht selten vernachlässigten Kontext der frühen syrischen Kirche und vertritt die These, dass die typologische Methode überwiegend eingesetzt wird, um nicht nur die Rolle und Stellung von Frauen wie Maria Magdalena, der namenlosen Samaritanerin am Jakobsbrunnen und anderen zu erklären, sondern auch theologische Botschaften über die göttliche und menschliche Natur Jesu Christi zu transportieren. Typologische und allegorische Herangehensweisen an die biblische Exegese sind in der christlichen Kirche des Westens seit dem Mittelalter anerkannt: Damals wurden sie als die dritte von vier möglichen Methoden benannt, die Schrift zu verstehen und zu erklären; außerdem umfasste die sogenannte *Quadriga* die Deutung nach dem Literalsinn, dem anagogischen und dem tropologischen Sinn. Im Rahmen dieses Modells wurden die typologische und die allegorische Auslegung zusammengefasst und als Deutungsmethode definiert, die sich – ausgehend von der Annahme, dass der christliche Glaube in der schriftlichen Botschaft gleichsam versteckt war – darauf konzentrierte, diese im biblischen Text versteckten Hinweise zutage zu fördern.[1] Dabei bediente sie sich im Unterschied zu den eher buchstäblichen Auslegungen einer Lesart, die auf den Geist der Schrift gerichtet war. Tatsächlich aber sind die beiden Methoden der Bibelinterpretation nicht identisch: Die Geschichte ihrer Entwicklung ist, wie wir noch sehen werden, unterschiedlich verlaufen, und auch ihre Verwendung ist unterschiedlich. Insbesondere die Allegorie beschränkt sich nicht auf rein religiöse Texte für ein wissenschaftliches Publikum. So könnte die heutige Leserschaft auch aus der Lektüre fiktiver Kinder-

---

1 Alistair McGrath, *Christian Theology: An Introduction* (Oxford: Wiley Blackwell, 2011), 132.

und Erwachsenenliteratur mit dem Mittel der christlichen Allegorie vertraut sein; in der englischen Literatur greifen beispielsweise die *Narnia*-Bücher von C. S. Lewis und Philip Pullmans Trilogie *His Dark Materials* auf einige der Techniken zurück, die in John Bunyans *Pilgrim's Progress* von 1678 zum Einsatz gekommen sind, und nutzen Charakterzeichnung und Plot für verschlüsselte moralische Botschaften. Dawsons Meisterwerk aus dem letzten Jahrzehnt des 20. Jahrhunderts erinnert uns daran, dass uns die Allegorie als Methode über die Kultur und Gesellschaft, die sie hervorgebracht hat, ebenso viel verrät wie über den Text.[2] Womöglich erklärt gerade das ihre Beliebtheit in nicht-theologischen Kontexten. Demgegenüber eignet sich die Typologie unter Umständen besser, um in mühsamer Kleinarbeit die tieferen theologischen Bedeutungen aus den biblischen Texten zu extrahieren, und vielleicht ist sie deshalb für die Bibelwissenschaftler so besonders interessant. Die vielfältigen Verwendungen der Allegorie zeigen, dass Menschen eine Idee, um sie sich anzueignen, oft in andere Begriffe oder Formen übersetzen müssen – die dann natürlich wiederum unterschiedlichen Interpretationen offenstehen. Der vorliegende Beitrag wird sich zunächst mit den Unterschieden zwischen den exegetischen Methoden der Allegorie und der Typologie befassen und sie an alt- und neutestamentlichen Quellen veranschaulichen. In einem zweiten Schritt soll untersucht werden, wie die typologische Methode in frühen syrischen Bibelkommentaren, Homilien und Hymnen insbesondere verwendet wurde, um zu erläutern, wie Frauengestalten aus den biblischen Erzählungen die Frohe Botschaft von der Menschwerdung Christi aufnahmen und artikulierten. Es wird gezeigt werden, dass der heilige Ephräm in seinen religiösen Schriften neben eher prominenten Charakteren wie der Gottesmutter Maria und Eva häufig auch ausgegrenzte oder namenlose Frauen agieren und zu Wort kommen lässt. Sie sind diejenigen, die mit „dem Auge des Glaubens" sehen und das durch die Menschwerdung geschenkte Heil in Worte fassen. Damit steht Ephräm in radikalem Gegensatz zu den vorherrschenden, oft frauenfeindlichen Botschaften der patristischen Autoren der griechischen und lateinischen Kirche in den ersten Jahrhunderten der christlichen Zeitrechnung.

2. Allegorie als exegetische Methode

Befassen wir uns zunächst mit den Unterschieden zwischen Allegorie und Typologie. Die Allegorie lässt sich als ein literarisches und rhetorisches Mittel definieren, das dem Zweck dient, Bedeutungsschichten in einer Erzählung zu verstecken; dabei benutzt sie in der Regel eine bestimmte Situation oder, häufiger noch, einen bestimmten realen oder fiktiven Charakter (wie beispielsweise eine

---

2 David DAWSON, *Allegorical Readers and Cultural Revision in Ancient Alexandria* (Berkeley, Los Angeles und Oxford: University of California Press, 1992).

Frauenfigur aus der Bibel), dessen Geschichte eine breitere oder tiefere Botschaft bietet als die, die an der Oberfläche zu erkennen ist. Diese Erzähltechnik wird durchgängig verwendet, sodass die allegorische Figur ein plausibles Eigenleben entwickelt, das sich auch von der sichtbaren Identität der Vorlage unterscheiden kann. Als exegetisches Hilfsmittel gebraucht die Allegorie Metaphern, Anspielungen und eine bildhafte Sprache. Sie findet sich üblicherweise innerhalb eines klar abgesteckten narrativen Rahmens; im Grunde könnte man sogar die neutestamentliche Form des Gleichnisses als potentielle Allegorie betrachten. Dies lässt sich an Matthäus 18,12–14 (vgl. Lukas 15,3–7) veranschaulichen. Die Oberflächenerzählung handelt von einem Hirten, der ein Schaf aus seiner Herde verliert und die anderen 99 zurücklässt, um das verlorengegangene Tier wiederzufinden. Die Parallele ist sehr einfach und wird in Vers 14 erklärt: Auch Gott, der Vater, will jeden retten, der in die Irre gegangen ist. Die Metaphern, die darauf verweisen, dass man zu einer Herde gehört (wie zu einer kirchlichen Gemeinschaft), dass man einen Hirten hat (wie Jesus, der häufig als der Gute Hirte bezeichnet wird) und dass man verlorengeht und wiedergefunden wird (das Schaf steht für den umherirrenden Menschen), sind Vorstellungen, die die Zuhörenden – großteils Angehörige der Landbevölkerung – auf einer oberflächlichen Ebene ohne Weiteres verstehen konnten. Dennoch enthält die Geschichte in verschlüsselter Form auch tiefere Inhalte der christlichen Opfer- und Heilslehre. Im Grunde ist jede Stelle, wo Jesus als der Gute Hirte oder als das Licht der Welt beschrieben oder mit irgendeinem anderen der zahlreichen Titel belegt wird, die im vierten Evangelium so häufig zu finden sind, ein Hinweis auf die Verwendung einer Metapher im Rahmen einer literarischen Struktur. Die Dichtung macht von solchen Mitteln ausgiebig Gebrauch, wie wir noch sehen werden, wenn wir uns mit den syrischen Texten beschäftigen, von denen viele in dichterischer Form – etwa als Hymnen oder Verse – abgefasst sind.

Die Verwendung der Allegorie als exegetische Methode ist sehr viel älter als die christliche Bibelexegese des Mittelalters mit ihrer Lehre von der *Quadriga* des vierfachen Schriftsinns und reicht zurück bis ins griechische Denken. Pseudo-Heraklit vertrat im ersten Jahrhundert die Auffassung, dass Homer allegorisch interpretiert werden müsse,[3] und es spricht einiges dafür, dass die jüdische Praxis des Midrasch für die Verwendung allegorischer Auslegungsmethoden offen ist. In den Anfängen der christlichen Kirche assoziierte man die Allegorie vor allem mit dem Ansatz der alexandrinischen Theologie, der unter anderem durch den christlichen Exegeten und Philosophen Origenes repräsentiert wurde.[4] Der theologische Ansatz der alexandrinischen Kirche wird häufig dem der antiochenischen Kirche gegenübergestellt, und es war vor allem die Art der Schriftausle-

3 John A. McGuckin (Hg.), *The Westminster Handbook to Patristic Theology* (Louisville und London: Westminster John Knox Press, 2004), 6.

4 McGuckin, *Patristic Theology*, 5.

gung, in der sich beide voneinander unterschieden. Origenes' Exegese des *Hohelieds*, dem er sowohl einen *Kommentar* als auch eine Reihe von *Homilien* gewidmet hat, geht nicht nur dem Text an sich auf den Grund, sondern erklärt auch die angewandte Methode in allen Einzelheiten – und obwohl einige Aspekte der origeneischen Lehre mit dem Makel des Häresievorwurfs behaftet waren, sollte diese Methode die spätere Kirche nachhaltig beeinflussen. Origenes seinerseits war ein Schüler des Bischofs und Häresiologen Hippolyt von Rom gewesen (ca. 170–235), auf den die zentrale Vorstellung von Maria Magdalena als der „Apostelin der Apostel" zurückgeht (davon später mehr).[5]

Origenes' Anliegen war es, das Herangehen an die Schrift zu den spirituellen Entwicklungsstufen ihrer Leser in Beziehung zu setzen und so die eine wie die anderen vor Missverständnissen zu schützen. Er stützt sich auf das Bild aus Hebr 5,14 und 1 Kor 3,1, wonach Fleisch für geistige Säuglinge unverdaulich und ungeeignet ist und man denjenigen, die noch keine feste Nahrung vertragen, nur Milch geben darf. Angesichts der unverkennbar erotischen Sprache des Hohelieds musste um jeden Preis verhindert werden, dass die gewöhnlichste und nächstliegende fleischliche Interpretation in die falschen Hände geriet. Solange man nicht ein bestimmtes Maß an Reinheit und Reife erreicht habe, so drängt Origenes im *Vorwort* zu seinem *Kommentar*, solle man diesen Text nicht lesen, weil man ihn dann womöglich nur im erotischen und nicht im geistigen Sinne verstehen werde. Mit anderen Worten, die Sprache der menschlichen Liebe und körperlichen Schönheit ist eine Metapher, eine Allegorie, die für die Gottesliebe und die Liebe zwischen ihm und seiner Kirche steht. Origenes geht so weit, die verschiedenen Begriffe und begrifflichen Varianten zu erörtern, die für die jeweiligen Spielarten der „Liebe" stehen (wobei wir allerdings nicht vergessen dürfen, dass die frühen Origenes-Übersetzungen auf der lateinischen Übersetzung des Rufinus basieren, die die griechischen Wörter für „Liebe" natürlich unterschiedlich wiedergegeben hat). Die pädagogische Absicht ist jedenfalls klar genug: „Soweit die Erklärung des erzählten Dramas. Doch nunmehr wollen wir zum geistigen Verständnis kommen", schreibt er in Bezug auf den Vers „Mein Nardenöl verströmte seinen Geruch." (Hld 1,12b)[6] Origenes bezieht diesen Vers unmittelbar auf die Geschichte von der Salbung in Betanien (Joh 12,3) und deutet ihn allegorisch: Der ausströmende Duft stammt von der Lehre Christi, und der Wohlgeruch, der das Haus erfüllt, steht für den Heiligen Geist, der sich im Haus der ganzen Welt ausbreitet.[7] Die Allegorie soll die Schrift hier offenbar weniger erschließen als vielmehr beschützen, sie einem ausgewählten Personenkreis zugänglich machen, der für würdig befunden wird und sie zu schätzen weiß. Die allegorische Methode kann also angewandt werden, um die Rolle und Funktion

---

5 Susan HASKINS, *Mary Madgalen* (London: Harper Collins, 1993), 63.

6 ORIGENES, *Comm. Cant.* 2,9,1 (OWD 9/1, 279).

7 ORIGENES, *Comm. Cant.* 2,9,5 (OWD 9/1, 278–281).

biblischer Frauengestalten innerhalb der Erzählung als Teil der in den Schriften enthaltenen Theologie zu erklären.

Eine bekannte biblische Frauengestalt, deren Geschichte schon häufig allegorisch gedeutet wurde, ist Sara, die im vorliegenden Band an anderer Stelle, nämlich in den Beiträgen von Doerfler, Broc-Schmezer und Demura behandelt wird. Saras anfängliche Unfruchtbarkeit und spätere Fruchtbarkeit wird in der christlichen Exegese und in der modernen Forschung immer wieder unter den verschiedensten Aspekten thematisiert; ihre Unfruchtbarkeit lässt sich als Analogie zu der in Dtn 7,14 beschriebenen allgemeinen Unfruchtbarkeit deuten, wo im Kontext die Vernichtung Israels symbolisch mit einem Mangel an Glauben und Fruchtbarkeit verbunden wird. Aus Sicht der christlichen Exegeten wird der „unfruchtbare" alte Glaube durch die „Fruchtbarkeit" der christlichen Botschaft vom neuen Leben in Christus gestärkt. Demura zeigt in ihrer Arbeit über die alexandrinische Rezeption der Geschichte von Sara und Hagar, dass Sara in Philos allegorischer Lesart als freie Frau von höherem gesellschaftlichem Rang der weniger gebildeten Sklavin Hagar als ein Musterbild der Weisheit gegenübergestellt wird. Diese Deutung fußt – im Unterschied zu syrischen Auslegungen, die häufig mit dem Gegensatz zwischen der Unfruchtbarkeit der Sünde und der Fruchtbarkeit der Buße arbeiten – auf platonischen Vorstellungen von Bildung und Verdienst. Münz-Manors Studie zu hebräischen liturgischen Gedichten des 6. Jahrhunderts deutet darauf hin, dass Saras Unfruchtbarkeit auch außerhalb der christlichen Auslegungen der Geschichte über Abraham, Sara und Hagar ein interessantes Thema ist. Sie präsentiert dies als eine Allegorie auf Israel und Gott als Mann und Frau.[8]

3. Typologie als exegetische Methode

Bei den Theologen der alexandrinischen Kirche war die Allegorie die vorherrschende exegetische Methode, während man in der antiochenischen Kirche die Typologie bevorzugte. Das ist einer der Gründe dafür, dass der vorliegende Beitrag – der sich mit syrischen Quellen befasst – vor allem die typologische Methode thematisiert; der andere Grund ist die Vielzahl typologischer Auslegungen, die sich auf ausgegrenzte biblische Frauen beziehen und diese in ihrem Umgang mit Jesus – im Gegensatz zu den frauenfeindlichen Tendenzen des überwiegenden Teils der patristischen und späteren Gelehrsamkeit der griechischen und lateinischen Tradition – in einem positiven Licht erscheinen lassen. Die oben skizzierte allegorische Exegese, die Origenes vertrat, legte die Deutung der Bibel in die Hände von Kommentatoren, die mit wissenschaftlicher Methode

8 Ophir MÜNZ-MANOR, „All About Sarah: Questions of gender in Yannai's Poems on Sarah's and Abraham's Barrenness", *Prooftexts* 26/3 (2006): 344–374.

vorgingen; sie bediente sich eines Instrumentariums, das großteils im heidnischen Kontext Verwendung fand; und sie schloss vermutlich etliche Christen aus, weil diese nicht ausreichend gebildet waren. Im Zentrum steht eher der wissenschaftliche Prozess als die Evangelisierung. Im Vergleich dazu beziehen sich typologische Schriftauslegungen – vor allem wenn wir die liturgische Funktion der Hymnen und dichterischen Homilien von Verfassern wie dem heiligen Ephräm bedenken – vielleicht mehr auf die gelebte Erfahrung christlicher Kirchen (zu denen auch die Frauen als Teil der betenden Gemeinde gehörten). Harvey weist darauf hin, dass diese Texte für Liturgiefeiern verfasst wurden, an denen Frauen teilnahmen, und dass die darin enthaltenen Bibelinterpretationen nicht selten Frauen in den Mund gelegt wurden. Typologische Lesarten waren also, was die Frauen betraf, inklusiv und emanzipatorisch. Aufgrund des liturgischen und performativen Charakters der Texte waren biblische Frauengestalten bei den syrischen Schriftstellern sehr beliebt.[9] Verglichen mit der Allegorie bietet sich die Typologie mithin weniger für eine theoretische als vielmehr für eine praktische Auseinandersetzung mit den Evangelien an und trägt im Hinblick auf die Rollen augenscheinlich marginalisierter oder verachteter Frauen zu mehr Differenzierung und Empowerment bei.

Ob die Bibelexegese eher von der typologischen oder eher von der allegorischen Herangehensweise dominiert war, hängt bis zu einem gewissen Grad von der Entstehungszeit der untersuchten Quellen ab, bei denen es sich um Auslegungen in Form von Kommentaren und Homilien zur Bibel sowie um liturgische Dokumente handelt. Salvesen vertritt die Auffassung, dass die syrische Exegese noch vor den christologischen Schismata, die auf den ökumenischen Konzilien des 5. Jahrhunderts festgeschrieben wurden, „tended to shy away from allegory in favour of typology, for which a ‚historical' or literal interpretation was a prerequisite".[10] In der frühen syrischen religiösen Literatur spielt die Typologie, mittels deren sich unterschiedliche theologische Vorstellungen und Quellen zueinander in Beziehung setzen lassen, in christologischen und anderen Fragen eine äußerst wichtige Rolle bei der Vermittlung der rechtgläubigen Lehre. Wie Brock erklärt:

> Types and symbols are a means of expressing relationships and connections, of instilling meaning into everything. They operate in several different ways, between the Old Testament and the New, between this world and the heavenly, between the New Testament and the Sacraments, between the Sacraments and the eschaton. In every case they „reveal" something of what is otherwise „hidden".[11]

---

9 Susan Ashbrook HARVEY, „Spoken Words, Voiced Silence: Biblical Women in Syriac Tradition", *JECS* 9/1 (2001): 105–131; 107.

10 Alison SALVESEN, „Pigs in the Camps and the Breasts of my Lambs: Song of Songs in the Syriac Tradition", in *Perspectives of the Song of Songs* (hg. v. Anselm C. Hagedorn; Berlin: de Gruyter, 2012), 206–293; 266.

11 Sebastian BROCK, *St. Ephrem the Syrian: Hymns on Paradise* (Crestwood, St Vladimir's Seminary Press, 1990), 42.

Da sich der vorliegende Beitrag auf frühe syrische Quellentexte fokussiert, die vor dem 5. Jahrhundert entstanden sind, werden wir uns im Folgenden mit der Typologie befassen, die in der fraglichen Region und Zeit die üblichste Methode war. Der heilige Ephräm, Diakon in der Kirche von Nisibis, lebte ungefähr von 306 bis 373, und sein umfangreiches Werk repräsentiert eine Blütezeit des syrischen religiösen Schrifttums, was sich in der Vielzahl der Texte widerspiegelt, die einer – so könnte man es nennen – „ephraimitischen Schule" zugeordnet werden.

Wie der allegorische verfolgt auch der typologische Ansatz die Absicht, das Verständnis der christlichen Lehre zu erweitern, benutzt jedoch ganz eigene Strategien – Wiederholungen, Paarungen und Gegenüberstellungen, die sich häufig auf namentlich erwähnte oder exemplarische Einzelpersonen beziehen, – um verborgene Bedeutungen zutage zu fördern. Die Musterbildung der Typologie erinnert mit ihrem „einerseits – andererseits" an den chiastischen Aufbau vieler Psalmen. Innerhalb der Typologie wird eine Figur oder Situation als „Typus" oder Modell oder Prototyp der anderen verwendet, um eine religiöse Wahrheit zu beweisen. Häufig wird eine ältere Begebenheit oder Gestalt der gegenwärtigen oder jüngeren Situation kontrastierend gegenübergestellt. Aus Sicht der christlichen Exegeten ergibt das ältere Ereignis erst im Licht der typologischen Lesart des neueren Ereignisses einen Sinn. Wenn es darum geht, unterschiedliche Ereignisse oder Charaktere aus dem Kanon der Bibel zueinander in Beziehung zu setzen, wird mit großer Phantasie zu Werke gegangen. So verwendet der heilige Ephräm die Geschichte von Aarons Stab (Num 17,23) als Typus für Maria, deren Fruchtbarkeit als eine Knospe gesehen wird, die aus einem scheinbar leblosen Holzzweig sprießt. Das ist keineswegs der nächstliegende aller Vergleiche zwischen den Lehren der Hebräischen Schriften und des Neuen Testaments, doch dieses Beispiel aus dem ersten Hymnus *de Nativitate* zeigt anschaulich, mit welcher Sorgfalt er seine Muster konstruiert und seine theologische Aussage mithilfe von kontrastierenden Elementen (in diesem Fall Jungfräulichkeit/Fruchtbarkeit, Eva/Maria), Paradoxa und Antithesen untermauert. Die Auffassung, wonach das alttestamentliche Beispiel erst vor dem Hintergrund der christlichen Deutung verständlich wird, tritt hier deutlich zutage:

> Eva, die Mutter, gebar* der Mann, der niemals gebiert. – Wie sehr verdient (daher) Glauben, dass die Tochter Evas* ohne Mann das Kind gebar.
> Die jungfräuliche Erde gebar * jenen Adam, das Haupt der Erde. – Die Jungfrau gebar heute * Adam, das Haupt des Himmels. Der Stab Aarons sprosste, * und das trockene Holz brachte Frucht. – Sein Symbol fand heute die Erklärung: * Es ist der jungfräuliche Schoß, der gebar.[12]

Ist der Typus erst einmal etabliert, verwendet der Verfasser der Homilie oder des Kommentars das Paarmuster, um den theologischen Inhalt, den er vermitteln will, zu veranschaulichen, wobei er nicht selten ein weiteres Gegensatzpaar

[12] EPHRÄM, *Nat.* 1,15–17 (CSCO 187, 3).

einführt. Am folgenden Beispiel aus der *Homilie über die Sünderin* eines anonymen syrischen Verfassers lässt sich die Verwendung von Gegensatz und Antithese deutlich erkennen:

> Ihre Lippen, durch die sie beschmutzt worden war, weil sie unreine Münder geküsst hatte; durch sie wird sie [nun] geheiligt, da sie die Heiligen Füße [Jesu] küsst [...] Indem sie reinigt, wird sie rein; indem sie die Füße des Gottessohns abwischt, wird sie geläutert; indem sie die Füße Jesu wäscht, die nicht schmutzig waren, wird der Schmutz, der in ihrer eigenen Seele sitzt, abgewaschen [...] Als einem Menschen hat der Pharisäer Ihm eine Tafel mit Speisen bereitet: Und als einem Gott hat [Ihm] die Sünderin die Tafel der Buße bereitet.[13]

Hier wird der Unreinheit die Reinheit gegenübergestellt und die Typologie sodann zu einer Metapher erweitert, die sich auf die Versorgung mit dem im physischen wie spirituellen Sinne Lebensnotwendigen bezieht. Zwei Gegensatzpaare kommen zum Einsatz, und wir sehen außerdem, dass der Wechsel aus dem einen in den anderen Zustand über das typologische Gerüst erfolgt: Dadurch, dass sie einen Akt der *leiblichen* Reinigung vollzieht, wird die *geistig* beschmutzte Frau rein.

Versucht man den typologischen Ansatz auf biblische Quellen zurückzuführen, fällt sofort auf, dass das Verhältnis zwischen Altem und Neuem Testament in der christlichen Lehre gerne mit typologischen Methoden erklärt wird. Das Neue Testament ist, mit Augustinus gesprochen, im Alten verborgen und das Alte im Neuen geoffenbart.[14] Christliche Gelehrte neigten mithin dazu, das Alte Testament als Vorläufer und gottgewollte Präfiguration des Neuen zu betrachten. Bekannte Beispiele hierfür sind Gal 4,24–25, das die beiden Söhne Abrahams mit dem Berg Sinai und Jerusalem vergleicht, und die paulinische Typologie vom ersten und zweiten Adam, die die Person Jesu Christi als zweiten Adam beschreibt (1 Kor 15,22). Der „zweite Adam" ist der, der die Sünde des „ersten Adam" in der Schöpfungsgeschichte des Buches Genesis ungeschehen machte. Im ersten Korintherbrief finden sich noch weitere Beispiele, etwa 5,6–8 oder auch 9,8–14. Im Rahmen dieser Herangehensweise lieferte der leidende Gottesknecht bei Jesaja den christlichen Kommentatoren einen Typus für das Leiden des Herrn. Eine Parallele zum Motiv vom ersten und zweiten Adam ist die Typologie von Maria als der neuen Eva. Große Teile der modernen Typologie-Forschung fokussieren sich auf die typologische Deutung des Verhältnisses zwischen Altem und Neuem Testament, doch für unsere Zwecke soll es genügen, diesen Fokus auf die Art und Weise zu verengen, wie bestimmte neutestament-

---

13 Joseph-Marie SAUGET (Übers.), „Une homélie syriaque sur la pécheresse attribuée à un évêque Jean", *ParOr* 6 und 7 (1975/76): 159–194; 169f. (Übersetzung aus dem Französischen H. H.).

14 AUGUSTINUS, *Spir. et litt.* 27; deutsche Übersetzung: *Geist und Buchstabe: De spiritu et littera liber unus* (übers. v. Anselm Forster; Aurelius Augustinus' Werke in deutscher Sprache 3/2; Paderborn: Schöningh, 1968), 55; englische Übersetzung: *On the Spirit and the Letter*, online: www.newadvent.org/fathers/1502.htm [zuletzt abgerufen am 23.06.2020].

liche Frauengestalten mit typologischen und symbolischen Mitteln so dargestellt werden, dass sie Jesus epiphanisch als den Messias offenbaren. Was, anders ausgedrückt, bedeutet, dass man ihnen theologische Einsicht und theologisches Verständnis zutraut.

In den Schriften der syrischen Theologen ist die Typologie, wie wir noch sehen werden, nicht bloß ein Mittel, das Wesen der Dinge sichtbar zu machen – weil man davon ausging, dass sowohl die geschaffene Welt als auch die Schrift von Gottes Macht und Barmherzigkeit künden[15] –, sondern die eigentliche Erscheinungsform der Theologie. Die chiastischen Muster der inneren/äußeren Realitäten, die häufig in typologischer Antithese dargestellt werden, spiegeln den Prozess der Menschwerdung;

> [...] weil das Menschenauge sein Wesen nicht zu erfassen vermag, zeigte sich Gott selbst leiblich in der Schöpfung, sodass die, die Ihn nicht als Gott sehen konnten, Ihn mit ihrem leiblichen Auge im Menschen sehen konnten.[16]

Im 26. Hymnus *de Navititate* des heiligen Ephräm nimmt der Dichter und Theologe jedes der Lebensjahre Jesu als Ausgangspunkt für eine theologische Erkundung und vermittelt seine theologische Botschaft mithilfe von Bildern und Analogien:

> Der erste Tag, * der Ursprung und Anfang, – gleicht einer Wurzel, * die alles hervorsprießen ließ. – Viel rühmenswerter als er * ist der Tag unseres Erlösers, – der (wie ein Baum) in den Erdkreis gepflanzt ist: sein Tod nämlich ist wie die Wurzel im Erdreich – und seine Auferstehung ist wie das Haupt, (das) in den Himmel (reicht).[17]

Die Anwendung dieser typologischen Methode auf bestimmte biblische Frauengestalten stellt eine einzigartige Möglichkeit dar, Frauen in der frühen Kirche eine theologische Stimme zu geben. Indem sie Zeugnis von der Gottheit Jesu ablegen, sehen sie durch seine menschliche Natur hindurch auf das, was dahinter „verborgen" liegt, und beschreiben so die Menschwerdung selbst auf denkbar angemessene Weise und mit typologischen und symbolischen Mitteln, deren Zweck darin besteht, die verborgene Wahrheit zu enthüllen. So werden die betreffenden Frauen (die durch das Materielle und Leibliche auf das dahinter liegende Geistige schauen) ohne das Wissen ihrer männlichen patristischen Kollegen ermächtigt, Theologinnen zu sein. Diese Rehabilitierung ist umso verblüffender, als es sich bei den weiblichen Figuren, die für eine solche Behandlung ausgewählt wurden, in den allermeisten Fällen um marginalisierte oder verachtete Frauen handelte: ein stilles Zeugnis für das Recht der Frauen, als ihren Brüdern ebenbürtiges „Bild Gottes" anerkannt zu werden.

---

15 Vgl. Seeley Joseph BEGGIANI, „The Typological Approach of Syriac Sacramental Theology", *TS* 63 (2003): 543–557; 544.

16 François GRAFFIN, „Homélies anonymes sur la pécheresse, I, II, III", *PO* 41 (1984): 449–465, 466–488, 489–527; 459.

17 EPHRÄM, *Nat.* 26,4 (CSCO 187, 122).

4. Typologie in der syrischen religiösen Tradition

Die Schriften der frühen syrischen Theologen machen ausgiebigen Gebrauch von der typologischen Methode, um mit der Hilfe biblischer Frauengestalten theologische Wahrheiten zu vermitteln. Das Syrische ist schon aufgrund seiner sprachlichen Eigenart geradezu prädestiniert für typologische Auslegungen. Wie andere semitische Sprachen basiert es auf Wurzeln aus drei Konsonanten mit darauf aufbauenden, auch metaphorischen Bedeutungsschichten. In der frühen christlichen Kirche war es eine wichtige Sprache. Für die Autoren der religiösen Texte, die aus der Blütezeit der frühen syrischen Kirche erhalten geblieben sind – der prominenteste von ihnen ist sicher der heilige Ephräm, der im 4. Jahrhundert gelebt hat – waren Typen und Antitypen, so die Forschung, „not only indicators of the plan of salvation but became the means by which to understand how salvation and divinization would be achieved".[18] Mit anderen Worten: Die Sprache selbst, in der die besagten Verfasser schrieben, machte es möglich, dass diese ambivalenten und mehrdeutigen Frauen als Sprachrohre der verborgenen Gottheit Christi agierten.

In der syrischen theologischen Literatur ist die Vorstellung, dass etwas Verborgenes enthüllt wird, ein allgegenwärtiges Mittel zur Erklärung der göttlichen Offenbarung. Das ultimative Beispiel dieser Entschlüsselung ist die Menschwerdung. Der große Syrologe Sebastian Brock schreibt:

> The Old Testament symbols only become fully meaningful in the light of the Incarnation, yet, because Christ is both God and Man, there still remains an element of „hiddenness", since his divine nature is not capable of comprehension by the human mind.[19]

Wie wir noch sehen werden, sind es bei Ephräm oft Frauen wie die verschiedenen Marien und die namenlosen Frauen (die Samaritanerin am Jakobsbrunnen, die an Blutfluss erkrankte Frau und die „Sünderin"), die, anders als ihre männlichen Gegenstücke, in der Lage sind, diesen wahren Sinn der Menschwerdung in seiner „hiddenness", seiner Verborgenheit zu sehen. Symbolik und Typologie spielen bei diesem Offenbarungsprozess eine wichtige Rolle; wie Ephräm erklärt:

> Die Schöpfung hatte in ihrem Schoß seine Symbole empfangen, * Maria seine (körperlichen) Glieder. Viele Schoße also * haben den Eingeborenen geboren – Es gebar ihn der Mutterleib in Wehen, * es gebar ihn auch die Schöpfung in Symbolen.[20]

Das syrische Wort, das Ephräm verwendet, um die Mittel zu bezeichnen, mit denen die Wahrheiten enthüllt werden, ist *raza*, das in der Regel mit „Geheimnis" übersetzt, am besten aber mit „Symbol" wiedergegeben wird. Das Wort *mysterion* stammt aus Eph 5,32, der mystischen Vereinigung Christi und seiner Kirche, die

---

18 BEGGIANI, „Typological Approach", 543.

19 Sebastian BROCK, *The Harp of the Spirit: Eighteen Poems of Saint Ephrem* (Fellowship of St Alban and St Sergius, 1983), 13.

20 EPHRÄM, *Virg.* 6,7–8 (CSCO 224, 23).

typologisch durch die Verbindung zwischen dem ersten Mann und der ersten Frau, Adam und Eva, dargestellt wird. Wie Brock erklärt, verweist dieses Wort auf „the connection between two different modes of reality [...] for [the Fathers] a symbol actually participates in some sense with the spiritual reality it symbolizes".[21]

Damit besteht also, um die Sünderin bei Lukas als Beispiel zu nehmen, die die Füße Christi mit ihren Tränen salbt, die theologische Bedeutung ihrer symbolischen Handlung darin, dass dieser Akt der Buße sie dazu befähigt, die verborgene Gottheit Christi zu sehen, während der Dienst, den sie ihm erweist, gleichzeitig seiner sichtbaren und berührbaren Menschheit gilt. Sie war imstande, das zu gebrauchen, was die syrische Kirche das „Auge des Glaubens" nannte, und durch seine Menschheit hindurch auf das zu blicken, was dahinter lag: eine Wirklichkeit oder Wahrheit, die dem gewöhnlichen, physischen Auge verborgen blieb.[22] Dieser Fähigkeit, die Gottheit Christi durch ihre Handlungen zum Ausdruck zu bringen, verdankt sie den Titel einer *Apostola Apostolorum*. Weil sie die Gottheit Jesu „sieht", wird die Sünderin zu einer typologischen Erweiterung Evas/Marias, einem weiteren „Typus" für Maria, die Mutter Jesu.[23] Wir werden im Folgenden noch andere Beispiele für ihre typologische Rolle kennenlernen. Die Anwendung typologischer Rollen auf diese Frauengestalten ist nicht nur eine exegetische Methode, sondern das eigentliche Vehikel des „doing theology"[24] in der syrischen religiösen Literatur.

5. Biblische Frauen in der syrischen religiösen Literatur

Wie oben bereits erwähnt, griffen Ephräm und die anderen Schriftsteller seiner Zeit vorwiegend auf Maria, die Mutter Gottes, auf die „Sünderin" aus Lk 7, die an Blutfluss erkrankte Frau und auf die Samaritanerin am Jakobsbrunnen zurück, um weibliche Charaktere als Exegetinnen der göttlichen Offenbarung darzustellen. Die Identität von Frauen namens „Maria" ist allerdings nicht immer klar, weil sich die verschiedenen Marien, die in den Evangelien vorkommen, nicht mit letzter Sicherheit unterscheiden lassen. Im Neuen Testament werden eine ganze Reihe von Frauen erwähnt, die Maria heißen. In Joh 12,18 wird die Frau in Betanien, die „echtes, kostbares Nardenöl" nahm, um Jesus die Füße zu salben, und sie „mit ihren Haaren" trocknete, als Maria, die Schwester der Marta und des

21 BROCK, *Paradise*, 42. Zur Typologie siehe auch DERS., *Harp of the Spirit*, 10–13.
22 BROCK, *Paradise*, 39.
23 Hannah HUNT, „The Monk as Mourner: Gendered Eastern Christian Self-Identity in the Seventh Century", *The Journal of Medieval Monastic Studies* 2 (2013): 19–37; 34f.
24 BEGGIANI, „Typological Approach", 543.

Lazarus, identifiziert, den Jesus bereits von den Toten auferweckt hatte (vgl. Mk 14,3–9), und es wird häufig angenommen, dass es sich bei dieser Maria um Maria Magdalena gehandelt habe. Unter dem Kreuz stehen Maria, die Mutter Christi, „und die Schwester seiner Mutter, Maria, die Frau des Klopas, und Maria von Magdala" (Joh 19,25). In Joh 20 wird Maria von Magdala, die früh am Morgen zum leeren Grab ging, als die erste Zeugin der Auferstehung Christi benannt; einige syrische Homilien über die Auferstehungsgeschichte verschmelzen sie und die Jungfrau Maria zu einer umfassenden Typologie von „Maria" als der Kirche selbst.[25] Manche frühchristlichen Bilddarstellungen zeigen *zwei* oder sogar drei Myrrhe tragende Marien auf dem Weg zum Grab Christi,[26] und so werden die an der Salbung in Betanien und an der Tränensalbung im Haus Simons des Pharisäers (Lk 7) beteiligten Frauen als vorweggenommene Myrrhenträgerinnen zu ein und derselben Person verschmolzen. Eine mögliche Erklärung hierfür ist laut Maggie Ross, dass das „kostbare Öl", das verwendet wird, um Jesu Füße zu salben, als eine Flasche mit ihren eigenen Tränen gedeutet werden kann, die bei bestimmten Gelegenheiten für uns gesammelt werden; Ross bezieht sich auf Psalm 56,9: „Die Wege meines Elends hast du gezählt. In deinem Schlauch sammle meine Tränen! Steht nicht alles in deinem Buche?"[27]

Selbst wenn die Charaktere nicht wirklich bewusst miteinander verschmolzen werden, legt die Mehrdeutigkeit, die die präzise individuelle Identität der einzelnen Marien in den Evangelien umgibt, sowie die Tatsache, dass die Frauengestalten (etwa die Sünderin bei Lukas, die tatsächlich nur synekdochisch über ihren mutmaßlichen moralischen Status identifiziert wird) an einigen Stellen keine Namen haben, die Möglichkeit nahe, Frauen in ihrer Beziehung zu Christus als Symbole der Buße, der Zeugenschaft und des Dienens fungieren zu lassen. Es ist, als würde der Name „Maria" – ganz gleich, ob er nun die Jungfrau und Mutter, die Freundin oder die Prostituierte bezeichnet – zum typologischen Kürzel für die, die das „Auge des Glaubens" besitzen und die Wahrheit der Menschwerdung, die selbst eine Form der Verborgenheit ist, zu sehen vermögen. Die Inklusion von Frauen, die (wie Maria Magdalena, die Sünderin, die Samaritanerin am Jakobsbrunnen, die an Blutfluss erkrankte Frau und andere namenlose Frauen) oft am Rande der in der biblischen Erzählung beschriebenen Gesellschaft standen, ist ein starkes Statement im Hinblick auf ihren Beitrag zur Offenbarung der in der materiellen Welt „verborgenen" Wahrheiten. Diese Frauen sind keine Gelehrten und auch keine Stützen der Gesellschaft, ganz im Gegenteil: Sie werden als Außenseiterinnen beschrieben, als Sünderinnen oder als Menschen, die in irgendeiner Weise durch die Sünde befleckt worden sind. Selbst Typen in einer sich entwickelnden Tradition über Frauen, die Christus als den

---

25 Vgl. Robert MURRAY, *Symbols of Church and Kingdom: A Study in Early Syriac Tradition* (Cambridge: Cambridge University Press, 1975), 329f. und 148.

26 HASKINS, *Magdalen*, 58ff.

27 Maggie ROSS, *The Fountain and the Furnace: The Way of Tears and Fire* (New York: Paulist Press, 1987), 159f.

Messias bezeugen, sind sie zugleich auch Wegweiser zur Perichorese des Göttlichen und des Menschlichen in Jesus und betonen außerdem, dass Jesu Heilsbotschaft an alle gerichtet ist und alle mit einschließt.

6. Typologische Auslegungen, in denen Frauen aus dem Alten/Neuen Testament als Exegetinnen der Erlösung auftreten

Wie oben erwähnt, finden sich in der syrischen Überlieferung – und andernorts – Beispiele von Frauen aus dem Alten Testament, die als Typen neutestamentlicher Frauen gedeutet werden, und außerdem eine chiastische Paarung einer Freien und einer Sklavin, die ihrem Ehemann bzw. ihrem Herrn Kinder geboren haben; in der syrischen religiösen Literatur dient Saras und Hagars Situation als Grundlage für eine typologische Theologie. Auch die Geschichte von Sara und Isaak und von Abrahams Bereitschaft, seinen kostbaren legitimen Nachkommen zu opfern, bietet sich für eine typologische Herangehensweise an. Eva wird gelegentlich – wenn auch nicht immer explizit – als ein „Typus" für Maria eingeführt: Ephräms 17. Hymnus *de Nativitate* arbeitet den Gegensatz zwischen „den Blättern der Schmach", mit denen Eva sich bekleidete, und dem „Kleid der Herrlichkeit" heraus, das Maria anlegte, „da sie Jungfrau war".[28] Häufiger sind typologische Auslegungen, die Maria und ihre keusche Fruchtbarkeit anderen, unkeuschen/unfruchtbaren Frauen kontrastierend gegenüberstellen; so schlägt der heilige Ephräm im 13. Hymnus *de Nativitate* ausgehend von der Eva-Maria-Typologie Isaak als „Typus" für Jesus vor und zieht sodann Parallelen zwischen Sara und der schmerzhaften Gottesmutter:

> Dein Typus blickte hervor * aus der Kindheit – des lieblichen Isaak. * Für dich sang ihm ein Schlummerlied – Sara; denn sie sah, * wie deine Symbole sich niederließen – auf seine Jugend : * „o Sohn meiner Gelübde, – in dem verborgen ist * der Herr der Gelübde!"[29]

Während Maria in der syrischen Hymnographie eine prominente Rolle spielt, neigt die Typologie insgesamt dazu, auch andere, weniger gut beleumundete Frauen in den Blick zu nehmen. Bei der Auswahl biblischer Frauengestalten spielt Ephräm häufig mit dem Kontrast zwischen (Un-)Fruchtbarkeit im buchstäblichen und im metaphorischen Sinn. Dem liegt die Annahme zugrunde, dass Unfruchtbarkeit für die Sünde und Fruchtbarkeit für Glauben und spirituelle Gesundheit steht. Sowohl Abrahams Frau Sara als auch Elisabet, die Cousine der

---

28 EPHRÄM, *Nat.* 17,4 (CSCO 187, 80).

29 EPHRÄM, *Nat.* 13,3 (CSCO 187, 66).

Gottesmutter Maria, dienen als Typen einer durch die Macht des Geistes überwundenen Unfruchtbarkeit. Dieses Thema wird im 21. Hymnus *de Nativitate* mit einer gewissen Ausführlichkeit entfaltet:

> Vermählt war die Unfruchtbare, * ohne Früchte zu tragen. – der Schoß Mariens * empfing ohne Ehe. [...] – er machte kindlos den Schoß der Vermählten * und fruchtbar den Schoß der Jungfrau. – Weil das (auserwählte) Volk verworfen war, * hat er die Vermählte – verschlossen vor der Reinen. [...] – Da das (auserwählte) Volk unfruchtbar war, * hat er die Greisin gemacht – zum Mund, (der) für die Magd (sprach).[30]

Hier wird das typologische Grundgerüst entlang der Analogie zwischen dem unfruchtbaren Land und dem im übertragenen Sinne unfruchtbaren ungläubigen Volk entwickelt. Der Glaube des Volkes wird durch den Einen wiederhergestellt, der von einer Jungfrau geboren wurde. Marias Tugenden (insbesondere ihre Keuschheit) werden im Gegensatz zur Unfruchtbarkeit der Sünde als das Mittel angesehen, das ihre Empfängnis ermöglicht.

Hanna, die Mutter des Propheten Samuel, wird in der von Sauget edierten Predigt eines anonymen syrischen Verfassers erwähnt und mit der Sünderin bei Lukas verglichen.[31] Auch die Prostituierte Rahab (Josua 2,1–24), die Kundschaftern Zuflucht bot und deshalb geschont wurde, dient als Typus der Büßerin, die das Verborgene sieht; im Dialoggedicht eines anonymen syrischen Verfassers heißt es:

> Eine Hure bin ich, ich leugne es nicht –
> eine Schwester Rahabs, die auf den rechten Weg geführt wurde (Josua 2).
> Sie wurde von Jesus (Josua), dem Sohn des Nun, gerettet,
> Ich werde von Jesus, unserem Herrn, gerettet werden.[32]

Diese Sprache der Keuschheit/Reinheit findet sich auch bei Romanos, einem syrisch-griechischen Hymnendichter des 6. Jahrhunderts, der die Keuschheit/Unkeuschheit von Frauen wie Rahab in einigen seiner Homilien als Bild verwendet:[33]

> Damals beherbergte eine Dirne die Tugendhafte,
> nun sucht eine Dirne den Jungfräulichen auf, den Sohn der Jungfrau, um ihn mit Salböl zu salben.
> Jene entließ die, die sie verborgen hatte, ich aber bleibe Besitzerin dessen, den ich lieben lernte,

---

30 Ephräm, *Nat.* 21,16–17 (CSCO 187, 97f.).

31 Sauget (Übers.), „Une Homélie Syriaque", 164 und 168f.

32 Sebastian Brock, „The Sinful Woman and Satan: Two Syriac Dialogue Poems", *OrChr* 72 (1988): 21–62; 47.

33 Romanos Melodos, *Ode* 10,8, englische Übersetzung: *Kontakia of Romanos, Byzantine Melodist* 1 (übers. v. Marjorie Carpenter; Columbia: University of Missouri Press, 1970), 104.

> nicht als einen Ausspäher von Land, sondern als Aufseher aller halte ich ihn fest, und ich will mich erheben aus dem Schlamm des Sumpfes meiner Taten.[34]

Die Verwandlung dieser unkeuschen/unfruchtbaren in keusche/fruchtbare Frauen wird in symbolischer Weise als typologisches Modell präsentiert. Dies wird sogar noch deutlicher werden, wenn wir uns nun den Homilien über die „Sünderin" zuwenden. Denn sie – so beurteilt ein Übersetzer einer solchen Homilie ihren Stellenwert in der syrischen Tradition – war

> [...] a model for all Christians, and in her „baptism" – that is, her humble anointing of Jesus with oil and tears – she prefigures the baptism of the whole world symbolically.[35]

7. Lukas' Erzählung von der „Sünderin"

Die Frauengestalt aus dem Lukasevangelium, die die Füße Jesu mit ihren Tränen wäscht und mit ihren Haaren trocknet, ist, wie schon angemerkt, namenlos, auch wenn man sie oft für Maria Magdalena hält. Ihr Ruf wird als Synekdoche eingesetzt: Sie ist die „Sünderin". In Lk 7,36–50 heißt es, dass „eine Frau, die in der Stadt lebte, eine Sünderin", an Jesus herantritt, während er mit Simon, dem Pharisäer, zu Tisch sitzt. Ohne ein Wort vergießt sie Tränen über seinen Füßen, trocknet sie mit ihrem Haar und salbt sie mit kostbarem Öl. Das Gleichnis handelt von der Blindheit des selbstgerechten Pharisäers, die der inneren Hellsichtigkeit der verachteten Frau gegenübergestellt wird, und davon, wie Jesus nicht nur ihre Salbung akzeptiert – die die Salbung seines Leichnams vorwegnimmt, sondern obendrein seinen männlichen Gastgeber zurechtweist, weil dieser ihm keinen solch großzügigen Empfang bereitet hat. Ihre Sünden sind schwer, aber sie werden ihr vergeben, weil sie so viel Liebe zeigt, während der selbstgerechte Pharisäer, dem, rein rechnerisch betrachtet, nur Weniges vergeben werden muss, seinem Erlöser keine so große Liebe erwiesen hat. Die anderen Gäste können nicht verstehen, weshalb der Herr die Macht hat, Sünden zu vergeben; die Frau aber kann mit dem, was die syrischen Kommentatoren „das Auge des Glaubens" nennen würden, die Gottheit Jesu erkennen und weiß, dass er imstande ist, sie von ihren Sünden zu befreien. Es ist ein kraftvolles Gleichnis nicht nur über Vergebung, Akzeptanz und Demut, sondern auch darüber, dass jemand, der nach außen hin beschmutzt erscheint, im Inneren Sehvermögen und Reinheit besitzen kann – und umgekehrt. Das Gleichnis ist schon der Form nach typologisch: Verborgenes wird offenbar. Und auch das Verhalten Jesu hat eine innere

---

34 ROMANOS MELODOS, *Ode* 6,7, englische Übersetzung: Carpenter, *Kontakia*, 103f. Deutsche Übersetzung: Johannes KODER (Übers.), *Romanos Melodos: Die Hymnen* 2 (Stuttgart: Hiersemann, 2006), 506 (Hymnus 38,7).

35 Scott F. JOHNSON, „The Sinful Woman: A Memra by Jacob of Serug", *Sobornost* 24 (2002): 56–88; 57.

und eine äußere Seite: Mit dem stillen „inneren Auge seiner Gottheit“, so heißt es in einer Homilie eines anonymen syrischen Verfassers, sah er, dass die Seele der Sünderin, die ihm augenscheinlich einen äußerlichen Dienst erwies, zur Buße bereit war.[36]

Ehe wir uns weiteren Homilien zu dieser biblischen Perikope zuwenden, wollen wir einen Blick auf die Indizien werfen, die den Auftritt der Frau begleiten: War sie wirklich eine Sünderin? Da das Lukasevangelium für ein vorwiegend städtisches Heidenchristentum stand, ist die Frage erlaubt, ob die Tatsache, dass sie ihr Haar offen und unbedeckt trägt, sich nur als Kennzeichen ihres zweifelhaften Standes deuten lässt.[37] Im griechisch-römischen Kontext wäre ein solches Erscheinungsbild, wie Cosgrove zu bedenken gibt, ein Akt der Ehrerbietung gegenüber einer Gottheit gewesen. Statt um eine Zurschaustellung ihrer Reize könnte es sich auch um eine spontane Demutsgebärde gehandelt haben, die zwar konventionell als ein Mangel an Zurückhaltung aufgefasst wurde, aber eher auf Selbstvergessenheit als auf Sündhaftigkeit hindeutet. Natürlich quittierten die Kirchenväter ein solches Verhalten mit misogynen Kommentaren. Es bereitete patristischen Autoren keinerlei Schwierigkeiten, aus der paulinischen Vorschrift, dass Frauen ihr Haupt zu verhüllen hätten (1 Kor 11,5–10), herauszulesen, dass die Frau nicht nach dem Bild Gottes, sondern aus dem Mann geschaffen und der „Abglanz des Mannes“ sei, weil im Buch Genesis erzählt wird, dass Gott Eva aus einer Rippe des Adam geformt habe (Gen 2,22). Diese endemische Misogynie macht die Rolle, die Ephräm der Sünderin zuweist – ihre typologische Darstellung als der treuesten und würdigsten aller Apostel (auch wenn das Evangelium sie an keiner Stelle so nennt) –, umso bedeutender. Sie hat die Sündhaftigkeit der Eva geerbt und spiegelt doch gleichzeitig auch das „Ja“ Marias zu Christus wider. Cosgrove vergleicht Ambrosius’ Kommentar mit anderen Schriften über diese biblische Frauengestalt: So weist Asterius von Amaseia im 4. Jahrhundert in einer Homilie auf die Möglichkeit hin, dass das gelöste und herabfallende Haar der Frau und die Tatsache, dass sie es als Handtuch benutzt, keineswegs ein Zeichen ihrer moralischen Verkommenheit, sondern im Gegenteil ihrer Demut und ihres Seelenkummers sei, den sie um ihrer Sünden willen leide:[38]

> Indem sie sich durch ihr Gebaren als unwürdig und überaus schüchtern zu erkennen gab und einen rückwärtigen Platz einnahm, stand sie nicht einfach nur da, sondern postierte sich hinter seinen Füßen, löste ihr Haar und machte durch ihr Tun ihre bekümmerte Seele zu einer Angelegenheit öffentlichen Geschäfts. Indem sie von großen Gefühlen ergriffen Tränen auf die Füße Jesu weinte, bettelte sie um Erbarmen. Und sie vergoss solche Tränen,

---

36 SAUGET (Übers.), „Une Homélie Syriaque“, 164.

37 Charles H. COSGROVE, „A Woman’s Unbound Hair in the Greco-Roman World, with Special Reference to the Story of the ‚Sinful Woman‘ in Luke 7:36–50“, *JBL* 124/4 (2005): 675–692; 678.

38 COSGROVE, „A Woman’s Unbound Hair“, 677.

> dass sie seine Füße benetzte. Und indem sie ihre Tränen mit ihrem Haar fortwischte, stellte sie erneut ihre vollkommen umsichtige Demut unter Beweis.[39]

Wir sehen bereits, dass die Handlungen der Frau sich, je nachdem, in welchem Kontext sie gelesen werden, für Interpretationen und als Sinnbilder für verschiedene Dinge eignen. Vielleicht ist es die Namenlosigkeit der Frau, die die Geschichte in den Blickpunkt einer so extensiven Exegese rückt. Die Sünderin agiert als Typus für alle Frauen: nicht nur in Bezug auf Eva, die erste „Sünderin", sondern als eine in einer ganzen Reihe von Frauen, die – wie Maria von Magdala am leeren Grab (Joh 20) – in der Lage waren, Jesus als den zu sehen, der er ist (Joh 20). Die Sünderin ist ein „Spiegel für die Büßerinnen".[40] Ephräm verwendet die inkarnatorische Begrifflichkeit von Menschheit und Gottheit, um die inneren/äußeren Parallelen zwischen den Handlungen der Frau und Jesu Reaktionen darauf zu erklären. Statt der Frau einen Namen zu geben, bewegt er sich auf diese Weise weg von der Erzählung und hin zur zentralen Botschaft des Gleichnisses: der Universalität der von Jesus gewährten Vergebung:

> Seine Menschheit wurde durch ihre Tränen gewaschen und erfrischt, und seine Gottheit schenkte Vergebung für ihre Bußleistung. Gewaschen werden konnte allein seine Menschheit; die unsichtbare Sünde hingegen abzuwaschen, vermochte alleine die Gottheit.[41]

Jesu Füße, die sie in ihren Tränen badet, sind das Symbol seiner Menschwerdung: Die Handlungen der Sünderin, die sich all ihrer Tränen entleert, werden als kenotische Parallele zur Selbstentäußerung Jesu dargestellt, der sich seiner Gottheit entleert, um von der Menschheit erkannt werden zu können.[42] Damit wird sie zu einem Sprachrohr für die zentrale theologische Botschaft des christlichen Glaubens. Eine weitere typologische Auslegung im Zusammenhang mit dieser biblischen Frauenfigur betrifft das Öl, mit dem die Salbung erfolgt. Olivenöl stand für Heilung und Frieden; duftende Öle und Salben benutzte man, um die Toten zu balsamieren und um Könige zu krönen; und es wurde (und wird in manchen Traditionen noch immer) bei der Taufe, der Priesterweihe und anderen kirchlichen Salbungszeremonien verwendet. Dass man Öl außerdem mit Frieden assoziiert, rührt daher, dass der Zweig, den die Taube zu Noachs Arche brachte, von einem Olivenbaum stammte, und auf einer anderen hermeneutischen Ebene verweist das Öl auf die Herabkunft des Heiligen Geistes, der häufig in Gestalt einer Taube dargestellt wird. Ephräms 6. Hymnus *de Virginitate* erklärt, inwiefern das Öl einen ganzen „Schatz von Typen" bildet:

> Die Taube hat in der Flut Noe getröstet, * und die Verwandte der Taube, Maria, hat – anstelle des Ölzweigs mit kostbarem Öl * ein Symbol des Todes des Sohnes (Gottes) geformt.

---

39 Asterius von Amaseia, *Homilie* 13,10,2–3, englische Übersetzung: Cosgrove, „A Woman's Unbound Hair", 677.

40 Ephräm, *Nat.* 4,40 (CSCO 187, 27).

41 Ephräm, *Kommentar zum Diatessaron* 10,8 (FC 54/1, 335).

42 Graffin, „Homélies anonymes", 455.

> – (Im) Alabaster(gefäß), das sie über ihn ausgoss, * leerte sie einen Schatz von Typen über ihn aus. – In jenem Augenblick haben die Symbole des Öls * ihre Zuflucht bei Christus gefunden, – und der Schatzmeister der Symbole, das Öl, * hat die Symbole dem Herrn der Symbole übergeben. – Die Schöpfung hatte in ihrem Schoss seine Symbole empfangen, * Maria seine (körperlichen) Glieder.[43]

Die typologische Bedeutung des Öls findet auch bei dem syrischen Dichter und Theologen Jakob von Sarug Verwendung (ca. 451–521), der über 700 Vershomilien verfasst haben soll. In der folgenden *Homilie über die Sünderin* wird der Bedeutung des Salböls insofern ein weiteres Detail hinzugefügt, als auf dessen Verwendung im Sakrament der Taufe hingewiesen wird. Auf diese Weise wird die „Sünderin" im typologischen Sinne zu einer neuen Eva, die durch ihre Bußhandlungen nicht nur wiedergeboren, sondern getauft wird:

> Öl und Tränen vergaß sie dort über dem Heiligen Einen.
> Sodass das Ritual der Taufe vollständig vollzogen wurde [...].
> Sie neigte ihr Haupt, um seine Füße mit ihrem Haar zu trocknen.
> Und genau wie bei der Taufe empfing sie Heiligkeit von dem Heiligen Einen.
> Sie trat ein in den zweiten Schoß, den Ort der Sühne,
> Auf dass sie, neugeboren, im geistigen Sinne schön werden konnte [...].
> Glücklich die Mutter, die Unrecht empfing und Täuschung gebar,
> Aber in Vergebung Reinheit und Heiligkeit gewann [...].
> In dem Öl und den Tränen, die sie dort auf den Erlöser vergoss,
> Wurde sie der Welt im Voraus zum Sinnbild für die Taufe der Welt.[44]

Auf den liturgischen Akt der Reue und Absolution folgt somit die liturgische Handlung der Taufe. Ähnlich betont wird die Bedeutung des Öls als eines Mittels der Salbung auch in Ephräms 35. Hymnus *de Virginitate*, wo die Antithesen Reinheit/Beschmutzung, verloren/gefunden und Beschmutzung/Heiligung tief in die Typologie hineingewoben sind:

> Mit ihrem Haar holte sie sich von seinem Schweiss Segen. – Der Schmutz deines Körpers reinigte ihren Geist. – Und sie, die der Anlass des Todes für jeden gewesen war, – wurde Anlass zur Buße für die Sünder. – [...] Wodurch sie verloren gegangen war, durch das wurde sie, weil sie glaubte, gefunden. – Das Öl erstrahlte, das sie unrein gemacht hatte; – ihr Mund wurde heilig, der sie schuldig gemacht hatte; – und rein wurde ihre Schönheit, die sie zur Ausschweifung verführt hatte.[45]

Hier verdeutlicht die Anspielung auf das Gleichnis vom verlorenen Schaf, dass die Frau trotz ihrer Zugehörigkeit zu einer gesellschaftlich ausgegrenzten Gruppe akzeptiert wird. Ephräm scheut sich nicht, ihre Körperlichkeit zur Kenntnis zu nehmen; sie wird nicht nur auf geistiger, sondern auf ganzer Ebene geheilt.

Dass die syrischen Homilien dazu neigen, verschiedene Frauengestalten der Bibel zu Exegetinnen der Gottheit und Menschheit Christi zu verschmelzen,

---

43 EPHRÄM, *Virg.* 6,7 (CSCO 224, 23).

44 JOHNSON, „The Sinful Woman", 71.81.

45 EPHRÄM, *Virg.* 35,6–7 (CSCO 224, 110f.).

führt dazu, dass uns die „Sünderin" gleichsam in Personalunion mit der an Blutfluss erkrankten Frau begegnet. Ihr gemeinsames Geschlecht bietet sich als symbolische Rahmung ihrer vermeintlichen leiblichen wie geistigen Unreinheit und Heilungsbedürftigkeit an. In seinem 4. Hymnus *de Virginitate* nimmt Ephräm wieder auf die symbolischen Heilkräfte des Öls Bezug, die einen verborgenen Prozess zum Ausdruck bringen:

> [...] und wenn sie salbten und heilten, * war im Öl – insgeheim Christus dargestellt, * und er vertrieb alle Leiden, – wie auch der Fluss des Blutes im Saum des Mantels ihn sah und vertrocknete.[46]

Dass diese Frauen (obwohl sie selbst als unrein galten) Christus berührten, wird als ein Akt der Heilung dargestellt, wie sie ja auch ihrerseits von Christus an Geist und Körper geheilt werden. Es kommt zu einem Zusammenfluss der von den Frauen und von ihrem Herrn ausströmenden Heilung:

> Selig, Weib! Der Fluss des Erbarmens – ist dir begegnet und hat den Fluss deines Blutes geheilt.[47]

Ein wesentlicher Punkt ist der, dass diese Frauen geheilt worden sind, weil sie das „innere Auge des Glaubens" besaßen, das sie befähigte, die Gottheit Christi zu erkennen, indem sie seiner Menschheit dienten.

Es ist bezeichnend, dass sowohl die an Blutfluss erkrankte Frau als auch die „Sünderin" – die eine heimlich, die andere offen – Jesus bewusst aufsuchen und ihr inneres Bedürfnis nach Heilung physisch zum Ausdruck bringen. Beide gelten, einfach weil sie Frauen sind, als unrein. Das Symbol der weiblichen Sexualität, die in der biblischen Kultur als problematisch angesehen wurde, steht für die Bedürftigkeit der Menschheit insgesamt, die durch den zweiten Adam gereinigt und geheilt werden muss. Wo immer die Unfruchtbarkeit der Sünde durch Buße ersetzt wird, haben Menschen das Potential, Bräute Christi zu werden.[48] Was ihnen geschenkt wird, geht über die persönliche Erlösung hinaus: Sie werden ein „Typus" der Kirche, ein Typus der Buße und Vergebung, der für die ganze Menschheit beispielhaft ist:

> Gesegnet sind die Sünder [...] die Schuldigen [...] das Bild Adams. Denn indem er diese ruft, lädt er unsere ganze Gattung zur Liebe ein, und in ihrer Person lädt er alle Sünder zur Vergebung ein.[49]

Weil diese Frauen Typen sind, steht die Erlösung, die sie empfangen, für die Erlösung der ganzen Menschheit. Sie werden Exegetinnen und gleichzeitig Exempel der Erlösung:

---

46 EPHRÄM, *Virg.* 4,7 (CSCO 224, 14).

47 EPHRÄM, *Virg.* 26,6 (CSCO 224, 84).

48 Hannah HUNT, „The Tears of the Sinful Woman: A Theology of Redemption in the Homilies of St. Ephraim and his Followers", *Hug* 1/2 (1998): 165–184; 172.

49 GRAFFIN, „Homélies anonymes", 451.

> Und wie der Sünderin vergeben wurde,
> weil sie in Simons Haus Deine Füße küsste,
> vergib Du Deiner Kirche,
> die am Altar Deinen Leib und Dein Blut verzehrt.[50]

Dieser universale Aspekt der Typologie zeigt sich auch in Verbindung mit anderen gesellschaftlich und religiös Ausgegrenzten wie der Samaritanerin am Jakobsbrunnen (Joh 4,4–26). Romanos beschreibt sie als den „Typus der Völker“[51] und betont, dass die Botschaft des Evangeliums für alle Völker bestimmt ist. Ephräms 4. Hymnus *de Virginitate* streift diese Idee im Vorübergehen und hebt die duale Natur Christi hervor. In Jesus, der den spirituellen Durst der Frau stillt, verbinden sich physischer Durst (seine menschliche Natur) und spirituelle Macht (seine Gottheit):

> Der Durst ließ unsern Herrn sich beugen * über den Brunnen; – und er fing die Dürstende * mit dem Wasser, um das er (sie bat). Er fing die eine Seele * aus der Quelle, – und er fing dann wieder durch sie * die ganze Stadt.[52]

In seinem 22. Hymnus *de Virginitate* macht Ephräm deutlich, dass diese ausgegrenzte Frau das metaphorische „Auge des Glaubens“ besitzt, dank dessen sie durch Jesu Menschheit hindurch auf seine Gottheit blicken kann – genau wie auch er durch das Stigma ihres soziosexuellen Status hindurchblickt und sie als gläubig und der Erlösung würdig erkennt.

8. Exegetinnen der Erlösung: Das „Auge des Glaubens“

In den oben angeführten Beispielen sind die Handlungen der „Sünderin“, der an Blutfluss erkrankten Frau und der Samaritanerin am Brunnen deshalb so wirkungsvoll, weil diese Frauen in der Lage sind, durch die Oberfläche und das Physische hindurch auf die Gottheit zu blicken, die sich dahinter verbirgt. Um das Verborgene zu sehen, braucht es das „Auge des Glaubens“. So entsteht eine Typologie des Heilsmysteriums selbst, in dem sich der unsichtbare Gott durch die sichtbare und berührbare Inkarnation manifestiert. Dass Jesus diese Frauen von ihrer Unfruchtbarkeit, Unkeuschheit oder Ausgrenzung heilt, geschieht im Verborgenen, genau wie seine Gottheit in seiner Menschheit verborgen ist.

Ephräms *Homilie über die Sünderin* bezieht sich wiederholt auf „Ihn, der das Verborgene kennt“, und spielt mit der Antithese zwischen den verborgenen und

---

50 Erste *Soghitha*, V. 60, englische Übersetzung: BROCK, „Two Syriac Dialogue Poems“, 1988, 62.

51 ROMANOS MELODOS, *Ode* 9, englische Übersetzung: Carpenter, *Kontakia*, 89.

52 EPHRÄM, *Nat.* 4,43–44 (CSCO 187, 27).

den offenen Handlungen der Frau.[53] Und das „innere Auge“ ist nicht bloß das Auge des Glaubens dieser Frauen, sondern auch „das innere Auge der Gottheit [Jesu]“, mit dem er in das Innere der Frau zu blicken und die Bußbereitschaft ihrer Seele zu sehen vermag.[54] Dadurch, dass sie Christus als das sieht, was er ist, wird die „Sünderin“ aus dem Lukasevangelium zur Apostelin der Apostel: eine einzigartige Rolle für eine biblische Frauengestalt. Das erklärt Ephräm in seinem *Kommentar zum Diatessaron*, der hier etwas ausführlicher zitiert werden soll, weil er die Musterbildung des typologischen Gerüsts anschaulich vorführt:

> Ehre sei dir, verborgenes Kind dessen, der aus sich selbst heraus existiert, denn deine Heilkunst ist durch das verborgene Leiden der Kranken offenbart worden. Durch die Frau, die man sehen kann, haben sie die Gottheit, die man nicht sehen kann, erkannt. Durch die Heilung des Sohnes ist seine Gottheit erkannt; und durch die Heilung der Betroffenen ihr Glaube aufgezeigt worden. [...] Denn er kannte die verborgenen Gedanken in ihnen, auch wenn er den Eindruck erweckte, sie nicht zu kennen, indem er fragte, wer ihn berührt habe (vgl. Mk 5,31). Er heilte nämlich nur die, deren Glauben er kannte. Erst sah er den verborgenen Glauben der Frau; und dann schenkte er ihr die sichtbare Heilung. [...] Deshalb sandte er seine Kraft in einen unreinen Mutterschoß, damit sie durch einen unreinen Mutterschoß glauben, dass er selbst aus einem reinen Mutterschoß hervorgekommen sei.“[55]

Hier werden sehr beliebte syrische Themen und Methoden erkennbar: die Verwendung von Paaren und Gegensätzen, die sowohl die typologische als auch die allegorische Schriftauslegung kennzeichnet, und die Aufmerksamkeit für marginalisierte biblische Frauengestalten. Eine ähnliche Herangehensweise findet sich in Romanos' 12. Ode *Über die blutflüssige Frau*:

> ... was sagst du mir, dass viel Volk mich umdrängt?
> Die rühren nicht an meine Gottheit – sie aber, die sichtbar nur an mein Gewand rührte,
> fasste offen an die göttliche Natur.[56]

---

53 Abschnitt 3 und 4, englische Übersetzung: *Ephrem's Homilies on Our Lord, Admonition and Repentance and the Sinful Woman* (übers. v. A. E. Johnston; Massachusetts: Peabody, 1995), 340, 348.

54 SAUGET, „Une Homélie Syriaque“, 164.

55 EPHRÄM, *Kommentar zum Diatessaron* 7,1.2.15 (FC 54/1, 272.272.283); englische Übersetzung: *Saint Ephrem's Commentary on Tatian's Diatessaron: An English Translation of Chester Beatty Syriac MS 709 with Introduction and Notes* (hg. v. Carmel McCarthy; JSST.S 2; Oxford: University Press, 1993), 129, 136.

56 ROMANOS MELODOS, *Ode* 12, englische Übersetzung: Carpenter, *Kontakia*, 125. Deutsche Übersetzung: Johannes KODER (Übers.), *Romanos Melodos: Die Hymnen* 2 (Stuttgart: Hiersemann, 2006), 684 (Hymnus 56, 15).

9. Schluss

Biblische Frauen sind im Rahmen von Kommentaren und liturgischen Texten Gegenstand sowohl allegorischer als auch typologischer Auslegungen. Die allegorische Interpretation spielt in denjenigen Traditionen eine prominentere Rolle, die sich seit der Zeit der alexandrinischen Kirche im griechischen und lateinischen Raum entwickelten; ein wichtiger Vertreter ist Origenes, der mithilfe der Allegorie bei den frühen Christen für ein angemessenes Verständnis des Hohelieds sorgen wollte und so den Grundstein für eine bestimmte Methode der Bibelexegese legte. Diese Verwendung der Allegorie dient eher didaktischen Zwecken und räumt biblischen Frauengestalten keinen besonderen Stellenwert ein. In der syrischen Kirche dagegen ist die Typologie stärker vertreten und äußert sich zudem in einem Empowerment insbesondere solcher biblischer Frauengestalten, die aufgrund ihrer weiblichen Körper marginalisiert oder ausgegrenzt werden. Die Art und Weise, wie sich der heilige Ephräm auf bestimmte weibliche Charaktere aus der Bibel fokussiert, zeigt anschaulich, wie die Typologie dazu verwendet werden kann, biblische Frauengestalten als Exegetinnen der dualen Natur Jesu darzustellen. Auch wenn man an der typologischen Parallele zwischen Maria, der Mutter Gottes, und Eva kaum vorbeikommt, fokussieren sich die syrischen Theologen in ihren typologischen Darstellungen eher auf biblische Frauen wie die „Sünderin" aus dem Lukasevangelium, die an Blutfluss erkrankte Frau und die Samaritanerin am Brunnen. Jede von ihnen wird mit den Mitteln der Typologie als Frau dargestellt, die über das „Auge des Glaubens" verfügt und folglich imstande ist, Jesus als den zu sehen, der er wirklich ist. Dass sie nach den kulturellen Normen ihrer Zeit als unrein gelten, macht die sowohl körperliche als auch seelische Heilung, die dadurch bewirkt wird, dass sie Jesus in ihr Leben lassen, umso bemerkenswerter. Ihr hinter physischen Nachteilen verborgener Glaube wird als ein Spiegel der Gottheit Jesu gedeutet, die sich in seiner menschlichen Natur verbirgt. In den Worten Ephräms und anderer früher syrischer Schriftsteller verleiht die Typologie biblischen Frauen eine machtvolle Stimme.

Biblische Frauen in der Bildkunst der Spätantike

Renate J. Pillinger, Universität Wien

Der vorliegende Beitrag versucht erstmals, alle Darstellungen biblischer Frauen in der spätantiken Bildkunst zu sammeln und entsprechend auszuwerten. Dabei sind sowohl auf kanonische als auch auf sogenannte apokryphe Textquellen zu beziehende Beispiele behandelt. Für die Abbildungen wurden ganz bewusst zum Teil weniger bekannte Bilder ausgewählt, um auf die Vielschichtigkeit der Interpretation zu verweisen.

Die erste und wohl auch bekannteste biblische Frau des Ersten (Alten) Testaments, die dargestellt wurde, ist Eva.[1] In der Ikonografie der Spätantike gibt es keine Einzeldarstellung von ihr, wenn man von den Goldglasnuppen absieht, die ja wohl mit einer Adamnuppe in Verbindung standen. Gen 2,23 überliefert die ältere Erzählung, in der Adam zuerst geschaffen wird und danach die „Frau" aus seiner Rippe. Diese Szene finden wir auf frühchristlichen Sarkophagen, etwa auf dem sogenannten dogmatischen Sarkophag im Museo Pio Cristiano unter Inv. 31104,[2] wo übrigens auch die „apokryphe" Arbeitszuweisung[3] zu sehen ist. Sie gibt es ebenso am Bassussarkophag im Tesoro von S. Pietro im Vatikan und am Adelfiasarkophag in Syrakus. In Gen 3,15 erhält Eva die Verheißung, dass ihre Nachkommenschaft den Versucher besiegen wird, weshalb Adam sie in Gen 3,20 Ζωή („Leben") nannte, ὅτι ἄυτη μήτηρ πάντων τῶν ζώντων („weil sie die Mutter aller Lebenden war"). Als solche ist sie in der Exoduskapelle von El Bagawat bei der Vertreibung der Stammeltern aus dem Paradies tituliert[4] (Abb. 1). Diese trifft

---

1 Zum allgemeinen Überblick vgl. Christfried Böttrich, Beate Ego und Friedmann Eißler (Hg.), *Adam und Eva in Judentum, Christentum und Islam* (Göttingen: Vandenhoeck & Ruprecht, 2011); Helen Schüngel-Straumann, *Eva: Die erste Frau der Bibel: Ursache allen Übels?* (Paderborn: Schöningh, 2014); Magdalena Díaz Araujo, „Die Sünden der Ersten Frau: Eva-Traditionen in der Literatur des Zweiten Tempels unter besonderer Berücksichtigung der Schrift ‚Leben Adams und Evas'", in *Frühjüdische Schriften* (hg. v. Eileen Schuller und Marie-Theres Wacker; Die Bibel und die Frauen 3/1; Stuttgart: Kohlhammer, 2017), 87–107. Vgl. zu den im Folgenden besprochenen biblischen Frauen z. B. Luise Schottroff und Marie-Theres Wacker (Hg.), *Kompendium Feministische Bibelauslegung* (Gütersloh: Kaiser/Gütersloher Verlagshaus, ²1999) und die entsprechenden Beiträge in den einzelnen Bänden der Reihe „Die Bibel und die Frauen".

2 Siehe u. a. Helga Kaiser-Minn, *Die Erschaffung des Menschen auf den spätantiken Monumenten des 3. und 4. Jahrhunderts* (JACSup 6; Münster: Aschendorff, 1981).

3 Vgl. das „Leben Adams und Evas" 22,2: *Das Leben Adams und Evas* (hg. v. Otto Merk und Martin Meiser; JSHRZ 2/5; Gütersloh: Gütersloher Verlagshaus, 1998), 739–870, hier 802.

4 Giuseppina Cipriano, *El Bagawat: Un cimitero paleocristiano nell'alto Egitto* (Ricerche di Archeologia e Antichità Cristiane 3; Todi: tau editrice, 2008), Taf. 19.

man auch auf spätantiken Textilien und in der Wiener Genesis. Überdies gibt es in einem Beispiel im Museum für angewandte Kunst in Wien unter Inv.-Nr. 8528 eine einzigartige Verführungsszene mit einer zum Ohr Evas aufgerichteten Schlange.[5] Im Ashburnham Pentateuch, Paris, Bibliothèque Nationale, Nouv. Acq. lat. 2334 fol. 6r aus dem 7. Jh. sehen wir ganz oben links Eva mit Adam in einer Laube und dann das Säugen von Kain und Abel getrennt in zwei Zonen. Der Quran kennt die Geschichte von Adam und Eva ebenfalls, besonders die Vertreibung aus dem Paradies.[6]

Abb. 1: El Bagawat, Exoduskapelle: Eva als Mutter der Lebenden (Ζωή) (nach G. CIPRIANO, El Bagawat, Taf. 19)

Die nächste biblische Frau, die wir besprechen wollen, ist Sara.[7] Wie bei Eva gibt es keine Einzeldarstellung, sondern sie erscheint nur im Rahmen der Bewirtung der drei Männer durch Abraham, z. B. in S. Maria Maggiore/Rom, wo sie Brot bäckt oder in S. Vitale/Ravenna, wo sie nach der Verheißung eines Sohnes ihre Hand nachdenklich zum Kinn führt – statt zu lachen, wie in Gen 18,12 gesagt ist. Einzigartig ist ihr mit griechischer Beischrift versehenes Bild in der Friedenskapelle von El Bagawat. Dort steht sie bei der Opferung Isaaks (der Aqedah; vgl.

---

5 Zu ihr siehe auch die *conceptio per aurem* bei Maria.

6 Näheres bei Stephan PROCHÁZKA, „Ausgewählte biblische Personen in der Islamischen Kunst", *Mitteilungen zur Christlichen Archäologie* 24 (2018): 57–79.

7 Allgemein zu ihr siehe Ulrike BECHMANN, *Sara: Herrin, Rivalin, Ahnfrau* (Stuttgart: Katholisches Bibelwerk, 2006); Irmtraud FISCHER, *Gottesstreiterinnen: Biblische Erzählungen über die Anfänge Israels* (Stuttgart: Kohlhammer, ²2000); DIES., „Zur Bedeutung der Frauentexte in den Erzeltern-Erzählungen", in *Hebräische Bibel – Altes Testament: Tora* (hg. v. Irmtraud Fischer, Mercedes Navarro Puerto und Andrea Taschl-Erber; Die Bibel und die Frauen 1/1; Stuttgart: Kohlhammer, 2010), 238–275; vgl. auch den Artikel zu Sara von Miyako DEMURA in diesem Band.

Abb. 2: El Bagawat, Friedenskapelle: Sara bei der Aqedah mit einem kleinen Kästchen in Händen (nach G. CIPRIANO, *El Bagawat*, Taf. 28)

Gen 22) mit Nimbus und – wie er – mit einem kleinen Kästchen in Händen (Abb. 2). Eine einzige Parallele dazu liefert der Regensburger Pentateuch um 1300. Wahrscheinlich haben wir es mit einer jüdischen Legende in christlicher Interpretation zu tun. Nach einer rabbinischen Tradition starb Sara, nachdem Abraham mit Isaak am Berg Moria war.[8] Auch Isaak war nach jüdischer Auffassung schon tot und wurde von Gott wieder zum Leben erweckt (PRE 31). Folglich gibt es zwei Tote im Bild, nämlich Mutter und Sohn, womit es sich bei den beiden Kästchen wohl um *Ossuaria* handelt. In der Tat gibt es mittelalterliche Abbildungen mit der Rückkehr Isaaks aus dem Himmel (wo er auf dem Kopf steht). So könnte auch in El Bagawat Isaak als Vorläufer des auferstandenen Christus gedacht sein.[9]

Darauf folgt die Frau des Lot. Sie ist Gen 19,15–26 erwähnt und auch am Lotsarkophag in S. Sebastiano/Rom in der unteren Zone links[10] sowie in der Neuen Katakombe an der Via Latina, Kammer B, der Cotton- und der Wiener Genesis dargestellt. Am bemalten Behang der Abegg-Stiftung in Riggisberg/Bern steht Lots Frau rechts einer Stadtarchitektur (Sodom), auf die sie zurückblickt. Über

8 Vgl. Midrasch Tanchuma Vayera 23; Genesis Rabba 58; PRE 32.

9 Bei CIPRIANO, *El Bagawat*, bes. 206–209 und Taf. 28.

10 Ulrike KOENEN, „Genesis 19,4/11 und 22,3/13 und der Bethlehemitische Kindermord auf dem ‚Lotsarkophag' von S. Sebastiano in Rom", *JAC* 29 (1986): 118–145.

ihr sehen wir die Beischrift ΑΓωΝΙΑ („tödliche Angst, Erschrecken").[11] Sie ist eine Namenlose, die im Vergangenen verhaftet ist.

Über Rebekka wird in Gen 24 erzählt, wie der hochbetagte Abraham seinen Knecht in das Land seiner Verwandtschaft (in die Stadt Haran in Syrien, heute Türkei) schickt, um dort für seinen Sohn Isaak eine Frau aus seiner Verwandtschaft zu finden. Bei seiner Ankunft lagert er an einem Brunnen vor der Stadt, als die Frauen kommen, um Wasser zu holen. Dies war typische Frauenarbeit (vgl. Gen 29,2–10; Ex 2,15f.), wie auch die neutestamentliche Erzählung der Begegnung mit der Samariterin (vgl. Joh 4) und die Legende von Maria an der Quelle[12] deutlich zeigen. Unter den Frauen ist Rebekka. Der Knecht bittet sie um einen Schluck Wasser aus ihrem Krug, worauf sie auch seinen Kamelen zu trinken gibt, was als tatsächliches Ereignis schwer vorstellbar und nur aus der retrospektiven Abfassung der Geschichte, wahrscheinlich im babylonischen Exil, zu verstehen ist. Darstellungen dazu liefert die Wiener Genesis. Wie Sara setzt Rebekka sich nach einer Prophezeiung über die Stammesregeln hinweg und verhilft ihrem jüngeren Sohn Jakob mit einer List dazu, den Erstgeborenensegen von seinem Vater zu erschleichen. Genau diese Szene ist in der Kammer A der Neuen Katakombe an der Via Latina[13] dargestellt. Das Fresko ist stark verwittert und durch einen nachträglich eingehauenen Loculus gestört. In der Mitte liegt Isaak halb aufgerichtet auf einer Kline in Tunika und Pallium. Von links treten sein Sohn Jakob und seine Frau Rebekka heran, die hinter Jakob steht und diesen dem liegenden Vater entgegenschiebt. Rebekka trägt die lange hoch gegürtete Tunika der Frauen, Jakob eine kurze Exomis. Mit beiden Händen reicht er seinem Vater eine Schale. In S. Maria Maggiore steht vor dem liegenden Isaak in Anlehnung an Totenmahlszenen ein Tisch. Jakob tritt von rechts, Rebekka von links heran. Die nächste Parallele zu dem Fresko in der Via Latina findet sich in S. Paolo. In beiden Darstellungen wird Jakob von Rebekka zum liegenden Isaak geführt. Möglicherweise hielt er in S. Paolo ebenfalls eine Schüssel in Händen.[14]

---

11 Lieselotte KÖTZSCHE, *Der bemalte Behang in der Abegg-Stiftung: Eine alttestamentliche Bilderfolge des 4. Jahrhunderts* (Riggisberger Berichte 11; Riggisberg: Abegg-Stiftung, 2004), 145–149 und Taf. 5f.

12 So im Pseudo-Matthäusevangelium 20; vgl. Oliver EHLEN, „Pseudo-Matthäusevangelium", in *Antike christliche Apokryphen in deutscher Übersetzung* 1/2 (hg. v. Christoph Markschies und Jens Schröter; Tübingen: Mohr Siebeck, ^{7}2012), 983–1002, hier 1000; Hans-Josef KLAUCK, *Apokryphe Evangelien: Eine Einführung* (Stuttgart: Katholisches Bibelwerk, ^{3}2008), 105–109.

13 Lieselotte KÖTZSCHE-BREITENBRUCH, *Die Neue Katakombe an der Via Latina in Rom: Untersuchungen zur Ikonographie der alttestamentlichen Wandmalereien* (JACSup 4; Münster: Aschendorff, 1976), 65f. und Fabrizio BISCONTI, *Il restauro dell'ipogeo di Via Dino Compagni: Nuove idee per la lettura del programma decorativo del cubicolo "A"* (Scavi e restauri 4; Città del Vaticano: Pontificia Commissione di Archeologia Sacra, 2003), Fig. 26.

14 Zur Amme Rebekkas, Debora (vgl. Gen 35,8), sei nur das Bild ihres Todes in der Wiener Genesis erwähnt.

Bezüglich Rahel, um die Jakob vierzehn Jahre dienen musste, Lea und Zippora möchte die Verfasserin bloß auf die Mosaiken von S. Maria Maggiore/Rom verweisen, wo sie als verheiratete Frauen (mit Haube) dargestellt sind. Hinsichtlich der namenlosen fremden Frau des Potiphar (Gen 39,7–19), die Josef verführen wollte, möchte ich auch bloß die Darstellung dieser Geschichte in der Wiener Genesis nennen. Im Islam heißt sie Zuleikha.

Mirjam ist nach der Überlieferung des Ersten (Alten) Testaments (Ex 2,1–10) die Schwester von Mose und Aaron, die aus einem Versteck sieht, wie die Tochter des Pharaos den Knaben Mose in einem Schilfkörbchen im Nil entdeckt und seine Mutter als Amme vorschlägt. In einem Fresko der Synagoge von Dura Europos holt die Tochter des Pharao selbst den Moseknaben, der in einem hausförmigen Kasten ausgesetzt worden war, aus dem Nil, während rechts am Ufer drei Dienerinnen mit verschiedenen Gegenständen in den Händen und links Mirjam und die Mutter Moses stehen. Ein zweites Beispiel liefert die Kammer B der Neuen Katakombe an der Via Latina in Rom. Dort stehen am Flussufer drei junge Frauen nebeneinander: die Tochter des Pharaos in gegürteter Tunika mit breiten purpurnen Clavi und zwei Dienerinnen in einfacher weiter Tunika. Alle drei haben ihre Hände zum Moseknaben ausgestreckt, der vor ihnen in einem offenen ovalen Behälter im Nil schwimmt. Er ist nackt und hat seine kleinen Arme erhoben. Links am Ufer sitzt eine große weibliche Gestalt in purpurfarbener Palla, die über den Kopf gezogen ist. Es ist Mirjam, die Schwester des Mose, die verborgen im Schilf das ausgesetzte Kind beobachtet. Ihre Größe erklärt sich wohl durch ihre Bedeutung, als künftige inspirierte Prophetin. Vor ihr sind im Fluss die Leichen dreier kleiner Kinder zu erkennen als Hinweis auf den Tötungsbefehl des Pharaos, wonach (so Ex 1,22) die hebräischen neugeborenen Knaben im Nil ertränkt werden sollen.[15] In S. Maria Maggiore ist die Tochter des Pharaos thronend dargestellt. Sie nimmt eben ein Kästchen mit Kostbarkeiten in Empfang, während der Moseknabe zu ihr geführt wird. Vermutlich handelt es sich um seine Adoption. Die Magd, die ihn heranführt, ist wohl seine Schwester Mirjam, die Frau mit dem Früchtekorb ganz rechts seine Mutter.

Beim Auszug aus Ägypten führt Mirjam nach der Durchquerung des Schilfmeers den Freudentanz und den Gesang der Frauen an, wobei sie, wie schon oben angedeutet, als Prophetin bezeichnet wird. Ex 15,20–21 heißt es wörtlich:

> Die Prophetin Mirjam, die Schwester Aarons, nahm die Pauke in die Hand und alle Frauen zogen mit Paukenschlag und Tanz hinter ihr her. Mirjam sang ihnen vor: „Singt dem Herrn ein Lied, denn er ist hoch und erhaben, Ross und Reiter warf er ins Meer."[16]

---

15 Siehe wieder KÖTZSCHE-BREITENBRUCH, *Via Latina*, 76–79.

16 Zu den biblischen Prophetinnen vgl. den Beitrag von Agnethe SIQUANS in diesem Band.

Dargestellt gibt es diese Szene auf den Durchzugssarkophagen, so z. B. in Arles, Église Saint-Trophime (Abb. 3) und im MPC (Museo Pio Cristiano) 31434.[17] Sie füllt die ganze Front des Sarges, links mit dem Untergang der Ägypter im Meer, rechts mit dem Weitermarsch der Israeliten. Angeführt wird der freudige Zug

Abb. 3: Arles, Église Saint Trophime: Mirjam ein Tamburin schlagend (nach Th. KLAUSER, J. MARKI-BOEHRINGER und F. W. DEICHMANN, *Frühchristliche Sarkophage in Bild und Wort* [Drittes Beiheft zur Halbjahresschrift *Antike Kunst*; Olten: Urs Graf-Verlag, 1966], Taf. 34)

17 Vgl. Clementina RIZZARDI, *I sarcofagi paleocristiani con rappresentazione del passaggio del Mar Rosso* (Saggi d'arte e d'archeologie 2; Faenza: Fratelli Lega Editore, 1970), Figg. 6 und 31.

durch Mirjam, die ein Tamburin schlägt. Diese allein finden wir auch auf einem Textil der Universität Trier.

Kosbi (Num 25,15.18) ist eine Midianiterin, die getötet wurde, weil sie gegen das Gesetz Gottes verstoßen hat. Dargestellt ist sie in Kammer B der Neuen Katakombe an der Via Latina in Rom. Dort steht in der Mitte des Bildes Pinhas in der Kleidung eines römischen Feldherrn. Mit der Linken schultert er eine Lanze, auf der der Israelit Simri und die Midianiterin Kosbi aufgespießt sind. Beide tragen eine lange Tunika. Der Arm der unteren Gestalt hängt leblos herab. Ihr Blut fließt in dicken Strömen herunter und hat das Lager, links im Bild, rot gefärbt. Auf dieses weist Pinhas mit der Rechten.[18]

Rahab ist nach Jos 2,1–24 eine Dirne in Jericho, die zur Zeit Josuas die israelitischen Spione rettet. Neueren Forschungen zufolge war sie keine Prostituierte, sondern wohl eine Wirtin, die eine Herberge an der Stadtmauer betrieb, in der auch Fremde einkehrten, so die zwei Kundschafter aus Israel, die sie vor dem König versteckt.[19] Als Heidin legt sie ein einmaliges Bekenntnis zum Gott Israels ab. Sie verhilft den Fremden heimlich zur Flucht, indem sie beide an einem Seil über die Stadtmauer hinablässt. Zuvor hat sie sich Schonung für sich und ihre Familie ausbedungen. Als Zeichen geben ihr die Männer eine rote Schnur. Darstellungen dazu finden wir in S. Maria Maggiore/Rom. Dort sieht man zunächst die Entsendung der Kundschafter durch Josua und dann die Flucht mit Hilfe von Rahab. Eine weitere Verbildlichung letzterer gibt es vielleicht in der Kammer B der Neuen Katakombe an der Via Latina in Rom, wo sich eine eindeutig weibliche Gestalt aus einem großen Fenster beugt und in einem Kasten an Schnüren zwei Figuren hinunterlässt. Am rechten Bildrand steht noch ein hoher Baum. Kötzsche-Breitenbruch sieht in dem Bild Noach und seine Frau[20] – vor allem wegen der Frisur der linken Figur im Kasten, bekommt aber damit Schwierigkeiten bei der Interpretation der großen weiblichen Figur im Fenster.[21] Ein drittes Mosaikfeld in S. Maria Maggiore/Rom zeigt die Einnahme Jerichos. Dort sieht man links und rechts das israelitische Heer und in der Mitte die Stadt mit den stürzenden Mauern. In der Stadt steht nur das Haus der Rahab. Der längliche rote Farbfleck über dem Stadttor lässt vermuten, dass auch die Scharlachschnur wiedergegeben war.

---

18 Vgl. wieder Kötzsche-Breitenbruch, *Via Latina*, 85–87.

19 So schon Flavius Josephus, *A. J.* 5,7–9. Vgl. Kerstin Ulrich, „Das Buch Josua: Tradition und Gerechtigkeit – Vom Erbteil der Frauen", in *Kompendium Feministische Bibelauslegung* (hg. v. Luise Schottroff und Marie-Theres Wacker; Gütersloh: Gütersloher Verlagshaus, ^{2}1999), 80–89; hier 83–85.

20 Kötzsche-Breitenbruch, *Via Latina*, 51–54.

21 Siehe Catherine C. Taylor, „The Matrilineal Cord of Rahab in the Via Latina Catacomb", *Studies in the Bible and Antiquity* 8 (2016): 182–214.

Die zwei Mütter im Urteil des Salomo (1 Kön 3,16–28) finden wir in einer Wandmalerei in Pompeji und auf dem Silberreliquiar von S. Nazzaro Maggiore in Mailand.[22]

Die Frau des kanonischen Ijob (vgl. Ijob 2,9) besitzt wieder keinen Namen, ganz im Gegensatz zu den Freunden oder den Töchtern am Schluss des Buches. Dennoch ist ihre Rolle keine unbedeutende. Die Rezeption sieht in ihr diejenige, die stellvertretend für den Satan Ijob in Versuchung bringen soll, Gott abzuschwören. Daher bezeichnet sie Augustinus in einer seiner Predigten als *adiutrix diaboli.*[23] Ganz anders interpretiert das Testament des Ijob,[24] das auf die Tatsache aufmerksam macht, dass nicht nur Ijob alleine alles verliert, denn sein Besitz und seine Kinder haben auch seiner Frau gehört – und sie ist es auch, die ihn vor dem Hungertod bewahrt, während er vor den Toren der Stadt auf einem Misthaufen sitzt. Dazu passen die Darstellungen in SS. Marcellino e Pietro, wo sie ihm Nahrung auf einem Stab reicht, zweimal in der Neuen Katakombe an der Via Latina, Cubicula C und I, und schließlich am Sarkophag des Iunius Bassus, wo sie eine eigenartige Kopfbedeckung trägt – wohl, weil sie gemäß T.Job 21–23 ihre Haare für Brot an den Teufel verkauft hat. In Kap. 25 und 39 wird sie deshalb auch Sitido/Sitis („Brot") genannt.[25]

Bezüglich der Geschichte über die schöne und keusche Susanna (Dan 13,1–64) handelt es sich um einen Zusatz, der wohl auf eine Erzählung zurückgeht, von der wir nicht wissen, ob sie ursprünglich hebräisch (oder aramäisch) oder griechisch verfasst wurde. Damit wissen wir auch nicht, ob der Entstehungsort Palästina oder Ägypten ist. Fest steht die Grundaussage der Errettung durch Gott. In der frühchristlichen Kunst erscheint Susanna vor allem in Gräbern: der Domitillakatakombe und des Coemeterium Maius in Rom sowie in Thessaloniki. Einmalig ist die Wiedergabe in Form einer Tierallegorie in der Prätextatkatakombe. Zwei Wölfe, über denen das Wort SENIORIS steht, flankieren ein Lamm mit der Beischrift SVSANNA. In SS. Marcellino e Pietro ist die Geschichte praktisch umgedreht, indem eine alt dargestellte Susanna – die Grabinhaberin – von zwei Jünglingen bedrängt wird. Ab dem 4. Jh. finden wir die Erzählung auch als Zyklus dargestellt, z. B. in der Cappella Greca der Priscillakatakombe und auf Sarkophagen. Auf der Podgoritzaschale ist Susanna als Orantin mit der Beischrift SVSANNA DE FALSO CRIMINE wiedergegeben, womit ihre zweite Errettung bei Gericht gemeint ist. Sie finden wir bereits in der Kalixtkatakombe und wieder zyklisch auch auf der Lipsanothek von Brescia.[26]

---

22 Margot KÄSSMANN, *Mütter der Bibel: 20 Porträts für unsere Zeit* (Freiburg i. Br.: Herder, 2019).

23 Vgl. AUGUSTINUS, *Enarrat. Ps.* 29,2,7 (CCSL 38).

24 Vgl. James H. CHARLESWORTH, *The Old Testament pseudepigrapha 1: Apocalyptic literature and testaments* (New York: Doubleday, 1983), 829–868, hier 858–860.

25 Dorothy H. VERKERK, „Job und Sitis: Curious Figures in Early Christian Funerary Art", *Mitteilungen zur Christlichen Archäologie* 3 (1997): 20–29.

26 Herbert HAAG, Dorothee SÖLLE und Joe H. KIRCHBERGER, *Große Frauen der Bibel in Text und Bild* (Ostfildern: Schwabenverlag, 2004).

Die bekannteste Frau des Neuen Testaments ist wohl Maria von Nazaret, die Mutter Jesu, welche die Tradition „die Jungfrau" nennt.[27] Verkündigungsdarstellungen kanonisch gibt es etwa in der Priscillakatakombe in Rom und apokryph (an der Quelle und Purpurwolle spinnend), in unzähligen Bildern, z. B. am Adelfiasarkophag oder auf einem Textil des Museo Sacro im Vatikan. Eine ganz besondere Ikonografie zeigen die Friedenskapelle in El Bagawat (die Verkündigung durch das Ohr nach dem armenischen Kindheitsevangelium 5,9) (Abb. 4)[28] und die vorweggenommene Verkündigung durch den Propheten (Bileam bzw. Jesaja) in der Priscillakatakombe in Rom. Maria ist eine Cousine Elisabets, der Mutter Johannes des Täufers, auf die ich gleich anschließend kurz eingehen werde. Die neutestamentlichen Aussagen über sie sind äußerst spärlich. Nur die sogenannten verborgenen Schriften erzählen über ihre Jugend und ihren Tod.[29] Immer steht sie aber im Schatten ihres Sohnes. Dies geht sogar so weit, dass Paulus in Gal 4,4 nur sagt: „geboren von einer Frau" – ohne ihren Namen zu nennen. Ähnlich spricht auch Johannes 19,26–27 nur von der „Mutter Jesu". In der Ikonografie erscheint sie ebenfalls zunächst nur in auf ihn bezogenen Themen (Geburt – hier ist auch die apokryphe Geschichte der verdorrten Hand der Amme zu erwähnen,[30] Hirten- und Magieranbetung) – besonders als Mutter. In gewisser Weise ist sie aber auch seine Jüngerin, die immer zu ihm steht, und letztlich Repräsentantin der neu entstehenden christlichen Kirche. Im Bild ist dies oft ausgedrückt durch *Maria orans*: auf römischen Zwischengoldgläsern oder im Pfingstbild des Rabbulakodex bzw. in Bawit. Das sind nur die Anfänge und einige wenige Facetten, die die Mariengestalt in 2000 Jahren entwickelt hat.[31] Sure 19,24–26 berichtet, dass Maria in ihren Wehen den Stamm eines dürren Palmbaumes ergriff, der dann süße Datteln über sie schüttete.

Elisabet war nach der biblischen Erzählung des Neuen Testaments Mutter Johannes des Täufers. Sie stammte aus dem Geschlecht Aarons und war mit dem Priester Zacharias verheiratet. Die Ehe blieb lange kinderlos, bis der Engel Gabriel die Geburt eines Sohnes voraussagte. Dargestellt ist in der Antike vor allem

---

27 Ihre Mutter Anna, die im Neuen Testament nicht genannt wird, ist in Faras abgebildet. Zu ihrem Finger vor dem Mund ebendort vgl. Sara in der Bewirtung der drei Männer durch Abraham in S. Vitale/Ravenna.

28 Katarzyna URBANIAK-WALCZAK, *Die „conceptio per aurem": Untersuchungen zum Marienbild in Ägypten unter besonderer Berücksichtigung der Malereien in El-Bagawat* (Altenberge: Oros Verlag, 1992).

29 Vgl. das Protevangelium des Jakobus: Silvia PELLEGRINI, „Das Protevangelium des Jakobus", in *Antike christliche Apokryphen in deutscher Übersetzung* 1/2 (hg. v. Christoph Markschies und Jens Schröter; Tübingen: Mohr Siebeck, [7]2012), 903–929.

30 Protevangelium des Jakobus 20 (ebd., 925f.). Vgl. Silvia PELLEGRINI, „Geburt und Jungfräulichkeit im Protevangelium des Jakobus", in *Antike christliche Apokryphen* (hg. v. Outi Lehtipuu und Silke Petersen; Die Bibel und die Frauen 3/2; Stuttgart: Kohlhammer, 2020), 79–95.

31 Zur Darstellung Mariens im Islam siehe PROCHÁZKA, „Ausgewählte biblische Personen".

die Heimsuchung Marias durch Elisabet (vgl. Lk 1,39–56), häufig auf Textilien, so etwa auf einem Orbiculus des Victoria & Albert Museums in London.

Weiter geht es mit der Samariterin am Jakobsbrunnen (Joh 4,1–39). Das Johannesevangelium stellt Frauen vor, die offenbar bedeutende Führungsrollen in

Abb. 4: El Bagawat, Friedenskapelle: Verkündigung an Maria durch das Ohr (nach G. CIPRIANO, *El Bagawat*, Taf. 31 rechts)

den Gemeinden gehabt haben. Wie schon angedeutet, gehörten hierzu (siehe Joh 2 und 19) auch die Mutter Jesu, die Samariterin, Maria und Marta aus Betanien und ganz besonders Maria Magdalena. Wir wollen uns hier nun zunächst mit der Geschichte in Samarien befassen. In dieser Episode macht der Evangelist eine namenlose fremde Frau zur Protagonistin. Zugleich ist dieser Text einer der wenigen in den Evangelien, in denen die Frauenfrage explizit angesprochen ist. Die Bitte Jesu „Gib mir zu trinken" wird durch die Frau in Joh 4,9 hinterfragt: „Wie kannst du als Jude mich, eine Samariterin, um etwas zu trinken bitten?" Damit weist sie auf eine zweifache Trennung: die religiöse zwischen Juden und Samaritern und die soziale zwischen Männern und Frauen. Indem sie aber in einen Dialog mit Jesus eintritt, zeigt die Frau, wie er, Bereitschaft, diese Traditionen zu überwinden. Obwohl die Frau traditionell als Prostituierte bestimmt wird, geht es in der nachfolgenden Diskussion nicht um ihre Sünden, sondern ergreift sie in V. 19f. die Initiative zum Gesprächsthema des rechten Anbetungsortes, Garizim oder Jerusalem. Damit präsentiert sie sich als eine Frau, die sich in den religiösen Traditionen bestens auskennt und es auch wagt, theologische Fragen zu diskutieren. Außerdem akzeptiert sie die Selbstoffenbarung Jesu als Messias und führt durch ihr Zeugnis noch andere zu ihm. Wie die kanaanäische Frau im Matthäusevangelium (siehe unten) ist die Samariterin als Sozialkritikerin, „Theologin" und engagierte Apostolin dargestellt und kann daher als ein biblisches Modell für die Mission von Frauen in der Kirche angesehen werden.[32] Die älteste Darstellung der Samariterin befindet sich im sogenannten Baptisterium von Dura Europos, die aber so schlecht erhalten ist, dass keine weitere Interpretation möglich wird. Außerdem gibt es noch (unsichere) Bilder in S. Callisto und Prestato sowie in München. Für uns interessant ist das Bild in der Neuen Katakombe an der Via Latina (Abb. 5). Es zeigt eine junge Frau (die Verstorbene!) in gegürteter Tunika mit Ohrgehängen und knöchelhohen Schuhen. Mit der Linken hält sie das Brunnenseil, an dem sie die Amphore aufgehängt hat, die Rechte ist im Sprechgestus in Richtung eines jugendlichen Christus in Tunika und Pallium erhoben. Auch er hat seine Rechte im Sprechgestus, während er mit der Linken das Pallium hält. Zwischen den beiden befindet sich der Brunnen in Form eines großen Kruges. Das Land ist durch Bäume links und rechts angegeben. Anders ist das Mosaikbild in S. Apollinare Nuovo/Ravenna. Hier sitzt Christus in purpurner Kleidung mit Goldclavi und Kreuznimbus auf einem Felsen. Die Rechte hat er zwar im Redegestus erhoben, sein Blick ist aber auf den Betrachter gerichtet. Hinter ihm steht ein weißgewandeter Zeuge. Links im Bild sehen wir eine Frau in bodenlangem kostbarem Gewand, die aus einem Brunnen gerade ein Gefäß mit Wasser hochzieht. Während ihre beiden Hände das Seil umfassen, ist ihr Gesicht Christus zugewandt. Wenn wir auf das Schöpfgefäß schauen, sehen wir, dass das Wasser überfließt und ein Kreuz auf dem Gefäß bildet. Damit soll wohl sichtbar gemacht werden, dass Jesus selbst das eigentliche Wasser des Lebens ist. Das Bild auf der Kathedra des Maximian zeigt Jesus mit Kreuzstab und die Samariterin wieder vor einem „Zeugen" ins Gespräch vertieft, wobei sie dem

---

32 Vgl. z. B. Ruth HABERMANN, „Das Evangelium nach Johannes: Orte der Frauen", in *Kompendium Feministische Bibelauslegung* (hg. v. Luise Schottroff und Marie-Theres Wacker; Gütersloh: Gütersloher Verlagshaus, ²1999), 527–541; hier 530–533.

Brunnen sogar den Rücken zukehrt und bloß mit der Linken das Seil mit dem Schöpfgefäß hält, während eine Amphore vor dem Brunnen steht.[33]

Abb. 5: Rom, Neue Katakombe an der Via Latina: Samariterin am Jakobsbrunnen (nach U. M. FASOLA und F. MANCINELLI, *Führer zu den Katakomben in Rom* [Florenz: Scala Group S. p. A. 2015], Abb. 72)

Dann folgt die Auferweckung der namenlosen Tochter des Jaïrus (Mt 9,18–26), welche u. a. auf der Lipsanothek von Brescia dargestellt ist. Die nächste zu erwähnende Frau ist die Blutflüssige (Mt 9,20–22; Mk 5,25–34; Lk 8,43–48). Als Jesus auf dem Weg zum Synagogenvorsteher Jaïrus war, dessen Tochter im Sterben lag, drängte sich die Volksmenge um ihn. Eine namenlose blutflüssige Frau berührte ihn heimlich und wurde sofort geheilt. Damit ist wieder ein typisches Tabu- und Frauenthema behandelt. Eine Darstellung dieser Episode haben wir in SS. Marcellino e Pietro, wo die Frau gerade Jesu Saum berührt. In S. Apollinare Nuovo/Ravenna hat sie sich vor dem Heiland, der zu ihr spricht, auf den Boden geworfen, um ihm die ganze Wahrheit zu sagen, während der „Zeuge" auf ihn weist und drei Jünger erstaunt das Geschehen beobachten. Ähnlich ist die Blutflüssige auch auf Sarkophagen, Textil und Kleinkunst zu finden und kaum von der Kanaaniterin (siehe unten) zu unterscheiden.

---

[33] Daniela GOFFREDO, „Samaritana al pozzo", in *Temi di iconografia paleocristiana* (hg. v. Fabrizio Bisconti; *Sussidi allo studio delle antichità cristiane*; Città del Vaticano: Pontificio Istituto di Archeologiea Cristiana, 2000), 275f.

Salome war Flavius Josephus, *A.J.* 15,9,3 zufolge eine Tochter Herodias', der Schwägerin des Herodes Antipas, der sie in zweiter Ehe zur Frau nahm. Dieses Vorgehen kritisierte Johannes der Täufer, was laut biblischer Erzählung (Mt 14,3–11 und Mk 6,14–29) zu seiner Ermordung führte. Der Anlass war der Geburtstag des Herodes Antipas, an dem seine Nichte für ihn tanzte und der König so verzückt von ihr war, dass er schwor, ihr alles zu geben, was sie wünschte. Auf Drängen ihrer Mutter Herodias forderte sie den Kopf Johannes des Täufers. Der wurde geköpft und sein Haupt auf einer Schüssel zur Tänzerin gebracht. Dargestellt finden wir diese grausame Geschichte in der Alexandrinischen Weltchronik der Sammlung Goleniščev in Moskau aus dem Anfang des 5. Jahrhunderts, wo nur das abgeschlagene Haupt des Johannes erhalten blieb. Mit ziemlicher Wahrscheinlichkeit handelt es sich dort aber in der Tat um seinen Kopf und nicht um den des Holofernes oder eines Märtyrers – wegen der in erhobenen Händen getragenen Schüssel, die sehr gut zu einer Tänzerin wie Salome passt. Ein zweites Bild liefert der Codex Sinopensis der Pariser Nationalbibliothek auf f. 10v. Dort sehen wir Herodes beim Gastmahl im Redegestus in dextro cornu des Sigmas und Salome, der ein Diener gerade das abgeschlagene Haupt des Johannes in einer Schüssel überreicht.[34]

Die Kanaaniterin (Mt 15,21–28; Mk 7,24–30) ist wie die Samariterin eine namenlose fremde, d. h. diesmal griechische Frau aus Syrophönizien (Tyros), der Küstenregion nördlich von Israel.

In der Geschichte spiegelt sich die Frage, ob die Botschaft Jesu nur dem auserwählten Volk, eben den Juden, oder aller Welt gilt. Als Darstellung sei hier die Malerei aus dem sogenannten Lukasgrab in Ephesos erwähnt, die durch die Beischrift T]O CHMEION und E]ΘNIK („heidnisch") identifiziert ist.[35]

Lk 10,38–42 schildert den Besuch Jesu bei den beiden Schwestern Marta und Maria. Erstere wird als unabhängige, selbständige Frau beschrieben, die als Gastgeberin auftritt und Jesus bewirtet, während Maria besinnlich und meditativ zu Füßen des Herrn sitzt und damit wie eine Schülerin charakterisiert ist.[36] Letztlich geht es in der Geschichte aber nicht um Gegensätze, den Dienst (die *vita activa*) und das Hören (die *vita contemplativa*), sondern um zwei Wege zu Jesus. Die

---

[34] Hugo DAFFNER, *Salome: Ihre Gestalt in Geschichte und Kunst: Dichtung, Bildende Kunst, Musik* (München: Hugo Schmidt, 1912).

[35] Zu ihr siehe Reinhard FELDMEIER, „Die Syrophönizierin (Mk 7,24–30): Jesu ‚verlorenes' Streitgespräch?", in *Die Heiden: Juden, Christen und das Problem des Fremden* (hg. v. Reinhard Feldmeier und Ulrich Heckel; WUNT 70; Tübingen: Mohr Siebeck, 1994), 211–227 und Andreas PÜLZ, „Zur malerischen Ausstattung der byzantinischen Unterkirche des sogenannten Lukasgrabes in Ephesos", in *Synergia: Festschrift Friedrich Krinzinger* 1 (hg. v. Barbara Beck-Brandt, Verena Gassner und Sabine Ladstätter; Wien: Phoibos Verlag, 2005), 263–270; bes. 267–270 und DERS., *Das sog. Lukasgrab in Ephesos: Eine Fallstudie zur Adaption antiker Monumente in byzantinischer Zeit* (FiE 4/4; Wien: Verlag der Österreichischen Akademie der Wissenschaften, 2010) Taf. 57.

[36] Vgl. zu Maria und Marta den Artikel von Hellen und John C. DAYTON in diesem Band.

zweite Erzählung, in der die beiden Schwestern genannt sind, ist die Auferweckung des Lazarus bei Joh 11,1–46. Hier sind auch der Ort des Geschehens, Betanien, 15 Stadien, d. h. drei Kilometer, von Jerusalem, und ihr Bruder Lazarus genannt. Anders als Lukas erwähnt Johannes zuerst Maria und führt dann Marta als ihre Schwester und Lazarus als ihren Bruder vor. Wieder ist Marta die aktivere, handelnde, die nach dem Tod ihres Bruders Jesus entgegeneilt und Joh 11,27 ein rührendes Credo ablegt: „Ja, Herr, ich glaube, dass du der Christus bist, der Sohn Gottes." Maria dagegen blieb im Haus, bis Marta sie rief. Insgesamt ist erstaunlich, dass in dieser Erzählung, die eigentlich die Auferweckung des Lazarus zum Thema hat, die Begegnungen von Marta und Maria mit Jesus so viel Raum einnehmen und die ausführlich gestaltete Mitte bilden. Die beiden Schwestern sind eigens als Gesprächspartnerinnen eingeführt. Mit ihnen wird die Thematik Tod und Leben theologisch vertieft. Die aktivere ist, wie schon gesagt, wieder Marta. Dann erst tritt Maria ins Zentrum, indem sie Jesu Füße salbt.[37] Jedenfalls ist das Sklavendienst, Anerkennung und Liebesgeste, was Maria tut. Die bisher passive und im Schatten ihrer Schwester Stehende legt damit ebenfalls ein Credo ab – ohne Worte – als Hinweis auf den Gesalbten. Die Charakterisierung der Schwestern bei Johannes entspricht damit den bei Lukas angelegten Charakteren, ist aber viel genauer. Er vertieft ihre Rollen theologisch und stellt sie den Adressatinnen seines Evangeliums als Glaubensvorbilder vor Augen. Außerdem entwickelt er auf Grundlage der unterschiedlichen Charaktere zwei mögliche Wege in eine lebendige Jesusbeziehung. Im Bild sind beinahe nur in der Sarkophagplastik bei der Lazarusauferweckung fallweise jeweils eine (MPC 31115) oder zwei Frauen (so im Codex Rossanensis) meist zu Füßen Jesu dargestellt. MPC 31543 küsst Maria die Linke Jesu.[38]

Die klugen und törichten Jungfrauen (Mt 25,1–13) zeigt der Codex Rossanensis und das Opfer der Witwe (Lk 21,1–4) ein Mosaikbild in S. Apollinare Nuovo/Ravenna.

Maria Magdalena wird sowohl in der Bibel als auch in außerkanonischer Literatur erwähnt.[39] Ihrem Beinamen nach stammte sie wohl aus dem Ort Magdala am See Genezareth. Sie ist aber weder die Lk 7,36–50 erwähnte Sünderin, die Je-

---

[37] Hierzu siehe u. a. Maria Magdalena.

[38] Susanne RUSCHMANN, *Marta und Maria: Gegensätze. Vorbilder. Jüngerinnen* (Stuttgart: Katholisches Bibelwerk, 2005).

[39] Zu ihr siehe u. a. Susanne RUSCHMANN, *Maria von Magdala: Jüngerin, Apostolin, Glaubensvorbild* (Stuttgart: Katholisches Bibelwerk, 2003) und Eva Maria SYNEK, *Heilige Frauen der frühen Christenheit: Zu den Frauenbildern in hagiographischen Texten des christlichen Ostens* (Das östliche Christentum 43; Würzburg: Augustinus Verlag, 1994), 23–79; Andrea TASCHL-ERBER, *Maria von Magdala – erste Apostolin? Joh 20,1–18: Tradition und Relecture* (HBS 51; Freiburg i. Br.: Herder, 2007); DIES., „Maria von Magdala – erste Apostolin?" in *Evangelien* (hg. v. Mercedes Navarro Puerto und Marinella Perroni; Die Bibel und die Frauen 2/1; Stuttgart: Kohlhammer, 2012), 362–382.

sus die Füße wusch und 491 von Papst Gregor I. (Hippolyt folgend) mit ihr gleichgesetzt wurde, da deren Name nicht überliefert ist, noch die seine Füße salbende Joh 11,2 erwähnte Maria von Betanien, sondern eine Jüngerin, die Jesus laut Lk 8,2 und Mk 16,9 von einer Geisteskrankheit geheilt hat. Sie war offenbar die Führerin der Frauengruppe um Jesus, stand unter dem Kreuz (vgl. Mk 15,40 und Rabbulakodex), war beim Begräbnis dabei (Mk 15,47) und kam nach allen vier Evangelien als erste zum leeren Grab (siehe Dura Europos, wo das Grab als Sarkophag dargestellt ist, und die Reidersche Tafel im Bayerischen Nationalmuseum in München), wo ihr nach Joh 20,17 Jesus erschien. Die Darstellung dieses Ereignisses finden wir auf dem Elfenbeinkästchen von Brescia (Abb. 6). Daher wurde sie schon in der alten Kirche als „Apostelgleiche" verehrt und Hippolyt von Rom nannte sie im 3. Jh. in seinem Kommentar zum Hohelied (Εἰς τὸ Ἆσμα) 15 *Apostola apostolorum.*[40] Nach außerbiblischer Überlieferung, d. h. der Legende, begleitete Maria Magdalena einige Jahre nach der Auferstehung Jesu den Apostel Johannes und Maria, die Mutter Jesu, nach Ephesos und starb auch dort. Laut Synax EC zum 22. Juli ist sie beim Eingang in die Sieben Schläfer-Katakombe bestattet, wo man heute noch ein 1,38 x 0,71 m großes Grab an der westlichen Schmalseite als ihres zeigt. Wegen der Kleinheit könnte es sich jedoch nur um Reliquien gehandelt haben.[41] Im Philippusevangelium (Nag Hammadi Cod. II,3,55) wird Maria Magdalena „seine [Jesu] Gefährtin [κοινονός]" genannt.[42] Er liebte sie mehr als alle Jünger und er küsste sie oft auf ihren Mund. Da der Vers aber sehr fragmentarisch ist, sind alle Interpretationen spekulativ, insbesondere die von Dan Brown in seinem Roman Sakrileg.[43] Das Thomasevangelium 114 berichtet, dass Simon Petrus Maria Magdalena aus der Mitte der Jünger fortschicken wollte, denn „Frauen sind des Lebens nicht würdig. Darauf antwortete Jesus: ‚Siehe, ich werde sie ziehen, auf daß ich sie männlich mache", denn „jede

---

[40] Vgl. dazu Andrea TASCHL-ERBER, „Intertextuelle Lektüre und typologische Interfigurationen im Hohelied-Kommentar des Hippolyt", in *Biblical Women in Patristic Reception/Biblische Frauen in patristischer Rezeption* (hg. v. Agnethe SIQUANS; JAJSup 25/5; Göttingen: Vandenhoeck & Ruprecht, 2017), 154–185.

[41] Renate PILLINGER, „Martyrer und Reliquienkult in Ephesos", in *Synergia: Festschrift Friedrich Krinzinger* 1 (hg. v. Barbara Beck-Brandt, Verena Gassner und Sabine Ladstätter; Wien: Phoibos Verlag, 2005), 235–241; 235.

[42] Hans-Martin SCHENKE, „Das Philippusevangelium (NHC II,3)", in *Antike christliche Apokryphen in deutscher Übersetzung* 1/1 (hg. v. Christoph Markschies und Jens Schröter; Tübingen: Mohr Siebeck, ^{7}2012), 527–557; hier 544. Zu den Nag Hammadi-Texten vgl. auch Judith HARTENSTEIN, „Jüngerinnen Jesu in frühchristlichen Evangelien: Mariaevangelium, Weisheit Jesu Christi und andere Evangelien in Dialogform", in *Antike christliche Apokryphen* (hg. v. Outi Lehtipuu und Silke Petersen; Die Bibel und die Frauen 3/2; Stuttgart: Kohlhammer, 2020), 34–43; Silke PETERSEN, „Männlich-Werden und die Aufhebung der Geschlechterdifferenz: Rückkehr ins Paradies?", in ebd., 64–78.

[43] Hans-Martin SCHENKE, Hans-Gebhard BETHGE und Ursula U. KAISER, *Nag Hammadi deutsch* (Berlin: de Gruyter, 2001), 196.

Frau, wenn sie sich männlich macht, wird eingehen in das Königreich der Himmel".[44] In der Pistis Sophia 36 hat Maria Magdalena einen überragenden Part als Auslegerin von Texten, war also dominant in einer Männerdomäne. Ihre Ehrenbezeichnungen lauten: Geisterfüllte, Begnadete, Erbin des Lichtreichs, Reine, Allbegnadete etc.[45] Das gnostische „Evangelium der Maria" (2. Hälfte 2. Jh.) berichtet, dass Maria Magdalena die Gefährtin Jesu gewesen sei.[46]

Abb. 6: Brescia, Museo Civico, Elfenbeinkästchen (Detail): Maria Magdalena (nach P. METZ und M. HIRMER, *Elfenbein der Spätantike* [München: Hirmer Verlag,1962], Abb. 5)

---

44 Jens SCHRÖTER, „Das Evangelium nach Thomas (Thomasevangelium [NHC II,2 p. 32,10–51,28]): Oxyrhynchus-Papyri I 1, IV 654 und IV 655 (P.Oxy. I 1, IV 654 und IV 655)", in *Antike christliche Apokryphen in deutscher Übersetzung* 1/1 (hg. v. Christoph Markschies und Jens Schröter; Tübingen: Mohr Siebeck, [7]2012), 483–522; hier 522.

45 Vgl. Carl SCHMIDT, *Pistis Sophia: Ein gnostisches Originalwerk des 3. Jahrhunderts aus dem Koptischen übersetzt* (Leipzig: Hinrichs, 1925); Henri-Charles PUECH und Gregor WURST, „Die Pistis Sophia", in *Antike christliche Apokryphen in deutscher Übersetzung* 1/2 (hg. v. Christoph Markschies und Jens Schröter; Tübingen: Mohr Siebeck, [7]2012), 1290–1298.

46 Vgl. Judith HARTENSTEIN, „Das Evangelium nach Maria" (BG1/P.Oxy L 3525/P.Ryl. III 463), in *Antike christliche Apokryphen in deutscher Übersetzung* 1/2 (hg. v. Christoph Markschies und Jens Schröter; Tübingen: Mohr Siebeck, [7]2012), 1208-1216. Zu Thekla vgl. Renate PILLINGER, „VIII. Thekla in der Paulusgrotte von Ephesos", in *Thecla: Paul's Disciple and Saint in the East and West* (*Studies on Early Christian Apocrypha* 12) (hg. v. Jeremy W. Barrier et al.; Leuven: Peeters, 2017), 205–218.

Wie der Überblick zeigt, wurden sowohl im Ersten (Alten) als auch im Zweiten (Neuen) Testament vorwiegend typisch antike Frauenrollen und andererseits Führungsgestalten dargestellt.

Bibliographie

Zu den Abkürzungen siehe IATG^3 bzw. RGG^4.

1. Quellentexte

AMBROSIASTER

Ambrosiaster: Commentaries on Galatians - Philemon (übers. v. Gerald F. Bray; Ancient Christian Texts ; Downers Grove: IVP Academic, 2009)

Ambrosiaster: Commentaries on Romans and 1-2 Corinthians (übers. Gerald F. Bray ; Ancient Christian Texts ; Downers Grove: IVP Academic, 2009)

Ambrosiaster's Commentary on the Pauline Epistles: Romans (übers. v. Theodore S. de Bruyn, David G. Hunter und Stephen A. Cooper; Atlanta: SBL, 2017)

AMBROSIUS

Ambrosius Mediolanensis IV: Expositio evangelii secundum Lucam: Fragmenta in Esaiam (hg. v. Marcus Adriaen und Paolo A. Ballerini; CCSL 14; Turnhout: Brepols 1957)

Ausgewählte Schriften des heiligen Ambrosius, Bischofs von Mailand (übers. v. Franz Xaver Schulte; BKV[1]; Kempten: Kösel, 1871)

Des heiligen Kirchenlehrers Ambrosius von Mailand ausgewählte Schriften (übers. v. Johann Niederhuber; BKV[1]; Kempten und München: Kösel, 1914, 1915 und 1917)

Exameron, De paradiso, De Cain et Abel, De Noe, De Abraham, De Isaac, De bono mortis (hg. v. Karl Schenkl; CSEL 32/1; Wien: Verlag der Österreichischen Akademie der Wissenschaften, 1896)

On Abraham (übers. v. Theodosia Tomkinson; Etna: Center for Traditionalist Orthodox Studies, 2000)

Opere morali 2: Verginità e vedovanza (hg. v. Franco Gori; Sancti Ambrosii Episcopi Mediolanensis opera 14/1–2; Milano: Biblioteca Ambrosiana und Rom: Città Nuova Editrice, 1989)

Über die Jungfrauen (übers. v. Peter Dückers; FC 81; Turnhout: Brepols, 2009)

AMPHILOCHIUS

Amphilochius Iconiensis Opera (hg. v. Cornelis Datema; CCSG 3; Turnhout: Brepols, 1978)

ANONYMUS SAECULI QUARTI

Prophetiae ex omnibus libris collectae (hg. v. Adalbert Hamann; PLS 1; Paris: Garnier, 1958)

ANTIPATER VON BOSTRA

Antipatri episcopi bostrorum homiliae (hg. v. Jacques-Paul Migne; PG 85; Paris: Migne, 1864), 1763–1792

APOPHTHEGMATA PATRUM

Les Apophtegmes des Pères 2: Collection systématique: Chapitres 10-16 (hg. u. übers. v. Jean-Claude Guy; SC 474; Paris: Cerf, 2003)

Vitae Patrum (hg. v. Jacques-Paul Migne; PL 73; Paris: Migne, 1849)

APOSTOLISCHE KONSTITUTIONEN

Didascalia et Constitutiones Apostolorum (hg. von Franz Xaver Funk; 2 Bde.; Paderborn: Ferdinand Schoeningh, 1905)

Die sogenannten Apostolischen Constitutionen und Canonen (übers. v. Ferdinand Boxler; BKV[1]; Kempten: Kösel, 1874)
Les Constitutions apostoliques 1-3 (hg. u. übers. v. Marcel Metzger; SC 320; Paris: Cerf, 1985–1987)

ASTERIUS VON AMASEIA
Asterii Sopistae commentariorum in psalmos quae supersunt: accedunt aliquot homiliae anonymae (hg. v. Marcel Richard; SO.S 16; Oslo: Brøgger, 1956)

ATHANASIUS
Des heiligen Athanasius ausgewählte Schriften 1 (übers. v. Anton Stegmann; BKV[1]; Kempten und München: Kösel, 1913)

AUGUSTINUS VON HIPPO
Ausgewählte Schriften 4 (übers. v. Remigius Storf; BKV[1]; Kempten: Kösel, 1877)
Confessiones/Bekenntnisse (übers. v. Joseph Bernhart; München: Kösel, [3]1966)
Des heiligen Kirchenvaters Aurelius Augustinus Vorträge über das Evangelium des hl. Johannes (übers. v. Thomas Specht; 3 Bde.; BKV[1]; Kempten und München: Kösel 1913–1914)
Enarrationes in Psalmos (hg. v. Eligius Dekkers und Johannes Fraipont; 2 Bde.; CCSL 38 und 40; Turnhout: Brepols 1956)
Epistolae ex duobus codicibus nuper in lucem prolatae (hg. v. Johannes Divjak; CSEL 88; Wien: Verlag der Österreichischen Akademie der Wissenschaften, 1981)
Epistulae (ep. 124–184 A) (hg. v. Alois Goldbacher; CSEL 44; Wien: Verlag der Österreichischen Akademie der Wissenschaften, 1904)
Geist und Buchstabe: De spiritu et littera liber unus (übers. v. Anselm Forster; Aurelius Augustinus' Werke in deutscher Sprache 3/2; Paderborn: Schöningh, 1968)
Obras de San Augustin 24: Sermones 4: 184–272B: Sermones sobre los tiempos litúrgicos (hg. v. Felix Garcia; BAC 447; Madrid: La Editorial Catolica, 1983)
Predigten zum Weihnachtsfest (Sermones 184–196): Einleitung, Text, Übersetzung und Anmerkung (hg. u. übers. v. Hubertus R. Drobner; Patrologia 11; Frankfurt a. M.: Peter Lang, 2003)
Sermons pour la Pâque (hg. u. übers. v. Suzanne Poque; SC 116; Paris: Cerf, 1966)

BASILIUS VON CÄSAREA
Opera omnia quae exstant (hg. v. Jacques-Paul Migne; PG 31; Paris: Migne, 1857)

CATENA HAUNIENSIS
Catena Hauniensis in Ecclesiasten in qua saepe exegesis servatur Dionysii Alexandrini (hg. v. Antonio Labate; CCSG 24; Turnhout: Brepols, 1992)

CLEMENS VON ALEXANDRIEN
Clementis Alexandrini Paedagogus (hg. v. Miroslav Markovich; Supplements to Vigiliae Christianae 61; Leiden: Brill, 2002)
Der Erzieher 2-3. Welcher Reiche wird gerettet werden? (übers. v. Otto Stählin; BKV[2] 8; München: Kösel und Pustet, 1934)
Les Stromates 4 (hg. v. Annewies van den Hoek; übers. v. Claude Mondésert; SC 463; Paris: Cerf, 2001)
Liber quis dives salvetur (hg. v. Jacques-Paul Migne; PG 9; Paris: Migne, 1857), 603–652
Teppiche: Wissenschaftliche Darlegungen entsprechend der wahren Philosophie (Stromateis) (übers. v. Otto Stählin; BKV[2] 17, 19, 20; München: Kösel und Pustet 1936–1938)

CYPRIAN VON KARTHAGO
Des heiligen Kirchenvaters Caecilius Cyprianus sämtliche Schriften (übers. v. Julius Baer; BKV[1]; Kempten und München: Kösel, 1918)
Opera II: Ad Donatum. De mortalitate. Ad Demetrianum. De opere et eleemosynis. De zelo et livore. De dominica oratione. De bono patientiae (hg. v. Manlio Simonetti und Claudio Moreschini; CCSL 3A; Turnhout: Brepols, 1976)

CYRILL VON ALEXANDRIEN

Commentariorum in Joannem: Continuatio (hg. v. Jacques-Paul Migne; PG 74; Paris: Migne, 1863), 9–756

De adoratione et cultu in spiritu et veritate (hg. v. Jacques-Paul Migne; PG 68; Paris: Migne, 1864)

DECRETUM GRATIANI

Corpus Iuris Canonici I (hg. v. Aemilius Friedberg; Leipzig: Bernhard Tauchnitz, 1879; Nachdruck: Graz: Akademische Druck- und Verlagsanstalt, 1959; online: https://geschichte.digitale-sammlungen.de/decretum-gratiani/kapitel/dc_chapter_0_0038 [zuletzt abgerufen am 7.7.2020])

DIDASKALIA

Didascaliae apostolorum, canonum ecclesiasticorum, traditionis apostolicae versiones latinae (hg. v. Eric Tidner; TU 75; Berlin: Akademie-Verlag, 1963)

Didascalia et Constitutiones Apostolorum (hg. v. Franz Xaver Funk; Paderborn: Schöning, 1905; Nachdruck 1979)

Die ältesten Quellen des orientalischen Kirchenrechts 2: Die syrische Didaskalia (übers. v. Hans Achelis und Johannes Flemming; TU 25/2; Leipzig: Hinrichs, 1904)

The Didascalia apostolorum: An English Version with Introduction and Annotation (übers. v. Alistair Stewart-Sykes; StTT 1; Turnhout: Brepols, 2009)

The Didascalia apostolorum in Syriac (hg. v. Arthur Vööbus; CSCO 401, 402, 407 und 408; Louvain: Secrétariat du CorpusSCO, 1979)

DIDYMUS DER BLINDE

De Trinitate libri tres (hg. v. Jacques-Paul Migne; PG 39; Paris: Migne, 1863), 269–992

Sur la Genèse II (Gn 5–17): Texte inédit d'après un papyrus de Toura (hg. u. übers. v. Pierre Nautin und Louis Doutreleau; SC 244; Paris: Cerf, 1978)

EPHRÄM

Ausgewählte Schriften des heiligen Ephräm von Syrien 2 (übers. v. P. Pius Zingerle; BKV[1]; Kempten: Kösel, 1873)

Commentaire sur l'Évangile concordant ou Diatessaron (hg. u. übers. v. Louis Leloir; SC 121; Paris: Cerf, 1966)

Des heiligen Ephraem des Syrers Hymnen De Nativitate (Epiphania) (hg. u. übers. v. Edmund Beck; CSCO 187; Louvain: Secrétariat du CorpusSCO, 1959)

Des heiligen Ephraem des Syrers Hymnen de Virginitate (hg. u. übers. v. Edmund Beck; CSCO 224; Louvain: Secrétariat du CorpusSCO, 1962)

Ephrem's Homilies on Our Lord, Admonition and Repentance and the Sinful Woman (übers. v. A. Edward Johnston; Massachusetts: Peabody, 1995)

Kommentar zum Diatessaron 1 (übers. v. Christian Lange; FC 54/1; Turnhout: Brepols, 2008)

Saint Ephrem's Commentary on Tatian's Diatessaron: An English Translation of Chester Beatty Syriac MS 709 with Introduction and Notes (hg. v. Carmel McCarthy; JSST.S 2; Oxford: University Press, 1993)

EPIPHANIUS

Ancoratus und Panarion haer. 1–33 (hg. v. Karl Holl; GCS 25; Leipzig: Hinrichs, 1915)

Des heiligen Epiphanius von Salamis Erzbischofs und Kirchenlehrers ausgewählte Schriften (übers. v. Josef Hörmann; BKV[1]; Kempten und München: Kösel, 1919)

Epifanio di Salamina: L'ancora della fede (übers. v. Calogero Riggi; Rom: Città nuova, 1993)

Panarion haer. 65–80: De fide (hg. v. Karl Holl; GCS 37; Leipzig: Hinrichs, 1933)

EUSEBIUS

Ausgewählte Schriften 2: Kirchengeschichte (übers. v. Philipp Haeuser; BKV[2] 1; München: Kösel und Pustet, 1932)

Der Jesajakommentar (hg. v. Joseph Ziegler; GCS 60; Berlin: Akademie-Verlag, 1975)

Eclogae propheticae (hg. v. Jacques-Paul Migne; PG 22; Paris: Migne, 1857), 1017–1262

Histoire ecclésiastique (hg. v. Gustave Bardy; SC 31 und 41; Paris: Cerf, 1952 und 1955)

Evangelium der Maria (Ev. Mariae)
Hartenstein, Judith, „Das Evangelium nach Maria“ (BG1/P.Oxy L 3525/P.Ryl. III 463), in *Antike christliche Apokryphen in deutscher Übersetzung* 1/2 (hg. v. Christoph Markschies und Jens Schröter, Tübingen: Mohr Siebeck, [7]2012), 1208–1216

Evagrius Ponticus
Rerum monachalium rationes, earumque juxta quietem appositio (hg. v. Jacques-Paul Migne; PG 40; Paris: Migne, 1863), 1251–1264

Gaudentius
Tractatus (hg. v. Ambrosius Glück; CSEL 68 ; Wien: Hölder-Pichler-Tempsky, 1936)

Gelasius
Epistolae Romanorum pontificum genuinae et quae ad eos scriptae sunt a S. Hilaro usque ad Pelagium II (hg. v. Andreas Thiel; New York: Georg Olms Verlag, 1974), 376–377

Gerontius
Das Leben der heiligen Melania (übers. v. Remigius Storf; BKV[1]; Kempten und München: Kösel, 1912)

Gregor der Grosse
Colgrave, Bertram, et al., *Beda der Ehrwürdige: Kirchengeschichte des englischen Volkes* (Darmstadt: Wissenschaftliche Buchgesellschaft, [2]1997)
Dialogues 3: Livre 4 (hg. v. Adalbert de Vogüé; übers. v. Paul Antin; SC 265; Paris: Cerf, 1980)
Homiliae in evangelia (übers. v. Michael Fiedrowicz; 2 Bde.; FC 28,1–2; Freiburg i. Br.et al.: Herder, 1997)
Opera omnia 2-3 (hg. v. Jacques-Paul Migne; PL 76–77; Paris: Migne, 1857/1862)
Registrum epistularum: libri I-VII (hg. v. Dag L. Norberg; CCSL 140; Turnhout: Brepols, 1982)

Gregor von Nazianz
Des heiligen Bischofs Gregor von Nazianz Reden (hg. u. übers. v. Philipp Haeuser; BKV[1]; München: Kösel und Pustet, 1928)
Discours 6-12 (hg. u. übers. v. Marie-Ange Calvet-Sebasti; SC 405; Paris: Cerf, 1995)
Discours 20-23 (hg. u. übers. v. Justin Mossay und Guy Lafontaine; SC 270; Paris: Cerf, 1980)
Discours 27-31: Discours théologiques (hg. u. übers. v. Paul Gallay und Maurice Jourjon; SC 250; Paris: Cerf, 1978)
Orationes (hg. v. Jacques-Paul Migne; PG 35–36; Paris: Migne, 1858)

Gregor von Nyssa
Contra Eunomium libri II/3 (vulgo III-XII) (hg. v. Werner Jaeger; GNO 2; Berlin: Weidmann, 1921)
Des heiligen Bischofs Gregor von Nyssa Schriften (übers. v. Karl Weiss; BKV[1]; München: Kösel und Pustet, 1927)
Gregor von Nyssa: Der Aufstieg des Moses (übers. v. Manfred Blum; Sophia: Quellen östlicher Theologie 4; Freiburg i. Br.: Herder, 1963)
In Canticum Canticorum (hg. v. Hermann Langerbeck; GNO 6; Leiden: Brill, 1960)
In Inscriptiones Psalmorum. In sextum psalmum. In ecclesiasten homiliae (hg. v. Jacob McDonough und Paul Alexander; GNO 5; Leiden: Brill, 1962)
Traité de la Virginité (hg. u. übers. v. Michel Aubineau; SC 119; Paris: Cerf, 1966)
Vie de sainte Macrine (hg. u. übers. v. Pierre Maraval; SC 178; Paris: Cerf, 1971)

Hesychius von Jerusalem
Commentarius in Leviticum (hg. v. Jacques-Paul Migne; PG 93; Paris: Migne, 1865), 787–1180

HIERONYMUS

Commentarii in prophetas minores (hg. v. Marcus Adriaen; CCSL 76 und 76A; Turnhout: Brepols, 1969 und 1964)

Commentariorum in Esaiam libri I-XI (hg. v. Marcus Adriaen; CCSL 73; Turnhout: Brepols, 1963)

Commentariorum in Hiezechielem libri XIV (hg. v. François Glorie; CCSL 75; Turnhout: Brepols, 1964)

Des heiligen Kirchenvaters Eusebius Hieronymus ausgewählte Briefe (hg. v. Peter Leipelt; BKV² 16 und 18; München: Kösel und Pustet, 1936–1937)

Des heiligen Kirchenvaters Eusebius Hieronymus ausgewählte historische, homiletische u. dogmatische Schriften (übers. v. Ludwig Schade; BKV² 15; Kempten und München: Kösel, 1914)

Epistulae (hg. v. Isidor Hilberg; CSEL 54, 55 und 56; Wien: Tempsky, 1910, 1912 und 1918)

Hebraicae quaestiones in libro Geneseos. Liber interpretationis hebraicorum nominum. Commentarioli in psalmos. Commentarius in Ecclesiasten (hg. v. Paul de Lagarde, Germain Morin und Marcus Adriaen; CCSL 72; Turnhout: Brepols, 1959)

Origene - Girolamo: Settantaquattro omelie sul libro dei salmi (hg. v. Giovanni Coppa; Mailand: Paoline, 1993)

St. Jerome's Commentaries on Galatians, Titus, and Philemon (übers. v. Thomas P. Scheck; Notre Dame: Notre Dame University Press, 2010)

HIPPOLYT

Die Chronik (hg. v. Adolf Bauer. Durchges., hg. u. in 2. Aufl. bearb. v. Rudolf Helm; GCS 46 [36]; Berlin: Akademie-Verlag, 1955)

DIX, Gregory, und Henry CHADWICK, Hg., *The Treatise on the Apostolic Tradition of St. Hippolytus of Rome* (London: Routledge, Neuauflage, 1992)

Kommentar zum Buche Daniel und die Fragmente des Kommentars zum Hohenliede (hg. v. G. Nathanael Bonwetsch; GCS 1; Leipzig: Hinrichs, 1897)

HIPPOLYTKANONES

Les Canons d'Hippolyte (hg. v. René G. Coquin; PO 13/2 = 149; Paris: Firmin-Didot, 1966)

RIEDEL, Wilhelm, *Die Kirchenrechtsquellen des Patriarchats Alexandrien* (Leipzig: Deichertsche Verlagsbuchhandlung, 1900; Nachdruck Aaalen: Scientia Verlag, 1968), 200–230

The Canons of Hippolytus (hg. v. Paul F. Bradshaw und Carol Bebawi; Grove Liturgical Studies 50; Bramcote: Grove Books, 1987)

IRENÄUS

Darlegung der apostolischen Verkündigung. Gegen die Häresien (übers. v. Norbert Brox; FC 8/3; Freiburg i. Br. et al.: Herder, 1995)

JAKOB VON SARUG

Ausgewählte Schriften der syrischen Dichter: Cyrillonas, Baläus, Isaak von Antiochien und Jakob von Sarug (übers. v. Simon K. Landersdorfer; BKV¹; Kempten und München: Kösel, 1912)

JOHANNES CASSIANUS

De coenobiorum institutis (hg. v. Jacques-Paul Migne; PL 49; Paris: Migne, 1846), 53–476

JOHANNES CHRYSOSTOMUS

ALLEN, Pauline, und Wendy MAYER, *John Chrysostom* (The Early Church Fathers; London und New York: Routledge, 2000)

Argumentum epistolae primae ad Corinthios (hg. v. Jacques-Paul Migne; PG 61; Paris: Migne, 1862), 9–382

Commentaire sur Isaïe (hg. u. übers. v. Jean Dumortier und Arthur Liefooghe; SC 304; Paris: Cerf, 1983)

Commentaire sur Job 1: Chapitres 1-14 (hg. u. übers. v. Henri Sorlin und Louis Neyrand; SC 346; Paris: Cerf, 1988)

Commentarius in Acta apostolorum (hg. v. Jacques-Paul Migne; PG 60; Paris: Migne, 1862), 13–384

Commentarius in s. Matthaeum Evangelistam (hg. v. Jacques-Paul Migne; PG 58; Paris: Migne, 1862), 471–794

Commentarius in sanctum Joannem Apostolum et Evangelistam (hg. v. Jacques-Paul Migne; PG 59; Paris: Migne, 1862), 23–482

Des heiligen Kirchenlehrers Johannes Chrysostomus Erzbischofs von Konstantinopel Kommentar zum Evangelium des hl. Matthäus (übers. v. Johannes Chr. Baur; BKV[1]; Kempten und München: Kösel, 1915)

Enarratio in Epistolam ad Hebraeos, ex notis post ejus obitum a Constantino presbytero Antiocheno edita (a) (hg. v. Jacques-Paul Migne; PG 63; Paris: Migne, 1862), 9–236

Epistolae (hg. v. Jacques-Paul Migne; PG 52; Paris: Migne, 1862), 529–748

Funerary Speech for John Chrysostom (übers. v. Timothy D. Barnes und George Bevan; Translated Texts for Historians 60; Liverpool: Liverpool University Press, 2013)

Giovanni Crisostomo: Commento a Giobbe (hg. v. Lucio Coco ; Rom: Città Nuova, 2018)

Homilies on Genesis 18–45 (übers. v. Robert C. Hill; FAC 82; Washington, D. C.: Catholic University of America Press, 2001)

Homilies on Paul's Letter to the Philippians (übers. v. Pauline Allen; Atlanta: Society of Biblical Literature, 2013)

In Epistolam ad Titum commentarius (hg. v. Jacques-Paul Migne; PG 62; Paris: Migne, 1862), 663–700

John Chrysostom: On Virginity; Against Remarriage (übers. v. Sally R. Shore; Studies in Women and Religion 9; Lewiston: Mellen Press, 1983)

Kommentar zu Hiob (hg. u. übers. v. Ursula und Dieter Hagedorn; PTS 35; Berlin und New York: de Gruyter, 1990)

Sancti Patris Nostri Joannis Chrysostomi Archiepiscopi Constantinopolitani Interpretatio Omnium Epistolarum Paulinarum per Homilias Facta, (hg. v. Frederick Field; 7 Bde.; Oxford: J. H. Parker, 1845)

Sermo admonitorius sub initium sanctae quadragesimae (hg. v. Jacques-Paul Migne; PG 53; Paris: Migne, 1862), 23–386

JOHANNES VON DAMASKUS

Ex universa interpretatione s. Chrysostomi loci selecti in epistolas s. Pauli (hg. v. Jacques-Paul Migne; PG 95; Paris: Migne, 1864), 439–1034

JUSTIN

Dialog mit dem Juden Trypho (übers. v. Philipp Häuser; BKV[1]; Kempten und München: Kösel, 1917)

KONZILIEN

Concilia Galliae a. 314–506 (hg. v. Charles Munier; CCSL 148; Turnhout: Brepols, 1963)

Concilia Galliae a. 511–695 (hg. v. Charles de Clercq; CCSL 148A; Turnhout: Brepols, 1963)

Concilivm Constantinopolitanvm a. 691/2 in Trvllo habitvm (Concilivm Qvinisextvm) (hg. v. Heinz Ohme; ACO II, 2/4; Berlin: de Gruyter, 2013)

Dekrete der ökumenischen Konzilien 1: Konzilien des ersten Jahrtausends: vom Konzil von Nizäa (325) bis zum Vierten Konzil von Konstantinopel (869/70) (übers. u. hg. unter Mitarb. v. Gabriel Sunnus und Johannes Uphus v. Joseph Wohlmuth; Paderborn et al.: Schöningh, [3]1998)

Les Canons des Conciles mérovingiens (VIe–VIIe siècles) I–II (hg. v. Jean Gaudemet und Brigitte Basdevant; SC 353–354; Paris: Cerf, 1989)

LEBEN ADAMS UND EVAS

Das Leben Adams und Evas (hg. v. Otto Merk und Martin Meiser; JSHRZ 2/5; Gütersloh: Gütersloher Verlagshaus, 1998), 739–870

MAR JOHANNAN

The Synodicon in the West Syrian tradition 1 (hg. u. übers. v. Arthur Vööbus; CSCO 367; Louvain: Secrétariat du CorpusSCO, 1975)

MARCUS DIACONUS

Vita Porphyrii Episcopi Gazensis 102 (hg. u. übers. v. Henri Grégoire und Marc Antoine Kugener; Paris: Belles Lettres, 1930)

Marcus Diaconus: Vita Sancti Porphyrii = Leben des heiligen Porphyrius (hg. v. Adelheid Hübner; FC 53; Freiburg i. Br. et al.: Herder, 2013)

MARIUS VICTORINUS

Marii Victorini Afri Commentarii in Epistulas Pauli Ad Galatas, Ad Philippenses, Ad Ephesios (hg. v. Albrecht Locher; Leipzig: Teubner, 1972)

Marii Victorini Opera Pars II: Opera Exegetica (hg. v. Franco Gori; CSEL 83/2 ; Wien: Hölder-Pichler-Tempsky, 1986)

MATTHAIOS BLASTARES

RHALLES, Georgios, und Michael POTLES, *Syntagma ton theion kai hieron kanonon VI* (Athen: Typographeion tes Auges, 1853; Nachdruck: Kassandra M. Grigorios, 1966)

MAXIMUS

Homiliae (hg. v. Jacques-Paul Migne; PL 57; Paris: Migne, 1862), 221–530

NIKODEMOS HAGIORITES (NIKOLAOS KALLIVOURTIS)

CUMMINGS, Denver, *The Rudder (Pedalion) of the Metaphorical Ship of the Holy Catholic and Apostolic Church of the Orthodox Christians or All the Sacred and Divine Canons* (Chicago: The Orthodox Christian Educational Society, 1957)

NILUS DER ÄLTERE

Opera quae reperiri potuerunt omnia (hg. v. Jacques-Paul Migne; PG 79; Paris: Migne, 1865)

OLYMPIODOR VON ALEXANDRIEN

Commentarii in ecclesiasten (hg. v. Jacques-Paul Migne; PG 93; Paris: Migne, 1865), 477–628

Opus imperfectum in Matthaeum (hg. v. Jacques-Paul Migne; PG 56; Paris: Migne, 1862), 611–946

ORIGENES

Commentaire sur le Cantique des Cantiques 2: livres 3–4 (hg. u. übers. v. Luc Brésard, Henri Crouzel und Marcel Borret; SC 376; Paris: Cerf, 1992)

Commentarii in epistulam ad Romanos: Liber nonus, liber decimus/Römerbriefkommentar. Neuntes und zehntes Buch (übers. v. Theresia Heither, FC 2/5; Freiburg i. Br.: Herder, 1996)

Commentary on the Epistle to the Romans: Books 6–10 (übers. v. Thomas P. Scheck; FAC 104; Washington, DC: Catholic University of America Press, 2002)

Contra Celsum: Gegen Celsus 1 (übers. v. C. Barthold, eingel. und komm. v. M. Fiedrowicz; FC 50/1; Freiburg i. Br. et al.: Herder, 2011)

Der Kommentar zum Hohelied (eingel. u. übers. v. Alfons Fürst und Holger Strutwolf; OWD 9/1; Berlin: de Gruyter, 2016)

Die Homilien zum Buch Genesis (eingel. u. übers. v. Peter Habermehl; OWD 1/2; Berlin et al.: de Gruyter; Freiburg i. Br. et al.: Herder, 2011)

Homélies sur Ézéchiel (hg. u. übers. v. Marcel Borret; SC 352; Paris: Cerf, 1989)

Homélies sur les Juges (hg. und übers. v. Pierre Messié, Louis Neyrand und Marcel Borret; SC 389; Paris: Cerf, 1993)

Homélies sur les Nombres 1 (1-10) (hg. v. Louis Doutreleau nach André Méhat und Marcel Borret; SC 415 ; Paris: Cerf, 1996)

Homélies sur saint Luc (hg. u. übers. v. Henri Crouzel, François Fournier und Pierre Périchon; SC 87; Paris: Cerf, 1962)

Homilien zu Samuel 1, zum Hohelied und zu den Propheten. Kommentar zum Hohelied (hg. v. Wilhelm A. Baehrens; GCS 33; Leipzig: Hinrichs, 1925)

Homilien zum Hexateuch in Rufins Übersetzung 1: Die Homilien zu Genesis, Exodus und Leviticus (hg. v. Wilhelm A. Baehrens; GCS 29; Leipzig: Hinrichs, 1920, 280–507

In Lucam homiliae: Homilien zum Lukasevangelium 1 (übers. v. Hermann-Josef Sieben; FC 4/1; Freiburg i. Br. et al.: Herder 1991)

HAMMOND BAMMEL, Caroline P., *Der Römerbriefkommentar des Origenes: Kritische Ausgabe der Übersetzung Rufins. Buch 7-10* (Aus der Geschichte der lateinischen Bibel 34; Freiburg: Herder, 1998)
JENKINS, Claude, „Origen on 1 Corinthians", *JTS* 9 (1908): 232–47, 353–72, 500–514; 10: 29–51
Opera omnia VII (hg. v. Jacques-Paul Migne; PG 17; Paris: Migne, 1857)
Philocalie 1-20 (hg. u. übers.v. Marguerite Harl; SC 302; Paris: Cerf, 1983)
Vier Bücher von den Prinzipien: Peri archōn tomoi 4: De principiis libri IV (hg. u. übers. Herwig Görgemanns und Heinrich Karpp; Texte zur Forschung 24; Darmstadt: Wissenschaftliche Buchgesellschaft, 1976)

PALLADIUS
Historia Lausiaca: Geschichten aus dem frühen Mönchtum (übers. u. komm. v. Adelheid Hübner; Freiburg i. Br. et al.: Herder, 2016)
La storia Lausiaca (hg. v. Christine Mohrmann und Gerhardus J. M. Bartelink; übers. v. Marino Barchiesi; Vite dei santi 2; Scrittori greci e latini; Milano: Arnoldo Mondadori Editore, 1974)

PAULINUS VON NOLA
Carmina (hg. v. Wilhelm Hartel; CSEL 30; Wien: Tempsky,1894)
I carmi (hg. v. Andrea Ruggiero; Rom: Città Nuova, 1990)

PAULINUS VON PELLA
Ausonius 2, With the Eucharisticus of Paulinus Pellaeus (übers. v. Hugh G. Evelyn White; LCL 115; London: Heinemann, 1921)

PELAGIUS
Pelagius's Commentary on St Paul's Epistle to the Romans (übers. v. Theodore de Bruyn; Oxford: Clarendon Press, 1993)
Pelagius's Expositions of Thirteen Epistles of St Paul: Text and Apparatus Criticus (hg. v. Alexander Souter; Texts and Studies 9/2; Cambridge: Cambridge University Press, 1926)

PEREGRINATIO EGERIAE
Journal de voyage (Itinéraire) et Lettre sur la Bienheureuse Égérie (hg. v. Pierre Maraval und Manuel C. Diaz y Diaz; SC 296; Paris: Cerf, 1982)

PETRUS CHRYSOLOGUS
Ausgewählte Reden des hl. Peters Chrysologus, Kirchenlehrers und Erzbischofs zu Ravenna (hg. v. Marcellus Held; BKV[1]; Kempten: Kösel, 1874)
Des heiligen Petrus Chrysologus Erzbischofs von Ravenna ausgewählte Predigten (übers. v. Gottfried Böhmer; BKV[1]; München: Kösel und Pustet, 1923)
Sermonum collectio a Felice episcopo parata, sermonibus extravagantibus adiectis II (hg. v. Alexandre Olivar; CCSL 24A; Turnhout: Brepols, 1981)
St Peter Chrysologus: Selected Sermons (übers. v. George E. Ganss; FAC 17; Washington, D. C.: Catholic University of America Press, 2004)

PHILIPPUSEVANGELIUM
SCHENKE, Hans-Martin, Hans-Gebhard BETHGE und Ursula U. KAISER, *Nag Hammadi deutsch* (Berlin: de Gruyter, 2001)

PHILO VON ALEXANDRIA
Die Werke in deutscher Übersetzung 1-6 (hg. von Leopold Cohn, Isaak Heinemann, Maximilian Adler und Willy Theiler; Breslau, 1909–1938; Nachdruck Berlin: de Gruyter, [2]1962)

PISTIS SOPHIA

PUECH, Henri-Charles, und Gregor WURST, „Die Pistis Sophia“, in *Antike christliche Apokryphen in deutscher Übersetzung* 1/2 (hg. v. Christoph Markschies und Jens Schröter; Tübingen: Mohr Siebeck, 72012), 1290–1298

SCHMIDT, Carl, *Pistis Sophia: Ein gnostisches Originalwerk des 3. Jahrhunderts aus dem Koptischen übersetzt* (Leipzig: Hinrichs, 1925)

PLUTARCH

Moralia 1 (hg. v. Christian Weise und Manuel Vogel; Wiesbaden: Marix, 2012)

PROBA

Proba: Die Heilige Schrift: Kurz erzählt mit den Worten des Vergil: Cento Vergilianus (übers. und komm. v. Wolfgang Fels; BML 13; Stuttgart: Hiersemann, 2017)

„Proba, Cento“, in *Poetae Christiani minores* (hg. v. Karl Schenkl et al.; CSEL 16/1; Wien et al.: Hölder-Pichler-Tempsky et al., 1888), 511–609

PROTOEVANGELIUM DES JAKOBUS

PELLEGRINI, Silvia, „Das Protevangelium des Jakobus“, in *Antike christliche Apokryphen in deutscher Übersetzung* 1/2 (hg. v. Christoph Markschies und Jens Schröter; Tübingen: Mohr Siebeck, 72012), 903–929

STRYCKER, Émile de, *La forme la plus ancienne du Protoévangile de Jacques: Recherches sur le papyrus Bodmer 5 avec une édition critique du texte grec et une traduction annotée* (SHG 33; Brüssel: Société des Bollandistes, 1961)

PSEUDO-BASILIUS

Commentarius in Isaiam prophetam (hg. v. Jacques-Paul Migne; PG 30; Paris: Migne, 1888), 117–670

PSEUDO-MATTHÄUSEVANGELIUM

EHLEN, Oliver, „Pseudo-Matthäusevangelium“, in *Antike christliche Apokryphen in deutscher Übersetzung* 1/2 (hg. v. Christoph Markschies und Jens Schröter; Tübingen: Mohr Siebeck, 72012), 983–1002

KLAUCK, Hans-Josef, *Apokryphe Evangelien: Eine Einführung* (Stuttgart: Katholisches Bibelwerk, 32008), 105–109

ROMANOS MELODOS

Kontakia of Romanos, Byzantine Melodist 1: On the Person of Christ (übers. v. Marjorie Carpenter; Columbia: University of Missouri Press, 1970)

Die Hymnen 2 (übers. v. Johannes Koder; BGrL 64; Stuttgart: Hiersemann, 2006)

RUFINUS

Des Tyrannius Rufinus von Aquileja Commentar zum Apostol. Glaubensbekenntnis (übers. v. Heinrich Brüll; BKV1; Kempten: Kösel, 1876)

SEVERUS VON ANTIOCHIEN

The Fourth Book of Maccabees and Kindred Documents in Syriac (hg. v. Robert L. Bensly; Cambridge: University Press, 1895)

SULPICIUS SEVERUS

Chroniques (hg. v. Ghislaine de Senneville-Grave; SC 441; Paris: Cerf, 1999)

TERTULLIAN

Adversus Marcionem (übers. v. Ernest Evans; Oxford: Clarendon Press, 1972)

Adversus Valentinianos. De carne Christi. Gegen die Valentinianer. Über das Fleisch Christi (hg. v. Volker Lukas; FC 84; Freiburg i. Br. et al.: Herder, 2019)

De baptismo: De oratione. Von der Taufe. Vom Gebet (übers. v. Dietrich Schleyer; FC 76; Turnhout: Brepols, 2006)
De la patience (hg. u. übers. v. Jean-Claude Fredouille; SC 310; Paris: Cerf, 1984)
Exhortation à la chasteté (hg. u. übers. v. Claudio Moreschini; übers. v. Jean-Claude Fredouille; SC 319; Paris: Cerf, 1985)
Homily on Baptism (übers. v. Ernest Evans; London: SPCK, 1964)
Opera IV: Ad martyras. Ad Scapulam. De fuga in persecution. De monogamia. De virginibus velandis. De pallio. De paenitentia (hg. v. Emil Kroymann und Philipp Borleffs; CSEL 76; Wien: Hölder–Pichler–Tempsky, 1957)
Tertullians sämtliche Schriften 1: Die apologetischen und praktischen Schriften (übers. v. Karl A. H. Kellner; BKV[1]; Köln: DuMont-Schauberg, 1882), 344–376
Über das Fasten, gegen die Psychiker (De ieiunio adversus psychicos) (übers. v. Heinrich Kellner; BKV1; Kempten und München: Kösel, 1915)

TESTAMENTUM DOMINI
BEYLOT, Robert, Hg., *Le Testamentum Domini éthiopien* (Louvain: Peeters, 1984)
RAHMANI, Ignatius Ephraem, *Testamentum Domini Nostri Jesu Christi* (Mainz: Franz Kirchheim, 1899, Reprint: Hildesheim 1968)
SPERRY-WHITE, Grant, *The Testamentum Domini* (Grove Liturgical Study 66; Bramcote, Nottingham: Grove Books, 1991)

THEODOR VON MOPSUESTIA
The Commentaries on the Minor Epistles of Paul (übers. v. Rowan A. Greer; Atlanta: Society of Biblical Literature, 2010)

THEODORET VON CYRUS
Des Bischofs Theodoret von Cyrus Kirchengeschichte (hg. u. übers. v. Andreas Seider; BKV1; München: Kösel und Pustet, 1926)
Histoire ecclésiastique 2: Livres 3-5 (hg. v. Pierre Canivet, Jean Bouffartigue et al.; SC 530; Paris: Cerf, 2009)
Kirchengeschichte (hg. v. Léon Parmentier; GCS 19; Leipzig: Hinrichs, 1911)
Theodoreti Cyrensis Quaestiones in Octateuchum: Editio critica (hg. v. Natalio Fernández Marcos und Angel Sáenz-Badillos; Textos y estudios „Cardenal Cisneros"; Madrid: Consejo Superior de Investigaciones Cientificas, 1979)
Theodoret of Cyrus: Commentary on the Letters of St. Paul (übers. v. Robert C. Hill; 2 Bde.; Brookline: Holy Cross Orthodox Press, 2001)
Theodoret of Cyrus: The Questions on the Octateuch 2, On Leviticus, Numbers, Deuteronomy, Joshua, Judges and Ruth (übers. v. Robert C. Hill; LEC 2; Washington, D. C.: The Catholic University of America Press, 2007), 34–37

THEODOTUS
Homilia IV: In sanctam Deiparam et in Simeonem (hg. v. Jacques-Paul Migne; PG 77; Paris: Migne, 1864), 1390–1412

THOMASEVANGELIUM
SCHRÖTER, Jens, „Das Evangelium nach Thomas (Thomasevangelium [NHC II,2 p. 32,10–51,28]): Oxyrhynchus-Papyri I 1, IV 654 und IV 655 (P.Oxy. I 1, IV 654 und IV 655)", in *Antike christliche Apokryphen in deutscher Übersetzung* 1/1 (hg. v. Christoph Markschies und Jens Schröter; Tübingen: Mohr Siebeck, [7]2012), 483–522

TIMOTHEUS VON KONSTANTINOPEL
De iis qui ad ecclesiam accedunt (hg. v. Jacques-Paul Migne; PG 86/1; Paris: Migne, 1865), 11–74

VALERIAN
Homilia XVIII: De Machabaeis (hg. v. Jacques-Paul Migne; PL 52; Paris: Migne, 1845), 746–749

VERECUNDUS IUNCENSIS
Commentarii super Cantica Ecclesiastica: Carmen de satisfactione paenitentiae (hg. v. Roland Demeulenaere; CCSL 93; Turnhout: Brepols, 1976)

ZENO VON VERONA
Tractatus (hg. v. B. Löfstedt; CCSL 22; Turnhout: Brepols, 1971)
Des heiligen Bischofs Zeno von Verona Traktate (Predigten und Ansprachen) (übers. und mit Einl. versehen v. Andreas Bigelmair; BKV² 10; München: Kösel und Pustet, 1934)

2. Sekundärliteratur

ALFARO BECH, Virginia, „Retratos de mujer según el Montanismo de Tertuliano", in *Desvelar modelos femeninos: Valor y representación en la Antigüedad* (hg. v. Virginia Alfaro Bech und Victoria E. Rodríguez Martín; Málaga: Universidad de Málaga, 2002), 99–118

ALFARO BECH, Virginia, und Victoria E. RODRIGUEZ MARTIN, „El velo en Tertuliano", in *Actas del Congreso sobre Género y Violencia* (hg. v. María Teresa López Beltrán et al.; Málaga: Universidad de Málaga, 2001), 117–126

– „Influencias grecorromanas y judías para la imposición del velo en el cristianismo africano del s. III", *Analecta Malacitana* 24/1 (2001): 93–110

AMIR, Yehoshua, „The Transference of Greek Allegories to Biblical Motifs in Philo", in *Nourished with Peace: Studies in Hellenistic Judaism in Memory of Samuel Sandmel* (hg. v. Frederick Greenspahn et al.; Chico: Scholars Press, 1984), 15–25

ARAGIONE, Gabriella, „Bibelrezeption in den Diskursen über Frauen im 1. und 2. Jahrhundert", in *Christliche Autoren der Antike* (hg. v. Kari E. Børresen und Emanuela Prinzivalli; Die Bibel und die Frauen 5/1; Stuttgart: Kohlhammer, 2016), 15–63

ARCHIMANDRIT, Georgij, *Svjatitel'Grigorij Palama - učitel'oboženija* (ARCHIMANDRIT, Georgij, *Heiliger Gregor Palamas - Schüler der Theosis*) (Athos: St. Panteleimon Kloster, 2000)

ARJAVA, Antti, „Jerome and Women", *Arctos; Acta Philologica Fennica* 23 (1989): 5–18

ASSMANN, Jan, *Das kulturelle Gedächtnis: Schrift, Erinnerung und politische Identität in frühen Hochkulturen* (München: C. H. Beck, ⁶2007)

BACHMANN, Michael, *Antijudaismus im Galaterbrief? Exegetische Studien zu einem polemischen Schreiben und zur Theologie des Apostels Paulus* (Novum Testamentum; Freiburg i. Br. und Göttingen: Vandenhoeck & Ruprecht, 1999)

BACHMANN, Veronika, „Die biblische Vorstellungswelt und deren geschlechterpolitische Dimension – methodologische Überlegungen am Beispiel der ersttestamentlichen Kategorien ‚rein' und ‚unrein'", *lectio difficilior* 2 (2003), online: www.lectio.unibe.ch/03_2/bachmann.htm [zuletzt abgerufen am 17.9.2018]

BADER, Dietmar, Hg., *Maria Magdalena: Zu einem Bild der Frau in der christlichen Verkündigung* (München: Schnell & Steiner, 1990)

BAER, Richard A., Jr., *Philo's Use of the Categories Male and Female* (Leiden: Brill, 1970)

BAERT, Barbara, Hg., *The Woman with the Blood Flow (Mark 5:24-34): Narrative, Iconic, and Anthropological Spaces* (Art & Religion 2; Leuven: Peeters, 2014)

BARRIER, Jeremy W., Jan N. Bremmer, Tobias Nicklas, und Armand Puig i Tàrrech, Hg., *Thecla: Paul's Disciple and Saint in the East and West* (Studies on Early Christian Apocrypha 12; Leuven: Peeters, 2017)

BATHMARTHA (PETERMANN), Ina J., „Machen Geburt und Monatsblutung die Frau ‚unrein'? Zur Revisionsbedürftigkeit eines mißverständlichen Diktums", in *Von der Wurzel getragen: Christlich-feministische Exegese in der Auseinandersetzung mit Antijudaismus* (hg. v. Luise Schottroff und Marie-Theres Wacker; Biblical Interpretation Series 17; Leiden: Brill, 1996), 43–60

BAUER, Walter, *Orthodoxy and Heresy in Earliest Christianity* (Philadelphia: Fortress Press, 1971)

BAUER, Walter, und Frederick W. DANKER, *A Greek-English Lexicon of the New Testament and other Early Christian Literature* (basierend auf Walter Bauers *Griechisch-deutsches Wörterbuch zu den Schriften des Neuen Testaments und der frühchristlichen Literatur* [hg. v. Frederick W. Danker; Chicago, London: University of Chicago Press, [3]2000])

BE'ER, Ilana, „Blood Discharge: On Female Im/Purity in the Priestly Code and in Biblical Literature", in *A Feminist Companion to Exodus to Deuteronomy* (hg. v. Athalya Brenner; FCB 6; Sheffield: Sheffield Academic Press, 1994), 152–164

BEARD, Mary, *Frauen und Macht: Ein Manifest* (Frankfurt a. M.: Fischer, 2018, engl. 2017)

BEAUDETTE, Paul, „‚In the World but not of it': Clerical Celebacy as a Symbol of the Medieval Church", in *Medieval Purity and Piety: Essays on Medieval Clerical Celibacy and Religious Reform* (hg. v. Michael Frasetto; Garland Medieval Casebooks 19; New York: Routledge, 1998), 23–46

BECHMANN, Ulrike, *Sara: Herrin, Rivalin, Ahnfrau* (Stuttgart: Katholisches Bibelwerk, 2006)

BEGGIANI, Seeley Joseph, „The Typological Approach of Syriac Sacramental Theology", *TS* 63 (2003): 543–557

BERGADÁ, María Mercedes, „La condemnation de l'esclavage dans l'Homélie IV", in *Gregory of Nyssa: Homilies on Ecclesiastes: An English Version with Supporting Studies* (hg. v. Stuart George Hall; Berlin: de Gruyter, 1993), 185–196

BERLIN, Andrea M., „Jewish Life before the Revolt: The Archeological Evidence", *JSJ* 36 (2005): 417–470

BERNARDINI, Paolo, „Sinodalità e concili africani del terzo secolo: vent'anni di studi", in *Synod and Synodality* (hg. v. Alberto Melloni und Silvia Scatena; Münster: LIT, 2005), 115–142

BERTON, Raymond, „Abraham est-il un modèle? L'opinion des Pères dans les premiers siècles de l'Église", *BLE* 97 (1996): 349–373

BIERNATH, Andrea, *Mißverstandene Gleichheit: Die Frau in der frühen Kirche zwischen Charisma und Amt* (Stuttgart: Franz Steiner Verlag, 2005)

BIRD, Phyllis, „Images of Women in the Old Testament", in *Religion and Sexism* (hg. v. Rosemary R. Ruether; New York: Simon & Schuster, 1974), 41–88

BISCONTI, Fabrizio, *Il restauro dell'ipogeo di Via Dino Compagni: Nuove idee per la lettura del programma decorativo del cubicolo „A"* (Scavi e restauri 4; Città del Vaticano: Pontificia Commissione di Archeologia Sacra, 2003)

BJORNLIE, Michael Shane, „The Anicii between Rome, Ravenna and Constantinople", in *Politics and tradition between Rome, Ravenna and Constantinople: A Study of Cassiodorus and the Variae* (Cambridge: Cambridge University Press, 2013), 124–162

BLIDSTEIN, Moshe, *Purity, Community, and Ritual in Early Christian Literature* (Oxford Studies in the Abrahamic Religions; Oxford: Oxford University Press, 2017)

BORGER, Riekele, „Nebenfrau", in *Biblisch-historisches Handwörterbuch* (hg. v. Bo Reicke und Leonhard Rost; Göttingen: Vandenhoeck & Ruprecht, 1979), 1295

BØRRESEN, Kari E., „God's Image, Man's Image? Patristic Interpretation of Gen 1,27 and 1 Cor. 11,7", in *The Image of God: Gender Models in Judaeo-Christian Tradition* (hg. v. ders.; Minneapolis: Fortress, 1995), 187–209

– *Natura e ruolo della donna: in Agostino e Tommaso d'Aquino* (Assisi: Cittadella, 1979)

– *Maria nel Medievo fra antropologia e teologia* (Trapani: Il pozzo di Giacobbe, 2019)

BØRRESEN, Kari E., und Emanuela PRINZIVALLI, „Einleitung", in *Christliche Autoren der Antike* (hg. v. dens.; Die Bibel und die Frauen 5/1; Stuttgart: Kohlhammer, 2016), 9–14

BÖTTRICH, Christfried, „Zwischen Sensibilität und Konvention: Rollenbilder von Frauen im lukanischen Doppelwerk", in *Frauen im antiken Judentum und frühen Christentum* (hg. v. Jörg Frey und Nicole Rupschus; WUNT 2/489; Tübingen: Mohr Siebeck, 2019), 175–208

BÖTTRICH, Christfried, Beate EGO und Friedmann EIẞLER, Hg., *Adam und Eva in Judentum, Christentum und Islam* (Göttingen: Vandenhoeck & Ruprecht, 2011)

BOVON, François, *Luke 2: A Commentary on the Gospel of Luke 9:51–19:27* (hg. v. Helmut Koester; übers. v. Donald S. Deer; Hermeneia: A Critical and Historical Commentary on the Bible; Minneapolis: Fortress Press, 2013)

BRADSHAW, Paul, „Women and Baptism in the Didascalia Apostolorum", *JECS* 20 (2012): 641–645

BRAKKE, David, „The Problematization of Nocturnal Emissions in Early Christian Syria, Egypt, and Gaul", *JECS* 3–4 (1995): 419–460

BRAKMANN, Heinzgerd, „Pseudapostolische Ordinationsgebete in apostolischen Kirchen: Beobachtungen zur gottesdienstlichen Rezeption der *Traditio Apostolica* und ihrer Deszendenten", in *Liturgy in East and West: Ecumenical Relevance of Early Liturgical Development* (hg. v. Hans-Jürgern Feulner; Österreichische Studien zur Liturgiewissenschaft und Sakramententheologie 6; Wien: LIT, 2013), 61–98

BRAULIK, Georg, „Zur Abfolge der Gesetze in Deuteronomium 16,18–21,23: Weitere Beobachtungen", *Bib* 69 (1988): 63–92

BRENNECKE, Hanns-Christof, „Dass es den Frauen verboten sei zu lehren", in *Über das Verhältnis der Geschlechter* (hg. v. Gunther Wanke; Erlanger Forschung 100; Erlangen: Universität Erlangen-Nürnberg, 2002), 107–130

BREMMER, Jan B., und Marco FORMISANO, Hg., *Perpetua's Passions: Multidisciplinary Approaches to the Passio Perpetuae et Felicitatis* (Oxford: Oxford University Press, 2012)

BRENNER, Athalya, „Figurations of Woman in Wisdom Literature", in *A Feminist Companion to the Bible: Wisdom Literature* (hg. v. Athalya Brenner; FCB 9; Sheffield Academic Press: Sheffield, 1995), 56–59

BROC, Catherine, „La femme de Job dans la prédication de Jean Chrysostome", *StPatr* 37 (Leuven: Peeters, 2001): 396–403

BROC-SCHMEZER, Catherine, *Les figures féminines du Nouveau Testament dans l'œuvre de Jean Chrysostome: Exégèse et pastorale* (Collection Des Études Augustiniennes: Série Antiquité,185; Paris: Institut d'Études Augustiniennes, 2010)

BROCK, Ann Graham, „Appeasement, Authority, and the Role of Women in the D-Text of Acts", in *The Book of Acts as Church History/Apostelgeschichte Als Kirchengeschichte* (hg. v. Tobias Nicklas und Michael Tilly; BZNW 120; Berlin und New York: de Gruyter, 2003), 205–224

BROCK, Sebastian, „A Soghitha on the Daughter of Jephthah, by Isaac", *Hug* 14/1 (2011): 3–25

– *St. Ephrem the Syrian: Hymns on Paradise* (Crestwood, St Vladimir's Seminary Press, 1990)

– *The Harp of the Spirit: Eighteen Poems of Saint Ephrem* (Fellowship of St Alban and St Sergius, 1983)

– „The Sinful Woman and Satan: Two Syriac Dialogue Poems", *OrChr* 72 (1988): 21–62

BROCK, Sebastian, und Susan Ashbrook HARVEY, *Holy Women of the Syrian Orient* (Berkeley: California University Press, 1987)

BROWN, Peter, *The Body and Society: Men, Women, and Sexual Renunciation in Early Christianity* (London und Boston: Faber and Faber, 1988)

– „The Patrons of Pelagius: The Roman Aristocracy between East and West", *JThS* 21 (1970): 56–72

BRUYN, Theodore S. de, „Constantius the ‚Tractator': Author of an Anonymous Commentary on the Pauline Epistles? ", *JTS* 43/1 (1992): 38–54

BUELL, Denise Kimber, *Making Christians: Clement of Alexandria and the Rhetoric of Legitimacy* (Princeton: Princeton University Press, 1999)

BUMPUS, Mary Rose, *The Story of Martha and Mary and the Potential for Transformative Engagement: Lk 10,38–42* (Diss., Berkeley, 2000)

BURNS, Rita, *Has The Lord Indeed Spoken Only through Moses? A Study of the Biblical Portrait of Miriam* (Atlanta: Scholars Press, 1987)

BURRUS, Virginia, *Begotten not made: Conceiving Manhood in Late Antiquity* (Stanford: Stanford University Press, 2000)

– „Life after Death: The Martyrdom of Gorgonia and the Birth of Female Hagiography" in *Gregory of Nazianzus: Images and Reflections* (hg. v. Jostein Børtnes und Thomas Hägg; Kopenhagen: Museum Tusculanum Press, 2006), 153–170

– „The Heretical Woman as Symbol in Alexander, Athanasius, Epiphanius and Jerome", *HTR* 84 (1991): 229–248

BUTLER, Cuthbert, *Western Mysticism: Augustine, Gregory, and Bernard on Contemplation and the Contemplative Life* (Nachdr. v.: Dom Cuthbert BUTLER, *Western Mysticism: The Teaching of Augustine, Gregory and Bernard on Contemplation and the Contemplative Life* [2. Aufl.; London: E. P. Dutton and Company, 1926]; Mineol: Dover Publications, 2003)

BUTTING, Klara, Prophetinnen gefragt: Die Bedeutung der Prophetinnen im Kanon aus Tora und Prophetie (Erev-Rav-Hefte. Biblisch-feministische Texte 3; Wittingen: Erev-Rav, 2001)

CAIN, Andrew, „Rethinking Jerome's Portrait of Holy Women", in Jerome of Stridon: Life, Writings, and Legacy (hg. v. Andrew Cain und Josef Lössl; Farnham: Ashgate, 2009), 47–57

– The Letters of Jerome: Asceticism, Biblical Exegesis, and the Construction of Christian Authority in Late Antiquity (Oxford und New York: Oxford University Press, 2009)

CAMELOT, Pierre-Thomas, Die Lehre von der Kirche: Väterzeit bis ausschließlich Augustinus (Handbuch der Dogmengeschichte 3/3b; Freiburg i. Br.: Herder, 1970)

CAMELOT, Theodore, „Action et Contemplation dans la tradition chrétienne", *La Vie Spirituelle* 327 (März 1948): 272–301

CAMELOT, Theodore, und Ignatius MENNESSIER, „Aktives und kontemplatives Leben", in *Die Katholische Glaubenswelt: Wegweisung und Lehre 2: Moraltheologie* (hg. v. einer Arbeitsgemeinschaft v. Theologen; aus dem Französischen übertragen v. Georg Muschalek et al.; Basel et al.: Herder, 1960), 961–964

CAMP, Claudia V., *Wisdom and the Feminine in the Book of Proverbs* (Sheffield: Almond Press, 1985)

– „Wise and Strange: An Interpretation of the Female Imagery in Proverbs in Light of Trickster Mythology", in *A Feminist Companion to the Bible: Wisdom Literature* (hg. v. Athalya Brenner; FCB 9; Sheffield Academic Press: Sheffield, 1995), 131–156

CANEVET, Mariette, *Grégoire de Nysse et l'herméneutique biblique: Étude des rapports entre le langage et la connaissance de Dieu* (Paris: Institut d'Études Augustiniennes, 1983)

CARDMAN, Francine, „Women, Ministry, and Church Order in Early Christianity", in *Women and Christian Origins: A Reader* (hg. v. Ross Shepard Kraemer und Mary Rose d'Angelo; Oxford: Oxford University Press, 1999), 300–329

CARNEVALE, Laura, Hg., *La Bibbia nelle comunità antiche: Bilancio e prospettive di un'esperienza formativa* (Bari: Edipuglia, 2002)

CARRASQUER, Sira, und Araceli DE LA RED, *Matrología I: Madres del desierto* (Burgos: Monte Carmelo, 2000)

CARRASQUER, Sira, und Koldo SARATXAGA, *Matrología II: Primeras Madres de Occidente (ss. I-VII)* (Burgos: Monte Carmelo, 2001)

CARTER, J. Kameron, „Theology, Exegesis, and the Just Society: Gregory of Nyssa as Abolitionist Intellectual", *ExAud* 22 (2006): 181–212

CASEAU, Béatrice, *Nourritures terrestres, nourritures célestes: La culture alimentaire à Byzance* (Collège de France – Centre de Recherche d'Histoire et Civilisation de Byzance, Monographies 46; Paris: ACHCByz, 2015)

CASPERS, Charles, „Leviticus 12, Mary and Wax: Purification and Churching in Late Medieval Christianity", in *Purity and Holiness: The Heritage of Leviticus* (hg. v. Marcel J. H. M. Poorthuis und Joshua J. Schwartz; Jewish and Christian Perspectives Series 2; Leiden: Brill, 2000), 295–309

CHANIOTIS, Angelos, „Reinheit des Körpers – Reinheit des Sinnes in den griechischen Kultgesetzen", in *Schuld, Gewissen und Person* (hg. v. Jan Assmann und Thomas Sundermeier; Studien zum Verstehen fremder Religionen 9; Gütersloh: Gütersloher Verlagshaus, 1997), 142–179

CHARLESWORTH, James H., *The Old Testament pseudepigrapha 1: Apocalyptic literature and testaments* (New York: Doubleday, 1983), 829–868

CHILTON, Bruce, „Jesus, Levitical Purity, and the Development of Primitive Christianity", in *The Book of Leviticus: Composition and Reception* (hg. v. Robert A. Kugler und Rolf Rendtorff; VTSup 93; FIOTL 3, Leiden: Brill, 2003), 358–381

CIPRIANO, Giuseppina, *El Bagawat: Un cimitero paleocristiano nell'alto Egitto* (Ricerche di Archeologia e Antichità Cristiane 3; Todi: tau editrice, 2008)

CLARK, Elizabeth A., *Jerome, Chrysostom, and Friends: Essays and Translations* (Studies in Women and Religion 2; New York: Mellen, ^{2}1982)

– „Ideology, History and the Construction of ‚Women' in Late Ancient Christianity", *JECS* 2 (1994): 155–184

- „Interpretative Fate amid the Church Fathers“, in Hagar, Sarah, and Their Children (hg. v. Phyllis Trible und Letty M. Russell; Louisville: Westminster John Knox Press, 2006), 127–147
- „Antifamilial Tendencies in Ancient Christianity“, *Journal of the History of Sexuality* 5,3 (1995): 356–380
- *The Origenist Controversy* (Princeton: Princeton University Press, 1992)
- *Ascetic Piety and Women's Faith: Essays on Late Ancient Christianity* (Leviston: Mellen, 1986)
- „Patrons, not Priests: Gender and Power in Late Ancient Christianity“, *Gender and History* 2 (1990): 255–273
- „*Status Feminae*: Tertullian and the Uses of Paul“, in *Tertullian and Paul* (hg. v. Todd D. Still und David E. Wilhite; London: Bloomsbury, 2013), 127–155
- *Women in the Early Church* (Wilmington: M. Glazier, 1983)

CLARK, Elizabeth A., und Herbert RICHARDSON, Hg., *Women and Religion: A Feminist Sourcebook of Christian Thought* (New York: Harper & Row, 1977)

CLEMENTI, Sieglinde, *Die Aussegnung und die Unreinheit der Wöchnerin: Zur Geschichte eines Kirchenbrauchs und seiner Idee* (Diplomarbeit, Wien, 1994)

CLOKE, Gillian, *This female man of God: Women and Spiritual Power in the Patristic Age, AD 350–450* (London und New York: Routledge, 1995)

COHEN, Shaye J. D., „Menstruants and the Sacred in Judaism and Christianity“, in *Women's History and Ancient History* (hg. v. Sarah B. Pomeroy; Chapel Hill und London: The University of North Carolina Press, 1991), 273–299
- „Purity and Piety: The Separation of Menstruants from the Sancta“, in *Daughters of the King: Women and the Synagogue* (hg. v. Susan Grossman und Rivka Haut; Philadelphia: Jewish Publication Society, 1992), 103–115

COHICK, Lynn H., *Women in the World of the Earliest Christians: Illuminating Ancient Ways of Life* (Grand Rapids: Baker Academic, 2009)

COHICK, Lynn H., und Amy BROWN HUGHES, *Christian Women in the Patristic World: Their Influence, Authority, and Legacy in the Second through Fifth Century* (Grand Rapids: Baker Academic, 2017)

COLAFEMMINA, Cesare, „Le regole ermeneutiche di Hillel“, *ASE* 8/2 (1991): 443–454

COLISH, Marcia, *Ambrose's Patriarchs: Ethics for the Common Man* (Notre Dame: University of Notre Dame Press, 2005)

COLSON, Francis H., „Introduction“, in *Philo in Ten Volumes* 4 (mit einer englischen Übersetzung v. Francis H. Colson und George H. Whitaker; Loeb Classical Library 261; Cambridge, MA: Harvard University Press, 1932), 451–457

CONNOLLY, Joy, *The State of Speech: Rhetoric and Political Thought in Ancient Rome* (Princeton: Princeton University Press, 2007)
- „Virile Tongues: Rhetoric and Masculinity“, in *A Companion to Roman Rhetoric* (hg. v. William Dominik und Jon Hall; Oxford: Wiley-Blackwell, 2010), 83–97

CONSOLINO, Franca Ela, „Modelli di comportamento e modi di santificazione per l'aristocrazia femminile d'Occidente“, in *Società romana e impero tardoantico* 1 (hg. v. Andrea Giardina; Rom und Bari: Laterza, 1986), 273–306

CONSTABLE, Giles, *Three Studies in Medieval Religious and Social Thought: The Interpretation of Mary and Martha: The Ideal of the Imitation of Christ. The Orders of Society* (Cambridge: Cambridge University Press, 1995)

COOPER, Karen, *The Virgin and the Bride: Idealized Womanhood in Late Antiquity* (Cambridge, MA: Harvard University Press, 1996)

CORSSEN, Peter, „Die Töchter des Philippus“, *Zeitschrift für Neutestamentliche Wissenschaft* 2 (1901): 289–299

COSGROVE, Charles H., „A Woman's Unbound Hair in the Greco-Roman World, with Special Reference to the Story of the ‚Sinful Woman' in Luke 7:36–50“, *JBL* 124/4 (2005): 675–692

COYLE, J. Kevin, *Manichaeism and Its Legacy* (Leiden: Brill, 2009)

CRENSHAW, Kimberlé, „Demarginalizing the Intersection of Race and Sex: A Black Feminist Critique of Antidiscrimination Doctrine“, *The University of Chicago Legal Forum* 139 (1989): 139–167

CRÜSEMANN, Marlene, „Unrettbar frauenfeindlich: Der Kampf um das Wort von Frauen in 1 Kor 14,(33b)34–35 im Spiegel antijudaistischer Elemente der Auslegung“, in *Von der Wurzel getragen:*

Christlich-feministische Exegese in Auseinandersetzung mit Antijudaismus (hg. v. Luise Schottroff und Marie-Theres Wacker; Biblical Interpretation Series 17; Leiden: Brill, 1996), 199–223

CSÁNYI, Daniel A., „Optima Pars: Die Auslegugsgeschichte [sic!] von Lk 10,38–42, bei den Kirchenvätern der ersten vier Jahrhunderte“, *StudMon* 2 (1960) 1: 5–78

CZOCK, Miriam, *Gottes Haus: Untersuchungen zur Kirche als heiligem Raum von der Spätantike bis ins Frühmittelalter* (Berlin: de Gruyter, 2012)

DAFFNER, Hugo, *Salome: Ihre Gestalt in Geschichte und Kunst: Dichtung, Bildende Kunst, Musik* (München: Hugo Schmidt, 1912)

DALY, Mary, *Beyond God the Father: Toward a Philosophy of Women's Liberation* (Boston: Beacon Press, 1973)

D'ANGELO, Mary Rose, „Women Partners in the New Testament“, *JFSR* 6/(1 (1990): 65–86

DAVIS, Stephen J., *The Cult of St. Thecla: A Tradition of Women's Piety in Late Antiquity* (Oxford: Oxford University Press, 2001)

DANIÉLOU, Jean, „Abraham dans la tradition chrétienne“, *Cahiers Sioniens* 5 (1951): 68–87

– „Le ministère des femmes dans l'Église ancienne“, *La Maison Dieu* 61 (1960): 70–96

DAVIES, John G., „Deacons, deaconesses and the minor orders in the patristic period“, *JEH* 16 (1963): 1–15

DAWSON, David, *Allegorical Readers and Cultural Revision in Ancient Alexandria* (Berkeley et al.: University of California Press, 1992)

DE GANDILLAC, Maurice, „Deux figures eckartiennes de Marthe“, in *Métaphysique: Historie de la philosophie: Recueil d'études offert à F. Brunner* (hg. v. Gilbert Boss et al.; Boudry-Neuchâtel: La Baconnière, 1981), 119–134

DE LABRIOLLE, Pierre, *Les sources de l'histoire du Montanisme: Textes grecs, latins, syriaques publiés avec une Introduction critique, une Traduction française, des Notes et des „Indices“* (Collectanea Friburgensia 15; Fribourg und Paris: Librairie de l'université, 1913)

– „‚Mulieres in ecclesia taceant‘: Un aspect de la lutte antimontaniste“, *Bulletin d'ancienne littérature et d'archéologie chrétiennes* 1 (1911): 3–24

DE LUBAC, Henri, *Esegesi medievale: I quattro sensi della scrittura* 2/2 (Mailand: Jaca Book, 2006); Originalausgabe: *Exégèse médiévale: les quatre sens de l'écriture* (Paris: Aubier, 1959–1964)

DEMURA, Miyako, „Origen and the Exegetical Tradition of the Sarah-Hagar Motif in Alexandria“, *StPatr* 56 (2013): 73–81

– „The relation between male and female in Alexandrian exegetical tradition“, in *Men and Women in the Early Christian Centuries* (hg. v. Wendy Mayer und Ian J. Elmer; Early Christian Studies 18; Strathfield: St Pauls Publications, 2014), 135–148

– „The Reception of the Pauline Letters and the Formation of the Canonical Principle in Origen of Alexandria“, *Scrinium 6: Patrologia Pacifica Secunda* (2010): 75–84

– „Origen after the Origenist Controversy“, in *Christian Shaping Identity from the Roman Empire to Byzantium* (hg. v. James D. G. Dunn und John W. Meyer; Leiden: Brill, 2015), 117–139

DEN DULK, Matthijs, „I Permit No Woman to Teach Except for Thecla: The Curious Case of the Pastoral Epistles and the Acts of Paul Reconsidered“, *NovT* 54 (2012): 176–203

DE PROTT, Ioannes, und Ludovicus ZIEHEN, *Leges Graecorum sacrae e titulis collectae* (Leipzig: Teubner, 1896–1906, Reprint: Chicago 1988)

DE WET, Chris L., *Preaching Bondage: John Chrysostom and the Discourse of Slavery in Early Christianity* (Los Angeles: University of California Press, 2015)

DESTRO, Adriana, „The Witness of Times: An Anthropological Reading of Niddah“, in *Reading Leviticus: A Conversation with Mary Douglas* (hg. v. John F. A. Sawyer; JSOT.S 227; Sheffield: Sheffield Academic Press, 1996), 124–138

DE TROYER, Kristin, Hg., *Wholly Woman, Holy Blood: A Feminist Critique of Purity and Impurity* (SAC; Harrisburg: Trinity Press, 2003)

DÍAZ ARAUJO, Magdalena, „Die Sünden der Ersten Frau: Eva-Traditionen in der Literatur des Zweiten Tempels unter besonderer Berücksichtigung der Schrift ‚Leben Adams und Evas‘“, in *Frühjüdische Schriften* (hg. v. Eileen Schuller und Marie-Theres Wacker; Die Bibel und die Frauen 3/1; Stuttgart: Kohlhammer, 2017), 87–107

DIMITROVA, Margaret, *Srednovekovni molitvi za rodilki* (Sofia: Heron Press, 2014)

DOERFLER, Maria E., *Jephthah's Daughter, Sarah's Son: The Death of Children in Late Antiquity* (Los Angeles: University of California Press, 2019)

– „Listen to Her: Women as Avatars of Wisdom in Late Ancient Homiletical Discourse", *Journal of Early Christian History* 8,3 (2018): 28–56

DONALDSON, James, *Woman: Her position and Influence in Ancient Greece and Rome, and among the Early Christians* (London: Longmans, Green & Co., 1907)

DOUGLAS, Mary, *Reinheit und Gefährdung: Eine Studie zu Verunreinigung und Tabu* (Nördlingen: Suhrkamp, 1988); Originalausgabe: *Purity and Danger: An Analysis of Concepts of Pollution and Taboo* (London: Routledge, 1966)

DROBNER, Hubertus R., „Vinzenz v. Lérins", *LThK*³ 10 [2001]: 798f.

DUNN, Geoffrey, *Tertullian: The Early Church Fathers* (New York: Routledge, 2004)

DUNN, James D. G., *The New Perspective on Paul: Collected Essays* (Tübingen: Mohr Siebeck, 2005)

DUVAL, Yvette M., „Pélage est-il le censeur inconnu de l'adversus Iovinianum à Rome en 393? Ou: Du portrait-robot de l'héretique chez S. Jérôme", *RHE* 75 (1980): 525–557

DVORECKIJ, Iosif, *Drevnegrečesko-russkij slovar´* (*Altgriechisch-Russisches Wörterbuch*) (Moskau: Staatlicher Verlag für fremdsprachige und nationale Wörterbücher, 1958)

EBERSOLT, Jean, Hg., *Les Actes de Saint Jacques et Les Actes d'Aquilas* (Paris: Ernest Leroux, 1902)

ECKHARDT, Benedikt, Clemens LEONHARD und Klaus ZIMMERMANN, Hg., *Reinheit und Autorität in den Kulturen des antiken Mittelmeerraumes* (Baden-Baden: Ergon, 2020)

EISEN, Ute E., *Amtsträgerinnen im frühen Christentum: Epigraphische und literarische Studien* (Forschungen zur Kirchen- und Dogmengeschichte 61; Göttingen: Vandenhoeck & Ruprecht, 1996)

ELIADE, Mircea, *Die Religionen und das Heilige* [Darmstadt: Wissenschaftliche Buchgesellschaft, 1966]

ELLIOTT, Mark W., *Engaging Leviticus: Reading Leviticus Theologically with its Past Interpreters* (Eugene, Oregon: Cascade Books, 2012)

EMMENEGGER, Gregor, *Wie die Jungfrau zum Kind kam: Zum Einfluss antiker medizinischer und naturphilosophischer Theorien auf die Entwicklung des christlichen Dogmas* (Paradosis 56; Fribourg: Academic Press, 2014)

EPP, Eldon J., *Junia: The First Woman Apostle* (Minneapolis: Fortress Press, 2005)

– „Text-Critical, Exegetical, and Socio-Cultural Factors Affecting the Junia/Junias Variation in Romans 16,7", in *New Testament Textual Criticism and Exegesis: Festschrift J. Delobel* (BETL 161; Leuven: Leuven University Press – Peeters, 2002), 227–291

ERBELE-KÜSTER, Dorothea, „Geschlecht und Kult: ‚Rein' und ‚Unrein' als genderrelevante Kategorien", in *Hebräische Bibel – Altes Testament: Tora* (hg. v. Irmtraud Fischer, Mercedes Navarro Puerto und Andrea Taschl-Erber; Die Bibel und die Frauen 1/1; Stuttgart: Kohlhammer, 2010), 347–374

– *Körper und Geschlecht: Studien zur Anthropologie von Leviticus 12 und 15* (WMANT 121; Neukirchen-Vluyn: Neukirchener, 2008)

– *Body, Gender and Purity in Leviticus 12 and 15* (LHBOTS 539; London: Bloomsbury T&T Clark, 2017)

ERDT, Werner, *Marius Victorinus Afer: Der Erste Lateinische Pauluskommentator* (Frankfurt a. M.: Peter Lang, 1980)

ERNST, Allie M., *Martha from the Margins: The Authority of Martha in Early Christian Tradition* (SVigChr 98; Leiden: Brill, 2009)

FASOLA, Umberto M., und Fabrizio MANCINELLI, *Führer zu den Katakomben in Rom* [Florenz: Scala Group S. p. A. 2015]

FASSBECK, Gabriele, *Der Tempel der Christen: Traditionsgeschichtliche Untersuchungen zur Aufnahme des Tempelkonzepts im frühen Christentum* (TANZ 33; Tübingen-Basel: Francke, 2000)

FATTI, Federico, „‚Fu casta senza superbia': Ascesi e dinastia in Cappadocia nella Tarda Antichità", *Rivista di storia del cristianesimo* 8/2 (2011): 279–304

FEICHTINGER(-ZIMMERMANN), Barbara, *Apostolae apostolorum: Frauenaskese als Befreiung und Zwang bei Hieronymus* (Studien zur klassischen Philologie 94; Frankfurt a. M.: Peter Lang, 1995)

– „Paula, Eustochium und Blesilla und die mulier amarior morte: Die Frau als hochgeschätzte Partnerin und verachtetes Prinzip", in Hieronymus als Exeget und Theologe: Interdisziplinäre Zugänge zum Koheletkommentar des Hieronymus (hg. v. Elisabeth Birnbaum und Ludger Schwienhorst-Schönberger; BETL 268; Leuven: Peeters, 2014), 191–211

FELBER, Anneliese, „Maria – Figuration des ‚Gottesvolks'? Überlegungen zur christlichen Identitätskonstruktion", in *„Zu unserer Belehrung geschrieben": Die Konstruktion christlicher und jüdischer Identitäten in der antiken Bibelauslegung* (hg. v. Agnethe Siquans; Antike Schriftauslegung 1; Göttingen: Vandenhoeck & Ruprecht, 2021), 163–178

– „Sara – Ausnahmefrau und Anti-Modell in der lateinischen Patristik", in *Sara lacht ... Eine Erzmutter und ihre Geschichte: Zur Interpretation und Rezeption der Sara-Erzählung* (hg. v. Rainer Kampling; Paderborn: Schöningh, 2004), 183–198

– „Zum Problem des Antijudaismus in der Patristik", *StPatr* 40 (2006): 197–201 = Väterexegese: Brisanz und Vielfalt (Habilitationsschrift, Graz: unipub, 2011), 29–33

FELDMEIER, Reinhard, „Die Syrophönizierin (Mk 7,24–30): Jesu ‚verlorenes' Streitgespräch?", in *Die Heiden: Juden, Christen und das Problem des Fremden* (hg. v. Reinhard Feldmeier und Ulrich Heckel; WUNT 70; Tübingen: Mohr Siebeck, 1994), 211–227

FELLOWS, Richard G., und Alistair C. Stewart, „Euodia, Syntyche and the Role of Syzygos: Phil 4:2–3", *ZNW* 109/2 (2018): 222–234

FERREIRO, Alberto, „Jerome's polemic against Priscillian in his Letter to Ctesiphon (133.4)", *REAug* 39 (1993): 309–332

FINLAY, Barbara, „Was Tertullian a Misogynist? A Reconsideration", *Journal of the Historical Society* 3 (2003): 503–525

FINLEY, Moses I., „The Silent Women of Rome", in *Sexuality and Gender in the Classical World: Readings and Sources* (hg. v. Laura K. McClure; Oxford: Blackwell Publishers, 2008), 147–160

FINNEY, Paul Corby, David SCHOLER und Everett FERGUSON, Hg., *Women in Early Christianity* (New York: Routledge, 1993)

FISCHER, Irmtraud, *Gotteskünderinnen: Zu einer geschlechterfairen Deutung des Phänomens der Prophetie und der Prophetinnen in der Hebräischen Bibel* (Stuttgart: Kohlhammer, 2002)

– *Gottesstreiterinnen: Biblische Erzählungen über die Anfänge Israels* (Stuttgart: Kohlhammer, ²2000)

– „Un esempio eloquente: Proverbi 31,20–31. Dalla lettura tradizionale all'esegesi femminista", in *Corpo a corpo* (hg. v. Marinella Perroni; Turin: Effatà, 2015), 35–43

– „Zur Bedeutung der Frauentexte in den Erzeltern-Erzählungen", in *Hebräische Bibel – Altes Testament: Tora* (hg. v. Irmtraud Fischer, Mercedes Navarro Puerto und Andrea Taschl-Erber; Die Bibel und die Frauen 1/1; Stuttgart: Kohlhammer, 2010), 238–275

FITZGERALD, John F., „Theodore of Mopsuestia on Paul's Letter to Philemon", in *Philemon in Perspective: Interpreting a Pauline Letter* (hg. v. D. Francois Tolmie; BZNW 149; Berlin: de Gruyter, 2010), 333–364

FLANDRIN, Jean-Louis, *Un temps pour embrasser: aux origines de la morale sexuelle occidentale (VI–XIe siècle)* (Paris: du Seuil, 1983)

FÖGEN, Thorsten, „Female Speech", in *A Companion to the Ancient Greek Language* (hg. v. Egbert J. Bakker; Oxford: Wiley-Blackwell, 2010), 311–326

FONROBERT, Charlotte E., *Menstrual Purity: Rabbinic and Christian Reconstruction of Biblical Gender* (Contraversions: Jews and Other Differences; Stanford: Stanford University Press, 2000)

FORBES, Christopher, *Prophecy and Inspired Speech in Early Christianity and its Hellenistic Environment* (WUNT 2/75; Tübingen: Mohr Siebeck, 1995)

FRANK, Karl Suso, „Der verhüllte Glanz: 2 Kor 3,14–16 bei den Kirchenvätern", in *Weg und Weite: Festschrift Karl Lehmann* (hg. v. Albert Raffelt; Freiburg i. Br.: Herder, 2001), 147–156.

FRANZ, Adolph, *Die kirchlichen Benediktionen des Mittelalters* 2 (Freiburg i. Br.: Herder, 1909; Neuauflage: Graz: Akademische Druck- und Verlagsanstalt, 1960)

FREDE, Hermann J., *Ein neuer Paulustext und Kommentar* (AGLB 7–8; Freiburg: Herder, 1973)

FRENSCHKOWSKI, Marco, *Prophetie: Innovation, Tradition und Subversion in spätantiken Religionen*, (Standorte in Antike und Christentum 10; Stuttgart: Hiersemann, 2018)

GACA, Kathy L., „Philo's Principles of Sexual Conduct and their Influence on Christian Platonic Sexual Principles", *The Studia Philonica Annual* 8 (1996): 21–39

GALOT, Jean, *La donna e I ministeri nella chiesa* (Assisi: Cittadella editrice, 1973)

GATIER, Pierre-Louis, „Aspects de la vie religieuse des femmes dans l'Orient paléochretien: ascétisme et monachisme", in *La femme dans le monde mediterranéen I: Antiquité* (hg. v. Anne-Marie Vérilhac; Lyon: Maison de l'Orient et de la Méditerranée, Jean-Pouilloux/MOM, 1985), 165–183

GIANNARELLI, Elena, *La tipologia femminile nella biografia e nell'autobiografiacristiana del IV secolo* (Rom: Istituto Storico Italiano per il Medioevo, 1980)

GIORDANO, Manuela, „From Gaia to the Pythia: Prophecy Suits Women", *Journal of Ancient Judaism* 6 (2015): 382–396

GLANCY, Jennifer, „Christian Slavery in Late Antiquity", in *Human Bondage in the Cultural Contact Zone: Transdisciplinary Perspectives on Slavery and Its Discourses* (hg. v. Raphael Hörman und Gesa Mackenthum; Münster: Waxman, 2010), 63–80

– *Slavery in Early Christianity* (Oxford und New York: Oxford University Press, 2002)

GOFFREDO, Daniela, „Samaritana al pozzo", in *Temi di iconografia paleocristiana* (hg. v. Fabrizio Bisconti; Sussidi allo studio delle antichità cristiane; Città del Vaticano: Pontificio Istituto di Archeologiea Cristiana, 2000), 275f.

GOLDSCHMIDT, Lazarus, Hg., *Der Babylonische Talmud* 4 (Berlin: Jüdischer Verlag, ²1966)

GÖSSMANN, Elisabeth, und Dieter R. BAUER, Hg., *Maria für alle Frauen oder über allen Frauen?* (Freiburg i. Br.: Herder, 1989)

GRAFFIN, François, „Homélies anonymes sur la pécheresse, I, II, III", *PO* 41 (1984): 449–527

GRESCHAT, Katharina, *Gelehrte Frauen des frühen Christentums: Zwölf Porträts* (Standorte in Antike und Christentum 6; Stuttgart: Hiersemann, 2015)

– *Apelles und Hermogenes: Zwei theologische Lehrer des zweiten Jahrhunderts* (SVigChr 48; Leiden: Brill, 2000)

GREY, Cam, „Slavery in the Later Roman World", in *The Cambridge World History of Slavery 1: The Ancient Mediterranean World* (hg. v. Keith Bradley und Paul Cartledge; Cambridge: Cambridge University Press, 2011), 482–510

GRILLMEIER, Alois, „Maria Prophetin: Eine Studie zu einer Messianisch-Patristischen Mariologie", in *Mit ihm und in ihm: Christologische Forschungen und Perspektiven* (hg. v. dems.; Freiburg i. Br.: Herder, 1975), 198–216

GROHMANN, Marianne, „Purity/Impurity: Identity Marker and Boundary Maintenance in Postexilic Discourse", in *Sedaqa and Torah in Postexilic Discourse* (hg. v. Susanne Gillmayr-Bucher und Maria Häusl, LHBOTS 640; London und New York: T&T Clark, 2017), 103–121

GRUBBS, Judith Evans, *Law and Family in Late Antiquity: The Emperor Constantine's Marriage Legislation* (Oxford: Oxford University Press, 1999)

GRYSON, Roger, *The Ministry of Women in the Early Church* (Collegeville: Liturgical Press, 1976)

GUERRA GOMEZ, Manuel, *El sacerdocio femenino* (Toledo: Aldecoa, 1987)

GUINOT, Jean-Noël, *L'Exégèse de Théodoret de Cyr* (Théologie Historique 100; Paris: Beauchesne, 1995)

GÜNTHER, Linda-Marie, „Concepts of Purity in Ancient Greece, with Particular Emphasis on Sacred Sites", in *Purity and the Forming of Religious Traditions in the Ancient Mediterranean World and Ancient Judaism* (hg. v. Christophe Nihan und Christian Frevel; Leiden: Brill, 2012), 245–260

GUZZI, Diego, „Per una definizione di memoria pubblica: Halbwachs, Ricœur, Assmann, Margalit", *Scienza & Politica* 44 (2011): 27–39

HAAG, Herbert, Dorothee SÖLLE und Joe H. KIRCHBERGER, *Große Frauen der Bibel in Text und Bild* (Ostfildern: Schwabenverlag, 2004)

HAAS, Alois M., *Gottleiden - Gottlieben: Zur volkssprachlichen Mystik im Mittelalter* (Frankfurt a. M.: Insel, 1989)

HABERMAN, Bonna D., „Praxis-Exegese: Eine jüdische feministische Hermeneutik", *Concilium* 34/3 (1998): 323–334

HABERMANN, Ruth, „Das Evangelium nach Johannes: Orte der Frauen", in *Kompendium Feministische Bibelauslegung* (hg. v. Luise Schottroff und Marie-Theres Wacker; Gütersloh: Gütersloher Verlagshaus, ²1999), 527–541

HAINES-EITZEN, Kim, „‚Girls Trained in Beautiful Writing': Female Scribes in Roman Antiquity and Early Christianity", *JECS* 6/4 (1998): 629–646

HALKES, Catharina J. M., „Eine ‚andere' Maria", *Una sancta* 32 (1977): 323–337

HAMMOND, Caroline P., „The Last Ten Years of Rufinus' Life and the Date of His Move South from Aquileia", *JTS* 28/2 (1977): 372–429

HAMORI, Esther J., „Childless Female Diviners in the Bible and Beyond", in *Prophets Male and Female: Gender and Prophecy in the Hebrew Bible, the Eastern Mediterranean, and the Ancient Near East* (hg. v. Jonathan Stökl und Corrine L. Carvalho; Atlanta: Society of Biblical Literature, 2013), 169–191

HANIG, Roman, „Der Beitrag der Philumene zur Theologie der Apelleianer", *ZAC* 3 (1999): 240–277

HARPER, Kyle, *Slavery in the Late Roman World, AD 275-425* (Cambridge: Cambridge University Press, 2011)

HARRILL, J. Albert, *Slaves in the New Testament: Literary, Social, and Moral Dimensions* (Minneapolis: Fortress Press, 2006)

HARRISON, Nonna V., „Women and the Image of God According to St. John Chrysostom", in *In Dominico Eloquio - In Lordly Eloquence: Essays on Patristic Exegesis in Honour of Robert Louis Wilken* (hg. v. Paul M. Blowers et al.; Grand Rapids und Cambridge: Eerdmans, 2002), 259–279

– „Women, Human Identity, and the Image of God: Antiochene Interpretations", *JECS* 9/2 (2001): 205–249

HARTENSTEIN, Judith, *Charakterisierung im Dialog: Maria Magdalena, Petrus, Thomas und der Mutter Jesu im Johannesevangelium im Kontext anderer frühchristlicher Traditionen* (Göttingen: Vandenhoeck & Ruprecht, 2007)

– „Das Evangelium nach Maria" (BG1/P.Oxy L 3525/P.Ryl. III 463), in *Antike christliche Apokryphen in deutscher Übersetzung* 1/2 (hg. v. Christoph Markschies und Jens Schröter, Tübingen: Mohr Siebeck, [7]2012), 1208–1216

– *Die Zweite Lehre: Erscheinungen des Auferstandenen als Rahmenerzählung frühchristlicher Dialoge* (TUGAL 146; Berlin: de Gruyter, 2000)

– „Jüngerinnen Jesu in frühchristlichen Evangelien: Mariaevangelium, Weisheit Jesu Christi und andere Evangelien in Dialogform", in *Antike christliche Apokryphen* (hg. v. Outi Lehtipuu und Silke Petersen; Die Bibel und die Frauen 3/2; Stuttgart: Kohlhammer, 2020), 34–43

HARVEY, Susan Ashbrook, „Biblische Frauen der syrischen Tradition", in *Christliche Autoren der Antike* (hg. v. Kari E. Børresen und Emanuela Prinzivalli; Die Bibel und die Frauen 5/1; Stuttgart: Kohlhammer, 2016), 118–136

– „Revisiting the Daughters of the Covenant: Women's Choirs and Sacred Song in Ancient Syriac Christianity", *Hug* 8 (2005 [2009]): 125–149

– „Spoken Words, Voiced Silence: Biblical Women in Syriac Tradition", *JECS* 9/1 (2001): 105–131

HASKINS, Susan, *Mary Madgalen* (London: Harper Collins, 1993)

HEFFNER, Blake, „Meister Eckhart and a Millennium with Mary and Martha", in *Biblical Hermeneutics in Historical Perspective: Studies in Honor of Karlfried Froehlich on his Sixtieth Birthday* (hg. v. Paul Rorem; Grand Rapids: Eerdmans, 1991), 117–130

HEIL, Johannes, „‚... auch durch deine Seele wird ein Schwert dringen': Zur Auslegung von Lk 2, 34–35 in der exegetischen und homiletischen Literatur von der Patristik zum Hochmittelalter", in *Maria - Tochter Sion? Mariologie, Marienfrömmigkeit und Judenfeindschaft* (hg. v. dems. und Rainer Kampling; Paderborn: Schöningh, 2001), 37–57

HENRICHS, Albert, „Philosophy, the Handmaiden of Theology", *GRBS* 9 (1968): 437–450

HERRIN, Judith, „Mothers and Daughters in the Medieval Greek World", in *Unrivalled Influence: Women and Empire in Byzantium* (hg. von ders.; Princeton und Oxford: Princeton University Press, 2013), 80–114; 90–96

HERWEG, Rachel M., *Die jüdische Mutter: Das verborgene Matriarchat* (Darmstadt: Wissenschaftliche Buchgesellschaft, 1994)

HOFFMAN, Daniel F., *The Status of Women and Gnosticism in Irenaeus and Tertullian* (Lewiston: Edwin Mellen Press, 1995)

HOFMANN, Johannes, „Äbtissin Anthousa von Mantineon – geistliche Mutter eines Doppelklosters im Zeitalter des Ikonoklasmus", *Erbe und Auftrag* 77 (2001): 226–238

HOGAN, Pauline N., *„No Longer Male and Female": Interpreting Galatians 3:28 in Early Christianity* (LNTS 380; London und New York: T&T Clark, 2008)

HOLLYWOOD, Amy, *Acute Melancholia and Other Essays: Mysticism, History, and the Study of Religion* (Gender, Theory, and Religion; New York: Columbia University Press, 2016)

HOLMES, Michael W., „Women and the ‚Western' Text of Acts", in *The Book of Acts as Church History/Apostelgeschichte als Kirchengeschichte* (hg. v. Tobias Nicklas und Michael Tilly; BZNW 120; Berlin und New York: de Gruyter, 2003), 183–203

HOLUM, Kenneth H., *Theodosian Empresses: Women and Imperial Dominion in Late Antiquity* (Berkeley: University of California Press, 1982)

HOMBERT, Pierre-Marie, *Gloria gratiae: Se glorifier en Dieu, principe et fin de la théologie augustinienne de la grâce* (Paris: Institut d'Études Augustiniennes, 1996)

HOULBROOKE, Margaret, *Rite out of Time: a Study of the Ancient Rite of Churching and its Survival in the Twentieth Century* (Donington: Shaun Tyas, 2011)

HUNT, Hannah, „The Monk as Mourner: Gendered Eastern Christian Self-Identity in the Seventh Century", *The Journal of Medieval Monastic Studies* 2 (2013): 19–37

– „The Tears of the Sinful Woman: A Theology of Redemption in the Homilies of St. Ephraim and his Followers", *Hug* 1/2 (1998): 165–184

HUNTER, David, „The Paradise of Patriarchy: Ambrosiaster on Woman as (Not) God's Image", *JTS* 43/2 (1992): 447–469

HYLEN, Susan E., *A Modest Apostle: Thecla and the History of Women in the Early Church* (Oxford: Oxford University Press, 2015)

IOANNIDIS, Fotios, „Human Sexuality in the Latin Tradition", in *Deaconesses, the Ordination of Women and Orthodox Theology* (hg. v. Petros Vassiliadis, Niki Papageorgiou und Eleni Kasselouri-Hatzivassiliadi; Newcastle: Cambridge Scholars Publishing, 2017), 431–439

JACOBS, Andrew, „Writing Demetrias: Ascetic Logic in Ancient Christianity", *CH* 69 (2000): 719–748

JAMES, Michael H., David R. JORDAN und Roy D. KOTANSKY, *A „lex sacra" from Selinous* (Greek, Roman and Byzantine Monographs 11; Durham: Duke University, 1993)

JANNACONE, Silvia, „Roma 384: Struttura sociale del gruppo jeronimiano", *GIF* 19 (1966): 32–48

JANZ, Stephanie, „Characterization in the Gospel of Mary", in *Frauen im antiken Judentum und frühen Christentum* (hg. v. Jörg Frey und Nicole Rupschus; WUNT 2/489; Tübingen: Mohr Siebeck, 2019), 235–259

JENSEN, Anne, „Maria von Magdala – Traditionen der frühen Christenheit", in *Maria Magdalena: Zu einem Bild der Frau in der christlichen Verkündigung* (hg. v. Dietmar Bader; Freiburg i. Br.: Katholische Akademie, 1990), 33–50

– *Gottes selbstbewußte Töchter: Frauenemanzipation im frühen Christentum?* (TFFE 9; Freiburg i. Br.: Herder, 1992)

JOANNOU, Périclès-Pierre, Hg., *Discipline générale antique 2: Les canons des synodes particuliers (IVe-IXe s.)* (Fonti 1/9; Grottaferrata [Rom]: Tipografia Italo-Orientale „S. Nilo", 1962)

JOHNSON, Elizabeth, *Ich bin die ich bin: Wenn Frauen Gott sagen* (Düsseldorf: Patmos, 1994)

JOHNSON, Scott F., „The Sinful Woman: A Memra by Jacob of Serug", *Sobornost* 24 (2002): 56–88

JOUBERT, Stephan, „One Form of Social Exchange or Two? ‚Euergetism', Patronage, and Testament Studies", *BTB* 31 (2001): 17–25

KAISER-MINN, Helga, *Die Erschaffung des Menschen auf den spätantiken Monumenten des 3. und 4. Jahrhunderts* (JACSup 6; Münster: Aschendorff, 1981)

KAMESAR, Adam, „Biblical Interpretation in Philo", in *The Cambridge Companion to Philo* (hg. v. dems.; Cambridge und New York: Cambridge University Press, 2009), 65–91

KAMPLING, Rainer, „‚... die Jüdin, aus deren Fleisch er geboren wurde ...': Zu einem antijudaistischen und antimarianischen Modell der patristischen Auslegung", in *Maria – Tochter Sion? Mariologie, Marienfrömmigkeit und Judenfeindschaft* (hg. v. dems. und Johannes Heil; Paderborn: Schöningh, 2001), 13–36

KARIDOYANNES FITZGERALD, Kyriaki, „Orthodox Women and Pastoral Praxis: Observations and Concerns for the Church in America", in *Orthodox Perspectives on Pastoral Praxis* (hg. v. Theodore Stylianopoulos, Brookline: Holy Cross Orthodox Press, 1988), 101–126; deutsche Übersetzung einer Kurzfassung: „Orthodoxe Frauen und Pastorale Praxis: Beobachtungen und Überlegungen", *Orthodoxie aktuell* 4/2 (2000): 2–9

KARRAS, Valerie A., „Male Domination of Woman in the Writings of Saint John Chrysostom", *The Greek Orthodox Theological Review* 36/2 (1991): 131–139

KARTZOW, Marianne B., *Gossip and Gender: Othering of Speech in the Pastoral Epistles* (BZNW 164; Berlin: de Gruyter, 2009)

KÄSSMANN, Margot, *Mütter der Bibel: 20 Porträts für unsere Zeit* (Freiburg i. Br.: Herder, 2019)

KASSER, Rodolphe, und Philippe Luisier, „Le Papyrus Bodmer XLI en édition princeps: L'épisode d'Éphèse des Acta Pauli en Copte et en traduction", *Le Muséon* 117/3 (2004): 281–384

KASTER, Robert A., *Emotion, Restraint, and Community in Ancient Rome* (Oxford: Oxford University Press, 2005)

KATEUSZ, Ally, *Mary and Early Christian Women: Hidden Leadership* (Cham: Springer; Palgrave Macmillan, 2019)

KEMMER, Alfons, „Maria und Martha: Zur Deutungsgeschichte von Lk 10,38ff. im alten Mönchtum", *Erbe und Auftrag* 40 (1964): 355–367

KIENZLE, Beverly, *The Sermon* (Typologie des sources du moyen âge occidental; Turnhout: Brepols, 2000)

KING, Karen L., *Images of the Feminine in Gnosticism* (Philadelphia: Fortress Press, 1998)

– „Voices of the Spirit: Exercising Power, Embracing Responsibility", in *Women Preachers and Prophets Through Two Millenia of Christianity* (hg. v. Beverly Mayne Kienzle und Pamela J. Walker; Berkeley und Los Angeles: University of California Press, 1998), 335–343

KITTREDGE, Cynthia B., *Community and Authority: The Rhetoric of Obedience in the Pauline Tradition* (Harrisburg PA: Trinity Press International, 1998)

KLAUSER, Theodor, Julie MARKI-BOEHRINGER und Friedrich W. DEICHMANN, *Frühchristliche Sarkophage in Bild und Wort* [Drittes Beiheft zur Halbjahresschrift Antike Kunst; Olten: Urs Graf-Verlag, 1966]

KLAWANS, Jonathan, *Impurity and Sin in Ancient Judaism* (Oxford: Oxford University Press, 2000)

KLEIN, Lillian R., „Job and the Womb: Text about Men; Subtext about Women", in *A Feminist Companion to Wisdom Literature* (hg. v. Athalya Brenner; FCB 9; Sheffield: Sheffield Academic Press, 1995), 186–200

KNAPP, Robert, *Pilger, Priester und Propheten: Alltag und Religionen im Römischen Reich* (Stuttgart: Klett-Cotta, 2018)

KOENEN, Ulrike, „Genesis 19,4/11 und 22,3/13 und der Bethlehemitische Kindermord auf dem ‚Lotsarkophag' von S. Sebastiano in Rom", *JAC* 29 (1986): 118–145

KÖTZSCHE(-BREITENBRUCH), Lieselotte, *Der bemalte Behang in der Abegg-Stiftung: Eine alttestamentliche Bilderfolge des 4. Jahrhunderts* (Riggisberger Berichte 11; Riggisberg: Abegg-Stiftung, 2004)

– *Die Neue Katakombe an der Via Latina in Rom: Untersuchungen zur Ikonographie der alttestamentlichen Wandmalereien* (JACSup 4; Münster: Aschendorff, 1976)

KRAEMER, Ross S., *Her Share of the Blessings: Women's Religions Among Pagans, Jews, and Christians in the Greco-Roman World* (New York und Oxford: Oxford University Press, 1992)

– „The Other as Woman: Aspects of Polemic between Pagans, Jews and Christians in the Greco-Roman Antiquity", in *The Other in Jewish Thought and History* (hg. v. Laurence Silberstein; New York: NY University Press, 1994), 121–144

– „Women's Authorship of Jewish and Christian Literature in the Greco-Roman Period", in *‚Women Like This': New Perspectives on Jewish Women in the Greco-Roman Period* (hg. v. Amy-Jill Levine; EJL 1; Atlanta: Society of Biblical Literature, 1991), 221–242

– *Women's Religions in the Greco-Roman World: A Sourcebook: Maenads, Martyrs, Matrons, Monastics* (New York: Oxford University Press, 2004)

KRANS, Jan, „Who Coined the Name ‚Ambrosiaster'? " in *Paul, John, and Apocalyptic Eschatology: Studies in Honour of Martinus C. de Boer* (hg. v. Jan Kranset al.; Leiden und Boston: Brill, 2013), 274–281

KRAUS, Wolfgang, und Martin KARRER, Hg., *Septuaginta Deutsch: Das griechische Alte Testament in deutscher* Übersetzung (Stuttgart: Deutsche Bibelgesellschaft, 2009)

KREINECKER, Christina M., „Rufinus' Translation of Origen's Commentary on Romans", in *Commentaries, Catenae and Biblical Tradition* (hg. v. H. A. G. Houghton. Piscataway: Gorgias Press, 2016), 227–252

KUREK-CHOMYCZ, Dominika, „Text Critical Approaches: New Testament", *Oxford Encyclopedia of the Bible and Gender Studies,* online: www.oxfordbiblicalstudies.com/article/opr/t998/e61.

– „Is There an ‚Anti-Priscan' Tendency in the Manuscripts? Some Textual Problems with Prisca and Aquila", *JBL* 125/1 (2006): 107–128

KÜCHLER, Max, *Schweigen, Schmuck und Schleier: 3 neutestamentliche Vorschriften zur Verdrängung der Frauen auf dem Hintergrund einer frauenfeindlichen Exegese des Alten Testaments im antiken Judentum* (Fribourg: Universitätsverlag, 1986)

KUGEL, James, *Tradition of the Bible: A Guide to the Bible as it was at the Start of the Common Era* (Cambridge, MA und London: Harvard University Press, 1998)

KURZMANN-PENZ, Isolde, *Zur literarischen Fiktion von Kindheit: Überlegungen zu den apokryphen Kindheitsevangelien Jesu im Rahmen der antiken Biographie* (Stuttgart: Franz Steiner Verlag, 2018)

LAPORTE, Jean, *The Role of Women in Early Christianity* (New York: Edwin Mellen Press, 1982)

LARIN, Vassa, „What Is ‚Ritual Im/Purity' and Why?", *SVTQ* 52 (2008): 275–292

LEANZA, Sandro, „La classificazione dei libri salomonici e i suoi riflessi sulla questione dei rapporti tra Bibbia e scienze profane, da Origene agli scrittori medievali", *Aug* 14 (1974): 651–666

LEFKOWITZ, Mary R., „Did Ancient Women Write Novels?", in *‚Women Like This': New Perspectives on Jewish Women in the Greco-Roman Period* (hg. v. Amy-Jill Levine; EJL 1; Atlanta: Society of Biblical Literature, 1991), 199–219

LEHTIPUU, Outi, „Apostolic Authority and Women in Second-Century Christianity",in *Receptions of Paul in Early Christianity: The Person of Paul and His Writings Through the Eyes of His Early Interpreters* (hg. v. Jens Schröter, Simon Butticaz und Andreas Dettwiler. BZNW, 234. Berlin und Boston: de Gruyter, 2018), 607–622

LEISCH-KIESL, Monika, *Eva als Andere: Eine exemplarische Untersuchung zu Frühchristentum und Mittelalter* (Köln: Böhlau, 1992)

LETSCH-BRUNNER, Silvia, *Marcella – Discipula et Magistra: Auf den Spuren einer römischen Christin des 4. Jahrhunderts* (BZNW 91; Berlin und New York: de Gruyter, 1998)

LEVINE, Amy-Jill, „Introduction", in *A feminist Companion to Patristic Literature* (hg. v. ders. und Maria M. Robbins; London: T&T Clark, 2008), 1–2

LÉVY, Carlos, „Philo's Ethics", in *The Cambridge Companion to Philo* (hg. v. Adam Kamesar; Cambridge und New York: Cambridge University Press, 2009), 146–172

LEWIS, Charlton T., Charles SHORT und E. A. Andrews William FREUND, *A Latin Dictionary Founded on Andrew's Edition of Freund's Latin Dictionary* (Oxford: Clarendon Press, 1998)

LEWIS, Louise, „‚Churching' women after childbirth made many new mothers feel ostracised", *thejournal.ie* (2013), online: www.thejournal.ie/readme/churching-women-after-childbirth-dublin-tenement-1913-1061449-Aug2013 [zuletzt abgerufen am 21.9.2018]

LEYSER, Conrad, „Masculinity in Flux: Nocturnal Emission and the Limits of Celebacy in the Early Middle Ages", in *Masculinity in Medieval Europe* (hg. v. Dawn M. Hadley, London: Routledge, 1999), 103–120

LIDDELL, Henry G., und Robert SCOTT, *A Greek-English Lexicon* (vollst. überarb. u. erw. v. Henry Stuart Jones unter Mitarb. v. Roderick McKenzie und vielen anderen Wissenschaftlern; mit überarb. Ergänzungsband; Oxford: Clarendon Press, 1996)

LIEU, Judith M., „The ‚Attraction of Women' in/to Early Judaism and Christianity: Gender and the Politics of Conversion", *JSNT* 72 (1998): 5–22

LINDER, Amos, *The Jews in Roman Imperial Legislation* (Detroit: Wayne State University Press, 1987)

LIZZI, Rita, „Una società esortata al ascetismo: misure legislative e motivazioni economiche nel IV–V secolo d. C.", *StudStor* 30 (1989): 137–138

LOGAN, Alistair, *The Gnostics: Identifying an Early Christian Cult* (London: T&T Clark, 2006)

LÖHR, Winrich A., „Karpokratianisches", *VigChr* 49 (1995): 23–48

LORRAIN, Agnès, *Le Commentaire de Théodoret de Cyr sur l'Épître aux Romains* (Berlin: De Gruyter, 2018)

LÖVESTAM, Evald, „Polygamie", in *Biblisch-historisches Handwörterbuch* (hg. v. Bo Reicke und Leonhard Rost; Göttingen: Vandenhoeck & Ruprecht, 1979), 1478–1479

LOW, Katherine, *The Bible, Gender and Reception History: The Case of Job's Wife* (London und New York: Bloomsbury, 2013), 31–47

LUPU, Eran, *Greek Sacred Law: A Collection of New Documents (NGSL)* (RGRW 152; Leiden und Boston: Brill, 2005)

LYMAN, Rebecca, „Women Bishops in Antiquity: Apostolicity and Ministry", in *The Call for Women Bishops* (hg. v. Harriet Harris und Jane Shaw; London: SPCK, 2004), 37–50

MADIGAN, Kevin, und Carolyn OSIEK, *Ordained Women in the Early Church: A Documentary History* (Baltimore: The Johns Hopkins University Press, 2005)

MACDONALD, Margaret Y., „'Was Celsus Right?': The Role of Women in the Expansion of Early Christianity", in *Early Christian Families in Context: An Interdisciplinary Dialogue* (hg. v. David L. Balch und Carolyn Osiek; Grand Rapids: Eerdmans Publishing, 2003), 157–184

– „Women in the Pauline Churches",in *The Blackwell Companion to Paul* (hg. v. Stephen Westerholm; Somerset: Wiley-Blackwell, 2011), 268–284

MACLACHLAN, Rosalind F., „A Reintroduction to the Budapest Anonymous Commentary on the Pauline Letters", in *Early Readers, Scholars and Editors of the New Testament: Papers from the Eighth Birmingham Colloquium on the Textual Criticism of the New Testament* (hg. v. Hugh A. G. Houghton; Texts and Studies 11; Piscataway: Gorgias Press, 2014), 93–106

MAC MULLEN, Ramsay, „What Difference Did Christianity Make?", *Historia* 35/3 (1986): 322–343

MAGAZZÙ, Cesare, „L'elogio della donna forte (Prov. 31,10–31) nell'interpretazione patristica", in *Letture cristiane dei Libri Sapienziali* (SEA 37; Rom: Institutum Patristicum Augustinianum, 1992), 212–224

MAIER, Christl M., „Le donne buone e cattive in Proverbi e in Giobbe: l'emergere di stereotipi culturali", in *Gli scritti e altri Libri Sapienziali* (hg. v. Nuria Calduch-Benages und Christl M. Maier; Trapani: Il Pozzo di Giacobbe, 2014), 81–96

MANNI, Marialuisa, „Iob 14,4–5 nella lettura dei Padri", *Aug* 32 (1992): 237–259

MARCHAL, Joseph A., *Hierarchy, Unity, and Imitation: A Feminist Rhetorical Analysis of Power Dynamics in Paul's Letter to the Philippians* (SBL Academia Biblica 24; Atlanta: Society of Biblical Literature, 2006)

MARCOS, Mar, *Las mujeres de la aristocracia senatorial en la Roma del Bajo Imperio (312–410)* (Santander: Universidad de Cantabria, 1990)

– „Mujer y profecía en el cristianismo antiguo", in *Profecía, magia y adivinación en las religiones antiguas* (hg. v. Ramón Teja; Aguilar de Campoo: Fundación Santa Maria la Real del Patrimonio Histórico, 2001), 89–106

MARIENBERG, Evyatar, *La Baraita de-Niddah: Un texte juif pseudo-talmudique sur les lois religieuses relatives à la menstruation* (BEHER 157; Turnhout: Brepols, 2012)

– *Niddah: Lorsque les juifs conceptualisent la menstruation* (Paris: Les Belles Lettres, 2003)

MARJANEN, Antti, „Female Prophets Among Montanists", in *Prophets Male and Female: Gender and Prophecy in the Hebrew Bible, the Eastern Mediterranean, and the Ancient Near East* (hg. v. Jonathan Stökl und Corrine L. Carvalho; Atlanta: Society of Biblical Literature, 2013), 127–143

MARROU, Henri I., *A History of Education in Antiquity* (Madison: University of Wisconsin Press, 1982); Originalausgabe: *Histoire de l'éducation dans l'antiquité* (Paris: Seuil, 1948)

MARTIMORT, Aimé-Georges, *Les diaconesses: Essai historique* (Rom: CLV/Edizioni Liturgiche, 1982)

MARTINEZ MAZA, Clelia, „Cristianas sabias, arquetipo femenino en el mundo antiguo: Una aproximación historiográfica", *Revista de Historiografía* 22 (2015): 83–100

– „La retórica de la marginación femenina en el cristianismo primitivo", in *Marginación y Mujer en el Imperio romano* (hg. v. Pilar Pavón; Rom: Quasar, 2018), 253–273

MASON, Mary E., *Active Life and Contemplative Life: A Study of the Concepts from Plato to the Present* (Wisconsin: Marquette University Press, 1961)

MAYER, Josephine, *Monumenta de viduis diaconissis virginibusque tractantia: Florilegium patristicum tam veteris quam medii aevi auctores complectens* (Bonn: Peter Hanstein, 1938)

MAYER, Wendy, „Female Participation and the Late Fourth-Century Preacher's Audience", *Augustinianum* 39 (1999): 139–147

– „John Chrysostom and Women Revisited",in *Men and Women in the Early Christian Centuries* (hg. v. Wendy Mayer und Ian J. Elmer; Strathfield: St Paul's Publications, 2014), 211–225

– *The Homilies of St John Chrysostom – Provenance: Reshaping the Foundations* (OrChrAn 273; Rome: Pontificio Istituto Orientale, 2005)

MAYER, Wendy, and Pauline ALLEN, *The Churches of Syrian Antioch (300-638 CE)* (Late Antique History and Religion 5; Leuven: Peeters, 2012)

MAYER, Wendy, und Ian J. ELMER, „Reading Men and Women in the Early Christian Centuries“, in *Men and Women in the Early Christian Centuries* (hg. v. dens.; Strathfield: St. Pauls Publications, 2014), 1–22

MCCRACKEN, Peggy, *The Curse of Eve, the Wound of the Hero: Blood, Gender, and Medieval Literature* (Philadelphia: University of Pennsylvania Press, 2003)

MCGINN, Bernard, *The Foundations of Mysticism: Origins to the Fifth Century* (The Presence of God: History of Western Christian Mysticism 1; New York: Crossroad, 1991)

– *The Presence of God: A History of Western Christian Mysticism 2. The Growth of Mysticism: Gregory the Great through the 12th Century* (New York: Crossroad, 1994)

MCGRATH, Alistair, *Christian Theology: An Introduction* (Oxford: Wiley Blackwell, 2011)

MCGUCKIN, John A., Hg., *The Westminster Handbook to Patristic Theology* (Louisville und London: Westminster John Knox Press, 2004)

MCGUIRE, Anne, „Women, Gender, and Gnosis in Gnostic Texts and Traditions“, in *Women and Christian Origins: A Reader* (hg. v. Ross Shepard Kraemer und Mary Rose d'Angelo; Oxford: Oxford University Press, 1999), 257–299

MEENS, Rob, „Questioning Ritual Purity: The Influence of Gregory the Great's Answers to Augustine's Queries about Childbirth, Menstruation and Sexuality“, in *St. Augustine and the Conversion of England* (hg. v. Richard Gameson, Stroud: Sutton, 1999), 174–186

– „‚A Relic of Superstition‘: Bodily Impurity and the Church form Gregory the Great to the Twelfth Century Decretists“, in *Purity and Holiness* (hg. von Marcel Poorthuis und Joshua J. Schwartz; Jewish and Christian Perspectives Series 2; Leiden: Brill, 2000), 281–293

MEES, Michael, „Das Gespräch mit der Samaritanerin am Jakobsbrunnen: Jo 4,6–26 in frühchristlicher Sicht“, *Aug* 24 (1984): 367–384

MEISER, Martin, „Abraham and His Family in Ancient Greek and Latin Patristic Exegesis“, in *Abraham's family: a network of meaning in Judaism, Christianity, and Islam* (hg. v. Lukas Bormann; Tübingen: Mohr Siebeck, 2018), 345–359

MELCHOR GIL, Enrique, „Mujeres y evergetismo en la Hispania romana“, in *Hispania y la epigrafía romana, cuatro perspectivas* (hg. v. Juan Francisco Rodríguez Neila; Epigrafia e Antichità 26; Faenza: Lega Fratelli, 2009), 133–178

MENDELSON, Alan, *Secular Education in Philo of Alexandria* (Cincinnati: Hebrew Union College Press, 1982)

MERKLEIN, Helmut, und Marlis GIELEN, *Der erste Brief an die Korinther: Kapitel 11,2–16,24* (ÖTK 7/3; Gütersloh: Gütersloher Verlagshaus, 2005)

METHUEN, Charlotte, „‚For Pagans Laugh to Hear Women Teach‘: Gender Stereotypes in the Didascalia Apostolorum“, in *Gender and Christian Religion: Papers read at the 1996 summer meeting and the 1997 winter meeting of the Ecclesiastical History Society* (hg. v. Robert N. Swanson; SCH 34; Woodbridge: Boydell Press, 1998), 23–35

– „Vidua – Presbytera – Episcopa: Women with Oversight in the Early Church“, *Theology* 108 (2005): 163–177

– „Widows, Bishops and the Struggle for Authority in the Didascalia Apostolorum“, *JEH* 46 (1995): 197–213

METTERNICH, Ulrike, *Sie sagte ihm die ganze Wahrheit: Die Erzählung von der ‚Blutflüssigen‘ feministisch gedeutet* (Mainz: Matthias-Grünewald-Verlag, 2000)

METZ, Peter, und Max HIRMER, *Elfenbein der Spätantike* (München: Hirmer Verlag,1962)

METZGER, Marcel, *L'Église dans l'Empire Romain: Le culte 1: Les institutions* (SA 163; Analecta Liturgica 33; Roma: EOS, 2015)

MIETH, Dietmar, *Die Einheit von vita activa und vita contemplativa in den deutschen Predigten und Traktaten Meister Eckharts und bei Johannes Tauler: Untersuchungen zur Struktur des christlichen Lebens* (Studien zur Geschichte der kath. Moraltheologie 15; Regensburg: Pustet, 1969)

MIRHADY, David, Susan TREGGIARI und Margaret Y. MACDONALD, „Marriage and Divorce“, in *The Oxford Encyclopedia of Ancient Greece & Rome* 4 (hg. v. Michael Gagarin; Oxford: Oxford University Press, 2010), 350–358

MITCHELL, Margaret M., *The Heavenly Trumpet: John Chrysostom and the Art of Pauline Interpretation* (Louisville: Westminster John Knox Press, 2002)

MOHRI, Erika, *Maria Magdalena: Frauenbilder in Evangelientexten des 1. bis 3. Jahrhunderts* (MThSt[G] 63; Marburg: Elwert, 2000)

MONTANARI, Antonio, „Una reticenza diffusa nei confronti dell'allegoria: A proposito dell'esegesi cristiana antica", *Teologia* 42 (2017): 232–254

MORESCHINI, Claudio, und Enrico NORELLI, *Handbuch der antiken christlichen Literatur* (Gütersloh: Gütersloher Verlagshaus, 2007)

MORRIS, Joan, *The Lady Was a Bishop: The Hidden History of Women with Clerical Ordination and the Jurisdiction of Bishops* (New York: MacMillan, 1973)

MUELLER, Joseph G., *L'Ancien Testament dans l'ecclésiologie des Pères: Une lecture des Constitutions Apostoliques* (Turnhout: Brepols, 2004)

MULACK, Christa, *Maria: die geheime Göttin im Christentum* (Stuttgart: Kreuz-Verlag, [4]1991)

MÜLLER, Barbara, „Frauen in Männerdomänen: Historische Beispiele", in *Unbeschreiblich weiblich? Neue Fragestellungen zur Geschlechterdifferenz in den Religionen* (hg. v. Christine Gerber und Silke Petersen; Theologische Frauenforschung in Europa 26, Münster: LIT, 2011), 141–157

MÜNZ-MANOR, Ophir, „All About Sarah: Questions of gender in Yannai's Poems on Sarah's and Abraham's Barrenness", *Prooftexts* 26/3 (2006): 344–374

MURRAY, Robert, *Symbols of Church and Kingdom: A Study in Early Syriac Tradition* (Cambridge: Cambridge University Press, 1975)

NASRALLAH, Laura, *An Ecstasy of Folly: Prophecy and Authority in Early Christianity* (HTS 52; Harvard: Harvard University Press, 2003)

NATHAN, Geoffrey S., *The Family in Late Antiquity: The Rise of Christianity and the Endurance of Tradition* (London und New York: Routledge, 2000)

NAZZARO, Antonio V., „La vedovanza nel cristianesimo antico", *Annali della Facoltà di Lettere e Filosofia della Università di Napoli* 26 (1983/1984): 197–219

NELSON, Sarah M., Hg., *Women in Antiquity: Theoretical Approaches to Gender and Archaeology* (Plymouth, UK: Altamira, 2007)

NEUMANN, Charles W., *The Virgin Mary in the Works of Saint Ambrose* (Fribourg: Univ. Press, 1962)

NEUREITER, Livia, „Zwischen Enthaltsamkeit und Begehren: Formen des Zusammenlebens von Männern und Frauen in der christlichen Antike", in *Geschlechterverhältnisse und Macht* (hg. v. Irmtraud Fischer und Christoph Heil; Wien et al.: LIT, 2010), 211–229

NEWMAN, Barclay M., Jr., Hg., *A Concise Greek-English Dictionary of the New Testament* (Stuttgart: Deutsche Bibelgesellschaft, 1993)

NICKLAS, Tobias, „An ‚Apocryphal' Role Model Allowing for a Different Lifestyle: Olympias as a Late Antique Thecla", *ETL* 96/3 (2020): 509–519

– „Petrus als Gegenspieler der Maria von Magdala im Evangelium der Maria?", in *Gegenspieler: Zur Auseinandersetzung mit dem Gegner in frühjüdischer und urchristlicher Literatur* (hg. v. Michael Tilly und Ulrich Mell; WUNT 428; Tübingen: Mohr Siebeck, 2019), 381–399

NIEDERHOFER, Veronika, *Konversion in den Paulus- und Theklaakten: Eine narrative Form der Paulusrezeption* (WUNT 459; Tübingen: Mohr Siebeck, 2017)

NIEHOFF, Maren R., *Jewish Exegesis and Homeric Scholarship in Alexandria* (Cambridge und New York: Cambridge University Press, 2011)

– „Zwischen gesellschaftlichem Kontext und individueller Ideologie: Die Entwicklung des Frauenbildes bei Philo von Alexandria", in *Frühjüdische Schriften* (hg. v. Eileen Schuller und Marie-Theres Wacker; Die Bibel und die Frauen 3/1; Stuttgart: Kohlhammer, 2017), 174–190

NIGRO, Giovanni A., „Sapienza divina e Sapienza umana nei Padri Cappadoci", in *Dizionario di Spiritualità Biblico – Patristica 66: La Sapienza nei Padri della Chiesa*, 2 (Rom: Borla, 2014), 17–87

NIHAN, Christophe, „Forms and Functions of Purity in Leviticus", in *Purity and the Forming of Religious Traditions in the Ancient Mediterranean World and Ancient Judaism* (hg. v. Christophe Nihan und Christian Frevel; Leiden: Brill, 2012), 311–367

NIHAN, Christophe, und Christian FREVEL, Hg., *Purity and the Forming of Religious Traditions in the Ancient Mediterranean World and Ancient Judaism* (Leiden: Brill, 2012)

NISSINEN, Martti, „Prophetie (Alter Orient)", in *Das Wissenschaftliche Bibellexikon im Internet*, online: www.bibelwissenschaft.de/wibilex [zuletzt abgerufen am 17.4.2020]

– Prophets and Prophecy in the Ancient Near East (SBL Writings from the Ancient World 12; Atlanta: Society of Biblical Literature, 2003)

NOETHLICHS, Karl L., *Das Judentum und der Römische Staat: Minderheitenpolitik im antiken Rom* (Darmstadt: Wissenschaftliche Buchgesellschaft, 1996)

– *Die Juden im christlichen Imperium Romanum (4.–6. Jahrhundert)* (Berlin: Akademie Verlag, 2001)

NORELLI, Enrico, „Wie sind die Erzählungen über Maria und Josef in Mt 1–2 und Lk 1–2 entstanden?", in *Evangelien: Erzählungen und Geschichte* (hg. v. Mercedes Navarro Puerto und Marinella Perroni, dt. Ausgabe hg. v. Irmtraud Fischer und Andrea Taschl-Erber; Die Bibel und die Frauen 2/1; Stuttgart: Kohlhammer, 2012), 302–319

NOVEMBRI, Valeria, „L'educazione delle donne nel cristianesimo antico: fra modelli tradizionali e nuovi paradigmi", *Storia delle donne* 1 (2005): 187–200

NÜRNBERG, Rosemarie, „Apostolae apostolorum: Die Frauen am Grab als erste Zeuginnen der Auferstehung in der Väterexegese", in *Stimuli: Exegese und ihre Hermeneutik in Antike und Christentum: Festschrift Ernst Dassmann* (hg. v. Georg Schöllgen und Clemens Scholten; JAC.E 23; Münster: Aschendorff, 1996), 228–242

OLCK, Franz, „Biene", *PW* 3/1 (1897): 431–450

OPPEL, John, „Saint Jerome and the History of Sex", *Viator, Medieval and Renaissance Studies* 24 (1993): 1–22

OSIEK, Carolyn, „The Women at the Tomb: What are They Doing There?", *HTS* 53 (1997): 103–118

– „Diakonos and Prostatis: Women's Patronage in Early Christianity", *HTS* 61 (2005): 347–370

OSIEK, Carolyn, Margaret Y. MACDONALD und Janet TULLOCH, *A Woman's Place: House Churches in Earliest Christianity* (Minneapolis: Fortress Press, 2006)

OTRANTO, Georgio, „Il sacerdozio della donna nell'Italia meridionale", in *Italia meridionale e Puglia paleochristiane: Saggi storici. Scavi e ricerche*, 5 (Bari: Edipuglia, 1991), 94–121

– „Note sul sacerdozio femminile nell'antichità in margine a una testimonianza di Gelasio I", *Vetera Christianorum* 19 (1982): 341–360

PAGELS, Elaine H., „Paul and Women: A response to recent discussion", *JAAR* 42 (1974): 538–549

PARKER, Robert, *Miasma: Pollution and Purification in Early Greek Religion* (Oxford: Clarendon Press, 1983)

PARKHOUSE, Sarah, „The Fetishization of Female Exempla: Mary, Thecla, Perpetua and Felicitas", *NTS* 63 (2017): 567–587

PARVIS, Paul M., *Theodoret's Commentary on the Epistles of St. Paul: Historical Setting and Exegetical Practice* (PhD Diss, University of Oxford, 1975)

PASCHEN, Wilfried, *Rein und Unrein: Untersuchungen zur biblischen Wortgeschichte* (SANT 24; München: Kösel, 1970)

PELIZZARI, Gabriele, *Vedere la Parola celebrare l'attesa: Scritture, iconografia e culto nel cristianesimo delle origini* (Cinisello Balsamo: San Paolo, 2013)

PELLEGRINI, Silvia, „Geburt und Jungfräulichkeit im Protevangelium des Jakobus", in *Antike christliche Apokryphen: Marginalisierte Texte des frühen Christentums* (hg. v. Outi Lehtipuu und Silke Petersen; Die Bibel und die Frauen 3/2; Stuttgart: Kohlhammer, 2020), 79–95

PETERSEN, Silke, „Männlich-Werden und die Aufhebung der Geschlechterdifferenz: Rückkehr ins Paradies?", in *Antike christliche Apokryphen* (hg. v. Outi Lehtipuu und Silke Petersen; Die Bibel und die Frauen 3/2; Stuttgart: Kohlhammer, 2020), 64–78

– „Maria von Nazaret: Eine Geschichte der Verwandlung", in *Evangelien: Erzählungen und Geschichte* (hg. v. Mercedes Navarro Puerto und Marinella Perroni, dt. Ausgabe hg. v. Irmtraud Fischer und Andrea Taschl-Erber; Die Bibel und die Frauen 2/1; Stuttgart: Kohlhammer, 2012), 320–339

– *„Zerstört die Werke der Weiblichkeit!": Maria Magdalena, Salome und andere Jüngerinnen Jesu in christlich-gnostischen Schriften* (NHMS 48; Leiden: Brill, 1999)

PETROV, Aleksandr, „Marfa i Marija" (Martha und Maria), in *Pravoslavnaja Enciklopedija (Orthodoxe Enzyklopädie)* (Moskau: Kirchlich-wissenschaftliches Zentrum „Orthodoxe Enzyklopädie", 2016), 44: 137–243

PIERCE, Joanne M., „‚Green Women' and Blood Pollution: Some Medieval Rituals for the Churching of Women after Childbirth", *Studia Liturgica* 29 (1999): 191–215

PIETRI, Charles, „Esquisse de conclusion: L'Aristocratie chrétienne entre Jean de Constantinople et Augustin d'Hippone", in *Jean Chrysostome et Augustin* (hg. v. Charles Kannengiesser; Paris: Beauchesne, 1975), 283–305

PILLINGER, Renate, „VIII. Thekla in der Paulusgrotte von Ephesos", in *Thecla: Paul's Disciple and Saint in the East and West* (*Studies on Early Christian Apocrypha* 12) (hg. v. Jeremy W. Barrier et al.; Leuven: Peeters, 2017), 205–218

PÜLZ, Andreas, *Das sog. Lukasgrab in Ephesos: Eine Fallstudie zur Adaption antiker Monumente in byzantinischer Zeit* (FiE 4/4; Wien: Verlag der Österreichischen Akademie der Wissenschaften, 2010)

– „Martyrer und Reliquienkult in Ephesos", in *Synergia: Festschrift Friedrich Krinzinger* 1 (hg. v. Barbara Beck-Brandt, Verena Gassner und Sabine Ladstätter; Wien: Phoibos Verlag, 2005), 235–241

– „Zur malerischen Ausstattung der byzantinischen Unterkirche des sogenannten Lukasgrabes in Ephesos, in *Synergia: Festschrift Friedrich Krinzinger* 1 (hg. v. Barbara Beck-Brandt, Verena Gassner und Sabine Ladstätter; Wien: Phoibos Verlag, 2005), 263–270

PRINZIVALLI, Emanuela, „Weiblichkeitskonstruktionen und Bibelverwendung bei Origenes und in der Origenestradition", in *Christliche Autoren der Antike* (hg. v. Kari E. Børresen und Emanuela Prinzivalli; Die Bibel und die Frauen 5/1; Stuttgart: Kohlhammer, 2016), 79–99

PROCHÁZKA, Stephan, „Ausgewählte biblische Personen in der Islamischen Kunst", *Mitteilungen zur Christlichen Archäologie* 24 (2018): 57–79

RAPP, Claudia, Eirini AFENTOULIDOU, Daniel GALADZA, Ilias NESSERIS, Giulia ROSSETTO und Elisabeth SCHIFFER, „Byzantine Prayer Books as Sources for Social History and Daily Life", *Jahrbuch der Österreichischen Byzantinistik* 67 (2017): 173–211

RASPANTI, Giacomo, *Mario Vittorino Esegeta Di S. Paolo* (Palermo: L'Epos, 1996)

RATZINGER, Joseph, „Beobachtungen zum Kirchenbegriff des Tyconius im ‚Liber regularum'", *REAug* 2 (1956): 173–185

REBILLARD, Éric, „The Church, the Living, and the Dead", in *A Companion to Late Antiquity* (hg. v. Philip Rousseau; West Sussex: Wiley-Blackwell, 2012)

REYDAMS-SCHILS, Gretchen J., „Clement of Alexandria on Woman and Marriage in the Light of the New Testament Household Codes", in *Greco-Roman Culture and the New Testament* (hg. v. David Edward Aune und Frederick E. Brenk; Leiden: Brill, 2012), 113–133

RICHLIN, Amy, *Arguments with Silence: Writing the History of Roman Women* (Ann Arbor: University of Michigan Press, 2014)

– „Gender and Rhetoric: Producing Manhood in the Schools", in Roman Eloquence: Rhetoric in Society and Literature (hg. v. William J. Dominik; London und New York: Routledge, 1997), 90–110

RICŒUR, Paul, *Der Konflikt der Interpretationen: Ausgewählte Aufsätze [1960–1969]* [Freiburg i. Br. und München: Karl Alber, 2010]

RIEDER, Paula M., *On the Purification of Women: Churching in Northern France, 1100–1500* (The New Middle Ages; New York: Palgrave Macmillan, 2006)

RIVAS REBAQUE, Fernando, „Diaconado de las mujeres en la Antigüedad cristiana", in *Mujeres y Diaconado: Oportunidad o riesgo, Iglesia viva. Pensamiento crítico y cristianismo* 274 (2018): 29–43

– „Jerónimo y las mujeres del Aventino: estudio de la Escritura", in *Iguales y diferentes: Interrelación entre mujeres y varones cristianos a lo largo de la historia* (hg. v. Fernando Rivas Rebaque; Madrid: San Pablo, 2012), 128–169

– „Vidas paralelas: Olimpia (c. 360–410) y Pulqueria (399–453). Auctoritas versus potestas", in *Mujeres con autoridad en el cristianismo antiguo* (hg. v. Carmen Bernabé; Estella [Navarra]: Verbo Divino, 2007), 128–162

RIZZARDI, Clementina, *I sarcofagi paleocristiani con rappresentazione del passaggio del Mar Rosso* (Saggi d'arte e d'archeologie 2; Faenza: Fratelli Lega Editore, 1970)

ROBERTSON, Noel, „The Concept of Purity in Greek Sacred Laws", in *Purity and the Forming of Religious Traditions in the Ancient Mediterranean World and Ancient Judaism* (hg. v. Christophe Nihan und Christian Frevel; Leiden: Brill, 2012), 195–243

ROGERS, Justin M., „The Philonic and the Pauline: Hagar and Sarah in the Exegesis of Didymus the Blind", *The Studia Philonica Annual* 26 (2014): 57–77

ROLL, Susan K., „The Churching of Women after Childbirth: An Old Rite Raising New Issues“, *Questions Liturgiques* 76 (1995): 206–229

– „The Old Rite on the Churching of Women after Childbirth“, in *Wholly Woman, Holy Blood: A Feminist Critique of Purity and Impurity* (hg. v. Kristin de Troyer; SAC; Harrisburg: Trinity Press, 2003), 117–141

ROSS, Maggie, *The Fountain and the Furnace: The Way of Tears and Fire* (New York: Paulist Press, 1987)

ROUWHORST, Gerard, „Leviticus 12–15 in Early Christianity“, in *Purity and Holiness: The Heritage of Leviticus* (hg. v. Marcel J. H. M. Poorthuis und Joshua J. Schwartz, Jewish and Christian Perspectives Series 2; Leiden: Brill, 2000), 181–193

RUETHER, Rosemary R., Hg., *Religion and Sexism: Images of Women in Jewish and Christian Tradition* (New York: Simon & Schuster, 1974)

RUETHER, Rosemary R., und Eleanor MCLAUGHLIN, Hg., *Women of Spirit: Female Leadership in the Jewish and Christian Traditions* (New York: Simon & Schuster, 1979)

RUNIA, David T., *Philo in Early Christian Literature: A Survey* (Assen und Minneapolis: Van Gorcum und Fortress Press, 1993)

RUSCHMANN, Susanne, *Maria von Magdala: Jüngerin, Apostolin, Glaubensvorbild* (Stuttgart: Katholisches Bibelwerk, 2003)

– *Marta und Maria: Gegensätze. Vorbilder. Jüngerinnen* (Stuttgart: Katholisches Bibelwerk, 2005)

RUSSELL, Letty M., „Twists and Turns in Paul's Allegory“, in *Hagar, Sarah, and Their Children* (hg. v. Phyllis Trible und Letty M. Russell; Louisville: Westminster John Knox Press, 2006), 71–97

SALVESEN, Alison, „Pigs in the Camps and the Breasts of my Lambs: Song of Songs in the Syriac Tradition“, in *Perspectives of the Song of Songs* (hg. v. Anselm C. Hagedorn; Berlin: de Gruyter, 2012), 206–293

SAMAAN, Moses, Women, the Church is not Your Enemy, online: https://lacopts.org/story/women-the-church-is-not-your-enemy/ [zuletzt abgerufen am 25.9.2018]

SAUGET, Joseph-Marie (Übers.), „Une homélie syriaque sur la pécheresse attribuée à un évêque Jean“, *ParOr* 6 und 7 (1975/76): 159–194.

SAVIGNI, Raffaele, „Purità rituale e ridefinizione del sacro nella cultura carolingia: l'interpretazione del Levitico e dell'Epistola agli Ebrei“, *Annali di storia dell'esegesi* 13/1 (1996): 229–255

SAWYER, John F. A., Hg., *Reading Leviticus: A Conversation with Mary Douglas* (JSOT.S 227; Sheffield: JSOT-Press, 1996)

SCAIOLA, Donatella, *La donna perfetta: Interpretazioni di un poema biblico* (Bologna: EDB, 2014)

– „Una donna perfetta? A proposito di Proverbi 31,10–31“, *Annali di Studi religiosi* 6 (2005): 321–333

SCHAERING, Linda S., „Double Time ... Double Trouble? Gender, Sin, and Leviticus 12“, in *The Book of Leviticus: Composition and Reception* (hg. v. Robert A. Kugler und Rolf Rendtorff; VTSup 93; FIOTL 3, Leiden: Brill, 2003), 429–450

SCHENK, Christine, *Crispina and Her Sisters: Women and Authority in Early Christianity* (Minneapolis: Fortress Press, 2017)

SCHENKE, Hans-Martin, „Das Philippusevangelium (NHC II,3)“, in *Antike christliche Apokryphen in deutscher Übersetzung* 1/1 (hg. v. Christoph Markschies und Jens Schröter; Tübingen: Mohr Siebeck, [7]2012), 527–557

SCHERMANN, Theodorus. *Prophetarum Vitae Fabulosae; Indices Apostolorum Discipulorumque Domini Dorotheo, Epiphanio, Hippolyto Aliisque Vindicata* (Leipzig: Teubner, 1907)

SCHLARB, Cornelia, „Die (un)gebändigte Witwe: Exegetische Überlegungen zur Entwicklung eines Frauenamts in der Syrischen Didaskalia“ in *Syrisches Christentum weltweit: Studien zur syrischen Kirchengeschichte: Festschrift Prof. Hage* (hg. v. Martin Tamcke und Wolfgang Schwaigert; Münster: LIT, 1995) 36–75

– „Weibliche Mission in der Alten Kirche“, in *Frauen und Zeiten: Frauen in der Hermannsburger Mission und ihren Partnerkirchen im 20. Jahrhundert* (hg. v. Jobst Reller; Quellen und Beiträge zur Geschichte der Hermannsburger Mission und des Ev.-luth. Missionswerkes in Niedersachsen 23; Berlin: LIT, 2014), 27–42

SCHÖLLGEN, Georg, *Die Anfänge der Professionalisierung des Klerus und das kirchliche Amt in der syrischen Didaskalie* (JAC.E. 26; Münster: Aschendorff, 1998)

– „Der Abfassungszweck der frühen Kirchenordnungen: Anmerkungen zu den Thesen Bruno Steimers", *JAC* 40 (1997): 55–77

Schottroff, Luise, „Der erste Brief an die Gemeinde in Korinth: Wie Befreiung entsteht", in *Kompendium Feministische Bibelauslegung* (hg. v. Luise Schottroff und Marie-Theres Wacker; Gütersloh: Kaiser/Gütersloher Verlagshaus, ²1999), 574–592

– *Der erste Brief an die Gemeinde in Korinth* (ThKNT 7; Stuttgart: Kohlhammer, 2013)

Schottroff, Luise und Marie-Theres Wacker, Hg., *Kompendium Feministische Bibelauslegung* (Gütersloh: Kaiser/Gütersloher Verlagshaus, ²1999)

Schüngel-Straumann, Helen, *Eva: Die erste Frau der Bibel: Ursache allen Übels?* (Paderborn: Schöningh, 2014)

Schüssler Fiorenza, Elisabeth, *Zu ihrem Gedächtnis ... Eine feministisch-theologische Rekonstruktion der christlichen Ursprünge* (Gütersloh: Gütersloher Verlagshaus, 1988)

– Hg., *Searching the Scriptures 2: A feminist commentary* (New York: Crossroad, 1994)

– Hg., *Searching the scriptures: A feminist introduction* (New York: Crossroad, 1993)

– *Theological Criteria and Historical Reconstruction: Martha and Mary: Lk 10,38–42: Protocol of the Fifty-Third Colloquy, 10 April 1986* (hg. v. Herman C. Waetjen; Berkeley: Center for Hermeneutical Studies in Hellenistic and Modern Culture, 1987)

– „Women in the Pre-pauline and Pauline Churchs", *Seminary Quarterly Review* 33 (1978): 153–166

– „Zwischen Bewegung und Akademie", in *Feministische Bibelwissenschaft im 20. Jahrhundert* (hg. v. ders. und Renate Jost; Die Bibel und die Frauen 9/1; Stuttgart: Kohlhammer, 2015)

Scimmi, Moira, *Le antiche diaconesse nella storiografia del XX secolo: Problemi di metodo* (Mailand: Glossa, 2014)

Scroggs, Robin, „Paul and the Eschatological Woman", *JAAR* 41 (1972): 283–303

Sered, Susan L., *Priestess, Mother, Sacred Sister: Religions Dominated by Women* (New York: Oxford University Press, 1994)

Serrato Garrido, Mercedes, *Ascetismo femenino en Roma: estudios sobre San Jerónimo y San Agustín* (Cádiz: Universidad de Cádiz, 1993)

Shoemaker, Stephan J., *Mary in Early Christian Faith and Devotion* (New Haven: Yale University Press, 2016)

Sidgwick, Emma, *From Flow to Face: The Haemorrhoissa Motif (Mark 5:24b-34parr) between Anthropological Origin and Image Paradigm* (Art & Religion 3; Leuven: Peeters, 2015)

Simonelli, Cristina, „Consensus ecclesiarum come criterio di discernimento? Inattuale attualità del Commonitorio lerinese", in *Teologia dalla Scrittura* (hg. v. Vincenzo Di Pilato und Marco Vergottini; Mailand: Glossa, 2011), 281–296

– „Gemischtes Doppel: Das Epithalamium des Paulinus und der Therasia", in *Antike Christliche Apokryphen: Marginalisierte Texte des frühen Christentums* (hg. v. Outi Lehtipuu und Silke Petersen; Die Bibel und die Frauen 3/2; Stuttgart: Kohlhammer, 2020), 227–239

– „La prova della tradizione: implicazioni simboliche e sociali dell'ermeneutica ministeriale", in *Diacone: Quale ministero per quale chiesa?* (hg. v. Serena Noceti; GdT; Brescia: Queriniana, 2017), 181–203

– *La resurrezione nel De trinitate di Agostino: Presenza, formulazione, funzione* (SEA 73; Rom: Institutum Patristicum Augustinianum, 2001)

Simonetti, Manlio, „Scripturarum clavis notitia Christi: Proposta per una discussione sulla specificità dell'esegesi patristica", in *ASE* 4 (1987): 7–19

Siquans, Agnethe, *Die alttestamentlichen Prophetinnen in der patristischen Rezeption: Texte – Kontext – Hermeneutik* (HBS 65; Freiburg i. Br.: Herder, 2011)

– „Gender und prophetisches Reden: Mirjam und Debora in der patristischen Reflexion", *Annali di studi religiosi* 9 (2008): 279–289

– „Prophetinnen und Jungfrauen: Die vier Töchter des Philippus in der patristischen Rezeption", *in Biblical Women in Patristic Reception/Biblische Frauen in patristischer Rezeption* (hg. v. ders.; JAJSup 25/5; Göttingen: Vandenhoeck & Ruprecht, 2017), 257–285

– „Weibliche Stimmen? Biblische Frauen in der patristischen Rezeption: Eine Einführung", in *Biblical Women in Patristic Reception/Biblische Frauen in patristischer Rezeption* (hg. v. ders.; JAJSup 25/5; Göttingen: Vandenhoeck & Ruprecht, 2017), 13–30

– „What's the Difference? Female Prophets in Early Christian Writings", in *Toward Just Gender Relations: Rethinking the Role of Women in Church and Society* (hg. v. Gunter Prüller-Jagenteufel, Sharon Bong und Rita Perintfalvi; Religion and Transformation in Contemporary European Society 13; Göttingen: Vandenhoeck & Ruprecht, 2019), 283–288

SLY, Dorothy, *Philo's Perception of Women* (BJS 209; Atlanta: Scholars Press, 1990)

SMITH, Alfred J,. „The Latin Sources of the Commentary of Pelagius on the Epistle of St Paul to the Romans." *JTS* 19 (1917): 167–230

SMITH, Derwood C., „Paul and the non Eschatological Woman", *Ohio Journal of Religious Studies* 4 (1976): 11–18

SNYDER, H. Gregory, „‚She Destroyed Multitudes': Marcellina's Group in Rome", in *Women and Knowledge in Early Christianity* (hg. v. Ulla Tervahauta et al.; SVigChr 144; Leiden: Brill, 2017), 39–61

SOKOLOWSKI, Franciszek, *Lois sacrées de l'Asie Mineure* (École française d'Athènes: Travaux et Mémoires des anciens membres étrangers, fasc. 9; Paris: De Boccard, 1955)

– *Lois sacrées des cités grecques: Supplément* (École Française d'Athènes. Travaux et mémoires des anciens membres étrangers de l'Éccle et de divers savants, fasc. 11; Paris: De Boccard, 1962)

– *Lois sacrées des cités grecques: Supplément* (Travaux et mémoires des anciens membres étrangers de l'École et de divers savants, fasc. 18; Paris: De Boccard, 1969)

SÖLL, Georg, *Mariologie* (Handbuch der Dogmengeschichte 3/4; Freiburg i. Br.: Herder, 1978)

SOUTER, Alexander, Hg., *The Earliest Latin Commentaries on the Epistles of St. Paul* (Oxford: Clarendon Press, 1927)

STAAB, Karl, *Pauluskommentare aus der griechischen Kirche: Aus Katenenhandschriften gesammelt und herausgegeben* (NTA 15; Münster: Aschendorff, 1933)

STANDHARTINGER, Angela, „Member of Abraham's Family? Hagar's Gender, Status, Ethnos, and Religion in Early Jewish and Christian Texts", in *Abraham's Family: A Network of Meaning in Judaism, Christianity, and Islam* (hg. v. Lukas Bormann; Tübingen: Mohr Siebeck, 2018), 235–259

STARK, Rodney, *The Rise of Christianity: A Sociologist Reconsiders History* (Princeton: Princeton University Press, 1996)

STEGEMANN, Ekkehard W., und Wolfgang STEGEMANN, *Urchristliche Sozialgeschichte: Die Anfänge im Judentum und die Christusgemeinden in der mediterranen Welt* (Stuttgart: Kohlhammer, 1997)

STEIMER, Bruno, *Vertex Traditionis: Die Gattung der altchristlichen Kirchenordnungen* (BZNW 63, Berlin und New York: de Gruyter, 1992)

STENGER, Jan R., „Where to Find Christian Philosophy? Spatiality in John Chrysostom's Counter to Greek Paideia", *JECS* 24/2 (2016): 173–198

STEWART, Peter, *Statues in Roman Society: Representation and Response* (Oxford: Oxford University Press, 2003)

STÖKL, Jonathan, und CARVALHO, Corinne L., *Prophets Male and Female: Gender and Prophecy in the Hebrew Bible, the Eastern Mediterranean, and the Ancient Near East* (Atlanta: Society of Biblical Literature, 2013)

STRAMARA, Daniel F., „Gregory of Nyssa: An Ardent Abolitionist?", *SVTQ* 41 (1997): 37–60

SWAN, Laura, *The Forgotten Desert Mothers: Saying, Lives, and Stories of Early Christian Women* (New Jersey: Paulist Press, 2001)

SWIDLER, Leonard J., und Arlene SWIDLER, Hg., *Women Priests: A Catholic Commentary on the Vatican Declaration* (New York: Paulist Press, 1977)

SYNEK, Eva, „‚Πρῶται … τῶν διδασκάλων διδάσκαλοι': Anmerkungen zur Rolle der Myrophoren im Diskurs pro und contra Frauenämter", in *Biblical Women in Patristic Reception/Biblische Frauen in patristischer Rezeption* (hg. v. Agnethe Siquans; JAJSup 25/5; Göttingen: Vandenhoeck & Ruprecht, 2017), 220–256

– „Die Apostolischen Konstitutionen – ein ‚christlicher Talmud' aus dem 4. Jh.", *Bib* 79 (1998): 27–56

– *„Dieses Gesetz ist gut, heilig, es zwingt nicht": Zum Gesetzesbegriff der Apostolischen Konstitutionen* (Kirche und Recht 21; Wien: Plöchl, 1997)

- „Göttliche Gesetzgebung? Reinheitstabus im christlichen Erbe", in *Geschlechterverhältnisse und Macht: Lebensformen in der Zeit des frühen Christentums* (hg. v. Irmtraud Fischer und Christoph Heil; Exegese in unserer Zeit 21; Wien und Münster: LIT, 2010), 230–256
- *Heilige Frauen der frühen Christenheit: Zu den Frauenbildern in hagiographischen Texten des christlichen Ostens* (Das östliche Christentum 43; Würzburg: Augustinus Verlag, 1994)
- „In der Kirche möge sie schweigen", *OrChr* 77 (1993): 151–164
- *ΟΙΚΟΣ: Zum Ehe- und Familienrecht der Apostolischen Konstitutionen* (Kirche und Recht 22; Wien: Plöchl, 1999)
- „Kultur und Heiligkeit: Zum spirituellen Erbe des syrischen Mönchtums", *Geist und Leben* 66 (1993): 359–381
- „Oikos-Ecclesiology and Church Order in Eastern Christianity", in *Households, Women, and Christianities in Late Antiquity and the Middle Ages* (hg. v. Anneke B. Mulder-Bakker und Jocelyn Wogan-Browne, Medieval Women: Texts and Contexts 14; Turnhout: Brepols, 2005), 37–70
- „The Church as ‚oikos': Main Canonical Consequences", in *Gender and Religion - Genre et religion* (hg. v. Kari E. Børresen et al.; Quaderni 2; Rom: Carocci, 2001), 143–153
- „Törinnen und Blinde? Zur Rolle von Frauen im kirchenrechtlichen Diskurs des 1. Jahrtausends" in *Historia magistra vitae: Leben und Theologie der Kirche aus ihrer Geschichte verstehen: Festschrift Johannes Hofmann* (Eichstätter Studien, NF 76; Regensburg: Pustet, 2016), 493–517
- „Verzichtbare Gebote? Speisetabus im byzantinischen Kirchenrecht", in *Recht - Religion - Kultur: Festschrift Richard Potz* (hg. v. Brigitte Schinkele et al.; Wien: facultas.WUV, 2014), 867–885
- „‚Wenn eine Maus in den Brunnen fällt ...': Rezeptionsgeschichtliche Anmerkungen zu ἀκαθαρσία unter bes. Berücksichtigung der byzantinischen Rechtsgeschichte", *PZB* 21 (2012): 21–41
- *„Wer aber nicht völlig rein ist an Seele und Leib ...": Reinheitstabus im Orthodoxen Kirchenrecht* (Kanon SH 1; Egling: Kovar, 2006)
- „Zur Rezeption biblischer Frauen im orthodoxen Kirchenrecht", *Österreichisches Archiv für Recht und Religion* 59 (2012): 199–221

TABBERNEE, William, *Montanist Inscriptions and Testimonia: Epigraphic Sources illustrating the History of Montanism* (Macon: Mercer University Press, 1997)
- „Women Office Holders in Montanism",in *Patterns of Women's Leadership in Early Christianity* (hg. v. Joan E. Taylor und Ilaria L.E. Ramelli; Oxford: Oxford University Press, 2021), 151–179

TAFT, Robert E., „Women at Church in Byzantium: Where - When - and Why?", *DOP* 52 (1989): 27–87

TASCHL-ERBER, Andrea, *Maria von Magdala - erste Apostolin? Joh 20,1-18: Tradition und Relecture* (HBS 51; Freiburg i. Br.: Herder, 2007)
- „‚Eva wird Apostel!': Rezeptionslinien des Osterapostolats Marias von Magdala in der lateinischen Patristik", in *Geschlechterverhältnisse und Macht: Lebensformen in der Zeit des frühen Christentums* (hg. v. Irmtraud Fischer und Christoph Heil; Exegese in unserer Zeit 21; Münster: LIT, 2010), 161–196
- „Intertextuelle Lektüre und typologische Interfigurationen im Hohelied-Kommentar des Hippolyt", in *Biblical Women in Patristic Reception/Biblische Frauen in patristischer Rezeption* (hg. v. Agnethe Siquans; JAJSup 25/5; Göttingen: Vandenhoeck & Ruprecht, 2017), 154–185
- „Maria von Magdala - erste Apostolin?", in *Evangelien: Erzählungen und Geschichte.* (hg. v. Mercedes Navarro Puerto und Marinella Perroni; Die Bibel und die Frauen 2/1; Stuttgart: Kohlhammer, 2012), 362–382
- „Maria von Magdala: Galionsfigur in frühchristlichen Auseinandersetzungen um Leitungsfunktionen von Frauen", *BK* 65 (2010): 238–242

TAYLOR, Catherine C., „The Matrilineal Cord of Rahab in the Via Latina Catacomb", *Studies in the Bible and Antiquity* 8 (2016): 182–214

TAYLOR, Joan E., „Frauen in der Realität und in literarischer Retusche: Die Frauen unter den Therapeuten in Philos *De vita contemplativa* und die Identität dieser Gruppe", in *Frühjüdische Schriften* (hg. v. Eileen Schuller und Marie-Theres Wacker; Die Bibel und die Frauen 3/1; Stuttgart: Kohlhammer, 2017), 191–210

TEJA, Ramón, *Emperadores, obispos, monjes y mujeres: Protagonistas del cristianismo antiguo* (Madrid: Trotta, 1999)

– *Olimpiade la diaconessa* (Donne d'Oriente e d'Occidente; Mailand: Jaca Books, 1997)

TERMINI, Cristina, „Philo's Thought within the Context of Middle Judaism" in *The Cambridge Companion to Philo* (hg. v. Adam Kamesar; Cambridge und New York: Cambridge University Press, 2009), 95–123

THOMPSON, Ella R., „Early Christian Female Propheticism: Sources and Development" (Diss., The King's College London, 2014)

THURSTON, Bonnie B., *The Widows: A Women's Ministry in the Early Church* (Minneapolis: Fortress Press, 1989)

TOLMIE, D. Francois, „The Reception of Apphia in the Fourth and Fifth Centuries C.E.", *Acta Theologica* 36 (2016): 283–301

TOLONI, Giancarlo, „Due ritratti della moglie di Giobbe (Gb 2,9–10)", in *Sef* 75/2 (2015): 199–223

TONGER-ERK, Lily, „Rhetorik und Gender Studies", in *Rhetorik und Stilistik: Ein internationales Handbuch historischer und systematischer Forschung* 1/1 (hg. v. Ulla Fix et al.; Berlin und New York: de Gruyter, 2008), 880–894

TORJESEN, Karen J., *Als Frauen noch Priesterinnen waren* (Frankfurt a. M.: Zweitausendeins, 1995)

– *Cuando las mujeres eran sacerdotes: El liderazgo femenino de las mujeres en la Iglesia primitiva y el escándalo de su subordinación con el auge del cristianismo* (Córdoba: El Almendro, 1996)

TORRES, Juana, „Sexo y herejía en el mundo antiguo", *Edades* 8 (2000): 137–144

– „El protagonismo de las mujeres en el Imperio Romano: Del politeísmo tradicional al monoteísmo cristiano, *Anuario. Escuela de Historia* 31 (2019), online: http://anuariodehistoria.unr.edu.ar/ojs/index.php/Anuario/index [zuletzt abgerufen am 07.01.2021]

– „*Mulieres diaconissae*: Ejemplos paradigmáticos en la Iglesia oriental de los ss. IV–V", in *Diakonía, Diaconiae, Diaconato: Semantica e Storia nei Padri della Chiesa, Studia Ephemeridis Augustinianum* 117 (2010): 625–638

TORRES, Juana, und Mar MARCOS, „El Evangelio de María Magdalena y la Literatura Gnóstica", in *María Magdalena: De apóstol a prostituta y amante* (hg. v. Isabel Gómez-Acebo; Bilbao: Desclée de Brouwer, 2007), 119–151

TREVETT, Christine, *Montanism: Gender, Authority and the New Prophecy* (Cambridge: Cambridge University Press, 1996)

TRIBLE, Phyllis, „Ominous Beginnings for a Promise of Blessing", in *Hagar, Sarah, and Their Children: Jewish, Christian, and Muslim Perspective* (hg. v. ders. und Letty M. Russell; Louisville: Westminster John Knox Press, 2006), 33–69

– *Texts of Terror: Literary-feminist Readings of Biblical Narratives* (Minneapolis: Fortress Press, 1984)

TRIBLE, Phyllis, und Letty M. RUSSELL, Hg., *Hagar, Sarah, and Their Children: Jewish, Christian, and Muslim Perspective* (Louisville: Westminster John Knox Press, 2006)

– „Unto the Thousandth Generation", in *Hagar, Sarah, and Their Children: Jewish, Christian, and Muslim Perspective* (hg. v. dens.; Louisville: Westminster John Knox Press, 2006), 1–29

TRÜMPER, Monika, „Gender and Space, Public and Private", in *A Companion to Women in the Ancient World* (hg. v. Sharon James und Sheila Dillon; Oxford: Wiley-Blackwell, 2012), 288–303

ULRICH, Kerstin, „Das Buch Josua: Tradition und Gerechtigkeit – Vom Erbteil der Frauen", in *Kompendium Feministische Bibelauslegung* (hg. v. Luise Schottroff und Marie-Theres Wacker; Gütersloh: Gütersloher Verlagshaus, ²1999), 80–89

URBANIAK-WALCZAK, Katarzyna, *Die „conceptio per aurem": Untersuchungen zum Marienbild in Ägypten unter besonderer Berücksichtigung der Malereien in El-Bagawat* (Altenberge: Oros Verlag, 1992)

UZUKWU, Gesila N., *The Unity of Male and Female in Jesus Christ: An Exegetical Study of Galatians 3.28c in Light of Paul's Theology of Promise* (LNTS 531; London: Bloomsbury T&T Clark, 2015)

VAGAGGINI, Cipriano, „L'ordinazione delle diaconesse nella tradizione greca e bizantina", *OCP* 40 (1974): 146–189

VAN DER HORST, Pieter W., „‚I Gave Them Laws that Were not Good': Ezekiel 20:25 in Ancient Judaism and Early Christianity", in *Sacred History and Sacred Texts: A Symposium in Honour of A. S. van der Woude* (hg. v. Jan N. Bremmer und Florentino García Martínez, Contributions to Biblical Exegesis & Theology 5; Kampen: Kok Pharos, 1992), 94–118

VALERIO, Adriana, „Il profetismo femminile cristiano nel II secolo: Bilancio storiografico e questioni aperte", in *Profeti e profezia: Figure profetiche nel cristianesimo del II secolo* (hg. v. Anna Carfora und Enrico Cattaneo; Trapani: Il pozzo di Giacobbe, 2007), 159–172

VAN DEN HOEK, Annewies, *Clement of Alexandria and his Use of Philo in the Stromateis* (Leiden: Brill, 1988)

VAN DER LOF, Laurens J., „The ‚prophet' Abraham in the writings of Irenaeus, Tertullian, Ambrose and Augustine", *Augustiniana* 44 (1994): 17–29

VAN DER MEER, Haye, *Priestertum der Frau? Eine theologiegeschichtliche Untersuchung* (QD 42; Freiburg i. Br. et al.: Herder, 1969)

– *Women Priests in the Catholic Church? A Theological-Historical Investigation* (Philadelphia: Temple University Press, 1974) (dt. Orig.: *Priestertum der Frau? Eine theologiegeschichtliche Untersuchung*; QD 42; Freiburg i. Br. et al.: Herder, 1969)

VAN OMMESLAEGHE, Florent, „Jean Chrysostome en conflict avec l'emperatrice Eudoxie: Le dossier et les origines d'une légende", *AnBoll* 97 (1979): 131–159

VAN SLYKE, Daniel G., „The Churching of Women: Its Introduction and Spread in the Latin West", *Ephemerides Liturgicae* 115 (2001): 208–238

VANTINI, Lucia, *L'ateismo mistico di Julia Kristeva* (Rom: Mimesis, 2014)

– „Sentieri interrotti: Le resistenze non riconosciute", in *Il Regno - Attualità* 1 (2015): 58

VAN UNNIK, Willem C., „The Significance of Moses' Law for the Church of Christ According to the Syriac Didascalia", in ders., *Sparsa Collecta* (NovTSupp 31; Leiden: Brill, 1983), 7–39

VERGANI, Emidio, „Tra le altre: Marta e Maria nei madraše di Efrem il Siro", in *Il cristianesimo e le diversità: Studi per Attilio Agneletto* (hg. v. Remo Cacitti, Grado G. Merlo und Paola Vismara; Studi di storia del cristianesimo e delle chiese cristiane 1; Mailand: Edizioni Biblioteca Francescana, 1999), 101–126

VERKERK, Dorothy H., „Job und Sitis: Curious Figures in Early Christian Funerary Art", *Mitteilungen zur Christlichen Archäologie* 3 (1997): 20–29

VERWILGHEN, Albert, *Christologie et Spiritualité selon St. Augustin: L'hymne aux Philippiens* (Paris: Beauchesne, 1985)

VIELHAUER, Philipp, und Georg STRECKER, „Judenchristliche Evangelien", in *Neutestamentliche Apokryphen in deutscher Übersetzung* 1 (hg. v. Wilhelm Schneemelcher; Tübingen: Mohr Siebeck, 1987), 114–147

VIEROW, Heidi, „Feminine and Masculine Voices in the Passion of Saints Perpetua et Felicitas", *Latomus* 58 (1999): 600–629

VILLER, Marcel, und Karl RAHNER, *Aszese und Mystik in der Väterzeit: Ein Abriß der frühchristlichen Spiritualität* (unveränderte Neuausg. d. Ausg. v. 1939 mit einem Vorwort v. Karl Heinz Neufeld; Freiburg i. Br. et al.: Herder, 1989)

VINZENT, Markus, „‚More Holy Women' in Early Christianity: The Gospels of Mary and Marcion", in *Patterns of Women Leadership within Early Christianity and Judaism* (hg. v. Joan E. Taylor und Ilaria L. E. Ramelli; Oxford: Oxford University Press, 2021)

- *The Art of Detachment* (Eckhart: Texts and Studies 1; Leuven: Peeters, 2011), 198–211

VISCUSO, Patrick, „Cleanliness, Not a Condition for Godliness: Alousia as a Canonical Requirement in Late Byzantium", *GOTR* 46 (2001): 75–88

– „Menstruation: A Problem in Byzantine Canon Law", *Byzantine Studies/Etudes Byzantines* 4 (1999): 116–125

– „Purity and Sexual Defilement in Late Byzantine Theology", *OCP* 57 (1991): 339–408

– *Sexuality, Marriage, and Celibacy in Byzantine Law: The Alphabetical Collection of Matthew Blastares: Selections from a Fourteenth-Century Encyclopedia of Canon Law and Theology* (Brookline: Holy Cross Orthodox Press, 2008)

VIVIAN, Tim, „‚Everything Made by God is Good': A Letter Concerning Sexuality from Saint Athanasius to the Monk Amoun", *EgT* 24 (1993): 75–108

VON ARX, Walter, „The Churching of Women after Childbirth: History and Significance", in *Liturgy and Human Passage* (hg. v. David Power und Luis Maldonado, Concilium 112; New York: Seabury Press, 1979), 63–72

VUOLANTO, Ville, *Children and Asceticism in Late Antiquity: Continuity, Family Dynamics and the Rise of Christianity* (Burlington: Ashgate, 2015)

WALKER, William O., Jr., „I Corinthians 11:2–16 and Paul's Views Regarding Women", *JBL* 94 (1975): 94–110

WASSERFALL, Rachel, „Menstruation and Identity: The Meaning of Niddah for Moroccan Women Immigrants to Israel", in *People of the Body: Jews and Judaism from an Embodied Perspective* (hg. v. Howard Eilberg-Schwartz; The Body in Culture, History, and Religion; New York: State University of New York Press, 1992), 309–327

WATSON, Patricia, „Juvenal's scripta matrona: Elegiac Resonances in Satire 6", *Mnemosyne* 60 (2007): 628–640

WEHNERT, Jürgen, *Die Reinheit des „christlichen Gottesvolkes" aus Juden und Heiden: Studien zum historischen und theologischen Hintergrund des sogenannten Aposteldekrets* (FRLANT 173; Göttingen: Vandenhoeck & Ruprecht, 1997)

WET, Chris L. de, „Husbands, Wives and the Haustafeln in John Chrysostom's Homilia in Epistulam ad Ephesios 20", *Acta Patristica et Byzantina* 21/2 (2010): 51–62

WHITE, L. Michael, Hg., *Social Networks in the Early Christian Environment: Issues and Methods for Social History* (Atlanta: Scholars Press, 1992)

WICKERT, Ulrich, *Studien zu den Pauluskommentaren Theodors von Mopsuestia als Beitrag zum Verständnis der antiochenischen Theologie* (BZNW 27; Berlin: Töpelmann, 1962)

WILKINSON, Kate, *Women and Modesty in Late Antiquity* (Cambridge: Cambridge University Press, 2015)

WILSON-KASTNER, Patricia, *A Lost Tradition: Women Writers of the Early Church* (Washington, D. C.: University Press of America, 1991)

WINSTON, David, „Philo and the Rabbis on Sex and the Body", *Poetics Today* 19 (1998): 41–62

WIRE, Antoinette C., *The Corinthian Women Prophets: A Reconstruction Through Paul's Rhetoric* (Minneapolis: Fortress Press, 1990)

WITHERINGTON, Ben III, „The Anti-Feminist Tendencies of the ‚Western' Text in Acts", *JBL* 103 (1984): 82–84

– *Women in the Earliest Churches* (Cambridge: Cambridge University Press, 1988)

WOOD, Ian, „Some Historical Re-identifications and the Christianization of Kent", in *Christianizing Peoples and Converting Individuals* (hg. v. Guyda Armstrong und Ian Wood; International Medieval Research 7; Turnhout: Brepols, 2000), 27–35

WRIGHT, Jennifer, *Abandoned to Lust: Sexual Slander and Ancient Christianity* (New York: Columbia University Press, 2006)

YSEBAERT, Joseph, „The Deaconesses in the Western Church of Late Antiquity and Their Origin", in *Eulogia: Mélange offerts à Antoon A. R. Bastiaensen à l'occasion des son soixante-cinquième anniversaire* (hg. v. Gerhardus M. Bartelink, Anton Hilhorst und C. H. Kneepkens; IPM 24; Turnhout: Brepols, 1991), 421–436

ZAMFIR, Korinna, *Men and Women in the Household of God: A Contextual Approach to Roles and Ministries in the Pastoral Epistles* (Göttingen: Vandenhoeck & Ruprecht, 2013)

– „Men and Women in the House(Hold) of God: Chrysostom's Homilies on 1 Tim 2,8-15", *Sacra Scripta* 6/2 (2008): 144–164

– „The Acts of Paul and Thecla: Ecclesial, Social and Political Context", *ETL* 92/3 (2016): 350–380

ZANGENBERG, Jürgen K., „Pure Stone: Archaeological Evidence for Jewish Purity Practices in Late Second Temple Judaism (Miqwa'ot and Stone Vessels)", in *Purity and the Forming of Religious Traditions in the Ancient Mediterranean World and Ancient Judaism* (hg. v. Christophe Nihan und Christian Frevel; Leiden: Brill, 2012), 537–572

3. Internetquellen

Summary of a Holy Synod Study Dealing with Issues related to Women Receiving Holy Communion, online: https://lacopts.org/story/summary-of-a-holy-synod-study-dealing-with-issues-related-to-women-receiving-holy-communion/ [zuletzt abgerufen am 25.9.2018]

www.teologhe.org/diaconato [zuletzt abgerufen am 24.8.2020]
William Whitaker's Words, *Latin on-line Dictionary* auf der Webseite der Notre-Dame University, online: http://archives.nd.edu/cgi-bin/wordz.pl?keyword=mulier [zuletzt abgerufen am 10.10.2020]
– online: http://archives.nd.edu/cgi-bin/wordz.pl?keyword=excipio [zuletzt abgerufen am 10.10.2020]
On the Spirit and the Letter, online: www.newadvent.org/fathers/1502.htm [zuletzt abgerufen am 23.06.2020]

Antike Autoren

Rabbinische Schriften

Autor*innen

Hellen Dayton ist unabhängige Theologin und Kunsthistorikerin.

John C. Dayton ist assoziierter Professor am Department for Science and Liberal Arts am Rochester Institute of Technology in Dubai.

Miyako Demura ist Professorin für Griechisch-römisches Denken und Philosophie an der Fakultät für Geisteswissenschaften der Tohoku Gakuin Universität, Tokio.

Maria E. Doerfler ist Assistenzprofessorin für Östliches Christentum am Department of Religious Studies an der Universität Yale.

Anneliese Felber ist außerordentliche Professorin am Institut für Ökumenische Theologie, Ostkirchliche Orthodoxie und Patrologie an der Karl-Franzens-Universität Graz.

Katharina Greschat ist Professorin für Kirchen- und Christentumsgeschichte (Alte Kirche und Mittelalter) an der Evangelisch-Theologischen Fakultät der Ruhr-Universität Bochum.

Hannah Hunt ist assoziierte Dozentin an der Fakultät für Kunst und Geisteswissenschaften der Open University, UK.

Dominika Kurek-Chomycz ist Senior Lecturer für neutestamentliche Studien am Department for Theology, Philosophy and Religious Studies an der Liverpool Hope University.

Clelia Martínez Maza ist Professorin für Alte Geschichte an der Universität Malaga.

Renate J. Pillinger ist emeritierte Universitätsprofessorin für Frühchristliche Archäologie am Institut für Klassische Archäologie der Universität Wien.

Arianna Rotondo forscht zur Geschichte des Christentums und der Kirchen an der Fakultät für Geisteswissenschaften der Universität Catania (Italien) und ist Junior Fellow an der Universität Regensburg.

Cristina Simonelli lehrt patristische Theologie in Verona (San Zeno, San Bernardino, San Pietro Martire) und an der Theologischen Fakultät von Norditalien (Mailand).

Agnethe Siquans ist Professorin für alttestamentliche Bibelwissenschaft an der Katholisch-Theologischen Fakultät der Universität Wien.

Eva M. Synek ist Assistenzprofessorin am Institut für Rechtsphilosophie an der Rechtswissenschaftlichen Fakultät der Universität Wien.

Markus Vinzent ist Professor für Theologiegeschichte mit Schwerpunkt Patristik am King's College London.

Die auf 21 Bände angelegte internationale, in den vier Sprachen Deutsch, Englisch, Italienisch und Spanisch erscheinende Enzyklopädie „Die Bibel und die Frauen" setzt sich zum Ziel, eine Rezeptionsgeschichte der Bibel, konzentriert auf genderrelevante biblische Themen, auf biblische Frauenfiguren und auf Frauen, die durch die Geschichte hindurch bis auf den heutigen Tag die Bibel auslegten, zu präsentieren.

Christliche und jüdische Forscherinnen und Forscher aus den Wissenschaftstraditionen der vier Sprachräume erarbeiten dieses interdisziplinäre Werk, das theologische, archäologische, ikonographische, kunsthistorische, philosophische, literaturwissenschaftliche und sozialgeschichtliche Genderforschung miteinander ins Gespräch bringen und neue Untersuchungen anregen will. Im Zentrum des Interesses stehen

- literarische Frauenfiguren der Bibel und
- deren Rezeption in der Exegesegeschichte durch Exegeten und Exegetinnen,
- geschlechtsspezifische Lebenszusammenhänge in biblischen Zeiten,
- Frauen, die in bestimmten Epochen und Auslegungstraditionen die Bibel interpretierten,
- Frauen, denen biblische Texte oder deren Auslegung zugeschrieben werden,
- genderrelevante Texte (z.B. Rechtstexte) und Themen (z.B. kultische Reinheit),
- die Rezeption biblischer Frauenfiguren und genderrelevanter Themen in der Kunst.

1. Hebräische Bibel – Altes Testament
1.1 Tora: Irmtraud Fischer/
Mercedes Navarro Puerto/Andrea Taschl-Erber (Hrsg.)
1.2 Prophetie: Irmtraud Fischer/Juliana Claassens (Hrsg.)
1.3 Schriften: Christl Maier/
Nuria Calduch-Benages (Hrsg.)

2. Neues Testament
2.1 Evangelien. Erzählungen und Geschichte:
Mercedes Navarro Puerto/Marinella Perroni (Hrsg.)
2.2 Neutestamentliche Briefliteratur:
Korinna Zamfir/Uta Poplutz (Hrsg.)

3. Pseudepigraphische und apokryphe Schriften
3.1 Frühjüdische Schriften: Eileen Schuller/
Marie-Theres Wacker (Hrsg.)
3.2 Frauentexte und apokryph gewordene Schriften des frühen Christentums:
Silke Petersen/Outi Lehtipuu (Hrsg.)

4. Jüdische Auslegung
4.1 Talmud: Tal Ilan/Lorena Miralles-Maciá/
Ronit Nikolsky (Hrsg.)
4.2 Das jüdisches Mittelalter:
Carol Bakhos/Gerhard Langer (Hrsg.)

5. Patristische Zeit
5.1 Christliche Autoren der Antike: Kari Elisabeth Børresen/Emanuela Prinzivalli (Hrsg.)
5.2 Biblische Frauenfiguren in der Spätantike:
Agnethe Siquans/Markus Vinzent (Hrsg.)

6. Mittelalter und frühe Neuzeit
6.1 Frühmittelalter: Franca Ela Consolino/
Judith Herrin (Hrsg.)
6.2 Frauen und Bibel im Mittelalter: Adriana Valerio/Kari Elisabeth Børresen (Hrsg.)
6.3 Renaissance und „Querelle des femmes":
Ángela Muñoz Fernandez/Xenia von Tippelskirch (Hrsg.)

7. Zeit der Reformen und Revolutionen
7.1 Reformation und Gegenreformation in Nord- und Mitteleuropa:
Charlotte Methuen/Gury Schneider-Ludorff/
Lothar Vogel (Hrsg.)
7.2 Das katholische Europa im 16.-18. Jahrhundert: Maria Laura Giordano/Adriana Valerio (Hrsg.)
7.3 Aufklärung und Restauration: Ute Gause/
Marina Caffiero (Hrsg.)

8. 19. Jahrhundert
8.1 Frauenbewegungen des 19. Jahrhunderts:
Irmtraud Fischer/Angela Berlis/Christiana de Groot (Hrsg.)
8.2 Fromme Lektüre und kritische Exegese im langen 19. Jahrhundert:
Michaela Sohn-Kronthaler/Ruth Albrecht (Hrsg.)

9. 20. Jahrhundert und Gegenwart
9.1 Feministische Bibelwissenschaft im 20. Jahrhundert: Elisabeth Schüssler Fiorenza/Renate Jost (Hrsg.)
9.2 Aktuelle Tendenzen:
Maria Cristina Bartolomei/Ilse Müllner/
Lidia Rodríguez Fernández/Mary Ann Beavis (Hrsg.)